JN261492

ロースクール
企業法務教材

梅澤治為
大澤恒夫
編著

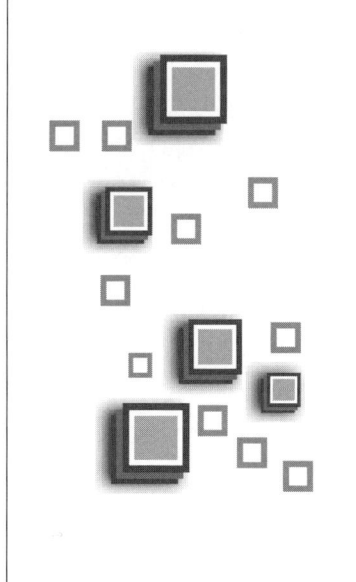

信山社
SHINZANSHA

２１世紀の企業法務と法曹教育の課題
― 『ロースクール 企業法務教材』の刊行によせて ―

　企業は人びとの生活を支えるひとつの重要な仕組みであり，そのあり方は文化の水準をも決定する。近時，一方で創造的な企業活動を可能にするため規制を最小限に抑え，ユニークなビジネスモデルの創出を促す制度改革がなされてきた。しかし，他方，ここ 10 年ほどを見渡しただけでも，重大な企業不祥事が続発してきたことは記憶に新しい。瞬く間に栄光の座を失った一流企業の運命を，誰もが生々しく記憶しているはずである。それにもかかわらず，今日に至ってもなお，企業活動の背後でにわかに信じがたいような虚偽が後を絶たず行われており，市民生活の根幹をゆるがす甚大な被害を及ぼしているかずかずの事件に，心を痛めている人びとは多い。企業活動の複雑高度化の陰に隠れ，一般の人々の目に触れない裏側でひそかに大規模な違法活動が遂行されてしまうのである。企業の適正な事業運営の確保がいかに困難な仕事であるか，改めて考え込まざるを得ない。

　旧来の社会システムは，人的にも制度的にも，また技術の面でも，相当に疲労してきている。証券取引をめぐる誤発注やシステム停止は，この問題を象徴する出来事である。これら旧システムの更新は急務である。それと同時に，企業活動のリスクをミニマイズして，紛争や損失の発生を未然に防ぎ，社会的影響を最小限にする活動がいっそう重要になる。その際，リスクや損失を末端にしわ寄せし，中枢にあるものだけが濡れ手に粟の利得を得るという構造は砂上の楼閣であって，すぐに崩壊することに思いを致し，長期的なビジョンをしっかりと腹に据えた適正な対応を構想することが重要な課題であることを自覚しなくてはならない。

　企業の適正な活動の確保や紛争予防，リスク軽減などにおいて企業法務の果たすべき役割は，いうまでもなくきわめて大きい。特に会社法務部は「企業の良心」として，組織の内側から事業運営を支える自律装置であり，その重要性と責任はいっそう高まることは間違いない。しかし，エンロン事件にみられるように，このような企業法務を支えるはずの内外のプロフェッションが，あえなく不正行為の中に飲み込まれてしまう危険にさらされることもあるだろう。そのような危険に毅然と立ち向かい，しかし企業のなかで働く人々に寄り添い，適正な企業活動を支えることこそ，企業法務の真価なのである。そしてこの局面にあって，法律エキスパートに寄せられる期待と責任はとりわけ大きい。

　このような法務活動を支えるためには，高い志をもった人材の育成が不可欠である。法科大学院を中心とする新しい法曹教育の構想は，ほんらいこのような人材の育成を目指すものである。さまざまな制約にたじろぐことなく，教員と学生の適切なコラボレーションにより，あるべき方向を見据えて，一歩一歩前進することを期待したい。

　本書は，企業の経営と法務活動に長年にわたって携わってこられた梅澤治為弁護士と，社内

弁護士としての経験も踏まえプロフェッショナルなコアを育み独自の境地を拓いてきた大澤恒夫弁護士が，法科大学院の授業で用意した教材をもとにして作成されたものであり，広く全国の法科大学院における企業法務教育に問いかける貴重なものを含んでいる。この「企業法務教材」は，広い範囲にわたる重要課題を採り上げている。しかし単に先端の知識の習得ということではなく，本書を活用した学習を通じて，生きた企業が直面するさまざまな苦悩を現場における具体的事実のなかで実感しつつ，勉学途上にある皆さんが将来実務家になったあかつきに，企業の適正な事業運営のためにプロフェッションとしてどのように貢献できるかを考える契機をつかむことができるであろう。企業法務に働く苦労と喜びの一端を共感しながら，透明で公正な社会の形成を考え続けることを目指す，この意欲的な取り組みに声援を送りたい。

われわれの社会はいま，大きな変革の中で揺れ動いているが，「法の支配」に向かう歩みを止めてはならない。法律が性悪説的な厳しさを具えてきている今日，本書をきっかけにして，法科大学院はもとより法曹界や経済界においても，企業法務のあり方，さらに法学教育の発展をめぐる議論が高まり，21世紀の企業活動を支える優れた人材の輩出に向けての動きが加速してゆくことに大いに期待したいと思う。

2006年　春

中央大学法科大学院教授
小島　武司

目　次

２１世紀の企業法務と法曹教育の課題……………………………………………小島武司…（ⅰ）
本教材を活用していただくために（ⅷ）

第１編　企業法務総論

企業法務序説……………………………………………………………………………………３

第１章　企業法務とは何か……………………………………………………………………７
　　　　　──企業法務の法システム全体における位置付け，基本的アプローチなど
　１　企業法務活動の基本的アプローチ（７）
　２　法システムの全体像と企業法務（８）
　３　企業法務の展開における Plan-Do-Check-Action（PDCA）の循環（９）
　４　経営者と企業法務の緊張関係（11）
　　　　●東京地裁平成９年３月１３日判決（11）

第２章　企業とは何か………………………………………………………………………35
　１　コーポレート・ガバナンス──戦後日本の企業経営の歴史を踏まえて（35）
　　　　■ニッポン放送新株予約権発行差止事件（37）
　　　　■エージェンシーコストの理論（37）
　　　　■日本における社外取締役の機能（37）
　２　エンロン事件（38）
　３　OECD コーポレート・ガバナンス原則（39）
　　　　■OECD コーポレート・ガバナンス原則（39）
　４　会社の設立と定款（52）
　（１）会社の設立（52）
　（２）定款（52）
　　　　■ソニー株式会社　定款（53）
　５　資本と株式市場（57）
　　　　●静岡地裁平成１１年３月３１日判決（58）

第２編　企業が直面するさまざまな問題と企業法務

第３章　企業に忍び寄る，重大な不正行為リスク………………………………………71
　１　企業と違法行為リスク（71）

目 次

  2 大和銀行ニューヨーク支店損失事件（72）
    ● 大阪地裁平成12年9月20日判決（72）
  3 日本航空電子工業株主代表訴訟事件（109）
    ○ 東京地裁平成8年6月20日判決（109）
    ■ 最近の不正輸出問題（109）

第4章 失敗したビジネス契約交渉に学ぶ予防法務 …………………………112
  1 契約交渉をめぐる一般的プロセス（112）
  2 失敗した契約交渉の教訓（113）
  （1）広告代理店契約交渉（113）
    ● 東京地裁平成3年10月24日判決（113）
  （2）倉庫プロジェクト契約交渉（117）
    ● 大阪地裁昭和59年3月26日判決（117）

第5章 ビジネス・スキームの策定と戦略法務 …………………………………141
  1 知的財産をめぐる戦略をどう考えるか（141）
  2 方法技術ライセンスとプラント事業をめぐる戦略（142）
    ● 東京地裁平成12年4月27日判決（142）
  3 技術アイディアの製品化をめぐる知的財産の取り扱いスキーム（151）
    ● 東京地裁平成13年4月26日判決（151）
  4 戦略法務と予防法務と紛争解決法務（167）
    ● 東京地裁平成7年3月28日判決（167）

第6章 契約をめぐる問題と紛争解決法務 ……………………………………173
  1 ビジネス契約と紛争解決（173）
  2 ソフトウェア開発契約をめぐる紛争と解決のプロセス（174）
    ● 名古屋地裁平成16年1月28日判決（174）
  3 著作物創作の委託と契約（189）
    ● 最高裁平成15年4月11日第二小法廷判決（189）
  4 契約履行過程で生じる困難な課題への取り組み―マンション建築工事請負契約（192）
    ● マンション建設工事請負をめぐる紛争事案（192）
    ■ 民間（旧四会）連合協定の工事請負契約約款（197）

第7章 債権不良化の予防，債権回収，取引先倒産への対応 ………………202
  1 債権不良化の予防策（202）
    ● 広島地裁平成14年3月20日判決（202）
    ■ 代理受領委任状等の例（209）
  2 知的財産権担保（210）
    ● 静岡地裁平成15年6月17日判決（210）

　　　　○ 東京高裁平成16年12月8日判決（219）
　　　　○ 最高裁平成18年1月24日第三小法廷判決（220）
　　3　債権回収のための活動とその限界（222）
　　　　● 大阪高裁平成11年5月18日判決（222）
　　4　取引先倒産への対応（229）
　　　　● 最高裁平成16年9月14日第三小法廷判決（230）

第8章　企業の危機と事業の再構成……………………………………………………232
　　1　企業における事業再構成と手法（232）
　　（1）M＆A（232）
　　（2）企業構造の転換（233）
　　（3）企業の財政危機と再建の基本的考え方（233）
　　2　危機にある企業と事業再構成（234）
　　（1）営業譲渡と負債（234）
　　　　● 東京地裁平成15年6月25日判決（235）
　　（2）事業再編の提携交渉とデューディリジェンス（238）
　　　　● 東京地裁平成15年1月17日判決（238）
　　　　○ 東京地裁平成18年1月17日判決（251）
　　3　事業再編をめぐる交渉の破綻（251）
　　　　● 最高裁平成16年8月30日第三小法廷決定（252）
　　4　敵対的買収と対抗策（255）
　　　　● 東京高裁平成17年3月23日決定（255）

第9章　製品安全・消費者苦情への対応………………………………………………273
　　1　製品安全の企業法務（273）
　　2　リコールの実務（273）
　　　　■ 消費生活用製品のリコールハンドブック（経済産業省，平成14年）（274）
　　3　製品事故（295）
　　　　● 奈良地裁平成15年10月8日判決（295）
　　4　企業と闘う企業法務――ユーザーユニオン事件（310）
　　　　○ 東京地裁昭和52年8月12日判決（310）
　　　　○ 東京高裁昭和57年6月28日判決（310）

第10章　反社会的勢力との闘い…………………………………………………………311
　　1　企業対象暴力の実態と対応策（311）
　　　　■「平成14年度，企業対象暴力に関するアンケート（調査結果概要）」（311）
　　　　■ 経団連・企業行動憲章実行の手引き　第7章（313）
　　2　総会屋への利益供与（318）
　　　　● 東京地裁平成10年10月15日判決（318）

3 暴力団の加害行為と責任（327）
　　● 宇都宮地裁栃木支部平成8年1月23日判決（327）
4 弁護士への加害と闘い（332）
　　● 東京地裁平成9年7月14日判決（332）

第11章　企業が直面する刑事事件と法務活動……337
1 企業の安全管理と犯罪（337）
　　● 水戸地裁平成15年3月3日判決（337）
2 大企業が大規模詐欺被害を受けるとき（358）
　　● 東京地裁平成15年1月20日判決（358）
3 一流企業が組織ぐるみで詐欺加害の主体になってしまう場合（364）
　　● 神戸地裁平成14年11月22日判決（364）
4 犯罪嫌疑が掛けられた場合（371）
　　■ 住宅関連資材メーカーのビス強度認定書偽造事件〔報道〕（371）

第12章　企業活動と環境問題……373
1 我が国の環境問題の歴史的な流れ（373）
2 京都議定書（374）
　　■ 京都議定書（375）
3 環境をめぐる諸事件（386）
（1）小田急線連続立体交差事業認可処分取消事件（386）
　　● 最高裁平成17年12月7日大法廷判決（387）
（2）土壌汚染をめぐる事件（402）
　　■ 三菱地所土壌汚染隠ぺい事件に関する報道（402）

第13章　司法，立法，行政と企業法務……407
1 法の改革（407）
　　■ 司法制度改革審議会意見書（407）
2 パブリックコメント（415）
　　■ 産業構造審議会知的財産政策部会特許制度小委員会　「職務発明制度の在り方について」報告書（案）に対する意見募集（415）
　　■ 産業構造審議会知的財産政策部会　特許制度小委員会報告書　「職務発明制度の在り方について」（案）（416）
　　■ 改正後の特許法第35条（職務発明）（423）
3 司法改革における行政事件訴訟法の改正の意義（424）
　　● 最高裁平成17年9月14日大法廷判決（425）
　　■ 日本弁護士連合会「行政法制度に関する第二次改革の要望書」（431）
4 ノーアクションレター制度（435）
　　■ 公正取引委員会：事業者等の活動に係る事前相談制度（435）

■ 事前相談の事例：レジ袋の利用抑制のための有料化の決定について（438）
5　許認可権と参入障壁（440）
　　● 福岡地裁平成１０年８月２７日判決（440）

第14章　企業法務の広大な裾野……447
　　──競争，個人情報保護，ハラスメントなど
1　競　争（447）
　　● 東京地裁平成18年1月19日判決（447）
2　個人情報の保護（468）
（1）個人情報保護ガイドライン（468）
　　■ 個人情報の保護に関する法律についての経済産業分野を対象とするガイドライン（468）
（2）ソフトバンクＢＢ顧客情報漏出事件（475）
　　■ 個人情報の流出事案に関するソフトバンクＢＢ株式会社に対する措置（476）
　　■ ソフトバンクBBからの報告（平成１６年４月１２日）の概要（476）
　　■ ソフトバンクBBに対する総務省の要請（477）
　　○ 大阪高裁平成１３年１２月２５日判決（478）
3　職場におけるハラスメント問題の予防と解決（479）
　　■「事業主が職場における性的な言動に起因する問題に関して雇用管理上配慮すべき事項についての指針」（479）
　　○ 東京地裁平成１２年８月２９日判決（482）
　　○ 横浜地裁川崎支部平成１４年６月２７日判決（482）

第3編　企業法務を支えるもの

第15章　企業法務とリーガルプロフェッション……485
1　企業法務と法曹倫理（485）
　　● General Dynamics Corp. v. Superior Court (Rose)（1994）判決〔抄訳〕（486）
　　■ 日本弁護士連合会・弁護士職務基本規程第5章「組織内弁護士における規律」（499）
2　企業法務サービスと親子会社，グループ会社（499）
　　■ 法曹制度検討会（第１０回）議事録（司法制度改革推進本部事務局）（499）
　　■ グループ企業間の法律事務の取扱いと弁護士法第７２条の関係について（法務省）（514）
3　顧問弁護士と企業法務（515）
　　● 東京高裁平成14年3月27日判決（515）
　　■ 公益通報者保護法に関する民間事業者向けガイドライン（520）

あとがき（i）

目　次

凡例	●＝基本資料（裁判例）
	■＝基本資料（裁判例以外のもの）
	○＝抜粋・引用した裁判例

<本教材を活用していただくために>

■　本教材は，企業法務をめぐる様々な問題を全15章で幅広く取り上げている。法科大学院などでは，半期15回の授業として組まれることが多いであろう。実際の授業に当たっては，本書の中から適宜，資料を取捨選択し，さらには別の資料を用意して補充しながら，使用されることを想定している。本教材のもととなった我々の資料は膨大なものであったが，教材として刊行するに当たって，かなりの部分をそぎ落とした。他にも読むべき資料は多数あり，適宜補充されることが望まれる。

■　本教材で判決を検討する場合は，できるだけ第1審の判決を取り上げるようにしている。これは，企業の第一線で汗水たらして困難な課題に取り組んでいるビジネスマンの方々の姿をできるだけナマの形で学生諸君にみてほしいと願ってのことである。いわゆる判例の判旨の部分だけを要領よく覚えるような学習ではなく，錯綜した事実（判決に描かれた事実は丹念に整理されたものであり，現実はもっとひどいカオスの中にある）の中に身を置いて現場の苦悩に思いを致し，その苦悩の克服について我々がどのようにして役に立つことができるかを考えるのが，企業法務の真髄だと思う。

■　判決の事実，争点，裁判所の判断のまとめを【課題】として課している部分が相当ある。学生諸君はまとめをする際，訴訟当事者はもちろん，それ以外でも登場する関係者を含め，できるだけ関係図を作成して相互関連を示し，事実の流れを座標軸を使って簡潔に表示したり，あるいはマトリックスで内容の比較をするなど，種々工夫して，授業の中で自分の言葉で判決の内容やQについての考えを説明できるように準備されたい。判決の中の文章（text）の引用だけでまとめるのではなく，事案の中身をビジュアルに構造化して頭の中に描くということが，学習の上でも役に立つはずである。

■　難しい事柄を分かりやすく説明し，他者に伝える能力を磨いてこそ専門家ということができる（これは私ども教員自身としても，常に内省し努力しなくてはならない事柄である）。企業法務の実際においても，社内外のミーティングにおいて簡にして要を得た資料でプレゼンを行い，参加者の共通認識・納得を得る活動が非常に重要である。学生諸君もそのような意識で授業に臨み，説明（プレゼン）を試みてほしい。

■　現実の企業活動は時々刻々と，内部の検討や外部との接触の中で，縦横に変化しながら進展している。そのように生きている事業をサポートする企業法務を，具体的にイメージしてほしい。過去の固定化した事実を探求して，過去の責任を問うことに企業法務の本筋があるのではない。いま目の前に出現し，うごめいている現実に対して，いまどのように対応すべきかが問われるのである。本教材の中でも可能な範囲でそのような観点から学習に供する資料をある程度用意したつもりだが，まだ十分ではない。判決例などを読む場合にも，つねにOn-goingのビジネスの現場だったらどうしたらよいだろうかという問題関心を持って，取り組んでほしい。

第 1 編

企業法務総論

企業法務序説

1 「企業法務」の英訳は business law か？

　アメリカの大学でも，business lawという科目はある。しかし，これはビジネススクールや，大学のアンダーグラデュエイトで教えている一般教養としての入門講座のように思われる。テキストも，Business Lawという名前の本は，「契約とは」とか，「会社とは」といった基礎的な事柄から説いていたように思う。

　ロースクールでは，法律の専門科目を教えるということであるから，そこで企業法務がカバーするような話題をとりあげる場合には，business law といった程度をさらに推し進めて，Legal Aspects of Business Planning とか Mergers and Acquisitions とか International Business Transactionsといった名称のコースでとりあげていたように思われる。ただし，これらは企業法務関係の個別の法分野である。この意味での「企業法務」の対象となると一般的に推測されるであろう会社法や知的財産法や環境法といった個別法に関しては，別にそれぞれ1つのコースとして教えることが予定されており，また，それぐらい各個別法は内容豊富なはずである。

　本書の目指すところは，business lawでもないし，個別の法分野の専門的・体系的知見を掘り下げるものでもない。もちろんこれらの個別の法分野を含む問題も取り上げているが，この教材ではその個別法のそもそものところからではなく，激動する現実の中で日々事業を展開している企業を中心に据え，それを支える企業法務活動との関連という側面からとりあげて，検討する。一方，企業法務にとって欠かせない企業の法務部門の組織とか，企業内弁護士に特有な経営トップとの関係をめぐる法曹倫理の問題とか，外部の弁護士事務所との関係をいかにすべきかといった事柄も取り上げている。

2 この教材で何を伝えたいと思ったのか。何をねらったのか。

　これから法曹になろうとする人に
　① 企業法務の実務の面白さ
　② 経済や経営と法律との関連性の深さ
を伝えることをねらいとした。そうして，企業法務というものに興味を持つ人を育てることができれば，多くの良い人材が企業法務の分野——弁護士事務所に勤める場合であっても，いわゆるインハウスローヤーになる場合であっても——に来て，活躍してくれることが期待できると考えたのである。

　これからは弁護士5万人時代といわれる。法科大学院の卒業生が弁護士となって直接企業の法務部門に入社するようなケースが増え，また，弁護士事務所と企業法務部門との人事の相互

乗り入れが多く行われるようになることが期待される。仮に上場企業３千社がそれぞれ３人の弁護士を社内法務部門で採用するという単純な想定をしただけでも，１万人近い弁護士がインハウスローヤーとして，企業法務に携わることになる。弁護士事務所で企業法務に関与する人々も増加しよう。そして，このような人事の交流をすることで，弁護士事務所のチェックポイントの多さ，専門知識の重要さを企業の側に理解してもらうことができ，反対に，弁護士事務所の側は，企業のスピード感覚というものを理解できるなど，お互いに得るものが多く，また，とりわけ，企業の実務がより法的にも問題が起こりにくい方向で処理されるようになって，今回の司法改革の理想にも近づくことになると思われる。その際に，企業が採用した弁護士などの専門家の処遇や教育方法などについて，弁護士会等からの産業界に対する積極的な働きかけが期待されるところである。

3　利益とリスクのバランス

　企業で，ある新しい仕組みを作ったり，プロジェクトをまとめようとする際に，その発案はライン部門からなされ，その検討が法務部門に依頼されてくるわけであるが，法務部門としては，まずそこに法律に違反するような事項がないかというコンプライアンス面からのチェックをすることになる。しかし，実際には，金融関係の企業で，金融庁の規制との関係から，あるスキームが認められるか否かが折々大きな問題となるようなケースを例外として，この違法であるかどうかの判別は，ある意味では，通常は問題になることは多くない。

　むしろ，こうした相談を受けた法務部門は，他の類似した案件を思い浮かべながら，そこにどのような法的リスクが出てくるか，それを避けるにはどういう契約条項を設けておくのがよいか，そのプロジェクトの利益を最大にするためには，どのような代替案が考えられるかを主として検討することになる。法律の規定の解釈には，かなりの幅がある場合が多く，そこに，先例や過去の判例をもとに考えながら，ある立場から見てもっとも利益の出るような仕組みを整理していくわけである。住友信託とＵＦＪの合併交渉の覚え書きに，これが破棄されるようなことが起きれば，たとえば１０００億円支払うといった条項が入れられていればということは，あの事件の際に，多くの法務マンが考えたことであろう。

　しかし，当方にとって一方的に有利なスキームでは，そのような提案をすることがいたずらに相手方の反発を呼ぶだけといったことも起こりうる。場合によっては，企業の法務部門が社内の意見調整の役割すら買って出ることが望ましいときもあるのである。このように，企業の法務部門は利益最大とリスク最小とのバランスをいつも考えて行動しようとしていること，また，そのための審査が重要な業務であることも忘れられてはならない。

　また，交渉に当たっては，すべての提案したポイントで当方の提案通りにいくと考えてはならず，どこで退いて，どこを勝ちとるかを見極めて，妥協をしていくことも大事である。すべての点で当方の主張通りになるようなケースでは，むしろ当方の提案が間違っていたのではないかと疑うべきであるような場合すらあろうし，また，ビジネスは１回だけで終わるのではな

いので，貸し借りの連鎖なのだと考えた方が正しいともいえる。法務部門が，契約交渉の際に，こうした貸借の連鎖，妥協のバランス表を作ってあげるということも起こりえよう。

　企業の人が弁護士事務所に相談に来て，「先生，この点は勝てますか。」というように，1点に絞っての質問がなされることがあるが，これは一般的には妥当ではなく，どういうことをどのような仕掛けでやろうとしているのかという，仕組み全体をまず外部の弁護士に解ってもらい，その上で，どのような法的リスクが出てくるのかの分析，検討を共にし，ピンポイントに絞った質問にも回答してもらうのが正しい方法であろうと思われる。弁護士の側も，企業が何を実現したいと考えているのかをよくつかんでかかる必要があろう。

4　予防法務から立法への参画へ

　企業の法務部門の機能として，まず紛争処理機能があげられる。これは，いわば病理現象の解決をねらうものであって，多くの場合，訴訟について専門知識を有するアウトサイドカウンセルとの協働で対応することになる。

　次に，企業の法務部門の第2の機能として，いわゆる予防法務の機能があげられる。事前に十分にその事案に関する法的問題を検討してから実行に取りかかれば，紛争になることがそれだけ減るということがねらいで，企業のレピュテーションリスクを避けて，長期的視点からの企業の利益を守り，また，企業活動の支援，推進を図る業務である。この為には，相談しやすい法務部門であることが重要であり，時には，ライン部門にご用聞きに行くケースも出てこよう。標準契約書の作成や業務の定型化を進めることも必要になろうが，その場合でもライン部門には必ず実行の前に相談させるような仕組みにしておく方が望ましい。

　一方，この面での相談を受けるアウトサイドカウンセルには，企業内部では蓄積されていない専門性を必要とする業務への対応が期待されるわけであるが，「高い，まずい，遅い」と批判されるようなことが起こらないように注意する必要がある。とくに，企業の業務の実態がよくわかっていないことに起因する問題は，前項で述べたようなことも含めて勉強することが重要であり，また，企業では，時は金なりであって，迅速な反応が評価される。

　こうした予防法務に加えて，より積極的な予防法務ともいえ，人によっては，戦略法務などとも呼ばれているものだが，立法への参画という点も今後は重要になろう。ここ数年の会社法の大改正をあげるまでもなく，実際にその法律を使っている者が，どのような法律であってほしいかについて発言することはきわめて大事であり，また，それが聞き届けられるような時代になってきている。今後は，従来のように，官庁から法律案が提示されるのではなく，民間のシンクタンクからの提案が期待され，そうした役割が法科大学院の卒業生にも求められる時代になっている。

5　正解は一つではない

　ビジネスに関係する問題は，先に述べたように，利益とリスクのバランスでどの方法を選択するかが決まってくるためよりその傾向がでるのであるが，一般的にいっても，法律の案件に関しては，正解は一つではないことが多い。同じ条文をとっても，その解釈には幅があるため，それらの組み合わせで検討しなければならない案件では，いくつかの選択肢が考えられるはずであり，それらをまずできるだけ数多くあげてみることが重要になる。そして，それらをいろいろな角度からチェックするということになる。そういう発想ができるには，常に柔軟に物事を見ていく態度が大事であり，また，仲間と自由に議論するという姿勢が必要である。

　「企業法務」という科目は，実務基礎科目群に分類されるケースが多いと思われるが，司法試験科目になっていないためか，ややもすると「聞き流す」科目ということになるおそれがある。しかし，上述のように，法科大学院を卒業した後に，企業と関係する法務を担当する人が多く出ることが予想される中で，いろいろな角度からの議論をすることによって，ビジネスとの関わりをどのようにしていくべきかを考えながら，勉強していってくれる人が増えることが我々の願いである。本教材がそのためのサジェスチョンとなれば幸いである。

梅澤　治為

第1章 企業法務とは何か
―― 企業法務の法システム全体における位置付け，基本的アプローチなど

　企業をめぐる法的問題はきわめて広く，且つ，深いものがあり，これに対する基本的なアプローチとしては，予防法務，戦略法務，紛争解決法務の3つの切り口がある。このような企業法務は，社内にあって企業の良心たるべき法務部門（社内弁護士を含む）と社外の法的リソース（顧問弁護士など）によって担われている。企業法務活動とこれを支えるリソースは法システム全体の中で重要な位置付けを与えられるべきものであり，その活動が適正に遂行されることは，個々の企業にとっても，また社会全体にとっても，基本的な重要性を有するといえよう。

　第1章では，以下のような事項について基礎的な理解を得ることを目指したい。
- a) 予防法務・戦略法務・紛争解決法務といった基本的な法務活動のアプローチ
- b) 法システム全体の中において有すべき企業法務活動の位置付け
- c) 企業法務の展開における Plan-Do-Check-Action（PDCA）の循環
- d) 経営者と企業法務の緊張関係

1　企業法務活動の基本的アプローチ

　企業法務活動の基本的アプローチとして，予防法務・戦略法務，紛争解決法務があり，その概要はおおむね次のように示すことができよう。

（1）予防法務・戦略法務
　～事業/制度の企画・立案・助言　～契約の立案，Drafting，審査・助言，契約交渉，捺印管理　～その他の文書審査等　～官庁への事前相談　～コンプライアンス・プログラム策定と社員教育，事案の調査，再発防止　～Public Comment（立法案，ガイドライン案等への意見具申）　～その他

（2）紛争解決法務
　～問題発生時の初期対応，～通報，公表，謝罪の支援　～解決のための相対交渉～調停等A

DRの利用　～債権回収手続　～公取委の調査・警告・排除措置・課徴金への対応　～規制官庁の告知聴聞・命令手続への対応　～刑事事件への対応（被害届，刑事告訴，捜査協力，弁護活動）　～訴訟への対応（訴え提起，応訴，主張立証の支援，和解検討）　～その他

　本書では，多数の裁判例や事例，定款，契約書，ガイドラインなどさまざまな資料を取り上げている。これらの資料を読む際に，常に企業の現場でどのような生の現実のもとで人々がどのような困難な課題に直面しているのかを思い描き，そのような現実に取り組む企業法務活動の在り方を考えていただきたい。

【課題】　法科大学院で学ぶ学生諸君は，弁護士，裁判官，検察官の法曹三者を目指す人が多いであろう。これら法曹三者は，それぞれ角度こそ異なるが，多かれ少なかれ企業の活動にまつわる法的な問題に取り組んでいる。本書で取り上げるさまざまな事件等を検討する中で，それらの取り組む法曹三者の姿をある程度想像できるであろう。企業法務における法曹三者の活動を考える切り口は，以下のように概観することができよう。それぞれの活動は具体的にどのように行われているであろうか。また，諸君は企業法務というものに将来どのように取り組もうとするのか。具体的なビジョンを描いてみよう。

（1）弁護士　①　企業をサポートする活動～社内弁護士，顧問弁護士その他継続的に相談・依頼を受ける弁護士，個別に依頼される弁護士，取締役・監査役となる弁護士など
　　　　　　　②　企業を相手方とする活動
（2）裁判官―本書でもみるように，企業をめぐる問題が司法の場で問われことが多くなり，いわば司法化の時代を迎えて，裁判所の役割が拡大している。
（3）検察官―本書でもみるように，企業犯罪は大規模化，複雑化の一途をたどっており，これと闘う検察官の役割もますます重要なものになっている。

2　法システムの全体像と企業法務

　企業法務は，法システムの中で稼動するものである。企業法務の問題を考えるに当たり，活動の場である法システムの全体像を認識し，そのなかにおける役割や位置付けを常に意識し反省することは，より良い企業法務プラクティスを実践する上で，きわめて重要な課題となる。このような観点から考えるとき，小島武司教授（中央大学法科大学院）の提唱される「正義の総合システム」[1]の構想は，企業法務にかかわる者がトータルな視点から法的空間における自らの位置付けや役割・機能を知り，業務実践に当たって自省の羅針盤となる，非常に貴重な座標軸を提供するものである。
　「正義の総合システム」は憲法理念としての「正義への普遍的アクセス」を現実のものとするため

---

[1] 小島教授の「正義の総合システム」については多数の文献があるが，さしあたり以下を読むことをお勧めする。小島武司「正義の総合システムを考える」民商法雑誌78巻臨時増刊3（末川博博士追悼論集），1978年，1頁以下，同『裁判外紛争処理と法の支配』（2000年，有斐閣）など。

の理論である。それは，正義への多元的ルートの創造・刷新，及び，不断に変容し成長する，より適切な正義の具現化を目標とする。紛争の解決は最終的且つ中核的には訴訟＝判決という法に準拠した裁断によって担われるが，その周辺には裁判上の和解のほか，当事者の自律的解決を支援する各種機関における仲裁，調停，和解あっせん，苦情処理，相談などが存在し，また当事者間の任意の話し合い（相対による紛争解決交渉）が日常的に行われている。紛争全体の数からすれば，これら裁判外の紛争解決活動の方が圧倒的な量を有しているであろう。また，契約締結交渉や予防法務活動もこの全体システムの幅広い裾野を構成している。これらは紛争をめぐる法システム全体のなかで，訴訟＝判決を中心とする同心円の外周輪のように取り巻き，相互に「波及と汲上げ」の作用を及ぼし合いながら正義＝法の内実を刷新し，その全体が有機的・総合的に「法の支配」を実現するための「正義の総合システム」として稼動している。企業法務に携わる者は，システムの中心部から法を媒介して事業活動の現場に法を波及浸透させる役割を担うとともに，現場の声を聴いて法の中心部に汲み上げ法を刷新する役割も同時に担わなくてはならない。

　会社法務部門は「企業の良心」として，企業の内部から法の支配の実現に貢献するものであり，「正義の総合システム」の重要な一翼を担っている。企業法務に携わる者は常にトータルな視点から，このような法システム全体の中において自分がどのような位置にあるのかを省みながら，予防法務・戦略法務，紛争解決法務の多様化・合理化と，法の持続的刷新に努めなくてはならないのである（次頁の図を参照）。

3　企業法務の展開における Plan–Do–Check–Action（PDCA）の循環

　プロフェッションとしての法曹は，常によりよい役割を果たせるよう業務の在り方を検討し，実行しなくてはならない。企業法務に携わる者も同じである。

【課題】　企業法務について，以下のようなPDCAの在り方を具体的に考え，イメージしてみよう。
　（1）活用される企業法務を目指して（PLAN），どのような工夫が考えられるか。社内の人々が問題を事前に法務部門などに相談することを促進するためには，どうしたらよいと思うか。
　（2）企業法務の実行（DO）は，どのようになされるべきだろうか。事業の計画立案，契約書の審査，対外的交渉，コンプライアンスの遂行など，具体的な場面を想定して考えてみよう。
　（3）提供している法務サービスの評価と反省（CHECK）は，どのようになされるべきだろうか。法務部門内での反省だけでなく，利用者である営業部門などの声を聴く必要はないだろうか。
　（4）サービスの充実と改善を目指して（ACTION），どのようなことを検討しなくてはならないだろうか。人員，社内組織での位置付け，教育，設備など広い範囲から考えてみよう。

第1編　企業法務総論

「正義の総合システム」における企業法務

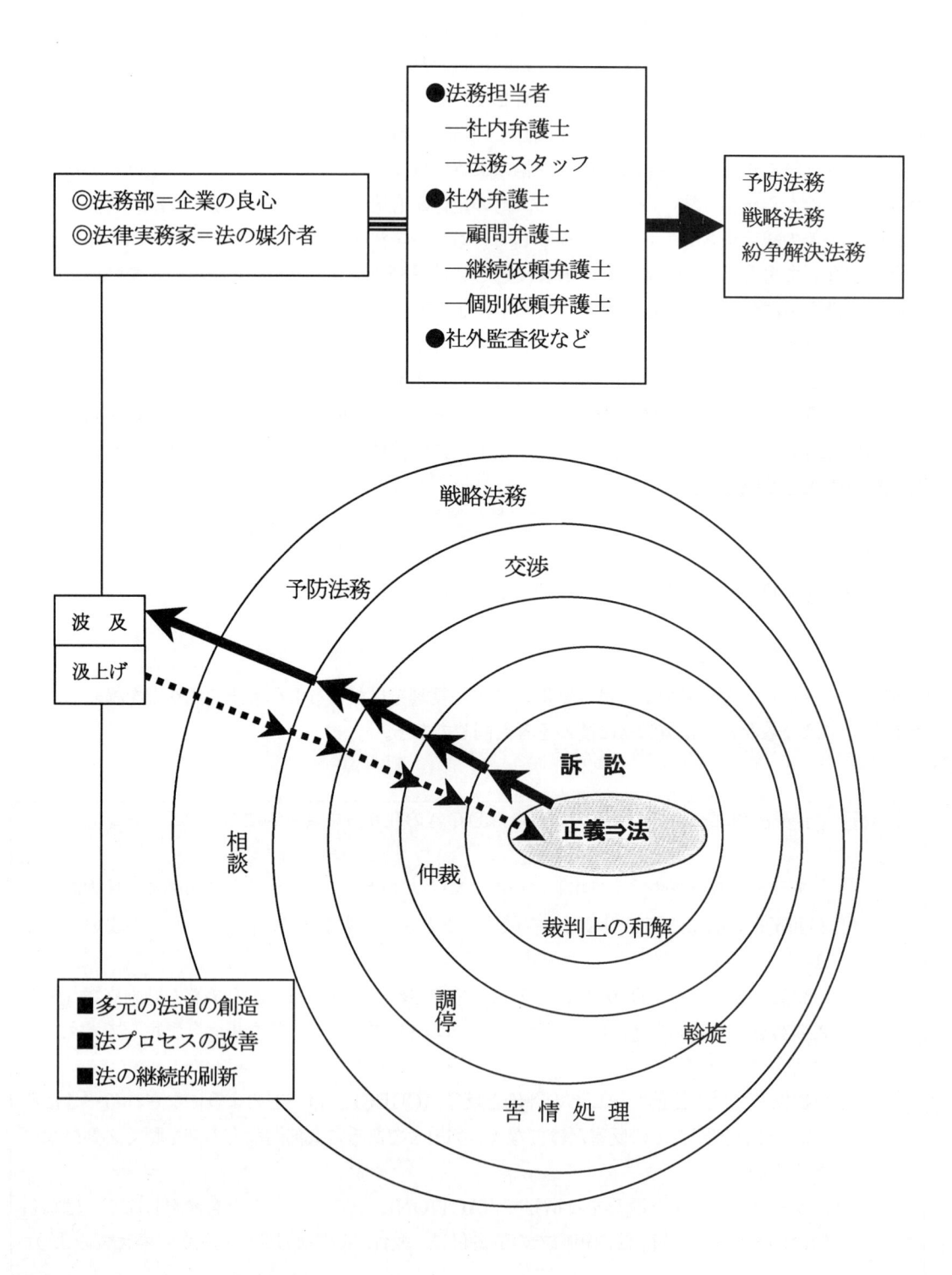

◎法務部＝企業の良心
◎法律実務家＝法の媒介者

- ●法務担当者
  - ―社内弁護士
  - ―法務スタッフ
- ●社外弁護士
  - ―顧問弁護士
  - ―継続依頼弁護士
  - ―個別依頼弁護士
- ●社外監査役など

予防法務
戦略法務
紛争解決法務

波及
汲上げ

戦略法務
予防法務
交渉
相談
仲裁
調停
斡旋
苦情処理
裁判上の和解
訴訟
正義⇒法

■多元の法道の創造
■法プロセスの改善
■法の継続的刷新

10

4　経営者と企業法務の緊張関係

> 【課題】　以下の日興証券損失補填株主代表訴訟事件判決を読んで，事実，争点に対する当事者の主張及び争点に対する裁判所の判断をまとめなさい。

● 東京地裁平成9年3月13日判決（判例時報1610号116頁）

原告　　株主
被告　　もと取締役ら

主　文

一　原告の請求及び参加人の参加請求をいずれも棄却する。
二　訴訟費用は原告及び参加人の負担とする。

事実及び理由

第一　請求及び参加請求

被告らは，日興証券株式会社に対し，連帯して金9億1800万円及びこれに対する平成7年3月17日から支払済まで年5分の割合による金員を支払え。

第二　事案の概要

本件は，平成2年から同3年にかけて，日興証券株式会社（以下「日興証券」又は「会社」という。）が一部の大口顧客に対して利益提供（いわゆる損失補填）を行ったことに関し，株主である原告及び参加人が，右行為は平成3年改正前の証券取引法50条1項3号，独占禁止法19条，取締役の善管注意義務等に違反し，これにより会社に利益提供と同額の損害を与えたから，商法266条1項5号に基づく損害賠償責任があると主張して，うち顧客六者に対する平成2年1月から同年8月までの間の合計9億1800万円の利益提供（本件利益提供）につき，当時取締役であった被告らに対し，右同額の損害賠償と第二事件の訴状送達の日の翌日ないし翌々日からの民法所定の年5分の割合による遅延損害金の支払を請求している株主代表訴訟である。

一　争いのない事実等

1　当事者等

（一）　日興証券は，有価証券の売買，有価証券指数等先物取引，有価証券オプション取引及び外国市場証券先物取引，有価証券の売買等の媒介，取次及び代理，有価証券の引受，有価証券の売出，有価証券の募集及び売出の取扱等を事業目的とする東京証券取引所第一部上場の株式会社である。

（二）　原告は，平成3年3月20日から現在に至るまで，参加人は，平成2年1月1日から現在に至るまで，それぞれ日興証券の株式を保有している（争いがない）。

（三）　日興証券における被告らの主な経歴は，別紙一記載のとおりであり，本件利益提供当時，被告A，同B，同C，同D，同E，同F，同G，同H及び同Iは代表取締役，同J（ただし，平成2年5月31日取締役を辞任），同K，同L，同M，同N，同O，同P，同Q，同R，同S及び同Tは，取締役の地位にあった（争いがない）。

2　営業特金の概要

いわゆる営業特金とは，委託者が受託者たる信託銀行に対して運用方法を指定して金銭を信託する特定金銭信託契約に基づく勘定を利用した取引（特金勘定取引）のうち，委託者が投資顧問業者と投資顧問契約を締結することなく，事実上，証券会社に運用を一任し，証券会社の指示又は助言に基づいて，信託財産の運用がなされる取引をいう。

特定金銭信託（特金）は，税務上，運用する有価証券の評価について，法人が保有する他の有価証券と区分して処理すること（いわゆる簿価分離）が認められ，企業が保有する株式の含み益を温存しつつ，株式売買による利益（キャピタル・ゲイン）を獲得できること，運用する株式の名義が信託銀行名義になっているため，持株数に変動があっても株式持ち合いの相手に誤解を与えないこと，キャピタル・ケインを信託収益金・配当金（インカム・ゲイン）として取得できるなどの利点があり，また，昭和５９年から昭和６１年にかけて，生命保険会社，損害保険会社，信用農業協同組合連合会，自治省関連共済組合等のいわゆる機関投資家に対して特定金銭信託を通じた有価証券の運用が認められたこともあって，その取扱高が飛躍的に増加した。

しかし，営業特金は，証券会社が事実上，運用の指示等を行うことから，株式相場が下落したり，運用成績が不良である場合には，その責任の所在を巡って，顧客との間で紛争を生じさせる可能性を有していた。

3　本件通達及び事務連絡

平成元年１１月，大和証券が損失補填を行っていたことが発覚したことから，大蔵省は，同年１２月２６日，社団法人日本証券業協会会長宛に，「証券会社の営業姿勢の適正化及び証券事故の未然防止について」と題する証券局長通達（本件通達）を発出し，(1) 法令上の禁止行為である損失保証による勧誘や特別の利益提供による勧誘は勿論，事後的な損失の補填や特別の利益提供も厳に慎むこと，(2) 特金勘定取引につき，原則として，顧客と投資顧問業者との間に投資顧問契約が締結されたものとすること等について，同協会所属証券会社に周知徹底するよう要請した（《証拠略》によるほか，争いがない）。

また，本件通達の趣旨を徹底する目的で，同日，大蔵省証券局業務課長から各財務（支）局理財部長宛に事務連絡を行い，(1) 顧客が信託銀行と締結した特金勘定取引については，運用が証券会社に一任されたり，利回り保証や特別の利益提供等の不適正な営業行為が生じる恐れがあるため，証券各社に対し，平成元年１２月末現在における，特金勘定取引の業態別口座数，残高及び管理体制について調査を行い，実情を把握する，(2) 特金勘定取引に係る口座については，口座開設基準を設け，口座を開設する場合は，(イ) 顧客の属性，資産の状況，有価証券投資経験の有無，口座開設の理由，当該口座における運用資産規模及び運用形態等を記載した書面を当該顧客から受け入れるとともに，(ロ) 顧客が当該取引について投資顧問会社と投資顧問契約を締結していることを確認するか，又は一定の基準を満たす顧客との間で，運用に当たり売買一任勘定取引，利回り保証，特別の利益提供等の行為は行わない旨の書面（以下「確認書」という。）を取り交わし，所定の社内手続を経るといった措置を講じるよう求めた。そして，既存の特金勘定取引については，平成２年末までに (2) の措置を講じることとされた。

4　公正慣習規則の改正

日本証券業協会は，本件通達を受け，平成元年１２月２６日，同協会の規則である「協会員の投資勧誘，顧客管理等に関する規則」（昭和５０年２月１９日，公正慣習規則９号）を改正し，「協会員は，損失保証による勧誘，

特別の利益提供による勧誘を行わないことはもとより，事後的な損失の補填や特別の利益提供も厳にこれを慎むものとし，取引の公正性の確保につとめるものとする」旨の規定（同規則8条）を新設し，これを受け，各証券会社は，社内規則としての「特金勘定取引管理規則」を制定した（《証拠略》によるほか，争いがない）。

5　損失補填等

日興証券は，別紙二の一覧表記載の顧客のために，特金勘定取引に係る口座その他の取引口座をそれぞれ開設していたところ，平成2年1月から平成3年3月までの間に，同一覧表記載のとおり，合計470億7500万円に上る損失の補填又は利益の提供（過剰補填を含む）を行った。損失補填等の方法は，外貨建てワラント債の低廉譲渡と短期間での高値買い戻し，新発の転換社債，ワラント債の割当て，現金の支払い等である（以上争いがない）。ただし，右金額のうち6億9600万円は新規発行のワラント債の割当て・買い戻しにより行ったもので，他の顧客と同一条件による割当てであったが，その価格が市場での取引価格を下回っていたため，その差額が損失補填と認定されたものにすぎず，会社の所定の売出し価格によるものであったから，会社の出捐は伴っていない。

このうち，本訴において原告及び参加人が被告らの責任を追及しているのは，以下の利益の提供である。

　　　　顧客名　　実施時期　　提供利益額
（1）小野田ファイナンス　平成2年2月　金1億0200万円
（2）　九州旅客鉄道　平成2年1月　金5500万円
（3）　同　　　　　　平成2年2月　金5500万円
（4）　住友生命　　　平成2年2月　金2億1500万円
（5）　同　　　　　　平成2年3月　金9700万円
（6）　西日本銀行　　平成2年3月　金1億0300万円
（7）　中国銀行　　　平成2年8月　金5000万円
（8）公立学校共済組合　平成2年7月　金4億4400万円のうち，過剰補填部分金6300万円
（9）　同　　　　　　平成2年8月　金3億5700万円のうち，過剰補填部分金1億7800万円
　合計　金9億1800万円

6　制裁等

（一）　日興証券は，平成3年7月8日，大蔵省の指導に従い，法人部門及び本店営業部の個人部門について，4日間の営業自粛を行った。

（二）　大蔵省は，平成3年9月，日興証券に対し，同年3月期の損失補填等について，本件通達違反等を理由に，同年10月の1か月間，国債の入札及び引受から除外する措置を採った。

また，大蔵省は，同年10月，日興証券に対し，同年3月期において損失補填等を行ったこと及び確認書を取り交わした後にも補填等を行っていたことを理由に，各法人部門について3週間の営業自粛を指導し，同社はこれに従い，平成3年10月15日から同年11月5日まで法人関連部門の営業活動を自粛した。

（三）　東京証券取引所は，平成3年7月8日，日興証券に対し，損失補填等が同取引所の定款で定められた取引上の信義則に違反することを理由に，500万円の過怠金を科し，さらに，同年10月，同年3月期の補填について，過怠金500万円を科した。

（四）　日本証券業協会は，平成3年7月10日，日興証券に対し，同社が平成2年3月期に損失補填等を実施したことが公正慣習規則に違反し取引上の信義則に反するとして，500万円の過怠金を科し，さらに，平成3年10月21日，同年3月期の損失補填等について，3000万円の過怠金を科した。

(五) 公正取引委員会は，平成3年11月20日，日興証券に対し，本件利益提供を含む損失補填等を行ったことが不公正な取引方法（昭和57年公正取引委員会告示第15号，以下「一般指定」という。）9項に該当し，独占禁止法19条に違反するとして，同法48条2項に基づき，今後，顧客との取引関係を維持し，又は拡大するため，顧客に対し，損失補填等を行わないこと，今回の損失補填等が独占禁止法の規定に違反し，今後，同様の行為を行わない旨を同社の役員及び従業員並びに顧客に周知徹底すること等を内容とする勧告を行ったところ，日興証券がこれを応諾したことから，同年12月2日，同社に対し，同条4項に基づき，右勧告と同趣旨の審決をした。

二 争点

1 本件利益提供は，平成3年法律第96号による改正前の証券取引法50条1項3号に違反するか。

2 本件通達及び公正慣習規則に違反した行為は，商法266条1項5号の法令違反となるか。

3 本件利益提供は，独占禁止法19条に違反するか。違反するとした場合，商法266条1項5号の法令違反となるか。

4 本件利益提供について，被告らに善管注意義務違反ないしは忠実義務違反があったか。

5 被告らの行為により，会社に損害は発生したか。

三 当事者の主張

1 争点1（証券取引法違反）について

（原告及び参加人の主張）

（一） 日興証券の実施した損失補填等には，事前に明示又は黙示の損失保証約束があり，改正前の証券取引法50条1項3号に違反する。

日興証券は2年間に470億7500万もの損失補填を行ったが，巨額の出捐をしてまで営業特金を解消しなければならなかったのは，同社が大口の顧客に対して，事前に損失保証を約束しており，相場の下落に伴ってより大きな出捐を履行せざるを得ない立場にあったからにほかならない。国会における被告Aの陳述も，将来相場が下落すれば，日興証券が実際に顧客に生じた損失にかかわらず多額の補填をしなければならなかったことを前提としている。被告らは，営業特金等において，将来損失が生じた場合，顧客から損失補填の要求が行われる虞があり，このような取引を解消することが健全経営のために必要であったことを認めているが，顧客から損失補填を要求された場合に，証券会社がこれに応じなければ何ら経営の健全性を害することはないのであるから，被告らが経営の健全性を害すると考えていたことは，会社が顧客の要求を拒否できないこと，すなわち事前の損失保証約束を前提としなければ理解できない。

損失がないのに利益提供したことは，事前の勧誘時に明示又は黙示の利益保証をしていたと考えなければ説明できない。営業特金以外の一般口座に対しても，また，確認書を取り交わした後においても，補填を行っていること，さらに，公立学校共済組合のように，二期にわたって多額の過剰補填をしていることは，営業特金の解消のためという理由では説明できず，利益保証・損失保証があったことを示している。

（二） 仮に，事前の損失保証が認められないとしても，損失補填等は，証券投資における投資家の自己責任の原則に反し，証券取引の公正を害するとともに証券会社の健全経営を損なう点において，損失保証と同様の危険を有しているから，改正前の証券取引法50条1項3号に違反する。改正前の証券取引法

に事後の損失補填を禁止する明文がなかったのは、証券会社が損失保証の約束なしに損失補填を行うことは想定し難く、事前の損失保証を禁止することによって事後の損失補填をほぼ防止することが可能であるから、敢えて禁止規定を設ける必要性に乏しかったというにすぎない。平成3年の改正における損失補填禁止の明文化は、創造的規定ではなく、確認的規定であり、損失補填は旧証券取引法上も同条項によって実質的に禁止されていた。

昭和62年ころから平成3年ころまでの間において、証券会社の損失補填は、あたかも慣行のように広範囲かつ組織的に行われ、補填を受けた大口顧客は、今後も損失補填を受けられると期待するのが当然の状況にあった。日興証券においても、少なくとも昭和62年から損失補填を行い、恒常化しており、顧客の側も損失補填を期待していたのであるから、事後の損失補填であっても、安易な投資判断が行われ、公正な価格形成が阻害される危険性は、事前の損失保証約束があった場合と異ならなかった。しかも、日興証券が行った損失補填は、巨額に上り、会社の経営の健全性を害するおそれがあることは明らかであった。

（被告らの主張）

（一） 本件損失補填等は、一切、事前の損失保証約束、利益保証約束に基づくものではない。

（二） 事前の損失保証約束、利益保証約束に基づかない事後の損失補填等が、改正前の証券取引法50条1項3号の禁止する損失保証約束を伴う勧誘行為に含まれるとするのは、規定の文言から余りにもかけ離れた解釈であり、違反行為に対して行政処分が課されることを考えると、到底許される解釈とはいえない。

実質的にみても、損失補填等は、損失保証約束に比べて、流通市場における公正な価格決定を損なう危険性がはるかに小さく、証券会社の財務状態に及ぼす危険性も低いから、事前の損失保証と同一視することはできない。

2 争点2（通達違反・公正慣習規則違反）について

（原告及び参加人の主張）

（一） 本件通達及び前記公正慣習規則8条は、証券取引における公の秩序・法的秩序の一部を形成しており、商法266条1項5号の「法令」に該当する。商法266条1項の目的は、取締役の会社に対する損害賠償責任の追及にあるから、「法令」には厳密な法規範性を求めるべきではなく、取締役の業務執行にあたっての行為規範となるもので、かつ会社による金員拠出を禁止した規範であれば、これに含まれると解すべきである。

証券会社は、高い公共性を有し、営業姿勢の適法・適正が求められていることから、大蔵大臣による厳しい監督の下に置かれており、監督官庁である大蔵省の諸機関による通達が、証券会社の経営にあたる取締役の行為規範になることは明らかである。また、証券会社の自主規制団体である日本証券業協会は、証券取引の公正を確保し、投資者を保護するために、証券会社の業務に関して行為準則を定め、それに違反した協会員に対して制裁を課すことによって自主規制を行うものであるから、証券会社がこれに加入した場合は、同協会が定める行為準則が証券会社の取締役の行為規範となる。本件通達及び公正慣習規則は、証券取引に関する公の秩序・法的秩序の一部を形成しているという意味からも、その違反は「法令」違反となる。現実に、大蔵省は本件通達に違反したことを理由に会社に対して営業自粛を指導し、会社はこれに従ったほか、日本証券業協会は、同協会規則違反を理由に会社に対し過怠金を課しており、このような厳しい処分は、本件通達及び公正慣習規則が

強い法規範性を有することを明確に示している。

通達は、大蔵省設置法に法律上の根拠を有し、証券業協会の規則は、証券取引法上定款の必要的記載事項とされているから、証券取引法に根拠を有する。公正慣習規則は、これに違反すれば不法行為責任その他の責任を追及する根拠となりうる点からみても、「法令」に当たるというべきである。

（二）　「厳に慎む」とは、まさに行ってはならないことを規定しているものであり、損失補填を行うことを許す趣旨ではない。本件通達の趣旨は、損失補填が投資家の不公平感を生み、証券市場への信頼を失墜させることを防止する点にあるから、営業特金勘定取引の適正化を実現する目的であっても、損失補填を手段とすることが許されないという点にあり、この点は、本件通達、これに伴う証券局業務課長の事務連絡の内容及び日本証券業協会主催の説明会における説明内容、証券国会における松野証券局長の答弁からも明らかである。

（被告らの主張）

（一）　「法令」とは法律及びこれに基づく命令をいい、通達はこれに含まれない。通達は行政組織内部の規律に止まり、国民に対して拘束力を有する法規たる性質を持つものではない。本件通達は、大蔵省証券局長から日本証券業協会長宛に発出されているが、日本証券業協会は勿論、その会員である証券会社も大蔵大臣の下級行政庁でないから、本件通達により何らの法的拘束を受けるものではない。本件通達は、大蔵省設置法４条７９号による大蔵大臣の証券会社に対する監督指導権に基づき、営業姿勢の適正化を証券業界に求めた行政指導と解すべきであり、法的拘束力を有しない。

また、日本証券業協会は、有価証券の売買その他の取引の公正を確保し、投資者の保護に資するとの目的のために設立された自主規制団体であり、本質的には私法上の団体にすぎず、その自主規制規範である行為準則も、公法規範ではなく、私法上の団体の内部規範にすぎない。

（二）　公正慣習規則は、事後的な「損失の補填や特別な利益提供」について、「厳にこれを慎むものとし、取引の公正性の確保につとめるものとする」と規定しているにすぎず、事前の損失保証について、「損失保証による勧誘、特別の利益提供による勧誘」は「行わない」と規定して、証券取引法５０条１項３号と同様に禁止しているのと異なる。「厳にこれを慎む」という規定の仕方は、単に努力義務を定めたに止まり、損失補填等を明確に禁止したとはいえない。

3　争点3（独占禁止法違反）について

（原告及び参加人の主張）

（一）　顧客との取引関係を維持し、又は拡大するため、一部の顧客に対して損失補填等を行う行為は、正常な商慣習に照らして不当な利益をもって、競争者の顧客を自己と取引するように誘引するものであり、独占禁止法２条９項３号、一般指定９項にいう不公正な取引方法に該当し、同法１９条に違反する。損失補填等は、自己責任原則を害するばかりでなく、価格・品質競争以外の利益の供与によって顧客の選択を左右し、ブローカー業務における情報提供等の能率競争を全く無意味にするものであるから、証券業市場における正常な商慣習に反するとともに、公正競争阻害性がある。反復継続性・伝播性は、公正取引委員会がその権限を発動する際の基準にすぎず、不公正な取引方法に該当するための要件ではないと解すべきであるが、仮にそうでないとしても、日興証券は、長期間にわたり広範囲に損失補填等を行っていたものである

から，反復継続性，伝播性が認められる。

ことに，利益提供（過剰補填）は，供された利益の不当性や証券業界の正常な商慣習に反する程度が大きい。利益提供や過剰補填によって顧客維持をはかることは，単に失われた損失を補填するだけの行為に比べて，顧客維持の誘引性も大きく，顧客が必ず利益を得ることができると期待するために，証券業のブローカー業務における本来あるべき価格・品質競争を無意味にする危険性が著しく高くなる。

（二）　商法２６６条１項５号の「法令」には，すべての具体的法規が含まれる。商法２５４条の３において，取締役に対して「法令」の遵守義務を課しているが，同条の「法令」は広くすべての法令を含むと解されており，同法２６６条１項５号の［法令」を特に狭めて解するのは，不自然かつ不合理な解釈である。

独占禁止法１９条は，公序＝公正競争＝競争秩序の維持という公益的規定であり，特定者の利益の保護の規定ではない。独占禁止法は，高度に発達した資本主義の下で，過度の経済力の集中を防止ないしは避けることにより，健全な市場経済を維持・発展させ，ひいては消費者の利益を擁護するための法であり，同条に定める不公正な取引方法の禁止の趣旨は，公正な競争を阻害するおそれのある行為，公正な競争秩序に悪影響を及ぼすおそれのある行為を禁止して，競争を公正かつ自由なものとして秩序づけようとするものである。同条は，企業及びこれを実際に運用する取締役に，公序として遵守すべき具体的義務を課したものであり，商法２６６条１項５号の「法令」に該当すると解すべきである。

（三）　法令違反についての過失は，必ずしも具体的な法規条項に違反することの認識可能性であることを要せず，実質的な違法性の意識の可能性があれば足りる。本件損失補填等を行う時点において，被告らには，構成要件的事実（損失補填等が正常な商慣習ではなく，公正な競争秩序を害すること等）を認識し，本件損失補填等が違法であることを認識できる契機が与えられていた。被告らの主張は，独占禁止法という法律に違反することを知らなかったということであって，単なる法の不知を主張するに過ぎない。

すなわち，平成元年１２月２６日，本件通達が出され，これを受けて，日本証券業協会は，公正慣習規則を改正し，本件通達と同様，損失補填等を厳に慎むこととする条項を追加したのであるから，被告らは，この時点において損失補填等が何らかの問題性を持っていることを認識した。したがって，被告らとしては，損失補填等が違法でないかどうかを，当然，調査すべきであった。自社の法務部あるいは顧問弁護士に，損失補填等の動機を説明して法的問題性について相談し，検討させていれば，本件損失補填等が独占禁止法違反であることが判明したはずである。ところが，被告らは，営業特金の全面解消を前提とした処理をするために，あえて調査を依頼せず，法律的な検討を行わずに損失補填を断行した。被告らは，十分な違法性の認識を有していたといえるのであり，少なくとも損失補填の問題性を認識しながら法的な検討・調査を行わなかった点において，取締役として大きな過失がある。

（被告らの主張）

（一）　自己責任原則とか証券取引の公正性といった問題は，証券取引法ないし証券取引政策上の問題であって，独占禁止法上の公正競争阻害性とは別の問題である。一般指定９項は，競争者の一部が他よりも有利な利益を顧客に与えることにより，顧客を自己との取引に誘引することを対象とするもので，競争

事業者の与える利益が同等であれば，顧客は当該利益ではなく，提供される商品・役務の品質ないし価格によって取引先を選択するはずであるから，当該利益の供与は公正競争阻害性を有しない。本件損失補填等が行われた当時は，大手，準大手を問わず，殆どの証券会社が損失補填等を実施しており，競争関係に立つ同業者が一斉に損失補填等を行っている状況にあったから，公正競争阻害性はなかった。日興証券が実施した損失補填等の額が，損失補填等を実施した証券会社の中で最も多額であったのは，資本金，取引高等の企業規模や営業収益，経常利益に応じて，損失補填等を要する顧客数等が結果として大きくなっただけで，他社よりも多額の損失補填等をなすことにより顧客の維持，誘引等を意図したものではない。

また，公正競争阻害性の判断に当たっては，当該行為の反復継続性，伝播性等を考慮すべきであるところ，本件損失補填等は，本件通達を受けて，営業特金を解消するためになされたもので，今回限りのものであり，将来にわたり反復継続されるものではなく，伝播性を有するものでもないから，公正競争を阻害しない。

（二）　独占禁止法１９条は，競争者の利益を保護することを意図した規定であって，同条違反が当然に商法２６６条１項５号の法令違反に当たることはない。

（三）　被告らには，当時，損失補填を行うことが独占禁止法に違反するとの認識がなく，かつその認識を欠いたことに過失がなかったから，商法２６６条１項５号違反による損害賠償責任を負わない。

一般指定９項は，極めて広い評価，裁量の余地を残した不明確な規定であり，仮に被告らが同項について検討したとしても，本件損失補填等が同項に抵触するとは判断できなかった。同項にいう「競争者の顧客」に自己の顧客が含まれると解されるとしても，通常は，自己以外の顧客を自己と取引するように仕向けることと説明されているし，企業が自己の顧客に利便を供与して取引の継続を図ることは通例であって，これは合法的に認められている。一般取引において，自己の商品に関して取引相手が損失を被ったとき，その損失を補填することは十分にあり得るし，まして，自己の都合により一方的に取引を解約するような場合にその損失を補填することは当然に考えられることである。また，損失補填等は主要な証券会社のほとんどが行っていたものであって，競争者が並行的に行う場合は，それにより能率競争を阻害することはないと考えるのが通常であり，この意味からも被告らが本件損失補填等が不当な利益による顧客誘引になるとの認識を持たなかったとしても無理はない。

現に，独占禁止法の専門の学者でも，当時は本件のような損失補填等が独占禁止法１９条に違反すると考えなかった者もいた。本件損失補填等の前にも損失補填等が大きく取り上げられたことがあるが，公正取引委員会から何らの注意も懸念表明もなく，誰一人として独占禁止法違反の問題があることを指摘した者はなかった。証券業界において，過去に独占禁止法上問題とされた事案は皆無であり，証券取引において独占禁止法の規制を受けることはないとの認識が一般的であった。

証券取引の公正性と独占禁止法の公正競争阻害性とは別問題であるから，被告らが本件通達・事務連絡を認識し，公正慣習規則の改正を知っていたことから，本件損失補填等が独占禁止法１９条に違反するとの認識も持つべきであったとはいえない。

4　争点４（善管注意義務・忠実義務違反）について

（原告及び参加人の主張）

（一）　取締役の判断が善管注意義務を尽くしたとされるためには，その判断が著しく不合理ではなかったという合理性の要件のみでは足りず，第一に，判断の対象となる行為が法律，規則，通達その他会社の行為規範・行為準則等の具体的法規に合致し，合法かつ適正であること，第二に，判断の前提資料が適正かつ合理的な判断を可能とする程度に収集分析され，インフォームドされていること，第三に，経営者としての合理的な判断であること，第四に，判断が信義誠実かつ公正なものであることという4つの要件が全て満たされることが必要である。

（二）　会社は，法によって法人格を与えられ，合法な行為のみを実施できるのであり，権利能力及び行為能力はその限りで制限を受ける。会社は，社会に実在するものとして，会社を取り巻く種々の行為規範，行為準則を遵守する義務を負う。商法が取締役の会社に対する責任を明確かつ厳格にしようとした趣旨は，単に取締役の行為によって会社が被った損害を回復させようといった経済的目的のみを意図したというものではなく，この責任を通じて取締役の行為に適正さという枠組みをはめることによって会社運営の適正さを確保しようとしたものである。したがって，取締役が善管注意義務を尽くしたものであるかどうか，その行為が合理性を有するかどうかは，その行為を会社運営の適正化の視点から分析することが必要である。取締役の義務に関する被告らの理解は，利益の追求としての側面のみを強調し，会社運営の適正化の実現という視点を欠落している。

取締役は高度な経営上の判断を求められるものであるが，具体的法規違反は，経営判断の合理性によって相対化されてはならず，善管注意義務の最下限として，取締役の合理性の判断を限界づけるものである。

被告らの行為は，独占禁止法に違反するのみならず，本件通達及び公正慣習規則に違反する行為であって，会社に対する善管注意義務に違反する。

（三）　取締役は経営者として常に適法で合理的かつ信義誠実・公正な判断と行動が要求され，その判断と行動の意思決定においては，十分な情報，資料を得て，内容・事実関係を理解した上で分析，検討する必要がある。そして，この判断の前提資料の収集・分析は，担当業務執行取締役のみならず，担当取締役の執行内容を監視するその他の取締役にも求められる。

被告らは，平成2年1月16日の経営連絡会と同月22日の取締役会において，本件損失補填等の方針を決定しているが，これらの期日は，営業特金の解消等について顧客との交渉を指示した日の直後であり，本格的な交渉も十分に行われず，その具体的状況の把握もできていなかった。また，本件損失補填等が決定，承認された平成2年1月16日の経営連絡会，同月22日の取締役会，同年4月26日の取締役会，同年5月26日の取締役会において，取締役において適正かつ合理的な判断を可能とするのに十分な前提資料が収集・分析されて決定，承認された形跡は全くない。被告らが主張するように，営業特金解消のためにやむを得ないと判断し，会社の経営の健全性を害さない範囲内で補填等を行ったというのであれば，少なくとも右取締役会等において営業特金等の全体状況，顧客交渉の実情，損失補填額の予想と会社の収益予想の具体的バランス等について具体的な数字と資料の収集・分析が必要である。これらの具体的説明や資料がない限り，被告らにおいて適正かつ合理的な判断などできる筈がないのに，担当取締役に対して資料提供を求めるこ

とすらしていない。

　また，被告らは，損失補填の違法性や規範違反の存在について疑問を持ち得る状況にありながら，積極的な調査を行うこともなく，法務部，顧問弁護士等の専門家に判断を求めることもしていない。

　とくに，損失の額を超える利益提供（過剰補填）は，結果的に利益保証と同様の効果を顧客に与えるもので，問題性が大きく，その必要性や不可避性について十分慎重に取締役において検討しなければならないのに，特金解消を一任された被告E，同Qその他の担当取締役は，その事実について取締役会や他の取締役に対し何らの報告や検討依頼をしていない。

　さらに，被告Iは，本件通達の趣旨について，大蔵省証券局の見解の主眼が特金解消にあり，そのために損失補填等も黙認する意向にあるとの誤った理解の下に，これを前提に経営連絡会等に報告しているが，こうした誤った情報に基づいては適正かつ合理的な判断はできない。他の取締役も，本件通達の内容と被告Iの報告が大きく食い違っているにもかかわらず，さらに調査，分析することなく，漫然と誤った情報を受け入れてしまっている。

　以上のとおり，被告らの判断の前提となった情報は，いかなる意味においても適正かつ合理的な判断を可能とする程度にインフォームドされているとはいい難い。

（四）　本件損失補填等の決定・実行は，合理性，信義誠実及び公正性に欠ける。

（1）　被告らが本件損失補填等を行う過程をみると，①経営連絡会で補填回避の方策を十分に検討努力せず，極めて短時間に補填要求に応じたこと，②取締役会において，十分な議論をせず，投資顧問に付するなど他の選び得る手段の検討を十分にすることなく，営業特金解消のためには補填やむなしとの結論を極めて安易に出した（法律上の根拠がない支出であるのに，補填の限度額について明確な基準を設けず，重要な顧客の維持という漠然とした基準により多額の補填を行った）こと，③本件通達の解釈に関して当然議論があってもよいのに，安易に損失補填やむなしとの判断に至り，通達の解釈を誤り，公正慣習規則の規範性を全く無視したこと，④独占禁止法等の法的問題発生の可能性を認識しながら，これを十分に検討せず，安易に補填を実行していること，⑤独占禁止法で禁じられている不当な利益による顧客誘引の構成要件を基礎づける違法事実を認識しながら，敢えて補填を実行したこと，⑥経営健全性を害さない範囲の出捐であるかどうか精査した形跡がない（監査法人に調査を依頼するなどして収益を合理的に予測したという形跡がない上，投資家の市場離れを発生させ手数料の大幅な減収をもたらしたから，経営健全性に関する判断に合理性があったとはいえない）こと，⑦顧客維持のみを優先し，証券市場にもたらす混乱などへの配慮が全くなく，特定の大口顧客のみに補填した（自己責任の原則を始めとする証券取引の秩序を維持形成していく義務に違反している）こと，⑧営業特金解消のためといいながら，実際には補填をしながら，解消しなかったものも多くあったこと，⑨損失補填の実施を決定した後，その具体的な実施状況を調査，検討した形跡が全くないことといった事情が認められる。

　本件損失補填等の決定・実行は，会社財産を出捐すべき場合に払うべき誠実さ，慎重さ及び公正さを全く欠き，合理性を基礎づけるべき正当な理由が全く提示されていないものであって，著しく合理性を欠く。

（2）　本件利益提供のうち，小野田ファイナンス，九州旅客鉄道，住友生命，西日本銀行及び中国銀行に対するもの（争いのない事

実等5（1）ないし（7））は，損失が発生していないにもかかわらず利益を供与したものであり，公立学校共済組合に対するもの（同（8）（9））は，平成2年3月期に37億5100万円もの極端に多額の補填を行い，そのうち25億7600万円が損失を超えた過剰な補填であったにもかかわらず，確認書を徴求した後の平成3年3月期にも過剰補填となる多額の補填を行ったものである。過剰補填及び確認書徴求後の補填の不合理性は，損失を前提とした補填行為と比較しても一層強く，信義誠実及び公正性を著しく欠くものであって，その違法性は極めて高い。

（被告らの主張）

（一）　企業の経営は，通常の場合においても，流動的かつ不確実な市場の動向の予測や複雑な要素が絡む事業の将来性の判定の上に立って行われるものであり，まして，いわゆるバブル経済の膨張とともに異常に膨れ上がった営業特金を，急激な株価の低落という極めて困難な市場状況の下において，早期かつ全面的に解消せざるを得ない局面に立たされた被告らには，その総合的・専門的な判断力を最大限に発揮すべきことが期待され，そのためには広範な裁量を認めざるを得ない。もともと，会社の取締役は，法令及び定款の定め並びに株主総会の決議に違反せず，会社に対する忠実義務に背かない限り，広い経営上の裁量を有しているが，右のような最も困難な種類の経営判断が要請される場面においては，特にこのことが妥当し，そのような判断において，その前提となった事実の認識に重要かつ不注意な誤りがなく，意思決定の過程・内容が企業経営者として特に不合理・不適切なものといえない限り，当該取締役の行為は，取締役としての善管注意義務・忠実義務に違反するものではない。

（二）　被告らには，本件損失補填等が，一般投資家の市場に対する信頼の喪失を招きかねないとの認識はあった。しかし，営業特金の早期全面解消という重大な決断を迫られた被告らが，私企業の取締役として先ず第一に考慮すべきは，会社事業の将来における発展であり，収益の大きな部分を法人顧客から得ているわが国の証券市場の実態から，法人顧客との将来の円滑な取引関係の維持に最重点を置いたとしても，やむを得ない経営判断であった。

重大な法令違反を冒してまで自社の利益を図った場合には，取締役としての義務違反を認定されざるを得ないが，本件損失補填等は，当時の証券取引法に違反せず，独占禁止法にも違反しないか，違反について過失がなかった。本件通達及び公正慣習規則は，法的規制には程遠い。本件損失補填等が一般投資家の市場に対する信頼の喪失を招きかねないとの認識があったとしても，明白な法令違反についての認識ではなく，このような漠然たる認識から，損失補填等といった最も困難な種類の経営判断をする前提としての事実の認識に重要かつ不注意な誤りがあったとはいえないから，善管注意義務違反を認定することはできない。

（三）　本件において，前提となった事実の認識に重要かつ不注意な誤りはなかった。異常に膨れ上がった営業特金の問題点を正確に把握し，運用成績の向上に努めつつ，その縮小を図っていたところ，本件通達が発出されるや，担当官との接触を通じて，その主眼が営業特金の早期かつ全面的な解消にあると理解したが，その理解に誤りはなかった。営業特金の全面的解消の実行に際しては，法人顧客に関する各部門の担当者である本部長等を通じてその担当している営業特金の取引内容や顧客との取引関係を確認し，営業特金解消にあたっての顧客の要求の把握に努める一

方，顧客の強い要求によって補填をせざるを得ない場合に備えて，昭和60年9月期以降の会社の収益・財産の状況を把握した。被告らは，特に，個々の補填先企業，各顧客との従来の取引関係の状況，今後取引関係を維持することが会社にもたらす利益，顧客の運用資産の性格，営業特金の運用成績，解消にあたっての顧客の要求といった点について，事実を把握し，その認識に誤りはなかった。

以上の事実認識に基づき，各顧客と困難な交渉を行った結果，被告らは，会社の重要な顧客との関係を維持することの重要性を第一義とし，それまでの取引の経緯，顧客の置かれた状況等を勘案し，会社の財政状態の許す範囲内でそれぞれ補填額を決定したものであって，右決定の内容は，何ら企業経営者として不合理・不適切なものではなかった。株式市況が急落を示し始めている特異な状況の下で，本件通達の趣旨を営業特金の可及的速やかな全面的解消にあるとの理解に基づき，顧客との関係維持を図りつつ，円満に営業特金を解消するという目的を達成するためには，顧客とぎりぎりまで交渉して納得してもらうことは極めて困難なことであり，被告らの決断が迅速であったことを以って安易であると批判するのは失当である。補填回避の方策として投資顧問契約を締結することは，営業特金の要素の一つである売買一任勘定的取引を払拭すること，すなわち営業特金を解消することによって初めて可能になるものであるから，そのためには，結局，顧客との交渉ないし損失補填という方策しかなかった。

また，意思決定の過程においても，社長以下の代表取締役及び株式本部長等の取締役から構成される経営連絡会において，営業特金の早期・全面的解消，顧客との良好な取引関係の維持，具体的解決策の営業企画部門への一任を決定し，それについて取締役会の了承を受けた上で損失補填等を実施し，その結果を決算承認取締役会において報告し，了承を得ており，異常事態において必要とされる緊急措置の実施のための意思決定の方法として，右過程に企業経営者として特に不合理・不適切な点はない。補填すべき金額は，顧客毎に，営業特金の運用成績，会社との取引関係，交渉における顧客の態度により異なっており，取締役会の議決を得るための日時を要する間に当該顧客の営業特金の損失額は変動するから，一々取締役会に諮らずに，経営連絡会及び取締役会の授権を受けて，被告E，同Q及び担当取締役が決定することとしたことは，補填額を決定する最も適切な方法であったし，補填金額は会社の経常利益に比して経営健全性に悪影響を与える程ではなかった。

（四）　本件顧客六者は，日興証券がその親会社の引受主幹事であったり，取引量が極めて大きかったことなどのため，取引維持により多額の手数料等の収益が期待できたこと，また，その会社等の性格，地域において占める位置等のため，資金運用実績の悪化が日興証券の営業に与える影響が大きかったことなどから，いずれも日興証券にとって極めて重要な顧客であり，円満な関係を維持するために損失補填等を行う必要性が高かった。

公立学校共済組合については，営業特金の円満な解消を図り良好な関係を維持するための交渉を進める過程で2回にわたる利益提供を行ったもので，同組合が日興国際投資顧問会社と運用一任契約を結び，最終的に営業特金の解消が実現したのは，平成3年8月のことである。平成2年6月に徴求した確認書は，形式的なものにすぎない。

5　争点5（会社の損害）について
（原告及び参加人の主張）

（一）　本件利益提供は，いずれも会社の損失において出捐されており，会社には，右出

捐額と同額の損害が発生している。

（二）　損益相殺をするためには，その取得した利益の内容・金額が明確に示される必要があり，それが債権である場合には，当該債権が現実に履行された場合，又はこれと同視しうる程度にその存続及び履行が確実といえる場合に限って損益相殺が許される。ところが，本件では，会社が取得した利益の内容・金額等について具体的に主張・立証されていない。

また，損益相殺の対象となるべき利益は，当該違法行為と相当因果関係のある利益であるとともに，商法の規定の趣旨及び当事者間の衡平の概念に照らし，当該違法行為による会社の損害を直接に補填する目的ないし機能を有する利益であることを要する。仮に，本件利益提供の後に顧客関係の維持がされていたとしても，それには担当者を始めとする多くの従業員のその後の努力や経済情勢・顧客の総合判断等の他の要因が働いていることは間違いないから，右の要件を満たしているとはいえない。本件利益提供後に補填先から手数料等の収益を得たとしても，有価証券の売買の仲介等何らかの新たな商行為を行ったことによって得られた利益であって，同様に損益相殺の対象となり得ない。

さらに，本件利益提供は，損失がないにもかかわらず利益を供与したり，損失を上回って過剰に補填したりしたものであるから，損失補填の中でも違法性の高いものばかりであり，社会的に許容される範囲からの逸脱の程度も高い。このような違法性の高さに鑑みると，それによる利益の損益相殺を認めることは，公序に反するかそれに準じる程度といえ，到底認められるべきではない。

（被告らの主張）

（一）　本件損失補填等は，顧客との取引関係を維持するために行われたものであり，会社は取引関係維持という代償を得ているのであって，その対価である損失補填金額が専ら会社の損失であるというのは，失当である。

（二）　本件では，六顧客に対する補填等に係る会社の出捐額と右顧客から会社が受け入れた手数料等の収益の額との損益相殺により，会社に損害はなかった。損失補填を行うに際して，それまでに右顧客から受け入れた手数料等の収益の額を十分に考慮し，また営業特金の解消のため，これら顧客との間で困難な交渉を経た結果，その後取引を継続し得たのであるから，損失補填等による会社の出捐額と会社が得た手数料等との間には相当因果関係がある。

第三　争点に対する判断
一　争点１（証券取引法違反）について

1　本件のような広範で巨額の損失補填，しかも損失の額を超える過剰補填や損失がないのに利益の提供までが行われたのは，事前に損失保証の約束や利益保証の約束があったからではないかと疑うのは一応もっともであるが，本件においては，そうした一般的な嫌疑を超えて，具体的な約束があったことを認めるに足る証拠は提出されていない。被告らも，損失補填先の顧客との間で，運用助言の目安として期待利回り的なものがあったことは認めているが，これをもって直ちに損失保証や利益保証の約束があったものと認定することは無理であろう。むしろ，そのような期待利回り的なものが示されていたとすれば，それが損失保証や利益保証の約束とまではいえないものであった場合でも，顧客において，損失を出したまま，あるいは期待利回りに達しない実情のまま，営業特金を約することに納得せず，証券会社の運用助言のまずさ等の責任を追及し損失補填等を要求することはありうべきことであり，証券会社において，将来

も取引を継続するためには、損失補填等を行わざるを得ないとの判断に達することも、十分考えられることであるから、事前に損失保証や利益保証の約束がない限り、本件のような損失補填等を行うことは理解できないものであるなどとはいえない。

2 平成3年改正前の証券取引法50条1項3号は、証券会社が、有価証券の売買その他の取引につき、顧客に対して当該有価証券について生じた損失の全部又は一部を負担することを約して勧誘することを禁じていた（なお、同項5号に基づく大蔵省令である証券会社の健全性の準則等に関する省令2条2号は、証券会社が有価証券の売買その他の取引につき、顧客に対して特別な利益を提供することを約して勧誘することを禁止していた）ものであって、取引後にその損失を補填したり利益を提供したりする行為については、明らかに規制の対象としていなかったというほかない。平成3年の同法の改正により、事後の損失補填等も禁止されることとなったが（同法50条の2第1項2，3号［なお、現行法は50条の3第1項2，3号］）、改正法施行前に行った行為に対する罰則の適用については、なお従前の例によることとされており（改正法附則2項）証券取引法改正前の行為である本件損失補填等は、同法に違反するものではない。

原告及び参加人は、損失補填は、事前の損失保証と同様の違法性を有するから、改正前の証券取引法50条1項3号によって実質的に禁止されていた旨主張する。確かに、事後的な損失補填も、自己責任の原則に反し、証券市場の健全性を害する行為であるが、流通市場における適正な価格形成を損なう危険性という面からみる限り、事前の損失保証より程度が低いという見方が十分成り立つし、また、損失保証を禁ずる理由として、証券会社の経営の健全性に及ぼす悪影響も挙げられているが、この面からも、将来の価格変動が確実に予測できないまま行われる損失保証に比べ、損失額が確定した後の損失補填は、一般には危険性の程度が低いといえる。このように、法規制の上で両者を区別する理由がなかったわけではないから、法の明文を離れて、改正前の証券取引法が事後的な損失補填をも禁止の対象としていたと解釈することは相当ではない。

二 争点2（通達違反・公正慣習規則違反）について

1 本件通達は、証券会社の営業姿勢の適正化及び証券自己の未然防止が図られるよう、大蔵省証券局長から日本証券業協会長宛に、所属証券会社への周知徹底を求めて発出されたものであるが、その実質は、いわゆる行政指導に当たると解され、法律上の拘束力を有するものではない。そのことは、当時は証券取引法に違反すると解されていなかった事後の損失補填等につき、「厳にこれを慎むこと」と、行為の自主的な抑制を求めるに止めていること、前記のように、本件損失補填等について、本件通達違反を理由としては、営業自粛の指導という形の事実上の制裁しか行われていないことにも表れていると考えられる。

2 また、日本証券業協会は、証券取引法に基づき登録する社団法人（平成4年の法改正後は大蔵大臣の認可法人）であり、証券取引の適正の確保及び投資者の保護について、同法が同協会の活動に多くを期待していることも疑いないが、同協会はあくまで自主規制のために証券会社が設立する私的な団体であり、公正慣習規則も、証券取引に関する公正な慣習を促進して同取引の信義則を助長するという同協会の業務を円滑に行う（日本証券業協会定款5条、6条）ために定められた同協会の内部規範であって、会員である証券会社を

規律するに止まり，もとより法律上の拘束力は有していない。公正慣習規則違反の有無が，不法行為の成否に影響することがあるからといって，直ちに公正慣習規則が法令に該当することになるものではない。

3　商法２６６条１項５号にいう「法令」の範囲については，後述のように問題があるものの，法律上の拘束力を有しない本件通達や公正慣習規則については，これを右「法令」に当たると解する余地はない。

三　争点３（独占禁止法違反）について

1　本件利益提供は，有価証券の発行の引受，売買の受託者の取引上，日興証券にとって重要な地位を占める一部の大口顧客に対して，当該顧客との取引関係の維持を図りつつ，営業特金（一般口座を使用した実質的な営業特金を含む）を解消するために実施されたものと認められる（被告Ｑ，弁論の全趣旨）。証券会社が，一部の顧客に対し，有価証券の売買等の取引により生じた損失の全部又は一部を補填し，又は顧客の利益を上乗せする目的で，財産上の利益を提供する行為は，証券市場の担い手である証券会社が証券投資における自己責任の原則を蔑ろにし，証券取引の公正さに対する信頼を害するものである上，証券業界において正常な商慣習の範囲内の行為であるとも認められないから（弁論の全趣旨），正当な商慣習に照らして不当な利益の供与に当たるというべきである。証券取引法上の公正さの確保と独占禁止法上の公正競争の確保とでは，法の趣旨・目的を異にする面があることは間違いないにしても，正常な商慣習に照らして不当な利益に当たるかどうかを判断するに際して，証券取引市場における当該行為の相当性・正常性に対する評価が考慮されることは，むしろ当然であろう。

一般指定９項にいう「競争者の顧客の誘引」が，他の競争者の顧客の引き抜きを図る行為に限られず，自己の顧客の引き止めを図る行為をも含むと解するのは，文理上多少の難点があることは否定できないが，自己の顧客の引き止めを図る行為も，顧客獲得競争の一環として，他の競争者の顧客の引き抜きを図る行為と表裏をなすものとみることができるから，自己の顧客の引き止めを目的として損失補填等を行うことは，同項に該当するとされる。また，競争者の一部が他よりも有利な利益を与えることは，必ずしも一般指定９項の要件ではなく，殆どの競争者が同様の行為に走っている場合でも，供与する利益が正常な商慣習に照らして不当なものである限り，公正競争阻害性があると考えられるから，殆どの証券会社が同様の損失補填等を行っていたことは，同項該当性を否定する理由とならない。さらに，本件損失補填等は，ごく少数の顧客に対して単発的に行われたものではなく，極めて多数の顧客に対し継続的に実施されたもので，それ自体として，反復継続性が認められ，かつ，殆どの証券会社が同様の損失補填等に走ったことだけをとってみても，行為の伝播性が認められるから，反復継続性・伝播性が一般指定９項の要件であるかどうかにかかわらず，同項該当性を肯定し得る。

よって，本件利益提供は，独占禁止法９条に違反するというべきである。

2　ところで，商法２６６条１項５号にいう「法令」の範囲については，これを会社財産の保護を直接・間接の目的とする法令，あるいは会社及び株主の利益保護を考えている商法の規定と当該会社の取締役にとって公序となる規定に限定する見解が存する。商法２６６条は会社及び株主の利益を保護するために取締役の会社に対する責任を規定したものであること，取締役に会社の業務執行に関係する全ての法令に通じることを期待するのは不可能を強いることになる場合も少なくないと

考えられるから，あらゆる法令が含まれるとすれば，取締役に対し過酷な責任を負わせる結果になる恐れもあることから考える限り，右見解には相当の理由がないわけではない。しかし，会社財産の保護を直接・間接の目的としない法令に対する違反行為であっても，本件がそうであるように法令違反行為が会社財産の処分行為である場合等には，違法行為と相当因果関係のある損害が発生することはあり得る。そして，例えば取締役が違法であることを認識しながらあえて法令違反行為を行って会社に損害を与えたような場合まで，当該法令が会社財産の保護を直接・間接の目的とする法令ではないとの理由によって取締役の損害賠償責任を否定するのは，相当ではあるまい（「法令」の範囲を狭く限定すれば，違法性につき故意がある場合ですら，免責されることが多くなる）。会社も一個の社会的存在であって法令の範囲内で事業を行うべきであり，取締役には法令遵守義務がある（商法２５４条の３の「法令」には，全ての法令が含まれると解される）からである。こうした観点に立てば，「法令」の範囲を，会社財産の保護を直接・間接の目的とする法令にまで限定するのは適当でないと考えられる。また，商法２６６条１項５号に基づく取締役の損害賠償責任が成立するには，取締役に過失のあることが必要であると解されるが（最高裁昭和５１年３月２３日判決裁判集民第１１７号２３１頁参照）行為が違法であることを認識することが，当該取締役にとって困難な事情がある場合には，過失を否定することによって，過酷な責任を負わせる結果を避けることができると考えられる。当該会社の取締役にとって公序となる規定という限定は，範囲が必ずしも明確でないように思われ，独占禁止法１９条がこれに含まれるのかどうかという問題があるが，独占禁止法は，経済法として最も重要な地位を占める基本的法規であり，同法１９条に定める不公正な取引方法の禁止は，３条の私的独占又は不当な取引制限の禁止等とともに，同法の柱の一つであるから，上場大企業の取締役ともなれば，常に念頭に置くべき法令であるといって差し支えないであろう。

これらの点を総合して考えてみると，あらゆる法令が例外なく商法２６６条１項５号にいう「法令」に含まれると解すべきかどうかはともかく，少なくとも，独占禁止法１９条は，日興証券の取締役にとって同条項の「法令」に当たると解するのが相当である。

3　本件利益提供が独占禁止法１９条に違反するものであることを，被告らが認識していたと認めるに足りる証拠はない。そこで，右認識を欠いたことにつき，被告らに過失があったかどうかを検討する。

ところで，右過失は違法の認識に関するものであるが，過失があるとするためには，一般的，抽象的に違法の認識の可能性があるというだけでは足りず，具体的な法令違反についての認識の可能性がなければならないと解すべきである。なぜなら，右過失は，独占禁止法１９条違反の成否に関するものではなく（この場合は，一般的，抽象的な違法の認識の可能性で足りよう），取締役の損害賠償責任の成否に関するものであって，右のように解しないと，法令違反があれば殆ど常に過失があることになり，取締役に会社に対する損害賠償責任を負わせることが過酷と感じられる場合にまで，右責任が認められることになってしまうからである。このことは，商法２６６条１項５号の「法令」に特段の限定を加えない場合には，とくに妥当するであろう。

原告及び参加人が主張するように，損失補填等を厳に慎むこととする本件通達が発出され，公正慣習規則が改正されたことによって，

損失補填等の問題性は認識することができたものと認められる。しかし，前述のように，当時の証券取引法上，事後の損失補填等は違法ではなく，そのことは本件通達及び公正慣習規則の文面上も，法令上の禁止行為である損失保証による勧誘や特別の利益提供による勧誘とは明確に区別し，事後的な損失補填や特別の利益提供については，「厳に慎むこと」という自主的な抑制を求める記載とすることで示されていた。そして，証券取引に関しては，その公正確保等のための網羅的な規制が，証券取引法及びその関連法令に詳細かつ具体的に規定され，証券会社はこれらの法令に基づく大蔵省の広範で厳格な監督規制下に置かれていたため，本件を初めとする一連の損失補填等について独占禁止法の適用が問題とされるまでは，証券取引法とその関連法令に基づく規制で自足しているように考えられていた面があった。このことは，証券業者は，独占禁止法制定以来長期にわたってその適用を受けたことがなく，初めての適用は本件損失補填等が問題になった後の平成3年11月であったこと，平成元年11月に大和証券の損失補填が発覚した際に，独占禁止法の適用が公に問題とされた形跡がないこと，一連の損失補填を契機に衆参両院にそれぞれ設置された証券及び金融問題に関する特別委員会において，公正取引委員会委員長が，本件損失補填等は第一次的には証券取引法の問題であるとし，当面，静観する意向を述べていたことからも，推認することができる。独占禁止法の専門家の間でも，損失補填が一般指定9項に該当するという見解を示した論文等がなかったのはもちろんのこと，損失補填が独占禁止法に関係するという認識すら，一般に全く持たれていない状況であった。また，前述のように，自己の顧客の引き止めを図る行為が一般指定9項にいう「競争者の顧客の誘引」に当たると解するには，文理上多少の難点があり，独占禁止法の代表的な教科書で，「要するに，従来，自己以外の者と取引していたであろう顧客を，自己と取引するように仕向けることについての規制が，目的とされているのである」と説明しているものもある。なお，原告及び参加人の主張には，損失補填等の動機を法律専門家等に説明して相談し検討させていれば，独占禁止法違反であることが具体的に判明したはずであるとする点があるが，損失補填等の動機は，会社に損害賠償の責任があって適法とされる場合を除けば，通常，顧客の誘引くらいしか考えられないから，損失補填等の動機の説明がなかったために，独占禁止法違反が問題になっていなかったとは考えにくい。以上のような状況に照らせば，本件損失補填等を実施するに先立ち，被告らが法律専門家に意見を求めていたとしても，独占禁止法違反であることが具体的に判明したかどうかは，疑わしいといわざるを得ない。

したがって，被告らか本件損失補填等を決定し実施した平成2年1月から平成3年3月までの当時において，本件損失補填等が独占禁止法に違反するという認識を被告らが持つに至らなかったとしても，やむを得ない事情があったというべきであり，右認識を欠いたことについて，被告らに過失があるとまでいうことはできない。

四 争点4（善管注意義務・忠実義務違反）について

1 《証拠略》によれば，本件損失補填等の経緯として以下の事実が認められる。

（一） 日興証券は，昭和60年頃から営業特金を中心とした有価証券の売買等による資金運用に係る取引の取引高拡大に努め，多数の法人顧客との間で営業特金勘定取引を行っていたところ，平成元年12月26日，本件通達及び事務連絡が発出されたことにより，

右取引の正常化が具体的な課題となった。

　平成2年1月8日又は9日，経営企画部門担当の専務取締役であった被告Ｉは，大蔵省証券局業務課長であった水谷英明に面談して本件通達の趣旨を尋ね，本件通達・事務連絡の主眼が営業特金の早期の全面的な解消にあると理解し，その旨を社長の被告Ａ及び営業企画部門担当の専務取締役であった被告Ｅに報告した。そこで，被告Ａは，平成2年1月8日ないし10日の間に被告Ｅ及び同Ｉと協議して，日興証券においても営業特金取引の全面的解消を図ることとし，被告Ｅは，営業企画副担当兼営業企画部長であった被告Ｑに対して，本件通達の主眼が営業特金の解消にあり，日興証券としても，本件通達の趣旨に則り早期に全面解消する方針となったから，被告Ｑが中心となってその作業にあたってもらいたい旨指示した。

　被告Ｑは，事業法人資金運用本部長であった被告Ｊ，金融法人資金運用本部長の被告Ｋ，金融法人本部長の被告Ｆ，事業法人本部長の被告Ｎ，同副本部長の被告Ｌ，大阪駐在取締役の被告Ｃ，大阪支店長の被告Ｏ，名古屋駐在兼名古屋支店長の被告Ｈ，営業本部長の被告Ｂ，企業本部長の被告Ｔといった営業特金を担当している本部長等に対して，本件通達の主眼が全面的な特金の解消にあること，日興証券としても早期に全面解消を図る結論となったので，これに対応すべく，担当している特金の取引内容及び運用成果，会社と顧客との関係特に顧客の重要度等について調査し，顧客と解消に当たっての交渉を行うこと，交渉の過程で解消に問題があった場合の対処について検討し，被告Ｑに報告することを口頭で指示した。これに対し，本部長等からは，株式市況の悪化により運用成績が上がっていないことから，顧客との取引関係を維持しながら営業特金を解消することはなかなか困難

であること，解消を円滑に進めるためには，日興証券として，何らかの誠意を示す必要があること，顧客から他の証券会社も何らかの措置を講じるとの話を聞いており，会社として何とか対処してほしいといった回答が寄せられた。

　右連絡を受けた被告Ｑは，被告Ｅ及び同Ｉと協議したところ，会社として組織的に対応する必要があると判断し，経営連絡会（会長，副会長を除く社長以下の代表取締役，株式本部長等の取締役で構成し，会社の経営の基本方針，戦略，営業推進上の重要課題について討議し，社内のコンセンサスを積み上げるための常設機関）において対応策を協議することとした。

　平成2年1月16日，被告Ａ，同Ｂ，同Ｃ，同Ｄ，同Ｅ，同Ｆ，同Ｉ，同Ｍら及び説明者として被告Ｑが出席して経営連絡会が開かれ，右会議において，営業特金の早期の全面的な解消を図ること，顧客との取引関係をできるだけ維持しながら，円満に解決していく方法を探ること，そのために必要があれば，損失補填等を行うこともやむを得ないこと，具体的な解決策は営業企画部門に一任することが決定された。

　右経営連絡会における決定を受け，同月22日に開催された取締役会（被告Ｏを除く被告ら19名を含めた35名の取締役が出席）において，被告Ｅは，本件通達等の主眼が営業特金の解消にあり，会社としては営業特金の解消に全力を尽くすことにしたいこと，具体的な対応策は営業企画部門に一任してもらいたいことを諮り，了承を得た。

　（二）　被告Ｅ及び同Ｑは，右経営連絡会の決定及び取締役会の了承を踏まえ，営業企画部を中心として，営業特金の早期全面的解消に努めたが，事業法人営業本部長等顧客を担当する本部の本部長と協議した結果，顧客と

の折衝の結果やむを得ないものについては，損失補填等を行うことが必要であると認め，被告R（常務取締役株式本部長）や被告S（常務取締役資金債券本部長）の協力も得た上で，平成2年1月から同年3月にかけて，39社に対し，合計236億円の損失補填等を行った。平成2年4月26日開催の取締役会において，被告Mを除く被告ら19名を含めた36名の取締役が出席し，第49期（平成元年4月1日から平成2年3月31日まで）の計算書類及び附属明細書を承認したが，右決算報告に際し，被告Iは，売買損益の中に営業特金の解消を図るための損失補填等にかかる支出が含まれていることを報告し，異議なく了承された。

（三）　平成2年5月10日の取締役会（被告D及び同Mを除く被告ら18名を含めた取締役37名が出席）において，被告Eは，同年3月までの間に営業特金の解消を図ってきたが，株式市況の暴落等もあって，運用成果が悪化し，顧客との折衝も難航していること，日興証券として引き続き営業特金の解消を図るとの基本方針の下に取り組むが，場合によっては，会社として出捐することもありうることを諮って，了承を得た。

そして，平成2年5月の役員異動により取締役副社長法人営業管掌となった被告F，取締役副社長営業企画管掌となった被告E，取締役副社長営業管掌となった被告B，取締役副社長経営企画管掌となった被告I及び常務取締役営業企画担当となった被告Qが協議して，同年3月までに解消できなかった営業特金等につき引き続き全面的解消を図ることとし，被告Fらは，被告L（取締役事業法人営業本部長），同N（常務取締役第一事業法人本部長），同P（常務取締役第二事業法人本部長），同M（専務取締役金融法人営業本部長），同K（取締役金融法人営業本部副本部長），同C，同O，同H及び同Tとも協議を重ねた上，商品部門の担当であった被告R及び同Sの協力を得て，平成2年5月から平成3年3月にかけて38社に対し，合計234億7500万円の損失補填等を行った。

平成3年4月30日に取締役会が開かれ，被告J（平成2年5月31日取締役辞任）及び被告Rを除く被告ら18名を含めた33名の取締役が出席し，第50期（平成2年4月1日から平成3年3月31日まで）の決算書類を承認したが，その際，経理担当の取締役は，売買損益の項目の中に損失補填等に係る支出が含まれている旨を説明し，被告Qは営業特金が全て解消した旨を報告して，了承を得た。

2　本件利益提供の相手先である顧客と日興証券との取引状況，利益提供を行うに際し考慮された事情等として，次のような事実が認められる。

（一）　小野田ファイナンス株式会社は，小野田セメントが100パーセント出資する子会社で，同社の資金運用を主たる目的とする金融会社である。日興証券は，小野田セメントの引受主幹事会社であり，昭和58年10月から本件利益提供がなされる頃までに，同社から約5億8000万円の手数料等の収益を受けてきた。本件利益提供以後平成8年3月までに小野田セメントから受け入れた手数料等収益の額は，約1億8800万円である。

引受主幹事となった証券会社は，引受数量が多く引受手数料が多く受けられる，引き受けた証券を自社の顧客に多く販売できる，買付けた顧客が証券を自社を通じて売却することによる手数料が期待できるといった直接の経済的利益を享受することができ，また，企業の証券に関する総合アドバイザーの役割を果たすことにより，企業の信頼も厚くなり，以後のファイナンスの際における主幹事の獲

得にもつながり，他の企業の引受けを獲得する際にも有力な支援材料になるなどの利益もあり，主幹事の地位を維持することは証券会社にとって極めて重要であるが，小野田ファイナンスのほかにも，本件損失補填等の相手先の中には，日興証券が相手先又はその親会社の主幹事であるものが，多数含まれていた。

（二）　九州旅客鉄道株式会社は，民営化直後の昭和62年から日興証券と取引があり，本件利益提供の頃までの間に約2億0700万円の手数料等の収益を受けてきた。同社の営業特金の資金は，経営基盤の弱い民営化後の同社にその運用益によって収益を確保させるため国鉄清算事業団から支給された経営安定基金であり，その資金運用による収益が期待どおりに上がらない場合，経営悪化のおそれがあって，同社の資金運用につき，系列会社を含めた日興証券との取引が維持できないことが予想された。本件利益提供以後平成8年3月までに九州旅客鉄道から受け入れた手数料収益の額は，約1億7000万円である。

（三）　住友生命保険相互会社は，日興証券とかなり以前から取引がある機関投資家であり，日興証券へのブローカー業務の発注量は大きく，昭和58年10月以降に限っても，本件利益提供がなされる頃までの間に約93億8900万円の手数料等の収益をもたらしてきた。日興証券にとって，ブローカー業務の主要顧客である住友生命との関係が悪化すれば，他の機関投資家にも伝播し，会社の存立基盤に影響することが予想された。

本件利益提供以後平成8年3月までに住友生命から受け入れた手数料等収益の額は，約90億5600万円に上る。

（四）　西日本銀行も，日興証券が引受幹事を勤める取引先で，日興証券福岡支店の主要顧客であり，昭和58年10月以降本件利益提供がなされる頃までの間に約5億9200万円の手数料等の収益をもたらしていた。同銀行は，福岡地区の有力な会社や個人と深い取引関係にあるなど，地域経済に多大な影響力を有しており，同銀行との関係が悪化すれば，北九州地区における円滑な営業推進が事実上困難になるおそれが強かった。

本件利益提供以後平成8年3月までに西日本銀行から受け入れた手数料等収益の額は，約11億9600万円である。

（五）　中国銀行も，日興証券が引受幹事を勤める取引先で，日興証券岡山支店の主要顧客であり，昭和58年10月以降本件利益提供がなされる頃までの間に約16億0600万円の手数料等収益をもたらしていた。同銀行も，西日本銀行と同様，有力な地方銀行であり，同銀行との取引関係を維持する必要性は，西日本銀行の場合と同様であった。

本件利益提供以後平成8年3月までに中国銀行から受け入れた手数料等収益の額は，約15億9000万円である。

（六）　公立学校共済組合は，昭和43年頃から日興証券と取引がある機関投資家であり，昭和58年10月以降に限っても，本件利益提供がなされる頃までの間に，証券取引により約39億4100万円の手数料等の収益をもたらしていた。同共済組合の資金は，退職金，年金の支給原資になるもので，その運用において一定の成果があがることが前提となっており，退職金，年金の支給に支障が生じると社会問題にもなりかねず，他の共済組合に対する影響も十分に懸念された。さらに，公的年金は年々増大し，これに伴い証券による運用額も拡大すると見込まれ，系列会社を含む日興証券グループに多大な収益をもたらすことが期待されていた。

本件利益提供以後平成8年3月までに公立学校共済組合から受け入れた手数料等収益の額は，約22億9800万円に達している。

公立学校共済組合については，平成２年６月１５日に確認書を徴求しながら，その後にも利益提供を行っているが，同組合との間では日興国際投資顧問と運用一任契約を締結するよう交渉していたところ，同年３月期に，とりあえず若干利回りが生じるようにして欲しいとの同組合の希望に副って利益提供を行った上，さらに交渉が継続し確認書徴求後も実際には営業特金が解消されずにいたこと，株式市況がさらに悪化する中で同組合と交渉を重ねた結果，従前の運用成績が収支バランスするなら日興国際投資顧問と運用一任契約を締結してもよいとの回答を得て，概ね収支バランスするよう利益提供を行って，営業特金を解消するに至ったこと，そして，平成３年８月に実際に日興国際投資顧問との運用一任契約が締結されたことが認められる。

３　取締役の有する会社経営上の裁量権については，一定の限界があることはいうまでもなく，故意に法令に違反する行為は経営裁量の範囲を超えると解すべきである。しかし，本件損失補填等の場合，前述のように，平成３年改正前の証券取引法５０条１項３号に違反せず，また，独占禁止法１９条違反については，過失も認められないのであるから，法令違反の故をもって，被告らの行為が経営裁量の範囲を超え，善管注意義務違反ないし忠実義務違反があるとすることはできない。

次に，本件通達及び公正慣習規則において，事後的な損失の補填や特別の利益提供を厳に慎むこととされたのに，被告らが本件損失補填等を行い，証券投資における自己責任の原則を蔑ろにし，証券取引の公正さに対する信頼を害したことは，社会的に強い非難に値する。日興証券が，前記各制裁を受けたのは，この観点から当然とされよう。しかし，右の点は，前述のように法令違反とはいえない。そして，このように法令違反がなく社会的相当性を欠くにとどまる行為については，場合により善管注意義務・忠実義務違反を認める一要素になることがあり得るとしても，当然に取締役の経営裁量の範囲を超え，それだけで直ちに善管注意義務・忠実義務違反が成立することになると解すべきではない。取締役は，利益の追求のみに目を奪われ，会社運営の適正を確保する義務を怠ることがあってはならないが，社会的に不相当な行為を避ける義務に違反することと，商法２６６条１項５号に基づき会社に対する損害賠償責任を取締役に負わせることとは，直結するものではない。利益の追求のみに走ってはならないとはいえ，会社が営利法人であり，会社・株主の経済的利益を最大にするよう努めることが取締役の最も重要な義務であることはいうまでもないところであって，善管注意義務違反ないし忠実義務違反が商法２６６条１項５号の「法令違反」に含まれるという解釈が採られるのも，会社に経済的損害を与えないための一般的な義務に対する違反を，取締役の会社に対する損害賠償の責任原因とする必要に基づくものと解される。こうした考え方が妥当とされる根拠としては，社会的相当性を欠く行為がそのまま責任原因になるとすると，主観的・客観的非難の程度と損害賠償額とがかけ離れたものとなる場合があり得るのに対し（ちなみに，故意に法令に違反する場合は，取締役の行動準則も明確であり，主観的・客観的非難の程度も重い），発生する損害との関係で責任原因を構成すれば，右のバランスがよりよく図られることになると思われる点も，挙げることができよう。取締役の会社に対する責任を定めた商法の規定には，会社が被った損害を回復するという経済的目的だけでなく，会社運営の適正を確保する趣旨も含まれているとはいっても，取締役の会社に対する損害賠償責任の成立という法的効果の観点を

離れて，これを考えることは相当ではない。

したがって，被告らが本件損失補填等を行ったことが善管注意義務違反ないし忠実義務違反になるかどうかを判断するについては，会社の受ける経済的利益や損害を考慮することが不可欠であり，むしろ，この点こそが主要な判断の基準になるというべきであって，本件通達及び公正慣習規則に反した点は，経済的利益の程度等との関係で，付随的に考慮されるにとどまるものと解すべきである。

4 本件通達の主眼が営業特金の解消にあると被告らが理解したのは，本件通達の趣旨の誤解ではないかとの疑問が，原告及び参加人から提起されている。この点に関しては，被告Ⅰが面談した水谷業務課長が死亡しているため，被告Ⅰがどのような説明を受けたか，正確なところは確定し難いが，営業特金は証券会社に事実上運用を一任するものであり，本件通達及び事務連絡に従って投資顧問契約が締結されたものとしたり，売買一任勘定取引等を行わない旨の確認書を徴求することは，結局のところ，営業特金を解消することにほかならないとの理解が出てくるのは，とくに異とするに足りないし，本件通達を契機として，各証券会社が営業特金の全面的な解消に動いたことからも，被告らの右理解が誤りであったと断定することはできない。

本件損失補填等を決定・実施するについての調査・検討が不十分であったとする原告及び参加人の主張については，前記認定のとおり，被告らは，取締役相互間において相当の協議を重ね，取締役会の了承も得ていること，判断の前提とすべき資料・情報の収集・提供に関しても，日興証券の取締役である被告らが，営業特金の実体，本件通達の発出や公正慣習規則の改正，損失補填等の持つ意味，会社の経営状況等，損失補填等を行うかどうかの判断をするに際し考慮すべき重要な事実について知らなかったとは考え難いことなどからして，手続的な瑕疵の故をもって，本件損失補填等の決定・実施を善管注意義務違反とするまでの事由は認められない。具体的な利益提供先・額の決定が，一部の取締役に委任された点も，右決定が顧客との交渉によらざるを得ないものであったことからすると，やむを得ない面があったものと認められる。

5 原告及び参加人は，損失がないのに，あるいは損失額を超えて本件利益提供がなされた点をとくに問題とし，本訴請求を行っている。しかし，損失額の範囲内にとどまるものも，そうでないものも，自己責任の原則に反する利益の提供であることに変わりはなく，平成3年改正後の証券取引法が，損失の補填と利益の追加を区別せず，同一の罰則を科していること（同法50条の2第1項2,3号，199条第1号の5「なお，現行法は50条の3第1項2,3号，199条第1号の6」）も考慮すると，損失がないのに　あるいは損失額を超えてした利益提供と損失額の範囲内のそれとを法的に区別し，前者が後者に比較して格段に悪質であるとするまでの理由はない。

また，公立学校共済組合に関して，確認書徴求後に利益提供を行った点は，前記認定のように，確認書徴求時，未だ実際には営業特金は解消されていなかったのであるから，営業特金解消の必要がないのになされた利益提供ではない。

6 前記認定のとおり，本件利益提供先は，いずれも，これまでの取引を通じ日興証券に多額の利益を現にもたらし，今後ももたらすことが予測された営業上重要な顧客であって（現実に，本件損失補填等の後，提供利益額を超える手数料等収益を会社にもたらしている。），これらの顧客を失うことは，直ちに，日興証券に対し多額の損失を与える蓋然性が

高かった。会社ないし法人の性格等から，利益提供を行わずに円満に営業特金の解消に応じてもらうことが困難と考えられる顧客が含まれていたことも，前記認定のとおりである。

右のように，本件利益提供にかかる顧客との取引が継続されないことにより会社が受ける蓋然性のあった経済的損失と，取引が継続されることにより会社に予想された経済的利益が，ともに極めて大きかったことに鑑みると，商法266条1項5号の「法令違反」としての善管注意義務・忠実義務違反の趣旨に関して前述した見地からは，営業特金の解消が大蔵省の意図するところであると理解した被告らが，取引関係を維持しつつ営業特金を解消するために決定・実施した本件利益提供については，損失補填等を厳に慎むこととした本件通達の発出及び公正慣習規則の改正を被告らが認識していたという点を考慮しても，被告らの取締役としての損害賠償責任を成立させる善管注意義務違反ないし忠実義務違反があると認めることは相当でないと考えられる。

五　結論

よって，原告の本訴請求及び参加人の参加請求は，いずれも理由がないからこれを棄却することとし，訴訟費用の負担について民訴法89条，93条1項本文を適用して，主文のとおり判決する。

（裁判長裁判官　金築誠志　裁判官　池田光宏　武笠圭志）

【課題】　この判決を読んで，以下の質問について考えなさい。

Q1　本件の当時，社内では法務部や顧問弁護士などへの諮問はなされなかったということである。なぜ，多額の損失補填を行うことについて，法務部や顧問弁護士などへの諮問がなされなかったのか（野村證券損失補填株主代表訴訟事件（東京高裁平成7年9月26日判決）においても，同様に法律専門家への諮問は行われなかった旨記述されている）。

Q2　判決では，「独占禁止法の専門家の間でも，損失補填が一般指定9項に該当するという見解を示した論文等がなかったのはもちろんのこと，損失補填が独占禁止法に関係するという認識すら，一般に全く持たれていない状況であった。…本件損失補填等を実施するに先立ち，被告らが法律専門家に意見を求めていたとしても，独占禁止法違反であることが具体的に判明したかどうかは，疑わしいといわざるを得ない。」と判示している。そうだとすると，本件のような場合，事前に法務部等への諮問は意味がないということになるか。もし意味があるとしたら，どのような点か。

Q3　証券会社が事前に損失保証をする旨の約束をした場合，その約束は有効か。事後的な約束はどうか。

Q4　仮に諸君が本件当時，法務部員ないし顧問弁護士として本件損失補填の可否について会社から相談を受けたとしたら，どのような回答をするか考えよ。「顧客を失わないためには損失補填をしなくてはならない」という経営者の強いニーズに対して，法務部ないし顧問弁護士としてどのように答えるべきか。

第1編　企業法務総論

Q5　仮に顧問弁護士が経営者に対して損失補填は適法である旨回答したとすると，経営者は株主代表訴訟で免責を主張できるか。当該回答をした顧問弁護士は責任を負うか。どのような責任か。

Q6　会社の顧問弁護士は，株主代表訴訟の被告となった取締役の代理人となることができるか。

第2章　企業とは何か

　企業法務に取り組む場合，企業とは何か，どのようなものであるべきなのかという根本的な課題について，常に考え続けなければならない。この章では，コーポレート・ガバナンスの問題と会社設立のサポートの実際を検討するなかで，この問題について基本的な理解を得ることを目指したい。

1　コーポレート・ガバナンス——戦後日本の企業経営の歴史を踏まえて

> 【課題】　会社は誰のものか。以下の3つの立場に立って，それぞれを弁護する議論を考えてみよう。
> 　（A説）会社は株主のものであり，株主価値を最大にすることを目指して経営されるべきである。
> 　（B説）会社は社会の公器であり，取引先，消費者，住民などを含め，社会的責任すなわちコーポレート・ソーシャル・レスポンシビリティ（CSR）に最大の配慮を払って経営されるべきである。
> 　（C説）会社は従業員と経営者の共同体なのであり，彼らの充実した生活を保障することを目指して経営されるべきである。

　この問題を考える際には，第二次大戦後の日本の経営を歴史的にたどっていく必要があると思われる。

（1）　第二次大戦終了から高度成長期の中頃まで

　日本の経済は，ドン底の状態を経験し，海外から帰還した人を含めて，労働者を失業させないことがまず優先的な課題であった。経営陣としては，職場を維持して，労働組合との関係を良好に保っていないと，経済が成長する中で，他との競争に負けてしまうおそれもあり，終身雇用をうたい，賃金も年功序列賃金の体系が確立された。これらは，日本の雇用制度の特色とされているが，第二次大戦後の特色というべきであろう。こうした中で，技術の伝承もうまくなされていったのである。

一方，経営側は，戦前からの経営者が戦争協力を問われて，引退を余儀なくされ，若い中堅クラスの社員が経営者となって，そのまま長期に経営を担当することとなった。そして，トップ経営者は自分の判断で自らの後継者のプールとなる取締役陣の人選を進めることができたのである。
　また，株式の持ち合いが進み，市場に流通している株式は，発行済み株式の３０％といわれるほどになり，経営者は，企業相互の株式の持ち合いを背景として，一般株主からの批判をさほど気にすることなく経営ができた。しかも，日本経済は拡張期にあったため，たとえ一時的に経営判断，投資の決断の失敗があっても，数年後にはその判断が間違いにならないですむということも多かった。株主への利益配分も，額面の何％という定額配当主義がとられることが多く，利益が十分出ていない年度においても，金利のような感覚で配当がなされる場合も多くみられ，配当性向が低くても，むしろ，内部留保を厚くし，次の設備投資の際の源資を蓄えているのだと説明された。一方において，株価が経済の拡大とともに上昇したため，株主はそのキャピタルゲインを得ることができたので，株主の側からも，経営の結果を問うことも少なく，配当についてもさほどの議論を呼ばなかったのである。このようにして，株主が会社の所有者であるということはあまり強く意識されず，会社は経営者と労働者の共同体と考えられるようになったのである。

（２）　昭和４０年代に入って

　高度成長経済のひずみが徐々に表面化し，公害問題などが多発するようになると，企業の社会的責任を問う議論が強くなってきた。そこでは，地元の住民や消費者に目を向けよと主張され，納入業者や債権者も受益者と考えられ，労働者・従業員についても，上記１のところでのような立場と違って，企業として配慮を払うべき対象ととらえられるようになった。

（３）　平成年代になり，バブルがはじけると

　日本経済は世界第２位の規模にまで成長し，従来のような急速な成長を期待することができなくなると，これまでの急成長を支えてきた，官民が共同して，規制をうまく活用しながらある程度計画的な経済運営を行っていくシステムや，土地本位制と呼ばれるような，土地の担保価値を頼りにした金融システムに対する反省がみられるようになった。そして，株式の価格も大幅に値下がりをし，株式の持ち合いの中心的存在であった金融機関が株式を手放し，その結果，現在の株式の安定比率は，３０％程度にまで下がったといわれている。
　新たに大きな株主として登場してきた年金基金や運用会社等の機関投資家は，株主価値の最大化を求めるようになり，そうなると，従来のような社内から内部的な判断基準と選抜方法で選ばれてきた経営者が，外部の声を聞かずに，自らとそこに働く労働者のことを主に考えてなされるような経営を続けることが難しくなってきたのである。そこでは，コーポレート・ガバナンスの重要性が指摘され，社外取締役を起用して，外の意見を採り入れることが求められ，また，内部統制システムを確立する必要が出てきた。そして，リスク情報を含む会社の状況を適時適切に開示して，アナリストをはじめとする外部からの評価を受けることも大事になる。また，ここでは，敵対的な企業買収すらも，コーポレート・ガバナンスの確立していない企業を，買収という一面過激な手段によ

ってでも、より活性化する道を探らせることができるという意味で、評価される場合が出てきたのである。

日本の資本主義の健全な発展を考えるとき、一度はこうした株主価値の最大化をねらいとして、コーポレート・ガバナンスをあるレベルまで推し進めることが必要なのではあるまいか。

■ ニッポン放送新株予約権発行差止事件

平成17年3月11日に東京地裁が行ったニッポン放送による新株発行予約権発行を差し止めた仮処分の決定（ライブドア対ニッポン放送事件）（本書第8章参照）において「公開会社において、現にその支配権につき争いが具体化した段階において、取締役が、現に支配権を争う特定の株主の持ち株比率を低下させ、現経営陣の支配権を維持することを主要な目的として新株等の発行を行うことは、会社の執行機関にすぎない取締役が会社支配権の帰属を自ら決するものであって原則として許されず、新株等の発行が許容されるのは、会社ひいては株主全体利益の保護の観点からこれを正当化する特段の事情がある場合に限られるというべきである。」とした。

■ エージェンシーコストの理論

中村直人「社外取締役（2）」（第二東京弁護士会NIBEN Frontier 2005年2月号）は、社外取締役の役割に関し、エージェンシーコストの理論をあげ、「エージェンシーコストの理論というのは、簡略にいえば、何故、経営者は株主が期待する行動をとらないのかという問題に対して、それは株主の利害と経営者の利害が異なっているからだ、とするものである。だからガバナンスが必要になるのだ、というのである。エージェンシーコストの理論は、（敵対的買収の対応策、配当の有無、赤字事業の清算、役員の報酬・責任といった）個別の利害相反事項について、それを調整することでガバナンスの問題を解消していこうとする。その際、社外取締役は大きな役割を期待されているのである。いわば株主に代わって、株主の利益を指摘し、経営者をコントロールする役割である。」としている。

■ 日本における社外取締役の機能

中村直人「社外取締役（1）」（第二東京弁護士会NIBEN Frontier 2005年1月号）は、日本における社外取締役の意義について、社外取締役を起用した会社の経営者、社外取締役共に、「大所高所からの意見が聞ける」、「社内では思いつかない新しい視点が発見できる」、「風通しが良くなる」、「緊張感が生まれる」、「説明責任を果たす場になる」、「透明性が向上する」などという意見が多いと述べた後、「日本では、前述の所有と経営の分離論から来る"監督"システムとして機能しているのではなく、（中略）つまり、日本では、業績などに即効性のある制度として社外取締役が導入されているのではなく、企業の基盤的な風土の改善のために役立っているのであり、それは最終的には企業の業績とコンプライアンスの双方に良い影響を与えるものと考えられる。終身雇用制を中心にした日本型経営は、従業員のモラルの高さなど、企業業績の向上のため非常に優秀な企業モデルである。しかし、日本型モデルは、従業員の会社への帰属意識が強すぎ、また、人材の流動性が低いから社風はよどみやすい。そのためコンプライアンスの点では、しばしば失敗をする。"会社のためなら"ということで、

談合や利益供与や官公庁接待など問題を起こす。これが日本型経営の弱点である。しかし，会社の風土を変え，新しい風を吹き込む，という社外取締役の制度は，この日本型経営の弱点を補う効果があるのである。（中略）むしろ，社外者がいないのが，日本型経営の弱点だったのであり，社外取締役はその弱点を補う格好の制度だったのである。」と述べている。

【課題】　上場会社は，株主総会の開催にあたって，委任状を前もって５０％以上集めて，意思決定を楽に行うよう努力するが，これで，コーポレート・ガバナンス面で問題がないといえるか。

【課題】　年金基金や信託銀行などの機関投資家の存在が大きくなることは，コーポレート・ガバナンス面でよいことだといえるか。

2　エンロン事件

　１９８５年の設立から１５年で，エネルギー業界のトップ企業となったエンロンは，財務上の不正をきっかけとして，１年で経営破綻をし，結果として，株主や従業員からの２件の大型クラスアクションを含む７０数件の民事訴訟，証券詐欺等に基づく３０件に上る刑事訴訟にまで及んでおり，また，エンロンの監査を引き受けていた会計事務所アーサー・アンダーセンは，エンロン関係の書類を破棄したことが訴訟妨害に当たるとされ，顧客を失うことになって，短期間で消滅してしまったのである。

　ここでは，約３０００の特定目的事業法人であるＳＰＥ(Special Purpose Entity)が設立され，エンロンがこの５０％超を所有せず，外部の投資家がこれを経営し，利益についての責任をとるという形ができていれば，このＳＰＥの財務をエンロンの連結財務諸表に載せない（オフバランス）で良いという形式的な基準を用いて，ＳＰＥの借入金の担保として，エンロン株式を貸与して，この資金でエンロンの別の子会社などの資産を借入金付きで買い取らせ，エンロンに利益を出させると同時に，連結上の負債を減少させるという方法をとった。この手法は，当初は，成長に必要な資金を負債としてバランスシートに載せないために採用されたのであろうが，エンロン株式を担保として活用させているために，株価が下がることを極端におそれるようになり，格付け機関から低い評価をされないよう，財務諸表の見栄えをよくしようとする気持ちが働いて，失敗した事業の負債を隠すためにも使われることになった。一方で，ストックオプションをもらっていた経営陣は，同様に，株価が低くなることを個人的にもおそれ（上記資料でいうエージェンシーコストである），この手法の採用をさらに推し進めることになったのである。このような，いわゆるストラクチャード・ファイナンスを用いた損失のオフバランス化は，事業の失敗が表面化すれば仕組み全体が一気に崩壊するという致命的な副作用をもたらすおそれがあったのである。

　こうした経営陣の意図を積極的に助ける働きをしたのが，本来なら株式会社システムに内在する

ともいえるインサイダーが自らの利益を株主の利益よりも優先して考え，行動することを抑えに回る監視機構であるべき監査法人と弁護士であったことがエンロンの不幸であった。弁護士についていえば，エンロンの社外の主要ローファームであったヴィンソン・アンド・エルキンスは，弁護士８６０名のうちエンロン担当弁護士１００名，事務所の収入の８％がエンロンからのものであり，ゼネラルカウンセルをはじめとして２０名もの弁護士がこの事務所からエンロンに転職していったという深い関係があり，とうてい社外といえるだけの独立性があるとはいえなかったであろうし，社内の弁護士も，経営者からもらうストックオプションを含む報酬に引きずられて，証券法上詐欺にあたるような仕組み作りに積極的に手を貸したのである。また，監査法人も，継続企業原則(going concern)を無視するような監査をしてきたのである。

　しかし，このような事態を前にして，アメリカは，強い回復力を見せ，短時日のうちに，企業会計の不正を防止することを目的としたサーベンス・オクスレー法を成立させるなど，コーポレート・ガバナンスの確立に向けて動き出したのである。

【参考文献】藤田正幸『エンロン崩壊』(日本経済新聞社，２００３)
　　　　　高柳一男「エンロン事件とアメリカ企業法務」(中央大学出版部，２００５)

【課題】　最近問題になっているライブドアの証券取引法違反事件（本書第８章参照）において，投資事業組合を介在させている点などエンロン事件と類似の手法も採用されているが，この両事件を比較して考えてみよう。

3　OECDコーポレート・ガバナンス原則

　OECDコーポレート・ガバナンス原則は，１９９８年に当初のものができたのであるが，エンロン事件などをうけて，株主によるチェックを強化する目的で２００２年に改訂され，２００４年に発表された。この検討にあたっては，日本からも，立石信雄氏（オムロン相談役）が参画し，企業の使命について，株主の利益のみでなく，従業員などの利益も重視するよう働きかけたのである。

　〔編注：OECD コーポレート・ガバナンス原則（２００４）　本テキストでは，第１部の原則の部分のみを掲げ，Ⅵの取締役会の責任に関してのみ，第２部の詳細な注釈をつけることにした。この注釈の全文を見るには，OECD 東京センターのホームページからコーポレート・ガバナンス原則改訂版和訳（http://www.oecd.org/dataoecd/34/34/3236195.pdf）を参照されたい。〕

■　OECDコーポレート・ガバナンス原則

前　文
　OECD 原則は，OECD 加盟国・非加盟国の政府が，それぞれの国におけるコーポレート・ガバナンスについての法的・制度的枠組み及び規制の枠組みを評価し改善する助けとなり，また，証券取引所，投資家，企業及び，良いコーポレート・ガバナンスの発展過程において役割を担うその他の関係者に対して，

指針と示唆を提供することを意図したものである。OECD原則は，金融機関・非金融機関の両者を含めた公開会社に焦点を当てている。しかし，適用可能な限りにおいて，OECD原則は，例えば個人企業や国有企業等の非公開会社のコーポレート・ガバナンスを改善するための有益な道具ともなり得る。OECD原則は，OECD加盟国が良いコーポレート・ガバナンス慣行の発展にとって極めて重要と考える共通の基礎を提供するものである。OECD原則は，簡潔で，理解しやすく，国際社会がアクセスしやすいものとなることも目指している。OECD原則は，各政府，政府系部門や民間部門における，コーポレート・ガバナンスについてのより詳細な「最善の慣行（ベスト・プラクティス）」を策定しようとの動きを代替するものではない。

　OECD及びその加盟国政府は，基本的な政策目標を達成する上で，マクロ経済政策と構造政策との間に相乗効果があるとの認識を強めている。コーポレート・ガバナンスは，経済効率性を改善し，成長を促進し，投資家の信頼を高める上での一つの重要な要素である。コーポレート・ガバナンスは，会社経営陣，取締役会，株主及び，ステークホルダー（利害関係者）間の一連の関係に関わるものである。コーポレート・ガバナンスは，会社の目標を設定し，その目標の達成するための手段や会社業績を監視するための手段を決定する仕組みを提供するものである。良いコーポレート・ガバナンスは，取締役会や経営陣に，会社や株主の利益となる目標を追求するインセンティブを与え，有効な監視を促進するものであるべきである。一つの会社内や国の経済全体を通じて有効なコーポレート・ガバナンス体制が存在することは，市場経済が適切に機能するのに必要な程度に信頼を高めることの助けとなる。その結果，資本コストが低下し，会社が資源をより効率的に活用するよう促進されることで，成長が下支えされることになる。

　コーポレート・ガバナンスは，例えばマクロ経済政策，製品間の競争度合い，要素市場といったものを含む，会社が活動する大きな経済文脈の中の一部に過ぎない。コーポレート・ガバナンスの枠組みは，法律・規制・制度の環境にも依存するものである。さらに，ビジネス倫理，会社が活動する社会における環境・社会的利益についての会社の認識といったものも，会社の評判や長期的な成功に影響を及ぼすものである。

　こうした複層的側面は，会社のガバナンスや意思決定過程に影響を与え，長期的な成功にとって重要なものではあるが，OECD原則は，会社の所有と支配の分離から生じるガバナンス問題に焦点を当てるものである。しかしながら，株主と経営者の関係が重要な要素であるとしても，ガバナンス問題は単に株主と経営者との関係の問題ではない。ガバナンス問題が，一定の支配株主が少数株主に及ぼす支配力から生じている国・地域もあれば，その持分権に関わらず，従業員が重要な法的権利を有している国・地域もある。従って，OECD原則は，「チェック・アンド・バランス」の作業についてのより幅広いアプローチを補完するものでなければならない。会社の意思決定過程にとって関連するその他の事項の中には，環境・腐敗防止・倫理にかかる事柄のように，ここで考慮されているものもあるが，それらは，他のOECD文書（例えば，「多国籍企業行動指針」，「国際取引における外国公務員に対する贈賄の防止に関する条約」）や他の国際機関の文書においてより明確に扱われている。

　コーポレート・ガバナンスは，ガバナンス体制への参加者相互の間の関係により影響を

受けるものである。個人による支配形態であれ、家族による支配形態であれ、有力株主の提携による支配形態であれ、持株会社や株式持合いを通じた支配形態であれ、支配株主は、会社の活動に多大な影響を及ぼし得るものである。機関投資家は、株式の所有者として、一定の市場で、コーポレート・ガバナンスについての発言力を益々求めるようになっている。個人株主は、通常は、ガバナンスにかかる権利を行使しようとはしないが、支配株主や経営陣から平等な取扱いを受けることに強い関心を持つであろう。債権者は、多くのガバナンス体制において重要な役割を果たしており、会社業績についての外部監視の役割を担っている。従業員やその他のステークホルダー（利害関係者）は、会社の長期的な成功や業績に貢献する上で重要な役割を担っている。その一方、政府は、コーポレート・ガバナンスについての制度的・法的な枠組み全体を確立する立場にある。これらの参加者それぞれの役割及びそれらの間の関係は、OECD加盟国・非加盟国各国毎に大きく異なっている。これらの関係は、法律・規制に律される面もあれば、任意の規範により律される面もあるし、最も重要なことには、市場の力により律されることになる。

　会社が、良いコーポレート・ガバナンスの基本原則をどの程度守っているのかは、投資判断においてますます重要な要素となっている。特に重要なこととして、コーポレート・ガバナンス慣行と投資の国際化の進展の関係がある。資本の国際的な流れは、会社が資金調達のためにより大きな投資家集団にアクセスすることを可能にする。国として、グローバルな資本市場の恩恵を十分に受けようとするならば、あるいは、長期的な「辛抱強い」資本を誘引しようとするならば、コーポレート・ガバナンスの枠組みが、信頼に足るもので、国境を越えてもきちんと理解され得るものでなければならないし、国際的に受け入れられた原則に整合的なものでなければならない。会社が基本的には外国の資本に依拠することがないとしても、良いコーポレート・ガバナンス慣行を採用することは、国内の投資家の信頼を高め、資本コストを低下させ、金融市場の機能を下支えし、結局は、より安定的な資金を誘引することになる。

　良いコーポレート・ガバナンスの単一モデルは存在しない。しかしながら、OECD加盟国・非加盟国の双方及びOECD事務局内で進められている作業により、良いコーポレート・ガバナンスを構成する共通要素が明確にされてきている。OECD原則は、こうした共通要素に立脚し、存在する異なるモデルを包含するものとして策定されている。例えば、OECD原則は、如何なる特定の取締役会構造をも唱道するものではないし、本文書で使用されている「取締役会（board）」との用語は、OECD加盟国・非加盟国各国の異なった取締役会モデルを包含しようとするものである。いくつかの国に見られる典型的な二層構造の取締役会制度においては、OECD原則で使われている「取締役会（board）」は、「監査役員会（supervisory board）」を意味し、「幹部経営陣（key executives）」は、「経営役員会（managing board）」を意味することになる。単層構造の取締役会を内部監査組織が補完しているような制度に対しても、取締役会に適用される原則を準用することが可能である。本文書では、「corporation」、「company」との用語が混在するが、これらは同義である。

　OECD原則は、拘束力を持つものではなく、国レベルの立法作業にとって詳細な処方箋を提供することを意図したものでもない。むしろ、OECD原則は、目標を設定し、それを達成するための複数の方法を提示するものであ

るOECD原則は，判断の基準を提供することを目指したものである。OECD原則は，政策担当者が自国の経済・社会・法律・文化の環境を反映するコーポレート・ガバナンスについての法律・規制の枠組みを点検し策定・改正する際に，使用され得るものであるし，市場参加者が自らの慣行を確立する際にも使用され得るものである。

OECD原則は，常に進化するべきものであり，大きな環境変化に照らして見直されるべきである。変化の激しい世界において競争力を維持し続けるためには，会社は，新たな需要に対応し，新たなビジネス機会を確保できるように，自身のコーポレート・ガバナンス慣行を創出・採用しなければならない。同様に，政府には，市場が効率的に機能し，株主やステークホルダー（利害関係者）の期待に応えられるように柔軟性を付与する効果的な規制の枠組みを策定するという重要な責任がある。規制の費用対効果を考慮しつつ，自分達のコーポレート・ガバナンスの枠組みを策定するに当たって，OECD原則を如何に適用するかは，政府及び市場，参加者自身が決めることである。

（以下　略）

Ⅰ．有効なコーポレート・ガバナンスの枠組みの基礎の確保

コーポレート・ガバナンスの枠組みは，透明で効率的な市場を促進し，法の原則と整合的で，異なる監督・規制・執行当局間の責任分担を明確にするものでなければならない。

A．コーポレート・ガバナンスの枠組みは，経済パフォーマンス全体への影響，市場の廉潔性，市場参加者へのインセンティブ，透明で効率的な市場の育成という観点を持って，策定されるべきである。

B．各国・地域のコーポレート・ガバナンス慣行に影響を与える法律・規制の要請は，法の原則と整合的で，透明かつ執行可能なものでなければならない。

C．各国・地域における異なる当局間の責任分担は，明確にされなければならないし，それが公共の利益のためになっていることが確保されなければならない。

D．監督・規制・執行当局は，その責務をプロに徹して，客観的に果しうるだけの権限，廉潔性，人員・予算を有するべきである。さらに，その監督・規制・執行については，適時，透明かつ十分に説明されるべきである。

Ⅱ．株主の権利及び主要な持分機能

コーポレート・ガバナンスの枠組みは，株主の権利を保護し，また，その行使を促進するべきである。

A．株主の基本的な権利には，1）持分を登録する手段を確保する権利，2）株式を譲渡・移転する権利，3）会社に関する重要情報を適時，定期的に得る権利，4）株主総会に参加し，投票する権利，5）取締役会メンバーを選出・解任する権利，6）会社の利益の分配を受ける権利が，含まれるべきである。

B．株主は，1）会社規則や定款あるいは会社を律する類似の文書の変更，2）株式発行の授権，3）会社の全ての，あるいは，ほとんど全ての資産の移転を含む，会社の売却と同様の結果となる特別な取引等の会社の基本的な変更にかかる意思決定に参加する権利及び，その意思決定について十分に情報提供される権利を有するべきである。

C．株主は，株主総会に有効に参加し投票をする機会を有するべきであり，投票手続きを含む株主総会を律する規則について情報提供されるべきである。

１．株主は，株主総会の日時・場所・議題について，十分にかつ適時に情報提供されるべきであり，また，総会での議決事項に関しても十分にかつ適時に情報提供されるべきである。

　２．株主は，合理的な制約のもと，年次外部監査に関連する質問を含め，取締役会に対して質問し，株主総会の議題を提案し，決議を提案する機会を有するべきである。

　３．取締役会メンバーの指名や選出のようなコーポレート・ガバナンスにかかる主要な意思決定に株主が有効に参加することが促進されるべきである。株主は，取締役会メンバーや幹部経営陣に対する報酬の方針について，自身の意思を周知することができるべきである。取締役会メンバーや従業員に対する報酬のうち，株式に関連する部分については，株主の承認にかからしめられるべきである。

　４．株主は，自身で，あるいは不在者投票により，投票できるべきであり，両投票方法により投じられた票は同じ効果を有さなければならない。

　Ｄ．一定の株主が自身の株式持分に比して過大な支配力を持つことを可能にするような資本構造・取極めは，開示されるべきである。

　Ｅ．企業支配権のための市場は，効率的かつ透明な形で機能させられるべきである。

　１．資本市場における企業支配権の獲得，企業買収や会社資産の大部分の売却のような特別な取引を律する規則や手続きは，投資家が自身の権利や救済を理解できるように，明確に規定・開示されるべきである。取引は，全ての株主がその種類に応じて権利を保護されるように，透明な価格により，公正な条件でなされるべきである。

　２．買収防止措置は，会社経営者及び取締役会の説明責任を回避させるように使われてはならない。

　Ｆ．機関投資家を含む全ての株主による持分権の行使が，促進されるべきである。

　１．受託者としての機能を果たす機関投資家は，その投資に関して，議決権の行使についての決定にかかる手続きを含め，包括的なコーポレート・ガバナンスの方針や投票方針を開示するべきである。

　２．受託者としての機能を果たす機関投資家は，その投資に関して生じる主要な持分権の行使に影響を及ぼしかねない，重要な利益相反を如何に管理しているかを開示するべきである。

　Ｇ．機関投資家を含む株主は，本原則に定義されている自身の株主としての基本的な権利にかかる事項について，権利の濫用を防ぐための例外はあるとしても，互いに協議することが許されるべきである。

Ⅲ．株主の平等な取扱い

　コーポレート・ガバナンスの枠組みは，少数株主，外国株主を含む，全ての株主の平等な取扱いを確保するべきである。全ての株主は，その権利の侵害に対して，有効な救済を得る機会を有するべきである。

　Ａ．同種の系列に属する株主は，全て，平等に扱われるべきである。

　１．如何なる種類の系列においても，同種の系列に属する株式は，全て，同じ権利を有するべきである。全ての投資家は，株式の購入前に，全ての系列・種類の株式に如何なる権利が付与されているかについての情報を得ることができるべきである。議決権にかかる如何なる変更も，不利益を蒙る種類の株主により承認されるべきである。

　２．少数株主は，直接または間接に行動する支配株主による権利の濫用，あるいはその利益のための濫用行為から，保護されるべき

であり，有効な救済手段を有するべきである。

3．投票は，カストディアンまたは名義人（ノミニー）により，実質株主と合意したやり方で行われるべきである。

4．クロス・ボーダー投票にかかる障害は，取り除かれるべきである。

5．株主総会の過程や手続きは，全ての株主の平等な取扱いを実現するべきである。会社手続きにより，投票が不当に困難となったり，コストがかかるものとなってはならない。

B．インサイダー取引や自己取引の悪用は，禁止されるべきである。

C．取締役会メンバー及び幹部経営陣は，会社に直接に影響を及ぼす全ての取引や事項について，自身が直接または間接に，あるいは第三者のために，重要な利害関係を有するかどうかを取締役会に対して開示することが求められるべきである。

Ⅳ．コーポレート・ガバナンスにおけるステークホルダー（利害関係者）の役割

コーポレート・ガバナンスの枠組みは，法律または相互の合意により確立されたステークホルダー（利害関係者）の権利を認識すべきであり，会社とステークホルダー（利害関係者）の積極的な協力関係を促進し，豊かさを生み出し，雇用を創出し，財務的に健全な会社の持続可能性を高めるべきである。

A．法律または相互の合意により確立されたステークホルダー（利害関係者）の権利は尊重されるべきである。

B．ステークホルダー（利害関係者）の利益が法律により保護されている場合には，ステークホルダー（利害関係者）は，その権利の侵害に対して有効な救済を得る機会を有するべきである。

C．従業員参加のための業績向上の仕組みは，その発展のために認められるべきである。

D．ステークホルダー（利害関係者）が，コーポレート・ガバナンスの過程に参加する場合には，適切で，十分かつ信頼に足る情報に適時かつ定期的にアクセスできるべきである。

E．ステークホルダー（利害関係者）は，個々の従業員及びそれを代表する団体を含め，違法な慣行や非倫理的な慣行についての懸念を自由に取締役会に伝えることができるべきであり，そうした行動をとることで，ステークホルダー（利害関係者）の権利が損なわれることがあってはならない。

F．コーポレート・ガバナンスの枠組みは，有効かつ効率的な倒産処理の枠組み及び，債権者の権利の有効な執行により補強されるべきである。

Ⅴ．開示及び透明性

コーポレート・ガバナンスの枠組みにより，会社の財務状況，経営成績，株主構成，ガバナンスを含めた，会社に関する全ての重要事項について，適時かつ正確な開示がなされることが確保されるべきである。

A．以下の事項（これに限定されるものではないが）についての重要情報は開示されるべきである。

1．会社の財務及び経営成績

2．会社の目標

3．主要な株式保有及び議決権

4．取締役会メンバーと幹部経営陣に対する報酬についての方針，並びに資格，選任過程，他の会社の取締役会メンバーの兼任状況及び，取締役会によって「独立」と見做されているかどうかを含む取締役会メンバーについての情報

5．関連者間取引

6．予見可能なリスク要因
　7．従業員及びその他のステークホルダー（利害関係者）についての事項
　8．ガバナンスの構造と方針，特に，コーポレート・ガバナンス規範や方針の内容及び，その実施過程
　B．情報は，会計，財務・非財務開示のそれぞれについての質の高い基準に則って，作成され，開示されるべきである。
　C．財務諸表が会社の財務状況及び営業業績を全ての重要な観点において適切に示しているとの，外部からの客観的な保証を取締役会及び株主に提供するために，年次監査は，独立の能力・資格を備えた監査人によって実施されるべきである。
　D．外部監査人は，株主に対して説明責任を負うべきであり，監査の実施に当たっては，専門家としての注意を払う義務を会社に対して負うべきである。
　E．情報伝達の媒体は，利用者が有意な情報に公平，適時，費用効率的にアクセスできるようにするべきである。
　F．コーポレート・ガバナンスの枠組みは，投資家の意思決定にとって有効であるアナリスト，仲介業者，格付機関等による分析や助言が，その分析や助言の廉潔性を損ない得る重大な利益相反を生じさせることなく提供されることを実現・促進する有効なアプローチにより補強されるべきである。

VI．取締役会の責任

　コーポレート・ガバナンスの枠組みにより，会社の戦略的方向付け，取締役会による経営陣の有効な監視，取締役会の会社及び株主に対する説明責任が確保されるべきである。
　取締役会構造やその手続きは，OECD加盟国の国内及び加盟国間で異なるものである。

いくつかの国では，監視機能と経営機能を別の主体に分掌させる二層構造の取締役会が採用されている。こうした制度は，一般的には，取締役会の非執行のメンバーによって構成される「監査役員会（supervisory board）」と，執行役員だけで構成される「経営役員会（managing board）」によって成り立っている。他方，取締役会の執行役のメンバーと取締役会の非執行のメンバーの双方によって構成される「単層構造」の取締役会を採用している国もある。また，監査目的で，法定の監査組織を採用している国もある。OECD原則は，会社を統治し経営陣を監視する機能が如何なる取締役会構造にゆだねられようとも，それらに適用するために十分に一般的であることを意図している。
　取締役会は，会社の戦略的方向付けとともに，利益相反を防止し，会社に対する競合する要請の間のバランスをとりつつ，経営業績を監視し，株主へ十分な利益を還元することを主たる責務としている。取締役会は，その責務を有効に果たすためには，客観的で独立の判断を下すことができなければならない。取締役会は，会社が税法，競争法，労働法，環境法，機会均等法，安全衛生法を含む適用可能な法律を遵守していることを確保するために設計された体制を監視する重要な責務も負っている。取締役会が担う責務及び，経営陣が説明責任を負う責務を明示的に規定することが有益であると会社側が明確にしている国もある。
　取締役会は，会社及び株主に対して説明責任を負うばかりでなく，その最善の利益のために行動する義務も負っている。さらに，取締役会は，従業員，債権者，顧客，（物品）供給者，地域社会を含むその他のステークホルダー（利害関係者）の利益も十分に配慮し，公平に取り扱うことを期待されている。この

関連では，環境・社会基準の遵守も重要である。

　A．取締役会メンバーは，十分に情報を与えられた上で，誠実に，相当なる注意を持って，会社及び株主の最善の利益のために行動するべきである。

　いくつかの国では，取締役会は，株主，従業員，公共の利益を考慮に入れた上で，会社の利益のために行動することが法的に義務付けられている。会社の最善の利益のために行動することが，経営陣が保身をはかることを許すことになってはならない。

　本原則（VI. A）は，注意義務（duty of care）と忠実義務（duty of loyalty）という取締役会メンバーの受託者責任（fiduciary duty）における二つの重要な要素を示すものである。注意義務（duty of care）は，取締役会メンバーが十分に情報を与えられた上で，誠実に，十分な注意をもって行動することを義務付けるものである。いくつかの国・地域においては，合理的に慎重な人間であれば同様な状況下においてとるであろう行動を基準としている。ほとんど全ての国・地域において，取締役会メンバーに重過失がなく，十分な注意を払って決定がされるなどの場合は，経営判断の誤りまで注意義務（duty of care）の対象とされることはない。本原則（VI. A）は，取締役会メンバーが十分に情報を与えられた上で行動することを要請するものである。良い慣行においては，本原則（VI. A）は，「取締役会メンバーが主要な会社の情報体制や法・規制等の遵守のための体制が基本的に健全で，OECD原則により唱道される取締役会に対する主要な監視の役割を下支えしていると納得できるべきである」と読み替えられる。多くの国・地域では，この点は注意義務（duty of care）の要素として考えられているが，一方で，これが証券規制や会計基準等によって義務付けられている国・地域もある。忠実義務（duty of loyalty）は，例えば，株主の平等な取扱い，関連者間取引の監視，幹部経営陣や取締役会メンバーに対する報酬の方針の確立といった本文書に示された他の原則を有効に実施するための支えとなるものであることから，中核的な重要性を有している。忠実義務（duty of loyalty）は，グループ会社構造の中で働く取締役会メンバーにとっての主要な原則でもある。グループ会社構造においては，会社は他の会社によって支配されているかもしれないが，忠実義務（duty of loyalty）は，取締役会メンバーが当該会社とその全ての株主に対して負っているものであり，グループにおける支配会社に対して負っているものではない。

　B．取締役会の意思決定が，異なる株主グループに対して異なる影響を及ぼし得る場合には，取締役会は，全ての株主を公平に扱うべきである。

　取締役会は，異なる選出母体を代表する個人の集団と見られるべきではないし，そのように行動するべきでもない。特定の株主により指名・選任される（あるいは他のメンバーと競争する場合もある）取締役会メンバーもいるかもしれないが，取締役会メンバーがその責務を負う際には全ての株主に対して公平にその義務を遂行することが，取締役会業務の一つの重要な特徴である。事実上，取締役会メンバーの全てを選出し得る支配株主が存在する場合にこそ，本原則（VI. B）が確立されることが特に重要である。

　C．取締役会は，高い倫理基準を適用するべきである。取締役会は，ステークホルダー（利害関係者）の利益を考慮に入れるべきである。

　取締役会は，自身の行動によってばかりでなく，幹部経営陣や結果的に経営陣一般を任

命・監視する中で，会社の倫理的傾向を設定する重要な役割を担っている。高い倫理基準を有することにより，会社の日々の業務ばかりでなく，長期的なコミットメントについても，会社の信用・信頼が確保され，会社の長期的な利益に適うことになる。取締役会の目標を明確かつ遂行可能なものとするために，多くの会社は，特に専門家としての基準及び場合によってはより範囲の広い行為規範に拠って立つ，会社の行動規範を策定することが有益であるとしている。より範囲の広い行為規範には，「基本的労働権についてのILO宣言」に盛り込まれた四つの原則全てを反映する「OECD多国籍企業行動指針」を遵守するために会社（その子会社も含む）が行っている自主的コミットメントが含まれることになろう。

会社全体にかかる規範は，取締役会及び幹部経営陣の行動についての基準として機能し，異なる選出母体及び，多くの場合相反する選出母体に対して如何なる対応をするのかを判断するための枠組みを設定するものである。倫理基準は，最低限，会社株式の取引を含む私的利益の追及について明確な制限を設定するべきである。倫理的行動についての全体の枠組みは，常に基本的な要求を示すものである法律の遵守を超えるものとなる。

D．取締役会は，以下を含む，一定の重要な権能を果たすべきである。

1．「会社の経営戦略，主要な行動計画，リスクについての方針，年次予算・事業計画の見直しと方向付け」，「業績目標の設定」，「実施と会社業績の監視」，「主要な資本にかかる支出，取得，処分の監督」

取締役会にとって益々重要となっている分野で，会社の戦略と密接に関わるものとして，リスクについての方針がある。この方針は，会社がその目標を追求する上で許容するリスクの種類・程度を特定することに関するものである。従って，この方針は，会社の望ましいリスク・プロファイルに対応してリスクを管理しなければならない経営陣に対して，重要な指針となるものである。

2．会社のガバナンス慣行の有効性の監視と必要な場合の変更

取締役会によるガバナンスの監視は，会社組織全体を通じて経営陣の説明責任の所在が明確にされていることを確保するために，会社の内部構造を継続的に検討することを含むものである。コーポレート・ガバナンス慣行を定期的に監視・開示することを義務付けることに加えて，取締役会による自身の業績の自己評価及び，個別の取締役会メンバーや最高経営責任者（CEO）・取締役会会長の業績評価を奨励あるいは義務付ける方向に向かっている国も多い。

3．幹部経営陣の選出，報酬の支払い，監視，必要な場合の交替及び，承継計画の監視

二層構造の取締役会体制では，「監査役員会（supervisory board）」が，通常，ほとんどの幹部経営陣を取り込むことになる「経営役員会（managing board）」を任命する責任も負っている。

4．幹部経営陣と取締役会に対する報酬と，会社及び株主の長期的利益との調整

益々多くの国において，取締役会メンバー及び幹部経営陣を対象とした報酬方針についての声明を取締役会が策定・開示することは，良い慣行と見做されている。こうした方針についての声明は，報酬と業績との関係を特定し，会社の長期的利益を短期的な考慮よりも強調する客観的に計測可能な基準を含むものである。方針についての声明は，一般的には，コンサルティング等，取締役会以外で取締役会メンバーが従事する活動に対する報酬の条件を設定しようとするものでもある。方針に

ついての声明は，また，会社株式の保有・取引について取締役会メンバーや幹部経営陣が守るべき条件や，オプションの付与・再評価のためにとられる手続きを特定するものでもある。いくつかの国では，そうした方針が，執行役員の契約が終了する際に支払われる手当をも対象とする場合もある。

益々多くの国において，取締役会メンバーや幹部経営陣に対する報酬の方針やその雇用契約が，独立の取締役のみで構成されるか，独立の取締役が過半数を占める特別の取締役会の委員会によって取り扱われることは良い慣行であると考えられている。利益相反を招かないように，報酬委員会を設置する場合には，会社の執行役員が互いの会社の報酬委員会に属さないようにすることを求める声もある。

5．公式で透明な取締役会の指名・選任過程の確保

これらの原則は，取締役会メンバーの指名・選任において株主が積極的な役割を果たすことを促進するものである。取締役会は，指名・選任過程のこの側面及びその他の側面が尊重されていることを確保する上で，重要な役割を有している。第一に，実際の指名手続きは国によって異なるかもしれないが，取締役会や指名委員会には，確立された手続きが透明でありかつ尊重されていることを確認する義務がある。第二に，取締役会は，取締役会の既存の能力を補完し，取締役会が会社に対して付加価値をもたらす能力を高めるための適切な知識・能力・経験が備わった取締役会メンバーの候補者を特定する主要な役割を担っている。いくつかの国では，広い範囲の人間を対象にした開かれた人材発掘過程も求められている。

6．会社資産の悪用や関連者間取引の悪用を含む，経営陣，取締役会メンバー及び株主の潜在的な利益相反の監視及び管理

財務報告や会社資産の利用を対象とした内部管理体制を監視し，関連者間取引の悪用を防止することは，取締役会の重要な機能である。こうした機能は，取締役会に対して直接アクセスできる内部監査人にゆだねられる場合もある。会社の他の役員が法律顧問等の責任を担っている場合には，こうした役員が内部監査人と同様の報告責任を負っていることが重要である。

取締役会がその管理・監視責任を果たす上では，非倫理的行為や違法行為の報告が，懲罰を怖れることなく，なされることを奨励することが重要である。会社の倫理規範により，関係者個人に対する法的保護により支えられたこの過程が助長されるべきである。多くの会社では，財務諸表の廉潔性を損ない得る非倫理的行為または違法行為についての懸念を報告しようとする従業員にとっての接触先として，監査委員会または倫理委員会が特定されている。

7．独立の監査を含め，会社の会計・財務報告体制の廉潔性を確保するとともに，適切な管理体制，特に，リスク管理，財務・経営管理，法律や関連する基準の遵守のための体制が整っていることの確保

重要な報告・監視体制の廉潔性を確保するために，取締役会が，会社組織全体を通じて，その責務及び説明責任の所在について明確にし，きちんとそれを執行することが求められる。取締役会が，幹部経営陣によって適切な監視がなされていることを確保することも必要である。このための一つの方法としては，取締役会に対して直接に報告する内部監査体制を通じるやり方がある。いくつかの国・地域では，内部監査人による報告が，外部監査人との関係を管理する責任を負う取締役会の独立の監査委員会，あるいは同等の組織に対

してなされ，その結果，取締役会により調整のとれた対応がとられることが，良い慣行であると考えられている。監査委員会またはそれと同等の組織が財務報告の基礎となっている最も重要な会計方針について検討し，取締役会に報告することも，良い慣行と見做されるべきである。しかしながら，報告体制の廉潔性を確保する最終的な責任は，取締役会が負うべきである。内部管理過程についての報告の責任を取締役会会長に負わせている国もある。

会社には，「OECD 外国公務員贈賄防止条約」により法定することが求められている外国公務員の収賄を刑事犯とする規定や他の形の贈賄・汚職を管理するために設計された措置も含む，適用可能な法律・規制・基準を遵守することを促す内部の計画・措置を設定することが勧められている。さらに，証券，競争，労働・安全条件等を対象とする他の法律・規制も遵守されるべきである。こうした遵守計画は，会社の倫理規範を支えることにもなる。ビジネスのインセンティブ構造が有効となるためには，そのインセンティブ措置が倫理基準や専門職基準と連携することが必要であり，これにより，そうした価値を守ることが称えられ，法律違反は相応の結果となるか，制裁が課されることになる。遵守計画は，可能な場合には，子会社にも適用されるべきである。

8．開示及び情報伝達プロセスの監視

開示及び情報伝達に関する取締役会と経営陣の機能・責務は，取締役会によって明確に確立される必要がある。いくつかの会社では，取締役会に直接に報告する投資関係担当役員が設けられている。

E．取締役会は，会社の業務について客観的な独立の判断を下すことができるべきである。

経営業績の監視，利益相反の防止，会社に対する競合する要請の間のバランスをとることの義務を果たすために，取締役会が客観的な判断を下せることが重要である。第一に，これは，経営陣との関連での独立性と客観性を意味するものであり，取締役会の構成・構造についても含意を有するものである。かかる状況において取締役会が独立であるためには，通常，十分な数の取締役会メンバーが経営陣から独立していることが必要とされるであろう。単層構造の取締役会構造をとる多くの国では，最高経営責任者（CEO）と取締役会会長との職を分離することや，それが兼務される場合には，筆頭非執行役員に社外取締役の会議を招集させ，その会議の議長を務めさせることにより，取締役会の客観性や経営陣からの独立性が強化され得る。この二つの職務の分離は，権力の適切なバランスが達成され，説明責任を向上させ，経営陣から独立して意思決定を行う取締役会の能力を高めるための助けともなることから，良い慣行と見做され得るものである。筆頭役員の任命が良い慣行であると見做されている国・地域もある。こうした仕組みは，質の高いガバナンスや取締役会の有効な機能を会社に確保させるための助けともなり得るものである。取締役会会長やまたは筆頭役員が，カンパニー・セクレタリーにより補佐されている国もある。二層構造の取締役会では，下層取締役会（経営役員会）の長が引退後に監査役員会の会長に就任する慣習がある場合に，コーポレート・ガバナンスの問題が発生し得るかどうかについて検討がなされるべきである。

取締役会の客観性が如何に支えられ得るかは，会社の株式保有構造によっても左右される。支配的な地位を占める株主は，取締役会や経営陣を任命する相当な力を有している。しかしながら，こうした場合でも，取締役会は，会社及び少数株主を含めた全株主に対し

て受託者責任を負っているのである。

　従って，異なる国において取締役会の構造や株式保有構成・慣行が異なることにより，取締役会の客観性の問題に対しては異なるアプローチをとる必要があろう。多くの場合，客観性を確保するために，取締役会メンバーの内，相当数の者が会社や関連会社によって雇用されていないこと及び，相当の経済関係，血縁関係，その他の関係を通じて，会社やその経営陣と緊密な関係にないことが必要となる。これにより，株主が取締役会メンバーになることが妨げられることにはならない。他方，特に，少数株主の事前の権利が脆弱で，救済を受ける機会が制約されている場合には，支配株主やその他の支配主体からの独立が強調される必要があろう。この結果，取締役会メンバーの一部は支配力を持つ株主から独立であることが規範や法律により求められ，独立であるためにはそうした株主を代表しないことや緊密なビジネス関係を持たないことまでもが必要とされる国・地域もある。また，特定の債権者のような関係者が，相当の影響力を行使し得る場合もある。会社に影響を及ぼす特別な立場にある関係者が存在する場合には，取締役会が客観的な判断を行っているかどうかは厳格なやり方で確認されるべきである。

　取締役会の独立のメンバーを定義するに当たって，国のコーポレート・ガバナンス原則により，上場要件に反映されることが多い「独立していないこと」の要件について極めて詳細な仮定が示されている国もある。如何なる場合に個人が「独立していない」と見做されるのかを定義する，こうした「消極的」基準は，必要条件を示すものである一方で，「独立している」とされる可能性を高めることになる「積極的」な属性の例が示されれば，より有益なものになり得る。

　取締役会の独立のメンバーは，取締役会の意思決定に大きく貢献し得るものである。独立のメンバーは，取締役会及び経営陣の業績評価について客観的な意見を導入することができる。さらに，独立のメンバーは，執行役員の報酬，承継計画，企業支配権の変更，買収防御，大規模な資産取得，監査機能といった，経営陣，会社，株主の間で利益が異なる可能性のある分野において重要な役割を果たし得る。独立のメンバーがこの重要な役割を果たすためには，取締役会として「独立している」と考えている者は誰か及び，その判断の基準は何かが示されることが望ましい。

　1．取締役会は，利益相反の可能性がある場合には，独立の判断を下せる十分な数の非執行の取締役会メンバーを任命することを検討するべきである。こうした責務の例としては，財務・非財務報告の廉潔性の確保，関連者間取引の検討，取締役会メンバー及び幹部経営陣の指名，取締役会に対する報酬が挙げられる。

　財務報告・報酬・指名の責任は取締役会全体で担っているものであるが，取締役会の独立で非執行のメンバーが存在することで，市場参加者に対して，その利益が守られていることを追加的に確認することが可能となる。取締役会が，潜在的な利益相反がある問題を検討するため，特別の委員会の設置を検討する可能性もある。これらの委員会は，一定数以上の非執行のメンバーが義務付けられる場合もあれば，全て非執行のメンバーで構成されることもある。株主が，特別の機能のための非執行の取締役を指名・選出する直接の責任を負っている国もある。

　2．取締役会の委員会が設立された場合には，その権限，構成，業務遂行の手続きが，取締役会により適切に定義付けられ，開示されるべきである。

委員会の活動により取締役会の業務は改善されるかもしれないが、取締役会及びそのメンバーそれぞれの集団的責任について疑問が生じる可能性もある。従って、取締役会の委員会のメリットを評価するためには、委員会の目的・職務・構成について十分かつ明確な情報が市場に提供されることが重要である。こうした情報は、取締役会が外部監査人との関係を監視し、多くの場合に独立して行動する権能を伴った独立の監査委員会を設置している益々多くの国・地域において、特に重要になっている。その他の同様の委員会としては、指名や報酬を取り扱う委員会がある。取締役会のそれ以外の者や、取締役会全体としての説明責任が明確にされるべきである。例えば、機密の商取引を扱うために設置された委員会は開示の対象とされるべきではない。

3．取締役会メンバーは、有効に自らの責務に専念できるべきである。

あまりに多くの取締役会に帰属することは、取締役会メンバーの業務遂行を阻害することになり得る。会社は、同一人物による複数の取締役会の帰属が、有効な取締役会の業務遂行と両立し得るかどうかを検討しようと考えるであろうし、その情報を株主に開示しようと考えるであろう。兼務できる取締役会職の数に制限を課している国もある。取締役会メンバーが株主に対して正当性や信頼性を確保することに比べれば、特定数の制限を導入することはそれ程重要ではないかもしれない。取締役会メンバー個々の取締役会の出席記録や取締役会に代わって遂行されたその他の業務と関連の報酬を公表することによって、正当性は確保されるであろう。

取締役会の慣行を改善し、そのメンバーの業績を向上するために、会社が、個々の会社の要請に適合した、取締役会のトレーニングや自主的な自己評価を実施することが、益々多くの国において奨励されている。取締役会メンバーが任命時点で適切な能力・技術を体得すること、任命後に、会社内のトレーニングや会社外の講習により、関連の新しい法律、規制、変化する商業リスクに対応することも奨励されるものに含まれるであろう。

F．取締役会メンバーは、自らの責務を果たすために、正確、適切、かつ時宜に適った情報にアクセスできるべきである。

取締役会メンバーは、その意思決定を支えるために適時に適切な情報を必要としている。取締役会の非執行のメンバーは、一般的に、会社内にいる幹部経営陣と同等の情報アクセスを有してはいない。取締役会の非執行のメンバーの会社に対する貢献は、非執行のメンバーに、例えば、カンパニー・セクレタリーや内部監査人といった、会社内にいる主要な幹部経営陣にアクセスすることや、会社の費用により独立した外部の助言を頼ることを認めることにより、向上させられるものである。取締役会メンバーは、自らの責務を果たすために、自分達が正確、適切、かつ時宜に適った情報を得ていることを確保するべきである。

【課題】　このOECDコーポレート・ガバナンス原則を読んで、以下の点を考えてみよう。
Q１　本章冒頭の【課題】「会社は誰のものか」について、再度考えてみよう。
Q２　企業情報の適時かつ正確な開示がなされるべきこと、そのときに、透明性と説明責任が重要であるとされているが、具体的にはどのようなことが求められるのか。説明責任という場合、誰の誰に対する責任が特に重要だろうか。

> Q3　取締役会は会社の戦略的な方向付けや経営陣に対する監視を行うべきものと図式的には言われるが，どのようにすれば経営陣と取締役会のあるべき緊張関係が維持できるだろうか。

4　会社の設立と定款

　企業とは何かを考える出発点として，そもそも会社を設立するということはどのようなことなのか，会社の根本規範である定款とは何なのかといった点について理解をしておくことが有益である。

（1）会社の設立

> 【課題】　あなたの友人があなたの事務所に来て，親戚，友人数人で事業を始めたいので，会社を設立してほしいと言ってきたとする。
> ①　事業の概要をつかむために，１０項目の質問をするとして，何を聞くか。
> ②　定款の原案を作成するために，依頼者に１０項目をまず決めてもらうとして，何を聞くか。

　平成１８年の年央から，新しい「会社法」が施行になる。この法律案の作成にあたっては，経済界からも活発な意見が寄せられ，その希望も多くとりいれられたと聞いている。最も大きな従来との変更点は，有限会社と株式会社を同じものと考え，また，持分会社という括りの中に，従来の合資会社，合名会社とともに，新設の合同会社という組織形態を作ったことであろう。全体的に，定款自治を幅広く認め，自分の会社のことは自分で決めるという経営者の自己責任の確立を促し，経営者に，法律に規制されるのではなく，法律を活用するようにさせようとしているのである。特に，機関設計の仕方について大幅な私的自治を認めている。これは，規制を緩和し，企業の自由な発想を重視することが経済の発展を促すことにつながるという考えに基づくものと考えられる。

　従来の有限会社１４０万社が株式会社１１０万社と一緒になり，株式譲渡制限会社（公開会社でない会社）という括り方をしたため，この株式譲渡制限会社が数の上で会社法の主たる対象であることは明らかである。一方，資本金５億円以上，または，負債２００億円以上の大会社は１万社，このうち，証券取引市場に上場している上場会社は３０００社である。そして，上場会社に対しては，会社法のみでなく証券取引法関連の法の対象ともなっている。

（2）定款

　日本における経営組織論として最先端を行っていると評価されるソニー株式会社の定款を以下に

示したので，読んでみられたい（なお，本定款は，新しい会社法の施行前である平成17年6月22日に改正されたものである。）。

> 【課題】 同社の経営の組織構想は維持するとして，新しい会社法の下で，この定款を法の改正に沿って変更した方が望ましい項目があるだろうか，検討してみよう。

■ ソニー株式会社　定款
〔ただし，第2章の2の子会社連動株式の部分は省略〕

第1章　総　則

第1条（商号）
　当会社は，ソニー株式会社と称し，英文ではSONY CORPORATIONと記載する。

第1条の2（委員会等設置会社に関する特例）
　当会社は，株式会社の監査等に関する商法の特例に関する法律（以下商法特例法という。）第2章第4節（委員会等設置会社に関する特例）の適用を受けるものとする。

第2条（本店の所在地）
　当会社は，本店を東京都品川区に置く。

第3条（目的）
　当会社は，次の事業を営むことを目的とする。
1. 電子・電気機械器具の製造，販売
2. 医療機械器具，光学機械器具およびその他機械器具の製造，販売
3. 音声・映像のソフトウェアの企画，制作，販売
4. コンピュータソフトウェアの企画，制作，販売
5. 金属工業製品，化学工業製品および窯業製品の製造，販売
6. 繊維製品，紙・木工品，日用雑貨品，食料品および玩具の製造，販売
7. 輸送用機械器具および石油・石炭製品の製造，販売
8. 不動産業，建設業および運輸倉庫業
9. 出版業および印刷業
10. 広告代理業，保険代理業，放送事業，旅行・スポーツ等のレジャー業およびその他のサービス業
11. 金融業
12. 電気通信事業法に基づく第一種および第二種電気通信事業
13. 株式，債券等への投資に関する業務
14. 前各号に附帯または関連する物品の製造，販売および輸出入業
15. 前各号に関連する役務の提供
16. 前各号の営業を行なう者に対する投資
17. 前各号に附帯または関連する一切の業務

第4条（公告方法）
　当会社の公告は，電子公告により行う。ただし，事故その他やむを得ない事由により電子公告によることができないときは，日本経済新聞に掲載する。

第2章　株　式

第5条（株式の種類，株式数および自己株式の取得）
　当会社は，普通株式のほか，第2章の2に定める内容の株式（以下子会社連動株式という。）を発行することができる。
　② 当会社の発行する株式の総数は3

6億株とし，このうち35億株は普通株式，1億株は子会社連動株式とする。ただし，普通株式につき消却があった場合，または子会社連動株式につき消却もしくは普通株式への転換があった場合には，それぞれこれに相当する株式数を減ずる。

　　当会社は，商法第211条ノ3第1項第2号の規定により，取締役会の決議をもって自己株式を買受けることができる。

第6条（1単元の株式数）

　　当会社の1単元の株式の数は，すべての種類の株式につき100株とする。

第7条（単元未満株式）

　　当会社は，1単元の株式の数に満たない株式（以下単元未満株式という。）にかかる株券を発行しない。

　②　当会社の単元未満株式を有する株主（実質株主を含む。以下同じ。）は，その単元未満株式の数と併せて1単元の株式の数となるべき数の株式を売渡すことを当会社に請求することができる。

第8条（名義書換代理人）

　　当会社は，株式につき名義書換代理人を置く。名義書換代理人およびその事務取扱場所は，取締役会の決議または取締役会の決議による委任を受けた執行役の決定によって選定し，これを公告する。

　②　当会社の株主名簿（実質株主名簿を含む。以下同じ。）および株券喪失登録簿は，名義書換代理人の事務取扱場所に備え置き，株式の名義書換，実質株主名簿への記載（記録を含む。以下同じ。），株券の喪失登録，単元未満株式の買取りおよび売渡し，その他株式に関する事務は名義書換代理人に取扱わせ，当会社においてはこれを取扱わない。

第9条（株式取扱規程）

　　当会社の株券の種類，株式の名義書換，実質株主名簿への記載，株券の喪失登録，単元未満株式の買取りおよび売渡し，その他株式に関する事項は，この定款に定めるもののほか，取締役会または取締役会の決議による委任を受けた執行役が定める株式取扱規程による。

第10条（基準日）

　　当会社は，毎決算期最終の株主名簿に記載された議決権を有する株主をもって，その決算期に関する定時株主総会において，その議決権を行使することのできる株主とみなす。

　②　前項のほか必要があるときは，取締役会の決議または取締役会の決議による委任を受けた執行役の決定に基いてあらかじめ公告のうえ，一定の日最終の株主名簿記載の株主または登録質権者をもって，その権利を行使すべき株主または質権者とみなすことがある。

第2章の2　子会社連動株式

〈第10条の2から第10条の13まで略〉

第3章　株主総会

第11条（招集）

　　当会社の定時株主総会は，毎年4月1日から3ヵ月以内，臨時株主総会は必要があるごとに，取締役会の決議に基いて東京都各区内または神奈川県横浜市において招集する。

第12条（招集権者および議長）

　　株主総会は，あらかじめ取締役会が定める執行役が招集し，議長となる。当該執行役に事故があるときは，あらかじめ取締役会が定める順序に従って，他の執行役がこれを招集し，議長となる。

第13条（決議の方法）

株主総会の決議は，法令または定款に別段の定めがある場合を除き，出席した株主の議決権の過半数でこれを決する。

　② 商法第343条の規定によるべき決議は，総株主の議決権の3分の1以上を有する株主が出席し，その議決権の3分の2以上でこれを決する。

第14条（議決権の代理行使）

株主または法定代理人が自ら出席できないときは，その議決権の行使を他の議決権を有する出席株主に委任することができる。ただし，代理権を証する書面を当会社に提出しなければならない。

第15条（延会および会場の変更）

議長は，総会の決議により，会期を延期しまたは会場を変更することができる。

第16条（議事録）

株主総会における議事の経過の要領およびその結果は，議事録に記載し，議長ならびに出席した取締役および執行役がこれに記名押印または電子署名を行うものとする。

第16条の2（種類株主総会）

当会社の種類株主総会は，必要に応じて，取締役会の決議に基いて東京都各区内において招集する。

　② 第12条，第14条，第15条および第16条の規定は，種類株主総会について準用する。

第4章　取締役，取締役会および委員会

第17条（取締役の選任）

取締役は，株主総会において選任する。

　② 取締役の選任決議については，総株主の議決権の3分の1以上を有する株主の出席を要する。

　③ 取締役の選任決議については，累積投票によらない。

第18条（取締役の任期）

取締役の任期は，就任後1年以内の最終の決算期に関する定時株主総会終結の時までとする。

　② 補欠または増員のため選任された取締役の任期は，他の現任者の残任期間と同一とする。

第19条（取締役の責任免除および社外取締役との間の責任限定契約）

当会社は，商法特例法第21条の17第1項に関する取締役の責任について，取締役会の決議をもって法令の限度において免除することができる。

　② 当会社は，社外取締役との間で，商法特例法第21条の17第1項に関する責任について，3,000万円または商法特例法第21条の17第5項において準用される商法第266条第19項各号の金額の合計額のいずれか高い額を限度とする契約を締結することができる。

第20条（取締役会）

取締役会は，取締役をもって組織する。

　② 取締役会は，法令または定款に定めのある事項のほか，重要な事項につき決定し，取締役および執行役の職務の執行を監督する。

第21条（取締役会の開催時期）

取締役会は，定時取締役会と臨時取締役会とに分け，定時取締役会は3ヵ月に1回以上これを開催し，臨時取締役会は必要があるごとにこれを開催する。

第22条（取締役会の招集通知）

取締役会を招集するには，会日，場所およびその議題を掲げて，会日の少なくとも5日前に各取締役にその通知を発するものとする。ただし，緊急の場合は，これを短縮することができる。

第23条（取締役会の決議方法）

　　取締役会の決議は，取締役の過半数が出席し，出席取締役の過半数でこれを決する。

第24条（取締役会の議事録）

　　取締役会における議事の経過の要領およびその結果は，議事録に記載し，出席した取締役がこれに記名押印または電子署名を行うものとする。

第25条（指名委員会，監査委員会および報酬委員会）

　　指名委員会，監査委員会および報酬委員会の各委員会は，法令に定めのある事項を決定するほか，その職務遂行のために必要な権限を行使する。

第26条（各委員会の組織）

　　各委員会は，取締役3名以上で組織し，その過半数は社外取締役であって執行役でない者とする。ただし，監査委員会を組織する取締役は，当会社もしくはその子会社の執行役もしくは支配人その他の使用人または当該子会社の業務を執行する取締役を兼任しない者とする。

　②　各委員会を組織する取締役は，取締役会の決議により定める。

第5章　執行役

第27条（執行役の選任）

　　執行役は，取締役会の決議をもって選任する。

第28条（執行役の任期）

　　執行役の任期は，就任後1年以内の最終の決算期に関する定時株主総会終結後最初に開催される取締役会終結の時までとする。

　②　補欠または増員のため選任された執行役の任期は，他の現任者の残任期間と同一とする。

第29条（代表執行役）

　　当会社を代表すべき執行役は，取締役会の決議をもって選任する。

第30条（執行役の責任免除）

　　当会社は，商法特例法第21条の17第1項に関する執行役の責任について，取締役会の決議をもって法令の限度において免除することができる。

第6章　計　算

第31条（営業年度および決算期）

　　当会社の営業年度は，毎年4月1日から翌年3月31日までとし，毎年3月31日をもって決算期とする。

第32条（利益配当金）

　　利益配当金は，毎決算期最終の株主名簿記載の株主または登録質権者に支払う。

第33条（中間配当）

　　当会社は，取締役会の決議により，毎年9月30日（以下中間配当支払基準日という。）最終の株主名簿記載の普通株主または普通登録質権者に対し，商法第293条の5の規定に従い，金銭の分配（この定款において中間配当という。）をすることができる。なお，中間配当支払基準日に関して次項に規定する子会社取締役会の決議がなされなかったため，同項の規定により分配すべき金銭が存在しないこととなる場合であっても，中間配当をすることができる。

　②　当会社は，子会社取締役会が，中間配当支払基準日以前の直近の対象子会社の中間配当金の支払基準日について中間配当金を支払う旨決議した場合には，当該中間配当支払基準日最終の株主名簿記載の子会社連動株主または子会社連動

登録質権者に対し，商法第293条の5の規定に従い，当該中間配当支払基準日最終の株主名簿記載の普通株主または普通登録質権者に先立ち，子会社連動株式1株につき，子会社取締役会が決議した額の子会社株式1株当りの中間配当金に当該中間配当支払基準日における基準比率を乗じた額の金銭（この定款において子会社連動中間配当金という。）の分配をする。ただし，かかる子会社連動中間配当金の支払は100,000円に当該中間配当支払基準日における基準比率を乗じた金額をもって上限とする。

第34条（除斥期間）

　　利益配当金および前条の規定による分配金が，支払開始の日から満5ヵ年を経てなお受領されないときは，当会社は，その支払の義務を免れるものとする。利益配当金および前条の規定による分配金には利息をつけない。

第35条（転換社債の転換と利益配当金）

　　転換社債の転換により発行された株式に対する最初の利益配当金の計算については，転換の請求がなされたときの属する営業年度の始めに転換があったものとみなす。

　　②　前項の規定の適用については，第33条の規定に基く分配金はこれを利益配当金とみなし，4月1日から9月30日までおよび10月1日から翌年3月31日までの各期間はこれを営業年度とみなす。

第35条の2（子会社連動株式の一斉転換と利益配当金）

〈略〉

第7章　雑　則

第36条（社債の名義書換代理人）

　　当会社は，社債につき名義書換代理人を置くことができる。

第37条（委員会等設置会社移行前の取締役および監査役の責任免除）

　　当会社は，第86回定時株主総会終結前の商法第266条第1項第5号の行為に関する取締役の責任について，取締役会の決議をもって法令の限度において免除することができる。

　　②　当会社は，第86回定時株主総会終結前の監査役の責任について，取締役会の決議をもって法令の限度において免除することができる。

5　資本と株式市場

【課題】　新しい会社法では，出資財産総額の下限の定めがなく，資本金1円の会社も認められるようになっているが，一体，資本金とはどういう意味をもつものなのであろうか。昔の商法においては，資本金は債権者の最後のよりどころとするものなどといわれてきたが，債権者はその事業のキャッシュフローをチェックすればそれで与信できるということなのか。

第1編　企業法務総論

> 【課題】　上場とは，株式の譲渡制限が極端になくなった状況であるといえる。そこでは，株主は，その会社の経営に不満があれば，その株式を若干の損失を覚悟してでも市場で売却して，その会社の持ち主であることをやめる自由があるのであり，このような株主が多ければ，それが株式価格に反映して，経営方針を決定している大株主や経営者への批判となるという状態を指すと考えられる。しかし，そうしたことが十分機能するには，持分を自由に処分できる市場の存在と，経営に関する情報が適時，適切に開示されることが前提になる。このような市場が存在するためには，ほかにどのような条件が整っている必要があるか。

> 【課題】　次のヤオハン粉飾決算刑事事件判決を読んで，事実関係をまとめ，上場会社の経営者が赤字にもかかわらず粉飾決算をし，株主に利益配当までしてしまう理由を考えなさい。また，諸君がその会社の監査役だったとしたら，どのように監査をすべきだろうか，考えてみよう。

● **静岡地裁平成11年3月31日判決**（商事法務資料版187号214頁）

被告人　元上場会社代表者

　　　　　主　　文
被告人を懲役3年に処する。
この裁判確定の日から5年間右刑の執行を猶予する。

　　　　　理　　由
（罪となるべき事実）

被告人は，平成元年8月11日から平成9年1月10日までの間，静岡県沼津市岡宮1256番地の1に本店を置き，スーパーマーケットの経営等を目的とする株式会社ヤオハンジャパン（平成3年11月の変更前の商号は株式会社八百半デパート）の代表取締役社長として同社の業務全般を統括していたものであるが，

第一　同社の第35期の営業年度（平成7年4月1日から平成8年3月31日まで）の決算を行うにあたり，別紙修正貸借対照表のとおり，真実は同期において繰越損失を含めた未処理損失があって配当可能利益は皆無であったにもかかわらず，同社の信用を維持し，証券市場及び金融機関からの資金調達を容易にするなどの意図の下に，法令に違反して株主に対して利益の配当をしようと企て，経営指導料名目の架空の利益を計上するなどの方法により，利益を水増しさせて架空の繰越利益，当期利益を計上した損益計算書，貸借対照表及び右架空利益を基として1株につき8円25銭の割合で利益の配当を行う旨を記載した利益処分案を作成し，平成8年6月27日，同市寿町7番37号ブケ東海において開催された定時株主総会においてこれを提出して承認可決させ，そのころ，配当金8億9622万5140円を支払い，もって違法な配当をし

第二　同社の第36期の営業年度（平成8年4月1日から平成9年3月31日まで）中において，真実は最終の決算期に繰越損失を含めた未処理損失があって，株主に分配可能な剰余金は皆無であったにもかかわらず，前同様の意図の下に，法令に違反して株主に対し金銭の分配をしようと企て，平成8年11月18日同県熱海市上多賀字白石967番地のヤオハン迎賓館で開催された取締役会において，前同様の方法により，最終の決算期に

おける架空の繰越利益等を計上したことを基とし，1株につき4円50銭の割合で金銭の分配を行う旨を提案して可決させ，そのころ，分配金4億8884万8039円を支払い，もって違法な金銭の分配をし

第三　同社の業務に関し，同社の前記第35期の決算の実際は当期未処理損失金が126億4170万5031円であったのに，経営指導料名目の架空の利益を計上するなどの方法により，128億8782万4086円を過大に計上して当期未処分利益金が2億4600万円であったように虚偽の記載をした貸借対照表，損益計算書及び利益金処分計算書を掲載した同期営業年度の有価証券報告書を作成した上，同報告書を，平成8年6月28日，東京都千代田区霞ヶ関3丁目1番1号大蔵省において，大蔵大臣に対して提出し，もって重要な事項につき虚偽の記載をした有価証券報告書を作成して提出したものである。

　（証拠の標目）　　＜略＞
　（法令の適用）　　＜略＞
　（量刑の理由）
一　本件は，株式会社ヤオハンジャパン（以下，株式会社について再出する際は原則として「株式会社」を省略する。）の代表取締役社長であった被告人が，（1）同社第35期期末決算（平成8年3月期）にあたり，配当可能利益は皆無であったのに，粉飾決算の上，約8億9600万円の違法配当をし，（2）同社第36期中間期（同年9月期）に，株主に分配可能な剰余金は皆無であったのに，右粉飾決算を基に，約4億8800万円の違法な中間配当をし，（3）同社第35期の有価証券報告書に，架空の利益計上等で約128億8700万円の粉飾をした計算書類を掲載し，これを大蔵大臣に提出したという事案である。
二　本件犯行に至る経緯等は，次のとおりである。

第2章　企業とは何か

1　ヤオハンジャパンの概要

　ヤオハンジャパンは，静岡県沼津市内に本店を置き，総合スーパーマーケットを経営して，生鮮，加工食品を中心に，衣料及び家庭雑貨等の小売販売を行うことを主たる業務とし，このほか，ディスカウントストアの経営，店舗賃貸の不動産事業等も付帯して営んでいたものであるが，平成9年9月18日，静岡地方裁判所に会社更生手続の開始を申し立て，同年12月18日，同裁判所により更生手続開始決定を受けた。更生管財人の調査によれば，右申立時の資本金は約236億円であり，負債総額は，約1858億円（内，関係会社等の債務に対する保証債務が約623億円）に上った。

　ヤオハンジャパンは，この時点で，国内に直営店42店，子会社及び関連会社等合計約40社を，海外にも，直接出資している子会社及び関連会社約20社を有し，その他にも，ヤオハンジャパンの出向社員が役員を務めるなどの多数の人的関連会社を有していた。

2　ヤオハンジャパンの沿革，被告人の経歴，粉飾の背景等

　（一）被告人は，昭和6年2月，父甲野太郎及び母花子の次男として出生した。太郎夫婦は，当時，静岡県熱海市内で青果物販売業の八百半商店を営んでいたが，昭和23年，これを法人化して株式会社八百半商店とした。被告人は，横浜国立大学経済学部を卒業後の昭和30年4月，同社に常務取締役として入社し，太郎夫婦，その長男甲野一郎（以下「一郎」という。）らとともに同社の業務に参画した。昭和31年，同社は，旅館相手の掛売販売から，一般消費者相手の現金正札販売，セルフサービス方式に営業形態を転換したことが契機となり，売上を大きく伸ばした。

　（二）その後，右会社の営業は株式会社八百半デパートに引き継がれ，昭和37年，一郎

が同社代表取締役社長に就任した。

　一郎は，社長就任後，同業他社に先駆けて海外を目指し，昭和４６年ブラジル，昭和４９年シンガポールと各進出し，昭和５１年にオイルショックによる経済不況でブラジル店が倒産して一時的な停滞はあったものの，昭和５４年にコスタリカ及びアメリカに進出して海外展開を再開し，昭和５９年香港，昭和６２年マレーシア，昭和６３年台湾へと進出先を拡大し，国際流通グループヤオハン（以下「グループ」という。）を築き上げた。この間，日本国内での事業も拡大し，静岡県全域及び県外に，直営店，フランチャイズ店を多数開設したほか，百貨店事業への進出（ネクステージ事業）や子会社設立による事業の多角化等を積極的に押し進めるなどした。この結果，八百半デパートは，昭和５７年名古屋証券取引所第２部上場，昭和５９年同第１部指定替え，昭和６１年東京証券取引所第１部上場を果たしている。

　（三）一郎は，平成元年，八百半デパートの代表取締役社長を被告人に譲ったものの，香港にグループの基幹会社としてヤオハン・インターナショナル・カンパニー・リミテッド（以下「ＹＩ」という。）を設立し，その会長兼社長に就任してグループ代表に君臨し続け，平成２年にはグループ総本部を香港に移転した。このため，八百半デパートは，グループの日本国内部門の基幹会社へとその役割を変え，平成３年，商号を株式会社ヤオハンジャパンと変更した（以下，商号変更の前後を問わず「ヤオハンジャパン」という。）。この機構改革に伴い，一郎，被告人のほか，四男甲野四郎，被告人の従弟乙山正夫及びヤオハンジャパン副社長丙川和男がグループ各社を地域別に担当し，これらで構成されるグループ最高会議で協議された方針に従い，グループは運営されることとなった。

　一郎はグループ代表であるとともに，香港及び中国事業を担当し，さらに積極的な事業展開を進め，平成５年，関連会社を香港株式市場に上場させ，平成７年，東洋最大の百貨店を謳ったネクステージ上海を開店し，平成８年には総本部を上海に移転し，グループ名を世界市民企業グループ八佰伴と改称するなどし，中国への進出を本格化させていった。

　（四）このように，ヤオハンジャパン及びグループとも，表向きは順調に業績を伸ばして拡大，成長し，国内の地域スーパーから国際流通企業へと華やかな大躍進を遂げているかに見えたが，その内実においては，以下のような問題を抱えていた。

　（１）ヤオハンジャパンを含め，グループは，創業者である甲野家一族の完全な支配の下で運営され，中でも，一郎は，長兄であり，八百半デパートのころからカリスマ的指導力によりグループの急成長を導いてきたため，絶対的な発言力を有していた。

　一郎は，バブル経済等を背景に金融市場から容易に資金調達ができたこともあって，前記（二）（三）のとおり，国内外において，性急な事業拡大路線をとり続け，被告人がヤオハンジャパンの社長に就任した際には，既に一郎によって，国内外の大型事業案件が策定済みで，巨額の資金が投じられ，更に追加の投融資が予定されていた。被告人は，グループにおいて，副代表として一郎に次ぐ地位にあり，主に国内部門を統括する立場にあったものの，一郎の意向に反した場合には自らの地位を失う恐れもあったため，一郎の首唱する拡大路線を踏襲し，既存の大型事業計画を継承したほか，自らも積極的な事業展開を図った。

　（２）また，ヤオハンジャパンは，グループ総本部の香港移転後，国内部門の基幹会社と位置づけられたが，なおもグループの中核企

業として，これを資金面から支える役割を担わされた。グループ各社は，ヤオハンジャパンから事業資金を直接投融資され，あるいはヤオハンジャパンの債務保証等の信用供与によって資金を調達するなどしていた。特に，ヤオハンジャパンは，株式を東京証券取引所に上場した昭和６１年から，転換社債や新株引受権付社債（ワラント債）といった新株発行を伴う資金調達（エクイティファイナンス）を重視し，同年から平成５年までの間に，ワラント債３回，転換社債６回を各発行して総額１０００億円を越える巨額な資金を調達したが，その多くは国内外の大型事業の展開に投じられた。

（３）ところで，転換社債は，社債権者の転換権行使によって，社債が株式に転換する結果，自己資本が増加する一方で社債の償還が不要となるものであり，ワラント債では，社債の償還義務は残存するものの，社債権者の新株引受権行使によって自己資本が充実するというもので，企業にとって極めて有用な資金調達方法である。加えて，一郎は，銀行からの融資と異なり，資金運用，使途について干渉を受けない点にも魅力を感じていた。しかし，エクイティファイナンスを行うには，企業の業績を上げるとともに財務の健全性を保ち，高株価を維持し，信用調査機関による債券の格付けを一定水準に保つことが不可欠の前提となる。このため，ヤオハンジャパンでは，１株当たり年間１６円５０銭の安定配当を維持する旨公約し，エクイティファイナンスで潤沢な資金を調達し，併せて，金融機関の信用を保ち，ヤオハンジャパンへの融資，ヤオハンジャパンの信用供与によるグループ各社への融資が円滑に進むことを至上命題とした。

（４）しかし，国内外の大型事業の展開は，いずれも市場調査不十分なまま，一郎の直感的経営判断に頼ったものであったため，一旦は成功したかに見えたものも，長期的には，金融情勢，経営環境の変化，消費動向等を把握できずに不振に陥り，巨額な投融資に見合う利益は上がらなかった。すなわち，ヤオハンジャパンが海外各国に設立した多数の子会社及び関連会社は，他業者との競争激化，消費の冷え込み等により経営が悪化し，殊に，台湾，アメリカ，ロンドン，タイの各店舗は不振を極めた。国内においては，平成２年９月に開店した百貨店形態のネクステージ半田が，出店先の消費動向の見通しの甘さ，採算性や効率性を無視した店舗建設等のため，開店当初から巨額の赤字を計上し続けた。これら海外子会社等及び国内百貨店の業績不振は，投下資金の滞留と更なる融資による有利子負債の増大，関連会社等に対する債権の不良化，ヤオハンジャパンが保有する関連会社等の株式の価格下落を招いた。他方，本業であるスーパーマーケットなどの国内店舗は，これまで不採算事業の損失を補ってきたが，再投資や整備を疎かにしたため競争力が低下し，バブル経済崩壊後の消費低迷もあって，収益がさほど伸びなかった。

以上の諸要因から，ヤオハンジャパンは，平成２年ころから，既に負債や累積する損失を抱え，前記公約どおりの配当を行うことは困難となっていた。しかし，被告人は，これを公表して減配などすれば，ヤオハンジャパンの対外的信用を失墜させ，エクイティファイナンスによる市場からの資金調達はもちろん，金融機関からの新規融資，既存融資の借換え，更にはグループ関連各社への信用供与等が不可能となり，ヤオハンジャパンはおろか，これが支えているグループも破綻し，また，自己も一郎によって社長の座を追われるなどと危惧し，後記３のとおり，同年ころから，様々な粉飾を継続的に行い，第３０期期

末決算（平成3年5月期）には過去最高の約56億円の経常利益を計上して，前記公約どおりの配当を続け，健全経営を装った。

（5）しかも，平成5年ころには，ヤオハンジャパン及びグループに融資を続けてきたメインバンクにおいて，グループが融資金の使途を明らかにしないまま海外に巨額の投資をしており，回収見込み等の情報を把握できない，ＹＩがリスクを省みずに中国進出に傾斜し過ぎているなどとして強い不信感を抱き，ヤオハンジャパンとメインバンクとの関係も悪化した。このため，ヤオハンジャパンは，銀行から新規融資や借換えを拒否されるなどして資金調達に支障を来し，ノンバンクから金利の高い借入れを余儀なくされ，更にエクイティファイナンスに依存する姿勢を強めた。しかし，バブル経済崩壊後の株価低迷もあって，株式への転換が進まず，転換社債の発行時には予想もしなかった多額の償還義務が累積したばかりか，新たなエクイティファイナンスも容易には行えなくなっていた。

（五）以上のような状況から，平成6年ころには，借入金等の巨額の有利子負債や，出資又は融資した関連会社の累積損失等のため，グループ全体が赤字状態に陥っていた。被告人は，強い危機感を覚え，進行中の大規模投資案件を中止し，小規模投資で，早期の資本回収が見込める小型スーパーマーケットを出店するなどの改善策を講じたが，逼迫した財政を賄うには至らず，第34期期末決算（平成7年3月期）では，連結ベースで初の赤字決算となり，平成8年以降は，ワラント債や転換社債の償還原資に窮するほどの資金不足に陥った。第36期中間期（同年9月期）には，やむなく，従来1株当たり8円25銭としていた中間配当を4円50銭に減額し，被告人は，創業以来初の減配の責任をとり，平成9年1月10日，代表取締役社長を退任した。ヤオハンジャパンは，その後，熱海店等のスーパーマーケット16店を売却し，急場を凌いだものの，これら主力優良店舗の売却が，ヤオハンジャパンに対する信用不安を煽り，取引業者の納品停止という事態を招き，遂に資金繰りに行き詰まり，同年12月18日更生手続開始決定を受けて，事実上倒産した。

3　本件粉飾の態様等

当裁判所が認定したヤオハンジャパン第35期期末決算（平成8年3月期）中の約128億8700万円（別紙修正貸借対照表中〔1〕ないし〔16〕）の粉飾決算の基となる，被告人の行った粉飾行為の態様等の概要は，以下の6種類である。

（一）株式会社ネクステージの預かり保証金債務等の隠蔽

（1）ヤオハンジャパンは，平成2年9月，ネクステージ半田を開店したものの，開店当初から大幅な赤字を計上し，年間約30億円もの損失発生が見込まれた。しかし，それでは，健全な配当性向（収益のうち株主に配当として支払われる部分の割合）を維持しつつ，1株当たり年間16円50銭の配当を実施するのは不可能であり，また，ネクステージ事業は，一郎自らが陣頭に立って推進した百貨店事業である上，既に約137億円もの投資をしていたことから，被告人としては撤退することもできなかった。そこで，被告人は，ネクステージ半田の経営を開店当初から実態のないペーパー会社である株式会社ネクステージ（以下「ネクステージ社」という。）に委託していたかのように装い，ネクステージ事業から生じる損失を，ネクステージ社に対する立替金等として計上することにより，隠蔽した。また，同年11月20日（第30期中間決算日）には，ネクステージ半田に出店したテナントからヤオハンジャパンに預託され

た預かり保証金合計1億3068万1000円をネクステージ社に移し替えた。

（2）ネクステージ半田の業績はその後も伸びず、ヤオハンジャパンからの貸付金のほか、仕入れや人件費等のヤオハンジャパンによる立替金が累積し続け、巨額な不良債権と化していった。このため、平成4年9月ころには、ネクステージ社に対する多額な不良債権が監査法人に問題視され、貸倒引当金計上による償却を迫られた。そこで、被告人は、平成5年3月、オリックス株式会社からネクステージ社名義で10億円を借り入れ、これによって、同社のヤオハンジャパンに対する負債が一部返済されたかのように装った。

（3）さらに、被告人は、テナントの負担すべき預かり保証金の代払いをする金融商品に着目し、平成5年10月から平成6年3月にかけて、実態のないペーパー会社である株式会社新世紀などを利用し、日本信販株式会社及び芙蓉総合リース株式会社とネクステージ社名義でそれぞれ契約し、合計25億0247万7600円の預かり保証金の預託を受け、これによって、ヤオハンジャパンに対する残債務や、右（2）のオリックスからの借入金の一部が返済されたかのように装った。

（4）以上のとおり、被告人は、ネクステージ社を利用し、テナントからの預かり保証金（前記（1））、オリックスからの借入金（同（2））及び日本信販等からの預かり保証金（同（3））の各負債を、簿外に隠蔽して粉飾した。

（二）経営指導料名目による架空利益の計上

ヤオハンジャパンは、その子会社であるヤオハン開発株式会社に新店舗開発の業務を委託し、これに要する費用を建設仮勘定等の資産勘定に計上し、費用の繰り延べを図っていた。また、ヤオハンジャパンやヤオハン開発では、新店舗出店の際、当該店舗の開店準備や開店後の経営についての指導、社員教育を関係業者に行い、その対価を徴収していた。被告人は、平成5年8月ころ、これらに目を付け、ヤオハンジャパンが経営を指導した事実もないのに、経営指導料の名目で架空の利益を計上することとした。すなわち、（1）ヤオハン開発や協力業者に対し、架空の開発費、工事代金等の名目で粉飾資金を提供する（この出金が自己資金の場合は、建設仮勘定等として資産勘定に計上し、ヤオハン開発等からの借入れによる場合は簿外とされた。）、（2）この粉飾資金は、更にいくつかの協力業者を経由するなどして、最終的に香港の協力業者から、経営指導料の名目でヤオハンジャパンに還流させ、架空利益として計上された。被告人は、このような方法により、第33期中間決算（平成5年9月期）から第35期期末決算（平成8年3月期）までに、前後5回にわたり、合計15億9000万円の利益を架空計上して粉飾した。

（三）土地の仮装売買による売却益の計上

ヤオハンジャパンは、その保有する愛知県岡崎市上地の宅地及び保安林を、平成4年3月に約30億円で他へ売却し、簿価との差額約13億円を売却益として計上していたが、平成5年7月、右売買契約が合意解除となり、第33期中間決算（平成5年9月期）で右売却益等約16億円を前期損益修正損として計上せざるを得なくなった。しかし、ヤオハンジャパンでは、新規店舗の設備投資や海外関連会社に対する出資、貸付け等のために、総額約200億円の無担保転換社債の発行を計画していたところ、右全額を損失計上すれば、当期損失が発生し、ヤオハンジャパンの信用が失墜して転換社債の発行は不可能になると予測された。そこで、被告人は、同年9月、見せ金で、実態のない上地開発株式会社を設立し、これに右土地のうち宅地部分を約22

億円で仮装売却し，簿価との差額１０億５１１７万０６３８円を架空の不動産売却益として計上し，粉飾した。

なお，右架空売却の代金相当額は，全国共済農業協同組合連合会（以下「全共連」という。）から，ヤオハンジャパンの子会社であるテーエーシー株式会社名義で２６億円を借り入れ，これをＹＩの子会社である株式会社ヤオハンインターナショナル札幌（以下「ＹＩ札幌」という。），上地開発と順次架空の融資契約を締結して送金し，手当した。その後の平成６年３月，上地開発名義で住銀リース株式会社から２３億円を借り入れ，これらで全共連に全額弁済するとともに，右２３億円の負債を簿外に隠蔽した。

（四）所有店舗の仮装売買による売却益の計上

被告人は，第３３期中に，累積損失を抱えた関連会社を期末決算（平成６年３月期）までに整理し，これらに対する不良債権について貸倒引当金を計上するよう監査法人に求められた。しかし，それでは，当期損失が生じるのは必至であって，前記（（三））のとおり，新たな無担保転換社債の発行を予定していたため，そのような信用失墜は何としても回避したかった。

そこで，被告人は，平成６年３月，ヤオハンジャパン所有のヤオハン熱海店をＹＩ札幌に３８億円で仮装売却し，簿価等との差額２４億２２８８万５５４１円を固定資産売却益として架空計上した。この架空売却の代金相当額は，野村ファイナンス株式会社から，ＹＩ札幌名義での借入れによって賄い，この借入金債務を簿外に隠蔽した。

（五）ヤマナカ株取得にかかる雑損失の隠蔽

（１）被告人は，愛知県方面への事業展開の一環として，平成元年８月ころ，中堅スーパーである株式会社ヤマナカとの業務提携を企図し，同社のスイスフラン建て転換社債を秘密裡に買い占めることとした。そこで，ヤオハンジャパンの資金を，子会社であるヤオハンファイナンス株式会社，更にその海外子会社であるヤオハンファイナンス香港に順次貸し付けて送金し，同社からスイスのヘンチ銀行（その後，ダリエヘンチ銀行に名称変更）系列の投資顧問会社ＳＦＥＲに貸付け，更に同社が設立したペーパー会社を経由させるなどしてヤマナカの転換社債を大量に買い進めた。しかし，その後，ヤマナカが，この買い占めを察知し，平成３年１月ころ，右転換社債の強制買入償還の動きに出たため，被告人は，やむなく，購入していた転換社債を株式９５万１０００株（以下「本件株式」という。）に転換させ，ダリエヘンチ銀行名義で保有することとなった。

（２）ところで，ヤオハンファイナンス香港の監査法人は，かねてから同社のＳＦＥＲに対する信託貸付けの実態が不明朗であるとして問題にしていたが，平成５年ころには，これを明らかにしなければ監査証明を出さないとの強硬な態度に出た。また，同年９月ころには，ヤマナカ株の大量買いはヤオハンジャパンによるものであることがヤマナカ側に突き止められ，業務提携交渉を有利に進めるためには，本件株式を自社名義にして保有する必要が生じた。しかし，前記（１）の取引の過程でダリエヘンチ銀行等に１９億７３００万円の損失が発生しており，これを清算しなければ，ヤオハンジャパンは本件株式の名義を取得できなかった。しかも，ヤオハンジャパンにおいてこれを補填して損失計上すると，第３３期期末決算（平成６年３月期）で当期損失が発生するのは明らかであり，当時，同年８月発行予定で準備をしていた２００億円の無担保転換社債の発行は不可能になると予測された。そこで，被告人は，金融機関から

簿外で融資を受け，右損失の補填に充ててこれを隠蔽することを企て，同年3月，ダリエヘンチ銀行から本件株式を時価で買い取るとともに，全共連からテーエーシー名義で20億円を借り入れ，これを損失補填分として送金した。その結果，ＳＦＥＲとヤオハンファイナンス香港間も含め，前記（1）の送金関係は全て清算された。こうして，被告人は，ヤマナカ株取引に伴い発生した19億7300万円の雑損失及び右20億円の債務を隠蔽し，粉飾した。

（六）私募投信受益証券の売買による架空売却益の計上

（1）ヤオハンジャパンでは，かねてから保有有価証券の評価損への対応に苦慮していた。被告人は，平成7年8月ころ，ヤオハンジャパン取締役財務部長等から，外国で発行を認められている非公募の証券投資信託（私募投信）受益証券を利用して，有価証券の評価損を繰り延べて隠蔽し，同時に含み損を抱えていた国内投資信託を売却して運転資金を捻出する手法を提案され，これを実行することとした。

（2）そこで，ヤオハンジャパンは，同年9月，右保有株式をクロス売買したほか，投資信託を約32億円で売却し（以下「本件売却」という。），簿価との差額約22億4000万円を売却損として確定した。そして，本件売却の代金によって，外資系銀行の系列会社から30億2070万円の私募投信（以下「本件投信」という。）を購入した上で，ペーパー会社であるアズベル・インターナショナル・リミテッド（以下「アズベル」という。）に対し，本件投信を，前記有価証券売却損等を上乗せした54億3240万円の価格で，仮装の売却と買戻しを同時に行い，24億1170万円の架空の有価証券売却益を計上し，粉飾した。

（3）さらに，本件投信に払い込まれた本件売却の代金約30億円については，同年11月，アズベル東京支店を経由させた上で，ヤオハンジャパンに対し，その関連会社への不良債権の購入名目で還流され，ヤオハンジャパンの資金繰りに充当された。なお，このころ，監査法人が，本件投信をそのまま保有する限り，第35期期末決算（平成8年3月期）で前記有価証券売却益約24億円の計上は認められない旨指摘したため，被告人は，本件投信を，平成8年3月，ＹＩ札幌に仮装売却し，前記売却益を維持して粉飾を続けた。

4 本件各犯行の状況等

（一）ヤオハンジャパンは，第35期期末決算（平成8年3月期）において，監査法人から，子会社及び関連会社に対する不良債権について貸倒引当金を計上し，ヤオハンジャパンが保有するこれら会社の株式についても評価減を行い，評価損を計上するよう強く指導された。しかし，被告人は，当時，同年12月に期限がくるドル建てワラント債の償還資金約117億円を，無担保社債の発行により調達しようと考えていたところ，右指導に従えば，約130ないし140億円の特別損失を計上することとなって，右社債の発行は不可能になると考え，監査法人の担当公認会計士と折衝を重ね，当期は約39億円の損失計上のみを行い，その余の約100億円については翌期に処理すればよい旨の了承を得た。そこで，本件粉飾により約128億8000万円の過大計上があり，実際には配当可能利益はなかったにもかかわらず，同年5月22日，取締役会において，1株当たり8円25銭の利益配当を行う旨の利益処分案の承認決議を得て，判示第一及び第三の犯行を敢行した。

（二）しかし，前記無担保社債については，引受先や保証先となってくれる金融機関が容

易に見付からず，発行の目途が立たなかったところ，同年9月末ころ，一郎が大和銀行の元頭取と直接交渉し，協力獲得の糸口を得た。被告人は，大和銀行の支援を得るには，当時約128億8000万円の過大計上の粉飾があり，実際には分配可能な剰余金はなかったものの，ある程度の中間配当を行う必要があると考えた。そして，本件粉飾の全容を知らない取締役の中においてすら，前記（一）のとおり，期末に約100億円の損失計上を予定している以上，この段階での中間配当は商法等に違反するので無配にすべきである旨強い反対意見があったにもかかわらず，これを押さえ込み，1株当たり4円50銭の分配金を支払う旨の取締役会決議を取り付け，判示第二の犯行を敢行した。

三　特に考慮した事情

1　右のとおり，被告人は，健全経営を装ってヤオハンジャパンの対外的信用を維持し，その資金調達等の円滑化を図り，主としてヤオハンジャパン及びグループ全体の経済的破綻を防ぎ，併せて自己の地位を守るために，本件各犯行を敢行したものである。本来，企業経営者は，誤った経営判断や経営環境の激変によって財務状態が悪化した場合，公正妥当な企業会計原則の基準に従った決算を実施して企業財産の維持，管理に努める一方，債権者，取引先，金融機関等の理解と協力の下に，経営方針の転換やリストラ等の徹底した経営努力を行い，この危機を乗り切るべきものである。ところが，被告人は，グループ代表である一郎の積極的拡大主義の経営戦略を無批判に受け入れ，自己保身もあって，経営上の問題点の抜本的解決を先送りし，社会的存在である会社を甲野家の私物のように扱い，企業経営における，麻薬ともいうべき粉飾決算に手を出し，ヤオハンジャパンとグループの当面の維持存続のみに汲々としていたのであって，その動機は，経営者倫理にもとる自己中心的で身勝手なものであるというほかない。

本件各犯行の基となった粉飾は，前記二3で概観したとおり，平成2年ころから，計画的に，極めて巧妙複雑な手段を用いて継続的かつ大掛かりに敢行され，その後の隠蔽工作も周到に行われた。これらのうち大部分は，被告人の積極的主導の下，その指示，依頼を拒否し難い部下や取引関係者多数を巻き込んだものである。しかも，これら粉飾を背景に，ヤオハンジャパンではかねてから違法配当や虚偽の有価証券報告書の提出が繰り返され，その果てに本件各犯行に至っている。

そして，本件各犯行のうち，商法違反事件（判示第一及び第二の事実）は，被告人が，第30期営業年度（平成3年5月期）から第35期営業年度（平成8年3月期）までの間に，継続して行ってきた粉飾決算を基に違法配当を敢行した事案であって，背景となった粉飾の概要は，本件にかかる事案だけでも粉飾額が合計約128億8700万円に上る規模の大きい犯行である上，被告人自身，その他の粉飾も含めると，総額200億円を越えると供述しているところである。殊に，第36期中間配当（判示第二の事実）は，商法等に触れるなどとして無配を強く主張する取締役の意見を押さえ込み，敢えて犯行に及んでいる。これにより，違法な配当金に加え，本来納付する必要のない法人税や粉飾の協力業者に対する手数料等を支出するなどして会社財産を流出させ，破綻の危機にあった会社財産を更に減少させた。その結果，倒産時の発行済株式総数が1億株を超える東証第1部上場企業で，国内外に多数の子会社，関連会社を有して幅広い経済活動を行ってきたヤオハンジャパンの，株主，社債権者，一般債権者，取引業者及び従業員ら多数の利害関係者に大

きな打撃を及ぼした。
　また，証券取引法違反事件（判示第三の事実）をみると，前記粉飾決算を基に，実態とは約１２８億８７００万円も乖離した内容虚偽の有価証券報告書を提出，公表した事案である。不特定多数の投資家，一般債権者等の利害関係者を欺罔し，その判断を誤らせただけでなく，企業の経営内容を開示する有価証券報告書の意義を著しく害し，更には，証券の安全円滑な流通によって経済全体の発展を図る証券市場制度や株式会社制度の信用をも失墜させた。
　このような犯行に至る経過，粉飾の規模，態様及び結果をみても，犯情は悪質である。
　さらに，ヤオハンジャパンは，前記のとおり，幅広い経済活動を行うとともに，グループの華々しい海外進出によって一時はマスメディアの寵児となった著名企業であり，被告人はその最高責任者の地位にあったにもかかわらず，かかる企業とその経営者に課された重い公共的使命を敢えて無視して本件各犯行に及んだものであったことから，本件は，マスメディアによって大きく報道されて社会一般に強い衝撃を与え，商法等各種制度に対する国民の信頼を揺るがせた。
　これらの点からすると，被告人の刑事責任は重い。
２　しかしながら，他方，本件商法違反の各犯行は，２営業年度内の２度の違法配当に過ぎず，その社外流出によりヤオハンジャパンに与えた直接の損害は合計約１３億８０００万円で，法人税等の形で流出したものを含めても約１５億円であることからすると，本件が，従来の同種事犯に比較し，特に大規模で類をみないものであるとはいい難い。
　また，粉飾及び違法配当の経緯をみても，一人，被告人のみに重い責任を負わせるには酷な面もある。すなわち，ヤオハンジャパン及びグループは，創業家の長男であった一郎が，強力なリーダーシップによって急成長させたものであり，その業績とカリスマ的指導力という威光ゆえに，実弟である被告人でさえ，異論を唱えるのは容易でなかったと認められる。そして，本件粉飾の背景となった過大かつ性急な事業拡大戦略は，被告人がヤオハンジャパンの社長に就任する以前に，一郎によって敷かれた既定路線であった。もとより，ヤオハンジャパンの最高責任者の地位に就いた被告人は，一郎の経営方針を正し，一刻も早くその財務体質の改善等を図るべきであったが，ネクステージ事業や海外事業に過剰なほどの自信と情熱をもって臨んでいた一郎に対し，その意向に逆らって経営方針の転換を迫るには相当な困難を伴ったであろうことも想像に難くない。また，ヤオハンジャパン破綻については，その主たる原因は無謀な事業の拡大であるが，バブル経済の崩壊による株価及び消費の低迷，金融引締め等の経営環境の激変も大きく影響していることは否定できない。
　さらに，ヤオハンジャパンの会計監査を担当していた公認会計士は，被告人らによって，重要な会計書類を隠蔽，改竄され，粉飾の事実を明確に把握できなかったとはいえ，被告人らによる懇願，懐柔に妥協し，不透明な会計処理を見逃してしまった節が窺われ，社外において，公正かつ独立の立場で厳正に審査すべき公認会計士のかかる職務遂行態度は，粉飾を助長した一つの要因として，被告人の量刑に当たって考慮されなければならない。被告人の自己保身，体面維持等の動機は，粉飾が重ねられるに連れて次第に希薄化しており，本件各犯行当時は，主に，ヤオハンジャパン及びグループの経済的破綻を防ぎたいというもので，その反社会性は到底容認できないものの，少なくとも私利私欲を意図したも

のではなかったといえる。被告人自身も，粉飾によるその場しのぎを決して良しとしていたわけではなく，良心の呵責を覚え，本業による増収を図って粉飾から脱するべく，遅まきながら，大型投資案件の中止，小型のスーパーマーケットの出店を行うなどの経営努力をしていたことが認められる。

　以上に加えて，被告人は，平成9年春ころには早くも国税庁に粉飾事実を申告し，同年9月以降の会社更生手続，本件捜査，公判を通じて，一貫して犯行を素直に認め，深い反省，改悛の情も示していること，ヤオハンジャパンは，幸い破産を免れ，会社更生手続により，取引業者等関係者の支援を受けて再建に向かっていること，被告人を含む甲野兄弟等からヤオハンジャパンのために担保に提供された共有不動産が競売に付され，約2億5000万円で売却されるなどし，甲野一族の財産をヤオハンジャパンに提供していること，被告人は，現在は破産宣告を受け，私財提供はできないものの，将来収入の途ができれば，ヤオハンジャパンの再建のため，なお私財を提供する旨供述していること，被告人は，こ

れまで前科前歴がなく，約40年にわたってヤオハンジャパン一筋に真面目に稼働し，同社の発展に多大な寄与をしてきただけでなく，社会福祉事業にも貢献してきたこと，本件により，その地位や社会的信用を一挙に失い，事件が大きく報道されるなど相応の社会的制裁を受けたこと，周囲には，本件を踏まえながらも，ヤオハンジャパンの大口取引先の経営者及び元部下が情状証人として出廷して証言した如く，なおも被告人の誠実な人柄，経営能力を高く評価する声が少なくないこと，その他被告人の健康状態等有利に斟酌すべき事情が認められる。

結論
　以上の諸事情を総合考慮すると，被告人には主文掲記の刑を科し，特にその執行を猶予するのが相当であると判断した。よって，主文のとおり判決する。（求刑　懲役4年）
　平成11年3月31日
　静岡地方裁判所刑事第1部
　（裁判長裁判官　小川　正明
裁判官　大熊　一之　裁判官　安藤祥一郎）

第 2 編

企業が直面するさまざまな問題と企業法務

第3章　企業に忍び寄る，重大な不正行為リスク

　巨大な企業においては多数の優秀な人材が，精巧な組織のもとで業務の運営に取り組んでおり，洗練されたオフィスで展開される事業は，一見何も重大な問題なく進められているようにみえる。しかし，その足元には潜在的に大きな不正行為のリスクを抱えている。

　この章では，現実に巨大企業が長年にわたり気付くことができなかった末端の不正行為によって，その企業自身のみならず経営者も重大な責任を問われたケースなどを取り上げ，目に見えにくい企業のリスクと企業法務の在り方について理解することを目指したい。

1　企業と違法行為リスク

> 【課題】　以下の質問について，括弧内の小項目を参考にして，考えてみよう。
> 　Ｑ１　企業の末端で違法行為が行われる理由は何だろうか
> 　　（1）「会社のため」と「私利私欲」　（2）違法行為を可能にする組織の欠陥
> 　Ｑ２　違法行為に経営者が巻き込まれる理由は何だろうか
> 　　（1）違法行為を知り，進退窮まる経営者　（2）法以外の処理に期待を寄せる経営者　（3）「会社のため」と「保身」
> 　Ｑ３　違法行為について弁護士に相談がなされない理由は何だろうか
> 　　（1）潜在リスクの予防と弁護士　（2）表面化したリスクと弁護士
> 　　（3）法というものへの認識
> 　Ｑ４　違法行為を防止するため，組織はどう在るべきか
> 　　（1）チェック＆バランス　（2）兼任の禁止　（3）Audit　（4）社内教育
> 　　（5）予防法務体制　（6）企業風土
> 　Ｑ５　弁護士として相談を受けたとき，どうするか
> 　　（1）社外の弁護士の場合　（2）社内弁護士の場合

> Q6 企業の違法行為がもたらすリスクには，どのようなものがあるか
> （1）当該企業の責任　①　民事責任　②　刑事責任　③　社会的評価の低下，社会からの排除（不買運動，営業停止処分，入札参加資格停止処分など）
> （2）役員の責任　①　民事責任　②　刑事責任
> （3）外国での制裁

2　大和銀行ニューヨーク支店損失事件

【課題】　以下の判決を読んで，事実，争点，争点に対する裁判所の判断をまとめなさい。

● **大阪地裁平成12年9月20日判決**（判例時報1721号3頁）
［大和銀行ニューヨーク支店損失事件］

原告（株主ら）
被告（元取締役など）

主　文

一　被告Y1に対する本件訴えのうち取締役としての責任を追及する部分を却下する。
二　被告Y2は，株式会社大和銀行（本店の所在地・大阪市中央区備後町2丁目2番1号）に対し，5億3000万ドル及びこれに対する平成8年4月10日から支払済みまで年5分の割合による金員を支払え。
三　次の被告らは，各自，株式会社大和銀行に対し，次の金員を支払え。
1　被告Y3は1億0500万ドル及びこれに対する平成8年6月3日から支払済みまで年5分の割合による金員
＜中略＞
四　被告Y3，同Y4，同Y2，同Y5，同Y6，Y7，同Y8，同Y9，同Y10，同Y11，同Y1及び同Y12に対するその余の原告らの請求及び参加人の参加請求をいずれも棄却する。
五　被告Y3，同Y4，同Y2，同Y5，同Y6，Y7，同Y8，同Y9，同Y10，同Y11，同Y1及び同Y12を除くその余の被告らに対する原告らの請求及び参加人の参加請求をいずれも棄却する。
六　訴訟費用は，原告ら及び参加人と被告Y3，同Y4，同Y2，同Y5，同Y6，Y7，同Y8，同Y9，同Y10，同Y11及び同Y12との間においては，原告ら及び参加人に生じた費用の2分の1を右被告らの負担とし，その余は各自の負担とし，原告ら及び参加人とその余の被告らとの間においては，全部原告ら及び参加人の負担とする。
七　この判決は，二項及び三項に限り，仮に執行することができる。

事実及び理由
第一　請求及び参加請求
一　甲事件
　甲事件被告らは，株式会社大和銀行（以下「大和銀行」という。）に対し，連帯して，11億ドル及びこれに対する平成7年7月13日から支払済みまで年5分の割合による金員を支払え。

二 乙事件

乙事件被告らは，大和銀行に対し，連帯して，3億5000万ドル及びこれに対する平成8年2月29日から支払済みまで年5分の割合による金員を支払え。

第二　事案の概要

甲事件は，大和銀行の株主である原告ら及び参加人が，アメリカ合衆国（以下「米国」という。）所在の大和銀行ニューヨーク支店（以下「ニューヨーク支店」という。）において，同行の行員井口俊英（以下「井口」という。）が，昭和59年から平成7年までの間，同行に無断かつ簿外で米国財務省証券（以下「財務省証券」という。）の取引（以下「本件無断取引」という。）を行って約11億ドルの損失を出し，右損失を隠ぺいするために顧客，大和銀行所有の財務省証券を無断かつ簿外で売却して（以下「本件無断売却」という。），大和銀行に約11億ドルの損害を与えたことにつき，右は，当時，代表取締役及びニューヨーク支店長の地位にあった取締役が，行員による不正行為を防止するとともに，損失の拡大を最小限にとどめるための管理体制（以下「内部統制システム」という。）を構築すべき善管注意義務及び忠実義務があったのにこれを怠り，その余の取締役及び監査役は，右代表取締役らが内部統制システムを構築しているか監視する善管注意義務又は忠実義務があったのにこれを怠ったため，本件無断取引及び無断売却を防止できなかったものであるとして，大和銀行が被った右損害金11億ドル，そして，井口の平成7年7月13日付けの頭取宛ての書簡により損害の発生が明らかになったとして，同日から支払済みまで民法所定の年5分の割合による遅延損害金を，同行に賠償するよう求めた株主代表訴訟である。また，乙事件は，大和銀行が，ニューヨーク支店において，本件無断取引等により約11億ドルの損害が発生したことを米国当局に隠匿していたなどとして，米国において，別紙「訴因概要一覧」＜省略＞記載の24の訴因について，刑事訴追を受け，そのうち16の訴因（本件訴因1ないし7，14ないし20，23及び24，以下「本件有罪答弁訴因」という。）について有罪の答弁を行って，罰金3億4000万ドルを支払ったが，本件有罪答弁訴因のうち本件訴因14ないし20に関しては，右各訴因に係る事実の当時，代表取締役及びニューヨーク支店長の地位にあった取締役は，内部統制システムを構築すべき善管注意義務及び忠実義務があったのにこれを怠り，その余の取締役及び監査役は，右代表取締役らが内部統制システムを構築しているか監視する善管注意義務又は忠実義務があったのにこれを怠ったため，井口が本件訴因14ないし20を構成する虚偽記載等を行うことを防止できなかったものであるとして，また，本件有罪答弁訴因のうち本件訴因1ないし7，23及び24に関しては，右各訴因に係る事実の当時，代表取締役及びニューヨーク支店長の地位にあった取締役が，米国において営業する際に，同国の法令を遵守せず行ったものであり，これらが善管注意義務及び忠実義務に違反するものであるとともに，その余の取締役及び監査役は，右代表取締役らが米国の法令を遵守しているか監視する善管注意義務又は忠実義務があったのにこれを怠ったため，代表取締役らの右行為を防止することができなかったものであるとして，大和銀行が支払った右罰金3億4000万ドル及び右刑事事件に関し支払った弁護士報酬1000万ドルの合計3億5000万ドル並びにこれに対する右罰金を完納した日である平成8年2月29日から支払済みまで民法所定の年5分の割合による遅延損害金を，同行に賠償する

よう求めた株主代表訴訟である。
一　当事者間に争いのない事実，掲記の証拠（以下，掲記の証拠番号は乙事件の証拠番号であり，枝番号を含む。以下同様。）及び弁論の全趣旨により容易に認められる事実

1　当事者等

（一）大和銀行は，銀行業務，信託業務等を目的とする，我が国有数の普通銀行（都市銀行）であり，平成7年7月17日現在の発行済株式の総数は15億7058万5127株（普通株式15億2058万5127株・優先株式5000万株）(額面株式1株の金額50円)，資本の額は2070億7566万7395円である（弁論の全趣旨）。

（二）原告らは，平成7年10月2日の6か月以上前から引き続き大和銀行の株式1000株以上を保有する株主の地位にある。

（三）参加人は，大和銀行の株式1000株を保有する株主の地位にある。

（四）被告らは，大和銀行の取締役又は監査役の地位にあった者であり，その在任期間及び役職は，別紙「被告の大和銀行役員就退任時期及び役職の推移」記載のとおりである。

（五）井口は，昭和51年1月ころ，ダウンタウン（米国ニューヨーク州ニューヨーク市ブロードウェイ140番地）にあったニューヨーク支店に採用されて，証券係に配属され，カストディ業務（証券保管業務）及び有価証券の投資業務を担当した。

2　本件無断取引及び無断売却

（一）大和銀行は，昭和59年2月，ニューヨーク支店に対し，300万ドルの取引限度枠で財務省証券の取引を認可した。井口は，証券係で，カストディ業務を担当する傍ら，トレーダーとして財務省証券の取引も担当することとなった。

（二）井口は，当初は認可された300万ドルの取引限度枠内で財務省証券（トレジャリー・ボンド，償還期限まで10年超の利付国債）の取引を行い，少額ながら着実に利益を挙げていたが，同年6月末ころ，1回の取引で約20万ドルの含み損を抱え，これを計上すれば取引停止となると考え，右損失を取り戻そうと，無断かつ簿外で，財務省証券の取引を行い，かえって，損失を拡大させた。そして，井口は，損失が50万ドルを超えたころには，認可された300万ドルの取引限度枠を超えてポジションを保持するようになり，損失を増大させた。右の取引限度枠は，300万ドルから5000万ドルまで拡大されたが，井口は，昭和60年3月ころには約1億ドル，昭和62年2月末には約10億ドル，平成元年5月から7月にかけては約20億ドル，平成5年には約15億ドルと，認可された取引限度枠を超えて，ポジションを保持し，本件無断取引を行い，損失は，昭和60年3月ころには約3500万ドル，昭和61年には5000万ドルから6000万ドル，平成元年7月ころには約5億7000万ドルなどと増加した。

（三）井口は，本件無断取引により生じた損失を隠ぺいするために，証券係（平成2年1月以降は，カストディ係）で保管していた顧客，大和銀行（本部年金信託部及び信託部又はニューヨーク支店勘定）所有の財務省証券を無断かつ簿外で売却し，さらに，右事実を隠ぺいするため，右財務省証券の再保管銀行であるバンカーズ・トラスト・カンパニー（以下「バンカーズ・トラスト」という。）から大和銀行に郵送されてくる保管残高明細書を作り替えていた。

（四）井口は，被告Y4宛てに，本件無断取引により約11億ドルの売買損を出したこと，右売買損を補てんするために顧客等が所有する財務省証券を無断売却したこと，右無断売却の事実を隠ぺいするためにバンカーズ・ト

ラストの保管残高明細書を作り替えていたことなどを内容とする平成7年7月13日付けの書簡（乙A一九，以下「本件書簡」という。）を同月18日午後6時41分（現地時間）に発送し，同被告は，同月24日，大和ビジネスサービス及び本部秘書室経由で，本件書簡を受領した（乙A一〇，弁論の全趣旨）。

（五）本件無断取引及び無断売却による損失金額は，平成7年7月13日当時で約11億ドルであった。

3　大和銀行の刑事訴追

（一）大和銀行は，米国において，平成7年11月2日，別紙「訴因概要一覧」記載の二四の訴因について，刑事訴追を受け，右事件はニューヨーク南部地区連邦地方裁判所に係属した。

（二）大和銀行は，平成8年2月27日，取締役である被告Y5，同Y6，Y7，同Y13，同Y10，同Y14，同Y15，同Y12，同Y16，同Y17，同Y18，同Y19及び同Y20，並びに監査役である被告Y21及び同Y22出席の上，取締役会を開催し，取締役全員一致の承認を得た上，同日（現地時間），米国司法省との間で，司法取引に関する合意を書面（乙A一）により行った（甲四，乙A九）。合意の概要は次のとおりである。すなわち，

（1）ニューヨーク南部地区連邦検察官事務所は，大和銀行による本件有罪答弁訴因についての有罪答弁を受諾する。

（2）大和銀行は，有罪答弁において，右合意書添付の「株式会社大和銀行の事実陳述」（乙A一）のとおり，事実陳述を行う。

（3）両者は，本件における適正な罰金額について3億4000万ドルと取り決める。

（4）大和銀行は，判決宣告日に3億4000万ドルを右連邦検察官事務所の指図に従い電信送信によって支払い（右罰金額の全額が刑事罰であり，大和銀行はいかなる場合でもその返還を求めることができない。），また，大和銀行は，一訴因ごとに200ドルの特別課徴金を支払う。

（5）右連邦検察官事務所は，右有罪答弁を考慮し，大和銀行が本合意に完全に従う場合には，大和銀行，同行の子会社ダイワ・バンク・トラスト（以下「大和トラスト」という。），その子会社及び関連会社に対して，本件無断取引及び無断売却，並びに，大和トラストにおける昭和59年から昭和62年までの間のトレーダーによる無断かつ簿外の財務省証券取引等について，刑事訴追を行わず，また，本件訴因8ないし13，21及び22をいずれも取り下げる。

（6）両者とも，本合意に基づいて科された右罰金に対して，控訴をしない。

（三）大和銀行は，平成8年2月28日（現地時間），ニューヨーク南部地区連邦地方裁判所において，米国司法省との前記合意に従った事実陳述を行った上，本件有罪答弁訴因について有罪の答弁を行い，連邦検察官は，本件訴因8ないし13，21及び22を取り下げた。そして，同裁判所は，右有罪答弁を受理し，大和銀行に対し，罰金3億4000万ドル及び特別課徴金3200ドルの判決を言い渡した。大和銀行は，同月29日，右罰金を完納した（甲三，乙A一三）。

（四）大和銀行は，右刑事事件について，デベボイス・アンド・プリンプトン法律事務所及びモービロ・アブラモウィッツ・グランド・イアソン・アンド・シルバーバーグ法律事務所等に対し，1000万ドルの弁護士報酬を支払った。

4　米国内における銀行業務の停止命令

（一）大和銀行は，取締役会決議に基づき，平成7年11月1日，FRB，ニューヨーク州，カリフォルニア州，イリノイ州，マサチューセッツ州，フロリダ州及びジョージア州

の各銀行局との間で，米国内における銀行業務を停止するとの同意命令を受けることにつき同意し，ＦＲＢ及びニューヨークその他各州の銀行局より，右同意命令を受けた。同意命令の概要は，次のとおりである（甲一，乙Ａ一）。すなわち，

（１）大和銀行は，できるだけ速やかに，遅くとも平成８年２月２日までに，米国内において，その支店，出張所及び駐在員事務所を通じて行っている一切の銀行業務を完全に停止する。

（２）大和銀行は，業務停止の際に，支店，出張所及び駐在員事務所の免許状をニューヨーク州その他各州の銀行局に返還する。

（３）大和銀行は，この命令の日から３年間，ＦＲＢ及びニューヨーク州その他各州の銀行局に対する３０日前の書面による通知なしに，米国内において，事務所や子会社を直接又は間接に設置又は買収してはならず，ＦＲＢ，ニューヨーク州その他各州の銀行局は，右３０日の期間に，右設置及び買収に書面で反対することができ，その場合には，大和銀行は，右設置及び買収をしてはならない。

（二）大和銀行は，右命令に従い，平成８年２月，ニューヨーク支店を含め，米国内における支店等１７か店を廃止し，米国内における銀行業務を停止した（甲一八）。

５　損失の処理

大和銀行は，第１３９期事業年度（平成７年４月１日から平成８年３月３１日まで）において，本件無断取引及び無断売却による損失１１３２億８６００万円，前記罰金３５８億３６００万円，合計１４９１億２２００万円を，特別損失として処理した（甲一八）。

６　井口及び被告Ｙ11の有罪判決

（一）井口は，平成７年９月２３日，米国連邦捜査局（ＦＢＩ）に逮捕され，同年１０月起訴されたが，米国司法省との間で司法取引を行い，有罪の答弁をした上，平成８年１２月１６日，ニューヨーク南部地区連邦地方裁判所において，禁錮４年，罰金２００万ドルの判決の言渡しを受けた（弁論の全趣旨）。

（二）被告Ｙ11は，平成７年１月起訴されたが，米国司法省との間で司法取引を行い，有罪の答弁をした上，平成８年１０月２５日，ニューヨーク南部地区連邦地方裁判所において，禁錮２か月，罰金１０万ドルの判決の言渡しを受けた（弁論の全趣旨）。

７　提訴請求

原告らは，大和銀行（監査役〔ら〕）に対し，平成７年１０月１３日，被告〔ら〕の取締役としての責任を追及する訴えを提起するよう請求した。＜省略＞

二　争点

１　被告らに，内部統制システムの構築に関し，任務懈怠行為があったか（甲事件，乙事件・本件訴因１４ないし２０）

２　被告らに，米国法令違反に関し，任務懈怠行為があったか（乙事件・本件訴因１ないし７，２３及び２４）

３　被告らが賠償すべき損害の有無，範囲

三　争点に関する当事者の主張　＜省略＞

第三　当裁判所の判断

一　＜省略＞

二　当事者間に争いのない事実並びに〈証拠略〉及び弁論の全趣旨を総合すると，以下の事実が認められる。

１　大和銀行における管理体制

＜中略＞

（三）検査体制

（１）検査部による検査

大和銀行では，内部監査部門として検査部を設置しており，同部は部長，次長，検査係，システム監査室から構成され，検査係が各部

店の事務の検査等を担当していた。そして、検査部が実施する検査には、検査部が臨店する臨店検査、検査部統括の下に営業店や本部各部が実施する部店内部検査及びシステム監査室によるシステム監査があった。いずれの検査も、検査部が担当取締役の決裁を経て作成した詳細な検査要領に基づいて実施されていた。

臨店検査には、一般検査、特別部分検査及び特別検査があった。

一般検査は、6名ないし13名の検査部員が4，5日間臨店して事務及び管理運営状況を検査し、検査対象は、国内・海外営業店、本部、国内関連会社、海外現地法人で、国内店については1年に1回、それ以外については原則として2年に1回実施されていた。一般検査は、事務総合検査と管理総合検査に分けられ、事務総合検査は融資、外国為替、預金・信託・証券、為替、保管等を検査対象とし、事務部又は当該業務の主管部が担当取締役の決裁を経て作成した事務取扱手続に沿った処理がなされているか検査し、管理総合検査は店舗、人事、文書、店内検査等の管理運営状況を検査していた。そして、臨店検査は、まず、現金及び現物を帳簿と照合して確認することから行われ、カストディ係が保管している財務省証券の保管残高の確認も行い、財務省証券取引業務については、証券会社以外から財務省証券を購入するなどの法令違反行為がないか、ポジション枠や損切りルールが守られているかなどを検査していた。

特別部分検査は一般検査において不振であった科目を検査し、特別検査は特定事項を検査するもので、いずれも適宜実施されていた。

臨店検査の結果は、まず速報ベースで検査部の担当役員に報告され、その後、正式な検査報告書が、頭取、副頭取、常勤監査役に提出された。

第3章　企業に忍び寄る、重大な不正行為リスク

ニューヨーク支店に対する臨店検査（一般検査）は、海外店用の検査要領に基づき、昭和61年9月、昭和63年9月、平成2年6月、平成4年5月、平成6年10月にそれぞれ実施された。

(2) 部店内部検査

部店内部検査は、部店内部検査規程に基づき、検査部の統括の下に実施されていた。部店内部検査には、店内検査実施要領に基づき毎月実施される店内検査と、検査部長の通告に基づき実施される特別店内検査及び店内検査に準じて行われる部内検査があった。店内検査の結果は、各支店が「店内検査実施報告」として、毎月検査部に報告されていた。

(3) 監査役による監査

監査役は、常勤監査役3名、非常勤監査役2名（社外監査役、ただし、平成6年6月以降）である。

監査の方法については、監査役会で常勤監査役と非常勤監査役の職務分担を決めており（商法特例法18条の2第2項）、常勤監査役は、①取締役会、経営会議、定例役員会、全国支店長会議、海外拠点長会議、海外拠点管理会議、業務推進会議等への出席（海外拠点長会議に出席する全拠点長に対するヒアリングも実施した。）、②重要な決裁書類、資料等の閲覧、③取締役等からの職務の執行に関する報告の聴取、④営業店への往査、⑤会計監査人からの報告聴取及び監査立会い、⑥諸検査の結果報告の聴取などを行い、期中監査及び期末監査を行っていた。これに対し、非常勤監査役は、原則として、①取締役会への出席、②随時取締役からの報告の聴取、③監査役会で常勤監査役あるいは取締役からの報告の聴取などを行っていた。

なお、海外拠点（営業店）への往査については、全拠点を米州、欧州、アジアの3地区に分け、各3年に1回を目途に実施していた。

監査期間は通常1店当たり半日ないし2日であり，主として支店長，副支店長等の拠点幹部との面談を通じて，業務推進状況，リスク管理状況，内部管理状況，資産管理状況等を監査していた。ニューヨーク支店に対する監査役による往査は，昭和59年から平成7年までの間に4回実施され，そのうち，平成5年8月31日から同年9月13日までの間は，被告Y23が，米州地区の海外拠点8か所の往査の一環として実施した。

また，諸検査の結果報告の聴取方法は，検査部による検査結果について検査報告書を閲覧した上，検査部長より報告を聴取し，外部機関による検査結果についても担当取締役より報告を聴取していた。

（4）会計監査人による監査

大和銀行は，昭和49年の商法改正により会計監査人制度が設けられて以来，太田昭和監査法人を会計監査人に選任し，会計監査を委託していた。

会計監査人は，銀行の収益に関与している本部及び主要な営業店を中心として監査を実施していたが，海外拠点についても昭和54年から往査を実施し，昭和59年からは3年毎に，北米，アジア，欧州の順に往査を実施していた（ニューヨーク支店に対する往査は，昭和54年9月，昭和59年11月，昭和62年9月，平成2年9月，平成5年9月にそれぞれ実施した。）。

海外拠点の往査に当たっては，前もって，拠点より資料を徴求・分析し，国際部で現状等を聴取していた。往査時には，金融機関との取引残高の照合等も実施しており，ニューヨーク支店については，カストディ係が保管している財務省証券の保管残高の確認等も行っていた。

監査の結果は，会計監査人より大和銀行宛ての監査項目別総括表が提出され，総務部より取締役及び監査役に回付され，担当部署へは写しが送付されていた。また，上半期，年度の決算時には，報告会を開催し，会計監査人より，取締役及び監査役に対して，監査結果の報告がなされていた。

（四）外部機関による監督

（1）大蔵省検査・日本銀行考査

大蔵省銀行局及び国際金融局（検査），並びに日本銀行（考査）は，大和銀行本店に対する定例検査を実施しており，その際，海外営業店についても，膨大な資料を提出させ，帰国した支店長と面接して検査を行い，さらに，検査官を海外営業店に派遣して実調検査を実施していた。検査の後，検査官より代表取締役及び監査役に対する講評があり，検査結果が定例役員会又は取締役会において報告された。

ニューヨーク支店に対する実調検査は，平成元年から平成6年までの間，大蔵省による検査が2回，日本銀行による考査が2回，それぞれ実施され，財務省証券取引の取引状況，損益状況，ポジションの状況，有価証券の保有状況等について調査された。

（2）ニューヨーク州銀行局及びFEDによる検査

ニューヨーク支店は，ニューヨーク州法に基づき設置されたため，ニューヨーク州銀行局の監督に服していた。また，平成3年，外国銀行監督強化法が制定され，FRBに外国銀行の支店等に対する完全な検査権限が認められ，各支店等は1年に少なくとも1回検査を受けなければならなくなった。

ニューヨーク支店に対するニューヨーク州銀行局による検査は，昭和59年3月，昭和60年5月，昭和61年6月，昭和63年4月，平成元年8月及び平成3年8月にそれぞれ実施された。また，平成4年11月，外国銀行監督強化法により，FEDによるニュー

ヨーク支店に対する検査が実施され，平成5年11月及び平成6年11月には，ニューヨーク州銀行局及びＦＥＤによる合同検査が実施された。

右検査は，事務，管理及び業務運営の内容について全般的に実施されたが，その具体的な検査項目については法律又は通達で開示が禁止されているため，明らかではない。

2 ニューヨーク支店における管理体制
（一） ニューヨーク支店の組織

大和銀行は，ニューヨーク支店の組織，機構について，取締役会の決議を経た事務分掌規程で定めており，ニューヨーク支店長の権限は，頭取決裁を経て作成された決裁権限規程で定めていた。

ニューヨーク支店には，貸付け，シンジケート・ローン等を担当する相談係，資金為替関係を統括する資金・為替係，証券係，輸入係，輸出係，送金係，メール係，日本の機関投資家や大和銀行本部所有の財務省証券等の保管業務を担当するカストディ係（平成2年1月新設），日々の取引の勘定入力等を担当するバック・オフィス係（平成元年4月新設），入出金の照合等を担当するリコンサイル係（平成元年4月新設）があった。

支店長は，支店の毎期の運営方針の設定及び期中の進捗状況管理，折々の貸出金の申請，決裁，人事事項の決定（現地職員の採用，邦人職員を含む全職員の支店内での配置等）を行っていた。各係の係員は現地採用のローカル職員（現地職員）であり，係長に相当するマネージャーには原則として邦人職員を配置し，いくつかの係を副長に相当する邦人の上級職員が管理し，その上位の副支店長が支店長を補佐し，支店長が支店全体を統括するという体制であった。

そして，ニューヨーク支店の各種事務の運営，管理及び処理方法は，ニューヨーク支店

第3章 企業に忍び寄る，重大な不正行為リスク

の担当取締役である支店長の決裁を経て作成された事務取扱手続に具体的に定められていた。

歴代のニューヨーク支店長は，次のとおりである。＜省略＞

（二）ニューヨーク支店内における検査体制
（1）店内検査

検査部の統括の下に，毎月，店内検査を実施し，その結果を，検査部長に報告していた。店内検査では，財務省証券取引について，損益の状況，ポジションの状況及び取引条件の遵守状況等を検査し，また，カストディ係で保管していた財務省証券の残高確認も行っていた。

（2）内部監査担当者

ニューヨーク支店は，昭和63年2月ころ，内部監査担当者制度を採用した。内部監査担当者は，財務省証券取引業務については，コンファメーションによる照合を行ったり，ニューヨークにある証券会社から直接ステートメントを取り寄せてポジション（月末現在の未決済残高）の確認を行った。また，カストディ係で保管している財務省証券の保管残高確認も行った。

そして，監査報告を，直接支店長に対して行い，後には，検査部長に対しても行うようになった。

（3）休暇制度

ニューヨーク支店では，昭和47年ころから，行員の福利厚生のため，連続1週間の休暇取得制度を設けていたが，強制的に休暇を取得させる制度は採用していなかった。

（三）財務省証券取引業務及びその管理
（1）ニューヨーク支店における財務省証券取引の基本的な仕組みは，次のとおりである。すなわち，まず，トレーダーが相手方（証券会社）との間で，財務省証券の売買契約を締結し，取引伝票（トレード・チケット）を起

票する（当初は，これに加え，アシスタントが売買明細書を作成していた。）。そして，右取引について，取引伝票をもとに勘定入力され，また，取引の相手方から送られてくるコンファメーション（売買確認書）との照合作業が行われる。そして，資金関係については，財務省証券の購入であれば，相手方指定のコルレス銀行に資金カバー指図がなされて資金が送金され，財務省証券の売却であれば，相手方の取引銀行からバンカーズ・トラストの預け金口座に入金がされる。また，証券の受渡しについては，カストディ係を通じてバンカーズ・トラストに対する指図がなされ，バンカーズ・トラストにて，証券の受渡しが行われる。

（２）大和銀行では，本部（国際企画部）において，財務省証券取引に関し，その取引量を規制するために，いわゆる「売り持ち」，「買い持ち」を一定限度額に押さえるポジション枠の認可を行っており，評価損が一定限度を超えるとその取引を決済して，それ以上損失が拡大しないようにする損切りルールを実施していた。昭和６３年６月，国際資金証券部が国際総合部の部内部として新設されると，国際企画部に代わって国際資金証券部において，海外店の為替，資金，証券のポジション枠及び損切りルール等を管理するようになった（後には，国際資金証券部にＡＬＭ会議が設けられた。）。

ニューヨーク支店では，バック・オフィス係（ミドル・オフィス係設置後は同係）が，財務省証券取引に関するポジション枠及び損切りルールが遵守されているか監視するため，日々の取引及びポジションの状況を管理しており，日次で管理資料を作成して支店長及び財務省証券取引担当の副支店長に提出するとともに，日次，月次及び期次で，国際資金証券部に報告していた。

大和銀行は，平成５年４月，海外店用の新オンライン・システム「ウインド」をニューヨーク支店にも導入した。右システムには，海外店での取引明細を，いつでも国際資金証券部で監視できる「ミラー機能」が備わっていた。

(四) カストディ業務の概要

（１）カストディ業務には，顧客との折衝，証券の受渡し，証券の保管，送金，保管中の証券を売却する際の所有者の売却指示書と証券会社からのコンファメーションとの照合等の事務があった。カストディ業務は，当初，証券係が担当していたが，平成元年４月，証券係が，財務省証券取引業務担当とカストディ業務担当に分離され，平成２年１月には，カストディ係が新設された。

（２）カストディ係（カストディ業務担当者）には，毎月末，バンカーズ・トラストから，月末現在の財務省証券の保管残高明細書が郵送されてくるので，同係内の照合担当者が，右明細書と同係の帳簿とを照合していた。

（３）カストディ係で保管している財務省証券の保管残高については，検査部による臨店検査及び会計監査人による監査の際に確認され，また，ニューヨーク支店の店内検査及び内部監査担当者による監査においても，その確認を行っていた。

(五) 郵便物等の管理

ニューヨーク支店は，郵便物等を集中管理するためのメール係を設置しており，同係は，書留便について，発信簿及び受信簿に，日付，発信者，受信者及び内容等を記載していた。そして，店内検査や内部監査担当者による監査の際に，右記載が適切になされているか確認していた。

(六) 組織図の作成

ニューヨーク支店では，大和銀行の事務指針に従って，毎月，職員の実名入りの組織図

を作成して，人事部人事係に提出していた。
3　本件無断取引及び無断売却
（一）（1）井口は，昭和５１年１月ころ，ニューヨーク支店に採用されて，証券係に配属され，カストディ業務（証券保管業務）及び有価証券の投資業務を担当した。
（2）昭和５９年２月，井口（アシスタント・バイス・プレジデント）は，証券係のマネージャーであり，証券係の指揮系統（ライン）は，上場支店長・副支店長・邦人の上級管理職・井口・現地職員の順となっていた（乙Ａ三三の一）。
（二）（1）井口は，同月，ニューヨーク支店が本部（国際企画部）から３００万ドルの取引限度枠で財務省証券取引を行うことを認可されると，証券係の責任者（マネージャー）としてカストディ業務を含む同係の全業務を管理する一方，唯一のトレーダーとして財務省証券取引も担当することとなった。
（2）井口は，当初は認可された３００万ドルの取引限度枠内で財務省証券取引を行い，少額ながら着実に利益を挙げていたが，同年６月末ころ，１回の取引で約２０万ドルの含み損を抱え，これを計上すれば取引停止となると考え，右損失を取り戻そうと，無断かつ簿外で，財務省証券の取引を行い，かえって，損失を拡大させた。そして，井口は，損失が５０万ドルを超えたころには，認可された３００万ドルの取引限度枠を超えてポジションを保持するようになり，損失を増大させた。井口は，取引限度を超えてポジションを保持し，財務省証券取引を行うに当たって，レポ取引（買戻条件付売却）を利用したり，財務省証券を例えば１週間先の決済日ベースで買い付け，同決済日ベースで売却し，決済日にその差額で決済する方法をとった。
（3）このように，井口が無断かつ簿外で財務省証券取引を行うことができたのは，井口が取引から，起票，勘定入力，資金カバー及び証券受渡しの指図まで全てを１人で行っていたからである。

すなわち，当該井口は，唯一のトレーダーとして，邦人の上級管理職員の管理の下，相手方（証券会社）との間で，財務省証券の売買契約を締結して，取引伝票を起票した上勘定入力し，右上級管理職員が，取引の相手方から送付されるコンファメーションを取引伝票と照合することになっていた（なお，昭和６０年までは，ニューヨーク支店では，財務省証券取引の決済が終わると，コンファメーションを破棄していた。）。そして，資金関係については，財務省証券の購入であれば，井口は，相手方指定のコルレス銀行に資金カバー指図をして，資金が送金され，財務省証券の売却であれば，相手方の取引銀行からバンカーズ・トラストの預け金口座に入金がされた。また，証券の受渡しについては，井口は，カストディ業務も担当していたので，バンカーズ・トラストに対して，直接，証券受渡しの指図をして，バンカーズ・トラストにて，証券の受渡しが行われた。

したがって，井口は，本件無断取引を行うに当たって，証券会社との間で，財務省証券取引の売買契約を締結するも，右取引について，起票，勘定入力をせずに，自ら資金カバー及び証券受渡しの指図を行うことができたのであり，コンファメーションも，井口の所属する証券係に送付されてくるのであるから，容易に隠匿でき，上級管理職員による照合を免れることができたのである。

（4）井口は，本件無断取引により生じた損失を隠ぺいするために，証券係のカストディ業務で保管していた顧客又は大和銀行（本部年金信託部及び信託部勘定）所有の財務省証券を，無断で，同支店の帳簿には記載せずに売却していた。

ところで，前記認定のとおり，カストディ業務では，保管している財務省証券を売却する際に，照合担当者が，所有者の売却指示書とコンファメーションの照合を行っていたが，右照合によって本件無断売却は発覚しなかった（その理由は定かでないが，当時，井口が証券係のマネージャーであったことから，現地職員が，井口の指示に疑問を抱くことなく従っていたとも考えられる。）。

（5）井口は，毎月末，バンカーズ・トラストから郵送されてくる，月末現在の財務省証券の保管残高明細書を本件無断売却の事実がないように作り替えていた。そして，ニューヨーク支店は，毎月店内検査を実施しており，カストディ業務で保管していた財務省証券の残高確認もしていたが，その方法が，バンカーズ・トラストから郵送されてきた保管残高明細書と同支店の帳簿を照合するというものであったため，本件無断売却を発見することができなかった。

（6）同年11月，会計監査人（太田昭和監査法人）は，ニューヨーク支店に対する監査を実施し，財務省証券の保管残高確認も行ったが，本件無断売却を発見することができなかった。その理由は，会計監査人が，監査の基準日を設定し，監査対象であるニューヨーク支店に対し，バンカーズ・トラストから基準日現在の財務省証券の保管残高明細書を入手しておくようにと予め通知し，ニューヨーク支店が取り寄せた保管残高明細書と同支店の帳簿とを照合するという方法で確認したため，井口は，保管残高明細書を本件無断売却の事実がないように作り替えることができたからである。

（三）（1）井口は，その後も，損失を取り返そうとして本件無断取引を繰り返しているうちに，かえって損失額を増大させてしまい，昭和60年3月ころには，100万ドルの取引限度枠を超えてポジションを1億ドル以上にまで拡大させた。同年ころ，本件無断取引及び無断売却による損失は約3500万ドルであった。

（2）同年5月，ニューヨーク支店に対し，ニューヨーク州銀行局による検査が実施されたが，本件無断取引及び無断売却は発覚しなかった。

（四）（1）昭和61年ころ，井口の本件無断取引及び無断売却による損失は約5000万ドルから約6000万ドルの間で推移していた。

（2）同年6月，ニューヨーク支店に対し，ニューヨーク州銀行局による検査が実施されたが，本件無断取引及び無断売却は発覚しなかった。

（3）同年9月，ニューヨーク支店はミッドタウン（米国ニューヨーク州ニューヨーク市ロックフェラー・プラザ75所在）へ移転したが，カストディ業務については，ダウンタウン地区のウォール街にある証券会社との間で証券現物の受け渡しをする必要があり，ミッドタウンでは不都合であったことから，ダウンタウンにカストディ業務出張所を設けて残した。その際，カストディ業務専用の送金係及びコルレス銀行の預け金口座を設けた。そして，井口は，カストディ業務の責任者（証券係のマネージャー）として，ダウンタウンのカストディ業務出張所に勤務することになったが，引き続き，財務省証券取引を担当することとなった（財務省証券取引をダウンタウンのカストディ業務出張所で行うために必要な大蔵省への届出は行わなかった。）。

（4）同年10月，井口（バイス・プレジデント）は，証券係のマネージャーを務める邦人職員（主事補）の上位者となっており，証券係の指揮系統は，二宮支店長・副支店長・邦人の上級職員（増田副参事）・井口・邦人職

第3章　企業に忍び寄る，重大な不正行為リスク

員（主事補）・現地職員の順となっていた（乙A三三の二）。

（5）同月，ニューヨーク支店における財務省証券取引業務について，初めて，フロント・オフィスとバック・オフィスの分離が計られ，証券係とは別に，資金管理・計算係及びEDP係（主計係）で，取引の勘定入力，コンファメーションによる照合及び入出金の照合等を行うようになった。そして，ニューヨーク支店における財務省証券取引業務は，以下のとおり，管理されるようになった。

すなわち，トレーダーは相手方（証券会社）との間で，財務省証券の売買契約を締結すると，証券担当のバック・オフィス業務を担当する資金管理・計算係又はEDP係（平成元年4月バック・オフィス係設置後は，同係［証券担当］）に対し，取引伝票を送付して売買連絡を行った。右係では，右売買について取引伝票をもとに，勘定入力をするとともに，資金が必要であれば，資金為替担当のバック・オフィス係に対し，資金カバーの指図をし，また，取引の相手方から送付されてきたコンファメーションとトレーダーからの売買連絡とを照合し，一致すれば売買が正式に確定する。そして，資金関係については，財務省証券の購入であれば，資金カバー指図を受けた資金為替担当のバック・オフィス係が，証券会社指定のコルレス銀行に資金カバー指図をして資金が送金され，財務省証券の売却であれば，証券会社の取引銀行からバンカーズ・トラストの預け金口座に入金された。そして，各コルレス銀行及びバンカーズ・トラストから入出金明細書が，日次又は月次で，バック・オフィス業務を担当する資金管理・計算係又はEDP係に送付されてくるので，その入出金明細書をリコンサイル業務を担当する資金管理・計算係又はEDP係（平成元年4月リコンサイル係設置後は，同係）が確認する。

（6）しかし，井口は，以下の手口で，本件無断取引を行っていた。

すなわち，井口は，証券会社との間で，財務省証券の売買契約を締結しても，資金管理・計算係又はEDP係（バック・オフィス係）に対して売買連絡を行わず，したがって，右係で右売買が勘定入力されることはなかった。また，井口は，特定の証券会社との間でのみ本件無断取引を行っており，右証券会社の担当者に依頼して，コンファメーションを資金管理・計算係又はEDP係（バック・オフィス係）にではなく，自分のところに送付させていた。そのため，右係におけるコンファメーションと売買連絡との照合により，本件無断取引が発覚することもなかった。

そして，井口は，前記認定のとおり，レポ取引により資金を調達して，本件無断取引を行っており，決済日に差金決済をして，利益が出た場合には，バンカーズ・トラストの口座に益金が入金となり，逆に，損失が出た場合には，井口は，カストディ業務も兼任していたことから，専用の送金係を利用して，バンカーズ・トラストの口座から証券会社指定のコルレス銀行に送金させ，損失が一定額以上になると，カストディ業務が保管している顧客又は大和銀行所有の財務省証券を無断で売却し，右売却代金と損失とを相殺していた。

なお，前記認定のとおり，各コルレス銀行及びバンカーズ・トラストから入出金明細書が，日次又は月次で，資金管理・計算係又はEDP係（バック・オフィス係）に送付され，右係（リコンサイル係）が右明細書を確認していた。ただ，それにもかかわらず，本件無断取引が発覚しなかった理由は定かでないが，井口が，本件無断取引による損失が発生すると本件無断売却をし，出金と入金を同額にしていたため，右係（リコンサイル係）がそれ以上追及しなかったこと，あるいは，カスト

ディ業務で保管している財務省証券の売買として処理していたことが考えられる。

（7）昭和61年9月，検査部は，ニューヨーク支店に対する臨店検査を実施し，財務省証券の保管残高の確認も行ったが，本件無断売却を発見することはできなかった。その理由は，検査部が，基準日を設定し，同日現在の財務省証券の保管残高明細書を，検査対象であるニューヨーク支店がバンカーズ・トラストから取り寄せ，これと同支店の帳簿とを照合するという方法で確認したため，井口は，保管残高明細書を本件無断売却の事実がないように作り替えることができたからである（なお，原告ら及び参加人は，検査部が右臨店検査で財務省証券取引業務についての検査を行わなかった旨主張し，本件書簡［乙A一九］にも，右主張に沿う記載がある。しかしながら，財務省証券取引業務の検査が検査項目に含まれていたものと推認されるから，本件書簡の記載のみを根拠に検査部が一切財務省証券取引業務の検査を行わなかったとまで認定することはできない。）。

（五）（1）井口は，本件無断取引を繰り返し，昭和62年2月末には約10億ドルのポジションを持ち越し，同年3月から5月の暴落で約1億ドルの損失を出した。

（2）同年9月，会計監査人（太田昭和監査法人）は，ニューヨーク支店に対する監査を実施したが，前回の監査と同じ理由で，本件無断売却を発見することができなかった。

《（六）～（十一）（4）まで中略》

（十一）（5）（平成5年）9月，会計監査人（太田昭和監査法人）は，ニューヨーク支店に対する監査を実施し，財務省証券の保管残高確認も行ったが，前回の監査と同様の理由で，本件無断売却を発見することができなかった。

同月，監査役被告Y23は，ニューヨーク支店に対する往査を実施し，支店長，副支店長等の拠点幹部との面談を通じて資産管理状況等を監査したが（なお，会計監査人による監査にも立ち会ったものと思われる。），本件無断取引及び無断売却を発見することはできなかった。

（6）同年11月ころ，米州駐在常務取締役であった被告Y9は，米州企画室から，外部検査の間トレーダーをダウンタウンのカストディ業務出張所からミッドタウンの支店へ移動させることは検査当局を欺く行為になる旨の指摘がされたことを受け，米州企画室に対し，右移動が米国の規制に抵触しないか調査するよう指示した。米州企画室は，デイビス・ポルク法律事務所の意見も踏まえ，ダウンタウンのカストディ業務出張所において財務省証券取引を行うことは米国では違法であり，刑事罰の対象ともなり得るとの調査結果を出した。そこで，被告Y9は，右調査結果を被告Y2に報告し，同被告の指示により，ニューヨーク支店の法律顧問でもあるサリバン・アンド・クロムウェル法律事務所の意見を徴した上，FEDに申告することとした。

A支店長は，当時，ニューヨーク支店に対し，FED及びニューヨーク州銀行局による合同検査が実施されていたため，FEDの検査官に対し，財務省証券取引をダウンタウンのカストディ業務出張所で行うには大蔵省への届出が必要だが，右届出を出していなかったことから，前年のFEDによる検査の際，トレーダーをダウンタウンのカストディ業務出張所からミッドタウンの支店へ移動させた旨説明した。

（7）右合同検査の際，検査官より，井口が財務省証券取引業務とカストディ業務を兼任するのは問題であるから，即刻分離するよう指摘された。

これを受け，ニューヨーク支店は，同年1

1月，組織を変更し，従来井口（シニア・バイス・プレジデント）がカストディ係の邦人の主事（マネージャー）と証券係の邦人の主事（マネージャー）の両者の上位者として，カストディ業務と証券業務の両者を管理していた体制（乙A三三の一二）を改め，井口を，カストディ係の邦人の主事（マネージャー）の上位者として新田支店長を直接補佐するポストに当てる一方，鳥海副支店長を，証券係の邦人の主事（マネージャー）の上位者とする体制とし，井口を財務省証券の取引業務の担当から外した（乙A三三の一三）。そして，新田支店長は，その旨を書面でFRBに報告した。

しかし，井口は，その後も本件無断取引を行い続け，また，他のトレーダーは，財務省証券取引に熟達した井口に対し，時折助言を求めていた（なお，井口が，どのような手段を使って本件無断取引を行い続けたかについては，証拠上，確定することができない。また，原告ら及び参加人は，井口が，組織上，財務省証券の取引業務の担当を外れた後も，実際には，他のトレーダーを指揮命令下に置いて正規の財務省証券取引をコントロールしており，被告Y9及びA各支店長もこれを容認していた旨主張し，本件書簡［乙A一九］にも，右主張に沿う記載があり，米国司法省もその旨主張し［本件訴因23］［甲二，三，乙A一二，一三］，大和銀行も米国の刑事手続でこれを認めている［甲三，乙A一，一三］。しかしながら，大和銀行が米国の刑事手続で認めたのは司法取引の結果であり，本件書簡のみでは右事実を認めるのに十分とは言えず，他に認めるに足りる的確な証拠が当法廷に提出されていないから，右事実を認定することはできない。）。

（十二）（1）平成6年1月ころ，井口は，無断売却した財務省証券が存在するかのような虚偽のバンカーズ・トラストの平成5年12月分保管残高明細書を作成した（本件訴因15）。

（2）平成6年1月12日，FED及びニューヨーク州銀行局による合同検査の講評が行われ，FEDの検査の際にトレーダーを移動させ，FEDの検査官に虚偽の申告をしたことは連邦犯罪法に抵触する，処分についてはFRBで審議される旨の説明がされ，また，大蔵省へ報告するようにと勧告された。そこで，Aは，被告Y2の指示により，大蔵省ニューヨーク事務所に出頭して報告し，また，大和銀行の本部では，被告Y2が大蔵省国際金融局及び銀行局並びに日本銀行国際局に対し報告をした。

（3）同年2月，大和銀行は，右問題につき，歴代のニューヨーク支店長3名（被告Y2，同Y9及びA），同副支店長6名及び井口を賞与減額及び譴責処分にした上，右処分につき，FRB及び大蔵省に対し報告をした。

（4）同年5月25日，ニューヨーク支店に対し，大蔵省による実調検査が実施されたが，本件無断取引及び無断売却は発覚しなかった。

（5）同年7月ころ，井口は，無断売却した財務省証券が存在するかのような虚偽のバンカーズ・トラストの同年6月分保管残高明細書を作成した（本件訴因16）。

（6）同年9月19日から2週間，米州企画室は，ニューヨーク支店のカストディ業務に対する検査を実施したが，本件無断売却を発見することはできなかった。

（7）同月ころ，ニューヨーク支店（新田支店長）は，ミドル・オフィスとして，為替，資金及び証券の全ての取引業務を一元的に管理するミドル・オフィス係を設置した（乙A三三の一四）。ミドル・オフィス係は，財務省証券取引について，それに関する経営の管理資料を作成するとともに，日常的に，フロン

ト・オフィスである証券係のトレーダーがポジション枠や損切りルール等を遵守しているか監視するとともに，バック・オフィスであるバック・オフィス係，リコンサイル係がその事務を適切に行っているか監視することになったが，本件無断取引を発見することはできなかった（その理由は定かでないが，井口が，本件無断取引について，そもそも売買連絡を行わず，右売買が勘定入力されることがなかったためと考えられる。）。

（8）同年10月，検査部は，ニューヨーク支店に対する臨店検査を実施し，財務省証券の保管残高の確認も行ったが，前回の検査と同じ理由で，本件無断売却を発見することができなかった。

（9）同年11月，ニューヨーク支店に対し，ニューヨーク州銀行局及びFEDによる合同検査が実施されたが，本件無断取引及び無断売却は発覚しなかった。

〈（十三（1）〜（5）中略〉

（十三）（6）平成7年7月1日ころ，井口は，ニューヨーク支店が保管していた顧客所有の財務省証券約3億7700万ドル分を既に無断で売却していたにもかかわらず，信託部に対し，右証券が現存するかのような虚偽の保管残高明細書をファクシミリを利用して送信した（本件訴因20）。

（7）同月18日午後6時41分(現地時間)，井口は，被告Y4宛てに，本件書簡（乙A一九）をフェデックス（FEDEX）で発送し，同月21日，大和銀行からメール業務の委託を受けていた大和ビジネスサービスに到達した。本件書簡は，本件無断取引及び無断売却を告白するものであり，その内容は概ね次のとおりであった。すなわち，

①財務省証券取引で約11億ドルの売買損を出している。

②売買損は，ニューヨーク支店の投資有価証券をはじめ顧客よりカストディアンとして預かっている財務省証券を無断売却して埋め合わせてある。無断売却により埋め合わせてある金額は，財務省証券取引による売買損に，無断売却した証券の顧客に対して支払った利子相当額を加えた金額である。

③本件無断売却を隠すため，バンカーズ・トラストの保管残高明細書を作り替えていた。

④本件が米国当局に知られれば，大和銀行の事務管理及び内部検査機能の不徹底さが表面化し，FEDに対する報告に反して井口を財務省証券取引の責任者として担当させていたことで大和銀行経営陣のモラルが問われ，法的にも米国での営業が厳しくなる。また，本件が公になれば，年金信託財産の一部を売却して損失を埋め合わせていたこと，並びに，運用財産の保管管理担当者に財務省証券取引を兼務させていたことが，信託併営銀行としての大和銀行の信用を根底より揺るがすことになりかねない。大和銀行が適切な事後処理をするまでは，大和銀行の外部はもとより内部の人間にも漏れないよう機密を守ることが第一である。

⑤本件が現時点でニューヨーク支店内で発覚し得るのは，バンカーズ・トラストからの保管残高明細書とニューヨーク支店システム上の保管残高とを照合した場合のみである。

⑥無断売却により不足している証券を顧客が売却すると，残高不足で未決済となる。また，不足している証券の利払日が到来すると利金が入らない。そのため，利払日が到来する前に不足している証券を買い戻す必要がある。

⑦昭和59年，60年度分以降のコンファメーションを保管しているから，過去の財務省証券取引の95ないし98パーセントはコンファメーションで確認できる。

⑧本件無断取引及び無断売却による損失金

額は，平成7年7月13日当時で約11億ドルであった。

4　本件無断取引及び無断売却発覚後の経緯等

(一)(1)　大和銀行頭取の被告Y4は，平成7年7月24日，本部秘書室経由で本件書簡を受け取り，東京駐在で副頭取（国際部門統括）の被告Y2及び大阪駐在で副頭取の被告Y5に本件書簡を見せ，同月25日には，会長で前頭取の被告Y3に本件書簡を見せて口頭で報告するとともに，被告Y2を通じ，総務人事担当の被告Yc及び元ニューヨーク支店長で国際部長の被告Y9に本件書簡を見せ，同月26日には，企画部（全体の決算）及び経理証券（資金）担当の被告Y8に本件書簡を見せた。

(2)　被告Y4は，被告Y2を責任者とし，被告Y9，国際資金証券部長のM，並びに，ニューヨーク支店長の被告Y11を担当者として，本件問題の処理に当たらせることとし，そのための具体的な手段・方法の細目については被告Y2らに任せることとした。また，被告Y4は，同月26日，被告Y2及び同Y9と打ち合わせを行い，井口に協力させて極秘で事実調査をすることとし，被告Y9をニューヨークに出張させることとした。これを受けて，被告Y2は，ニューヨークの井口に電話をして，事実調査に協力するよう求め，また，被告Y9は，同月28日から同月30日までの間，ニューヨークに出張した。

(3)　大和銀行は，同月27日，優先株式5000万株を発行した（同年8月11日登記）。

(二)(1)　被告Y9は，同年7月28日及び29日，ニューヨークにおいて，被告Y11及び大和トラストの社長Bと共に，井口と会った。被告Y9は，井口から，本件無断取引による損失を隠ぺいするために顧客所有の財務省証券等を無断で売却していたこと，右無断売却に係る顧客所有の財務省証券の大部分については所有者に利息を支払わなければならないこと，右無断売却の事実を隠ぺいするために，バンカーズ・トラストから毎月末送付される保管残高明細書を作り替えていたことなどの説明を受け，本件書簡の内容が真実であるとの心証を抱いた。

(2)　被告Y9は，被告Y11に対し，ニューヨーク支店で事実調査を行うこと，井口を日常業務から外し，右調査の協力に専念させること，本件については，関係者だけの秘密とすることなどを指示し，井口に対しては，本件書簡の写し等があれば破棄することなどを指示した。

(三)(1)　被告Y11（ニューヨーク支店長）は，同月31日ころ，FRBに対し，FRBの規則等に基づき，四半期（同年6月30日まで）のコール・レポートを提出したが，その際，右コール・レポートに，井口が本件無断取引による損失を隠ぺいするために無断売却したニューヨーク支店所有の財務省証券約6億ドル分が，ニューヨーク支店の資産として存在するかのような虚偽の記載をした（本件訴因1）。

(2)　被告Y11（ニューヨーク支店長）は，同月31日ころ，検査官を欺罔する意思で，大和銀行所有の財務省証券を売却して，井口が無断売却した財務省証券の利息相当額を，右財務省証券の所有者であった顧客に対し，米国財務省から受け取った利息であると称して支払った上，ニューヨーク支店の帳簿と記録に，米国財務省から利息を受け取って利払いに充てたという虚偽の記載をした（本件訴因1，2）（なお，被告Y9は，これを事前に指示又は了解しており，被告Y4及び同Y2は，少なくとも事後に了解している。）。

ところで，乙事件被告らは，右虚偽記載について，検査官を欺罔する意思はなかった旨

主張し，被告 Y9 も，右利払いについて，井口が無断売却したのであるから，当然大和銀行が負担せざるを得ず，何ら不自然なものではない旨述べているけれども，被告 Y11 が行ったのは，従業員が無断で売却してしまった財務省証券の利息相当額を賠償したのではなく，財務省証券が無断売却されて存在しないことを所有者に通知せず，あたかも存在するかのように装い，米国財務省から受け取った利息として支払い，その旨ニューヨーク支店の帳簿と記録に虚偽の記載をしたのであるから，検査官を欺罔する意思があったものと評価されても止むを得ない。

（3）被告 Y11 は，同年8月1日ころ，検査官を欺罔する意思で，井口が無断売却した財務省証券が存在するかのような虚偽の内容の，年金信託部（本件訴因3）及び信託部勘定（本件訴因4）に係る月次の保管残高明細書を作成した。

ところで，乙事件被告らは，右各行為について，井口の告白内容の事実調査中であり，本件無断取引及び無断売却の数額，手口等を確定するまでの間，帳簿上の数値を従前どおり記載したもので，検査官を欺罔する意思はなかった旨主張するけれども，前記認定のとおり，被告 Y9 は，井口との面談の結果，本件書簡の内容が真実であるとの心証を抱いたのであり，井口が所持していた昭和59年，60年度分以降の膨大なコンファメーションによって無断取引の全貌を明らかにするためには時間を要するとしても，少なくとも，年金信託部及び信託部勘定に係る保管残高明細書の従前の記載が虚偽であることのみならず，本件無断売却によって存在しない証券の特定及び合計額の算定は，同年7月末にバンカーズ・トラストから送付されてきた真正な保管残高明細書によって把握したものと推認されるから，被告 Y11 は，あえて内容虚偽の右各明細書を作成したものであり，検査官を欺罔する意思があったものと評価されても止むを得ない。

（四）（1）ニューヨークから帰国した被告 Y9 は，同年8月1日，被告 Y4 に対し，本件書簡の内容が事実であると思われること，本件無断取引による売買損の正確な金額，井口の手口等未解明な事項について引き続き被告 Y11 に調査させていることなどを報告した。報告には，被告 Y5，同 Y8 及び Y7 が同席していた。被告 Y4 は，右報告を踏まえ，井口に協力させて本件無断取引及び無断売却の全貌を把握すること，事実調査の間情報管理を徹底して，情報が漏れないようにすること，本件無断取引及び無断売却により大和銀行に生じた損失を同年9月中間決算で一括処理できないか検討することなどを決め，さらに，大蔵省に速やかに報告するため面会の約束を取り付けるよう指示した（米国当局に報告することは，被告 Y4 らの念頭になかった。）。これを受けて，大蔵省OBの被告 Y6 は，大蔵省銀行局長と同月8日に会う約束を取り付けた。

（2）同月7日，被告 Y4 は，同 Y2，同 Y5，同 Y8，同 Yd 及び同 Y9 のほか，被告 Y6 及び東京企画部担当（大蔵担当）の被告 Y10 と，大蔵省への報告事項について協議し，同省に対して，それまでに確認された事実，損失を同年9月中間決算で一括償却して処理する方針等を報告するとともに，事件を何らかの形で公表することが必要であるとすればいつが適当であるかに関する大蔵省の意向を探ることを決めた（被告 Y4 は，同年9月中間決算で一括償却した上で翌10月初旬に公表するのが適当であると考えていた。）。

（3）被告 Y4 は，同年8月8日，大和銀行白金寮において，大蔵省のN銀行局長及びM銀行課長と面談をした。面談には，被告 Y2，

同 Y6, 同 Y9 及び同 Y10 が同席した。被告 Y4 は, 席上, 本件無断取引及び無断売却の事実の概要, 今後の処理方針等について報告するとともに, 事件を公表する時期に関する意向を打診し, また, 大蔵省国際金融局及び日本銀行に対する報告の要否について尋ねた。これに対し, N 銀行局長が, 日本の金融情勢等を勘案すると事件を公表する時期として同年9月は最悪である, 大蔵省国際金融局及び日本銀行に対する報告は不要であり, 必要があれば銀行局から連絡する, できる限り早く実態解明を行うとともに, 情報管理を徹底して, 情報が漏れないようにして欲しいなどと述べたことから, 被告 Y4 は, 事件の公表時期を同年10月初旬とすること, 並びに, それまでの期間を事実調査, 善後策の検討及び実施のために当てることについて大蔵省の了解を得ることができたものと理解した。

（4）同年8月9日, 被告 Y4 は, 被告 Y8 を通じて, 企画部長の被告 Y12 に対し, 同年9月中間決算での一括処理, 事件の公表等について具体的に検討するよう指示した。

（五）（1）被告 Y11 は, 同月14日一旦帰国し, 同月15日, 被告 Y4 に対し, 本件無断取引及び無断売却により発生した損失の正確な金額が確定できたこと, 無断売却された約11億ドルの財務省証券のうち, 約3億7700万ドル分が顧客所有, 残りが大和銀行所有で, うち約6億ドル分はニューヨーク支店勘定, その余が大和銀行本部（年金信託部及び信託部）勘定であることが判明したこと, 井口が保管していた本件無断取引に係るコンファメーションが約3万枚もあるため, 本件無断取引の全容解明にはなお相当な時間がかかり, かつ, ニューヨーク支店だけでは人手が足りず, 本部の専門家の応援が必要なことなどの事実調査の経過報告をした。報告には, 被告 Y2, 同 Y6, Y7 及び同 Y9 が同席した。

そして, 被告 Y4 は, 調査を急ぐよう指示し, 国際資金証券部の鳥海次長をニューヨークに派遣することを決めた。

（2）被告 Y11（ニューヨーク支店長）は, 同月15日ころ, 検査官を欺罔する意思で, 大和銀行所有の財務省証券を売却して, 井口が無断売却した財務省証券の利息相当額を, 右財務省証券の所有者であった顧客に対し, 米国財務省から受け取った利息であると称して支払った上, ニューヨーク支店の帳簿と記録に, 米国財務省から利息を受け取って利払いに充てたという虚偽の記載をした（本件訴因1・2）（被告 Y4, 同 Y2 及び同 Y9 は, 事前にこれを了解していた。）。

なお, 乙事件被告らは, 右虚偽記載について, 検査官を欺罔する意思はなかった旨主張しているけれども, 前判示のとおり, 検査官を欺罔する意思があったものと評価されても止むを得ない。

（3）被告 Y11 は, 同年8月15日ころ, 検査官を欺罔する意思で, 井口が無断売却した財務省証券が存在するかのような虚偽の内容の同年7月分の保管残高明細書をあたかもバンカーズ・トラストが作成したかのように装って作成した（本件訴因1・2・5）。

ところで, 乙事件被告らは, 右行為について, 井口の告白内容の事実調査中であり, 本件無断取引及び無断売却の数額, 手口等を確定するまでの間, 帳簿上の数値を従前どおり記載したもので, 検査官を欺罔する意思はなかった旨主張するけれども, 前記認定のとおり, 事実調査の結果, 本件無断取引及び無断売却により発生した損失の正確な金額が確定し, 無断売却された財務省証券の内訳も判明していたにもかかわらず, 被告 Y11 は, あえて内容虚偽の保管残高明細書を偽造したものであり, 検査官を欺罔する意思があったものと評価されても止むを得ない。

（六）（1）被告Y4は，同月下旬，米州企画室から，被告Y11及び同Y2を通じて，米国では規制が厳しいので早めに事件をFEDに報告した方がよいのではないかという意見が寄せられたことから，同月25日，米国法の規制内容について，匿名で，日本の法律事務所を通じ，米国のデベボイス・アンド・プリンプトン法律事務所に照会した。

（2）被告Y4は，同年9月1日，デベボイス・アンド・プリンプトン法律事務所から，問題の開示を含め適切な弁護士の助言を速やかに求めるべきであるとの回答を得たことから，サリバン・アンド・クロムウェル法律事務所に相談するため，同月5日から7日まで，被告Y9をニューヨークに出張させた。

（七）（1）国際資金証券部長のMは，被告Y4，同Y2及び同Y9の指示又は了解の下，同年8月下旬ころ，井口が無断売却した顧客所有の財務省証券約3億7700万ドル分と同一銘柄の財務省証券を市場で購入し，バンカーズ・トラスト勘定に引き渡した。

（2）被告Y11（ニューヨーク支店長）とM（国際資金証券部長）は，同月31日ころ，検査官を欺罔する意思で，井口によって無断売却され実際には存在しない財務省証券約6億ドル分があたかも存在し，これを実際に大和銀行本店に移管するかのような，虚偽の内容の移管指示書を作成した（本件訴因1・2・6）上，ニューヨーク支店から国際資金証券部に移管した形を取った。被告Y4，同Y2及び同Y9は，これを事前に指示あるいは了解していたものと認められる（被告Y4は，財務省証券の移管につき事前には知らなかった旨供述しているけれども，米国当局に報告しないまま中間決算で一括処理する方針を立てていたのであり，ニューヨーク支店勘定のまま処理することができないことは明らかであるから，右供述の真意は，具体的な手段・方法は被告Y2らに任せており細目までは知らなかったというものであると思われる。）。

ところで，乙事件被告らは，大和銀行本部で雑損償却するため，正規の手続で移管したのであり，移管指示書の内容は虚偽ではなく，検査官を欺罔する意思もなかった旨主張する。しかしながら，無断売却されて存在しない財務省証券は，どのような方法をとったとしても本部に移管することはできないのであり，いわゆる不良債権を移管するのとは異なり，移管指示書が虚偽であるのはもとより，本部に移管した形を取って雑損処理するという手続も適正な会計処理ではない。右被告らに検査官を欺罔する意思があったものと評価されても止むを得ない。

（3）被告Y11（ニューヨーク支店長）は，同月31日ころ，検査官を欺罔する意思で，大和銀行所有の財務省証券を売却して，井口が無断売却した財務省証券の利息相当額を，右財務省証券の所有者であった顧客に対し，米国財務省から受け取った利息であると称して支払った上，ニューヨーク支店の帳簿と記録に，米国財務省から利息を受け取って利払いに充てたという虚偽の記載をした（本件訴因1・2）（なお，被告Y4，同Y2及び同Y9は，事前にこれを指示あるいは了解していた。）。

なお，乙事件被告らは，右虚偽記載について，検査官を欺罔する意思はなかった旨主張しているけれども，前判示のとおり，検査官を欺罔する意思があったものと評価されても止むを得ない。

（4）被告Y11（ニューヨーク支店長）とM（国際資金証券部長）は，同年9月7日ころ，検査官を欺罔する意思で，「大和銀行は，流動性の維持のために，ニューヨーク支店から6億ドルの財務省証券を購入した。」旨の虚偽の書簡を作成し（本件訴因1・2・7），Mか

ら被告Y11宛て，ファクシミリで送付した。被告Y4，同Y2及び同Y9は，これを事前に指示あるいは了解していたものと認められる（被告Y4は，右書簡の具体的な文言を事前には知らなかった旨供述しているけれども，米国当局に報告しないまま中間決算で一括処理する方針を立てていたのであり，ニューヨーク支店勘定のまま処理することができないことは明らかであって，同被告も，無断売却され存在しない財務省証券をあたかも存在するかのように装って本部に移管し中間決算で一括処理すること自体は承知していたものと認められ，ニューヨーク支店の現地職員らに知られないまま移管するためには，同支店に対し，存在しない財務省証券を本部に移管することを指示するという内容虚偽の書簡が必要となることもまた明らかであるから，同被告の供述の真意は，具体的な手段・方法は被告Y2らに任せており，どのような虚偽の理由を記載するかという細目までは知らなかったというものであると思われる。）。

ところで，乙事件被告らは，右書簡について虚偽ではなく，検査官を欺罔する意思はなかった旨主張するが，井口によって無断売却され実際には存在しない財務省証券約6億ドル分があたかも存在し，これを実際に購入するかのような記載であり，明らかに虚偽である上，流動性の維持のためとの部分も虚偽であるから，検査官を欺罔する意思があったものと評価されても止むを得ない。

（八）（1）同年9月7日，大和銀行は，全代表取締役が出席する経営会議を開催し，被告Y2が，本件無断取引及び無断売却の概要，現在事実調査中であること，米国の法規制について調査中であること等を報告し，本件無断取引及び無断売却による損失を同年9月中間決算で一括処理すること，情報管理を徹底すること等を確認した。

（2）被告Y24，同Y25及び同Y26は，右経営会議で初めて本件無断取引及び無断売却の概要等を知った。

（九）（1）被告Y9は，同年9月9日，帰国し，被告Y4に対し，サリバン・アンド・クロムウェル法律事務所での相談結果について，大和銀行がFED及びニューヨーク州銀行局に本件無断取引及び無断売却について報告する法律上の義務を負っていること，FEDへの報告は早ければ早いほどよいが同月12日から14日くらいに報告すれば大したことにはならないと思われること等を報告した。報告には，被告Y2，同Y6，同Y8及び同Y10が同席した。

（2）被告Y4は，被告Y9の報告を聞き，同月中旬にはFEDに報告する必要があると考え，同月12日，被告Y10に指示して，大蔵省銀行局銀行課長に右方針を報告させ，また，被告Y11（ニューヨーク支店長）に指示して，サリバン・アンド・クロムウェル法律事務所と，FEDへの報告の手順，FED及び連邦検察官による秘密保持の可能性，一般公表等について詰めの協議を始めさせた。

（3）被告Y11は，同月13日ころ，検査官を欺罔する意思で，井口が無断売却した財務省証券が存在するかのような虚偽の内容の同年8月分の保管残高明細書をあたかもバンカーズ・トラストが作成したかのように装って作成した（本件訴因1・2）。

ところで，乙事件被告らは，右各行為について，井口の告白内容の事実調査中であり，本件無断取引及び無断売却の数額，手口等を確定するまでの間，帳簿上の数値を従前どおり記載したもので，検査官を欺罔する意思はなかった旨主張するけれども，前判示のとおり，被告Y11は，内容虚偽の保管残高明細書を偽造したものであり，検査官を欺罔する意思があったものと評価されても止むを得ない。

（一〇）（1）被告 Y2 及び同 Y6 は，同月14日，日本銀行副総裁と会い，本件無断取引及び無断売却の概要等についての報告を行った。そして，同月17日には，被告 Y4 が日本銀行総裁と会い，同様に，報告を行った。

（2）被告 Y2 は，同月14日，サリバン・アンド・クロムウェル法律事務所に対し，FED及びニューヨーク州銀行局との面会の約束を取るように要請し，同月18日に被告 Y2 がパトリキスFED副総裁と面談することになった。そして，その旨を大蔵省及び日本銀行に連絡したところ，被告 Y2 がFEDに報告するころに，大蔵省及び日本銀行からもFEDに対して電話を入れることとなった。

（3）被告 Y4 は，同月17日，被告 Y2 をニューヨークに出張させ，同被告は，同月18日，被告 Y11 及びサリバン・アンド・クロムウェル法律事務所の弁護士とともに，パトリキスFED副総裁と会い，本件無断取引及び無断売却の事実を報告した。被告 Y2 は，ニューヨーク州銀行局長に対しても同様の報告をした。

（十一）（1）被告 Y4 は，連邦検察官が本件無断取引及び無断売却を米国連邦捜査局（FBI）に報告した後，ニューヨーク支店に対する資料請求や，捜査員の張込みがされるような動きが出てきたことから，マスコミに発覚する危険が大きくなったものと考え，本件無断取引及び無断売却の事実の公表を同月26日に行うことに決断し，大蔵省及び日本銀行に対してもその旨連絡した。

（2）被告 Y4 は，同月25日，役員連絡会において，本件無断取引及び無断売却の発生について説明を行った。被告 Y27，同 Y28，同 Y14，同 Y29，同 Y30，同 Y15，同 Y31，同 Y16，同 Y17，同 Y18，同 Y32，同 Y19 及び同 Y20 は，役員連絡会の説明で初めて本件無断取引及び無断売却を知った。

（3）被告 Y4 は，同月26日，自らあるいは被告 Y2 又は同 Y5 を通じ，監査役ら，すなわち，常任監査役である被告 Y33，同 Y21 及び同 Y1，非常勤監査役（社外監査役）である被告 Y34 及び同 Y22，並びに会計監査人（太田昭和監査法人）に対しても本件無断取引及び無断売却の発生を説明した。

（4）被告 Y4 は，同月26日午後，記者会見を開き，本件無断取引及び無断売却の事実を公表した。

三　争点1（内部統制システムの構築に関する任務懈怠行為の有無［甲事件，乙事件・本件訴因14ないし20］）

1　リスク管理

　健全な会社経営を行うためには，目的とする事業の種類，性質等に応じて生じる各種のリスク，例えば，信用リスク，市場リスク，流動性リスク，事務リスク，システムリスク等の状況を正確に把握し，適切に制御すること，すなわちリスク管理が欠かせず，会社が営む事業の規模，特性等に応じたリスク管理体制（いわゆる内部統制システム）を整備することを要する。そして，重要な業務執行については，取締役会が決定することを要するから（商法260条2項），会社経営の根幹に係わるリスク管理体制の大綱については，取締役会で決定することを要し，業務執行を担当する代表取締役及び業務担当取締役は，大綱を踏まえ，担当する部門におけるリスク管理体制を具体的に決定するべき職務を負う。この意味において，取締役は，取締役会の構成員として，また，代表取締役又は業務担当取締役として，リスク管理体制を構築すべき義務を負い，さらに，代表取締役及び業務担当取締役がリスク管理体制を構築すべき義務を履行しているか否かを監視する義務を負うのであり，これもまた，取締役としての善管注意義務及び忠実義務の内容をなすものと言

うべきである。監査役は，商法特例法２２条１項の適用を受ける小会社を除き，業務監査の職責を担っているから，取締役がリスク管理体制の整備を行っているか否かを監査すべき職務を負うのであり，これもまた，監査役としての善管注意義務の内容をなすものと言うべきである。

もっとも，整備すべきリスク管理体制の内容は，リスクが現実化して惹起する様々な事件事故の経験の蓄積とリスク管理に関する研究の進展により，充実していくものである。したがって，様々な金融不祥事を踏まえ，金融機関が，その業務の健全かつ適切な運営を確保するとの観点から，現時点で求められているリスク管理体制の水準をもって，本件の判断基準とすることは相当でないと言うべきである。また，どのような内容のリスク管理体制を整備すべきかは経営判断の問題であり，会社経営の専門家である取締役に，広い裁量が与えられていることに留意しなければならない。

２　ニューヨーク支店におけるリスク管理

争点１で問われているのは，主として，被告らのうち，大和銀行の代表取締役の地位にあった者及び取締役在任中にニューヨーク支店長の地位にあった者が，同支店における財務省証券取引及びカストディ業務に内在する，価格変動リスク等の市場リスク及び事務リスクのうち，特に事務リスクを適切に管理する仕組み，すなわちリスク管理体制を整備していたか否か，また，その余の被告らに，取締役又は監査役としての監視義務違反又は監査義務違反が認められるか否かである。

ところで，取締役は，自ら法令を遵守するだけでは十分でなく，従業員が会社の業務を遂行する際に違法な行為に及ぶことを未然に防止し，会社全体として法令遵守経営を実現しなければならない。しかるに，事業規模が大きく，従業員も多数である会社においては，効率的な経営を行うため，組織を多数の部門，部署等に分化し，権限を部門，部署等の長，さらにはその部下へ委譲せざるを得ず，取締役が直接全ての従業員を指導・監督することは，不適当であるだけでなく，不可能である。そこで，取締役は，従業員が職務を遂行する際違法な行為に及ぶことを未然に防止するための法令遵守体制を確立するべき義務があり，これもまた，取締役の善管注意義務及び忠実義務の内容をなすものと言うべきである。この意味において，事務リスクの管理体制の整備は，同時に法令遵守体制の整備を意味することになる。

財務省証券取引には，取引担当者が自己又は第三者の利益を図るため，その権限を濫用する誘惑に陥る危険性があるとともに，価格変動リスク（市場リスク）が現実化して損失が生じた場合に，その隠ぺいを図ったり，その後の取引で挽回をねらいかえって損失を拡大させる危険性（事務リスク）を抱えている。また，カストディ業務には，保管担当者が自己又は第三者の利益を図って保管物を無断で売却して代金を流用する等，権限を濫用する危険性（事務リスク）が内在している。このような不正行為を未然に防止し，損失の発生及び拡大を最小限に止めるためには，そのリスクの状況を正確に認識・評価し，これを制御するため，様々な仕組みを組み合せてより効果的なリスク管理体制（内部統制システム）を構築する必要がある。

原告ら及び参加人は，大和銀行が構築すべきリスク管理体制を構成する仕組みとして，（１）証券売買部門と資金決済，事務管理部門との分離（フロント・オフィスとバック・オフィスの分離，財務省証券取引業務とカストディ業務の分離），（２）財務省証券の残高確認の方法，（３）郵便物等の管理，（４）強

制休暇取得制度等を主張するので，順次検討した上，その組合せにより形作られていたリスク管理体制が，その時点において十分なものであったか否かについて判断する。

3　証券売買部門と資金決済，事務管理部門との分離

(一)（フロント・オフィスとバック・オフィスの分離）財務省証券取引の事務リスクを適切に管理するためには，取引担当者に対しポジション枠，損切りルール等の取引に関する制限を課した上，取引担当者がこの制限を遵守していることを確認するため，取引部門（フロント・オフィス）と，取引の相手方（証券会社）から会社宛て送付されるコンファメーション（売買確認書）を受領し，取引部門から送付される取引伝票（トレード・チケット）とを照合する事務管理部門（バック・オフィス）とを組織上分離して，右両部門が相互に牽制しあう体制を整備することが考えられる。加えて，右体制を実質的に機能させるため，人事配置に当たっては同一の従業員に両部門を兼任させないように配慮し，仮に兼任させざるを得ない場合には，これを補うための措置を講じることが考えられる。

(二)　これを本件についてみるに，前記認定のとおり，大和銀行では，本部においてポジション枠の認可を行い，損切りルールを実施していた。ニューヨーク支店におけるフロント・オフィスとバック・オフィスの分離については，井口が本件無断取引を始めた昭和59年6月末ころから昭和61年10月までの間は，証券係が財務省証券の取引業務全般を取り扱っており，組織上は分離されていなかったが，取引は井口が担当し，照合は井口の上司である邦人の上級管理職員が担当する体制をとっていたのであるから，機能上は分離されていたものである（それにもかかわらず，本件無断取引を未然に防止することができな かったのは，井口が上級管理職員による照合を免れ，取引から，起票，勘定入力，資金カバー及び証券受渡しの指図まで全てを一人で行っていたためである。）。そして，昭和61年10月には，組織上もフロント・オフィスとバック・オフィスの分離が行われ，取引担当者がポジション枠，損切りルール等の取引に関する制限を遵守していることを確認する体制が整備された。すなわち，取引は証券係が行い，取引の勘定入力，コンファメーションによる照合，入出金の照合等は資金管理・計算係及びEDP係（主計係）が行うようになった（それにもかかわらず，本件無断取引を未然に防止することができなかったのは，井口が，本件無断取引につき起票を行わず，バック・オフィスで勘定入力が行われなかった上，取引の相手方［証券会社］の協力を得て，コンファメーションをバック・オフィスではなく井口の元へ送付させていて，バック・オフィスが取引の成立自体を把握することができなかったためである。また，各コルレス銀行及びバンカーズ番トラストからバック・オフィスに対し送付される入出金明細書を確認することによっても本件無断取引が発覚しなかった理由については，前判示のとおり，証拠上明らかではなく，フロント・オフィスとバック・オフィスとの分離が不十分であったものと断定することはできない。）。したがって，財務省証券取引の事務リスクを管理するための，ポジション枠，損切りルール等の取引に関する制限，並びに，取引担当者がこの制限を遵守していることを確認するためのフロント・オフィスとバック・オフィスの分離は，当法廷に提出された証拠上は，一応実施されていたものと評価される。＜中略＞

(三)（財務省証券取引業務とカストディ業務の分離）財務省証券取引は，担当者が自己の

取引の結果生じた損失の隠ぺいを図ったり，その後の取引で挽回をねらいかえって損失を拡大させる危険性（事務リスク）を抱えている。また，カストディ業務には，担当者が自己又は第三者の利益を図り，保管物を無断で売却して代金を流用する等，権限を濫用する危険性（事務リスク）が内在している。そして，財務省証券取引業務の担当者が，カストディ業務の担当者を兼ねる場合には，無権限で行った財務省証券取引の損失を，カストディ業務で保管中の財務省証券の無断売却により隠ぺいし，さらに，無権限での財務省証券取引を繰り返して，銀行に巨額の損失を与えるおそれがあり，銀行が抱える危険性は飛躍的に増大するということができる。したがって，担当者による不正行為を未然に防止し，損失の発生及び拡大を最小限に止めるためには，財務省証券取引を担当する部門とカストディ業務を担当する部門について，それぞれリスクを適切に管理する仕組みを整備するほか，両部門を組織上分離して，両部門が相互に牽制しあう体制を整備することが考えられる。加えて，右体制を実質的に機能させるため，人事配置に当たっては同一の従業員に両部門を兼任させないように配慮し，仮に兼任させざるを得ない場合には，これを補うための措置を講じることが考えられる。

（四）これを本件についてみるに，前記認定のとおり，ニューヨーク支店では，平成元年4月，財務省証券取引業務を担当する財務省証券取引業務担当とカストディ業務を担当するカストディ業務担当が証券係内に設けられたことにより，初めて，財務省証券取引業務を担当する部門とカストディ業務を担当する部門とが組織上分離され（それまでは，両部門は，組織上分離されていなかった。），平成2年1月には，証券ディーリング係が財務省証券取引を担当し，カストディ係がカストディ業務を担当することとなり，より一層明確に両部門が組織上分離された。もっとも，平成元年4月以降も平成5年11月までの間は，財務省証券取引を担当する井口が，カストディ部門のマネージャーの上位者として同部門を掌理しており，人事配置の面でみると，実質上両部門の分離は明確ではなく，組織上の分離の機能を減殺していたものと認められる。平成5年11月に至り，鳥海副支店長を証券係のマネージャーの上位者とし，井口を財務省証券の取引業務の担当から外し，財務省証券取引業務とカストディ業務の分離が人事配置の面でも実現した（なお，井口が，組織上財務省証券の取引業務の担当を外れた後も，実際には他のトレーダーを指揮命令下に置いて正規の財務省証券取引をコントロールしていたものと認めるに足りる証拠は，当法廷に提出されていない。）。したがって，財務省証券取引及びカストディ業務の事務リスクを管理するための，財務省証券取引業務とカストディ業務の分離は，平成元年4月までは実施されておらず，その後も平成5年11月までの間は人事配置の面で十全ではなかったものと評価される。

しかしながら，前判示のとおり，当法廷に提出された証拠上，井口の本件無断取引及び無断売却の手口には未解明の部分が多々あり，また，本件訴因14ないし20に係る行為は，井口が虚偽のバンカーズ・トラストの保管残高明細書を作成したこと及び虚偽の保管残高明細書をファクシミリ送信したことを内容としているから，財務省証券取引業務とカストディ業務とを分離したとしても，井口の右行為を発見，防止することができたとは必ずしも言えない。

（五）（被告ら主張の仕組み）ニューヨーク支店は，このほか，財務省証券取引及びカストディ業務に内在する事務リスクを管理するた

め，前記認定のとおり，次の措置をとった。すなわち，

①昭和62年11月ころ，本部（経理証券部）で証券取引を行った経験のあるU（主事）をダウンタウンのカストディ業務出張所に派遣して不正行為がないか検査を実施した。

②昭和63年2月ころ，内部監査担当者制度を採用して随時監査を実施した。

③同年3月，AR（副参事）を取引担当者として，財務省証券取引の担当者を複数とした。

④平成6年9月ころ，為替，資金及び証券の全ての取引業務を一元的に管理するミドル・オフィス係を設置した。

4　財務省証券の保管残高確認

（一）カストディ業務には，担当者が，自己又は第三者の利益を図り，保管中の証券を無断で売却する危険性（事務リスク）がある。この事務リスクを適切に管理するためには，預かり保管する証券の性質に応じた適切な方法によって保管残高を検査することが必要である。本件無断売却された財務省証券は証券が発行されない登録債であって証券の現物との突合を行うことはできず，かつ，ニューヨーク支店がバンカーズ・トラストにその保管を再委託していてバンカーズ・トラストに対する照会を行うほかに適切な方法がないから，保管残高を検査するには，カストディ業務の担当者を介さず，直接バンカーズ・トラストに対して保管残高の照会を行うことが考えられる。

（二）これを本件についてみるに，前記認定のとおり，ニューヨーク支店は，検査部の統括の下，本部（検査部）が担当取締役の決裁を経て作成した検査要領に基づき，毎月店内検査（部店内部検査）を実施し，また，内部監査担当者による監査を随時実施しており，カストディ係で保管している財務省証券の保管残高を確認していた。本部（検査部）は，ニューヨーク支店に対し，右検査要領に基づく臨店検査を2年に1回実施し，カストディ係で保管している財務省証券の保管残高を確認していた。本部（米州企画室）は，平成6年9月，ニューヨーク支店のカストディ業務の検査を実施した。監査役及び会計監査人は，ニューヨーク支店に対する往査を3年に1回実施しており，会計監査人は，カストディ係で保管している財務省証券の保管残高を確認しており，監査役は，会計監査人の監査に立ち会っていた。しかしながら，店内検査，内部監査担当者による監査，検査部による臨店検査，米州企画室による検査，会計監査人による監査のいずれの場合においても，検査対象であるニューヨーク支店あるいはカストディ係にバンカーズ・トラストから財務省証券の保管残高明細書を入手させ，その保管残高明細書と同支店の帳簿とを照合するという確認方法を採用していたため，井口が本件無断売却の事実がないように作り替えた保管残高明細書と，同支店の帳簿とを照合する結果となり，本件無断売却及び本件訴因14ないし20（虚偽のバンカーズ・トラストの保管残高明細書の作成及び虚偽の保管残高明細書のファクシミリ送信）に係る行為を発見，防止することができなかった。したがって，カストディ業務に内在する事務リスクを適切に管理するための，財務省証券の保管残高を確認する仕組みは，整備され，かつ実施されていたものの，その検査方法は，検査対象者に隠ぺいの機会を残すものであったと評価される。

（三）なお，原告ら及び参加人は，財務省証券の保管残高の確認方法について，抜き打ち検査を行わなかったこと，並びに，検査部の臨店検査を事前予告方式に代えたことも問題とするが，原告ら及び参加人が指摘する方法が，事務リスクを適切に管理するという観点から見て，当然に不適切な検査方法であると

までは評価することができない。
5　その他　　＜省略＞
6　リスク管理体制の状況（総括）
（一）以上のとおり、ニューヨーク支店は、井口が本件無断取引を始めた昭和５９年６月末ころには、財務省証券取引及びカストディ業務に内在する事務リスクを管理する仕組みのうち、ポジション枠、損切りルール等の取引に関する制限、並びに取引担当者と照合担当者を別人とするという限度ではあるが、フロント・オフィスとバック・オフィスの分離を実施していたのであり、その後、順次、様々な仕組みを追加し、整備してきた。加えて、当法廷に提出された証拠上、井口の本件無断取引及び無断売却の手口には未解明の部分が多々あり、財務省証券の保管残高を確認する方法が著しく適切さを欠いていたことのほか、井口が永年にわたり発覚を免れつつ本件無断取引及び無断売却を続けることができた原因となるべきリスク管理体制上の欠陥を特定することができない。したがって、ニューヨーク支店における財務省証券取引及びカストディ業務に関するリスク管理体制は、当法廷に提出された証拠上は、大綱のみならずその具体的な仕組みについても、整備されていなかったとまではいえないものと言うべきである。
（二）右に述べたとおり、大和銀行本部（検査部）、ニューヨーク支店及び会計監査人が行っていた財務省証券の保管残高の確認は、その方法において、著しく適切さを欠いていたものと評価される。財務省証券の保管残高の確認は、カストディ業務に内在する事務リスクを適切に管理するため、最も基本的かつ効果的であり、欠くことのできない仕組みである。他にどのような仕組みを組み合せようとも、適切な残高確認を欠いたリスク管理体制は十全とは言い難い。そして、この仕組みを実質的に機能させるためには、前判示のとおり、残高確認を行うに当たって、預かり保管する証券の性質に応じた適切な方法を採り、いわば現物確認を行うことが必要である。証券が発行されているのであれば、現金の残高を確認する際実際に現金を数えて帳簿上の金額と照合するように、証券の現物と帳簿上の記載とを突合することが必要であり、証券が発行されない登録債であり、かつ、バンカーズ・トラストにその保管を再委託している場合には、カストディ業務の担当者を介さず、直接バンカーズ・トラストに対して保管残高の照会を行うことが必要となる。それにもかかわらず、ニューヨーク支店では、毎月の店内検査、随時実施されていた内部監査担当者による監査、２年に１回の臨店検査、米州企画室による検査、３年に１回の会計監査人による監査のいずれにおいても、検査対象であるニューヨーク支店あるいはカストディ係にバンカーズ・トラストから財務省証券の保管残高明細書を入手させ、その保管残高明細書と同支店の帳簿とを照合するという確認方法を採用していた。そのため、井口に保管残高明細書を改ざんする機会を与える結果となり、本件無断売却及び本件訴因１４ないし２０（虚偽のバンカーズ・トラストの保管残高明細書の作成及び虚偽の保管残高明細書のファクシミリ送信）に係る行為を発見、防止することができなかったのであり、大和銀行のリスク管理体制は、この点で、実質的に機能していなかったものと言わなければならない。
（三）被告らは、大和銀行が採用していた財務省証券の保管残高の確認方法は、当時の検査方法として他の銀行においても通常行われていたものであると主張するが、カストディ業務を行っている金融機関がかかる重大な不備のある検査方法を一般的に採用していたものとは考え難く、また、これを認めるに足り的確な証拠は提出されていない。しかも、

検査方法に重大な不備がある以上，仮に，他の金融機関で同じ方法が採られていたとしても，そのことから，大和銀行の検査方法が不適切でなかったものと評価される訳ではない。

また，被告らは，(1) 大和銀行は，大蔵省による検査及び日本銀行による考査を受けており，財務省証券の保管残高の確認方法について不適切であるとの指摘を受けたことがないから，同行のリスク管理体制は，金融当局が期待する水準に達していた，(2) ニューヨーク支店は，ニューヨーク州銀行局及びＦＥＤによる検査を受けており，財務省証券の保管残高の確認方法について不適切であるとの指摘を受けたことがないから，同支店のリスク管理体制は，当時の他の都市銀行と比較して見劣りのするものではなかった，(3) 本件無断取引及び無断売却を発見，防止できなかったのは，井口の異常に巧妙な隠ぺい工作によるものであって，そのような隠ぺい工作にも耐え得るようなリスク管理体制を整備することは，法が要求する取締役及び監査役としての善管注意義務の範囲を超えるなどと主張する。

しかしながら，大蔵省，日本銀行ニューヨーク州銀行局及びＦＥＤが，大和銀行が採用していた財務省証券の保管残高の確認方法について検査した上これを適切であると評価していたものと認めるに足りる証拠は当法廷に提出されていない。前判示のとおり，大和銀行は，顧客から預り保管していた財務省証券の残高確認を行うに当たり，証券の性質に応じた現物確認（検査担当者が登録債の保管残高明細書をバンカーズ・トラストから直接取り寄せて支店の帳簿と照合すること）という欠くべからざる方法を採らないという，正に重大な過誤を犯したために，本件無断売却を発見できなかったのであり，井口が異常に巧妙な隠ぺい工作を採ったから本件無断売却を発見できなかった訳ではない。我が国及び米国の監督当局は，一行の経営破綻が金融システム全体に波及するおそれがあるという銀行の特殊性に鑑み，銀行の業務の健全性及び適切性を確保するために検査を行っているが，銀行の経営の健全性を確保する第一次的な責任を負っているのは，銀行自体である。銀行は，自己責任の観点から，自ら管理を行わなければならないのであって，自ら行うべき管理を監督当局の検査をもって代替しようとしてはならない。したがって，被告らの主張を採用することはできない。

7　被告らの任務懈怠の有無

(一) 前判示のとおり，店内検査は，検査部の統括の下，検査部が担当取締役の決裁を経て作成した検査要領に基づいて実施されていたのであり，臨店検査は，検査部が右検査要領に基づいて実施していたのであるから，検査部の担当取締役が業務担当取締役あるいは使用人兼務取締役として，財務省証券の保管残高の確認方法が適切さを欠いていたことにつき，任務懈怠の責を負う。また，店内検査及び内部監査担当者による監査は，ニューヨーク支店長の指揮の下実施されるのであるから，取締役が支店長を務めている場合には，同支店長が業務担当取締役としてあるいは使用人兼務取締役として，財務省証券の保管残高の確認方法が適切さを欠いていたことにつき，任務懈怠の責を負う。さらに，米州企画室の担当取締役は，米州企画室が実施した財務省証券の保管残高の確認方法が適切さを欠いていたことにつき，任務懈怠の責を負う。

(二) ＜省略＞

(三)　ニューヨーク支店が保管している財務省証券の残高確認は検査業務であるから，その指揮系統は代表取締役頭取，代表取締役副頭取，検査部担当の業務担当取締役又は同支店担当の業務担当取締役の順序であるもの

と思われる。もっとも，検査部及びニューヨーク支店担当の各業務担当取締役の上位者として，両取締役を指揮監督すべき職務を担っていた代表取締役副頭取が誰であったかについては，主張，立証がない。また，大和銀行では，代表取締役頭取が，同行の業務全体を掌理するとともに，副頭取を指揮監督し，副頭取が，担当する各部門の業務担当取締役を指揮監督する体制を組織していたものと思われるが（事務分掌規程及び決裁権限規程は当法廷に提出されていない。），大和銀行のような巨大な組織を有する大規模な企業においては，頭取あるいは副頭取が個々の業務についてつぶさに監督することは，効率的かつ合理的な経営という観点から適当でないのはもとより，可能でもない。財務省証券の保管残高の確認については，これを担当する検査部，ニューヨーク支店が設けられており，この両部門を担当する業務担当取締役がその責任において適切な業務執行を行うことを予定して組織が構成されているのであって，頭取あるいは副頭取は，各業務担当取締役にその担当業務の遂行を委ねることが許され，各業務担当取締役の業務執行の内容につき疑念を差し挟むべき特段の事情がない限り，監督義務懈怠の責を負うことはないものと解するのが相当である。そして，本件において，右特段の事情についての主張，立証はない。

（四）検査部及びニューヨーク支店の指揮系統に属さない取締役（代表取締役を含む。）は，取締役会上程事項以外の事項についても，監視義務を負うのであり，リスク管理体制の構築についても，それが適正に行われているか監視する義務がある。しかしながら，前判示のとおり，ニューヨーク支店における財務省証券取引及びカストディ業務に関するリスク管理体制は，その大綱のみならず具体的な仕組みについても，整備がされていなかったと

まではいえず，ただ，財務省証券の保管残高の確認方法が著しく適切さを欠いていたものであること，検査業務については，検査部という専門の部署が設けられていたこと，検査の専門の部署が，財務省証券の保管残高を確認するに当たり，バンカーズ・トラストから保管残高明細書を直接入手するという正に必要欠くべからざる手順をとらず，検査対象であるニューヨーク支店あるいはカストディ係にバンカーズ・トラストから財務省証券の保管残高明細書を入手させ，その保管残高明細書と同支店の帳簿とを照合するという，基本的な過誤を犯すことを想定することは困難であること等の諸事情によれば，ニューヨーク支店における財務省証券の保管残高の確認方法について疑念を差し挟むべき特段の事情がない限り，不適切な検査方法を採用したことについて，取締役としての監視義務違反を認めることはできないものと言うべきである。そして，本件において，右特段の事情についての主張，立証はない。

（五）監査役は，取締役の職務の執行を監査する職務を負うのであり，検査部及びニューヨーク支店を担当する取締役が適切な検査方法をとっているかについても監査の対象であり，また，会計監査人が行う監査の方法及び結果が適正か否かを監査する職務も負っていた。

ところで，被告Y22は，大和銀行では，同被告のような常勤でない社外監査役については，原則として取締役会に出席するとともに，随時取締役からの報告，監査役会における報告などに基づいて監査する旨の職務分担の定めが設けられていたから，取締役の違法行為を容易に知ることができたなどの特段の事情がない限り，右定めに従って職務を遂行すれば免責される旨主張する。しかしながら，社外監査役が，監査体制を強化するために選任

され，より客観的，第三者的な立場で監査を行うことが期待されていること，監査役は独任制の機関であり，監査役会が監査役の職務の執行に関する事項を定めるに当たっても，監査役の権限の行使を妨げることができないこと（商法特例法１８条の２第２項）を考慮すると，社外監査役は，たとえ非常勤であったとしても，常に，取締役からの報告，監査役会における報告などに基づいて受働的に監査するだけで足りるものとは言えず，常勤監査役の監査が不十分である場合には，自ら，調査権（商法２７４条２項）を駆使するなどして積極的に情報収集を行い，能動的に監査を行うことが期待されているものと言うべきである。被告Y22の主張を採用することはできない。

もっとも，前記認定の事実関係によれば，常勤監査役は，取締役会，経営会議，定例役員会及び海外拠点長会議等に出席するほか，海外拠点長会議の際はニューヨーク支店長に対するヒアリングを行い，また，検査部の臨店検査の検査報告書，会計監査人の監査結果報告書を閲覧し，さらには，会計監査人の監査結果の報告，大蔵省（検査）及び日本銀行（考査）による検査の講評及び報告を受けるなど十分な監査を行っていたにもかかわらず，財務省証券の保管残高の確認方法の問題点を発見することができなかったのであるから，ニューヨーク支店に往査し，会計監査人の監査に立ち会った監査役を除く他の監査役には，常勤非常勤を問わず，また社外であるか否かを問わず，同支店における財務省証券の保管残高の確認方法の問題点を知り得なかったものと認められ，財務省証券の保管残高の確認方法の不備につき責を負わないものというべきである。

そして，前記認定のとおり，被告Y23が平成５年９月にニューヨーク支店に往査しており（他の時期に往査を担当した監査役が誰であるかについては，主張，立証がない。），同被告は，会計監査人による財務省証券の保管残高の確認方法が不適切であることを知り得たものであり，これを是正しなかったため，本件訴因１５ないし２０に係る行為を未然に防止することができなかったものである（本件訴因１４に係る事実は，同被告が往査する以前の出来事であるから，同被告は責を負わない。）（もっとも，同被告は，甲事件についてのみ責任追及を受けている。）。

四　争点２（米国法令違反に関する任務懈怠行為の有無［乙事件・本件訴因１ないし７，２３及び２４］）

１　法令遵守経営

取締役は，会社経営を行うに当たり，株主利益の最大化を究極の目的としつつも，目的達成の過程では，須く，法令を遵守することが求められているのであり，法令遵守は，会社経営の基本である。商法２６６条１項５号は，取締役に対し，我が国の法令に遵うことを求めているだけでなく，外国に支店，駐在事務所等の拠点を設けるなどして，事業を海外に展開するに当たっては，その国の法令に遵うこともまた求めている。外国法令に遵うことは，商法２５４条３項において準用する民法６４４条が規定する受任者たる取締役の善管注意義務の内容をなすからである。争点２で問われているのは，大和銀行の取締役自身が法令遵守という観点に立った会社経営を行ったのか否か，すなわち，会社経営の専門家として適切な経営判断を行ったのか，それとも，逆に，許される経営判断の裁量の枠をはみ出したのか，また，他の取締役及び監査役に，監視義務違反又は監査義務違反が認められるか否かである。

２　本件有罪答弁訴因に係る事実の有無

（一）本件無断取引及び無断売却発覚前の訴

因（本件訴因23，24）

　前判示のとおり，当法廷に提出された証拠によれば，被告Y9が，井口を財務省証券の取引業務の担当から外した後，井口が電話で財務省証券の取引をコントロールすることを容認していたものとは認められないから，大和銀行が同支店における財務省証券取引業務とカストディ業務の分離について，不完全で誤解を招きやすい開示を行ったことを内容とする本件訴因23に係る事実を認めることはできない。

　前判示のとおり，本件訴因24に係る事実は認められる。

（二）本件無断取引及び無断売却発覚後の訴因（本件訴因1ないし7）

　前判示のとおり，本件訴因1ないし7に係る事実が認められる。すなわち，米国連邦規則法典12編208・20条及び211・24条によると，FRBは，ニューヨーク支店に対し，従業員が罪を犯したことを疑うような状況にある場合には，犯罪届を連邦検察局に提出するとともに，当該被疑事実が緊急の措置を必要とする場合には，当該被疑事実を至急電話で通知して30日以内に当該問題についての報告書を提出することを義務づけていた。それにもかかわらず，大和銀行の代表取締役頭取であった被告Y4らは，FRBに対し虚偽の内容のコール・レポートを提出し，ニューヨーク支店の帳簿と記録に虚偽の記載をし，虚偽の内容の保管残高明細書をあたかもバンカーズ・トラストが作成したかのように装って作成し，虚偽の内容の年金信託部勘定及び信託部勘定に係る保管残高明細書を作成し，虚偽の内容の移管指示書及び書簡を作成するなどした上，平成7年7月24日（被告Y4が井口の本件書簡を受け取った日）から同年9月18日（被告Y2がFEDに井口による本件無断取引及び無断売却の事実を報告した日）までの間，井口の犯罪行為により大和銀行の資産及び顧客から預かり保管していた資産が違法に処分され同行が約11億ドルの損害を受けた事実を隠ぺいし，米国当局に知らせず，法が要求する期間内に犯罪届を提出しなかったものである。

　なお，乙事件被告らは，米国の銀行に対する法規制の内容を知らなかったものであり，平成7年9月初旬米国の法律事務所の法的助言を受けて初めてその詳細を知り，その後は最善の措置をとった旨主張している。しかしながら，米国の監督機関であるFRBに対し虚偽の内容のコール・レポートを提出すること，虚偽の内容の保管残高明細書をあたかもバンカーズ・トラストが作成したかのように装って作成すること等本件訴因1ないし7に係る具体的な行為が違法であることを知らなかったとは到底考えられない。加えて，大和銀行が，平成2年にロイズ銀行から米国内の拠点網を買収するなど米国で積極的な事業展開を行い，ロイズ銀行の米州本部機構をほぼそのまま米州業務部として残し，本部との連絡窓口として米州企画室を設けるなどしていたこと，平成3年に外国銀行監督強化法が制定され，FRBに外国銀行の支店等に対する完全な検査権限が認められ，ニューヨーク支店に対してもFEDによる検査が実施されていたこと等，前記認定の事実関係によれば，届出及び報告に関する米国の法規制についても，少なくともその概要は承知していたものと推認すべきである（前記認定のとおり，被告Y4らは，平成7年8月8日に大蔵省銀行局長に対しては報告を行っているのであり，手続の詳細はともかく，少なくとも，監督当局に対する報告の必要性自体を認識していたことは明らかである。）。

　また，乙事件被告らは，検査官を欺罔する意思はなかった旨主張しているけれども，前

判示のとおり，前記認定の事実関係によれば，検査官を欺罔する意思があったものと評価されても止むを得ないところである。

（三）乙事件被告らは，会社が代位責任を負う訴因が規定する法定刑だけで，本件司法取引による罰金額を上回ることから，事実に反する司法取引に応じた旨主張するが，到底採用し難い。

3　各訴因に係る事実に関する被告らの任務懈怠の有無

（一）本件訴因24

前判示のとおり，被告 Y9（ニューヨーク支店長）は，本件訴因24に係る行為を行ったものである。そして，右行為は米国連邦法典違反の行為であり，取締役の善管注意義務に違反したものと認められる。

また，被告 Y2（米州業務部長）が，本件訴因24に係る行為を自ら行ったものではないが，同被告は，従前，ニューヨーク支店長を務めていた際，自らもニューヨーク州銀行局による検査の際，トレーダーを移動させていたのであるから，本件訴因24に係る行為を未然に防止することができたはずである。そして，右行為は米国連邦法典違反の行為であり，右行為を未然に防止しなかったことで，取締役の善管注意義務及び忠実義務に違反したものと認められる。　　　　＜中略＞

（二）本件訴因1ないし7

（1）前記認定の事実関係によれば，平成7年7月24日に本件書簡を受け取った被告 Y4（代表取締役頭取）は，前頭取で取締役会長を務める被告 Y3に報告をする一方，（1）井口に協力させて本件無断取引及び無断売却の全貌を把握する，（2）事実調査の間，情報管理を徹底して，情報が漏れないようにする，（3）本件無断取引及び無断売却により大和銀行に生じた損失を同年9月中間決算で一括処理する，（4）米国当局には報告せず大蔵省には速やかに報告するとの基本方針を決め，被告 Y2（代表取締役副頭取［国際部門統括］）を責任者，被告 Y9（国際部長），同 Y11（ニューヨーク支店長）及びM（国際資金証券部長）らを担当者として，必要最小限の人数で，本件問題の処理に当たらせることとし，そのための具体的な手段・方法の細目については，右責任者及び担当者らに任せることとしたこと，代表取締役である被告 Y4，同 Y2，同 Y5，同 Y6，Y7，同 Y8及び同 Y9，並びにニューヨーク支店長であった被告 Y11は，米国当局に対する届出を行わず，代表権のない取締役である被告 Y3，同 Y10及び同 Y12は，代表取締役らに対して右届出を行うように促さなかったこと（本件訴因1・2），本件訴因3ないし7に係る個別の違法行為のうち，虚偽の年金信託部及び信託部勘定に係る月次の保管残高明細書の作成，並びに虚偽のバンカーズ・トラストの保管残高明細書の作成は被告 Y11（ニューヨーク支店長）が，また，虚偽の移管指示書及び書簡の作成は同被告及びM（国際資金証券部長）が，被告 Y4が立てた右基本方針を実行するためにそれぞれ行ったことが認められる。

（2）被告 Y3（平成7年6月に代表取締役を退任し，取締役会の招集権を有する会長であった。）は，被告 Y4の報告で井口による本件無断取引及び無断売却の事実を知ったのであるから，米国当局に対する届出を行うよう代表取締役に働きかけるべきであった。また，被告 Y3が，FRBに対し虚偽の内容のコール・レポートを提出したり，ニューヨーク支店の帳簿と記録に虚偽の記載をすること等について明示ないし黙示の指示又は了解を与えていたことを認定することはできないものの，少なくとも，本件訴因1ないし7に係る行為を未然に防止することはできたはずである。そして，右各行為は米国連邦法典違反の行為

であり，右各行為を未然に防止しなかったことで，取締役の善管注意義務及び忠実義務に違反したことになる。

（3）被告Y4（代表取締役頭取），同Y2（代表取締役副頭取［国際部門統括］）及び同Y9（代表取締役［国際部長］）は，井口による本件無断取引及び無断売却の事実を知りながら，米国当局に対する届出を行わなかったものである。また，FRBに対し虚偽の内容のコール・レポートを提出したり，ニューヨーク支店の帳簿と記録に虚偽の記載をすること等についても，明示ないし黙示の指示又は了解を与えていたか，又は，少なくとも，未然に防止しなかったことにつき，指揮系統の上位者としての監督責任を負う。そして，本件訴因1ないし7に係る行為は米国連邦法典違反の行為であり，取締役の善管注意義務及び忠実義務に違反したことになる。

（4）被告Y5（代表取締役副頭取），同Y6（代表取締役），Y7（代表取締役）及び同Y8（代表取締役）は，井口による本件無断取引及び無断売却の事実を知りながら，米国当局に対する届出を行わなかったものである。また，証拠上，右被告らが，FRBに対し虚偽の内容のコール・レポートを提出したり，ニューヨーク支店の帳簿と記録に虚偽の記載をすること等について明示ないし黙示の指示又は了解を与えていたことを認定することはできないものの，少なくとも，右被告らのうち，被告Y5，Y7及び同Y8は，本件訴因1ないし7に係る行為について，被告Y6は，本件訴因1，2及び5ないし7に係る行為について，これを未然に防止することができたはずである。そして，右各行為は米国連邦法典違反の行為であり，右各行為を行い，又は，未然に防止しなかったことで，取締役の善管注意義務及び忠実義務に違反したことになる。

＜中略＞

（7）被告Y24，同Y25及び同Y26が，井口による本件無断取引及び無断売却の事実を初めて知ったのは，平成7年9月7日に開催された経営会議の席上被告Y2の報告を聞いた時点である。その時点では，本件訴因3ないし7に係る行為は既に行われていたのであり，右各訴因が行われることを事前に知り得たことを窺わせる事情は主張，立証されていない。また，本件訴因1及び2に係る行為については，右会議の席上，国際部門統括の副頭取である被告Y2から米国の法規制について調査中であるとの説明がされていたのであるから，同被告らに事態の収拾を一応委ねたことは理解でき，被告Y4が本件書簡を受け取ってから以降同被告らが採った行動について異議を述べたり，直ちに米国当局に報告すべきである等の提言を行わなかったこと，並びに，同月13日ころに行われた内容虚偽のバンカーズ・トラストの保管残高明細書の偽造を事前に察知してこれを阻止しなかったことについて，取締役の善管注意義務違反及び忠実義務違反の責を負うとまでは言えないものというべきである。よって，被告Y24，同Y25及び同Y26は，本件訴因1ないし7について，善管注意義務違反及び忠実義務違反の責を負わないこととなる。

（8）取締役であった被告Y27，同Y28，同Y14，同Y29，同Y30，同Y15，同Y31，同Y16，同Y17，同Y18，同Y32，同Y19及び同Y20が，井口による本件無断取引及び無断売却の事実について報告を受けたのは，本件無断取引及び無断売却の事実を公表した日の前日である平成7年9月25日に開催された役員連絡会においてであり，また，監査役であった被告Y33，同Y21，同Y1，同Y34及び同Y22が井口による本件無断取引及び無断売却の事実について報告を受けたのは右公表当日である同月26日であって，右被告ら

が本件無断取引及び無断売却の事実を知ったときには，本件訴因1ないし7に係る行為は全て終了していた。また，本件無断取引及び無断売却の事実は，一部の代表取締役及び従業員にしか知らされず極秘扱いとされており，本件訴因1ないし7に係る行為が行われた当時，右被告らが右行為を知り得たことを窺わせる事情については，主張，立証がない。したがって，右被告らは，本件訴因1ないし7について，善管注意義務違反又は忠実義務違反の責を負わないこととなる。

4 経営判断の原則

(一) 乙事件被告らは，(1) 第一次報告受領役員（被告 Y3，同 Y4，同 Y2，同 Y5，同 Y6，Y7，同 Y8，同 Y9，同 Y10，同 Y11 及び同 Y12）は，厳格な情報管制を敷き，本件無断取引及び無断売却の正確な事実関係を把握した上，平成7年10月初旬ころ米国当局に報告する意思を固めていた，(2) 当時は，ベアリングス証券会社が事実上倒産したことにより国際的な規模で金融不安が発生しており，東京協和信用組合，安全信用組合，コスモ信用組合，木津信用組合などの金融機関が相次いで破たんしたことにより我が国の金融システムに対する信頼が揺らいでいたから，本件無断取引及び無断売却の事実が，正確な事実関係の調査が未了の段階で明らかになると，実際の損害額は公表された損害額よりも多額ではないかなどの懸念が金融市場に生じ，大和銀行の存立に重大な危機を招くばかりか，内外の金融システムに重大な影響が生じることが容易に予想された，(3) 本件無断取引及び無断売却による大和銀行の信用，業務に対する影響を最小限とするためには，同年9月末時点の中間決算期に本件無断取引及び無断売却による損失を一括償却するのが望ましく，また，そのような一括償却が大和銀行の財務状態に照らして十分可能であった，(4) 大蔵省に対する報告は同年8月8日に行っており，その際，同省から，情報管理を徹底しつつ実態解明を急ぐようにとの要望を受けるとともに，我が国の金融情勢等を勘案すると同年9月は本件無断取引及び無断売却の事実を開示するのに最悪の時期である旨の示唆を受けたから，大蔵省の要望，示唆に反して直ちに本件無断取引及び無断売却の事実を開示する期待可能性はなかった，(5) 本件書簡を受領した後，直ちに実態解明のための調査を開始する一方，米国の法規制の調査，検討を行い，同年9月18日，米国当局に正式に報告した，(6) 第一次報告受領役員は，実態の解明，大和銀行の信用及び業務並びに金融市場・株式市場に対する影響，大蔵省との関係，問題の処理の具体的な方針等を含む，高度に複雑でまれにみる困難な経営判断を誠実に行っており，裁量の範囲を逸脱した義務違反があったとはいえない。また，第一次報告受領役員の対応は，結果的には米国の銀行規制法規違反の容疑を受けることとなったものの，米国の法律事務所から法的助言を受けて米国の法規制の詳細を知った後における処置は，大和銀行が当時置かれていた状況の下では，法規制を遵守するための最善の措置というべきものであり，米国の関連法規違反（本件訴因1ないし7）を理由として善管注意義務違反又は忠実義務違反を問うことはできない，などと主張する。

(二) 取締役は，営利を目的とする会社の経営を委ねられた専門家として，長期的な視点に立って全株主にとって最も利益となるように職務を遂行すべき善管注意義務及び忠実義務を負っている（商法254条3項，民法644条，商法254条ノ3）。そして，事業を営み利益を上げるためには，会社の状況，会社を取り巻く市場及び業界の状況，国内・国外の情勢等，時々刻々変化するとともに相互

に影響し合いかつ流動的な考慮要素を的確に把握して総合的に評価し，短期的・長期的な将来予測を行った上，時機を失することなく経営判断を積み重ねていかなければならないから，専門家である取締役には，その職務を遂行するに当たり，広い裁量が与えられているものと言わなければならない。したがって，取締役に対し，過去の経営上の措置が善管注意義務及び忠実義務に違背するとしてその責任を追及するためには，その経営上の措置を執った時点において，取締役の判断の前提となった事実の認識に重要かつ不注意な誤りがあったか，あるいは，その意思決定の過程，内容が企業経営者として特に不合理，不適切なものであったことを要するものと解するのが相当である。もっとも，このように，取締役には広い裁量が与えられているが，前判示のとおり，取締役は，会社経営を行うに当たり，外国法令を含む法令を遵守することが求められているのであり，取締役に与えられた裁量も法令に違反しない限りにおいてのものであって，取締役に対し，外国法令を含む法令に遵うか否かの裁量が与えられているものではない。

（三）これを本件についてみるに，前記認定のとおり，平成7年7月24日に本件書簡を受け取った被告Y4（代表取締役頭取）は，被告Y9（国際部長）を同月28日から同月30日までの間ニューヨークに出張させて事実調査を行わせ，遅くとも同年8月2日，同被告からの報告で，本件書簡の記載内容のうち，少なくとも，本件無断売却が事実であり，井口が約11億ドルの財務省証券を無断で売却したことにより大和銀行が約11億ドルの損害を受けていることを確認した（井口は，本件無断売却を隠ぺいするためバンカーズ・トラストの保管残高明細書を作り替えていたから，バンカーズ・トラストからの正規の保管残高明細書とニューヨーク支店の帳簿上の保管残高とを照合することにより，本件無断売却の事実を確認することができた。）。この時点で，被告Y4が決断しなければならなかったのは，直ちに，本件無断取引及び無断売却の事実を一般に公表するか否かではなく，FRBをはじめとする米国の監督当局及び大蔵省銀行局をはじめとする我が国の監督当局に対し報告するか否かであった（この意味において，本件無断取引及び無断売却の事実を，正確な事実関係の調査が未了の段階で一般に公表すると，実際の損害額は公表された損害額よりも多額ではないかなどの懸念が金融市場に生じ，大和銀行の存立に重大な危機を招くばかりか，内外の金融システムに重大な影響が生じるおそれがあった旨の乙事件被告らの主張は，当を得ないものである。）。そして，被告Y4（代表取締役頭取）は，大蔵省に対しては速やかに報告するものの，米国当局に対しては当面報告を行わず，本件無断取引及び無断売却の事実を隠ぺいするという方針を立て，同月8日，大蔵省N銀行局長に対して，内々に，本件無断取引及び無断売却の事実を報告し，大蔵省から同年10月初旬まで時間の猶予を与えられたと考えて，同年9月13日ころまでの間，ニューヨーク支店の帳簿と記録に繰り返し虚偽の記載を行い，内容虚偽のバンカーズ・トラストの保管残高明細書を作成するなど米国連邦法典に違反する行為を重ねる一方，米国当局に対する報告を同年9月18日まで行わなかった。被告Y4から直接又は間接に本件無断取引及び無断売却の事実を聞いた取締役（被告Y3，同Y2，同Y5，同Y6，Y7，同Y8，同Y9，同Y10，同Y11及び同Y12）は，右方針に異議を唱えることなく，それぞれの役割を果たした。その後の経緯が示すとおり，そのような判断は大きな誤りであり，米国当局の厳しい処分を受ける

事態を招いたのである（乙事件被告らは，本件無断取引及び無断売却の事実を同年１０月初旬ころ米国当局に報告する意思を固めていたと主張するけれども，被告 Y4 は，大蔵省に対して報告することは考えたが，米国当局に対して報告することはその時点では考えなかった旨明確に述べていること，同年９月１８日にＦＥＤに報告したのは，何らかの経緯で本件無断取引及び無断売却の事実を知った米州企画室から，同年８月下旬に意見具申を受けたことを契機としている上，同年９月７日ころになっても，「大和銀行は，流動性の維持のために，ニューヨーク支店から６億ドルの財務省証券を購入した。」旨の内容虚偽の書簡を作成し，同月１３日ころにも虚偽の内容の保管残高明細書をあたかもバンカーズ・トラストが作成したかのように装って作成していることを考え併せると，乙事件被告らの右主張を採用することはできない。なお，前記認定の事実関係によれば，被告 Y4 らが，本件無断取引及び無断売却の事実を一般に公表する意思を有していたかは不明であるというほかない。約１１億ドルもの多額の損害を処理するに当たっては何らかの公表が必要となることは明らかであるが，信託業併営の銀行としての信用を揺るがしかねない事実，すなわち，ニューヨーク支店の幹部行員が信託財産である多額の財務省証券を横領し，しかもこれを長期間把握できなかったことまで説明する意思があったかは疑わしく，しかも，正確な説明を行えば，井口の氏名を公表せざるを得なくなり，井口に対する刑事手続がとられることになるから，そのような想定の下で，井口から，調査に対する協力を得られるとは考えにくいからである。）。

（四）被告 Y4 及び同被告から直接又は間接に本件無断取引及び無断売却の事実を聞いた取締役が，大和銀行の存亡を賭けた重大な岐路に立ったのは，乙事件被告らが主張するとおり，国際的な規模で金融不安が発生するとともに，我が国の金融システムに対する信頼が揺らいでいた時期であるから，大和銀行の存続を図るため最も適切な措置を講じることは誠に困難であった。加えて，銀行経営者としては，一人大和銀行の存続のみを考慮するのではなく，内外の金融システムに与える影響をも考慮しなければならなかった。高度に複雑でまれにみる困難な経営判断を，しかも適時に行わなければならなかったのであり，時々刻々変化する経営環境の下，正に迅速な経営判断が求められていたのである。しかるに，被告 Y4 らは，米国で事業を展開していたにもかかわらず，米国当局の監督を受けていること，並びに，米国の外国銀行に対する法規制の峻厳さに対する正しい認識を欠き，米国当局に対する届出を行わず，米国法令違反行為を行うという選択を行ったものである。取締役に与えられた広い裁量も，外国法令を含む法令に違反しない限りにおいてのものであり，取締役に対し，外国法令を含む法令に違反するか否かの裁量が与えられているものではないから，前判示のとおり，被告 Y4 らは，取締役の善管注意義務及び忠実義務に違反したものである。

（五）乙事件被告らは，大蔵省の要望，示唆に反して本件無断取引及び無断売却の事実を米国当局に報告する期待可能性がなかったと主張する。しかしながら，大蔵省が，被告 Y4 らに対し，権限に基づき，米国当局に対する報告を行わないよう指示ないし命令を行ったことを認めるに足りる証拠は，当法廷に提出されていない。加えて，米国で銀行業を営む以上，米国の銀行に対する法規制に遵う義務を負うのであり，被告 Y4 らは，銀行の経営者として，自ら，適切な経営判断を行う職責を負っていたのである。被告 Y4 らは，我が

国の経済が発展し，地球規模に拡大しているにもかかわらず，我が国内でのみ通用する非公式のローカル・ルールに固執し，大蔵省銀行局長の威信を頼りとして大和銀行の危機を克服しようとして，米国当局の厳しい処分を受ける事態を招いたものである。期待可能性がなかったという乙事件被告らの主張は，大蔵省の判断及び指示に依存して銀行経営を行い，自らの責任において判断を行わないことが許されることを意味するが，もとより，そのような主張を採用することはできない。

（六）なお，乙事件被告らは，米国の銀行に対する法規制の内容を知らなかった旨主張しているけれども，これを採用することができないことは既に判示したとおりである。仮に，乙事件被告らが，本件訴因1ないし7に係る行為の時点で，米国の法規制の詳細な内容を十分には把握していなかったとすれば，本件無断取引及び無断売却により約11億ドルもの多額の損害を受けるという事件は，日常的に経験するものではなく，稀有で異常な事件であるから，米国において事業を展開する会社の経営者として，直ちに，この稀有で異常な事件に対する米国法制の調査及び検討を行うべきであった。ところが，井口の本件書簡を受け取った被告Y4（頭取）のほか，同被告から直接又は間接に本件無断取引及び無断売却の事実を聞いた取締役は，これを怠り，平成7年8月下旬，何らかの経緯で本件無断取引及び無断売却の事実を知った米州企画室からの意見具申を受け，同月25日になって初めて日本の法律事務所を通じて，米国の法律事務所に照会して調査を行ったものである。調査は，正に，遅きに失したものといわなければならない（乙事件被告らは，同月上旬から関連法規の調査，検討を行っていた旨主張しているけれども，これを認めるに足りる証拠はない。）。したがって，仮に，乙事件被告らが，本件訴因1ないし7に係る行為の時点で，各行為が米国連邦法典に違反することを知らなかったとすれば，米国で事業を展開する銀行の経営者として，過失があることは明らかであり，知らなかったことについて，やむを得ない事情は認められない。

（七）以上によれば，被告Y4らは，大和銀行が当時置かれていた厳しい状況を考慮しても，企業経営者として著しく不合理かつ不適切な経営判断を行ったものであるから，取締役の善管注意義務及び忠実義務に違反したものと言うべきである。

五　争点3（損害の有無，範囲）等

1　甲事件

（一）被告Y2

前判示のとおり，被告Y2は，ニューヨーク支店担当の業務担当取締役あるいは使用人兼務取締役として，財務省証券の保管残高の確認を極めて不適切な方法で行い，また適切な方法に改めなかった点において，任務懈怠の責を負うのであるから，ニューヨーク支店長に就任した時点で既に発生していた損害については賠償義務を負うものではない。そして，同被告がニューヨーク支店長に就任したのは昭和62年10月であり，証拠上認定できる，本件無断取引及び無断売却による就任後の時点における損害は，平成元年当時の約5億7000万ドルである。したがって，同被告は，控えめに見て，総損害額である約11億ドルから約5億7000万ドルを控除した5億3000万ドル相当額の損害について賠償義務を負うものと認める。

＜中略＞

2　乙事件

（一）罰金・弁護士報酬

前記認定のとおり，大和銀行は，米国司法省との間で司法取引を行い，本件有罪答弁訴因について有罪の答弁を行った上，罰金3億

4000万ドルを支払い，また，右刑事事件について，1000万ドルの弁護士報酬を支払った。

罰金についてみると，後記11名の被告らに本件有罪答弁訴因に係る事実について任務懈怠責任が認められる以上，司法取引が介在しているとしても，その司法取引の過程や結果が通常予測されうるところと著しく異なる等の特段の事情が認められない限り，任務懈怠行為と罰金を支払ったことによる損害との間の法律上の因果関係が否定されるものではないと解すべきところ，右特段の事情につき主張，立証がない。また，弁護士報酬についても，同様に，特段の事情が認められない限り，任務懈怠行為と弁護士報酬を支払ったことによる損害との間に法律上の因果関係が認められるところ，右特段の事情につき主張，立証がない。　＜中略＞

（三）被告Y3・同Y4・同Y5・Y7・同Y8

前判示のとおり，右被告らには，本件訴因1ないし7に係る事実について，善管注意義務及び忠実義務の違反が認められる。

ところで，罰金の対象となった本件有罪答弁訴因は16個の訴因で構成されており，右被告らがそのうちの7個の訴因に係る事実についてのみ責を負うことを考慮すると，右被告らに対し，罰金及び弁護士費用の全額に相当する金額の賠償責任を問うのは相当でなく，寄与度に応じた因果関係の割合的認定を行うのが合理的である。

そして，本件有罪答弁訴因の法定刑が，平成8年2月28日当時，本件訴因1・2・2・3・24は，いずれも，50万ドル又は犯罪に起因する金銭的な総利得の2倍若しくは被告人以外の人に対する金銭的な総損失の2倍のいずれか高い金額の罰金及び200ドルの特別課徴金，本件訴因3ないし7及び14ないし20は，いずれも，100万ドル又は犯罪に起因する金銭的な総利総得の2倍若しくは被告人以外の人に対する金銭的な総損失の2倍のいずれか高い金額の罰金及び200ドルの特別課徴金であること（甲三，乙A一三）を斟酌した上，前記罰金及び弁護士費用相当額3億5000万ドルのうち，最も控え目にみて3割に当たる1億0500万ドルの限度で，各自，支払義務を負うものと認めるのが相当である。　＜中略＞

3　附帯請求その他　＜省略＞

第四　結論

よって，原告ら及び参加人の被告Y1に対する本件訴えのうち取締役としての責任を追及する部分は不適法であるから，これを却下することとし，原告らの請求及び参加人の参加請求は，甲事件については主文第二項の，乙事件については主文第三項の限度でそれぞれ理由があるからこれを認容し，その余の請求及び参加請求はいずれも理由がないからこれを棄却することとする。

（裁判長裁判官　池田光宏

裁判官　桑原直子　松田道別）

（別紙）当事者目録　＜略＞

【課題】　この判決を読んで，以下の質問について考えてみよう。

Q1　本件で井口氏が不正行為を継続して行った理由は何か。また，巨大組織による何重もの検査が行われていたのに，このような不正行為を長年行うことができたのは，どうしてか。井口氏が自分の不正行為を記載した書簡を頭取宛に送ったのはなぜか。

Q2　井口氏の書簡を受け取った頭取など経営陣は，どのようなことを考慮して，どのような

判断のもとに，どのような対応をしたのか。そして裁判所は，どのような点が経営者として誤っていると判断したのか。その理由は何か。

Q3　経営陣が井口氏の書簡を受け取って，すぐに弁護士に相談をしなかったのは，なぜか。もし，弁護士として相談を受けたらどのように助言するか。

Q4　大和銀行は米国法の規制について，日本の法律事務所を通じ，匿名でアメリカの法律事務所に照会したということであるが，このような照会には問題はないか。

Q5　弁護士が非常勤取締役，あるいは非常勤監査役として企業に関与する場合，その職責は何か。また，どのようにして職責を果たすことが求められるか。本件で非常勤監査役の責任は最終的には否定されたが，その理由は何か。

2　日本航空電子工業株主代表訴訟事件

【課題】　○東京地裁平成8年6月20日判決（判例時報1572号27頁）［日本航空電子工業株主代表訴訟第一審判決］は，日本航空電子工業がF－4ジェット戦闘機に用いられる加速度計・ジャイロスコープ及び同戦闘機搭載用ミサイルの部品であるローレロンを関税法・外為法所定の手続を経ないで不正に売却・輸出し，米国で莫大な罰金・制裁金を課されたほか，売上高の減少・棚卸資産の廃棄等の損害を生じさせたとして，同社取締役の善管注意義務・忠実義務違反が問われた事案である。このような事案で取締役は，不正輸出行為を知った場合，どのような行動をすべきか。取引を中止すればそれによるトラブルを避けられず，過去の不正輸出も露顕することになって会社が多大な損失を被る可能性がある場合，違法行為の露顕を防ぐために若干の期間だけ不正輸出の継続を黙認することは，どうか。本件判決は「…ローレロンの不正輸出は，関税法及び外為法に違反し，会社に重大な不利益・損害を及ぼす蓋然性の高い行為であるから，右不正輸出を知りながらこれを阻止せず承認した両被告の行為が取締役の善管注意義務・忠実義務に違反することは明らかである。確かに，両被告は既契約分で要修理品として輸入済みのローレロンに限って契約の履行を承認しただけで，不正輸出を積極的に支持したわけでも，取引の全てに責任があるわけでもない。この点は，…両被告の負うべき損害賠償責任の金額を定めるに当たって考慮すべきであるが，取引を中止すればそれによるトラブルを避けられず，過去の不正輸出も露顕することになって会社が多大な損失を被る可能性があったとしても，違法行為の露顕を防ぐために違法行為を継続することが正当化されるはずもないから，右事情は，被告らの善管注意義務違反・忠実義務違反の判断に影響を及ぼすものではない。」とした。この点をどう考えるべきだろうか。

■　最近の不正輸出問題

不正輸出の問題が最近続発している。ごく最近の報道例を以下に引用しておく。
なお，安全補償貿易管理について http://www.meti.go.jp/policy/anpo/index.html を，また，経済産業省「違法輸出の事例等について」http://www.meti.go.jp/policy/anpo/jishukanri/ihanjirei/ihou

yusyutsu/main.html を参照されたい。

◇２００６年１月２３日--

■ヤマハ発動機株式会社の外為法違反に係る告発について

平成１８年１月２３日

経済産業省

経済産業省は，外国為替及び外国貿易法（以下「外為法」という。）に違反する犯罪があったと思料して，本日，ヤマハ発動機株式会社を静岡県警察・福岡県警察合同捜査本部に告発した。その概要は，以下のとおり。

１．被告発人

ヤマハ発動機株式会社（住所：静岡県磐田市　以下略）　代表取締役社長　K

２．告発の根拠

（１）事実　被告発人は，無人航空機（無人ヘリコプター）の輸出に関して，外為法第４８条第１項に基づき，輸出貿易管理令別表第１の４の項に該当する貨物として，経済産業大臣の許可を得るべきところ，許可を得ずに輸出し，又は輸出しようとしたもの。

（２）罰条　外為法第６９条の６第１項第２号及び第２項，第７２条第１項

■ヤマハ発動機：不正輸出の疑いで本社など家宅捜索

ヤマハ発動機（静岡県磐田市）が，軍事転用可能な無人ヘリコプターを中国に不正に輸出しようとしたとして，静岡，福岡両県警の合同捜査本部は２３日，外国為替管理法違反容疑で同社本社など２０カ所の家宅捜索を始めた。同法などでは，無人ヘリコプターは経済産業相の許可がなければ輸出を認められていない。捜査本部は，輸出先が中国・人民解放軍と関係が深い航空専門会社で，０１年以降，十数回にわたり無人ヘリが無許可で輸出された疑いがあるとみて，全容解明を目指す。

調べでは，ヤマハ発動機は昨年１２月，無人ヘリ１機（約１０００万円）を経産相の許可なく中国に輸出しようとした疑い。無人ヘ

リは化学兵器の散布などに転用される恐れもあり，経産省は２３日，同社を同容疑で静岡県警などに告発した。

捜査本部は同日，輸出を仲介したとみられる東京都江戸川区の商社「東華商事」も捜索した。輸出先は，航空専門会社「北京必威易創基科技有限公司」（北京市）。

経産省によると，ヤマハ発動機が昨年１２月に同型ヘリ１機を中国のこの会社に輸出しようとした際，税関から同省に「手続き不備」と通報があり，同社本社を立ち入り検査，無許可輸出の疑いが判明した。昨年３～９月に同型機を中国のほか，韓国，米国にも無許可で輸出していたという。

◇２００６年２月１７日--

生物兵器に転用可能な凍結乾燥機を北朝鮮に不正輸出したとして，山口，島根両県警の合同捜査本部は１７日，外為法違反容疑で東京都内の貿易商社２社の関係先約１０カ所を家宅捜索した。

捜索を受けたのは「西伸商事」（荒川区）と

「明昌洋行」（文京区）。

調べでは，２社は０２年９月，凍結乾燥機１台を横浜港から台湾経由で北朝鮮に経済産業相の許可を得ず輸出した疑い。

凍結乾燥機は食品などを凍結した状態で減圧し，水分などを除去，乾燥させる装置。フ

第3章　企業に忍び寄る，重大な不正行為リスク

リーズドライを作る際や，化学実験などでも使われる。

　熱に不安定な物質を保存する場合に使われ，化学兵器に転用可能とされる。外為法では（1）24時間で10キロ以上100キロ未満の氷を作る能力がある（2）蒸気で内部の滅菌ができる——の2つの能力がある場合，輸出規制の対象にしている。

◇２００６年２月１６日--
　大手精密測定機器メーカー「ミツトヨ」（川崎市）が核兵器開発に転用可能な三次元測定機を輸出していた外為法違反事件で，同社が同測定機本体を低性能と偽って輸出する一方で，高性能のソフトをドイツの現地法人から別納入させていたことが，警視庁公安部の調べで分かった。同法ではソフトなどの技術の輸出も許可制にしており，二重の規制逃れをしていたことになる。公安部は，海外法人を使った組織的な不正輸出とみて捜査している。

第4章　失敗したビジネス契約交渉に学ぶ予防法務

　企業は対外的な経済活動により収益をあげるが，これを法的側面から支えるのが契約である。その中でも比較的規模の大きな契約では，相手方関係者との水面下での接触から契約交渉を経て，契約書を作成調印し，正式にビジネスがスタートするが，このプロセスは非常にセンシティブなものであり，ここで問題が生じないように細心の注意をもって行動する必要がある。これを法的な側面からサポートするための基本的な問題点を理解するために，この章では失敗した契約交渉に関する事件例を検討し，予防法務の観点から失敗しないための留意点や具体的対応策を考えたい。

1　契約交渉をめぐる一般的プロセス

　ビジネス契約の交渉と契約をめぐる一般的プロセスと主要な検討事項を，参考までに以下に列挙しておこう。
　　（1）　相手先とビジネスを行うことについて関心を持つ。
　　　　　　　←ビジネス環境，相手先の信用や技術等に関する一般的な調査等が必要。
　　（2）　何らかの経路で接触する。←交渉すべき当事者として間違っていないか。
　　（3）　関心対象についての情報開示を経て，評価を行う。
　　　　　　　→機密情報授受のリスク←事案に応じて機密保持契約が必要。
　　　　　　　→契約対象について，法規制が存しないか等のチェックなど。
　　　　　　　→契約スキームについて戦略立案。
　　（4）　契約に向けて交渉を行う。
　　　　　　　→交渉担当者の数，役割，性格，社内での交渉。
　　　　　　　→交渉スケジュール。
　　　　　　　→交渉者間における信頼関係と協調的交渉。
　　　　　　　→ビジネスに向けた相互の期待の高まり。
　　　　　　　→レター・オブ・インテントなどのやり取り←内容と効力に留意。
　　　　　　　→交渉議事録←内容と効力に留意。
　　　　　　　→準備行為による費用支出などのリスク←交渉ルール覚書などの締結。

(5) 契約書のDraftingと交渉の詰め
→どちらが起案すべきか。
→交渉による文言変更やその趣旨の明確化と記録。
→契約書の内容。
(6) 調印と実行

【参考文献】
◇ 契約交渉問題の法的側面については，山本顯治「契約交渉関係の法的構造についての一考察（一）（二）（三・完）」民商１００巻２号，３号及び５号，本田純一「『契約締結上の過失』理論について」現代契約法大系，根本久＝金子直史「契約締結に際しての過失責任」現代民事裁判の課題（7）。
◇ 交渉そのものの在り方については，野村美明・太田勝造編『交渉ケースブック』（商事法務，２００５年），太田勝造・草野芳郎『ロースクール交渉学』（白桃書房，２００５年），加藤新太郎編『リーガル・コミュニケーション』（弘文堂，２００５年），大澤恒夫『法的対話論』（信山社，２００４年）。なお，加藤雅信・藤本亮『日本人の契約観─契約を守る心と破る心』（三省堂，２００５年）も非常に興味深い。

2　失敗した契約交渉の教訓

【課題】 以下の各判決を読んで，事実，争点，争点に対する裁判所の判断をまとめなさい。

（1）　広告代理店契約交渉

● **東京地裁平成３年１０月２４日判決**（判例時報１４３１号１３４頁）

原告　ビル所有会社
被告　広告代理店会社，同社専務取締役

主　文
1　原告の被告らに対する請求をいずれも棄却する。
2　訴訟費用は原告の負担とする。

理　由
一　請求原因1（当事者その他の関係者）及び2（本件電光表示板設置契約の締結）の事実は，いずれも当事者間に争いがない。
二　そこで，本件広告代理店契約の締結交渉の過程について検討すると，原告が本件電光表示板設置契約の締結の前後を通じて被告会社と広告代理店契約の締結についての交渉を行ってきたこと，弁護士Ｌが昭和６１年１２月１６日に別紙1（略）のとおりの契約書案を被告会社に送付したことはいずれも当事者間に争いがなく，これらの当事者間に争いがない事実に〈書証番号略〉，証人Ｈ，同Ｎ及び同Ｋの各証言，原告代表者（当時）尋問の結果並びに被告ＨＴ本人尋問の結果を併せて判断すると，次のような事実を認めることができ，前掲証拠中，以下の認定に反する部分は，たやすく採用することができない。
1　原告は，昭和６１年当初頃以降，求人広告誌への求人広告の掲載の依頼をするなどの

被告会社との取引関係にあったものであるが，原告の代表取締役HM又は取締役Hは同年7月頃，被告HTに対して，原告の所有する前記ビルの有効活用等について相談するなどしていた。

これに対して，被告HTは，偶々知り合った訴外会社の当該部門の担当課長である訴外Nから同社の営業品目である電光表示板による屋外広告事業について聞き及んでいたところから，同年8月下旬頃以降，右HM及びHに対して，右の事業を紹介するとともに，被告会社としても，それまでに右のような事業を手掛けたことはなかったものの，広告代理店としての商機とする期待もあって，訴外会社の当該部門の担当部長である訴外O，右訴外N等から資料を入手し説明を受けるなどしたうえ，原告に対して訴外会社の電光表示板を導入して前記ビルにおいて屋外広告事業を展開することを提案しまた，同年9月中旬頃，訴外会社の右担当者らをHM及びHに引き合せるなどした。

2　原告は，訴外会社の右担当者らから電光表示板による屋外広告事業の提案書の提示を受け，また，右担当者及び被告HTらと事業計画案について協議するうち，結局，訴外会社から電光表示板を買い入れて前記ビルにこれを設置し，被告会社との間においては広告代理店契約を締結することを予定して，右事業を行うこととし，昭和61年10月6日，訴外会社との間において，本件電光表示板設置契約を締結した。

そして，原告と被告会社は，同月中旬頃から下旬頃までの間，被告会社が広告代理店として営業活動を行うことを当然の前提として，放映料金基準の設定，被告会社の手数料率について協議を行って概ね合意をみ，また，原則的には被告会社を原告の右事業についての専属的な取次権を持つ総代理店とすることとした。

3　被告会社は，昭和61年11月初め頃，前記のような協議の結果に基づいて，広告代理の方法，被告会社の手数料率（放映料の30パーセント），放映料の支払時期及び方法契約の存続期間等を条項化した別紙2のとおりの契約書案を原告に送付し，書面によって広告代理店契約を締結することを求めた。

ところが，原告は，同月23日頃に至って，被告会社に対して，放映料の月間最低保証限度額を設定して売上高がこれに達しない場合には被告会社においてその差額を補填するものとすることを求めるようになり，その最低保証限度額を180万円とすることを提案するなどして，右契約書案によって広告代理店契約を締結することを拒んだ。

もっとも，被告会社は，この間の同年10月頃以降，原告の右事業についての得意先等に対する本格的な営業活動を開始し，また，本件電光表示板は，同年12月1日頃以降，操業が可能な状態になった。

4　このような状況の下で，原告は，昭和61年11月25日頃，被告会社の作成にかかる別紙2（略）の契約書案と原告代表取締役HM作成にかかる前記最低保証限度額を180万円とする条項案（〈書証番号略〉）とを弁護士Lに送付して，その間の調整と契約書の作成を依頼した。

そして，弁護士Lは，同年12月8日，原告代表取締役HM及び被告HTを同弁護士Lの事務所に参集させ，右の最低保証限度額をめぐる問題やその他の必要な契約条項について調整したところ，被告HTは，一応は原告代表取締役HMの作成した前記条項案に賛意を表しつつも，その場で直ちに確定的なものとしてこれを承諾することはせず，問題を後日の契約書の作成，調印時に持ち越すことにした。

そこで，弁護士Lは，同月16日，前記調

整の結果を踏まえ，原告の意を汲んだうえで，最低保証限度額を１８０万円とし，その他の細則を条項化して，別紙１（略）のとおりの契約書案としてこれを書面化し，原告及び被告会社の双方に対して，検討を依頼してこれを送付し，また，同月２４日頃にも，被告会社に対して，その調印を求めてこれを送付した。

ところが，被告会社，とりわけ被告HTは，右調印の求めに応じるでもなければこれを拒むものでもない著しく煮え切らない態度に終始し，そのようにするうちに，本件電光表示板による屋外広告事業が当初の予測に反して著しく低調な営業実績しか挙げることができないことも次第に明らかとなって，結局，原告と被告会社との間の広告代理店契約の締結をめぐる交渉は，昭和６２年３月頃，それ以上の進捗をみないままに終わった。

そして，被告会社は，以上の期間を通じて，先に認定したとおりの放映料金基準，被告会社の手数料率等に従って原告の右事業についての取次業務の営業を展開してきたが，この間，原告に対して，なんらかの最低保証限度額を設定したものとして算定した放映料を支払ったようなことは一度もなかったし，また，原告も，被告会社に対して，各月毎に個別的にその支払いを求めるようなことはしていない。

三　前項において認定したような事実経過に照らすと，原告が本件電光表示板設置契約を締結して屋外広告事業を行うこととするについては，被告会社との間において広告代理店契約を締結することを予定しその営業活動に依存することにしていたことは，明らかである。

そして，被告会社も，これを前提として，昭和６１年１０月頃以降，契約書として書面化されてはいないものの，原告との間で合意をみた放映料金基準，被告会社の手数料率等に従って，原告の右事業についての取次業務その他の本格的な営業活動を開始し継続してきたのであるから，原告と被告会社との間では，遅くとも右の時点においては，右のような放映料金基準，手数料率等の定めのある広告代理店契約が成立していたものと解するのが相当である。

そして，原告の本訴請求は，同年１２月８日に至って初めて放映料の最低保証限度額の定めのある本件広告代理店契約が成立したものとして被告会社に右特約に基づく放映料の支払いを求め，あるいは，本件広告代理店契約の締結を拒否したことが契約締結上の過失に当たるものとして被告らの責任を追及するものであるけれども，原告と被告会社との間においては右のとおり既に同年１０月頃には右のような限度での定めのある広告代理店契約が成立していたものであると認めるべきものである以上，ここでの問題は，原告と被告会社との間においておよそなんらかの広告代理店契約が成立したかどうかということにあるのではなく，原告の主張するような経過によって右のような放映料の最低保証限度額に関する合意が成立したかどうか（契約条項の付加変更）又は右合意を成立させなかったことにつき契約締結上の過失があったものとして被告らが責任を負うかどうかにあるものというべきである。

四　以上のような前提に立って検討すると，確かに，原告が昭和６１年１１月２３日頃以降において放映料の月間最低保証限度額を１８０万円とし売上高がこれに達しない場合には被告会社においてその差額を補填するものとすることを求め，また，これを受けて弁護士Lが同年１２月８日に契約条項についての調整をしたのに対して，被告HTにおいては，原告の右提案に対して一応の賛意を表するな

ど，被告会社，とりわけ被告HTは必ずしも明確な対応をせず，それが事態を紛糾させた一因であることは推認するに難くない。

しかしながら，後日に契約書を作成し調印することによって契約を締結することが明確に予定されている場合においては，それに至る過程での当事者間の口頭によるやり取りは特段の事情のない限り，未だ契約交渉の一環であって，契約の申込又は承諾としての確定的な意思表示ではないものと推定するのが相当である。

そして，被告HTは，右同日，弁護士Lの事務所において，原告の前記提案に一応の賛意を表しつつも，確定的な意思表示は後日に予定された契約書の作成，調印時まで持ち越して留保することとしたものと認められるのであるから，これをもっては未だ放映料の最低保証限度額に関する前記合意が成立したものということはできず，他にはこれを認めるに足りる証拠はない。

したがって，右の合意が成立したことを前提とする原告の被告会社に対する主位的請求は，理由がないものというべきである。

次に，契約締結上の過失を理由とする原告の被告らに対する予備的請求についてみると原告は，被告会社との間において広告代理店契約を締結することを予定しその営業活動に依存することとして，訴外会社との間で本件電光表示板設置契約を締結したものであることは，先に説示したとおりである。

しかしながら，原告が放映料の最低保証限度額に関する前記のような具体的な提案をするに至ったのは，昭和６１年１１月２３日頃になってからのことであって，必ずしも原告が当初から被告会社との間で右のような形での保証条項を含んだ広告代理店契約を締結することを予定していたものとは認め難いところである。

また，原告と被告会社との間においては，遅くとも同年１０月頃には放映料金基準，手数料率等の定めのある広告代理店契約が成立していたものと解すべきことは，先にみたとおりであって，被告会社は，現にこれに基づいて原告の屋外広告事業についての取次業務その他の本格的な営業活動を開始し継続してきたのであるから，最低保証限度額に関する前記合意を成立させなかったからといって，これによって必ずしも原告がいわば全面的に梯子をはずされるという結果を招来することになるものではない。

そして，被告会社が最低保証限度額に関する原告の前記提案を承諾せず合意を成立させなかったからといって，右合意の成立に向けての前記認定のとおりの当事者間の交渉経過，その他の事情に照らすとこれをもって直ちに契約関係を支配すべき信義則に違背するものともいえない。

したがって，契約締結上の過失を理由とする原告の被告らに対する予備的請求も，失当として排斥を免れない。

五 以上のとおりであるから，原告の被告らに対する請求はいずれもこれを棄却することとし，訴訟費用の負担については民事訴訟法８９条の規定を適用して，主文のとおり判決する。

（裁判官　村上敬一）

【課題】　上記の広告代理店契約交渉事件の判決を読んで，以下の質問ついて考えてみよう。
　Ｑ１　本件において原告が交渉上失敗だったと思われる点を列挙せよ。本件で原告側に立った場合の教訓は何か。
　Ｑ２　被告が交渉上失敗だったと思われる点を列挙せよ。本件で被告側に立った場合教訓

Q3　本件では弁護士Ｌが契約条項の調整活動を行ったが，弁護士Ｌとしてどのような点に留意すべきだろうか。

（2）　倉庫プロジェクト契約交渉

● **大阪地裁昭和５９年３月２６日判決**（判例時報１１２８号９２頁）

原告　不動産賃貸業者
被告　大手家電メーカー１００％子会社（物流担当）

主　文

一　被告は，原告に対し，金６００万円及びこれに対する昭和５１年１１月５日から支払ずみまで年５分の割合による金員を支払え。
二　原告の主位的請求及び予備的請求のその余の請求を棄却する。
三　訴訟費用は５分し，その３を原告の，その余を被告の負担とする。
四　この判決は，一項に限り仮に執行することができる。

理　由

第一　主位的請求（契約締結上の過失責任）について

一　まず事実関係をみる。
１　請求原因１の事実，同２のうち，（二）の，原告とＭとの間で本件計画をめぐる交渉が重ねられたものの原被告間に本件契約が締結されるには至らなかつたとの外形的事実，Ｍが昭和５０年４月２３日同人の偽造にかかる本件覚書をＴに交付したこと，Ｉが同５１年１月２７日，同年２月９日及び同月２７日に原告代表者と面会したこと，経過表（被告）と経過表（被告）との符合する限度での事実は，いずれも当事者間に争いがないが，同２のその余のほとんどの事実関係については争いがあるので，以下の順序で検討する。
２　本件計画をめぐる背景事情について

右争いのない事実に加え，《証拠略》並びに経験則による関係当事者の合理的意思推測を総合すれば，次の事実が認められる。
（一）（１）原告は，請求原因２（一）の主張どおりの日時，経過，代金額，そのうち１１億７０００万円を年利９．７５パーセント，分割払，最終弁済期日昭和４９年５月２日遅延損害金日歩八銭の約定によるトーメンからの借入れにより，当初から具体的処分方法は未定のまま，自己の営業である不動産賃貸業のなかでできるだけ付加価値をつけるための客体として，とにかく買い求め，将来の処分に備え売主フジタ工業名義のままで引渡しを受け，そのままトーメンに対し右借入金の担保として提供した。
（２）ところが，買受け直後の昭和４８年秋，いわゆるオイルショツクが起こり，爾後日本経済は急激に長期にわたる不景気に見舞われ不動産の価格が下落するほどの深刻さとなり，原告が当初漠然と考えていた本件土地による高付加価値追求策はたちまち期待できなくなつた。

〈中略〉

すなわち，対トーメン金利と公租公課の累積により，この累積額と代金額との合計額である本件土地の買受け費用（以下「買受け原価」という。）は上昇の一途をたどり，昭和４９年春には約１３億円となりなおも上昇を続けたのに，同５２年１月１８日ころの本件土地の価格はわずか１１億０７３０万円と評価

鑑定されるに至つたほどであり，原告が試みた本件土地の処分案は，最初の分譲マンション建設計画が，完売の見込みが立たないため買取り直後の昭和４８年秋ころには断念せざるを得なくなり，次のビルを建設して全部をスーパーマーケツト業者に賃貸する計画も，右業者が誘致に応じてくれないため同４９年春ころにいつたん断念せざるを得ず，後に同５１年後半にも再度試みたが同じ理由で失敗に帰した。

このような状況のため，原告は，右高付加価値追求策と併行し，同４９年春より後は，対トーメン金利と公租公課の支払を一日も早く免れるため単純転売計画も考え，買手を捜したところ，右同ころにおいて既に原告の買受け原価は１３億円にも達していたのに対し，買手の表示額は高くて１１億円どまりにすぎず，相当額の買受け原価割れの売却しか期待できなくなり，転売に踏み切れないまま対トーメン借入金の最終弁済期を徒過した。

その後，原告は，採算のとれる転売先の見付からないまま経過し，同５０年７月以降は，トーメンに対し遅延利息を支払うとともに残借入元金約８億９０００万円前後の額の手形の書替を１箇月ごとに要請しつつ，むしろ本件計画の早急な実現を期待したが，期待どおりの進捗を見なかつたところ，他方，同５０年４月ころの買受け原価は既に１５億円弱となっていたのに対し，長引く不況のためこれを右原価割れにならない価額で買う買手は容易に見当たらず，さりとて分割転売方法も，同年秋ころに既に担保権者トーメンの同意が得られず採り得なくなつており，結局，原告は，買受け原価割れが避けられないとしても，その額を可及的に少額に抑えられる本件土地全部の適正な買手を捜し求めたが，同５２年１月１８日に至り，当時経営不振の原告を管理指導していた訴外安田信託銀行の指導により，トーメンに対し，当時の借入元金及び遅延損害金合計９億０６９１万１５４２円の無清算代物弁済として，本件土地全部を移転せしめられた。

（３）原告は，昭和４９年末ころ，本件計画を，後記第一設計のＡからＴに対し持ち込まれ，Ｔは，折から本件土地の転売先に窮し，他方，適当な本件土地の処分計画を見出し得ないままに対トーメン借入元利金の返済策にも困窮していたため，本件計画を，原告にとつて絶好のものであるのみならず，被告にとつても同時に松下グループの物流の集約化ができコストダウンの利益につながるものと考え，その実現に乗り気となり，Ａと一体となつて，同人に原告の採算のとれる計画内容，条件の計算，立案の依頼ないし指示をなし，本件計画に関して，被告との間で，原告が建築する倉庫の竣工引渡を始期とする賃貸借契約若しくは同予約を結び，これを借入れ資料に使つて取引銀行から右建築資金を借り入れ，賃料収入により対トーメン借入元利金を長期月賦で支払つていくことを狙い，このための採算をできるだけ高率にするため，倉庫面積を容積率の許す限り広くし，賃料単価もできるだけ高額とし，賃料の一部前払と保証金の徴収を希望し，右希望をできるだけかなえられる本件計画の早期実現を熱望し，同５０年８月にはＭとその家族を白浜へゴルフ旅行に招待するなどまでした。

（４）原告代表者は，本件土地買受け後，その有効適切な処分をなすべき権限と責任を，当時原告企画部長の地位にあり，原告会社の事業展開，企画開発の責任者であつたＴに与え，Ｔは，本件土地の処分対策に特に腐心し，前記各種処分計画及び本件計画を担当し，本件計画の推進においては原告側の一人として原告を代理した（以下「原告側」というときはＴ及びＡを含む両者をさす。）。（二）第一設

計は，その株式の２０パーセント強を原告が保有する原告の関連企業グループの一つで，従来から原告との間で数多くの設計，監理の注文取引をなし，Ａは，昭和５０年当時は第一設計の取締役であり，かつ，一級建築士の資格を持ち，主に同社の設計の総括的責任者であった。

ところで，Ａは，同年１月２２日，訴外ＭＫグループ専務こと訴外有田健二（以下「有田」という。）より，被告が３０００坪の倉庫用地として本件土地を気に入っている由であるから，この情報を寄せた訴外春日設計事務所長こと訴外山口晃（以下「山口」という）。と共同で，本件土地上に倉庫を建築して被告に賃貸してはどうかとの示唆を受け，これがきっかけで，本件計画が成功すれば自らは莫大な設計監理報酬が得られる上に，原告にとっても前（一）項（３）掲記の利益が期待できるものと考え，仮称高槻倉庫プロジエクトとして，さっそく原告の立場に立った本件計画の利益試算をなし，これをＴに持ち込んだ。

そして，Ｔが本件計画に乗り気となって直接参加して来ることとなった同月２５日以降は，Ａは，本件計画の持込み者として，その成功のために，Ｔの意に副うべくほとんどの機会に同人に同伴し，単独では同人の使者として若しくは代理権を与えられて，原告側の一員となり，発案，試算，設計図の作成，関係機関の調査，Ｍらとの交渉をなし，そこで自発的かつ積極的に尽力し，原告に対する説明等のために詳しい業務日誌（甲二二号証）を特にまとめて作成することまでしている。

（三）（１）被告は，昭和４７年３月，資本金２億円を松下本社が全額出資する同社の子会社で，松下グループの物流関係（商品保管，荷役，輸送等）担当を業として，摂津市東別府に本社事業所を置いて設立され，自己使用倉庫としては，松下本社から右被告本社所在地に約５０００坪を，訴外旭洋勧業株式会社（以下「旭洋」という。）から守口市に約３０００坪（以下「守口倉庫」という。）を，各賃借し，他に２，３箇所の寄託場所を持って，専ら松下本社の事業部の商品の保管業務をなし，人的組織としては，ほとんどが松下本社からの出向社員で組織する管理部と，請負契約に基づき被告の荷役現場作業を担当するシンワ運輸ほか４社の在籍出向社員で組織する業務部とを有し，前者が後者を指揮監督して業務が運営され，幹部構成は，代表者には松下本社の専務取締役が，非常勤専務取締役には松下本社の物流推進本部長である宅間が，常勤常務取締役兼業務部長にはＩが各あてられていた。

（２）被告業務部では，シンワ運輸等からの出向社員のみによって運営されていた業務部の業務である荷役現業及び倉庫に空きが生じたときの荷主の注文取り等の営業活動について，右Ｉが，Ｍら出向社員の指揮，監督，統轄をなし，Ｍが，その直近直属の下僚として，Ｉを通じ被告より業務部次長の役職名を付与されて，Ｉの指揮監督のもとに同部の右業務に従事し，また，Ｍら同部の業務に従事する他社からの出向社員も，被告会社従業員であることを示す被告会社役職名，所属部課名を肩書に付した名刺を被告より支給され，その使用を許され，被告会社内や外部との連絡においても右肩書呼称の使用が容認されていた。

次いで，昭和４９年末ころより取扱いの松下本社の商品が大幅に減少しだし，守口倉庫の埋まりが悪くなったため，広く松下グループ内より貨物を集める目的で同５０年１月２１日，業務部は開発部に発展的に編成変えさせるとともに営業課が新設され，その後同部は従来の被告の摂津営業所から守口倉庫に移転され，併せて被告には不況対策委員会が設置され，爾後の人員整理を含めた各倉庫事務

所の合理化，能率向上対策の検討が始められ，Mは，そのまま開発部次長として新開発部が引き継いだ従前の事実上の後記(四(1))役割に従事せしめられ，右委員会の常任委員の1人に加えられた。

(3) 他方，被告は，松下本社の自家倉庫とみなされ倉庫業法による営業許可は不要と考えていたが，大阪の倉庫業者のつきあげによる海運局の行政指導があり，同48年6月ころ，やむなく守口，摂津，茨木を事業所(使用倉庫)とする倉庫業の営業許可(以下「本件営業許可」という。)の申請手続(以下「本件申請」という。)をなしたところ，手続不備のため受理されず，その後同じ内容の訂正申請を同50年6月に提出したが再び受理に至らず，ようやく同51年5月20日付申請が受理され，同年8月6日港倉第81号で許可を得た(なお，右申請手続は，既に昭和49年末ころにはMが担当していた。)。

しかしながら，松下本社傘下には別に同31年設立の倉庫業を主業とする訴外松下倉庫株式会社(以下「松下倉庫」という。)が存し，しかも被告は松下本社の完全子会社であるため，松下本社の松下グループにおける物流政策に関する最高判断及び稟議を仰がずして営業の基本政策を松下倉庫と競合するようなものに変様することは，およそ不可能であったところ，被告は，本件申請に伴つて，従来の松下本社，不況対策委員会設置後は松下グループ内会社以外にまで荷主を求めて一般倉庫営業をなす意思は，終始持っていなかった因みに，その後松下本社の最高判断の結果，同52年5月31日，被告は右許可にかかる倉庫営業の全部を松下倉庫に譲渡している。

(4) ところで，本件計画は，本件覚書記載の規模のものとすると，Mの試算によっても，被告としては，差し当たり，パレツト，フォークリフト等で約6億円，最終的には15億円程度の新設備投資を要し，その倉庫面積や，冷凍庫も含む点等を加味すれば，資本金2億円月商約8億円の被告の企業規模に照らし，新会社設立に近い壮大な新規事業計画というべきものであった。

(四) (1) シンワ運輸は，松下グループの物流関係を担当してきたもので，被告摂津営業所建物の一部に事務所を借り受け，被告との契約に基づき40名近くの従業員を被告業務部に在籍出向せしめて，被告事務所倉庫内荷役及び関連作業を請け負い，年間約3億円の取引をなしてきていた。

他方，Mは，昭和48年4月，自己経営の荷役請負業目的の会社をシンワ運輸に合併し，それ以降同社の常務取締役となり，部下である沢田らとともに被告業務部に出向し，その役員報酬はシンワ運輸から受領していたものの，前記((三)(2))のとおり被告より業務部(のちに開発部)次長の役職名を与えられ，Iの直近直属の部下として被告管理部と現業とのパイプ役を果たし，業務部現場作業の事実上の最高責任者の役割を担って来た。

(2) ところで，Mは，前記((三)(2))のとおり松下本社から被告に対する荷物量が減少し不況対策委員に任命された同50年以降は，被告の荷受量が減少すればシンワ運輸からの出向者の人員整理減少を招来することになるため，この面からも被告の荷受量増加に無関心ではおれない立場にあり，被告開発部次長として，松下グループ会社に限ってではあるが新荷主の開拓に努力しており，他方，そのころ被告は不況対策として旭洋に対し賃借期限を同53年4月19日とする守口倉庫の坪当り月額賃料金2500円の減額交渉を試みたが失敗に終っていたところ，右倉庫の賃貸借契約上期限前解約も可能であったので，より安い賃料の代替倉庫があることは被告にとっても望ましいことであったためMも，こ

の代り替えに関心を抱いていた。

（3）このような状況下で，Mは，同49年暮ころ，Iにより，松下本社の管轄庁から危険物扱いされているトランス置場用地を捜すことを指示され，同用地として約1000坪の土地を捜すうち，かねての知己である山口より本件土地を紹介され，その利用方を勧められたのがきつかけで，本件計画を持ち込まれたところ，右計画内容が前記関心に副い被告にとつて採算に乗るものならば被告の利益となるから守口倉庫を借り替えてもよいものと独り軽率な判断をなし，しかも，本件計画が成功すれば被告における自己の功績にもつながるため，当初から前向きに本件計画に対処し，後記3，4認定のように，原告側の本件計画の熱心な売り込みと推進作業に対し，本件営業許可あるまで内密裡の慎重な推進を要請しつつ，沢田とともに，特に急ぐことはしないが積極的な姿勢で同調参加し，右作業が進むにつれて，将来本件計画の具体化ができMの目からみて確実な事業計画として完成した暁においてなお万一被告最高幹部又は松下本社の決裁がおりなかったとしても，そのときは自らシンワ運輸の方に持ち込み同社が被告と肩代わりして賃借の上倉庫営業をなしていくことも十分可能であるとの内心の独断のもとに，同50年6月ころには山口から原告が経営状況悪く本件土地を売りに出している旨聞きながら，また，本件営業許可も遅々としておりずのままになつているにもかかわらず，なおも原告側の本件計画推進の姿勢に同調参加し，右計画の実現に期待をかけていた。

（4）そして，Mは，後記3，4認定の，本件計画をめぐる有田，原告側等直接間接の関係者との折衝を，終始一貫，被告業務部（のちに開発部）次長の資格で，その名刺を使用して行動していたもので，相手方も同趣旨に理解して対応し，Mの右身分資格につき特に疑問をさしはさむこともなかつた。

以上のとおり認めることができる。

そして，右認定に副わない趣旨の前掲甲二二号証，乙二，三号証の各記載部分及び前掲各証言部分は，いずれもにわかに採用できず，就中，前掲二二号証は，前掲Aの証言（1回）によると，本件土地の具体的利用方法が未定のころである昭和49年12月に表題として「Tビル，高槻倉庫」と記したとされている点，内容は，事務所用及び自己携帯用の同証人作成の2種類のノートや，図面裏面等に記載されたメモ書きを任意の期間分まとめたものであるとしながら，その元になつたメモ書き等は，同50年12月4日付のものと同51年1月9日付のもの以外は全く提出がない点，その他記載の態様等弁論の全趣旨に照らし信頼性がうすい部分が多いし，前掲乙二号証のうちの4月以降の書き込み部分及び同乙三号証のうちの各丁表1週間分自由記載部分中の鉛筆による書き込み部分，特に後者は，前掲Mの証言による同号証の発見経過，記入場所，記入筆跡の他部分との対比及びその提出時期等弁論の全趣旨により信頼性に乏しい部分が多いというべきである。

また，請求原因2（一）の，昭和50年1月ころ原告が既に自律的自主的に単純売却の方針を固めていた旨の原告主張，及び本件計画へのMの関与はシンワ運輸取締役としての行動であり，右計画推進はMが右資格で出向先である被告に取り次ごうとしたものである旨の被告主張にそれぞれ副うかのような趣旨の《証拠略》は，《証拠略》に照らして到底採用できず，他に右原告主張を認めるに足る証拠もない。

したがつて，右請求原因2（一）は，右の点を除いて理由があり，右被告の反論は理由がない。

3 本件覚書の意味及びその交付の経過と効果

(一) 前２項認定の事実関係に加え，《証拠略》を総合すれば，次の事実を認めることができる。

(1) 昭和５０年１月２５日，本件計画のうち設計，調査を担当すべきＡの提唱で，前２項認定の経過で本件計画に関わりを持つた関係者である原告側，Ｍ並びに両者の間に介在した有田及び山口が原告本店において初顔合わせをなし，ここでは，本件計画に関する漠たる思惑等が話題にされ，Ｔからは，被告側では延べ３０００坪程度所要の由だが，原告の採算上容積率満杯の１万２０００坪程度の賃貸面積でないと話にならない旨の希望意見が出され，一応原被告双方前向きに検討してみよう程度のことで終わつた。

同月３０日，山口を除く前記関係者と沢田が原告本店に参集し，その席上，Ｍから，賃借面積につき，採算が合えば９０００坪程度ならば借りてもよい旨の発言があり，他者からも，原告側希望容積の残部３０００坪は管理棟や有田の関係するガソリンスタンド，レストランで埋めればよいとの意見が出され，次いで，一度図面を作つてみることとなり，これにつき，被告側より，被告が借りる場合の条件として，賃料相場は坪当り月額２３００円であり，本件計画で建築後被告が借りる予定の本件倉庫は倉庫業法の営業許可を要する営業倉庫で，しかも一部トランスを入れる関係上危険物倉庫となる予定，できるだけ１階３０００坪延べ９０００坪の１棟にすること，必要な室の種類等の設計仕様等の教示がなされた。

しかし，Ａは，試算の結果右賃料額では到底原告の採算に合わないため，Ｍに対し賃料増額の要望を持ちかけ，同人からは，冷凍冷蔵庫を組み入れ，この部分の賃料を上げて一般倉庫部分の賃料を抑える方策の提案があり，更に，本件計画規模の倉庫ではコンピューター導入が必要である旨の教示（１月３１日），続いて右コンピューターリース代原告負担の申入れ（２月４日）があり，原告側は右いずれにも賛成して，本件倉庫の基本設計及び原告の利益試算をやり直してみることとなつた。

また，本件計画実現の前提として荷主の集約が是非とも必要であるが，それは今後原被告側間で双方が相互に協力して捜そうとも話し合われていた。

(2) その後，原告側とＭあるいはその意を受けた沢田との間で相互に事務所を訪ね合い，本件計画内容の具体化が進められた。

すなわち，まず，原告側は，冷凍倉庫を組み込んだ基本設計図を作成するにつき，Ａが，採算をよくするため，独断で容積率一杯になるよう一般倉庫部分の面積を延べ９９７８坪に拡大して試作し，その後被告側からの助言を受けて右図面のステージ部分を変更して作図したうえ，２月１３日にはＭを訪ね被告営業所に赴いて右変更図面を交付し，同人からは，被告会社の業況説明と，本件計画における被告の投資予定額が最終的には１５億円となる旨の説明を受けるとともに，原告の利益試算に基づき，採算上，賃貸期間は２０年以上とし，賃料を更に増額し，その一部前払と松下本社の保証をとることを求めた（２月８日，１３日，１９日）ところ，Ｍは，長期契約以外の右原告側の要求を拒否しつつも，本件計画自体は手許に留めおきたい様子の前向き姿勢を保持し，次いで，３月初めころ，原被告側両者の協議により本件計画から有田を排除し，Ａは，その分だけ冷凍倉庫部分の面積をふやして１９８８坪に変更した基本設計図を作成して，同月３日これを被告側に交付した。

(3) ここにおいて，原告側は，一般倉庫賃

料額についてのMの提示額坪当り月2300円と原告側希望額との差額の問題は，冷凍倉庫面積の拡大組み込み，及びMが応諾しそうであった3年ごと15パーセントの賃料増額により将来的に解消可能であり，買受け原価割れで本件土地を転売するよりは，前記甲六号証表示の面積による本件計画を成功させる方が得策と考え，Mの前向き姿勢とあいまって，本件計画を是非とも被告に売り込みたいものと期待をかけるに至ったところ，同月5日，経過表（原告）同日欄記載のとおり，Mから，松下グループ内荷主の確保に役立てたいからとの理由で，原告が過去において使用し現在も使用中の松下製品の一覧表，本件倉庫で使用可能な松下製品の目録及び概略見積書並びに今後原告がビルを建設する際には被告を通じて松下製品を優先的に使用する旨の誓約書（以下まとめて「製品リスト」という。）を提出するよう求められ，その際，本件申請を手続中であると告げられたり，荷主候補の会社名が話題に出たりした。

ところで，Tは，本件土地処分の権限と責任とを原告代表者から与えられていたものの，対トーメン金利の支払に追われ本件土地の早急な処分に迫られていたのに一向に進展せず原告代表者との間でつらい立場に立たされていた社内事情のもとにあって，今後原被告間で，なお多くの条件の詰めや，荷主の集約等の前提条件の具備のために相当期間の作業を要する本件計画の推進に取り組むには，社内より反論が出るおそれもあるので，原告代表者にその旨を説明してその稟議若しくは了解を得ておかねば，社内での自己の立場がなくなることになりかねず，自己の立場を守るためには，原告代表者に対する説明材料となし得る，少なくとも原被告間で本件計画の具体的内容に関する商談が進行中であることを示す，被告作成名義の有印文書が必要であり，

第4章 失敗したビジネス契約交渉に学ぶ予防法務

同時に，同文書は荷主集約作業にも役立て得る有用なものであると考えていた。

そこで，Tは，Mから求められた前記製品リスト等の提出を承諾すると同時に，Mに対しても，今後原告側が本件計画に関する商談を進めていくについて，前記の趣旨で必要かつ有用な文書として，原告が本件倉庫を建設した際は被告において間違いなくこれを賃借する旨の覚書の交付を求めておいた。

（4）そして，Tは，Aに指示を与えて必要な調査を行わせたうえ右製品リスト等を作成させ，また，Tは本件計画を知ったころより原告の採算につき本件土地の買受け原価を一貫して15億円としてAに種々内部試算をさせていたが，最終段階の右試算に基づき坪当り月額賃料につき採算上の希望額として考えていた一般倉庫部分2500円，冷凍倉庫部分1万円の各数値を独断で記入した。

請求原因2（二）（1）末尾記載の1ないし4の条項（以下右条項を本件覚書条項1等という。）を記載した被告あての代表者名表示の原告名義の覚書（甲一号証。以下「原告側覚書」という。）1通と，原告あての代表者名表示の被告名義の覚書（以下「本件覚書原案」という。なお，後者にのみ，賃料支払条件，本件契約の締結予定期限の記載があった。）1通をタイプで作成し，3月18日，Mを訪ねて右作成した製品リスト等及び両覚書を交付したうえ，被告の方でも本件覚書原案と同様のものを作成して後日原告に交付するよう求めた。Mは，右本件覚書原案が前（3）項で要求のあった文書として自ら理解していたメモ書き程度のものとは違い，契約書めいたものであったため，右交付要求を拒否することとして，沢田をして本件覚書原案を返却せしめたところ，Tから，本件覚書の趣旨，必要とする理由及び有用性は前（3）項末段のとおりであって，他意がなく，T個人が保管す

るものであるから、是非とも被告の有印文書が欲しい旨執拗に懇請され、やむなく、Tの右説明にかかる趣旨の文書として、本件覚書原案から被告代表者名と本件契約の締結予定期限部分とを削除したものに改めてタイプさせたものを持参させ、これに、被告経理課長が不知の間に、同人が保管する被告会社名の角印を冒捺（この点当事者間に争いがない。）して本件覚書（甲二号証）を作成し、4月23日、原告本店において、これをTに交付した。

以上のとおり認めることができ、乙二、三号証記載及び証人Mの証言のうち、右認定における本件計画に対する各種の教示等のMの関与は、本件倉庫建設に関し原告側からの求めに応じて、被告の賃借とは無関係に、倉庫業に知見を持つ者としてなした一般論としての助言にすぎず、また、本件計画においては70パーセントの荷主集約が必要とされ、これは当初から原告の義務として約束されていた趣旨の部分は、前2項認定の背景事情、これによれば、原告は倉庫業は未経験で荷主を全面的に集約する能力に乏しいに比し、Mはその方面の専門家であったことが認められる点及び証人A、同Tの各証言（いずれも1、2回）中の右部分に照らし、更に、乙三号証記載部分は前2項末尾記載の理由によっても、到底採用しがたく、つぎに、証人A、同Tの各証言（いずれも1、2回）のうち、請求原因2（二）（1）（本件計画中申入れの経過、基本事項合意の成立）及び同（2）前段、中段（原告が本件計画と単純売却とを二者択一関係視していた点、本件覚書の意味、交付の趣旨、目的、交付要求の動機、経過）と同旨の部分並びにMが本件覚書作成につき松下本社の稟議を経て来たと述べ、また原告側も本件覚書により同稟議を経て来たものと信じた旨の部分は、甲二二号証には右同2（二）（1）

同旨の、特に、合意の経緯の記載がなく、同号証によると、原告主張の賃料等の合意が成立した後にも採算賃料の試算をたびたびなし続けていることが認められる点、甲一〇号証によれば、本件覚書の賃料額は2年ごとに15パーセントの増額を前提とし、この増額を被告が合意するかが将来の問題点とされていることが認められるにもかかわらず、甲一、二号証にはこの増額条項が記載されていない点、証言内容自体具体性に欠ける感と唐突感とを禁じ得ない点及び証人M、同沢田もこの点に関する証言部分との対比等に照らし到底採用しがたく、さらに、前掲各証拠のうち、その余の前認定限度を超えたり、これに副わない部分は、いずれも、同部分に対応するその余の前掲各証拠及び弁論の全趣旨に照らしにわかに採用しがたく、他に前記請求原因事実部分を認めるに足る証拠はない。

（二）（1）以上の認定事実、本件基本事項合意の成立が認められない点及び前2項の背景事情を総合して、請求原因2（二）（2）中段、後段に関し、本件覚書の文書としての意味ないし趣旨内容、その交付の趣旨と効果を検討する。

原告主張の「総論」は、その意味が判然としないが、その主張どおりならば、細目の合意を残すにすぎない予約又は不確定期限付合意の内容を意味するところ、本件覚書は、その文言を素直に読むならば、正に賃貸借の予約ないし不確定期限付賃貸借契約の約定が記載されている文書ということができるにすぎない。

それでも、あえて、原告主張のとおり、右文言の意味が真実ではなく、他の意味を持つ文書である（原告は当初右賃貸借の予約等の主張をなしていたが本訴後半でこれを撤回し、結局その点は当事者間に争いがなくなった。）として、そこに表現されている意味、ないし

は，解釈され又は文書の持つ文章文言外の意味を探ると，以下のとおりである。

前（一）項認定の本件覚書交付の要求の動機，目的，経過及び交付当時の本件計画内容案の詰めの進行状況に照らせば，本件覚書は，原告側覚書とあいまつて，少なくとも，そこに記載されている本件覚書条項 a ないし d を内容とする計画案につき，原被告が現に商談中であることの事実確認と，原被告双方が右計画案実現に向けて相互に協力していこうという意思確認とを，その代表者の記名又は署名捺印はないとしても，被告会社として表示しているものということができる。

したがつて，本件覚書は，当然原告主張（請求原因 2（二）（2）中段）の e の性質を持つものということはできるが，この限度に尽き，それ以上に，本件覚書が，同主張 a ないし d の事実ないし意思確認，義務負担の意思表示，判断の表示をも含み，若しくは同主張 b の義務と責任とを伴うものと認めること，またそのように解釈することは，通常の経験則からも，また，他に特段の事情も認められない点からも，到底できないというほかはない。

すなわちまず，本件覚書は，その条項内容（そのうちどこまでが合意としてまとまつているかは別として）に照らし，右原告主張 e の各種作業の前提としてまず合意すべき事項が記載されているから，その意味ではあえて「総論」合意文書といえなくもないが，基本事項合意の成立は認められないのであるから，原告が主張するような基本事項合意の文書ということはできず，つぎに，法人である被告会社作成名義の文書であることは明らかであるから，当然その作成は代表者等作成権者自身により又はその承認のもとになされるべきではあるが，だからといつて，本件覚書の前記真実の意味に照らしても，右作成についての作成権者の承認事実から直ちに，そこで商談対象とされている計画を推進する意思という別個の意思，しかも被告最高責任者の意思を読みとることは到底できず，右原告主張 a は飛躍にすぎ，同 b は，前記計画実現に向けて協力していこうという程度の抽象的意思確認から，直ちに法的具体性ある行為としての努力義務を負担するという法的成熟性を有する契約（合意）とまで意思解釈することは，本件覚書の文言からも，その作成の背景事情からも無理であり，同 c も，本件覚書の真実の意味ないし趣旨が前記認定のとおりである限り，原告主張の見込みの判断とは直接関係がなく，直ちに右判断を読みとることは到底無理であり，同 d は，前記のとおり同 a 及び同 c の解釈ができないのであるから，その前提を欠き無理というほかはない。

（2）したがつて，また，本 3 項（一）及び前 2 項の全認定事実関係を総合しても，原告側は，前記のような意味ないし趣旨内容しか持たない本件覚書を，その意味ないし趣旨内容を知りながら交付を受けているのであるから，前認定の本件覚書による本件計画の実現への期待を高めたことはあつたとしても，同覚書によつて直ちに本件計画に相当程度の実現の見込みがあるとの判断を原告が得たと推認することは，他に特段の事情も認められないから，到底できないというほかはない。

さらに，右判断をなし，そのために原告は本件土地の単純売却方針を捨てた旨の証人 T，同 A（いずれも 1，2 回）の各証言部分は前記本件覚書の意味ないし趣旨内容，その交付経過及び前 2 項（一）の背景事情に照らし到底採用しがたく，他に，原告が本件覚書により本件計画に相当程度実現の見込みがあると判断し，ために本件土地単純売却の方針を捨てたことを認めるに足る証拠もない。

よつて，請求原因 2（二）（1），（2）のうち，本件覚書の記載事項と，その交付があつ

た点とを除くその余の主張及び７０パーセントの荷主集約義務は原告が負担していたもので，本件計画に対するＭの関与は倉庫事業一般論からの助言，教示に終始していたものである旨の被告の反論は，いずれも理由がない。

4　その後の交渉経過と本件計画をめぐる関係者の理解

以上2，3の認定事実関係及び判断に加え，《証拠略》と関係当事者の合理的意思推測を総合すれば，次の事実が認められる。

(一)　本件覚書交付が要求された段階においては，原告側とＭ間には，本件覚書条項のうち，一般倉庫部分約９０００坪，坪当り月額賃料２３００円，賃借期間２０年以上の長期間，備付けコンピューター費用月額約５００万円は原告負担の，各限度での了解が得られていたが，それ以上の部分はＭの同意が得られないままの状況であり，また，原告側は，Ｍとの話合いのなかで，本件計画の実現のためには本件営業許可が下りること及び荷主の集約が相当程度できること必要であることは既に知っており，被告が松下本社の完全子会社の関係にあるため，松下本社の稟議と決裁(以下「本件稟議」という。)も当然必要となることも予知していた。

しかし，原告側は，本件覚書を受け取ったことにより，それまでの交渉や作業とは異なり，被告としても，起案者Ｍ段階どまりの単なる商談売り込みの事前打診段階を越え，会社自体として，その決裁系統を通過して，いよいよ本件計画商談を正式に受理し，本気で応接してくれているものと判断し，それまでの本件覚書条項のうち，賃貸面積，賃料等合意未了の部分は，賃料については，Ｍに要求中の将来の賃料3年ごと15パーセント増額約定の取付けにより，荷主の集約は，Ｍの努力に大半は依存しつつも原告側でも協力して捜せば，将来解決でき，そうなれば賃貸面積についても，被告の背後には大規模な物流を持つ松下グループが控えている関係上，なんとかなり，本件営業許可も簡単に下りると考え，かくして，Ｔは，本件計画の実現，成功により，当時既に買受け原価を割らねば本件土地を処分し得なかった当面の困難から転じ，当初理想としていた本件土地による高付加価値追求が可能になるものと期待し，また，Ａは，本件倉庫建設の設計監理の完遂により多額の報酬が得られるものと期待し，他方，Ｍは，本件計画の成功により被告において自己の功績をあげられるものと期待し，右三者はそれぞれの思惑と利害とに基づき，Ｔが原告代表者に本件覚書の受領を報告して本件計画推進の了解を得たあと，本件計画の実現を目指して積極的に協力同調態勢をとり，右推進のための諸作業を本格的に進めていった。

(二)　その後の原告側とＭとの主な交渉は，以下のとおりである。

(1)　原告側は，Ａが高槻市役所に出向いて予め開発関係の調査を行い(昭和５０年３月１４日)，建設計画の概要書(甲一〇号証)及び建設計画書をＭに提出し(4月14日)，十三高槻線側にも出入口を設置してほしい旨のＭの要望(5月2日)に応えて変更した基本設計図を同人に交付し(同月6日)，5月20日には，経過表(原告)どおりの参集者による総合会議が持たれ，その席上，Ｍより，本件計画の具体的詰め，打合わせのため毎週金曜日に定例会議を開催するよう要求があり，原告側もこれに賛同して今後同会議を持つこととなり，また，Ｍより，十三高槻線のわかる都市計画地図の提出，本件営業許可「6月中旬に下りる予定のため，それまでに建設確認申請書等本件倉庫が間違いなく建設されることがわかる書類の提出が要求され，Ａより，前記高槻市役所での調査の報告書及び本件倉庫工程計画書が提出されるとともに，原告側

計画では建築確認申請は早くても同年11月ころになる予定である旨の説明がなされ、5月23日右要求のあつた地図が提出された。

次いで、Mの関与と指示のもとに設計細部の打合せ会議が持たれ（5月28日、6月10日）、倉庫見学（5月末）とこれによる図面訂正がなされ（6月6日ころ）、Mの要求（5月29日）により他の現存倉庫位置を明示した近畿一円の地図の作成提出がなされ（6月18日）、Aより自発的に最終図面の作成交付がなされた（同月30日）。

（2）一方本件計画推進にMが参加し始めたころから、Mより原告側に対し、本件申請手続での聴聞会が終わるまでは、他同業者の反撥のおそれがあるので、部外者には本件計画を秘密にし、他業者や金融筋への働きかけを待つようにとの要求がなされていたが、その旨が確認され（7月11日、同月29日）、他方、TよりMに対し、かねて、本件倉庫の仮賃貸借契約を予め結ぶことを雑談程度で求めていたところ、同人から、それは本件営業許可が下りてからのことである旨告げられていたが、Tより、右許可の遅れのため本件計画担当者として社内的社外的信用問題にかかわるとして、Mに対し、将来建設さるべき本件倉庫について早急に仮賃貸借契約を締結するよう再々要請がなされた（同月11日、同月29日、8月6日、10月29日等その後も。）。

（3）また、Mより、コンピューターはIBM製を採用するようにとの指示（7月29日）及び地下水規制を調査するようにとの指示（8月6日）（その調査報告は9月2日になされた。）があり、本件計画における本件倉庫賃貸借契約には本社稟議が必要であり、本件申請においては本件倉庫は含まれていない旨の説明がなされ（8月6日）、その後、本件計画の実現について、本件申請中の現守口倉庫用として集約した荷主を本件倉庫にまわすことになる予定が説明され、また、当初から話題とされていた荷主について、一般、冷凍両倉庫部分を含め、70パーセントの集約ができなければ本件倉庫仮賃貸借契約の締結はできない旨が説明された（9月18日）。

（4）次いで、原告側は、参考資料としてMより守口倉庫の賃貸借契約書写しをもらい受け（9月25日）、これにより本件倉庫の賃貸借契約書草案を提出したが、Mより時期尚早として返却され（10月3日）、その後、Mより、被告との契約による倉庫建設用資金の融資をそんなに急ぐのであれば、むしろ原告の方で独自に倉庫業の営業許可を取り、被告に貸してくれてはどうかとの示唆及び申請書目次による申請手続の教示がなされ（同月7日、同月15日）、これに対し、Aは、むしろ当初からの本件計画の早急な実現を求めて、爾後の契約成立に至るまでの被告側の予定表を提出するよう要望し（10月7日）（結局予定表は提出されなかった。）、さらに、原告側は、本件計画に対する松下本社稟議用書類のうち、原告で準備すべき書類として予めMに検討されるための書類一式（甲一九号証の一ないし七、同二〇、二一号証）を提出した（10月20日）。

（5）その後、Mは、Tより、本件計画の実現の遅れのため原告社内で困っているとして、原告代表者に直接に事情を説明することを求められ、原告代表者に対して本件計画の経過説明をなし、営業許可や本社稟議が下りた場合の本件倉庫仮賃貸借契約締結予定期日にも言及し（11月6日、12月4日、同月15日）、また、原告側に対し、本件計画実現の際には守口倉庫の契約が解約となるため、同所で不要となったエレベーターのキャンセル費をある程度負担するよう要求したりしていた（同月6日）。

（6）以上の間、Mは、原告側との話合いの

中で，問われるままに，本件営業許可の下りる時期の見込み（5月20日，7月29日，8月6日，9月18日，昭和51年1月9日）や，本件契約締結可能時期の見込み（前同日ほか，昭和50年10月15日，同月29日，11月6日，12月1日，同月15日）に言及して来たところ，当時原告は，前認定（2（一）（2））のとおり，対トーメン借入金の返済期延期懇請を繰り返してトーメンの納得を得るのに困つていたため，Mは，トーメンに対し本件計画の進捗状況を説明するよう求められ，昭和51年1月9日，トーメン担当者及び原告側に対し，「本件計画推進の前提である営業許可申請は2月上旬に許可が下りそうな見込みであつて，そうなれば被告も荷主集約の動きができるが，営業倉庫の建前上松下グループ以外からの新荷主の開拓が是非とも必要であり，本件計画の早期実現のためには，トーメンや原告らの協力が是非必要である。」旨の説明と協力方依頼をなし（この点Aは特に記録を残している。），原告では，これを受けて，幹部が冷凍倉庫荷主として2社との交渉に当たることとなった。

（7）しかしながら，原告は，対トーメン借入元金利の手形書替に追われ，本件計画の進展の遅いのにいら立つとともに，交渉窓口としてのMに不信感を抱くようになり，幹部会談により本件計画の今後の処理若しくは決着をつけたい旨望み，その結果，昭和51年1月27日及び2月9日に，原告代表者らとIとの会談が行われた。

そして，Iは，ここで初めて本件計画を知り，早速宅間の指示を仰いだところ，被告には，現在，その経験，地位等に照らし，本件計画のような1万2000坪もの大規模の倉庫営業を運営する意思，方針は全くなく，それだけの力もなく，また，荷主も未だ集約して得ていないのに急いで本件計画の商談を推進することは，採算を検討するまでもなく，現状では到底無理である，との結論となり，同年2月27日，Iは右結論を原告代表者に通告し，ここに本件計画に関する商談は打ち切られ（以下「最終決着」という。），結局本件契約は不成立に帰した。

なお，その直後より，原告代表者から被告に対し，本件土地を松下グループで15億円にて買い取ることの仲介をなすよう依頼があり，I及び宅間において松下グループに打診してみたが，買取り先がなく右依頼は断られた。

（三）前（一）項認定の本件覚書交付以後の原告側及びMの理解のその後の推進は次のとおりである。

（1）まず，客観的には，本件計画が実現して本件契約が締結されるためには，その前提として，被告に対する本件営業許可が下り，荷主が一般及び冷凍両倉庫部分を含め約70パーセント以上集約でき，本社稟議が下りること，が必要不可欠の条件であったところ，原告側及びMとも，右の概略を知り，本件覚書交付のころは，集約すべき荷主のパーセントまでは明瞭でなかつたものの，暗黙の了解事項として，本件計画推進作業をなして来たが，その後前（二）項認定の経過を経て，右パーセントも含め明瞭となり，右三条件の具備を期待しつつ作業を続けて来たものである。

（2）そのなかで，Aは，前認定（（二）（2））のように，Mから本件営業許可が下りるまで対外的な動きを止められているため，集約に協力できず，右許可が下りてから具体的に集約のための協力行動を起こそうと考えて右許可があるのを心待ちにし，本社稟議は，本件計画は松下グループの物流の中核的なものとなる旨のMの説明を信じて，容易に取れるものと，また，荷主の集約条件は，やむを得ないものではあるが，これも，Mが常に松下本

社を「天下の松下」と誇示していたことから，被告の親会社である松下本社の力に頼れば容易に集約できるものと，甘く考えていたものの，同時に，右本社稟議が下りないときは，結局本件計画は実現不可能となるべきものであることは，忘れずに認識していたものであり，そして，自ら担当すべき本件倉庫の開発申請及びこれに続く建築確認申請を結局なしていないが，その理由を，これは荷主の関係で冷凍倉庫部分の収容数量が不詳のため不可能なのである旨M及びTに説明し，また，昭和50年6月3日，訴外旭化成の社員に対し，本件計画のネツクは，被告側では，計画だけで現存しない建物に対する仮賃貸借契約が困難であること，原告側では，この契約がなければ本件倉庫建設資金の対銀行折衝が困難であることである旨説明している。

一方，Tは，前記の共通の理解に立ち，Mの説明により，本件営業許可が下りて以後に本件契約締結が可能との認識を持つていたものの，トーメンとの関係で本件計画の実現を急いだが右許可が下りないためどうにもならず，専ら右許可の早期実現及びその協力方をMに対して働きかけて来たにもかかわらず，右許可待ちのまま本件最終決着に至つたとみている。

(3) 他方，Mは，本件計画推進について同調していたものの，もともと原告側ほどその実現を急ぐべき差し迫つた必要もなかつたため，被告が他の倉庫同業者の突き上げにより，積極的な新規倉庫営業拡大の目的や企画もないままに，やむなく申請していた本件営業許可がまず下りた後に，これを材料として，原告側と協力して，一般及び冷凍両倉庫の荷主の集約を，自らは主に前者を担当して行い，その結果70パーセントの荷主の集約ができれば，残りの30パーセントは守口倉庫分を振り替えれば，一応採算上荷主の集約は満足

できるものと心積もりしし，加えて，原告側がMの教示した設計仕様による本件倉庫の開発許可及び建築確認許可を取つてそろえてくれば，本件契約の賃料等の条件をを詰めて合意案をまとめ，併せて，被告内部及び松下本社の各稟議を取るのに必要なものとして既に原告側に作業準備させた基本設計図，各種調査報告書，地図その他の書類（甲一七号証，一九号証の一ないし七，同二〇，二一号証等）を自己の手許で一括して実現確実な事業計画案にまとめ，ここで初めて自己の上司に報告しても遅くなく，その決裁を得たうえで松下の本社稟議にかけ，ここで採用されることを期待して，ゆつくり構えていた。

のみならず，かえつて，原告側が早く動きすぎて本件計画が外部にもれ，ために被告内部の自己の立場が悪くなるとともに本件計画も駄目になることを恐れ，前認定のように，本件営業許可があるまでは，本件計画推進作業を原告側のみでなしうる限度にとどめさせ，自らも内部的にも外部的にも積極的に動こうとせず，前認定（（二）（4））のように，急ぐ原告側に対し，原告の自営倉庫としての営業許可申請を示唆して，原告側の不信感を招いた。

以上（一）ないし（三）のとおり認めることができる。

そして，まず，前掲甲二二号証証人T及び同Aの各証言（いずれも一，二回）のうち，右認定に反し又は右認定を超える記載又は証言部分はにわかに採用できない。

すなわち，右証拠のうち，経過表（原告に対応する請求原因2（二）（3）中段列挙のM及び沢田の各行為に関する主張と同旨の，及び，荷主集約の義務を負つていたのは被告であり，一般荷主は70パーセント集約ずみとの発言があつたとする記載及び証言部分は，前記2，3の認定事実と判示（3（二）），就

中，A及びMに関する背景事情（2の（二）及び（四）），本件覚書が原告のいう基本事項合意文書でない点，その交付の趣旨と意味，証人Mの証言によれば，本4項（三）（3）に認定のとおり，Mは本件計画推進の手順方法につき，まず本件営業許可待ち，次いで荷主の集約，その後に条件詰めによる本件契約案作成と考えていた点，その他，証拠によるも，原告側に自営倉庫業の許可申請を示唆するほどのMには，本社稟議関係の書類の提出を急がせたり，更にそれが本社に提出ずみであるとか，本社にて稟議中であるとか，荷主が集約ずみであるとかの虚言を弄する必要性や，そこまでしてまで本件計画を是非とも手許に置いておくべき特段の必要性が認められない点，並びに右証人Mの証言及び弁論の全趣旨に照らし，加えて，右のうち，物流推進本部長に了解ずみ（昭和50年9月18日），方針は決定ずみ（同年10月7日），本社決裁予想（同月29日部分については，上司に対する簡単な問い合わせで直ちに発覚するような虚言を弄すべき合理性に欠け，さらに，最終決着の際I及び宅間が謝罪し，毎月3ないし500万円の詫び料を支払う旨申し出たとする部分については，唐突さを免れず内容的にも不確定な点に照らしても，いずれも到底採用できない。

つぎに，前認定（一）ないし（三）に反し又はこれを超える趣旨の前掲乙二，三号証各記載，証人M，同沢田の各証言部分もまた，《証拠略》に照らしにわかに採用できず，就中，そのうち，70パーセントの荷主集約の義務を負っていたのは当初から原告側であり，甲一九号証の一ないし七，同二〇，二一号証は原告が自営倉庫業の許可申請用書類の検討を乞うためMに交付したもの，Mは白浜でTから本件覚書により脅された，昭和50年末には原告側に対し深い不信感を持っており，ふりまわされたとして立腹したとする部分は，M自身が，前認定のとおりその後も本件計画関与から離脱せず，原告に対し正月のあいさつに赴く等協調的行動をとっている点に照らし，到底採用できない。

そして，他に，全趣旨によるも，前認定（一）ないし（三）以外の経過表（原告），同（被告）記載の各主張及び被告の反論事実，就中，70パーセントの荷主集約義務を原被告のいずれかが負った事実は，いずれもこれを認めるに足りない。

よって，請求原因2（二）（3），同（4）は，前記認定の限度で理由があるが，その余は理由がない。

二　そこで，前一項認定の事実関係に基づき，被告が請求原因3（一）の契約締結上の過失責任を負うか否かを，以下検討する。

1　本訴で問題とされているような契約締結のための交渉は，もともと，契約上の合意の可能性，その細目，契約締結の実現の可能性などについてはっきりさせるという目的で行われるものであって，そこでの期待には不安定さがつきまとうものであるから，通常，各交渉当事者が契約締結前に契約成立を期待して出費をなすときは，自己の危険と責任とにおいて出費することとなる。

しかし，他方，契約法を支配する信義誠実の原則（民法1条2項）は，契約締結の準備段階においても妥当するというべきであり，将来契約当事者となるべき者が自ら若しくは履行補助者により，契約の申込み又は申込みの誘引をなし，相手方がこれに基づきこれを受容して契約締結を指向した行為を始め，いわゆる商議が開始された場合には，この事実と右信義則とに基づき，右契約締結を指向し他方の利益に介人しうる領域に入り込んだ者としての特別の相互信頼に支配される法律関係（以下「締結準備交渉関係」という。）が成

立するものというべきである。そして，この締結準備交渉関係においては，信義則に基づき，各交渉当事者は，相互に，指向する契約締結に関しこれを妨げる事情を開示，説明し，問い合わせに応じて締結意思決定に明らかに重大な意義を有する事実について適切な情報提供，被告をなし，専門的事項につき調査解明し，相手方の誤信に対し警告，注意をなす等，各場合に応じ相互信頼を裏切らない行為をなすべき注意義務を負うものというべく，故意，過失により右注意義務を怠り，右信頼を裏切つて相手方に不測の損害を与えたときは，これを賠償すべき右締結準備交渉関係に基づく義務を負うというべきである。

以下，これを本件についてみる。

2（一）まず，本件覚書の前記（一3（二）（1））趣旨に照らし，少なくともそれが交付された昭和５０年４月２３日以降，被告とＭとの前記（一2（三）（2），同（四）（1），（4））関係から履行補助者Ｍにより，被告と原告との間に締結準備交渉関係が成立したものということができる。

（二）ところで，基本事項合意の成立が認められず，前記（一3（二））のとおり，本件覚書の意味が，本件覚書条項ａないしｄを内容とする計画案につき原被告が現に商談中である事実及び原被告双方が右計画案実現に向けて相互に協力していこうという意思の各確認にすぎず，本件覚書及びその交付により原告が本件計画の実現を強く希望したことは確かであるが，同覚書は本件計画実現の何らかの見込を表わしたり，右見込みを他人に与えたりする意味，効果を持つものでもなく，しかも，その交付要求の趣旨も，原告代表者に商談内容を説明して本件計画推進の稟議を得るためであつて，右交付により原告が本件計画の実現に相当程度の見込みを持つに至つたものではないとすると，原告主張のような，本件計画の実現の見込みを検討し，相当の見込みがあるときに限り本件覚書交付の要求に応ずべき注意義務が被告にあるとは到底いえず，他に被告の右注意義務を肯定すべき事情は見当たらない。

（三）つぎに，本件覚書交付後の一連の交渉における原告側とＭの前記（一4（二））の各行為は，そのうち（5）及び（6）の各予測見込み告知を除き，原告側にとつては，本件覚書交付要求前の相互交渉（前記一3（一）に認定のとおり）と本件覚書交付とにより独りで抱いた本件契約に対する切なる期待に基づく，本件計画の売り込み活動の一環として，本件契約における被告の承諾を得るための予備ないし準備作業として自発的にＭの教示を引き出しながらなした行為であり，Ｍにとつては，右原告側の売り込みを受けてこれに賛同したため，被告側窓口，起案者として，自己の判断により，被告最高責任者及び松下本社の稟議が円滑に下りて本件契約締結が可能になるための諸条件，諸資料の根回し的調整，準備のために必要と考える作業としてなした，各種教示，要求行為である。

他面，原告側の右行為は，原告側にとつて是非とも本件契約成立にこぎつけたい切なる期待を持つての積極的な姿勢であつたとしても，本件計画の実現（本件契約の成立）の相当程度の見込み判断を抱かなければなしえない。

すなわち，通常の商談売り込み程度ではなすはずもないような性質の行為（たとえば，本件契約の履行行為を予めなしたり，過剰な準備行為をなすなど）と評価すべきほどのものではなく，むしろ，前記（一2（三）（4））のように本件計画の規模が相当大きいものであることに照らせば，その推進作業としては通常なされるべき程度にまで至っていないというほかない。

そして，右のうち，Mがなした前記各行為は，前同（5）及び（6）を除き，いずれも，原告側に本件計画実現の見込みを新たに与えたり，原告側が前記（一2（四））被告と松下本社間の親子会社関係等他の事情に基づいて独り何らかの程度の本件計画実現の見込みを抱いていたとしても，これを強めたりする性質のものとは到底認めがたく，したがって，Mの右各行為により原告側が本件計画実現につき新たな見込みを持つたとか，既に抱いていた見込みを強めたとか推認することはできない。

ただ，一4（二）（5）及び同（6）の見込み告知は，一応それ自体は，右見込みを新たに与えたり，強めたりする性質のものといえなくもないが，もともと仮定の話題としてなされたものであり，他方，本件契約締結のためには，前記（一4（三）（1））のとおり，本件営業許可が下り，荷主が70パーセント以上集約でき，本社稟議が得られることが必要不可決の前提条件であったところ，このことを既に知り，またそのいずれもが当時の不景気の時期に容易に成就できそうにもないことを十分知り得た練達の者というべき原告側に対し，右三条件ともが未成就の時になされたものであり，しかも右三条件はいずれもMにとつて全く自己の支配圏外の事柄であるから，同人がその成就の可能性につきある程度確実な予測をなし得た関係にあつた事情について特段の主張立証もない本件においては，右（5）及び（6）の見込み告知の性質から直ちにこれが原告側に対し本件計画実現の見込みを新たに与えたり，強めたりしたということは到底できない。

そして，原告側が，Mの行為以外の原因により本件計画実現（本件契約締結）の見込みを抱いたり，誤信したり，又は既に抱いていた見込み判断を強めたり，以上の原因となるべき何らかの行為をMが他になしたことは，全証拠によるもこれを認めるに足りない。

そうだとすると，右本件覚書交付後最終決着までの間にMがなした行為について，前記締結準備交渉関係に基づく信義則上の注意義務違反と評価すべきものはなく，他に右注意義務に基づきとるべき前記各種の行為義務を認めるべき事情も証拠上認められない。

（四）次いで，前記のとおり，本件計画は本件覚書交付後最終決着まで約10箇月を経過しても，前記三条件が具備されず進展しなかつたところ，この本件計画実現までの所要期間についてみるに，全証拠によるも，交渉の初めから，原告側よりMに対し，いつまでに実現すべき計画として，予め期限を示して検討を求めたり，実現を急ぐにしても原告側がいつごろと期待し，Mがこれを知り得る事情にあつたりしたとは認めることができない。

そして，前認定（一3，4）によれば，本件計画の推進手順において，本件契約は，その内容のすべてについて合意が成立すべき詰めができたとしても，少なくとも本件営業許可後でないと締結手続がなされないものであり，このことは原告側もMから告げられやむを得ないこととして了解していたのであり，他方，原告側の昭和50年3月14日付計画工程書（甲一二号証）によれば，倉庫営業許可を度外視しても，本件倉庫の建築確認は同年11月以降で，建設完成はその後6ないし7箇月かかるとされており，原告側は，本件計画はもともと順調に進んでも本件最終決着時のころには本件契約の締結に至りそうにもなかつたことを予想し得たのであり，また，原告側は，同年10月7日には，Mより，急ぐのなら原告の方で独自に自営倉庫業の許可申請をしてはどうかとの示唆を受けながら，これに応じることをせず，さりとて本件計画を放棄することもせず，専ら本件営業許可待

ちの本件計画に期待をかけて，右許可を待っていたものである。

また，本件において，原告側が自由に本件計画を取り下げないし放棄するのに妨げとなる事情並びに本件営業許可後の前記荷主の集約及び本社稟議が困難となるべき事情の変化が予め生じたことは，証拠上認められない。

そうすると，以上の事実関係のもとにあつては，Mにつき，原告側に対し最終決着までの間に本件計画の進捗の見込みについて特段の何らかの警告，注意をなすべき作為義務が，前記締結準備交渉関係上の信義則に基づいて発生するものということは到底できず，右作為に出なかつたMの所為をもつて右締結準備交渉関係上の注意義務違反ということはできない。

なお，原告は，最終決着を，本件計画の放棄通告であるとし，そうせざるを得ない特別の事情がない限り右注意義務違反となると主張するが，前認定（一4（二）（7））のとおり，いつたん被告会社として採用した商談の事後の事情による放棄ではなく，交渉権限者として当初から商談としては受理し交渉し得ない旨の告知であるから，主張の基礎を異にし，理由がない。

3　以上のとおりで，結局，原告側は，本件計画を持ち込むにあたり，当初からその実現につきそれなりの見込みを抱き，これを熱望して推進作業に取り組んできたのであるが，右実現の見込み判断は，本件覚書交付による締結準備交渉関係成立以後のMの行為によるものではなく，それより前において，前記（一2（三），同（四））被告におけるMの地位，被告と松下本社との関係，本件計画の一方的売り込み段階でのMの反応等諸般の事情により独自になしたものであつて，更に所記（一2（一），同（二））の原告の窮状とT及びAの思惑とがからまつて，本件計画推進におけ

第4章　失敗したビジネス契約交渉に学ぶ予防法務

る原告側の期待と積極性とを高めたものということができ，つぎに，前記（一4）事実関係によれば，本件覚書交付後の計画推進の過程で，次第に，原告側にも，右見込み判断に，実現の時期，手順の点で誤りがあり，期待はずれ（以下両者を「見込み判断の誤り等」という。）であつたことが判明して来たものと推認することができる。

ところで，一般商取引界においてある事業計画を売り込む者は，その実現の見込みと期待を持つて売り込みをなすのが当然であり，また，その後に右見込み判断の誤りや期待はずれの生じ得ることも当然であつて，右見込み判断の誤り等による責任と危険は，締結準備交渉関係が成立した後においても，右関係を支配する信義則に違反した相手方の行為によつて生じたのでない限り，右売り込み者自身が負担し処理すべきものとすることが，自己責任の原則をその一内容とする私的自治の原則に適うところというべく，締結準備交渉関係成立前からの見込み判断の誤り等の是正を，特別関係たる締結準備交渉関係上の相手方に対し，右関係上の注意義務として要求できるのは，一般不法行為法を支配する信義則の理念とは異なつた，右関係を支配する信義則の理念に照らして放置し得ないような特別の場合に限るというべきである。

すなわち，たとえば，見込み判断の誤り等が重大な事実誤認に基づくものであつて，しかも本人がそれにつき善意で交渉を継続しているのを知りながら，相手方がこれを放棄して自己の志向する契約の締結に臨もうとする場合のように，締結準備交渉関係に入った者として相互に持つ信頼を著しく裏切るものとしてそれの是正義務を課するのが右関係を支配する信義則の要請に合致する場合に限るというべきである。

これを本件についてみるに，原告が本件覚

書交付後も対トーメン借入元利金の支払に日を追つて窮し，本件土地を，転売又は本件計画の早期実現の方法により処分することを急いでいたことは，前認定のとおりであるが，他方，前記原告側の当初の見込み判断，期待，右本件計画の実現の急ぎ方は，いずれも，その具体的内容を認めるに足る証拠がなく，極めて抽象的なものであつたというほかなく，加えて，前記背景事情（一2（一）（2），同（3））と，原告側の態度推移（一4（四）中段）とに照らせば，右原告が急いでいたこと及びこれをMが当初から知つていたとしても，この両者から直ちに，前記原告側の見込み判断の誤り等が，具体的な事実誤認に基づく重大なものとは，到底いうことができない。

のみならず，前記（一4）交渉経過と原告側態度推移とによれば，原告側は，本件計画推進過程で次第に判明して来た前記見込み判断の誤り等を，遅くとも昭和50年8月6日後は察知しつつ，他に適切な本件土地の処分方法も見付からぬまま，本件計画の実現に期待をかけて，Mに付き合つて来たと推認するに難くない。

したがつて，いずれにしろ，原告側が本件覚書交付前に抱いていた本件計画の実現の見込み判断の誤り等につき，Mが本件最終決着に至るまでの間に，何らこれを是正する措置をとらなかつたことをもつて，締結準備交渉関係上の注意義務違反ということは，到底できない。

よつて，被告履行補助者たるMには何ら契約締結上の過失はないというべく，請求原因3（一）は理由がない。

したがつて，主位的請求に関するその余の双方の主張につき考えるまでもなく，原告の主位的請求は理由がない。

第二　予備的請求（Mの不法行為による使用者責任）について

一1　請求原因3（二）は，（1）のうち，Mが本件覚書を偽造してこれをTに交付したこと及び爾後の本件計画推進作業への関与につき被告最高責任者の承認を得ていないことは当事者間に争いがないが，その余は争いがあるので，以下検討する。

2　M自身の不法行為について

（一）まず，請求原因3（二）（1）のうち，本件覚書の記載文言に反し，もともと原告側とMとの間に基本事項合意は成立しておらず，原告代理人Tが本件覚書を要求した趣旨目的は，本件計画推進作業をなすにつき原告代表者の了解をとる説明等のために，本件覚書条項aないしdを内容とする計画案につき原被告が現に商談中であり，双方が今後その具体化に向けて協力していく旨の確認文書が欲しいということであり，Mが本件覚書をTに交付したのも，本件覚書の意味も右同様の趣旨であり，したがつて，本件覚書は，その交付により原告に対し本件計画の実現につき何らかの見込みを与える性質のものではなく，原告側も右受領により本件計画実現の見込みを誤信したものでないこと，本件覚書条項aないしdを内容とする本件事業計画は，被告にとつては新会社を設立するに等しい大規模なものであつたこと，本件覚書交付後最終決着までの間の本件計画推進作業のなかでMがI等上司の承認を得ないでなした一連の行為（以下「本件独断専行」という。）の意図と判断は，被告開発部の新規事業起案者として，主に原告側に，倉庫施設に関する諸申請手続，作図，調査等の諸作業や，被告最高責任者及び松下本社の稟議用必要書類のまとめをさせ，本件営業許可後に双方協力して荷主を70パーセント以上集約し，契約条件の残部の詰めをなしたうえ，自己の手許で本件計画を完全な事業計画案としてまとめた後に，これをも

とにして初めて自己の上司に報告し決裁を仰げば足りるとの考えであつたこと，本件独断専行のなかで，Mが経過表（原告）記載の虚言を弄する等の欺罔行為をなしたことは認められないこと，は前示（第一の一2（三）（2）及び（4），同2（四）（3）及び（4），同3（一）（4），同3（二），同4（二），同4（三）（3），同4末段）のとおりである。
（二）つぎに，前記（第一の一2（四））被告の背景事情，前（一）項に加え，《証拠略》によれば，次の事実が認められる。
（1）被告会社において本件計画のような規模の計画を進める場合には，Mにはその権限がなく，開発部長であるIが，当初から，決裁権者である宅間に事前に報告相談したうえで，その指示のもとに自分自身で交渉にあたるのが，本来のあるべき専務処理の規準的方法であつた。
（2）然るに，Mは，本件覚書を偽造してこれをTに交付し，その後最終決着に至るまでの間も前（1）項の専務処理規準に従わず，決裁権者である上司の決裁をとることは終始なく，また右未決裁の事実を告知することもなくして，無権限で本件独断専行を敢行し，しかも，昭和50年10月ころからは原告側より原被告最高幹部間の会談を求められながら，なおも上司の決裁を得ることをしないまま，むしろ，早期に起案者の頭越しに交渉がなされたのではMの属する開発部のメンツにもかかわり，かえつて本件計画推進にとつて不利益となりかねないから同人を信頼して同人を窓口とする従前の交渉を継続することを求めて，右会談を渋つた。
（3）これに対し，原告側は，本件覚書の成立の真正を誤信し，さらに，本件覚書が一応被告作成名義の文書であること，その前記意味ないし趣旨，業務部（のち開発部）次長というMの肩書等から，少なくとも同覚書交付

後は，Mの本件独断専行を，被告会社の交渉窓口として決裁権限ある上司の承認決裁を得た同会社開発部担当起案者としての組織行為であるものと，信じて全く疑うことなく，前（2）項の幹部会談を求めたのも，Mを窓口とする交渉の進捗の悪さに耐えかねてその早急な促進をはかるためであつたところ，最終決着において初めて，本件覚書条項aないしdを内容とする本件計画は被告としては元来推進し得るものではなく，Mの本件独断専行は当初から承認決裁の余地のないものであつたことが判明し，よつて，原告は，それまでの間の本件計画推進作業が全くの徒労であつたこととなり，右作業に取り組んでいる間の営業を妨害され，その間の時間と費用の無駄を強いられ，ひいては，本件土地の他の処分方法に取り組む自由な営業活動を妨害される結果となつた。
（4）一方，原告において，Mから交付された本件覚書が偽造文書であり，右交付後の本件独断専行による交渉行為が，被告決裁権者の承認決裁を経ていない。
　交渉権限のない単なる窓口社員としてのMどまりの行為にすぎないことが判明しておれば，判明した時点以後なおもMを通じて本件計画をその上司へ売り込んだり，このための本件計画の推進交渉，特にMの指示，助言を求めての各般の行動の継続をなすはずもなく，このことは，Mにも当初から容易に予測し得る事柄であつた。
（5）原告側が，本件覚書交付時及びそれ以後最終決着までの間に，Mを通さずに，I又はその上司に対し，直接本件覚書条項aないしdからなる本件計画を売り込んだり，Mが，右の間に，右Iらに対し右本件計画の推進交渉に応ずることの決裁を求めたとしても，被告決裁権者は，前認定（第一の一4（二）7）最終決着時に述べたと同じ理由により，

右売り込みを辞退し，Mに対し決裁を与えなかつたであろうことは，右期間中いつでも容易に推測しうる事柄であり，このことは，Mにとつても右期間中容易に予測し得た事柄であつた。

以上のとおり認めることができ，前掲各証人及び沢田の各証言中右認定に副わず，Mの本件独断専行はシンワ運輸の役員として原告側売り込みの本件計画案を被告へつなぐ援助作業であつた旨の部分が採用できないことは，前記（第一の一2末段）のとおりであり，他に右認定を覆すに足り証拠はない。

（三）そこで，前記（一），（二）の事実関係に基づきMの行為の違法性の有無及びその程度につき考える。

（1）Mは，Tから本件覚書を要求されるに際し，前認定（第一の一3（一）（3）同（4））のとおりその必要な理由の説明を受けており，同人が交付した右覚書が右要求どおりの作成名義と趣旨内容のものであつたのであるから，特段の事情の認められない本件において，交付を受けた原告側が本件覚書を同作成名義と趣旨内容どおりのものと認識するのは当然のことである。

したがつて，Mが本件覚書を偽造したこと及びこれを原告代理人Tに交付し，よつて本件覚書の真正と被告が本件計画商談に会社として乗つて来た旨誤信せしめたことは，故意による違法な欺罔行為というべきこと明らかである。

（2）次いで，Mが前記趣旨内の本件覚書を交付したこと及びその後の右交付を前提とした本件最終決着に至るまでの，決裁を得ず，その旨も告知せずに継続した独断専行についてみるに，右独断専行の内容をなす各商談交渉行為は，右交付を除き，そのなかで虚言等の違法行為が認められないことは前記（（一）末尾）のとおりであるから，それ自体は通常の許された私法上の取引行為として違法視すべきものではないが，他方，本件計画が新規に倉庫を建設して倉庫業をなす大規模なものであることに照らし，その計画具体化の準備等推進作業には，原被告双方とも，その実現の成否にかかわらず，多額の費用と時間的拘束とを要するものであること，また，それが交渉相手の錯誤による不本意な作業ならば，そのために費用と時間の浪費を強いられる結果となり，相当程度の自由な営業活動の妨害となることも，経験則上明らかであり，しかも，前記趣旨内容の本件覚書を交付し，これを前提として，前記被告会社内の肩書を持つMが本件独断専行を構成する各種の指示，要求等を継続すれば，原告側が前記（（二）（3）中段）の組織行為に関する錯誤を持続するであろうことは，容易に推測し得る事柄であること，及び前記（二）（4），同（5）の事実関係並びに通常商取引における信義則を総合すれば，Mは，少なくとも，自ら偽造にかかる本件覚書の交付をなし，かつ，同覚書の交付を前提として，既に売り込まれていた本件計画商談に応答して，自ら本件独断専行を継続するについては，被告内部のみならず，取引交渉の相手方である原告との間においても，前記信義則に基づき，予め前記（二）（1）の規準に従つて上司の決裁をとり，途中においても常に，同決裁をとつてかかるべき，及び決裁未了の間はその旨を告知しておくべき作為義務を継続して負うものというべきである。

したがつて，Mが前記趣旨内容の本件覚書を交付し，続いて，同覚書を前提として最終決定に至るまで本件独断専行を継続するについて，改めて決裁権限ある上司の承認決裁をとらず，その後も結局とらず，さらに右決裁未了の事実を告知せずじまいに終わり，よつて，この間原告に継続して前記（二）（3）中段のMの組織行為についての錯誤を生ぜしめ

て，これを持続せしめた継続的不作為は，前記作為義務違反による違法な組織行為の仮装行為（以下「本件仮装行為」という）というべきである。

（3）さらに，前記原告の本件覚書交付要求の趣旨，目的，Mの独断専行に及んだ前認定（第一の一4（三）（3））の背景の意図，動機，前記（二）（2）後段のMの態度前同（4）（5），被告及びシンワ運輸におけるMの地位，業務内容及び経歴並びに一般経験則を総合すれば，Mは，本件仮装行為をなすことにより，原告に対し，同人の組織行為に関する誤信及びこれによる相当程度の営業妨害を与えるかもしれないと知りつつあえて右行為をなし，ないしは右両結果を与うべきことを容易に予見しえたにもかかわらず予見をしなかつたものと推認でき，さらに，以上の判示と信義則とに照らせば，当然右予見すべき注意義務を負つていたものというべきである。

したがって，Mには未必の故意又は少なくとも過失があつたというべきである。

そうだとすると，Mの本件覚書偽造と本件仮装行為は，一体として原告に後記4認定の財産上の損害を与えたものであるから，故意過失による不法行為（以下「Mの本件不法行為」という。）を構成するというべきである。

（四）以上の次第で，原告主張の本件計画実現の見込みの誤信の点は，前示のとおり右見込みを欺罔したことが認められないのであるか，この見込みの誤信にかかわりなく有印文書の偽造，偽造文書である本件覚書の交付及び本件仮装行為は不法行為を構成するというべく，予備的請求原因3（二）（1）（2）は，この限度で理由があり，原告のその余の主張は認められない。

3　つぎに，前記（第一の一2（三），同（四））のとおり，Mはシンワ運輸の在籍出向社員として，被告との間で雇傭契約こそ結んでいなかつたが，前記Mの本件不法行為当時，被告より被告開発部次長の雇書を与えられ，被告不況対策委員の一人にも任ぜられ，右肩書を明示した名刺の使用も許されて，被告の同部長Iの直属の部下として，その指揮監督を受けて，同開発部の現業及び営業活動に従事して来たものであり，次いで，前記の被告の本件営業許可申請，不況対策委員会設置による企業活動拡大対策下における被告の業務内容の外形に照らせば，本件計画の推進商談をなすこと，その経過の中で右商談中である等の確認文書である本件覚書を作成交付することは，右被告の外形的業務内容に関連するものというべきである。

そうだとすると，Mの本件不法行為は，被告の被用者である同人が被告の事業の執行に付きなしたものというべきである。

よつて，請求原因3（二）（3），（4）は理由がある。

4　損害（請求原因4）について
（一）基本設計料等報酬損害
《証拠略》によれば，原告は，第一設計との間で，請求原因4（一）のとおり，本件計画の当初から最終決着までの間に第一設計が原告のためになしたすべての作業に対する報酬の支払を約していたところ，昭和51年3月20日，第一設計より右報酬金として金2400万円の支払請求を受けて右同額の支払義務を負うに至つたことが認められ，右に反し，右約束は成功報酬約束であつて，本件では本件計画が不成功に終わつたから右支払義務を負わないかのような趣旨を窺わせる前掲乙三号証記載並びに証人M及び同手倉森将夫の各証言部分は，《証拠略》に照らして採用できず，他に右認定を覆すに足る証拠はない。そして，被告は右報酬額算出が予定請負金額を基礎としている点を非難するところ，なるほど《証拠略》によれば被告主張の報償加算実費式に

よる算出方法もあることが認められ，前記認定は，本件計画推進作業に対する報酬約定の定め方として必ずしも適切とはいえない面もなくはないが，現実には前記認定の約定しか存しないから，右約定による報酬額に従つた義務負担損と，本件不法行為との相当因果関係及びその限度を考えるほかなく，被告の主張は採用できない。

そして，前記Mの本件不法行為の継続態様に照らせば，右報酬義務負担損が，右不法行為と相当因果関係にある損害であると認めるべきである。

次いで，同不法行為と相当因果関係にあるべき損害額を算定するに，甲二六号証記載の算定方式と内訳のなかから，Mの本件覚書交付後の独断専行を基礎とし，第一設計がAらにより原告のためになした前記（第一の一4（二））認定の各種調査，図面訂正及び書類作成の費用並びに約10箇月の所要期間の拘束をも考慮に入れた各種営業経費を勘案して裁量により算定するほかない。

ところで，甲二六号証内訳中実作業費の大半は，本件覚書交付前になされているものとみるべく，結局，本件覚書交付後の第一設計の報酬請求基礎項目となるべきものは，実作業費としてはむしろわずかであつて，これは簡単な労力で可能な調査，書類作成作業であり，主なものは本件計画交渉のために長期間にわたりMらとの折衝等で時間をとられたことによる営業経費とみられる点から勘案すれば，結局金1000万円と算定するのが相当と考える。

(二) 公租公課損

原告主張のように公租公課の負担が，Mの本件不法行為と相当因果関係にある損害といえるためには，もし右不法行為がなかつたならば，本件覚書交付の翌日である昭和50年4月24日から最終決着の日である翌51年2月27日までの間に，何時でも原告が本件土地の転売をなし得て，よつて，右負担を免れ得たことが必要であるところ，この点については，前認定（第一の一2（一）（2），同4（二）（7））の背景事情等のとおり，当時の不動産市場は不況を極め，他方本件土地の買受け原価は高騰する一方で，本件計画における試算でも既に15億円に達し，本件最終決着後松下グループにおいても買い取る気にならなかつたものであり，転売し易い分割売却も，同50年秋には既に債権者トーメンが売れ残りを懸念して同意してくれない状況にあつたこと，さらに，《証拠略》及び前判示（前同2（四）（3））によれば，原告は，本件覚書受領後も本件計画のみに没頭して本件土地の売却案に全く無関心であつたわけではなく，同50年6月ころには本件土地売却話がなかつたわけでもないことが認められ，また，前認定（前同2（一）（2））のとおり，原告は，最終決着後も，本件土地をトーメンにより大幅の買受け原価割れ価格で代物弁済としてとられるまでは，採算に合う価格，たとえ当時の買受け原価最低額15億円を割るにしても，その差額の可及的に少額ですむ買主を求めていたものであること等の事情が存し，加えて，仮に本件計画がなかつたとしても，本件覚書交付後最終決着日までの間に，原告が応じうる本件土地全部又は分割売却の方法による買主が現われ，本件土地の売却をなし得たであろう事情については，《証拠略》によれば，昭和50年3月ないし5月に総面積1000坪ほどの土地分割売却例が認められるが，これから直ちに，前記本件土地の売却が可能であつた事情を推認することは到底できず，他に，全証拠によるも右事情を認めるに足りないのである。

したがつて，その余の双方の主張につき考えるまでもなく，本件損害は認められない。

（三）遅延利息負担損

これはもともと，原告が本件土地代金支払のための借入金等元金債務をトーメンに対して負担している事実に基づき生ずる負担であって，本件不法行為とは何ら関係のない負担というべく，原告が本件土地の売却による以外に右元金債務を弁済する能力がないほどに資力がなかったとすれば，本件不法行為による特別損害となりえないでもないが，その場合においても，前（二）項同様に本件覚書交付後最終決着までの間に原告が，仮に本件計画がなければ本件土地を処分することができ，その代金によって右対トーメン元金債務を弁済し得た事情がなければならないというべきところ，右事情が認められないことは前（二）項判示のとおりであるから，いずれにしても本件損害は認められない。

（四）そうだとすると，本件不法行為と相当因果関係にある損害とその額は，結局（一）の金１０００万円につきるというべく，請求原因二４は，右限度で理由があり，その余は理由がない。

二　過失相殺について

前記（一２（二），（三））のとおり，本件は，原告代理人のＴが，本件覚書の真正及びＭの正式の組織行為性を誤信して長期間本件計画推進作業のために徒労をせしめられ営業妨害を受けたものである。

ところで，他方，前記（第一の一２（三）（４），同３（一）（４），同３（二），同４（三）（２））認定事実関係によれば，もともと本件覚書の体裁や形式は，わざわざ代表者名とその捺印欄を削除したものであり，被告作成名義文書としては不完全で，不確かな感じを禁じえないものであったのであり，原告は，昭和５０年１０月７日に上司との会話を申し出るまでの間被告の窓口であったＭを通ずるのみで，その上司に挨拶すらなさずに，本件計画のような大規模な事業計画の推進作業を行なって来たものであり，もし，早期に，被告幹部に一言なりとも挨拶をなせば，Ｍの独断専行性が直ちに判明したことは明らかであるにもかかわらず，前同申出まで，Ｍのみに頼り，右会談申出後も，前記（一２（二）（２））のように開発部のメンツを理由に渋られて果たさずじまいであり，原告側でＭに不信感を抱いたという同年１２月１日ころ以降も右同様であり，さらに，被告会社におけるＭの地位，権限についても，右不信感を抱いた時期の前後を問わず，何らの調査，照会をもなした形跡がないのである。

そして全証拠によるも，原告が早期にＭの上司に挨拶等の接触を持ったり，Ｍの地位，権限を調査したりすることにつき，支障となるべき事情は何ら認められない。

以上のところよりすれば，原告の右態度は，前認定のとおり，本件計画が被告会社の資本，営業規模にとって相当大規模なものであり，そのために被告としても最終的に約１５億円程度の設備投資を要するものであることをＭから聞いて熟知していた点と通常の商取引上の経験則とに照らせば，相当の不注意というほかない。

右原告の不注意による過失は，前記認定の原告の受けた損害の発生，程度に相当程度寄与しているというべきである。

よって，本件賠償額の算定にあたっては，右原告の過失を考慮して，原告の損害に４割の過失相殺をするのが相当である。

三　以上のとおりであるから，被告が民法７１５条により原告に賠償すべき金額は，前記（一４（一））の金１０００万円に４割の過失相殺をなした金６００万円及びこれに対するＭの本件不法行為終了後である昭和５１年１１月５日以降支払ずみまでの民法所定年５分の割合による遅延損害金というべきである。

第2編　企業が直面するさまざまな問題と企業法務

よって，原告の予備的請求は前項の限度で理由があり，その余は理由がない。

第三　結論

以上の次第で，原告の主位的請求は全部理由がなく，棄却を免れず，予備的請求は，前項第二の三の限度で理由があるから，右限度で認容し，その余を棄却することとし，民訴法８９条，９２条，１９６条を適用して主文のとおり判決する。

（裁判長裁判官　杉本照一
　裁判官森真二，同石田裕一は職務代行終了のため署名捺印することができない。
　裁判長裁判官　杉本照一）

【課題】　上記の倉庫プロジェクト契約交渉に関する判決を読んで，以下の質問について考えてみよう。

Ｑ１　本件において原告が交渉上失敗だったと思われる点を列挙せよ。本件で原告側に立った場合の教訓は何か。

Ｑ２　被告が交渉上失敗だったと思われる点を列挙せよ。本件で被告側に立った場合の教訓は何か。

【課題】　以上のほか，次のような外国の事業者との交渉をめぐる諸事件の判決も読んで，契約交渉のうえで失敗だったと考えられる点，そのような失敗をしないためにどのようなことに留意すべきかを考えてみよう。

○　東京地裁昭和６０年７月３０日判決（判例時報１１７０号９５頁）
　　　――外国の実業家との合弁事業契約交渉
○　東京高裁平成１２年４月１９日判決（判例時報１７４５号９６頁）
　　　――外国企業とのソフトウェアライセンス交渉

＜トピック＞　大学対抗交渉コンペティション

交渉の社会的意義や必要の高まりに応じ，国際的に活躍できる人材の育成を目指して，「大学対抗交渉コンペティション」が２００２年から開催され，２００５年度で第４回目を迎えた（住友グループ広報委員会，日本仲裁人協会後援）。第４回目は１４校，約２００名の学生（大阪大学，東京大学，京都大学，上智大学，早稲田大学，中央大学などのほかオーストラリア国立大学も参加）が参加し，内外の研究者，裁判官，弁護士，企業法務担当者など実務家が審査員を務めて行われた。国際取引に伴う紛争をめぐる仲裁弁論や契約交渉のロールプレイを２日間にわたって実施し（その準備として，数ヶ月前より当事者間で書面の交換等を行ったうえで，当日に臨む），審査員が仲裁人を務め評価を行う。このコンペティションの詳細については，http://www.osipp.osaka-u.ac.jp/inc/what.html を参照されたい。

第5章　ビジネス・スキームの策定と戦略法務

　現代の企業は複雑高度な商品（製品・役務）等をめぐって多数の関係者が関与し，研究開発・製造・販売などの活動を展開してゆく。そこにおいてはビジネスの基本的なスキームの構築の段階から種々のバラエティや選択肢がありうるのであり，企業法務としても当該企業にとって種々の観点からより好ましい筋道を提示することが重要な課題になる。これが戦略法務である。この章では戦略法務の一場面として，知的財産を対外的にライセンスする事業を立ち上げる場合を想定して，具体的にどのようなスキームがありうるのか，そのPro-Conはなにか，法的な観点からどのような点を留意し，助言すべきか，特に戦略法務の観点からはどうか，といった問題を検討し，戦略法務のあり方に関する基本的な理解を得ることを目指したい。

1　知的財産をめぐる戦略をどう考えるか

【課題】　知的財産をめぐる戦略を考える際に，どのような点を踏まえておくべきか。以下の事項を参考に考えてみよう。
（1）特許権，営業秘密，著作権の保護と基本的な異同はどのような点にあるか
　　① 保護の対象　② 権利発生要件（保護要件）　③ 独占権の内容
　　④ 権利存続期間　⑤ 国際的保護
（2）発明とその取り扱い
　　① ある日時に自社で当該発明がなされていたことを，どのように証明するか
　　② 発明の取り扱いにおける基本的な選択肢には，どのようなものが考えられるか
　　③ 特許出願するか否かを判断する際の考慮ファクターは何か
　　④ 物の発明と方法の発明の基本的な異同は何か
（3）ビジネス・スキームの企画立案と知的財産活用のサポート
　　① 当該ビジネスにおける当該企業の基本的戦略，製品の内容，市場，競争状況，関係する事業者などを踏まえる。
　　② 知的財産活用の枠組み
　　　a）自社実施

            b) 第三者へのライセンス
                ⅰ) 非独占的ライセンス   ⅱ) 独占的ライセンス
                ⅲ) 法的効果と要件における留意点
            c) パテントプール   d) クロスライセンス   e) 共同研究, 開発
            f) 公知化の戦略
    (4) 知的財産ライセンスの交渉と契約
        ① 交渉開始前の機密保持契約
        ② 技術の評価, 試行   ＊なお, 評価中に生じる利用発明の取り扱いをどうするか。
        ③ 対象技術の保護とリスク   ④ ライセンス条件   ⑤ 独占禁止法上の考慮

2　方法技術ライセンスとプラント事業をめぐる戦略

【課題】　プラスチックのなかで急激に需要を伸ばしてきたものに, ポリカーボネートがある。これは, 環境ホルモンの生じない弁当箱などの食器類, 自動車内装用プラスチック, CD, 光ディスクなどの記録媒体, デザイン性を生かした各種ケースなどに用途を広げている。以下の事件は, そのポリカーボネートの製造方法に関する特許侵害訴訟事件である。これを読んで, 登場する企業をすべて取り上げ, それら企業間でのやりとり, 締結された契約を図にまとめなさい。

● **東京地裁平成12年4月27日判決**（判例時報1723号117頁）

原告　大手化学品メーカー（特許権者）
被告　化学品合弁会社

　　　　　　主　　文
原告の請求をいずれも棄却する。
訴訟費用は原告の負担とする。

　　　　　事実及び理由
第一　原告の請求
一　被告は, 別紙「目録」記載の方法でジフェニルカーボネートを製造し, このジフェニルカーボネートを使用してポリカーボネートを製造し, 販売してはならない。
二　被告は, その占有に係る前項記載のジフェニルカーボネート及びポリカーボネートを廃棄せよ。
三　被告は, 原告に対し, 金17億6457万7500円及びこれに対する平成10年5月27日（訴状送達の日の翌日）から支払済みまで年5分の割合による金員を支払え。

第二　事案の概要
　本件は, 原告が被告に対し, 芳香族カーボネート類の連続的製造法の特許権及びジアリールカーボネートの連続的製造方法の特許権の各侵害を理由として, ジフェニルカーボネート及びこれを使用したポリカーボネートの

製造等の差止め及び廃棄並びに出願公告日以降の損害賠償（平成６年法律第１１６号による改正前の特許法５２条参照）を求めている事案である。

一　争いのない事実

1　原告は，左記（一）及び（二）の特許権（以下，これらをそれぞれ「本件第一特許権」，「本件第二特許権」といい，合わせて「本件各特許権」と総称する。）を有している。

記

（一）特許番号　　　第２１３３２６５号
発明の名称　　　芳香族カーボネート類の連続的製造法
出願日　　　　　平成２年１２月２７日
優先権主張日　　平成元年１２月２８日
優先権主張国　　日本国
出願公告日　　　平成７年１０月　４日
登録日　　　　　平成９年１１月１４日

（二）特許番号　　　第２１３３２６４号
発明の名称　　　ジアリールカーボネートの連続的製造方法
出願日　　　　　平成２年１２月２７日
優先権主張日　　平成元年１２月２８日
優先権主張国　　日本国
出願公告日　　　平成７年１０月　４日
登録日　　　　　平成９年１１月１４日

2　（一）本件第一特許権に係る明細書の特許請求の範囲第一項の記載は，次のとおりである（以下，この発明を「本件第一発明」という。）。

「触媒の存在下にジアルキルカーボネートと芳香族ヒドロキシ化合物とを反応させて，アルキルアリールカーボネート，ジアリールカーボネート又はこれらの混合物から成る芳香族カーボネート類を製造するに当たり，原料化合物である該ジアルキルカーボネート及び該芳香族ヒドロキシ化合物を，連続多段蒸留塔内に連続的に供給し，該蒸留塔内で該触媒と該原料化合物を接触させることによって反応させながら，副生する脂肪族アルコールを蒸留によってガス状で連続的に抜き出し，生成した該芳香族カーボネート類を塔下部より液状で連続的に抜き出すことを特徴とする芳香族カーボネート類の連続的製造法。」

（二）本件第一発明は，気液界面積が大きい多段蒸留塔を用い，この中に原料化合物を連続的に入れて触媒存在下で反応させると同時に，副生したアルコール類を連続的に蒸留して抜き出すことによって，芳香族カーボネート類を高い反応速度かつ高選択率で連続的に製造することを可能にしたものである。

3　（一）本件第二特許権に係る明細書の特許請求の範囲第一項の記載は，次のとおりである（以下，この発明を「本件第二発明」といい，本件第一発明と合わせて「本件各発明」と総称する。）。

「触媒の存在下に，アルキルアリールカーボネートからジアリールカーボネートとジアルキルカーボネートを製造するに当り，該アルキルアリールカーボネートを連続多段蒸留塔内に連続的に供給し，連続多段蒸留塔内で触媒と接触させることによって反応させながら，副生するジアルキルカーボネートを蒸留によってガス状で連続的に抜き出し，生成したジアリールカーボネートを塔下部より液状で連続的に抜き出すことを特徴とするジアリールカーボネートの連続的製造方法。」

（二）本件第二発明は，気液界面積が大きい多段蒸留塔を用い，この中に原料化合物を連続的に入れて触媒存在下で反応させると同時に，副生したアルコール類を連続的に蒸留して抜き出すことによって，ジアリールカーボネートを高い反応速度かつ高選択率で連続的に製造することを可能にしたものである。

4　（一）被告は，平成五年四月ころから，ジフェニルカーボネート（以下「ＤＰＣ」とい

う。）を製造し，そのＤＰＣを使用してポリカーボネート（以下「ＰＣ」という。）を製造し，これを販売している。

（二）被告によるＤＰＣの製造方法（以下「被告方法」という。）は，少なくとも別紙「目録」４の「触媒も追加供給して」の部分以外は，同目録記載のとおりである（被告は，右「触媒も追加供給して」の部分について否認する。また，同目録１及び４の「棚段塔式蒸留塔」については，「連続多段蒸留塔」であるという限度でこれを認める。）。

5　被告方法は，本件各発明の技術的範囲に属する（仮に被告方法が別紙「目録」記載のとおりでなく，被告主張のような内容であったとしても，それが本件各発明の技術的範囲に属することは，争いがない。）。

6　エニケム・シンセシス・エス・ピー・エー（イタリア法人。以下「エニケム」という。）は，遅くとも昭和６０年（１９８５年）末ころまでに，原告による本件各発明の内容を知ることなく，左記の発明（以下「先発明」という。）を完成した。（エニケムが遅くとも同年末ころまでに先発明を完成したことは，乙第一号証及び弁論の全趣旨によって認められ，その余の事実は争いがない。）

記

触媒の存在下にジメチルカーボネート（以下「ＤＭＣ」という。）とフェノールを反応させるエステル交換反応によってメチルフェニルカーボネート，メタノール，ＤＰＣを得る場合，及び触媒の存在下に二分子のメチルフェニルカーボネートを反応させるエステル交換反応によってＤＰＣとＤＭＣを得る場合において，右の各エステル交換反応（以下「本件エステル交換反応」という。）において生成反応物を連続的に除去する方法として，原材料化合物を連続多段蒸留塔内に連続的に供給し，該蒸留塔内で触媒と該原料化合物を接触させることによって反応させながら，生成する化合物のうち，相対的に揮発性が高い化合物を蒸留によってガス状で連続的に抜き出し，相対的に揮発性の乏しい化合物を塔下部より液状で連続的に抜き出す方法（反応蒸留を適用する方法）を選択すること。

7　先発明の内容は，エニケム作成のプロセス説明書（乙第一号証）及び技術資料（乙第二号証）に記載されており，被告方法は，右プロセス説明書及び技術資料に記載された先発明の技術的範囲に含まれる。

また，右プロセス説明書及び技術資料には，本件各発明の技術的範囲に属する技術が記載されており，先発明は，本件各発明の技術的範囲に属する。

二　争点

1　先使用の抗弁の成否（被告が被告方法について特許法７９条所定の先使用による通常実施権を有するかどうか。）

2　自由技術の抗弁の成否（被告方法の実施が，本件各発明の優先権主張日である平成元年１２月２８日よりも前に日本国内で公然知られていた技術の実施にすぎず，本件各特許権を侵害する行為に該当しないかどうか。）

3　原告の損害額

三　争点に関する当事者の主張　　＜略＞

第三　当裁判所の判断

一　争点１について

1　被告方法が別紙「目録」記載のとおりであるか否かの結論にかかわらず，それが本件各発明の技術的範囲に属することは，当事者間に争いがなく，また，被告方法が先発明の技術的範囲に属し，先発明が本件各発明の技術的範囲に属することも，当事者間に争いがない。そこで，まず，被告が被告方法について特許法７９条所定の先使用による通常実施権を有するかどうか（争点１）について判断

する。

2 特許法７９条にいう発明の実施である「事業の準備」とは，特許出願に係る発明の内容を知らないでこれと同じ内容の発明をした者又はこの者から知得した者が，その発明につき，いまだ事業の実施の段階には至らないものの，即時実施の意図を有しており，かつ，その即時実施の意図が客観的に認識される態様，程度において表明されていることを意味すると解するのが相当である（最高裁昭和６１年（オ）第４５４号同年１０月３日第二小法廷判決・民集４０巻６号１０６８頁参照）。

3 甲第八号証，第一一号証，第一二号証，第一五号証，乙第二号証ないし第一一号証，第一七号証，第一八号証，第一九号証の一及び二，第二〇号証，第二一号証，第二二号証の一及び二，第二三号証ないし第三四号証，証人Ａの証言並びに弁論の全趣旨によれば，次の事実が認められる。

（一）プラント（生産設備）の設計及び建設は，その生産規模や内容に応じて個別にされるものであり，一般に，基本設計を行い，その資料を基に競争見積りを取って建設施工業者を選定し，建設施工業者が基本設計を基に詳細設計を行い，土木工事及び機械工事を実施するという順序で行われる（施工業者を競争によって選定せず，特定の業者をあらかじめ指定している場合もある。）。基本設計は，生産工程の流れ，設備全体のレイアウト，プラントに設けられる機器や配管の数量，材質，寸法，仕様などを決定して行うものであり，この基本設計がされれば，プラントの建設費を算出することができ，その後の詳細設計は，基本設計に基づいて具体的な土木工事及び機械工事を施工するために行われるものである。

（二）三井石油化学は，昭和６２年（１９８７年）ころ，ＧＥと技術提携関係にあり，三井石油化学とＧＥとの合弁会社であるジェムケミカルは，三井石油化学岩国大竹工場敷地内に研究所を設けて，メルト法と呼ばれる方法によってＤＰＣからＰＣを製造する技術の商業化を検討しており，同年末には同工場敷地内にパイロットプラントを建設するなどして，その製造技術の確立を試みていた。他方，三井石油化学は，同年ころ，エニケムとＤＭＣ及びその誘導品の事業化について技術提携関係にあり，ジェムケミカルにおいて検討中のメルト法によるＰＣ製造技術の商業化に当たり，エニケムから同社が現に実施しているＤＭＣを原料化合物の一つとしてＤＰＣを製造する技術（先発明を含む。以下「ＤＭＣ法ＤＰＣ技術」という。）を導入することを計画していた。

三井石油化学は，エニケムからＤＭＣ法ＤＰＣ技術についての技術情報の提供を受けて，その導入に向けた具体的な検討を始めることになり，同年１０月１４日，先発明の内容が記載されたエニケム作成の技術資料（乙第二号証）を，昭和６３年（１９８８年）３月にはＤＭＣ法ＤＰＣ技術の技術情報パッケージをそれぞれ入手し，これらの資料に基づいて，同年５月２４日付けで「ＤＭＣ／ＤＰＣ事業化検討報告（中間報告）」をまとめるに至った。その後，三井石油化学は，ＤＭＣ法ＤＰＣ技術の導入に向けた検討を更に続けるとともに，ＧＥに対し，ジェムケミカルにおいて検討中のメルト法によるＰＣ製造について，その原料であるＤＰＣの製造にエニケムが開発したＤＭＣ法ＤＰＣ技術を利用することを提案し，同年１０月６日，エニケム，三井石油化学及びＧＥの三社は，東京において，ＤＭＣ法ＤＰＣ技術の導入に関して話し合う機会を持った。そして，ＧＥは，ＤＭＣ法ＤＰＣ技術を更に検討することとなり，同年１１月１５日，エニケムと「秘密保持契約」を締結して，エ

ニケムから詳細な技術情報を入手し，平成元年（１９８９年）１月には，エニケムとの間で，ＤＭＣ法ＤＰＣ技術の使用許諾権取得へ向けて正式な交渉を開始した。

（三）ジェムケミカルは，昭和６３年（１９８８年）１０月，ＧＥと長瀬産業株式会社（以下「長瀬産業」という。）との合弁会社であるエンジニアリング・プラスチックス株式会社との間で，両者を合併して被告を設立する旨を合意し，平成元年（１９８９年）１月，ジェムケミカルがエンジニアリング・プラスチックス株式会社を吸収合併して，被告が発足した（同年２月１６日登記）。その出資比率は，ＧＥが５１パーセントであり，三井石油化学及び長瀬産業が合わせて４９パーセントであった。

被告においては，発足後直ちにＤＭＣ法ＤＰＣ技術の導入に係る本格的な実現ないし採算可能性の調査作業（フィージビリティ・スタディ）が開始され，昭和６３年（１９８８年）に三井石油化学において行われたのと同様，エニケムから入手した技術情報パッケージ等を基礎資料として，他の方法によるＰＣ製造とのコスト（プラント建設費やランニングコスト等）や収益性の比較などについての検討が重ねられた。被告は，同年５月中旬，これらの実現ないし採算可能性調査の結果を得，これを踏まえてＧＥ，三井石油化学及び長瀬産業に対し，年産２万トンのＤＭＣ法ＤＰＣ技術を用いたメルト法によるＰＣ製造のプラントを建設し，４年後に追加投資を行って年産４万トンのＰＣプラントに増強すべきことを提案した。ＧＥ，三井石油化学及び長瀬産業は，右提案を了承して，三井石油化学千葉工場の敷地内にＤＭＣ法ＤＰＣ技術を用いたＰＣプラントを建設することを決定し，基本設計及び建設費見積作業に要する費用２億円を被告が負担する旨を合意した。

（四）ＧＥとエニケムとの間で続けられていたＤＭＣ法ＤＰＣ技術の使用許諾権取得に関する交渉は，一時決裂の危機に瀕したが，平成元年（１９８９年）６月２６日，ロンドンにおいて，ＧＥ，三井石油化学及びエニケムの各首脳による会議が開かれ，その席上，右三社は，エニケムがＧＥに対しＤＭＣ法ＤＰＣ技術についての非独占的実施権を許諾すること，ＧＥがエニケムに対し，実施許諾の対価として一時金６００万ドル及びＤＰＣの全世界年間生産量を基準に４パーセントから２パーセントの料率のランニングロイヤリティを支払うことなどを基本的な内容とする合意をし，ＧＥのＨ上席副社長，三井石油化学のＴ社長及びエニケムのＤ社長は，同年７月１２日付けでその合意事項を確認する趣意了解書（乙第二九号証）を作成した。

被告においては，同年６月２７日及び同月２８日，被告のＳ社長及び三井石油化学のＡ（以下「Ａ」という。）出席の下，ＰＣプラント建設プロジェクトに関する技術会議（ＰＣプロジェクト・エンジニアリング・レビューミーティング）が開催され，その席上，ＤＭＣ法ＤＰＣ技術を導入してＰＣを製造する方法を採用して本件プラントを建設することが決定された旨の発表があり，それとともに，三井石油化学からプラント建設の専門家としてＡが派遣される旨の紹介があった。また，その際，本件プラント建設に当たっての各種の技術的な検討事項が話し合われた。

被告は，同月２９日，同じ三井グループに属する三井造船との間で，本件プラントの基本設計及び建設費見積りを行うための本件初期エンジニアリング契約（「ＬＸ計画における初期的エンジニアリング作業の契約」）を締結した。右契約においては，三井造船が本件プラント建設に係る契約の最優先の契約者とされている旨が示されるとともに，三井造船が

その初期的なエンジニアリング作業を実費償還ベースで同年１１月３０日まで行うことが定められていた。もっとも，被告と三井造船との間では，被告が三井造船の建設費見積りを検討し，三井造船と価格交渉をした後，被告と三井造船との間で本件プラントの建設請負契約が締結されること，そのエンジニアリング作業に基づいてされた基本設計や建設費見積りについて多少の変更があり得ることが，当然の前提とされていた。

被告においては，同年７月１日付けで，三井石油化学からＡが被告に派遣され，本件プラント建設の担当部署として，Ａをチームリーダーとするプレコンストラクションチームが発足した。

被告は，同年７月６日，エニケムとの間で，将来被告によって建設されるＰＣプラントで被告がＤＭＣ法ＤＰＣ技術を実施するという前提の下，「秘密保持契約」を締結した。同月８日には，Ａがイタリアへ渡航し，エニケムの工場においてＤＭＣ法ＤＰＣ技術を用いたＰＣプラントの実際の稼働状況を確認するとともに，エニケムの技術者から技術説明を受けたり，技術資料の提供スケジュールを打ち合せるなどした。被告は，以後，技術資料の集大成としての「ベーシック・エンジニアリング・パッケージ」を平成２年（１９９０年）２月に受け取るという約束の下，直接エニケムからＤＭＣ法ＤＰＣ技術についての図面や実際の操業経験に基づくデータなどのプラント建設に必要な資料の提供を順次受けるようになった（なお，プラントの建設ではなく，その運転の際に必要となる技術資料については，同年７月までに受領した。）。そして，右の技術資料は，被告から三井造船へ提供され，本件プラントの基本設計及び建設費見積作業に利用された。

（五）被告は，平成元年（１９８９年）７月２５日，本件プラント建設についての工程表を作成した。その内容は，同年１１月上旬までに三井造船から本件プラントの建設費の予備的な見積りを得て，詳細設計に着手し，同月下旬に社内的な予算の申請を行い，平成２年（１９９０年）２月にはエニケムから最終的な技術文書を受領し，同年４月中旬には三井造船と契約金額を確定させ，同年７月までには土木工事，平成３年（１９９１年）１月までには機械工事にそれぞれ着手し，同年７月には本件プラントが完成するというものであった。

（六）ＧＥは，平成元年（１９８９年）９月２７日，エニケムとの間で，被告が本件プラントにおいてＤＭＣ法ＤＰＣ技術を実施するという前提の下，エニケムがＧＥに対し，ＤＭＣ法ＤＰＣ技術の資料，被告の建設する本件プラントの基本設計等をそれぞれ提供するとともに，ＰＣ製造のためにＤＭＣ法ＤＰＣ技術を実施することについて非独占的権利を許諾すること，ＧＥがエニケムに対し，実施許諾の対価として，契約発効日から３０日以内に一時金３００万ドルを支払うとともに，ＤＰＣの全世界年間生産量を基準に４パーセントから２パーセントの料率のランニングロイヤリティを支払うこと，ＧＥがエニケムとの契約に基づいて付与された権利及びライセンスの利益を系列会社に拡張できることなどを内容とする「技術援助及び実施許諾契約」を締結し，エニケムに対し，右一時金を支払った。

被告及びＧＥは，被告がＤＭＣ法ＤＰＣ技術を用いる本件プラントの設計，建設及び操業に利用するため，ＧＥがエニケムとの契約に基づいてＧＥに付与された権利及びライセンスの利益を被告に拡張すること，その対価として，被告がＧＥに対し同年１２月３１日までに３００万ドルを支払うことなどを内容

とする，ＧＥとエニケムとの間の契約の「拡張契約」を締結することを決め，同年１０月２７日，外為法上の技術導入契約の締結に関する届出を行った。

同年１０月下旬から同年１１月上旬にかけては，被告担当者がイタリアへ渡航し，エニケムの本社やラヴェンナ市にある工場において，エニケムからプラントの主要な機器や生産工程の流れなどが記載された「プロセス・フロー・ダイヤグラム」や「マテリアル・バランス」等の技術資料を入手するとともに，エニケムの技術担当者と基本設計の内容等の技術的な事項について打合せなどした。エニケムからは，その後も平成２年（１９９０年）２月までの間，「工程説明書」や被告の要望に合わせて改訂を施した「プロセス・フロー・ダイヤグラム」及び「マテリアル・バランス」等の技術資料が被告に送付された。

被告は，平成元年（１９８９年）１１月２日，三井石油化学とともに第一回目の「技術評価会議」を開催し，担当者が社内の他の部署の従業員に対して本件プラントに係る事業内容と技術の概要について説明した上，右従業員から本件プラントの保安環境や技術，製品の品質等についての懸念事項の指摘を受けた。そして，その後，右指摘を受けた事項についての調査を行い，同年１２月９日付けで「ＬＸプラント技術的問題点調査結果」と題する報告書をまとめるなどした。

被告は，同年１２月１１日，ＧＥとの間で前記「拡張契約」を締結し，同月２７日，右契約に基づいて，ＧＥに対し３００万ドル（実際には源泉徴収税額３０万ドルを控除した２７０万ドル）を支払った。

三井造船は，本件プラントの基本設計を一応終え，被告に対し，同年１１月３０日，建設費見積りの基礎となる機器の仕様等が記載された技術資料をあらかじめ送付した上，同年１２月１３日，建設費の見積書を提出し，同月１８日付けで本件初期エンジニアリング契約に基づく同年１１月３０日までのエンジニアリング作業費用として１億１０００万円（消費税別）の支払を請求し，被告は，同月２９日，これを支払った。

（七）ところが，三井造船による本件プラントの建設費見積額は，被告において，当初の予算額に見合わなかったことから承認されず，以来，被告プレコンストラクションチーム（なお，平成２年７月には建設班に名称変更された。）が三井造船と共にプラント拡張を想定した部分や故障に備えた機器を削除するなどの建設コストを下げるための工夫や交渉を重ね，三井造船が基本設計や建設費の見積りを修正することが繰り返された。そして，平成２年（１９９０年）秋になって基本設計が固まり，全体で約２００億円という建設予算が承認されて詳細設計が着手された。もっとも，ＤＭＣ法ＤＰＣ技術の導入そのものが見直されるということはなかった。その後，被告と三井造船との間で仕切価格の交渉が続き，平成３年（１９９１年）半ばに，被告と三井造船との間の本件プラント建設契約が正式に締結され，同年７月３日付けの新聞各紙上においては，本件プラント建設に関する報道が一斉にされるに至った。そして，本件プラントは，直ちに建設工事が着工され，平成４年（１９９２年）末に完成し，試運転を経て，平成５年（１９９３年）４月から本格的な運転が開始されるようになった。

4 右認定のように，被告は，三井石油化学及びＧＥの合弁会社であるところ，三井石油化学は，昭和６２年ころから，被告の前身であるジェムケミカルにおいて，エニケムが現に実施している，先発明を含むＤＭＣ法ＤＰＣ技術を導入して，メルト法によってＰＣを製造するという事業を計画し，既に同年１０

第5章 ビジネス・スキームの策定と戦略法務

月から先発明に係る技術資料をエニケムから入手して右技術の導入に向けた検討を重ねており，三井石油化学及びＧＥは，昭和６３年１０月，DMC法DPC技術の導入に向けてエニケムと具体的な交渉を開始し，右技術について，エニケムから入手した資料に基づく本格的な実現ないし採算可能性の調査をした上，その導入を決定し，平成元年６月，エニケムとの間で，被告が本件PCプラントでDMC法DPC技術を実施するためにエニケムがＧＥに対してその技術についての実施許諾をする旨を合意するに至り，ＧＥは，同年９月，エニケムとの間でDMC法DPC技術の実施許諾契約を正式に締結し，エニケムに対し，その対価として一時金３００万ドルを支払ったものである。そして，被告は，同年１月の発足後，直ちにDMC法DPC技術の導入に係る本格的な実現ないし採算可能性の調査作業を開始し，同年６月には，三井石油化学，ＧＥ及びエニケムの間のDMC法DPC技術の実施許諾に関する合意を受けて，本件プラントにおける右技術の実施を決定したことを社内的に発表し，グループ企業である三井造船に対し，将来本件プラントの建設工事を請け負わせるという前提の下，本件プラントの基本設計及び建設費見積りのためのエンジニアリング作業を行わせるとともに，直接エニケムからプラント建設に必要なDMC法DPC技術の資料の提供を受けるようになり，同年１２月には，三井造船による本件プラントの基本設計が一応完成し，これを基にした建設費見積りを三井造船から得て，三井造船に対し，右エンジニアリング作業の対価として１億１０００万円（消費税別）を支払う一方，ＧＥとの間で，外為法上の技術導入契約の締結に関する届出を行った上，同月１１日，ＧＥとエニケムとの間の実施許諾契約を被告に拡張する旨の契約を締結し，同月２７日，ＧＥに対し，その対価として３００万ドル（源泉徴収税額込）を支払ったものである。

以上の事実関係に，前記認定のとおり，プラントはその規模や内容に応じて個別に設計・建設され，基本設計がされれば，プラントの建設費を算出したり，土木工事及び機械工事を行うための詳細設計をすることができるところ，平成元年１２月に基本設計が一応完成し，三井造船から建設費見積書が提出された後に被告と三井造船との間で基本設計や建設費見積りの修正などがされ，建設予算が承認されて詳細設計が着手されたが，被告と三井造船との間では基本設計や建設費見積りについて多少の変更があり得ることが当然の前提とされており，基本設計や建設費見積りの修正もプラント拡張を想定した部分や故障に備えた機器を削除することなどにとどまり，DMC法DPC技術の導入そのものが見直されるということはなかったこと，本件プラントの建設費は総額約２００億円と巨額であるが，被告が平成元年１２月の段階でＧＥ及び三井造船に支払った金額（３００万ドル及び１億１０００万円）も絶対額として決して少ないものではないこと，これまでプラント建設に数多く携わってきたＡが，その証人尋問において，プラント建設が計画され基本設計の段階に入りながらプラントが建設されなかった例を知らない旨供述していることなどを併せ考えれば，被告は，本件各発明の優先権主張日である平成元年１２月２８日の時点において，既に本件プラントにおいて先発明を含むDMC法DPC技術を即時実施する意図を有していたというべきであり，かつ，その即時実施の意図は，遅くとも被告がＧＥとの間で，ＧＥとエニケムとの間の実施許諾契約を被告に拡張する旨の契約を締結し，ＧＥに対しその対価として３００万ドルを支払った時点において，客観的に認識される態様，程

度において表明されていたものというべきである。

5　原告は，本件において，被告が即時実施の意図を有していたというためには，少なくとも被告の取締役会が三井造船との間でDMC法DPC技術を実施するためのプラント建設請負の本契約を締結することを決議したことを要するものであり，また，この意思が客観的に認識される態様，程度において表明されていたというためには，被告と三井造船との間で右本契約を現に締結されたことが必要であると主張する。しかし，企業における意思決定は，常に取締役会決議によってなされるものではなく，実質的な意思決定がされた上で事後的に取締役会の承認を得るということも，実際上数多く行われているものであって，即時実施の意図の有無についても，形式的ではなく実質的な意思決定があったかどうかによって判断すべきであり，また，先使用による通常実施権の成立について，特許法改正の経緯に照らしても，事業設備を有するに相当する状態が必要であると解すべき理由はない。したがって，被告の主張は採用することはできない。

また，原告は，被告はGEと拡張契約を締結した平成元年12月11日の時点ではDMC法DPC技術の実施可能性を検討していたにすぎず，右技術の実施を決定していたわけではないと主張するが，前記認定の事実関係に照らせば，右のように認めることはできない。甲第一〇号証に記載された例は，その詳細が明らかではないし，ライセンス契約締結後，その技術を更に検討・評価して実施するかどうかを決定するとしていたケースのものであり，本件のように技術の検討・評価を経てライセンス契約を締結した場合と事案を異にするものであって，前記認定を覆すに足りない。

6　したがって，被告は，本件各発明の優先権主張日である平成元年12月28日の時点において，先発明について現に実施の事業の準備をしていたものと解するのが相当であり，被告方法について特許法79条所定の先使用による通常実施権を有するというべきである。

二　以上によれば，原告の請求は，いずれもその余の点について判断するまでもなく理由がない。

　よって，主文のとおり判決する。
　東京地方裁判所民事第46部
（裁判長裁判官　三村量一　裁判官　中吉徹郎
裁判官　長谷川浩二は，転任のため署名押印できない。
裁判長裁判官　三村量一）

【課題】　上記のポリカーボネート製造方法特許侵害事件の判決を読んで，以下の質問について考えてみよう。

Q1　本件でエニケム社は「DMC法DPC技術」を先発明していたが，この技術は特許出願されていなかったようである。なぜ特許出願されなかったのか，考えられる要因を挙げよ。上記技術が日本で特許出願されていたら，本件はどのようになったであろうか。

Q2　本件で，三井石油化学はGEと事業提携していたが，エニケム社の技術の導入を検討することになったということである。この場合，GEとエニケム社は競争事業者の可能性があるであろう。このように相互に競争事業者である複数の企業との間で事業提携を考える場合，どのような点に留意しなければならないか。

Q3　本件の被告はＧＥ，三井石油化学等のＪＶ（Joint Venture，合弁企業）であるが，本件のプラント事業がこのようなＪＶを主体として行われる要因は何か。
Q4　本件の訴訟事件から伺える範囲で，技術ライセンスを受ける場合に留意すべきと考えられる教訓を挙げよ。
Q5　本件では「ＤＭＣ法ＤＰＣ技術」についてまずＧＥがエニケムからライセンスを受け，次いで被告がＧＥから拡張契約でライセンスを受けるというスキームになっているが，そのような段階的なライセンスになった要因は何か。
Q6　本件では技術ライセンスだけではなく，プラント建設にも莫大な投資が必要になる。本件の事案でライセンシングの交渉・契約に併行して，プラント建設のプロジェクトが，どのように進められていったかを検討し，その際どのような点に留意すべきかを説明しなさい。

3　技術アイディアの製品化をめぐる知的財産の取り扱いスキーム

【課題】　次の判決を読んで，事実，争点及び裁判所の判断をまとめなさい。

● 東京地裁平成１３年４月２６日判決（判例集未登載）

原告　総合建設会社
被告　土木建築事業者

　　　　主　　文
1　原告の請求をいずれも棄却する。
2　訴訟費用は原告の負担とする。

　　　事実及び理由

第１　原告の請求
1　原告と被告との間において，原告が，別紙目録記載の各特許を受ける権利につき，それぞれ共有持分２分の１を有することを確認する。
2　被告は，原告に対し，７５００万円及びこれに対する平成１０年１２月２９日から支払済みまで年６分の割合による金員を支払

え。
3　２につき仮執行宣言

第２　事案の概要
　本件は，原告が，被告の有する別紙目録記載の各発明について，原告・被告の共同発明であるか，又は被告との間に特許を受ける権利を各２分の１の割合の共有とする合意があったとして，当該特許を受ける権利につき２分の１の持分の確認を求めるとともに，発明（上記各発明及び後記「ポカラＡ」）の実施料として被告が受領した金員につきその２分の１の支払を求めている事案である。
一　争いのない事実等（末尾に証拠を摘示した事実のほかは，当事者間に争いがない。）
　1　原告は，総合建設業，コンクリート製品の製造, 販売等を業とする株式会社であり，

被告は土木建築工事の企画，設計，請負及びコンサルティング等を業とする株式会社である。

2　原告，被告，訴外不動建設株式会社(以下「不動建設」という。)は，3社共同開発で，次の発明をし，特許出願した(以下，この発明を「ポカラA」という。)。
　　出願番号　　　特願平9—159515
　　←編注：後出の公開公報を参照
　　発明の名称　　立体枠状ブロック及び同ブロックの型枠装置並びに同ブロックの使用方法
　　　出願年月日　　　平成9年6月17日
　　　出願公開年月日　平成11年1月12日
　　　特許出願公開番号　特開平11—5205
　なお，平成9年9月3日，不動建設は，ポカラAの特許を受ける権利の共有持分3分の1を放棄したので，原告・被告は，同月4日，特許庁に対し，ポカラAについて，不動建設の特許を受ける権利の共有持分を各々承継し，原告・被告の共有持分を各2分の1とする出願人名義変更届を提出した。

3　平成9年8月19日，原告と被告は，ポカラAの共同出願に関する覚書(以下「本件覚書」という。)を締結した。本件覚書は，以下のような事項を主な内容とするものであった(甲1)。
(1)　ポカラAの特許を受ける権利を各共有持分2分の1とする(本件覚書1条)。
(2)　ポカラAの原告・被告による実施及び第三者への実施許諾については，必要の都度，原告・被告が相互の利益になるように配慮することを前提として協議の上，決定する(同3条)。
(3)　原告・被告は，ポカラAの改良について特許又は実用新案登録の出願をしようとする場合には，あらかじめ一方当事者にその内容を通知し，この場合の取扱いについては原告・被告が協議の上，決定する(同7条)。

4　被告は，別紙目録記載の次の各発明を，単独で，特許出願した。
(1)　第1発明(別紙目録1の発明。以下，この発明を「ポカラ十字ブロック」という。)
　　出願番号　　　特願平9—192836
　　発明の名称　ブロック用接手及びこれを用いたブロック構造体
　　出願年月日　　平成9年7月17日
　　出願公開年月日　平成11年2月9日
　　特許出願公開番号　特開平11—36314
(2)　第2発明(別紙目録2の発明。以下，この発明を「ポカラB」という。)
　　出願番号　　特願平9—270202
　　←編注：後出の公開公報を参照
　　発明の名称　コンクリートブロック体
　　出願年月日　　平成9年10月2日
　　出願公開年月日　平成11年4月20日
　　特許出願公開番号　特開平11—105024
(3)　第3発明(別紙目録3の発明。以下，この発明を「ポカラD」という。)
　　出願番号　　　特願平9—270204
　　発明の名称　貯水槽構造物
　　出願年月日　　平成9年10月2日
　　出願公開年月日　平成11年4月20日
　　特許出願公開番号　　特開平11—107354

5　被告は，平成10年7月ころ，ポカラAに，別紙一覧表記載の発明(ポカラ十字ブロック，ポカラB及びポカラDを含む。)を加えた合計11の発明について，第三者である約30社の企業に対し，実施を許諾し，少なくとも1億円の実施料を受領した。

二　争点

1　ポカラ十字ブロック，ポカラB，ポカラD，(以下，特に断らないときは，この三者を総称する用語として「ポカラ十字ブロック

等」という。）が，原告・被告の共同開発に係るものであり，原告が各特許を受ける権利につき共有持分2分の1を有するか。

2 ポカラ十字ブロック等の発明は，本件覚書の対象であるポカラAの「改良発明」であって，本件覚書7条により原告が各特許を受ける権利につき共有持分2分の1を有するか。

3 原告の金員請求の内容

三 争点についての当事者の主張
 ＜省略＞

第3 当裁判所の判断

1 本件における事実関係等

前記の当事者間に争いのない事実（第1記載）に，証拠（甲1，2，5，6，8ないし13，16，17，20ないし26，29ないし32，33ないし38，41ないし43，45ないし47，50，53並びに54の各1及び2，55，58ないし68，乙15ないし19，証人d及びc（原告副支店長），被告代表者本人）及び弁論の全趣旨を綜合すれば，以下の事実が認められる。

（1） 原告は，全国的な規模で，総合建設業，コンクリート製品の製造，販売等を業とする株式会社であり，被告は，福岡において，土木建築工事の企画，設計，請負及びコンサルティング等を業とする株式会社である。原告九州支店と被告は，平成9年2月ころ，ある調整池の建設計画の件で接触を持った。

（2） ア 平成9年3月10日ころ，原告九州支店土木営業課長aは，構造用中空コンクリートブロックの件で，被告代表者であるbと会い，また同支店副支店長のcは，同月14日ころ，aの紹介で，b（被告代表者）と初めて顔を合わせた。構造用中空コンクリートブロックとは，コンクリートでできた正方形などのブロックを，中空としたもので（中空部分やその枠の部分の形状は様々である。），これを複数配列して構造物として使用するためのものである。

b（被告代表者）は，このころ，構造用中空コンクリートブロックの利便性，省力性，経済性に着目し，従来技術である軽量盛土工法に代わって中空コンクリートブロックを軟弱地盤の盛土材等に使用するという，構造用中空コンクリートブロック組立工法を，日本全国で広く事業展開することを計画していた。

c（原告副支店長）との最初の面談の日，b（被告代表者）は，中空コンクリートブロックを水平に連結したり，上下に積層したりして複数配置することにより，人工台地や貯水槽に使用するアイデアを，c（原告副支店長）に語った。b（被告代表者）の示した中空コンクリートブロックは，枠の形状が四角形の柱・梁型状のもの（ポカラBの公開特許公報（甲5）の図6にあるような形態）と中空の部分をボール型にしたものが話題となった。c（原告副支店長）は，このb（被告代表者）のアイデアに強い関心を持ち，原告で事業化することを企図した。

イ 被告は，熊本市が発注する，市道半田25号線歩道拡幅工事の情報をつかんでおり，何とかこの工事に，構造用中空コンクリートブロックを使用する工法を採用させたいと強く願っていた。また，b（被告代表者）からこの情報を得たc（原告副支店長）も，原告においてこの工事を受注し，上記工法で施工することを強く望んだ。

なお，「ポカラ」とは，「空っぽ」の語の文字順を入れ替えてb（被告代表者）が作成した造語である。この名称が使われるようになったのは，平成9年8月か9月ころからであり，それ以前は，「アイレ・クーボ」とか「ティアラクビカ」（スペイン語で「空気の立方体」

とか「立方形の土」の意。ｄが命名した。）などと呼ばれていた。ポカラ「Ａ」とか，「Ｂ（被告代表者）」などの名称が使われるようになったのは，さらに後になってからのことで，同年１０月に，ポカラ研究会が開かれた席で，初めて使用された（証人ｄ及びｃ（原告副支店長））。

（３）　上記のｃ（原告副支店長）とｂ（被告代表者）の初の面談の日である平成９年３月１４日ころの時点で，ｂ（被告代表者）がいかなる意図で，何をｃ（原告副支店長）に相談したかについて検討する。

　　ア　被告の主張するところは，この時点において，中空部分を筒型にした中空コンクリートブロック（後のポカラ Ｂ）を被告独自で既に開発しており，同年２月１８日以降，構造力学計算をｂ（被告代表者）が行っていたから（その証拠として乙５の計算メモを提出する。），３月１４日ころの時点では，被告が原告に接触した目的は，原告が中空コンクリートブロックを製造できる旨の情報を入手したので，中空コンクリートブロックの製造が原告において可能であるか否かを打診することであって，中空コンクリートブロックの中空の形成技術の開発の依頼でも共同開発の提案でもない，というものである。

　　イ　しかしながら，後に判示するように，被告がこの時点でポカラ計画の中心となる中空コンクリートブロックであるポカラ Ｂを，被告独自で既に開発していたとの証拠は，この乙５の計算メモのみであるところ，このメモにおいて，計算を行った日付を示すものは，表紙に手書きで「１９９７，２，１８」と書かれた部分のみであるので，その作成日は明らかでないというほかない。他方，ａが，３月１０日ころｂ（被告代表者）に会った際のメモである甲８には，枠の形状が四角形の柱・梁型状のブロックの記載しかないこと，ｃ（原告副支店長）が３月１４日ころｂ（被告代表者）と会った際に話した結果を題材にブロックの構造等について検討した結果のメモである甲９にも，枠の形状が四角形の柱・梁型状のブロック及び中空部分を球型にしたもの（後のポカラＡ）の記載しかないこと，これらのメモに，ｂ（被告代表者）が中空コンクリートブロックの製造ができるかどうかを相談したことをうかがわせる，製造上の問題点や製造数量に関わる記載が一切ないこと，その後に作成されたメモ等の書証にも，ｂ（被告代表者）がブロックの製造ができるかどうかを相談したことをうかがわせる記載が一切存在しないことを考慮すると，前記の被告の主張（被告が中空部分を筒型にした中空コンクリートブロック（後のポカラ Ｂ）を被告独自で既に開発しており，同年２月１８日以降，構造力学計算をｂ（被告代表者）が行った旨の主張及び被告が原告に打診したのは，中空コンクリートブロックの試作品の製造ができるか否かであって，共同開発の打診等ではない旨の主張）は，いずれも証拠上，これを認めることができない。なお，上記乙５の計算メモには，後記の分割中子（後記２（１）ア認定のとおり，中空コンクリートブロックの中空部分を筒型とし，主な筒の四周に，分割できる短い筒を取り付けたもの）のアイデアを図にしたものも記載されているが，上記のとおり，この部分の作成された日付も明らかでなく，平成９年２月から３月前半ころの時点で，ｂ（被告代表者）が分割中子のアイデアを既に持っていたことも，認められない。

　　ウ　後記認定のように，被告がポカラ Ｂのアイデアの原型を考え付いたのは，平成９年４月１４日ころと認められるので，被告が同年３月１４日ころの時点で，原告に打診したのは，まだ形や構造のはっきり定まらない中空コンクリートブロックの共同開発及び

製造や事業化の可能性についての打診と考えるのが相当である。

　（4）　ポカラA誕生の経緯

ア　3月14日ころのb（被告代表者）との打合せで，b（被告代表者）の提案した中空コンクリートブロック構造物のアイデアに興味を抱いたc（原告副支店長）は，これを基に自分でいろいろとブロックの構造等を検討し，立方体の外枠の中にゴム風船を入れて，球状の中空部を形成するブロックのアイデアを考え付いた。従来技術である枠の形状が四角形の柱・梁型状のブロックだと，中空部分に鋭角的な断面変化があるため，その部分に応力が集中して局部破壊を生ずるおそれが高く，それに対処するには鉄筋を入れる必要があって，製造コストが高くなる。これに対し，中空部分を丸い形状（球形に限らない。）にすると，外枠の側面中空部がアーチ状になるため，応力の流れがスムーズになって，応力の集中，さらには疲労破壊の発生のおそれを大幅に低減でき，無筋構造でも製造できてコスト的に有利になることが見込まれた。そのため，このアイデアが有望だと考えたc（原告副支店長）は，技術者として，このアイデアを深化させ，製品化しようと努力を傾け，原告・被告の双方で共同開発をするよう，b（被告代表者）に提案し，これを推進した。これが後のポカラAとなった。球形の中空部を作るポカラの開発のほか，他に考えられるブロックの構造，構造用中空コンクリートブロックの用途等は，b（被告代表者），c（原告副支店長），e，dの4人で主として話し合われた。この4人による検討は，「開発会議」と呼ばれた。

　　イ　b（被告代表者）は，原告・被告間の信頼関係がいまだ十分でない，平成9年5月20日ころ，c（原告副支店長）に全く相談することなく，原告九州支店と，一面識もない原告の東京本社のi土木部長の双方に宛てて，「アイレ・クーボ事業計画書」を送付した（甲66）。同事業計画書には，アイレ・クーボの事業規模は，年間100億円から200億円と記載してあり（甲13），b（被告代表者）は，事業計画のために必要であるとして，原告に2000万円の融資を請うた。このため，原告の東京本社は，同事業が多額の資金を要することへの警戒心と，被告に対する強い不信感を抱き，九州支店がポカラ事業を推進することに批判的になった。このため，c（原告副支店長）は原告社内で孤立することになった（乙15）。

　　ウ　原告と被告は，ポカラAの共同開発を進め，平成9年6月17日に，発明の名称を「立体枠状ブロック及び同ブロックの型枠装置並びに同ブロックの使用方法」として，原告・被告両社を共同出願人として特許出願した。

　　しかしながら，このポカラAには，その中空部が風船により球状に形成されていることから，外枠の円形の開口部の周縁部の断面が鋭角的な刃状となり，その結果全く厚みのない部分ができ，外力を受けた場合，その面に形成されている開口部の周縁部分で破壊が起きやすいという欠点があった。また，中空部をゴム風船に空気を注入することにより形成するため，中空部が形成しにくいという製造技術上の欠点もあった。同年7月28日，原告は，関連会社のフドウケーピーシーにポカラAの型枠を発注し，試験体製作に取り掛かったが，8月25日にはその第1号が脱型に失敗し，問題点を露呈した。同年10月14日，ポカラAとB（被告代表者）の実物により載荷試験が行われたが，ポカラBが80トンの荷重に耐えたのに対し，ポカラAは，20トンの荷重にしか耐えることができず（証人c（原告副支店長）），強度の点では失敗作

（5）ポカラB誕生の経緯

b（被告代表者）とc（原告副支店長）は，いずれも，熊本市土木事務所が計画していた市道半田25号線歩道拡幅工事を原告が受注し，これをポカラ工法（ポカラの中空コンクリートブロックを使用した工法をいう。以下同じ。）で施工することに努力を傾けていたが，b（被告代表者）とc（原告副支店長）の熊本市に対する積極的な営業活動の結果，平成9年8月6日か8日ころには，同工事にポカラ工法が採用される見込みが立った（証人c（原告副支店長））。しかしながら，同年8月25日に，ポカラAの試験体の第1号が製造されたが，その脱型に失敗し（甲29），ポカラAの製造技術上の難点やその他の前述の欠点から，市道半田25号線歩道拡幅工事の施工に間に合わないおそれが生じるに至った。そこで，不安を感じたc（原告副支店長）とb（被告代表者）は，既にアイデアだけは出ていた筒型ポカラ（後のポカラB）に，期待をつなぐことにした。筒型ポカラは，中空コンクリートブロックの中空部分を大きな筒で形成しようというアイデアである。まずc（原告副支店長）は，b（被告代表者）に相談することなく，1人で，原告の関連会社であり，コンクリートの型枠等を製造する日鐵建材の従業員jに相談し，8月27日か28日ころ，同人と面談して，「真ん中に筒を置いて，同じ大きさの筒が四方向からぶつかってくる，そういうような型枠を作ることができれば，この筒型の製品は作れるはずである」旨を示唆し，図面を書いて与えるなどのことはしないまま，型枠の図面の作成を依頼した（証人c（原告副支店長））。jからは，8月30日に型枠の図面と見積りの概算が出され（甲58），9月9日ころには正式の見積書が出されて（甲60），これに基づき，同月26日にはポカラBの試験体が完成した。

他方，b（被告代表者）は，c（原告副支店長）に，このままでは間に合わないので，既にあるポカラAの型枠を使って，これの穴の部分に発泡スチロールを入れて，ポカラBの型枠を作るよう指示した。同年9月4日に図面ができ（乙18，19），同月10日ころ見積書がjから出され，この製造法によるポカラBの試験体も，同月26日から末日ころ，完成した（甲53，被告代表者）。

同年10月2日，被告は，ポカラBを単独で特許出願した。願書の発明者の欄には，b（被告代表者）とeの氏名が併記された。

ポカラBは，空隙率はポカラAより低く，そのため軽量化という点ではこれより劣ったが，反面，ブロックの強度は高く，同年10月14日，ポカラAとBの実物により載荷試験が行われた際，ポカラAは20トンの荷重にしか耐えることができなかったのに対し，ポカラBは80トンの荷重に耐えた（証人c（原告副支店長））。この強さから，ポカラBは様々な工事に使用できることが示され，後にポカラを利用した事業に多数の参加企業を集めるための大きな力となった。

後記2（1）認定のように，ポカラBのアイデアは，同年4月14日ころ，b（被告代表者）から出されたものと認められるが，その後は，スポンサーの役割を期待されていた原告を代表する立場にあるc（原告副支店長）が，上記のようにポカラAの開発に熱意を持っていたせいもあり，ポカラBの開発はほとんど行われていなかったものと認められる。ポカラBの開発が本格的になったのは，同年8月25日，ポカラAの脱型に失敗し，原告・被告双方にこれに対する不安が強くなった時からであると認められる。

（6）本件覚書の締結

平成9年7月17日，被告は，ポカラ十字

ブロックを特許出願した。願書の発明者の欄には，b（被告代表者）とeの氏名が併記された。被告が単独でこの発明の特許出願をしたことは，原告にも知らされた。

　この出願を契機に，原告社内から，原告・被告間に特許の共同出願に関する基本契約を締結すべきであるとの声が出て，本件覚書を締結することになった。本件覚書（甲１）は，その前文において，原告と被告は，下記発明を特許共同出願するに当たり，次のとおり覚書を締結する旨をうたい，記としてポカラAの発明の名称，特許出願日，特許出願番号を挙げている。同覚書1条では，ポカラAの特許権は原告・被告各2分の1の共有とする旨を規定し，以下の条項では，出願手続や第三者への実施許諾等について定めている。同7条では，被告及び原告は，本発明（ポカラA）の改良について特許または実用新案登録の出願をしようとする場合には，予め一方の当事者にその内容を通知し，この場合の取扱いについて被告及び原告が協議の上，決定する旨を規定している。

　（7）　平成9年9月下旬には，ポカラBの試験体が完成したが，原告東京本社がポカラの事業計画に消極的であるため，被告は，スポンサーとなる企業を別途見付けざるを得なくなった。被告は，同年6月ころから，コンクリート二次製品製造業者に対して，構造用中空コンクリートブロック事業への参加を呼びかけていたが，10月ころには，福岡の大手コンクリート二次製品製造業者である株式会社九コンが参加し（乙15），その後も徐々に参加事業者が増えたため，これを「ポカラ研究会」として組織することができた。c（原告副支店長）は，原告東京本社の反対にもかかわらず，なおこれに関与していた。

　平成9年10月24日には，コンクリート二次製品製造業者を集めて，福岡で「ポカラ

及びポカラ工法説明会」が開かれ，c（原告副支店長）も出席した（乙15ないし17）。この席上，初めて「ポカラB」などの名称が用いられた（証人c（原告副支店長））。

　原告は結局ポカラ事業に参加せず，原告の東京本社は，九州支店に対し，半田25号線歩道拡幅工事も受注しないように指示した。被告は，原告のこのような態度に愛想を尽かし，平成10年2月12日ころ，原告との関係を解消する旨を通告した（甲34）。

　平成10年7月6日に，福岡で，第1回のポカラ研究会定期総会が開かれ，ポカラを利用した事業が本格的に立ち上がった。被告は，ポカラAに，別紙一覧表記載の発明（ポカラ十字ブロック，ポカラB及びポカラDを含む。）を加えた合計11の発明について，同事業に参加した約30社の企業に対し，実施を許諾し，実施料を約1億円得ることができた。

　2　争点1（ポカラ十字ブロック等が原告・被告の共同開発に係るものか。）について
上記認定の事実の経過を踏まえ，3つの発明が原告・被告の共同開発に係るものかにつき検討する。

　（1）　ポカラBについて
　　ア　ポカラBは，公開特許公報（甲5）の図2ないし4にあるように，中空コンクリートブロックの中空部分を筒状にし，中心にある大きな筒（主中子）の四周に短い筒（副中子）を取り付けて，六面体の各面に中空部分を設け，これを連通させたものである（公開特許公報における特許請求の範囲請求項1「六面以上の外面を有する多面体からなるコンクリート製ブロック内部に前記外面のうち二面以上の外面に連通した中空部を有するコンクリートブロック体であって，前記中空部はコンクリート硬化後に取り外し可能な複数の分割中子を用いて形成されたものであることを特徴とするコンクリートブロック

体。」)。

　　イ　b（被告代表者）とc（原告副支店長）が同年10月18日ころの時点でポカラ工法の開発経過を振り返ったメモである甲29の4月14日の欄に，「＊円柱型くりぬき製品提案（b（被告代表者）社長私案→不動グループ）」とあることからすると，4月14日ころには，ポカラBのアイデアの原型ともいうべき部分がb（被告代表者）から出され，c（原告副支店長）とb（被告代表者）との間で話し合われていたものと認められる。

　このように，ポカラBのアイデアは，同年4月14日ころ，b（被告代表者）から出されたものと認められるが，その後は，前記1（5）認定のように，ポカラBの開発はほとんど行われておらず，本格的に開発が進められたのは，同年8月25日，ポカラAの脱型に失敗し，これに対する不安が強くなった時からであると認められる。同年8月25日ころ以前の段階において，b（被告代表者）やc（原告副支店長）がポカラBの開発に積極的に取り組んでいたことを示す証拠は存しない。原告は，甲18の「ポカラB製作方法（パイプ応用）」との記載を根拠に，同年7月9日の開発会議の席上でポカラBが発案されたと主張するが，同号証には日付けの記載がなく，作成時点が明らかでないので，同号証を根拠として右主張事実を認めることはできない。その他の証拠を総合しても，ポカラBについて，c（原告副支店長）がその発明に何らかの関与があったことは認められるものの，具体的な関与の態様は明らかでなく，被告と共同で発明したとまでは認められない。

　　ウ　平成9年8月25日ころ以降のポカラBの開発

　前記1（5）認定のように，この時期，c（原告副支店長）はb（被告代表者）に相談することなく，ポカラBの型枠を発注して，ポカラBの試験体を完成させている。原告が，ポカラBはc（原告副支店長）が単独で開発したものであると主張するのは，このことを指すものと解される。しかしながら，ポカラBの特許出願がされた平成9年10月2日までの期間において，本件全証拠によっても，c（原告副支店長）がポカラBの発明に寄与したような形跡は見られない。c（原告副支店長）の手になる図面等も一切なく，また，試験体を製造するに当たって，日鐵建材のjに図面を依頼する際にも，「真ん中に筒を置いて，同じ大きさの筒が四方向からぶつかってくる，そういうような型枠」というような趣旨を指示したのみで，分割中子のアイデアも全く伝えていない。分割中子自体は，このころ既に公知の技術であり（乙23），そうであればこそ，この程度の指示で，jにおいて図面の作成が可能だったものと考えられる。そうすると，c（原告副支店長）は，筒型のアイデア自体はb（被告代表者）又はその弟のeから出ていることを認めている（証人c（原告副支店長））し，上記のような指示をした以外に，ポカラBの発明に寄与したような特段の事実を認められないから，c（原告副支店長）をポカラBの共同発明者であるとは認定できない。

　仮に，b（被告代表者）と全く別個に，c（原告副支店長）がjと打合せをして，ポカラBの図面を，またこれにより試験体を製造させたことが発明に当たると解するとしても，上記1（5）認定のように，これは被告の特許出願したポカラBとは全く無関係にされたものであるから，これをもってc（原告副支店長）がポカラBの共同発明者であるとはいえない。

　上記アないしウに認定したところによれば，ポカラBについては，c（原告副支店長）に共同発明者としての関与が認められないので，その特許を受ける権利の共有持分を有すると

の原告の主張は，その前提を欠き，失当である。

（2）ポカラ十字ブロックについて

証拠（甲16，41，42，46，乙15）によれば，次の事実が認められる。

ア　b（被告代表者）は，aやc（原告副支店長）に会った当初から，中空コンクリートブロックを，多数，水平に並べ又は上下に積層して，連結して使用するアイデアを有していたが，その連結されたブロックの結合を強める接合用部材が必要であった。b（被告代表者）は，大学の先輩であり，コンクリート工学を専門とする九州共立大学工学部のh教授に，遅くとも平成9年4月ころまでには，この接合用部材について相談していた。同年6月23日には，同大学から同教授の意見を記載したファクスが届き，その内容は「土方仕事で簡単に施工できるものとせよ」などというものであった。b（被告代表者）は，これに対する解決策を検討し，ほぼ現在のポカラ十字ブロックに近いアイデアを得た。そこで，同日ころ，c（原告副支店長）が被告事務所を訪ねてきた際に，b（被告代表者）はc（原告副支店長）にこのアイデアを示し，2人でその細部についてさらに検討した。c（原告副支店長）は，ポカラ工法のアイデアに魅力を感じて，b（被告代表者）と共にこの事業化を推進していたが，原告の九州支店副支店長という立場から，前記1（4）イ認定のように，ポカラ事業に批判的な東京本社の理解を得る必要があり，このb（被告代表者）のアイデアに2人で検討した結果を付け加え，b（被告代表者）が解決策を考案した旨記載して，東京本社のi部長に宛ててファクスで送信した。

被告は，平成9年7月17日，ポカラ十字ブロックを単独で特許出願した。特許出願に当たり，願書の発明者の欄には，b（被告代表者）の氏名とc（原告副支店長）の氏名が併記された。

イ　上記認定のとおり，ポカラ十字ブロックのアイデアの主要部分は，b（被告代表者）によって開発されたものというべきであり，c（原告副支店長）の関与も認められるが，その関与の程度は，本件全証拠によっても明らかでないというべきである。この点につき，c（原告副支店長）の陳述書（甲46）には，同人が発案しb（被告代表者）案に付加したものは，モルタル等の充填材を上から注入可能な充填孔並びにその充填孔に流路を連通させて受け座の表面に開口する放出孔及びブロックの中心を通って互いに90度の角度を持つ関係とした3本の軸線上に貫通孔の設置であるとの記載がある。しかしながら，c（原告副支店長）がこれらの問題点を検討し，解決策を考案したことをうかがわせる証拠は，同人の陳述書以外，一切存しない。そうすると，ポカラ十字ブロックの発明を完成するに当たり，c（原告副支店長）がこれに関与したことは認められるが，その関与の程度が，共同発明といえるだけの実質的な関与であったことまでは，証拠上認められない。このことからすると，ポカラ十字ブロックの特許出願の願書の発明者の欄にb（被告代表者）とc（原告副支店長）の氏名が併記されているのは，被告が主張するように，ポカラ事業に積極的だったことによって原告社内で立場の悪くなったc（原告副支店長）に対する儀礼の趣旨にすぎないと認められる。

（3）ポカラDについて

証拠（甲8，10ないし12，46，乙15）によれば，以下の事実が認められる。

ア　前記1（2）ア認定のように，b（被告代表者）は，aやc（原告副支店長）に会った当初から，中空コンクリートブロックを多数，水平に並べ，又は上下に積層して，連結して使用するアイデアを有しており，こ

れを同人や開発会議のメンバーに開示していた。そのようななかで，このように連結したブロックの集合体の空洞部分を，貯水槽として使用するアイデアが生まれた。

平成9年10月2日，被告は，ポカラDを特許出願した。願書の発明者の欄には，b（被告代表者）とeの氏名が併記された。特許請求の範囲請求項1は，「内部から外部に連通する中空部を有し上下方向に積層可能なコンクリートブロック体を地表面下に面方向，上下方向に複数配置して貯留空間を形成するとともに前記貯留空間の外周に止水部を形成し，さらに，前記地表面の水を前記貯留空間に導入するための導水部を備えたことを特徴とする貯水槽構造物」というものであり，中空部を有するコンクリートブロックを使用するという以上に制約がないので，ポカラAでもB（被告代表者）でも用いうるものとなっている（ポカラDの公開特許公報（甲6）の「発明の詳細な説明」【0017】段落には，「この場合，中空部の形状を，曲面体の一部，多面体の一部，円筒体，角筒体のうちの少なくとも一部を含む形状とすることができる。ここで，曲面体とは連続した曲面によって囲まれた立体をいい，例えば，球状体，楕円体，卵形状体，ラグビーボール形状体などのほか不規則な連続曲面で囲まれた立体も含まれる。」との記載がある。また，上記公報の図面は，図2にポカラAのもの，図4にポカラBのものと，両方が記載されている。）。

さらに，原告・被告の共同開発に係るポカラAの出願書類（甲2）中の「発明の詳細な説明」【0054】段落から【0058】段落まで及び図7には，貯水槽としての使用例が記載されている。

イ　上記認定のとおり，ポカラDのアイデアは早くからc（原告副支店長）や開発会議のメンバーに開示され，中空コンクリートブロックを連結して，そのブロックの集合体の空洞部分を，貯水槽として使用するアイデアが生まれた。したがって，ポカラDの発明が完成するに当たっては，c（原告副支店長）の何らかの関与があったものと認められる。しかしながら，本件全証拠によっても，c（原告副支店長）がどの程度の関与をしたかは明らかでなく，実質的な共同開発に当たるといえるだけの関与をしたとまでは証拠上認められない。甲19及び39には，いずれもその1枚目に「⑪　ポカラ貯水システム」との記載があるが，これによっても，開発会議のメンバーがどの程度の検討をしたのかは明らかでないし，これら書証は作成日付の記載がなく，これをもってc（原告副支店長）の関与を認めるに足りない。原告は，中空コンクリートブロック内部を洗浄するための液体又は気体を噴出する洗浄ノズルを備えることを請求項に加えたことをc（原告副支店長）の功績として主張するようであるが，これについてもc（原告副支店長）がこれを発明したりアイデアを具体化したことを示す証拠は存しない。

したがって，ポカラDは，c（原告副支店長）とb（被告代表者）の共同発明とは認められない。

以上より，ポカラ十字ブロック，ポカラB及びポカラDの3つの発明は，いずれもc（原告副支店長）とb（被告代表者）ないし被告の共同発明とは認められないので，c（原告副支店長）との共同発明であることを前提として，これら3つの発明につき，特許を受ける権利の共有持分権2分の1の確認を求める原告の請求は，いずれもその前提を欠くものであり，理由がない。

3　争点2（ポカラ十字ブロック等の発明は，本件覚書の対象であるポカラAの「改良発明」であって，本件覚書7条により原告が

各特許を受ける権利につき共有持分2分の1を有するか。）について

原告の，本件覚書に基づく主張は，争点1の共同開発の主張と選択的に主張するものと解されるので，次に，この主張の当否について判断する。

本件覚書（甲1）は，その前文において，原告と被告は，下記発明を特許共同出願するに当たり，次のとおり覚書を締結する旨をうたい，記としてポカラAの発明の名称，特許出願日，特許出願番号を挙げている。同覚書7条の規定は，「甲（被告）及び乙（原告）は，本発明（ポカラA）の改良について特許または実用新案登録の出願をしようとする場合には，予め一方の当事者にその内容を通知し，この場合の取扱いについて甲（被告）及び乙（原告）が協議の上，決定する。」というものである。そうすると上記覚書の規定は，ポカラAの改良発明というべきもの（「改良発明」という用語自体，必ずしも内容の定まったものではないが）について，特許出願ないし実用新案登録出願をしようとする当事者に，単に相手方への通知と，特許権等の取扱いについての相手方との協議に応じる義務を定めたものにすぎず，この規定から当然に，単独で出願した当事者に対し，相手方当事者が特許を受ける権利の2分の1を移転するよう求め得るものではない。

したがって，本件覚書にいう「改良発明」とはいかなるものを指すと当事者が意図したか，本件において，ポカラB，ポカラ十字ブロック，ポカラDが，ポカラAの「改良発明」に当たるかどうか，の各点につき検討するまでもなく，上記覚書の規定を根拠として，これら発明の特許を受ける権利につき2分の1の共有持分の確認を求めることはできないというべきである。原告のこの請求も理由がない。

4　また，被告の受領した実施料の2分の1の支払を求める請求については，前記のとおり原告が共有持分を有するポカラAは多くの欠点を有し商品化できない発明であり，実施許諾を受けた各被許諾者においてもこれを実施しているものではなく，その余の発明については原告がその共有持分を有するとは認められないから，理由がないというべきである。

5　以上によれば，被告に対して，特許を受ける権利の共有持分の確認及び金員の支払を求める原告の各請求は，その余の点について判断するまでもなく，いずれも理由がない。

よって，主文のとおり判決する。
東京地方裁判所民事第46部
　（裁判長裁判官　　三　村　量　一
　　　裁判官　　村　越　啓　悦
裁判官中吉徹郎は，転補のため，署名・押印することができない。
　　裁判長裁判官　　　三　村　量　一）

■　ポカラAの特許公開公報

【発行国】　　日本国特許庁（ＪＰ）
【公報種別】公開特許公報（Ａ）
【公開番号】特許公開平１１－５２０５
【公開日】　平成１１年（１９９９）１月１２日
【発明の名称】立体枠状ブロック及び同ブロックの型枠装置並びに同ブロックの使用方法
【審査請求】　未請求
【請求項の数】　４
【出願番号】特許出願平９－１５９５１５
【出願日】　平成９年（１９９７）６月１７日
【出願人】　　　　＜略＞

【要約】
【課題】 多目的に，かつ，幅広い分野の構造物を簡単に構築できるブロックを提供すること。
【解決手段】相互に間隔を開けて配置した四個の縦枠形成部と，各縦枠形成部の対向する上端部間と下端部間とにそれぞれ横架した八個の横枠形成部とを具備する立体枠状ブロック。

【特許請求の範囲】
【請求項1】相互に間隔を開けて配置した四個の縦枠形成部と，各縦枠形成部の対向する上端部間と下端部間とにそれぞれ横架した八個の横枠形成部とを具備する立体枠状ブロック。
【請求項2】外側面を成形する外枠体と，同外枠体内に収容して内周面を成形する中子体とを具備し，外枠体には，上・下及び前・後・左・右側部の中央部にそれぞれ中子体の端部を露出させるための露出口を形成する一方，中子体は，外枠体内で膨張・収縮自在のボール状に形成したことを特徴とする立体枠状ブロックの型枠装置。
【請求項3】請求項1記載の複数の立体枠状ブロックを構造物構築現場に敷設して，前後及び／又は左右方向に連通する横連通路が形成されるべく構造物を構築する立体枠状ブロックの使用方法。
【請求項4】請求項1記載の複数の立体枠状ブロックを構築物構築現場に段積みして，上下方向に連通する縦連通路が形成されるべく構造物を構築する立体枠状ブロックの使用方法。
【実施例】以下に，本発明の実施例を図面を参照しながら説明する。
【0023】図1に示すAは，本発明に係る立体枠状ブロックであり，同立体枠状ブロックAは，相互に間隔を開けて配置した四個の縦枠形成部1，1，1，1と，各縦枠形成部1，1，1，1の対向する上端部間と下端部間とにそれぞれ横架した八個の横枠形成部2，2，2，2，3，3，3，3とから，内部に略球形状の中空部4を有し，かつ，外側面中央部に円形状の側面中央部孔5，5，5，5，5，5を有する立方体枠状に形成している。
【0024】ここで，立体枠状ブロックAは，立方体状でかつ枠状に形成しているために，いずれの面を上面にするかは任意であり，載置した状態で上下方向に伸延する部分を縦枠形成部1とし，前後左右方向に伸延する部分を横枠形成部2，3となすことができる。
【0025】そして，かかる立体枠状ブロックAは，略球形状の中空部4と円形状の側面中央部孔5，5，5，5，5，5を有しているために，立体枠状ブロック全体に，外力に対して圧縮力に強いアーチとしての強度を付加することができる。
【0026】従って，かかる立体枠状ブロックでは，鋭角的な断面変化（断面の急変）がなく，応力の流れがスムーズとなって，応力集中，さらには，疲労破壊を大幅に低減させることができて，最終強度を増大させることができる。
【0027】さらに，上記立体枠状ブロックAは，各角部に略三角形状の広幅面を有するために，各立体枠状ブロックA，A同士を接着して接続する際の接着面を確保することができて，確実な接続が行なえる。
【0028】次に，上記した立体枠状ブロックAを製造する型枠装置B（被告代表者）について，図2及び図3を参照しながら説明する。
【0029】すなわち，型枠装置B（被告代表者）は，外側面を成形する外枠体10と中子体11とから構成している。
【0030】そして，外枠体10は，平面視正

方形の底面形成体 12 と，同底面形成体 12 の前後左右側縁部に着脱自在に立設した前・後・左・右側面形成体 13, 14, 15, 16 と，これら・前・後・左・右側面形成体 13, 14, 15, 16 の上端間に横架した連結枠体 17 とから形成しており，各形成体 12, 13, 14, 15, 16 の中央部には，それぞれ中子体 11 の端部を露出させるための露出口 18, 19, 20, 21, 22 を形成している。

【０031】また，連結枠体 17 は，中央部に露出口 23 を形成する露出口形成リング 17a を設け，同露出口形成リング 17a の周縁の前後左右側部より水平に連結片 17b（被告代表者），17b（被告代表者），17b（被告代表者），17b（被告代表者）を突設して，各連結片 17b（被告代表者），17b（被告代表者），17b（被告代表者），17b（被告代表者）を各形成体 13, 14, 15, 16 の上端中央部に着脱自在に連結するようにしている。

【０032】中子体 11 は，弾性ゴム素材により楕円形ボール状に形成した中子本体 24 に中子本体側接続体 25 を取付け，同接続体 25 に給・排気用ホース 26 の先端に取付けたホース側接続体 27 を着脱自在に接続可能としており，中子本体側接続体 25 には，ホース側接続体 27 を接続すると開放し，接断すると閉塞するバルブ（図示しない）を内蔵させている。

【０033】次に，かかる型枠装置Ｂにより立体枠状ブロックＡの製造方法について説明する。

【０034】外枠体 10 を組立て，同外枠体 10 内に中子本体 24 を連結枠体 17 の露出口形成リング 17a より挿入し，同中子本体 24 に取付けた中子本体側接続体 25 に，給・排気用ホース 26 に取付けたホース側接続体 27 を接続して，同給・排気ホース 26 を通して中子本体 24 内に圧縮空気を供給して，同中子本体 24 を膨張させることにより，同中子本体 24 を球形ボール状となす。

【０035】この際，中子本体 24 の上・下及び前・後・左・右側周端部は，それぞれ外枠体 10 の各形成体 12, 13, 14, 15, 16 と連結枠体 17 とに形成した各露出口 18, 19, 20, 21, 22, 23 より外部へ露出すると共に，各露出口 18, 19, 20, 21, 22, 23 の周縁に圧着状態となる。

【０036】かかる状態にて，外枠体 10 に振動を加えながら，外枠体 10 の上方より連結枠体 17 を通してコンクリートＣを充填する。

【０037】この際，コンクリートＣ中に含まれる気泡等は，連結枠体 17 を通して上方へ放出される。

【０038】中子本体 24 より給・排気用ホース 26 を取外した後，型枠装置Ｂを養生室（図示せず）内にて養生して固化させる。

【０039】中子本体 24 に取付けた中子本体側接続体 25 に給・排気用ホース 26 の先端に取付けたホース側接続体 27 を接続して，中子本体 24 中の空気を排出することにより，同中子本体 24 を収縮させた後，外枠体 10 より中子本体 24 を取出す。

【０040】連結枠体 17 を各形成体 13, 14, 15, 16 より取外すと共に，各形成体 13, 14, 15, 16 を底面形成体 12 より取外す。

【０041】底面形成体 12 上に成形された立体枠状ブロックＡを取出す。

【０042】立体枠状ブロックＡの上面を後処理する。

【０043】このようにして，型枠装置Ｂより立体枠状ブロックＡを簡単に製造することができる。

【０044】なお，立体枠状ブロックＡの素材はコンクリートに限らず，合成樹脂等を使用することもでき，また，立体枠状ブロックＡに鉄筋を配筋して，適宜強度を増大させることもできる。

【０045】また，外枠体 10 には，連結枠体 17 に代えて露出口を有する天井面形成体を

使用することにより，天井面形成体により立体枠状ブロックAの上面を精度良く成形して，後処理を不要にすることもできる。

【0046】次に，上記した立体枠状ブロックAの使用方法について説明する。

【0047】すなわち，図4に示すEは，立体枠状ブロックAを盛土材として使用して，軟弱地盤G上に施工した舗装道路を示しており，軟弱地盤G上に土木用安定シート30を張設し，同土木用安定シート30上にベースコンクリート31を打設し，同ベースコンクリート31上に立体枠状ブロックAを前後左右方向に整然と敷設すると共に，上方に所望の高さまで段積みし，最上段の上面に床版コンクリート32を打設し，同床版コンクリート32と段積みした側部の各ブロックA上に盛土33を施して，同盛土33の上面に上層路盤34を施工している。35はガードレールである。

【0048】このように，排水性が良くて，軽量で，かつ，必要強度を確保できる盛土材としての立体枠状ブロックAを，通常の盛土材である土質材料では施工困難な支持力の小さい軟弱地盤G等に対して使用することにより，地盤改良等の工法を併用することなく，簡単かつ安価に舗装道路Eを施工することができる。

【0049】そして，床版コンクリート32を打設することにより，上層路盤34を確実に支持させることができる。なお，床版コンクリート32は，現場打ちに限らず，プレキャスト版を張設することもできる。

【0050】ここで，立体枠状ブロックAを段積みする際には，図5及び図6（イ）に示すように，整然と敷設した多数の立体枠状ブロックAの上面に，帯状の網体36を，側面中央部孔5の周囲を囲むように格子状に載置し，図6（ロ）に示すように，同網体36上にカチオン系樹脂モルタル37を吹付装置38により吹付け，図6（ハ）に示すように，カチオン系樹脂モルタル37上に湿式状態にて立体枠状ブロックAを載置して接着する。

【0051】このようにして，上下段の立体枠状ブロックA，A同士をカチオン系樹脂モルタル37により網体36を介して面接着することができ，同網体36が上下段の立体枠状ブロックA，A同士のずれ防止機能を果して，構造物を補強することができる。

【0052】しかも，段積みする立体枠状ブロックA，A同士の接着作業も，迅速かつ確実に行なうことができて，工期と工費の低減が図れる。

【0053】さらに，立体枠状ブロックAを敷設することにより，前後左右方向に各中空部4が連通して横連通路40が形成されると共に，上方へ段積みすることにより，上下方向に各中空部4が連通して縦連通路41が形成されるために，所望の縦・横連通路41,40内に配管を施すことにより，雨水や汚水等の排水路を簡単に形成することができる。

【0054】図7に示すFは，立体枠状ブロックAを内部充填材として使用して施工した地下貯水池を示しており，貯水池42中に立体枠状ブロックAを沈埋し，その上に透水層43を形成し，その上に上層盤44を形成している。

【0055】そして，所定の立体枠状ブロックAの列によって形成される横連通路40中に集・排水管45を配管して，同集・排水管45を通して貯水池42の水を集水又は排水できるようにしている。46は砕石である。

【0056】このようにして，立体枠状ブロックAを，既存の貯水池又は新規に施工する貯水池42の内部充填材として使用して，地下貯水池Fを構築することにより，同地下貯水池Fの上層盤44を運動場，公園，ゴルフ場等の施設として多目的に利用することができる。

【0057】そして，上層盤44と透水層43

第5章　ビジネス・スキームの策定と戦略法務

は，雨水等の浸透を可能として，貯水池42に導くことができるようにしている。

【0058】また，運動場，公園，ゴルフ場等の地盤下に多数の立体枠状ブロックAを敷設して，洪水時には同立体枠状ブロックAの中空部4内に洪水を誘導することができるようにして，防災調節池として利用可能とすることもできる。

【0059】図8は，第2実施例としての立体枠状ブロックAを示しており，同立体枠状ブロックAは，基本的構造を前記第1実施例としての立体枠状ブロックAと同様となしているが，内部に立方体状の中空部50を有し，かつ，外側面の中央部に正方形状の側面中央部孔51, 51, 51, 51, 51, 51を有する立方体状かつ枠状に形成している点で異なる。

【0060】図9は，上記第2実施例としての立体枠状ブロックAを置換基礎Hとして使用した実施例を示している。

【0061】かかる置換基礎Hの場合，周囲の水密性を確保しておくことにより，地下水位の高い地盤等では内部空気により同置換基礎Hに対して浮力が発生し，その結果，その上に構築される上部構造物Jの支持力を確保することができる。

【0062】そして，第1実施例としての立体枠状ブロックAを上記置換基礎Hとして使用することも，また，第2実施例としての立体枠状ブロックAを前記のように盛土材や内部充填材として使用することもできる。

【0063】なお，立体枠状ブロックAの形状は，立方体状に限らず，直方体状でもよく，縦枠形成部1と横枠形成部2, 3の個数も，本実施例のものに限らない。

【0064】また，複数の立体枠状のブロックA，A同士を接続する方法としては，前記した接着剤に限らず，これ以外に接続ボルト等の接続手段を適宜利用することができる。

図1

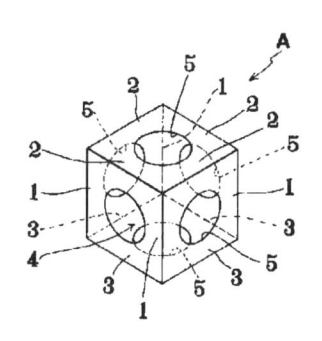

図2

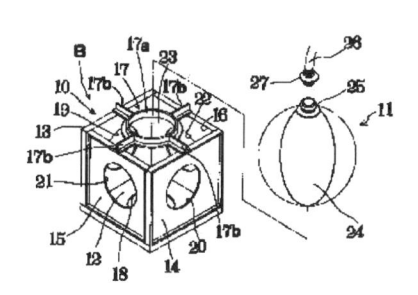

図4

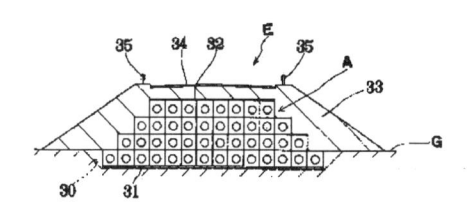

図5

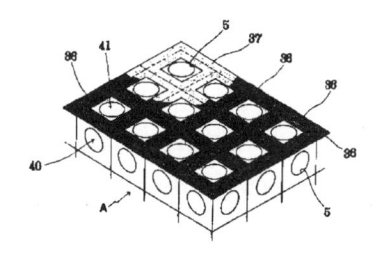

図7　　　　　　　　　　　図8

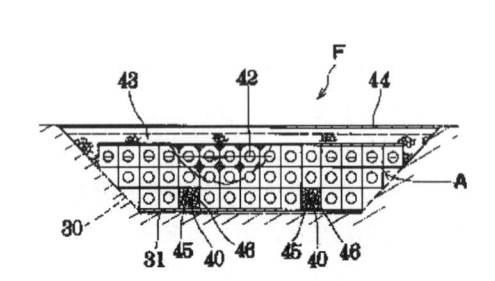

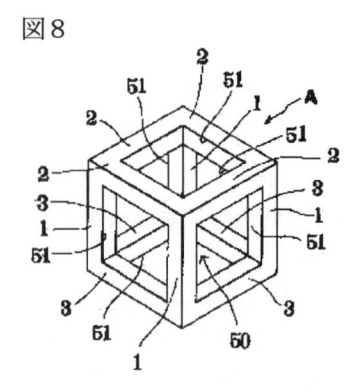

■ ポカラBの特許出願
出願番号　：特許出願平9－270202　出願日：1997年10月2日
公開番号：特許公開平11－105024　公開日：1999年4月20日
出願人：株式会社リタ総合企画　　発明者：A 外1名
発明の名称　：コンクリートブロック体
　　　　　　要約：
【解決手段】　コンクリートブロック体10は外形が立方体で，六つの外面のそれぞれに連通し，円筒体形状の空間が互いに直交した形状の中空部11を有している。また，中空部11は，コンクリート硬化後に分解して取り外し可能な分割中子12を用いて形成されている。
【効果】　使用目的が制限されることなく，幅広い分野において使用することができ，比較的軽量で，製造も容易なコンクリートブロック体を提供することができる。

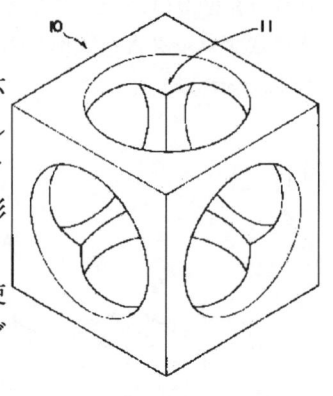

【課題】　上記の判決を読んで，以下の質問について考えてみよう。
Q1　被告は，ポカラA，ポカラ十字ブロック，ポカラB及びポカラDなど合計11の発明について，ポカラ事業に参加した約30社の企業に対し，実施を許諾し，実施料を約1億円得ることができたということであるが，そこで許諾された権利はどのようなものか。
Q2　原告会社はポカラ事業から手を引いていたということであるが，本件訴訟ではポカラに関連する特許出願に基づく権利について共有持分を主張している。しかし，原告の請求は棄却された。このような経過から原告会社の立場に立って学ぶべき教訓を指摘せよ。
Q3　本件で原告・被告間で調印された覚書にもかかわらず，原告の共有持分権についての主張は認められなかった。原告の立場から覚書の条項はどのように規定すべきであったか。

Q4 被告会社の立場からすると，本件の製品化の初期の段階で，原告会社との折衝等においてどのような点に留意すべきであったか。

4 戦略法務と予防法務と紛争解決法務

【課題】 レバレッジド・リース契約（LL契約）をめぐる次の判決を読んで，LL契約の仕組み，争点，当事者の主張，及び，裁判所の判断をまとめなさい。

● 東京地裁平成7年3月28日判決（判例時報1557号104頁）

原告　匿名組合への出資者
被告　金融機関

主　文
原告の請求を棄却する。
訴訟費用は原告の負担とする。

事実及び理由

一　請求
被告は，原告に対し，金4億0400万円及びこれに対する平成元年3月1日から支払いずみまで年6分の割合による金員を支払え。

二　事案の概要
本件は，原告が，被告に対して，被告から借入れて，訴外ディー・エー・ピー・リース株式会社（以下「D社」という。）との間のレバレッジド・リース契約に基づいて，D社に出資した金4億0400万円の返還を求めた事案である。

三　基礎となる事実関係
1　原告は，D社との間で，平成元年2月28日付けで，次のような内容の匿名組合契約を締結した。（甲三，以下「本件契約」という。）

（一）原告は，D社が営む左記（二）の事業のため金4億0400万円を出資することを約し，D社は，事業から生じた利益を原告に分配する。（1条，2条）

（二）D社は，航空機一機を購入して，これをポルトガル航空にリースする事業及び右航空機購入のための借入れその他これに関連する事業を行う。（1条，別紙1）

（三）D社は，原告と平等の条件によって，原告を含む匿名組合員から総計約20億円の出資を受け，匿名組合員は，その出資割合に応じて利益の分配を受け，損失を負担する。（3条，5条）

（四）事業の損益は，基本リース料（ポルトガル航空から支払われるもの）を基本的な収益とし，借入金の利息と減価償却費等を損失とするものであり，契約で定められた一定のネット・キャッシュ・フローに基づいて計算される。（5条，7条，別紙2，別紙3）

（五）事業期間は，平成元年3月1日から12年間とし，D社は，年2期の事業期間ごとに事業損益を確定し，これを組合員に帰属させる。（6条，12条）

（六）匿名組合員は，当該事業期間中に損失が生じ，その損失が出資金額を超過する場合

には，一定の場合に追加出資をする。（8条）
　（七）D社は，善管注意義務をもって事業を遂行するが，事業への出資に基づき匿名組合員が得る結果については何らの保証もしない。（9条）

2　D社は，平成元年2月7日，資本金100万円で設立された，航空機及びその部品のリース業を業とする会社であり，設立に際して発行する株式20株のうち13株を発起人大和ファクター・リース株式会社（以下「大和F社」という。）が引受け，他の発起人6名が1株ずつ引受けるとされている。

3　原告は，被告から，平成元年2月27日，金4億2000万円を，期間2年，利息のみを各月に支払い，2年後に元金を一括弁済するとの約定で借り入れ，内金4億0400万円をD社に出資金として支払った。

4　原告は，平成5年3月30日差出しの内容証明郵便により，D社に対し，本件契約を解除する旨の意思表示をしたが，D社からは，原告の解除は契約上・法律上の解除事由に当らず，合意解除の申し入れとしても受けられないとの返答がなされた。

そして，原告は，更に，代理人名による同年10月20日差出しの内容証明郵便により，再度，右出資金の返還を請求した。

四　争点

以上の事実をもとに，原告は，おおむね次のように主張しており，被告は原告の主張を全面的に争っている。よって，本件の争点は，原告の錯誤の有無（本件契約の有効性）と，D社及び大和F社について，それぞれの法人格が否認され，被告が原告のD社に対する出資金の返還義務を負うかどうかである。

1　本件契約は，錯誤により無効である。すなわち，

（一）出資金名下に支払われた4億0400万円が期間満了前に返還されないこともあるということを，原告は契約の当初認識していなかった。

（二）原告は，契約の相手方は，実際には被告であって，契約名義人となっているD社ではないと思っていた。

（三）いわゆるレバレッジド・リース契約というものは，節税対策のためにあるのであるから，節税の必要がなくなった時点では解約できると思っていた。

（四）実際に原告の出資金により飛行機が購入されて外国の航空会社に飛行機がリースされていない疑いがある。

右のうち，特に，（一）及び（二）の点において，原告には錯誤があり，原告は，当初支払った4億円が返還されないことがあるなどということは全く予想していないことであった，また，原告は，契約の当事者が大手銀行である被告であるからこそ，被告に対する信頼の下に本件契約をなしたのであって，ペーパーカンパニーであるD社と契約するなどということは何ら考えていなかった。

2　D社は，法人登記こそなされているが，独立した従業員も電話もなく，役員は，大和F社の役員が順番に名前を出している状況であり，独立した実体のない会社であって，法人格否認のケースにそのまま当てはまる会社である。

3　大和F社は，被告の子会社として，ファクタリング部門，リース部門などを有し，事実上被告のリース事業部門ともいえ，役員が被告出身者であることはもちろん，その運営においても，被告の指示にしたがい，また，前面的な被告の資金援助の下に運営されている会社である。このように，大和F社は，被告と支配服従の関係にあるものであり，このような場合も一種の法人格の形骸化であって，「支配あるところに責任あり」として，親会

社である被告において責任を取らなければならない場合である。

五 争点に対する判断
1 当裁判所は，本件契約の性質上，Ｄ社の法人格は否認することができず，その点において既に原告の請求は理由がないと判断するものである。
2 本件契約について
　関係証拠によれば，本件契約については，前記「基礎となる事実関係」に摘示した事実の他，以下の事実を認めることができる。
（一）本件契約の内容は，前記「基礎となる事実関係」において摘示したとおりの内容のものであり，いわゆる「レバレッジド・リース契約」（以下ＬＬ契約」という。）といわれる一種の匿名組合契約である。
（二）ＬＬ契約において，リース事業者（本件におけるＤ社）は，航空機を購入し，これを航空会社にリースすることのみを目的とする会社であり，航空機の購入代金の２０ないし３０パーセントを匿名組合員から，その余を金融機関から調達して，航空機を購入し，これを航空会社にリースする事業を行うものである。したがって，右事業により，リース事業者を中心として，おおむね別紙のとおりの法律関係が生じることになる。
（三）リース事業者の事業の収益は，事業が円滑に進んでいる場合には一定額の航空会社からのリース料のみであるのに対して，経費は，右借入金の利息と航空機の減価償却費（定率法によると思われる。）が主なものである。したがって，事業開始の当初は，借入金の利息も航空機の減価償却費も多額になるので，損益計算書上は，大きな損失を生じることになる。しかしながら，事業の経過に伴って，右各経費が減少して，事業継続期間の後半には損益計算書上利益を計上できるようになり，

第５章　ビジネス・スキームの策定と戦略法務

予定された事業継続期間の終期には，支払われたリース料の総額と物件の残余価値とにより，投資金を回収して，利潤を生じることになることが予定されているものである。
（四）これを匿名組合員の側からみた場合には，契約期間（事業継続期間）の前半では，リース事業者の右の損失の負担をしなければならないため，匿名組合員の側にも，大きな投資損失が生じることになる。しかし，その後半では，匿名組合員は，利益の分配を受けて，出資金を回収するとともに，出資金に対する利潤を得ることになる。なお，この損失は，法的には契約に基づく追加出資金の払込債務となり，経理処理上は未払金として計上されるが，支払われるリース料によって，借入金の返済がなされ（なお，リース事業者と金融機関との間のローン契約には，いわゆるノンリコース条項が定められていると説明されている。），その他の経費が賄われている限り，この追加出資金の現実の払込みを求められることはないと思われる。
（五）このように，ＬＬ契約では，契約期間の前半に大きな損失が生じることから，この損失によって，匿名組合員の本来の事業による利益を減少させ，法人税等の負担を軽減することができる。他方，契約期間の後半では，利益の分配を受けることから，法人税等の負担は増加することになるが，その間の時間差を利用して，本来早い時期に納付しなければならなかった法人税等の負担を，ＬＬ契約を利用することにより数年間繰り延べたのと同様の効果を得ることができる。そして，右の課税の繰り延べの効果を利用して，その資金を事業資金として活用することができるという点に，匿名組合員側のメリットが存在する。
（六）本件契約より，Ｄ社は，本件契約に定めたエアバスＡ３１０－３０４型航空機１機（製造番号４９４）を購入し，ポルトガル国

営航空に賃貸されている。また，本件契約に定めたとおり，半年ごとに決算報告書が作成されているが，これによれば，前記認定のとおりの会計処理（営業収益としてリース料収入を計上し，営業費用として減価償却費と支払利息等を計上し，リース料収入をもって長期借入金を返済するとともに，右による損失を匿名組合員に分配する。）が行われていることが窺われる。

3　D社の法的性質について

以上の事実関係に基づいて検討するに，D社は，航空機1機を所有し，これを第三者に賃貸して収益を上げ，長期借入金を返済するとともに，損失を匿名組合員に分配するという経済的活動を行っている。したがって，そこには他と明瞭に区分されて独立した財産と，それによる営業とが存在するということができる。

確かに，原告が主張するように，D社は，資本金も小額で，従業員も物的な意味での事務所も存在せず，役員は親会社たる大和F社の役員が兼務している状態で，会社の組織としては，全くのペーパーカンパニーである。しかしながら，LL契約においては，このようなペーパーカンパニーがリース業者となることは，法技術的に当初から予定されている事柄であり，前記のような節税効果も，このようなペーパーカンパニーがリース事業者となるからこそ可能となるものである（事業による損失と利益を単一の事業のみを営む事業者に集中しなければ，事業継続期間前半における損失の分配はできないと思われる。また，事業資金の20ないし30パーセントを負担するにすぎない匿名組合員団が，減価償却による事業損失の100パーセントを負担することも，右の方法によりはじめて可能になると思われる。）。その意味で，匿名組合員の都合で，D社の法人格を否認することは，LL契約の大前提を揺がすものといわなければならない。

したがって，本件において，D社につき法人格否認の法理を適用することはできない。

4　原告のその他の主張について

以上により，原告の請求が理由のないことは明白である。しかしながら，原告の主張に鑑み，その他の主張についても簡単に裁判所の判断を示すことにする。

（一）大和F社について

原告の請求は，D社の親会社である大和F社についても，その法人格を否認しなければ理由のないものである。この点に関する原告の主張は，親会社と子会社の関係において，支配服従の関係があれば，法人格否認の法理を適用できるというものである。しかしながら，原告のいうような支配服従の関係は，法人格否認の法理の適用の要件である，法人格の形骸化又は濫用のいずれにも直ちには該当しない。のみならず，大和F社は，相当の資本金を有し，株主も被告だけでなく分散しており，独立した事務所と従業員を擁して，銀行業務とは別の独立した事業を営んでいるものと認められる。

よって，大和F社の法人格を否認することはできない。

（二）錯誤の主張について

原告は，前記争点に記載のとおり，原告の錯誤について，幾つかの主張をしている。

ところで，甲一五（原告経理部課長Tの陳述書）によれば，同人は，被告社員（被告の主張によれば，被告池袋支店相談課主任）の村上から，甲一三（シュミレーション表）を示されて，少なくともLL契約による収支関係の説明を受けており，また，甲一（被告国際金融部作成のパンフレット）も受領していることが明らかである。そして，事業経営者，あるいは経理担当者としてのごく一般的な知

第5章　ビジネス・スキームの策定と戦略法務

識をもって，甲一を通続して甲一三をみれば，ＬＬ契約が，長期の契約期間による事業の遂行を通じて，課税の繰り延べと出資金に対する利潤を生むものであること，出資金の返還が保証されないこと，匿名組合員の都合による中途解約ができないこと（リース料はもっぱら借入金の返済と匿名組合員への分配に回されるため，リース事業者には解約に応じるための資金の準備がなく，解約による出資金の一括返還は，現実的に困難である。）は，それぞれ容易に理解できるところといわなければならない。

以上のことからすれば，現在の証拠関係からしても，原告に，原告が主張するような錯誤があったとは到底考えられない。

また，仮に真実そのような誤解があったとすれば，それは原告代表者の事業経営者としての能力，あるいは経理担当者の担当者としての能力の著しい欠如によるものといわざるを得ず，原告に重大な過失があることが明らかである。（事業者には事業者なりの能力と理解が要求されるのであって，本件を世事に疎い老人に投資を勧誘したような事案と同一に扱うことはできない。）

なお，匿名組合員において出資金の回収ができない場合とは，リース物件使用者（レッシー）の破産の場合に限られており（航空機の墜落（全損）の場合には保険により，半壊の場合にはレッシーの負担により，中途解約の場合にはレッシーの負担する損害金により匿名組合員に損害が及ばない仕組みになっている。），レッシーが航空会社であることを考えれば，ＬＬ契約は，投資としては安全性の高い部類に属するものということができ，原告が，本件訴訟において出資金が返還されない危険があることを強調するのは，当を得ない主張というべきである。したがって，証券投資や商品投機の事案と異なり，本件においては，右の点を錯誤の内容として重視することはできない。

（三）本件契約の相手方が被告であると認識していたとの主張について

原告は，本件契約の相手方が被告であると認識していたと主張し，これを錯誤の一内容とするとともに，被告に対する請求の根拠ともしているようである。しかしながら，甲三には，契約の相手方としてＤ社が明示されているし，甲一五によれば，原告の担当者は，「Ｄ社というのは，リース契約のテクニック上登場したただのペーパーカンパニーであると思っていた」というのである（これは，それなりに正しい認識であるといえる。）。のみならず，原告は，被告から出資金を借入れているのであって，これは本件契約の相手方が被告であるとすることと明白に矛盾する事実といわなければならない。そうすると，原告が，本件契約の相手方をＤ社であると認識していたことは明らかである。原告の主張は，本件契約が，被告及びその系列会社である大和Ｆ社の信用に依存していることを言い替えたものにすぎないというべきであり，錯誤の主張は失当である。

六　以上のとおりであって，原告の請求は理由がない。

（裁判官　松本清隆）

【課題】　上記の航空機ＬＬ契約訴訟事件判決を読んで，以下の問いについて検討しなさい。
　Ｑ１　ＬＬ契約の基本的な構造と匿名組合員になる企業にとっての戦略的意味について説明しなさい。

Q2　本判決を読んだ範囲で，法的な工夫を戦略的に活用しようとする企業が留意すべき点について，指摘せよ。

Q3　本件において，あなたが顧問弁護士として原告から本訴提起の相談を受けたとしたら，あなたはどのように助言するか。

第6章　契約をめぐる問題と紛争解決法務

　予防法務を推し進めても，相手方のあるビジネス活動では紛争が生じる場合があるのは止むを得ないところである。しかし，紛争ないしその予兆が生じたときに，とくにその初期段階でどのように対処するかが，その後の解決に重要な影響を及ぼす。また紛争の進展具合によって，どのような解決方法を取ってゆくのが妥当かという問題もある。この章では，具体的なソフトウェア開発契約等をめぐる裁判例やマンション建設工事契約の履行過程で生じた地盤をめぐる困難な課題への取り組み例を取り上げ，問題の分析，具体的な対応方法の選択，紛争解決のための交渉や訴訟などの法的対応について検討するとともに，紛争を生じないようにするための契約書の在り方について考える。

1　ビジネス契約と紛争解決

> 【課題】　ビジネス契約と紛争解決の問題を考える際に踏まえておくべき主要な事項は，以下のようなものであろう。各自，具体的にイメージしながら検討してみられたい。
> （1）契約と契約書
> 　①　契約書は何のために作成するのか。
> 　　　a）当事者間での意味　b）自社内での意味　c）時間の経過と関係者の記憶
> 　　　d）裁判のときに
> 　②　契約書における（不）明確性と柔軟性はどうあるべきか。
> 　③　契約書調印の前後における交渉過程，契約書外の事情はどのように影響するか。
> 　④　契約書の「別紙」「仕様書」などはどのような意義を有するか。
> （2）紛争化の要因にはどのようなものがあるか。
> 　①　不履行　②　同床異夢　③　事情変動　④　不均衡　⑤　その他
> （3）紛争解決のプロセスはどのようなものか。また，どのように取り組むべきか。
> 　①　紛争化の初期段階における的確な状況認識と対応
> 　②　相手方と顔を合わせる解決努力（対話の場の再構築）　③　弁護士の関与
> 　④　民間ADRの利用　⑤　裁判所調停の利用　⑥　訴訟の利用

2　ソフトウェア開発契約をめぐる紛争と解決のプロセス

> 【課題】　ソフトウェア開発をめぐる紛争の発生要因や解決プロセスの在り方を検討するため，以下の判決を読んで，事実経過，争点，裁判所の判断をまとめなさい。

● 名古屋地裁平成16年1月28日判決（判例集未登載）

原告　自治体
被告　大手ベンダー，同関連会社

主　文

1　原告の請求をいずれも棄却する。
2　原告は，被告NCSに対し，505万8719円及びこれに対する平成12年2月2日から支払済みまで年6分の割合による金員を支払え。
3　被告NCSのその余の請求を棄却する。
4　訴訟費用は，原告と被告NECとの間においては全部原告の負担とし，原告と被告NCSとの間においては，本訴反訴を通じ，被告NCSに生じた費用の5分の2を被告NCSの負担とし，被告NCSに生じたその余の費用及び原告に生じた費用を原告の負担とする。
5　この判決は，第2項に限り，仮に執行することができる。

事実及び理由

第1　当事者の求めた裁判

1　本訴について
（1）請求の趣旨
ア　被告らは，原告に対し，連帯して2億3569万4711円及びこれに対する平成11年10月9日から支払済みまで年6分の割合による金員を支払え。
イ　訴訟費用は被告らの負担とする。
ウ　仮執行宣言
（2）請求の趣旨に対する答弁　＜略：いずれも請求棄却の裁判を求めた＞
2　反訴について
（1）請求の趣旨
ア　原告は，被告NCSに対し，1億円及びこれに対する平成12年2月2日から支払済みまで年6分の割合による金員を支払え。
イ　訴訟費用は原告の負担とする。
ウ　仮執行宣言
（2）請求の趣旨に対する答弁　＜略：請求棄却の裁判を求めた＞

第2　事案の概要

1　本件は，行政事務のシステム化を図った原告と被告らとの間での同システムにかかわる紛争であり，本訴及び反訴から成る。
（1）（本訴）原告は，原告と被告らとの間に，
（ア）主位的にシステム全体の開発・納入等を目的とする基本契約が存すると主張し，
（イ）予備的に，個別のシステムの開発・納入等を目的とする個別契約が存する，又は住民記録・税関連システムの開発・納入等を目的とする契約が存すると主張し，〔1〕-1上記基本契約の債務不履行に基づく損害の賠償を，〔1〕-2上記個別契約に付された解除条件が被告らの責めに帰すべき事由により成就

したことに基づく損害の賠償を，〔1〕－3住民記録・税関連システムの開発・納入等を目的とする契約の債務不履行に基づく損害の賠償を，〔2〕上記個別契約の錯誤無効を主張し，不当利得の返還を，〔3〕上記個別契約の締結に関して被告らに詐欺行為があったと主張し，不法行為に基づく損害の賠償を，被告NECについては，さらに，〔4〕被告NECが上記基本契約等の各契約の当事者ではないとしても，被告NECは，被告NCSが上記各契約に関連して負担する債務につき商法23条又は同条の類推適用により連帯責任を負うと主張し，損害等の賠償を請求するとして，被告らに対し，2億3569万4711円及びこれに対する本訴状送達の日以降である平成11年10月9日から支払済みまでの商事法定利率年6分の割合による遅延損害金の支払を求める。

（2）（反訴）被告NCSは，上記システムの導入に関連して，原告との間で，〔1〕システム機器等の保守契約を締結したと主張し，同契約に基づく保守料を，〔2〕住民記録システム及び人事・給与システムにつきカスタマイズ契約を締結したと主張し，同契約に基づくカスタマイズ費用を，税関連システムにつき，〔3〕－1主位的に，請負契約を締結したと主張し，同契約に基づく請負代金を，〔3〕－2予備的に，契約締結上の過失又は不法行為に基づく損害賠償を請求するとして，原告に対し，1億円及びこれに対する反訴状送達の日の翌日である平成12年2月2日から支払済みまでの商事法定利率年6分の割合による遅延損害金の支払を求める。

（3）本訴及び反訴は，いずれも一部請求である。

2　前提となる事実（争いのない事実及び証拠により容易に認定可能な事実）

（1）原告は，愛知県海部郡内の地方自治体である。

被告NECは，通信機器，コンピューターその他の電子機器及び電子デバイスの製造，販売及びこれに関連するサービスの提供等を目的とする株式会社である。

被告NCSは，コンピューター・ソフトウェアの開発，ソフトウェア・パッケージの開発・販売等を目的とする株式会社である。

（2）原告は，従前，日本電子計算株式会社（以下「JIP」という。）に対して外部委託していた税関連業務をはじめとする電算業務の処理について，経済性や効率性の観点等から見直すため，平成6年7月ころ，原告職員から成る「プロジェクトチーム」を編成して内部検討を始め，平成7年5月ころ，被告らを含むコンピューター業界有力業者に対して資料の提供を求めた。

被告らは，上記資料請求に対し，平成7年5月31日付けの「蟹江町総合行政情報システムご提案書」（甲16号証）を共同で提出した。

（3）原告は，平成7年11月，「総合行政情報システム」（以下「本件総合システム」という。）を導入する方針を打ち出した。その概要は，以下のとおりである。

ア　基本事項

〔1〕現在委託処理している業務を自庁に持ち込み，システムの一元化を図る。

〔2〕拡張性，経済性に富み，かつ効率的なシステムを導入する。

イ　新システムの仕様

〔1〕ハードウェアに関しては，クライアント・サーバ方式を採用する。

〔2〕ソフトウェアに関しては，パッケージソフトの標準機能を極力活用し，また，原課において市販ソフトを活用した帳票作成ができるようにする。

ウ　導入システムの業務範囲

〔1〕統合OAシステム（電子メール，電子掲示板，スケジュール管理等）
〔2〕財務会計システム（予算編成，予算執行，決算書，起債等）
〔3〕住民記録・税関連システム（住民記録関係，税関係，健康管理，老人医療，児童手当，農家台帳，保育，水道料金等）
〔4〕人事・給与システム（給与，人事記録等）

エ　新システムの導入時期
〔1〕統合OAシステム及び財務会計システム（平成8年度，平成9年度）
〔2〕住民記録・税関連システム及び人事・給与システム（平成9年度，平成10年度）

（4）原告は，平成7年11月6日，被告らを含む5社（被告らを1社と数える。）に対し，本件総合システムに関する前記概要等を記載した「総合行政情報システム導入に関する提案書の提出について（依頼）」と題する書面（甲1号証。以下「本件提案依頼書」という。）を交付し，提案書及び見積書の提出を求めた。

被告らは，同月20日付けの「御提案書」（甲2号証。以下「本件提案書」という。）及び「御見積書」（甲3号証。以下「本件見積書」という。）を原告に共同で提出した。

原告は，同月24日から同年12月6日までの間に，上記5社の担当者を招いて，提案内容に関する説明会（以下「本件説明会」という。）を開いた。

（5）原告は，被告らの提案を採用する旨の平成8年1月24日付けの書面（甲15号証。以下「本件採用通知」という。）を，被告NCSに対して送付した。

（6）その後，原告と被告NCSは，本件総合システムの具体的な導入方法等について協議し，原告に納入されたシステム機器等につき，原告と日本電気リース株式会社（以下「NECリース」という。）がリース契約を締結するとともに，原告と被告NCSが保守契約を締結することとした。

（7）原告は，平成8年3月22日，蟹江町指名業者審査委員会において，統合OAシステム及び財務会計システムの保守委託，パソコン等機器の保守委託，財務会計データセットアップ委託について，被告NCSを指名業者とすることを決定した（乙ロ9号証）。

原告は，同年5月13日，蟹江町指名業者審査委員会において，借上業務について，NECリースを指名業者とすることを決定した。

（8）被告NCSは，統合OAシステム及び財務会計システムについて，パッケージソフト等のソフトウェアを被告NEC製のコンピューター等のハード機器にセットアップし，これらを原告に引き渡した。

原告とNECリースは，平成8年8月30日付けで，上記統合OAシステム及び財務会計システムを構成するソフトウェア及びハード機器等につき，リース契約を締結した（甲5及び甲6号証）。

原告と被告NCSは，上記統合OAシステム及び財務会計システムを構成するソフトウェア及びハード機器等につき，保守契約を締結した。

上記各システムは，同年10月1日から稼働することとなった。

（9）ア　被告NCSは，住民記録・税関連システムのうちの税関連システム以外の部分（以下「住民記録システム」という。）及び人事・給与システムについて，ソフトウェアに必要なカスタマイズを加えたうえでハード機器にセットアップし，これらを原告に引き渡した。

イ　原告とNECリースは，平成9年12月1日付けで，上記住民記録システムを構成するソフトウェア及びハード機器等につき，リース契約を締結した（甲7ないし11号証）。

原告と被告NCSは，上記住民記録システムを構成するソフトウェア及びハード機器等につき，保守契約を締結した。

住民記録システムは，同日から稼働することとなった。

ウ　原告とNECリースは，同10年2月1日付けで，上記人事・給与システムを構成するソフトウェア及びハード機器等につき，リース契約を締結した(甲12及び甲13号証)。

原告と被告NCSは，上記人事・給与システムを構成するソフトウェア及びハード機器等につき，保守契約を締結した。

人事・給与システムは，同日から稼働することとなった。

(10) このほかにも，原告は，被告NCSから，財務出先システム，プロジェクタ，栄養計算システム，消防OAシステム等の提供を受けて，それぞれ，NECリースとの間でリース契約を，被告NCSとの間で保守契約を締結し，順次稼働されることとなった。

原告と被告NCSが締結した平成10年度における保守契約は，別紙平成10年度保守契約一覧のとおりである(乙イ1ないし24号証)。

(11) ア　原告と被告NCSは，平成11年4月1日，以下に記載する裁断機等についての保守契約(以下「本件裁断機等保守契約」という。)を締結した。

業務内容　連続フォームバスター・インースタッカー・スクリプトラベル貼付機，クーポンステッチャー・シュレッダー機械保守業務

保守料　月額9万3975円(消費税含む)

契約期間　平成11年4月1日から平成12年3月31日まで支払方法当月分を請求後，30日以内に支払う。

イ　被告NCSは，平成11年4月から8月まで，上記平成10年度における保守契約と同内容の保守業務及び本件裁断機等保守契約に基づく保守業務を行った。

被告NCSは，平成11年9月から11月まで，住民記録システム，マルチサーバーシステム，ハイレゾ・ノートPCについてのソフト及びハードウェアに関する保守業務(別紙平成10年度保守契約一覧1(3)，同(7)，同(8)，2(4)，同(5)及び同(7)に記載する業務に相当するもの。以下「本件住民記録システムに関する保守業務」という。)を除き，上記平成10年度における保守契約と同内容の保守業務を行った。

ウ　原告は，平成11年12月24日，被告NCSに対し，平成11年4月ないし10月分の保守料として1147万9273円を支払った。

(12) 原告と被告NCSは，上記住民記録及び人事・給与システムの導入と前後して，税関連システムの仕様確認作業に着手したが，同システムは，結局稼働するに至らなかった。

また，原告は，住民記録システムについても，後日運用を停止した。

第3　当事者の主張　＜略＞

第4　当裁判所の判断

1　前提となる事実，甲1ないし3，27，30，59ないし62，66，67号証，乙イ1ないし24号証，乙イ25号証の1及び2，乙イ27ないし32，乙イ59号証の1及び2，乙イ62，63，66，67号証，証人C，同D及び同Eの各証言，原告代表者町長Aの供述，並びに弁論の全趣旨によると，以下の事実が認められる。

(1) ア　本件で原告が導入を目指した「総合行政情報システム『NEOSOCIA』」は，本件提案書等によれば，「住民情報システム，内部情報システム，文化情報システムを中核

にして，総合行政情報システムを体系化」（甲61号証）したシステムであって，被告NECが開発したものである。本件においてNEOSOCIAを構成するパッケージソフトは，統合OAシステムについては「STAROFFICE」，財務会計システムについては「PC-LAFOCS」，住民記録・税関連システムについては「COKAS-N」，人事・給与システムについては「SOLIST」であって，「PC-LAFOCS」は被告NCSが開発したものであるが，その他は被告NECが開発したものである。

また，本件で提案されているコンピューター等のハード機器の多くは，被告NECの製品である。

イ　本件提案書には，「提案のポイント」として，「NEOSOCIAを構成する各パッケージは全て，当社の自治体専任組織『公共システム事業部パッケージ開発部』により開発され」ているため，「全庁的な『横断』システムが実現可能になります。」（「総合行政情報システム『NEOSOCIA』による全庁統一的なシステム構築」）との記載がある（9頁ないし11頁）。

ウ　「COKAS-N」は，本件提案書によれば，「住記，印鑑，税等，市区町村における住民情報関連業務全般を処理するシステム」であって，住民基本システム，住記バッチシステム，税オンラインシステム，税バッチシステム等のサブシステムを持ち（23頁），住民記録，印鑑登録，外国人登録等の業務間において，個人情報の一元管理等が可能である（35頁ないし47頁）。また，各サブシステムは，事業計画に応じて，必要な業務を選択したり，段階的に導入していくことができる（甲62号証）。

本件総合システム導入について原告と交渉した被告NCS名古屋支社は，本件以前において，COKAS-Nを自治体に納入したことがなかった。

（2）ア　本件提案依頼書には，「パッケージソフトの導入の際には，パッケージの標準機能を極力活用するという前提に，ご提案をいただいておりますので，画面・帳票の変更，プログラムロジックの変更等，町独自のカスタマイズが必要となる際に発生する費用につきましては，選定業者との打合せの上算出するものとし，今回の費用算出ではカスタマイズに要する費用は不要とします。」との記載がある。

イ　本件提案書には，本件総合システムを構成する各システムの開発，導入作業として，仕様確認（現行業務のまとめ・分析，パッケージの詳細説明，パッケージと現稼働システムの相違点抽出），システム構築（パッケージの必須作業（パラメーター設定等），パッケージのカスタマイズ作業（追加機能の決定及び修正作業）），テスト（テストデータの生成，総合テスト，テスト結果の照合・確認），マスタセットアップ（マスタ移行に関しての検討及び移行作業），操作研修・運用準備（システムの運用計画作成，操作研修）等が記載されている（212頁ないし219頁）。

また，開発方法として，「〈ステップ1〉仕様確認伝票，台帳等管理方法の検討，関連業務との調整，使用項目・出力帳票の決定等，本パッケージを適用するための調査・分析を行います。」，「〈ステップ2〉システム構築豊富な自治体システムの開発実績に培われた，パッケージシステムとして開発されていますので，標準機能のままでも十分にご利用いただけます。しかしながら，仕様確認の結果，一部機能の変更等が必要な場合，標準機能との差異について，修正・変更，機能の追加を行います。」（195頁），「仕様確認／システム構築においては，当社では，お客様と当社

SEの打合わせに『プロトタイピング』の手法を採用します。これは，仕様の打ち合わせにおいて，口頭や紙を中心とした資料での確認では，SEとお客様の間で認識違いや仕様の確認漏れといったトラブルが発生が予想され，この点を認識した上で，仕様の打ち合わせ時パッケージで提供される帳票サンプルや，画面のレイアウト・各項目データの表示方法など，実際に実物を見ながら確認していただく方法を採用しています。」（196頁）との記載がある。

（3）アパッケージソフト（基本パッケージ）とは，特定の業種において一般的に必要とされる機能を盛り込んだ既存の標準ソフトウェアのことである。需用者の求める最大公約数的な機能を盛り込んでいることから，多数の需用者に販売することが可能であって，開発費用を多数の需用者で少しずつ負担し合う結果となり，廉価となる。

カスタマイズとは，カスタム化，つまり「お客様仕様」という意味であり，パッケージソフトの機能をユーザーの希望に応じて追加又は変更することをいう。

イ　本件においては，統合OAシステム及び財務会計システムについてはパッケージソフトをそのまま使用してシステムが導入され，カスタマイズは行われなかったが，住民記録システムについては，後述する追加カスタマイズに関するものを除き，約2760万円の，人事・給与システムについては約270万円のカスタマイズ費用が発生した。

（4）原告と被告NCSの税関連システムに関する打合せ状況は，以下のとおりである。

ア　原告は，平成8年7月15日，被告NCSに現行業務の帳票サンプル等を交付し，被告NCSとの間で，同年11月ころ，各税別の業務内容の確認と現行帳票の内容確認作業を行った。

原告は，平成9年6月ころ，被告NCSに対し，税システムに関する打合せの早期実現と新システムにおける帳票サンプルの提出を依頼した。

イ　原告と被告NCSは，平成9年10月ころから，各税目単位の打合せを開始した。

ウ　固定資産税に関しては，平成9年10月16日から同10年1月8日までの間に12回の打合せが行われた。

（ア）この間，現行システムとCOKAS－Nの対応帳票の確認作業が行われた。同作業の資料として，被告NCSは，COKAS‐Nの帳票レイアウトを用いたが，帳票レイアウトではわかりにくいと感じた原告税務課職員ら（以下「原課」という。）は，被告NCSに対し，再三にわたり，帳票サンプルの提出を依頼した。しかし，被告NCSは，帳票サンプルを入手できず，これを原告に提出できなかった。

（イ）原課は，COKAS‐Nでは対応する帳票がないもの，又は形式等が異なる帳票について，現行帳票の必要性等を説明した。これに対し，被告NCSの担当者は，同人らにとってカスタマイズをすることを意味する「はい，解りました」とか「改造します」と答えることが多く，また，COKAS‐Nの既存の他の帳票を使用したり，オンライン画面により検索をする等の代替案を示すこともあったが，帳票サンプルやCOKAS‐Nを実際に操作して見せるなどすることができなかったため，原課の理解を得ることができなかった。このような状況の中，被告NCSがカスタマイズしなければ原課の要望に沿うことができないと判断する事項が多数にのぼったが，原課は，被告NCSの担当者に対し，再三にわたり「今できていることはカスタマイズに当たらないので，原告に費用を請求してもらっては困る」旨伝えた。これに対し，

被告NCS担当者は,「最後に調整します。」と答えた。

エ　被告NCSは, 平成10年1月13日及び同月14日, 原告役場内において, COKAS-Nのデモンストレーションを行った。原課は, 軽自動車税, 住民税, 固定資産税に関するデモンストレーションにおいて, 現行業務の手順に従った画面展開をすることなどを要求したが, 被告NCSがこれらを実行できていないと感じ, デモンストレーションは失敗に終わったものと判断した。

このデモンストレーション以外に, デモンストレーションや, 実際のCOKAS-Nを操作しての仕様確認は行われなかった。

オ　原課は, 平成10年1月14日, 町長に対し, 上記COKAS-Nのデモンストレーションが失敗に終わった旨報告するとともに, 原課が繁忙期に入っているため, 被告NCSとの打合せを一時中断したい旨伝えた。

町長は, 原課より, COKAS-Nの導入自体を再検討したいという申出を受け, 原課との間で, 同年2月4日, 「税システムの導入に伴う検討会」を行い, 被告NCSとの打合せを一時中断することを決めた。

被告NCSは, 同年2月12日, 原課に対して, 打合せの再開を申し出たが, 原課は, 繁忙期であることを理由に断った。

カ　原告と被告NCSは, 平成10年3月4日, 町長, 原課, 被告NCS担当者, 被告NEC営業担当のFらが出席し, 被告NCSの作成にかかる「税システムの本番稼働に向けて」(甲28号証) に基づき, 打合せの再開等について協議した。

被告NCSは, 同月20日, 町長に対し, 税システム導入に関する打合せの再開を申入れた。町長は, 被告NCSに対し, 打合せ再開の要件として, 住民税及び固定資産税に関するシステムの導入経験者を打合せに参加さ せること, 今度失敗したら後がないことを伝えた。

町長は, 同年4月8日, 原課に対し, 被告NCSとの打合せ再開を打診した。これに対し, 原課は, COKAS-N税システムの導入に否定的な意見を述べたが, 被告NCSがカスタマイズなしのパッケージソフトを納入することを条件に, 同意した。

キ　原告は, 平成10年5月14日, 被告NCSに対し, 当座のカスタマイズ費用として, データ移行費とは別途に, 4000万円の予算を確保した旨説明した。

ク　原課と被告NCSは, 平成10年5月21日から同年6月8日までの間, 仕様確認等の打合せを行った。この打合せには, 税システム導入経験者として, 被告NCS大阪及び被告NECのシステムエンジニアが参加した。

ケ　被告NCSは, 平成10年6月11日, 町長に対し, 原課との打合せ作業が終了した旨報告し, また, カスタマイズを要する項目の一覧表を提出するとともに, カスタマイズ項目が膨大であるため, 平成10年度内のシステム稼働がスケジュール的に極めて厳しい状況であることを伝えた。町長は, 被告NCSに対し, カスタマイズ項目に重要度に応じたランク付けをすることを指示した。

被告NCSは, カスタマイズ項目のランク付けを行った上, 同月17日, 町長に対し, 上記一覧表にランク付けを記載した「税システムカスタマイズ項目一覧」(乙イ31号証) 及び「税システム工数見積り (第1版)」(乙イ32号証) を提出し, 同月19日までに回答をするように要求した。

町長は, 同月19日, 被告NCSに対し, 「税システムカスタマイズ項目一覧」(乙イ31号証) に記載された事項のうち, Aランクが付された事項につき, カスタマイズ作業に

入ることに同意した（以下「本件同意」という。）。

　原課は，町長から上記「税システムカスタマイズ項目一覧」（乙イ31号証）を見せられ，町長に対し，被告NCSとの打合せは終了していないし，カスタマイズ項目として挙がっているもののなかに，原課が承諾していないものがあって，承諾できない旨申し入れ，また，被告NCSに対し，カスタマイズ項目を町長と被告NCSが勝手に決めた旨の苦情を申し入れた。

　コ　被告NCSは，平成10年7月2日，原告に対し，被告NECに対する現行パッケージの機能強化を依頼することで工数を削減し，「税システム工数見積り（第1版）」（乙イ32号証）で示した金額から5375万円の費用を削減できることが見込まれるが，原告の関係予算6200万円（カスタマイズ費用関係4000万円，データ移行費用関係2200万円）との間では，いまだ3980万円を調整できない旨を報告する書面（甲27号証）を提出した。

　サ　被告NCSは，原告に対し，平成10年8月11日付け「税システム開発におけるペンディング事項」，同月19日付け「税業務データコンバートご検証時期のお願い」（乙イ66号証）と題する書面を提出し，平成11年度からのシステム導入を前提とする作業日程を示したが，原課の納得を得られなかった。

　原課は，同月27日，町長に対し，「NCSでは11年度課税不可能見込みの理由書」を示しながら，平成11年度から新システムにより課税業務を行うことは困難であることを説明し，同日，被告NCSに対しても，これを伝えた。

　被告NECは，平成10年9月3日，原課から税関連システムの導入作業の現況について聞き取り調査を行った。この席で，原課から，被告NCSは，税業務の知識がなく，又原告の現行業務とCOKAS－N税システムの違いを説明できないことなどから，被告NCSへの信頼を無くしたこと，原課は，被告NCSに対し，同年4月の時点で，基本的にノンカスタマイズの方向で検討する旨話し，帳票サンプルの提示を求めたが，被告NCSは，帳票サンプルを見て，それぞれの項目に何が入るかの説明もできなかったこと，導入作業に関する詳細な日程が同年8月になって提示されたこと，しかも，日程は原課との打合せにより決定されるべきはずのものであるが，被告NCSが一方的に決定したこと，現在提示されている作業日程では，どんなにがんばってもシステムの平成11年1月からの本番稼働は無理であると思われること，機能面についても被告NCSから一方的に提示されているが，原課としては，現段階で帳票も見ていないので，何がどのように違うのか十分分からないこと，などの問題点が指摘された。

　被告NCSは，平成10年9月17日，原告に対し，「税システム導入に関する確認事項に対するご回答（第二版）」（乙イ67号証）を提出し，原告から，システム開発費用について，税システム及びその他（児童・保育等）を含め，当初提案時の3666万3000円の範囲で納めることなどを要望されているが，〔1〕3666万3000円はパッケージの基本価格であってカスタマイズ費用は別途必要であること，及びその他（児童・保育等）については現在仕様確認中であり，見積り不可能であるが，税システムと同等程度になると予測されること，〔2〕カスタマイズが必要な部分については，平成10年6月19日付けで町長から了解を得ていること，〔3〕以上の前提条件を含め，原告として平成11年1月本稼働についての回答を9月25日までに

求めたいことなどを報告した。

原告は，被告NCSに対し，同年9月30日をもって，税関連システムの開発，導入を一時中断する旨伝えた。

原告は，蟹江町役場平成10年12月全員協議会（同月4日開催）において，税関連システムを平成11年度から使用することを断念し，引き続き平成13年度までJIPへの業務委託を継続することを報告した。

（5）原告は，平成11年6月4日，被告NCSに対し，住民記録システムについても再度JIPに業務委託する予定であることを伝えた。

被告NCSは，原告に対し，平成11年7月7日付け「住民情報システム一元化ご方針に関する問合せ（お願い）」（乙イ25号証の2）を送付し，再度JIPに委託する業務の範囲，日程，住民記録システム機器の委託後の扱い等について回答を求めた。

原告は，被告NCSに対し，同年8月19日付け「住民情報システム一元化ご方針に関する問合せについて（回答）」（乙イ25号証の1）を送付し，COKAS−Nの運用を同年9月1日から停止する予定であること，及び同日以降のハード及びソフトの保守契約を打ち切る予定であることを通知した。

2 本訴について

（1）本件基本契約の履行不能に基づく損害賠償請求について

ア 前記認定事実によると，原告は，本件総合システムを導入するに当たり，パッケージソフトを極力活用し，カスタマイズは必要最小限に抑えるとの基本方針を有していたことが認められるが，同時に，カスタマイズが必要となることがあり得ることも想定していたことが認められる。

イ 弁論の全趣旨によると，本件総合システムの導入に際して締結されるような，業務用コンピューターソフトの作成やカスタマイズを目的とする請負契約は，業者とユーザー間の仕様確認等の交渉を経て，業者から仕様書及び見積書などが提示され，これをユーザーが承認して発注することにより相互の債権債務の内容が確定したところで成立するに至るのが通常であると考えられる。前記に認定したところによると，本件において，被告らが，本件提案書を作成するに当たり原告の業務内容等につき原告と打合せをするなどして十分に検討した事実は認められず，また，原告においても，被告らから本件提案書等を受領してから被告NCSに採用通知を送付するまでの間，被告らの提案するシステムを導入するにあたり，パッケージソフトのカスタマイズを要するか否か，カスタマイズを要するとしてどのような内容，程度のものが必要となるか，これに要する費用がどの程度となるか等につき，具体的に検討した事実は認められず，これらの点について検討し，確定させるのは，専ら，その後の仕様確認等の交渉を経てされることが予定されていたものであることが推認される。

原告は，本件提案書等の提出をもって，被告らによる契約の申込みである旨主張するが，本件提案書は，上述のとおり，被告らにおいて原告の業務内容等を十分に検討した上で作成されたものとは認められない上，その内容は必ずしも具体的でなく，原告らの要望に即した形で被告ら及びその提供するシステム等の概要及び長所を紹介したものとの域を出ないともいい得る。また，原告は，被告NCSに対する本件採用通知の送付をもって，契約の申込みに対する承諾である旨主張するが，上記のとおり，本件提案書の内容は必ずしも具体的ではないのであるから，何について承諾をしたといえるのかが明確でなく，むしろ，本件採用通知の送付は，今後本件総合システ

ムの導入を委託する業者として交渉していく相手方を被告NCSに決定したことを意味するに止まるものと解するのが相当である。以上によると，本件においては，原告と被告NCSとの間で，個別のシステム又はプログラム等につき，仕様確認等の交渉を経て，カスタマイズの有無，カスタマイズの範囲及び費用等につき合意がされた時点で，契約として成立することが予定されていたものというべきである。

ウ　そうすると，原告が被告NCSに対して本件採用通知を送付したことをもって，原告と被告らとの間で，本件提案書及び本件見積書等に記載された内容に沿った一定の合意がされたとみる余地があるとしても，その合意内容は，原告が被告らに対してその履行を強制し，あるいはその不履行に対して直ちに損害賠償を請求することができるような性質のものということはできないし，また，それらが可能であるという程度に特定又は具体化されていたということもできない。

その他，本件提案書等の内容又はこれに沿う内容の合意が，その不履行に対して損害賠償等を請求できる性質のものであるとか，これらが可能な程度に特定又は具体化されていたものと認めるに足りる証拠は存しない。

エ　したがって，本件基本契約の履行不能に基づく損害賠償請求に係る主張は，その余の点について判断するまでもなく，理由がない。

（２）本件各個別契約に係る損害賠償請求について

ア　前記認定事実によると，原告は，統合OAシステム，財務会計システム，住民記録システム及び人事給与システムを導入するに当たって，専ら被告NCSとの間で仕様確認等の打合せを行ったこと，また，被告NCSは，上記各システムについてカスタマイズやセットアップなどの作業を行ったことが認められ，被告NECがこれらの作業を行ったことは認められないところ，本件各証拠及び弁論の全趣旨によると，原告が本件各個別契約を締結した相手方は被告NCSであることが認められ，被告NECが同契約の当事者となったことを認めるに足りる証拠は存しない。したがって，被告NECに対する請求には理由がない。

イ　また，以下に検討するとおり，本件各個別契約を締結するにあたり，原告と被告NCSとの間で，原告の主張するような解除条件の合意があったものと解することはできない。

（ア）原告は，本件提案書の内容等によると，原告が本件総合システムを導入しようとした動機が，各個別システムが一体として稼働すること，そのようなシステムがカスタマイズ無しのパッケージソフトの納入で実現できることにあり，これを被告らも熟知していたことが認められ，このことをもって解除条件の合意があったと法的に評価すべき根拠である旨主張する。

（イ）この点，確かに，本件提案書（甲２号証）には，「総合行政情報システム『ＮＥＯＳ　ＯＣＩＡ』による全庁統一的なシステム構築」とか「豊富な自治体システムの開発実績に培われた，パッケージシステムとして開発されていますので，標準機能のままでも十分にご利用いただけます。」などの記載があり，前記認定事実によると，原告がこれらについて期待を抱いていたことがうかがわれる。

（ウ）しかしながら，前記認定事実及び弁論の全趣旨によれば，本件総合システムを構成する各システムは，それぞれが独立したシステムであって，本件総合システム全体が完成しなければ稼働できないというものではなく，また，システム全体が完成しなければ本件各

個別契約の目的を達成することができないとまでは直ちにいえないこと，原告が当初からカスタマイズが必要となり得ることを想定していたことが認められることに加え，仮に，原告が主張するような解除条件が存在し，同条件が成就したとすると，当該時点までに行われたカスタマイズ等の作業はすべて無駄になることなどを考え併せると，原告及び被告NCSが，上記解除条件を約定したものと認めることはできない。

その他，上記解除条件の約定が存在し，又は同約定が存在したと解すべき根拠となる事実を認めるに足りる証拠は存しない。

（エ）したがって，解除条件の約定の存在を前提とする被告NCSに対する請求は，その余の点について判断するまでもなく，理由がない。

（3）住民記録・税関連システム作成契約の債務不履行に基づく損害賠償請求について

ア　上記認定事実によると，原告と被告NCSは，住民記録・税関連システムのうち，住民記録システム部分について，税関連システムとは独立して，仕様確認，カスタマイズ及びセットアップ等を行ったこと，その後，税関連システムについて仕様確認作業が始められたことが認められ，これによれば，原告と被告NCSは，住民記録システムと税関連システムとは別個に契約を締結したものであることが推認される。

イ　原告は，住民記録システムと税関連システムは，一体性の強いシステムであって，一つの請負契約の目的とされた旨主張する。

この点，確かに，両システムについては，データの共通項も多く，システムの一元化による一括管理が望ましいことは被告NCSも認めるところである。

しかしながら，本件における契約は，原告と被告NCSとの間で，個々のシステム等につき，それぞれ仕様確認等を経て，カスタマイズの内容及び費用等について合意がされた時点で成立したものとみるべきであることは前述のとおりであるし，前記認定のとおり，現に本件において住民記録システムが税関連システムに先行して稼働していたように，両システムは，それぞれ独立では稼働しないとか不可分一体であるとまではいえない。

ウ　したがって，住民記録システムと税関連システムの作成を目的とする一つの請負契約が成立したことを前提とする原告の請求は，その余の点について判断するまでもなく，理由がない。

（4）不当利得返還請求について

ア　この点に関する原告の主張は，本件各個別契約の締結に当たり，被告らが，いつ，どの様にして原告主張の事項を約束したとする趣旨であるのか明確でないといわざるを得ない。仮に，それが本件提案書の提示等を指すのであれば，前述のとおり，本件提案書の内容は，直ちに具体的な履行を強制できるような性質のものとはいい難いものであり，これをもって直ちに本件各個別契約の要素になるものと解することはできない。

その他，原告の主張する事項が本件各個別契約の要素とされたことを認めるに足りる証拠は存しない。

なお，原告は，本件パッケージシステムの性能に欠陥がある旨主張する。しかし，証人E及び同Dの各証言並びに弁論の全趣旨によると，ＮＥＯＳＯＣＩＡを構成するパッケージソフトは相当数の市町村に導入されていることが認められるところであり，本件各証拠によっても原告の上記主張を認めることはできない。

イ　したがって，本件各個別契約が錯誤により無効であることを前提とする不当利得返還請求は，その前提を認めることができず，

その余の点について判断するまでもなく，理由がない。

（5）不法行為に基づく損害賠償請求について

ア　この点に関する原告の主張は，本件各個別契約の締結に当たり，被告らが，いつ，どの様にして原告主張の事項を申し述べたとする趣旨であるのか明確でないといわざるを得ない。仮に，それが本件提案書の提示等のことを指すのであれば，前述のとおり，本件提案書の内容は，直ちに具体的な履行を強制できるような性質のものとはいい難いものであるから，事実に反する部分があったとしても，これをもって直ちに違法な欺罔行為であるとか，不法行為であるということはできない。

その他，本件において，被告らが本件各個別契約を締結するにあたり不法行為を行ったことを認めるに足る証拠はない。

なお，本件パッケージシステムの性能に欠陥がある旨の原告の主張を採用できないことは前述のとおりである。

イ　したがって，不法行為に基づく損害賠償請求は，その余の点について判断するまでもなく，理由がない。

（6）被告NECに対する商法23条に基づく請求について

ア　上述のとおり，原告が本件各個別契約を締結した相手は被告NCSであることが認められるところ，被告NCSが同NECの商号を使用したり，COKAS－Nの商標を使用したことを認めることはできず，また，乙ロ5，7及び13号証によって認められる以下の事実によれば，原告も本件各個別契約の相手が被告NCSであることを理解していたことが認められる。

（ア）平成10年第4回蟹江町議会定例会（同年12月15日開催）において，Bは，被告NECと同NCSの関係について，「私どもに提案をされたのが，NCSとNECということで，いわゆるパッケージとハードウェアはNECの製品を使いまして，実際にもしカスタマイズとか稼働とかそういうものの業務につきましては，保守もそうでありますけれども，NCSが担当をするということでの提案でありました。」と発言している。

（イ）平成11年第2回蟹江町議会定例会（同年6月14日開催）において，町長は，「当初平成8年3月，この情報化を進めるときに，既にNCSが契約相手だよということでご説明をさせていただきました。」と発言し，Bは，蟹江町議会議員の「平成8年6月の全員協議会の時点で，NECはハードの会社でございます。NCSはそのハードを運用するシステムの会社です。ということの説明を受けているはずです。これだけもう一度情報課長に確認をお願いしたいと思います。」との質問を受けて，「平成8年6月議会の協議会の資料のことだと思いますけれども，業者の概要ということで日本コンピューター・システム，いわゆるNCSを決定をしたというご報告を申し上げております。」，「新システム等の内容の中で，基幹業務系についてはNEC社のネオソシヤを使っていくよと。統合OAについてはスターオフィスを使っていきますよというような説明をいたしたところであります。」と発言している。

（ウ）蟹江町役場平成11年6月全員協議会（同月7日開催）において，町長は，「契約書は最初の提案の，これは情報課長も言いましたけれども，提案書がNEC・NCSですけれども，実際の支払い行為の相手はNCSですから，結局契約の相手はNCSだというふうに，契約書はないけれども，NCSだということで，まず。それは前ずっと説明したとおりですから。」と発言している。

イ したがって，本件において商法23条が問題となる余地はなく，同条に基づく請求は理由がない。

3 反訴について

(1) 保守契約に基づく未収保守料支払請求について

ア 被告NCSは，原告に対し，平成11年4月ないし11月分の保守料の支払を請求するところ，前提となる事実，甲19号証，甲20号証の1ないし18，甲21号証，乙イ34ないし58号証及び弁論の全趣旨によれば，被告NCSは，平成11年度に入ってからも，同10年度に引き続き，同10年度に締結した保守契約における保守業務と同様の保守業務を行っていたこと，同保守業務に関し，契約期間を同11年4月1日から同12年3月31日までとする契約書が作成されたこと，原告は，同11年12月24日，被告NCSに対し，(ア)上記契約書を作成した保守業務及び本件裁断機等保守契約に基づく保守業務についての同年4月ないし8月分の保守料997万1835円（月額199万4367円×5か月）並びに(イ)同保守業務のうち，本件住民記録システムに関する保守業務及び本件裁断機等保守契約に基づく保守業務についての保守料（月額124万0648円）を除く，同年9月及び10月分の保守料150万7438円（月額（199万4367円－124万0648円）×2か月）の合計1147万9273円を支払ったことが認められる。これによれば，原告と被告NCSは，同11年度におけるシステム機器等の保守業務について，本件裁断機等保守契約のほか，平成10年度の保守契約と同内容の保守業務につき，期間を同年4月1日から同12年3月31日までとする保守契約（以下，本件裁断機等保守契約と併せて「本件平成11年度各保守契約」という。）を締結すること

に合意していたことが認められるが，被告NCSが，平成11年9月1日以降，本件住民記録システムに関する保守業務の履行の提供をした事実を認めるに足りる証拠はない。

イ そうすると，原告が本件平成11年度各保守契約に基づいて被告NCSに対して支払うべき同年4月ないし11月分の保守料は，4月ないし8月分の997万1835円及び，本件住民記録システムに関する保守業務及び本件裁断機等保守契約に基づく保守業務分を除く，9月ないし11月分の226万1157円（月額（199万4367円－124万0648円）×3か月）の合計1223万2992円となるが，前記のとおり，原告は，被告NCSに対し，平成11年12月24日に1147万9273円を支払ったので，未払額は75万3719円となる。

ウ したがって，保守契約に基づく未収保守料請求は，75万3719円の限度で理由があるが，その余については理由がない。

(2) 住民記録システム及び人事・給与システムに関するカスタマイズ契約に基づくカスタマイズ費用請求について

ア 住民記録システム「COKAS-N」サブプログラムについて

(ア) 乙イ27ないし29号証によれば，被告NCSは，原告に対し，住民記録システム「COKAS-N」サブプログラムの追加カスタマイズに関し，カスタマイズ費用を355万円（消費税別）とする平成9年9月1日付け「御見積書」（乙イ27号証）を提出し，原告は，被告NCSに対し，同内容の同月2日付け「注文書」（乙イ28号証）を交付したこと，被告NCSは，上記追加カスタマイズを完了して原告に納入し，原告は，被告NCSに対し，平成9年10月31日付け「検収書」（乙イ29号証）を交付したことが認められる。これによれば，原告と被告NCSは，

住民記録システム「COKAS－N」サブプログラム追加カスタマイズについて，カスタマイズ費用を３５５万円（消費税別）とするカスタマイズ契約を締結したこと，被告ＮＣＳは，同契約に基づき，カスタマイズを完了し，これを原告に納入したことが認められる。そうすると，原告には，被告ＮＣＳに対し，同契約に基づき，カスタマイズ費用として３５５万円（消費税別）を支払う義務がある。

（イ）原告は，上記追加カスタマイズは，被告ＮＣＳがこれより以前に行ったカスタマイズの修正又は改良にすぎず，これに要する費用も以前のカスタマイズ費用に含まれており，上記追加カスタマイズについてはリース契約が締結されていないことなどによれば，被告ＮＣＳも上記追加カスタマイズ費用が以前に行われたカスタマイズの費用に含まれていることを承知していた旨主張する。しかし，原告がリース契約を締結しなかったからといって，被告ＮＣＳも上記追加カスタマイズ費用が以前に行われたカスタマイズの費用に含まれていることを承知していたと認めることはできない。そして，上記金額の記載された見積書，注文書及び検収書が作成されていることからすれば，原告と被告ＮＣＳ間においては，上記追加カスタマイズが上記見積書に記載されたとおりの費用のかかるものであることを前提としていたものと考えられる。

イ　国民年金システムサブプログラムについて

（ア）乙イ３０号証及び弁論の全趣旨によれば，被告ＮＣＳは，原告に対し，国民年金システムサブプログラムの追加カスタマイズについて，平成１１年２月２５日，カスタマイズ費用を５５万円（消費税別）とする「御見積書」（乙イ３０号証）を提出し，原告は，被告ＮＣＳに対し，同年５月２８日，これを発注したこと，被告ＮＣＳは，同年６月８日及び同月９日，これを原告に納入し，同日，原告はこれを検収したことが認められる。これによれば，原告と被告ＮＣＳは，国民年金システムサブプログラムの追加カスタマイズに関し，同年５月２８日，カスタマイズ費用を５５万円（消費税別）とするカスタマイズ契約を締結したこと，被告ＮＣＳは，同契約に基づき，カスタマイズを完了し，これを原告に納入したことが認められる。

そうすると，原告には，被告ＮＣＳに対し，同契約に基づき，カスタマイズ費用として５５万円（消費税別）を支払う義務がある。

（イ）原告は，本件基本契約と独立して個々のカスタマイズが請負契約の目的となるものではないとか，被告ＮＣＳは本件基本契約に違反しているからカスタマイズ費用を支払う義務がないなどと主張するが，いずれも独自の見解であって採用できない。

（３）税関連システム請負契約に基づく請負代金請求について

ア　被告ＮＣＳは，平成１０年６月１９日に原告との間で本件税関連システム請負契約が成立した旨主張するところ，確かに，前記のとおり，同日町長が被告ＮＣＳに対して，本件同意により，「税システムカストマイズ項目一覧」に記載された事項のうちのＡランクが付された事項についてカスタマイズ作業に入ることに同意したことが認められる。しかし，前記認定事実によると，原告の原課の担当者が，被告ＮＣＳに対し，「今できていることはカスタマイズに当たらないので，原告に費用を請求してもらっては困る」旨再三伝えており，また，税関連システムについてのカスタマイズ費用として確保できている予算は４０００万円にすぎないことを伝えていたこと，原告と被告ＮＣＳとの間で，同日以降もカスタマイズ費用について交渉がされていること，原課から被告ＮＣＳに対し，カスタマ

イズ項目を町長と被告ＮＣＳが勝手に決めた旨の苦情が申入れられていること，原告から被告ＮＣＳに対し注文書が交付されていないことが認められるのである。上記認定事実に照らすと，原告と被告ＮＣＳとの間では，税関連システムに係るカスタマイズの範囲及び費用の負担についての理解に大きな隔たりが存したままであったことがうかがわれ，更にその費用について原告の確保できる予算額と被告ＮＣＳの算出した金額との間にも大きな差が存しており，この金額の差については被告ＮＣＳの担当者も十分に認識していたことがうかがわれる。以上に検討したところによると，本件同意において，カスタマイズの範囲及び費用について明確な合意がされたものと認めることはできず，本件同意をもって本件税関連システム請負契約が成立したものと解することはできない。他に上記契約が成立したことを認めるに足りる証拠は存しない。

イ　そうすると，本件において，被告ＮＣＳが主張する，カスタマイズ費用等合計１億７１４６万５０００円とする本件税関連システム請負契約が成立したとは認められないから，同契約が成立したことを前提とする被告ＮＣＳの主張は，その余の点について判断するまでもなく，理由がない。

（４）契約締結上の過失又は不法行為に基づく損害賠償請求について

ア　本件においては，上記認定のとおり，結局，原告と被告ＮＣＳとの間で，カスタマイズ費用について折り合いがつかなかったことなどが原因で，税関連システム請負契約は成立しなかったものといわざるを得ない。

イ　被告ＮＣＳは，原告と被告ＮＣＳとの間の上記契約の準備は十二分に進捗し，被告ＮＣＳにおいて将来に向けての人員配置等も手配済みであったことなどからすれば，原告には同契約の成立に努めるべき信義則上の義務があるところ，原告は，同義務に違反した旨主張する。

しかしながら，上記認定事実によれば，原告と被告ＮＣＳとの間でカスタマイズの範囲及び費用の負担についての理解などに大きな隔たりがあり，被告ＮＣＳにおいて，カスタマイズ費用について被告ＮＣＳが主張する金額での合意ができない可能性があることは十分に予測し得たものと考えられること，被告ＮＣＳが，カスタマイズ費用について明確に合意ができたとはいえない状況でカスタマイズ作業に入らざるを得なかったのは，原課との仕様確認作業が予定の期間に終了せず，平成１１年１月のシステム稼働を実現するために早急にカスタマイズ作業に着手する必要があったためであるところ，仕様確認作業が予定の期間に終わらなかったのは，被告ＮＣＳ名古屋支社にＣＯＫＡＳ－Ｎの導入経験がなく，また，原課が要望するＣＯＫＡＳ－Ｎの帳票サンプルやＣＯＫＡＳ－Ｎを実際に使用した打合せを行うことができなかったことなどから，原課の納得を得られる内容の説明等ができなかったことなどに原因があることが認められることを考え併せると，原告に被告ＮＣＳの主張する信義則上の義務の違反があったものと認めることはできない。

ウ　したがって，被告ＮＣＳの契約締結上の過失又は不法行為に基づく損害賠償請求は理由がない。

（５）以上によれば，被告ＮＣＳの原告に対する反訴請求は，〔１〕保守契約に基づく未収保守料請求として７５万３７１９円，〔２〕住民記録システム「ＣＯＫＡＳ－Ｎ」サブプログラムの追加カスタマイズ費用として３７２万７５００円（消費税込み），〔３〕国民年金システムサブプログラムの追加カスタマイズ費用として５７万７５００円（消費税込み）の合計５０５万８７１９円の限度で理由があ

る。

なお，本件反訴状が平成12年2月1日に送達されたことは本件記録上明らかである。

第5 結論

以上のとおりであって，本訴請求については，理由がないから棄却し，反訴請求については，505万8719円及びこれに対する平成12年2月2日から支払済みまで年6分の割合の金員の支払を求める限度で理由があるからこれを認容するとともにその余の請求を棄却し，訴訟費用の負担について民事訴訟法61条，64条，65条を，仮執行宣言について同法259条をそれぞれ適用し，主文のとおり判決する。

　　名古屋地方裁判所民事第4部
　　　（裁判長裁判官　佐久間邦夫
　　裁判官　樋口英明　裁判官　及川勝広）

（別紙）
平成10年度保守契約一覧　　＜略＞

【課題】　以上のシステム開発事件判決を読んで，以下の質問について考えてみよう。
Q1　システム開発の発注段階で相談を受けた場合，弁護士または法務部としてどのような助言をするか。特に以下の項目について，開発をする側及び受注する側のそれぞれの立場で検討しなさい。
　①　契約のスキームや方法には，どのようなものが考えられるか
　②　開発するシステムそのものに関して，どのような点に留意すべきか
　③　当該システムの知的財産権の帰属についてどのように考えるか
　④　開発する側の責任の範囲はどう考えるか
Q2　システム開発が進められたが，発注者側としては，障害が多く，また機能も不十分で，契約していた期限までにシステムがカットオーバーできないという場合，発注者側から相談を受けた弁護士又は法務部としては，どのような助言をするか。
Q3　システム開発をめぐって紛争が生じた場合，その解決のプロセスとしてどのような路が考えられるか。それぞれのメリットとデメリットを検討せよ。
Q4　開発について債務不履行が認められる場合，発注者側はどのような範囲で受託者の責任を追及することができるだろうか。

3　著作物創作の委託と契約

【課題】　次の最高裁判決を読んで，事案の概要，争点，及び争点に対する最高裁の判断をまとめなさい。

● **最高裁平成15年4月11日第二小法廷判決**（判例時報1822号133頁）

上告人　アニメーション製作会社　　　　被上告人　中国人デザイナー

主　文

原判決中上告人敗訴部分を破棄する。

前項の部分につき本件を東京高等裁判所に差し戻す。

理　由

上告代理人奥野雅彦，同丸山敦朗の上告受理申立て理由第2の2ないし4について

1　原審の確定した事実関係の概要は，次のとおりである。

（1）　上告人は，アニメーション等の企画，撮影等を業とする株式会社である。被上告人は，中華人民共和国国籍のデザイナーである。

（2）　被上告人は，平成4年ころから，アニメーションの製作スタジオを経営する香港の会社に在職しており，日本のアニメーション製作技術を習得することを希望していた。上告人の代表者は，同社に出資していたことが契機となって被上告人を知り，被上告人の希望の実現に協力することにした。

被上告人は，平成5年7月15日に来日して同年10月1日に出国した後，同月31日に来日して同6年1月29日に出国し，さらに，同年5月15日に来日し，それ以降我が国に滞在した。この1回目及び2回目の来日はいわゆる観光ビザによるもの，3回目の来日はいわゆる就労ビザによるものであった（以下，それぞれの来日を「1回目の来日」などという。）。

（3）　被上告人は，1回目の来日の直後から，上告人の従業員宅に賄い付きで居住し（その費用は上告人が負担した。），上告人のオフィスにおいて作業をした。被上告人は，上告人から，1回目及び2回目の来日期間並びに各来日の後に帰国した期間を含む平成5年8月分から同6年2月分までとして，毎月，基本給名目で12万円（これに加え，同5年8月分は特別手当名目で5万円）の支給を受けた。ただし，雇用保険料，所得税等の控除はされていなかった。上告人は，上記各支払の都度，その内訳を明記した給料支払明細書を被上告人に交付していた。なお，この当時，被上告人につきタイムカードや欠勤届，外出届等による勤務管理はされていなかった。

（4）　被上告人は，1回目の来日をした平成5年7月ころから3回目の来日後である同6年11月ころまでの間，上告人が企画したアニメーション作品等のキャラクターとして用いるために，原判決別紙物件目録記載の図画を作成した。このうち，同目録中の番号一ないし六，八，九及び一九ないし二三の各図画（以下「本件図画」と総称する。）は3回目の来日前に作成されたものである。

上告人は，本件図画を使用して，70ミリ・シージー・ステイション・シミュレーション・ライド・フィルム「アール・ジー・ビー・アドベンチャー」（以下「本件アニメーション作品」という。）を製作し，これを日本国内のテーマパークにおいて上映した。被上告人の氏名は，本件アニメーション作品に本件図画の著作者として表示されていない。

（5）　被上告人は，上告人に対し，平成8年6月6日付けで退職届を提出した。

2　本件は，被上告人が，本件図画についての著作権及び著作者人格権に基づいて，上告人に対し，本件アニメーション作品の頒布等の差止め及び損害賠償を求めた訴訟である。上告人は，本件図画は被上告人が上告人との間の雇用契約に基づいて職務上作成したものであるから，著作権法15条1項の規定により，その著作者は上告人であると主張した。

3　原審は，次のとおり判断して，被上告人の請求を一部認容した。

1回目と2回目の来日には，被上告人がいわゆる就労ビザを取得していなかったこと，

上告人が被上告人に対し就業規則を示して勤務条件を説明したと認められないこと，雇用契約書の存在等の雇用契約の成立を示す明確な客観的証拠がないこと，雇用保険料，所得税等が控除されていなかったこと，タイムカード等による勤務管理がされていなかったことに照らすと，3回目の来日前に，上告人と被上告人との間に雇用契約が成立したと認めることはできない。したがって，本件図画は被上告人が上告人の業務に従事する者として作成したものではなく，上告人がその著作者であるとすることはできないから，上告人による本件アニメーション作品の製作等は，被上告人の著作権及び著作者人格権の侵害に当たる。

4 しかしながら，原審の上記判断は是認することができない。その理由は，次のとおりである。

（1） 著作権法15条1項は，法人等において，その業務に従事する者が指揮監督下における職務の遂行として法人等の発意に基づいて著作物を作成し，これが法人等の名義で公表されるという実態があることにかんがみ，同項所定の著作物の著作者を法人等とする旨を規定したものである。同項の規定により法人等が著作者とされるためには，著作物を作成した者が「法人等の業務に従事する者」であることを要する。そして，法人等と雇用関係にある者がこれに当たることは明らかであるが，雇用関係の存否が争われた場合には，同項の「法人等の業務に従事する者」に当たるか否かは，法人等と著作物を作成した者との関係を実質的にみたときに，法人等の指揮監督下において労務を提供するという実態にあり，法人等がその者に対して支払う金銭が労務提供の対価であると評価できるかどうかを，業務態様，指揮監督の有無，対価の額及び支払方法等に関する具体的事情を総合的に考慮して，判断すべきものと解するのが相当である。

（2） これを本件についてみると，上述のとおり，被上告人は，1回目の来日の直後から，上告人の従業員宅に居住し，上告人のオフィスで作業を行い，上告人から毎月基本給名目で一定額の金銭の支払を受け，給料支払明細書も受領していたのであり，しかも，被上告人は，上告人の企画したアニメーション作品等に使用するものとして本件図画を作成したのである。

これらの事実は，被上告人が上告人の指揮監督下で労務を提供し，その対価として金銭の支払を受けていたことをうかがわせるものとみるべきである。ところが，原審は，被上告人の在留資格の種別，雇用契約書の存否，雇用保険料，所得税等の控除の有無等といった形式的な事由を主たる根拠として，上記の具体的事情を考慮することなく，また，被上告人が上告人のオフィスでした作業について，上告人がその作業内容，方法等について指揮監督をしていたかどうかを確定することなく，直ちに3回目の来日前における雇用関係の存在を否定したのである。そうすると，原判決には，著作権法15条1項にいう「法人等の業務に従事する者」の解釈適用を誤った違法があるといわざるを得ず，論旨は理由がある。

5 以上によれば，原審の判断には，判決に影響を及ぼすことが明らかな法令の違反があり，原判決中上告人敗訴部分は破棄を免れない。そして，前記の点につき更に審理を尽くさせるため，上記部分につき本件を原審に差し戻すこととする。

よって，裁判官全員一致の意見で，主文のとおり判決する。
（裁判長裁判官　梶谷　玄　裁判官　福田　博　裁判官　北川弘治　裁判官　亀山継夫　裁判官　滝井繁男）

【課題】　上記の最高裁判決を読んで，以下の質問について考えてみよう。
　Q1　個人に仕事を依頼する場合の法的なスキームには，どのようなものが考えられるか。
　Q2　前問のスキームの違いによって，法的な効果としてはどのような点に違いが生じるか。
　Q3　本件でデザイナーに委託した企業としては，どのような点に留意すべきであったか。どのような対処をすればよかったか。

4　契約履行過程で生じる困難な課題への取り組み——マンション建築工事請負契約

【課題】　以下に掲げる事案を読んで，契約履行過程で生じる困難な課題の解決にどのように取り組むべきか，民間（旧四会）連合協定の工事請負契約約款（後に関係条文を掲出）を参照しつつ検討しなさい。また，本件の困難な事案が以下に示された内容の和解による解決に至ったのはなぜであろうか，考えてみよう。

● マンション建設工事請負をめぐる紛争事案

〔編注：以下の事例は，小塙毅比古氏（新日本製鐵のエンジニアリング事業本部で契約管理を担当する部長）が，桐蔭横浜大学法科大学院の授業（梅澤担当）において，講演された際に示されたものである。〕

（1）　マンション・デベロッパーX（以下「発注者X」という。）は，建設業者Y（以下「請負者Y」という。）に，マンション用地の造成とマンション建設を注文した。これに先立ち，発注者Xはマンション用地の地盤調査とマンションの建築設計を各々別の業者に委託し，この結果得られた地盤調査報告書と工事仕様書・建築設計図を複数の請負者候補に交付して入札を招請した（競争入札）。

（2）　請負者Yは，発注者Xが交付した地盤調査報告書（簡易なボーリングデータ）と工事仕様書・建築設計図をもとに見積りをし，入札した後，数次の交渉を経て合意に至り，発注者Xと工事請負契約を締結した。この契約の一般的な契約条件は，民間（旧四会）連合協定約款であった。なお，発注者Xは，本約款9条にいう「監理者」として上記マンションの建築設計を行った業者Wを指名した。

（3）　このマンション建設のためには，マンション用地が崖状になっているため，これを縦に切り土して山留め工事を行うという土地造成が必要であり，請負者Yは発注者Xから交付された地盤調査報告書を信頼し，これに基づき早速比較的簡易な工法で山留め工事に取りかかった。なお，請負者Yは，自己の工事監理の下，施工を下請負者Zに請負わせた。

（4）　土地造成工事の途上，小さな崩落事故等はあったが，請負者Yはこの原因を重大と考えず工事を進めたところ，ある時点で防災上無視できない水の湧出と山留め工事部分の一部崩落事故，さらには崖の上にあるマンション敷地のひび割れ等が生じた。請負者Yは，これでは崖の上の背面地盤の崩落等の重大災害に発展しかねないと判断し，発注者Xに工事の中断と，応急の防災措置（地盤動向

の継続的観測を含む）および地盤の再調査を実施する旨，通告するとともに，これらに伴う増加費用の負担を求めた。

（5） 数ヶ月に亘る地盤調査の結果，ここの地層は，「急傾斜の流れ磐」，「高圧の被圧水」，「潜在亀裂」の存在する，土地造成工事をするには極めて難しい地盤構造を有することが判明した。そのため，この土地造成工事をするには，費用のかかる大掛かりな工法（切り土した崖の壁部分に垂直に隙間無く鋼管矢板を打ち込み山留めする工法）の採用が必要であると請負者Yは判断し，発注者Xと協議の上，その工法による山留め工事を再開することとし，併せてそのための増加費用を請求した。

（6） しかしながら，上記工法による山留め工事再開後，間もなく再び地盤に異変が生じ（打ち込んだ鋼管矢板頭部の変異，崖の上にあるマンション敷地のひび割れの再発），請負者Yは，これ以上切り土をして造成工事を進めるのは危険であると判断し，工事を再び中断して，発注者Xにマンション設計の変更（これ以上切り土をしなくてもよい範囲に部屋数を削減する等の変更）を求めるとともに，更なる応急の防災措置（地盤動向の継続的観測を含む）を講じることとして，この増加費用を請求した。

（7） 発注者Xは，このような設計変更をすればこのマンション分譲事業の採算がたたないとして，①当初の設計通りのマンションを完成し発注者Xに引き渡す義務が請負者Yにある旨の確認と②請負者Yの工事遅延等による損害賠償を求める訴えを地方裁判所に提起した。

> 注 立証責任の問題－本件のような義務確認の訴訟において，義務確認を求める原告（発注者X）側が先ず義務存在の根拠たる事由（事実）を立証すべきか，被告（請負者Y）側が先ず義務の不存在の根拠たる事由（事実）を立証すべきかという点が問題となる。
>
> 本件では，裁判所は，現に工事が中断し，建物の完成引渡しが大幅に遅延しているような状況下では，先ずは被告（請負者Y）側にて，上記①の請求に対しては，現時点では当初設計通りの建物を建設することは不能であるため，被告（請負者Y）に上記完成引渡義務がないこと，また上記②の請求に対しては，本件工事の遅延につき被告（請負者Y）に帰責事由がないこと，を立証すべきであるとした。つまり，このような「履行不能」や「被告（請負者Y）の帰責事由の不存在」という事実が真偽不明の場合（「ノン・リケット」という）には，被告（請負者Y）は，原告（発注者X）が確認請求している義務の履行を免れるという法律効果の発生が認められないという危険または不利益を負わされていることになり，このような危険または不利益を免れようとする被告（請負者Y）側が立証責任を負うべきとされるものである。

（8） その後，法廷において，弁論準備手続（民訴法168条～174条）および進行協議（民訴規則95条）が進められ，また，Yの下請負者Zが補助参加（民訴法43条～46条）することも決まった。鑑定に付託される前までに，弁論準備手続および進行協議の過程で明らかになった主要な争点は以下の4点である。

ア．本件土地造成工事は，現状において続行不能であるか否か。また，原始的に不能であったのか。すなわち本件マンション用地の具体的な地盤の特質等の条件の下では，山留め工事の施工が不可能であったため，当初設計

どおりの建物を建築することは，もともと不可能であったと評価できるか。

　＜発注者Ｘの主張＞

　本約款第１条は，請負者Ｙが本約款および添付の設計図・仕様書にもとづいてこの契約を履行し，工事を完成して引き渡す義務があることを定め，さらに仕様書において，請負者Ｙは，その責任において工法等を含む工事の計画・内容を決定し，安全・防災を確保しつつ工事を履行すべきこと（責任施工）が定められている。また，設計図・仕様書に適合しない工事については，請負者Ｙは，工期を延長することなくこれを自らの費用で改造する義務がある（本約款第１７条１項）。従って，請負者Ｙは，本件建物を当初設計通りに完成し，発注者Ｘに引き渡す義務がある。

　＜請負者Ｙの主張＞

　①　現状において本件土地造成工事を続行することは，近隣や本件工事作業者の安全に重大な損傷をもたらす危険があり，かつ，他のより安全な工法を採用した場合，莫大な費用と長期の工期を要し，また安全性の確保も充分保障されない。従って，安全・防災上も，また経済上も続行不能である（本約款第１８条，１９条）。

　②　さらに，本件土地造成工事中に請負者Ｙが実施した詳細な地盤調査の結果，本件マンション用地の地盤は「急傾斜の流れ磐」，「高圧の被圧水」，「潜在亀裂」の存在する本件造成工事をするには極めて難しい地盤構造を有することが判明した。このような地盤条件の下で，当初設計どおりの建物を完成するためには，土地造成工事に莫大な費用と長期の工期を要し，かつ安全性の確保も充分保障されない。従って，安全・防災上も，また経済上も，当初設計どおりに建物を完成し引き渡すことは原始的に不能である。

　③　上記不能の状態は，本約款第１６条の設計変更を求めるべき事態であり，また，第２８条，２９条に定める工期の変更，請負金額の変更を求めてよい状況に該当するので，請負者Ｙは，ここにあらためて当初設計を変更して建物の建設が可能になるよう本件工事内容変更のための協議開始を求める。

イ．（仮に上記アで，請負者Ｙの主張が認められない場合，あるいは認められるとしても請負者Ｙに過失ありとされた場合）請負者Ｙは，工事遅延につき債務不履行責任を負うか。請負者Ｙの責めに帰すべからざる事由に基づくものとはいえないか。請負者Ｙは，本件マンション用地の地盤状態について，自らの責任で着工前に追加調査すべきであったか。

　＜発注者Ｘの主張＞

　①　本件土地造成工事は請負者Ｙの責任施工であり，また発注者Ｘが請負者Ｙに対し，その施工条件等につき特段の指示・命令したことはない。施工者たる請負者Ｙは，背面地盤の崩壊の危険を惹起しないために，本件マンション用地の地盤の地質分布や構造に関する地質解析，各地層ごとの地下水存在状況や水位・水頭等を充分に調査・解析・検討した上で，山留め工事の工法を選択し，施工計画をたてなければならないという義務があるところ，請負者Ｙはこの義務を怠った。

　②　請負者Ｙは，本件地盤の地盤性状に何ら意を用いることなく，工事に着手し，工事の各過程においても場当たり的に工法の選択を含む工事計画をたて，工事を続行してきたものであり，適切に履行していない。

　＜請負者Ｙの主張＞

　①　本件マンション用地の地盤条件は，

契約締結後に完成される仕事の範囲や施工方法を明確にする上で，また，契約締結に際して工事代金額・工期等の契約条件を決定する上でも，最重要情報であり，本件工事請負契約締結の基礎かつ前提となる事実情報である。したがって，本件マンション用地所有者であり，かつ，本件工事に先立ち本件マンション用地の開発・造成に必要な各許可を取得し，また，本件建物の設計をも自らの側で行い，建築確認を取得した発注者Xにおいては，本件工事請負契約締結前の引合・見積段階で，契約締結や契約実現の客観的判断条件である本件地盤情報を調査して，正確な情報・条件を請負人になろうとする者に提供すべき義務があったというべきである（本約款第16条，32条）。

② 請負者Yは，契約締結の準備段階で発注者Xから交付を受けた地盤情報に実態と異なる重大な瑕疵があったものであるから，これを信頼して工事の計画をたて（工法選択を含む），施工したことについて，なんら責められる点はない。また，工事の計画や実施の各段階においても，その時々の情報・条件に基づきこれらを誠実に行ってきたものであり，何ら過誤はない。

ウ．（仮に上記イで請負者Yが債務不履行責任ありとされる場合）請負者Yに賠償させるべき本件工事遅延と相当因果関係にある損害はいくらか。

＜発注者Xの主張＞

請負者Yは，発注者Xに対して，請負者Yの債務不履行による工事遅延による損害として，① 本約款第30条1項に定める違約金，② 発注者Xのマンション分譲顧客に対する分譲契約解約に伴う手付金倍返し等の損害，③ マンション販売関係費等（モデルルーム代，広告宣伝費，仲介業者への仲介手数料等），④ 本件マンション用地購入に係わる金額の回収遅延利息，を賠償しなければならない。

＜請負者Yの主張＞

① 遅延につき請負者Yに債務不履行責任はない。

② 逆に，発注者Xは，請負者Yに対して，本件土地造成工事の増加費用（応急防災工事費，追加地盤調査費，工法変更による増加費用，工程の長期化に伴う現場経費の増加費用等）を支払わなければならない（本約款第16条，18条，19条，29条）。

エ．恒久防災工事の必要性

現状の応急的防災工事で一応地盤は安定しているが，本件訴訟の提起により長い期間工事の進行が止まると予想されるに至った現時点においては，本件訴訟の進行と並行して，より確実な防災工事を早急に発注者X・請負者Yで協議の上，協同で取り組む必要があるのではないか。

（9） 鑑定付託の手続きと鑑定結果

上記の争点を判断するためには，地質学および土木工学上の技術的鑑定が必要であるとして，裁判官は，発注者X・請負者Y双方から意見を聴取した上，地質学の専門家2名，土木工学の専門家1名を鑑定人に選定するとともに，発注者Xおよび請負者Yの過失割合を含む鑑定項目を決定し鑑定人に提示した（民訴法212条〜218条）。なお，鑑定費用は発注者X・請負者Y間で折半して負担することとされた。

鑑定結果の骨子は以下の通りであった。

① 当初計画通りの施工は可能であったか否か

経済上および工期上は，当初計画どおり建築することは不可能であったと判断されるが，技術上・安全上の観点から不可能であるとは言い切れない。

② 本件工事が中止に至った根本的原因

大きく以下の4つの事項を主要な原因としてあげたが，bとcは請負者Yの行為であり，請負者として相当でないとした。

　a　本件マンション用地の地質構造が特殊な断層直上域にあり，高圧の被圧地下水が存在していたこと。
　b　発注者Xによる地盤調査結果（引合・見積段階で請負者側に交付されたボーリングデータ）が，実際の地質と違うことに，施工者たる請負者Yが気付くのが遅すぎたこと。
　c　請負者Yの施工中の現場地盤に関する動向観測体制が，実際の施工方法に反映される仕組みになっていなかったこと。
　d　発注者Xが選任した施工監理者Wが怠慢で，上記のような現場の施工体制に関し適切に助言・指導しなかったこと。
　③　上記原因からみた，本件工事が中止に至ったことに対する技術的見地からの発注者X・請負者Y間の過失割合は概ね50対50である。
（10）　和解に至る経緯・結果
　上記鑑定結果を受けて，裁判官は，発注者X・請負者Yの近隣住民や行政に対する社会的責任や，恒久的防災工事の必要性を強調し（防災工事の実施は，判決の場合，強制力を持ちがたい），双方に強力かつ熱心に和解を勧告し，指導力を発揮した（民訴法89条，265条，267条）。
　和解で最も難航したのは，
　①　発注者Xが，住宅用地としての利用価値がなくなった本件土地を請負者Yが引き取るよう主張したのに対し，請負者Yがこれを強く拒否したこと，
　②　恒久防災工事を，誰が，行政・近隣住民との調整を含め，主体的に進めるかの問題について，発注者Xは，請負者Yがその負担と責任で実施すべきと強力に主張したのに対し，請負者Yは双方の負担と責任で協同で実施すべきと主張したこと，ならびに
　③　双方の主張する損害賠償金の扱い
であった。
　ここで，裁判官は，本件マンション用地の引き取り問題で，地質の専門家である鑑定人の所属組織がこれを無償で引き取り，地質の試験所を建てるとともに，本件マンション用地の地盤・地下水等の動向を観測するという案を，上記鑑定人の所属組織の同意を得た上で，発注者Xと請負者Yに提案し，本件における一番の難問に解決の道がつくことになり，一気に和解へと向かうこととなった。
　なお，本件マンション用地の引き取り問題や恒久防災工事の内容については，事前に，請負者Yと鑑定人の所属組織が協同で行政や近隣住民に説明の上了解を得るとともに，裁判官立会いのもと，裁判所で，発注者X・請負者Y・鑑定人の所属組織の三者が近隣住民への説明会を催した。
　和解内容は以下のとおりである。
　①　請負者Yは，発注者Xに対し，本件マンション用地購入代金の一部に相当する金額を一括金として支払う。
　②　発注者Xは，鑑定人の所属組織に本件マンション用地を無償で譲渡し，鑑定人の所属組織は，これを地質試験所用地として利用するとともに，本件マンション用地の地盤・地下水等の動向を継続的に観測する。
　③　請負者Yは，本件マンション用地の恒久防災工事を，自らの費用と責任で実施し（住民の同意・行政からの関連許可等取得を含む），完了後，鑑定人の所属組織に本件マンション用地を引き渡す。
　④　発注者X，請負者Yは，それぞれ，相手方に対し上記以外の請求を行わない。
　なお，和解に先立ち，請負者Yと補助参加人である下請負者Zとの間で，請負者Yの負

担の内部的負担割合，恒久防災工事の実施方法等につき合意した。

■ 民間（旧四会）連合協定の工事請負契約約款

〔編注：同約款の中から関連する条文〔抜粋〕を示す。なお，同約款の詳細については，民間連合協定工事請負契約約款委員会『工事請負契約約款の解説―民間(旧四会)連合協定』（大成出版社）を参照されたい。〕

第1条　総則
（1）　発注者と請負者（以下，発注者を「甲」，請負者を「乙」といい，甲および乙を「当事者」という。）とは，おのおの対等な立場において，日本国の法令を遵守して，互いに協力し，信義を守り，契約書，この工事請負契約約款（以下「約款」という。）および添付の設計図・仕様書（以下添付の設計図・仕様書を「設計図書」といい，現場説明書およびその質問解答書を含む。）にもとづいて，誠実にこの契約書（契約書，約款および設計図書を内容とする請負契約をいい，その内容を変更した場合を含む。以下同じ。）を履行する。
（2）　乙は，この契約にもとづいて，工事を完成して契約の目的物を甲に引き渡すものとし，甲は，その請負代金の支払いを完了する。
（3）　監理者（以下「丙」という。）は，この契約が円滑に遂行されるように協力する。

第9条　監理者
（1）　丙は，甲の委任をうけ，この契約に別段の定めあるほか，つぎのことを行う。
　a　設計意図を正確に伝えるため，乙と打ち合わせ，必要に応じて説明図などを作成し，乙に交付すること。
　b　設計図書にもとづいて作成した詳細図などを，工程表にもとづき乙が工事を円滑に遂行するため必要な時期に，乙に交付すること。
　c　乙の提出する施工計画を検討し，必要に応じて，乙に対して助言すること。
　d　設計図書の定めにより乙が作成する施工図(原寸図・工作図などをいう。以下同じ。)，模型などが設計図書の内容に適合しているか否かを検討し，承認すること。
　e　設計図書に定めるところにより，施工について指示し，施工に立ち会い，工事材料・建築設備の機器および仕上見本などを検査または検討し，承認すること。
　f　工事の内容が設計図・説明図・詳細図・施工図（以下これらを「図面」という。），仕様書などこの契約に合致していることを確認すること。
　g　乙の提出する出来高払または完成払の請求書を技術的に審査すること。
　h　工事の内容・工期または請負代金額の変更に関する書類を技術的に審査すること。
　i　工事の完成を確認し，契約の目的物の引き渡しに立ち会うこと。
（2）　甲は，本条（1）と異なることを丙に委任したときは，書面をもって乙に通知する。
（3）　乙がこの契約にもとづく指示・検査・試験・立会・確認・審査・承認・意見・協議などを求めたときは，丙は，すみやかにこれに応ずる。
（4）　当事者は，この契約に定める事項を除き，工事について当事者間で通知・協議を行う場合は，原則として，通知は丙を通じて，協議は丙を参加させて行う。
（5）　丙は，甲の承諾を得て全部または一部の監理業務を代理して行う監理者または

現場常任監理者をおくときは，書面をもってその氏名と担当業務を乙に通知する。

（6） 丙の乙に対する指示・確認・承認などは原則として書面による。

第16条 設計の疑義・条件の変更

（1） つぎの各号の一にあたるときは，乙は，ただちに書面をもって丙に通知する。

a 図面・仕様書の表示が明確でないとき，図面と仕様書とが一致しないとき，または図面・仕様書に誤謬あるいは脱漏があるとき。

b 図面・仕様書または丙の指示について，乙がこれによって施工することが適当でないと認めたとき。

c 工事現場の状態・地質・湧水・施工上の制約などについて，設計図書に示された施工条件が実際と相違するとき。

d 工事現場において，施工の支障となる予期することのできない事態が発生したとき。

（2） 丙は，本条（1）の通知を受けたとき，または自ら本条（1）各号の一にあたることを発見したときは，ただちに書面をもって乙に対して指示する。

（3） 本条（2）の場合，工事の内容，工期または請負代金額を変更する必要があると認められるときは，甲・乙・丙が協議して定める。

第17条 図面・仕様書に適合しない施工

（1） 施工について，図面・仕様書に適合しない部分があるときは，丙の指示によって，乙は，その費用を負担してすみやかにこれを改造する。このために乙は，工期の延長を求めることはできない。

（2） 丙は，図面・仕様書に適合しない疑いのある施工について，必要と認められる相当の理由があるときは，その理由を乙に通知のうえ，甲の書面による同意を得て，必要な範囲で破壊してその部分を検査することができる。

（3） 本条（2）による破壊検査の結果，図面・仕様書に適合していない場合は，破壊検査に要する費用は乙の負担とする。また，図面・仕様書に適合している場合は，破壊検査およびその復旧に要する費用は甲の負担とし，乙は，甲に対してその理由を明示して必要と認められる工期の延長を請求することができる。

（4） つぎの各号の一によって生じた図面・仕様書に適合しない施工については，乙は，その責を負わない。

a 丙の指示によるとき。

b 支給材料，貸与品，指定された工事材料・建築設備の機器の性質，または措定された施工方法によるとき。

c 第13条（1）または（2）の検査または試験に合格した工事材料・建築設備の機器によるとき。

d その他施工について甲または丙の責に帰すべき理由によるとき。

（5） 本条（4）のときであっても，施工について乙の故意または重大な過失によるとき，または乙がその適当でないことを知りながらあらかじめ丙に通知しなかったときは，乙は，その責を免れない。ただし，乙がその適当でないことを通知したにもかかわらず，丙が適切な指示をしなかったときはこの限りでない。

第18条 損害の防止

（1） 乙は，工事の完成引渡まで，自己の費用で，契約の目的物，工事材料・建築設備の機器または近接する工作物もしくは第三者に対する損害の防止のため，設計図書と関係法令にもとづき，工事と環境に相応した必要な処置をする。

（2） 契約の目的物に近接する工作物の保護またはこれに関連する処置で，甲・乙・丙が協議して，本条（1）の処置の範囲をこえ，

請負代金額に含むことが適当でないと認めたものの費用は甲の負担とする。

（3）　乙は，災害防止などのため特に必要と認めたときは，あらかじめ丙の意見を求めて臨機の処置を取る。ただし，急を要するときは，処置をしたのち丙に通知する。

（4）　甲または丙が必要と認めて臨機の処置を求めたときは，乙は，ただちにこれに応ずる。

（5）　本条（3）または（4）の処置に要した費用の負担については，甲・乙・丙が協議して，請負代金額に含むことが適当でないと認めたものの費用は甲の負担とする。

第19条　第三者損害

（1）　施工のため第三者に損害を及ぼしたときは，乙がその損害を賠償する。ただし，その損害のうち甲の責に帰すべき事由により生じたものについては，甲の負担とする。

（2）　本条（1）の規定にかかわらず，施工について乙が善良な管理者としての注意を払っても避けることができない騒音・振動・地盤沈下・地下水の断絶などの事由により第三者に与えた損害を補償するときは，甲がこれを負担する。

（3）　本条（1）または（2）の場合，その他施工について第三者との間に紛争が生じたときは，乙がその処理解決にあたる。ただし，乙だけで解決し難いときは，甲は，乙に協力する。

（4）　契約の目的物にもとづく日照阻害・風害・電波障害その他甲の責に帰すべき事由により，第三者との間に紛争が生じたとき，または損害を第三者に与えたときは，甲がその処理解決にあたり，必要あるときは，乙は，甲に協力する。この場合，第三者に与えた損害を補償するときは，甲がこれを負担する。

（5）　本条（1），（2），（3）または（4）の場合，乙は，甲に対してその理由を明示して必要と認められる工期の延長を請求することができる。

第28条　工事の変更，工期の変更

（1）　甲は，必要によって，工事を追加しまたは変更することができる。

（2）　甲は，必要によって，乙に工期の変更を求めることができる。

（3）　本条（1）または（2）により，乙に損害を及ぼしたときは，乙は，甲に対してその補償を求めることができる。

（4）　乙は，この契約に別段の定めのあるほか，工事の追加・変更，不可抗力，関連工事の調整，その他正当な理由があるときは，甲に対してその理由を明示して必要と認められる工期の延長を請求することができる。

第29条　請負代金額の変更

（1）　つぎの各号の一にあたるときは，当事者は，相手方に対して，その理由を明示して必要と認められる請負代金額の変更を求めることができる。

　a　工事の追加・変更があったとき。

　b　工期の変更があったとき。

　c　第3条の関連工事の調整に従ったために増加費用が生じたとき。

　d　支給材料・貸与品について，品目・数量・受渡時期・受渡場所または返還場所の変更があったとき。

　e　契約期間内に予期することのできない法令の制定・改廃，経済事情の激変などによって，請負代金額が明らかに適当でないと認められるとき。

　f　長期にわたる契約で，法令の制定・改廃，物価・賃金などの変動によって，この契約を結んだ時から1年を経過したのちの工事部分に対する請負代金相当額が適当でないと認められるとき。

　g　中止した工事または災害をうけた工事を続行する場合，請負代金額が明らかに適当

でないと認められるとき。

（2） 請負代金額を変更するときは，原則として，工事の減少部分については丙の承認を受けた内訳書の単価により，増加部分については時価による。

第30条 履行遅滞・違約金

（1） 乙の責に帰すべき理由により，契約期間内に契約の目的物を引き渡すことができないときは，別に特約のない限り，甲は，遅滞日数1日につき，請負代金額から工事の出来形部分と検査済の工事材料・建築設備の機器に対する請負代金相当額を控除した額の 4／10,000 に相当する額の違約金を請求することができる。

（以下略）

第32条 乙の中止権・解除権

（1） つぎの各号の一にあたるとき，乙は，甲に対し，書面をもって，相当の期間を定めて催告してもなお解消されないときは，工事を中止することができる。

　a　甲が前払または部分払を遅滞したとき。

　b　甲が正当な理由なく第16条（3）による協議に応じないとき。

　c　甲が第2条の工事用地などを乙の使用に供することができないため，または不可抗力などのため乙が施工できないとき。

　d　本項 a，b または c のほか，甲の責に帰すべき理由により工事が著しく遅延したとき。

（2） 本条（1）における中止事由が解消したときは，乙は，工事を再開する。

（3） 本条（2）により工事が再開された場合，乙は，甲に対してその理由を明示して必要と認められる工期の延長を請求することができる。

（4） つぎの各号の一にあたるとき，乙は，書面をもってこの契約を解除することができる。

　a　本条（1）による工事の遅延または中止期間が，工期の1／4以上になったときまたは2か月以上になったとき。

　b　甲が工事を著しく減少したため，請負代金額が2／3以上減少したとき。

　c　甲がこの契約に違反し，その違反によって契約の履行ができなくなったと認められるとき。

（5） 甲が支払を停止する（資金不足による手形・小切手の不渡りを出すなど）などにより，甲が請負代金の支払能力を欠くと認められるとき（以下本項において「本件事由」という）は，乙は，書面をもって工事を中止しまたはこの契約を解除することができる。乙が工事を中止した場合において，本件事由が解消したときは，本条（2）および（3）を適用する。

（6） 本条（1）または（4）の場合，乙は甲に損害の賠償を請求することができる。

【課題】　工事請負で以下のような事態が生じたとき，請負者としてどのようにすべきか，本約款を引用しながら，考えてみよう。

　① 実際に工事を始めたところ，現場の状況が当初想定していたものと違っていることが明らかになったとき。

　② 実際に工事を進めたところ，周辺の住民から工事の方法や工事をすることそのものに反対であるとして，反対運動が起きてしまったとき。

③ 実際に工事を進めたところ，大雨が降り，工事を順調に継続することが危ぶまれるとき。
④ 上記のような事態が起きているのに，監理者がその事態に理解を示さず，一方的に発注者に有利な判断をしてくるとき。
⑤ 工事の途中で，発注者が別の仕様を取り込みたいと申し入れてきたとき。

　工事請負契約は，工事を注文する発注者とそれを受注する請負者との間で結ばれる。これは，一般的には，2通りの方式のうちいずれかの方法で結ばれる。第1の方式は，「工事請負契約書」に必要事項を記入して発注者・請負者双方が署名・捺印の上，これに「工事請負契約約款」と工事仕様書・図面等（いわゆる「設計図書」）を添付する方式である。また，第2の方式は，発注者が必要事項を記入した上，「工事請負契約約款」と「設計図書」を添付した「注文書」を請負者に交付し（契約の申し込み），請負者が「注文請書」を発注者に交付（申し込みの承諾）して行う方式である。また，その際に，発注者から委任を受けて，工事に関する技術的な問題をとりしきる，「監理者」が同時に契約に署名する場合も多い。

　この工事請負契約書の構成文書の中で，「設計図書」は主に契約の対象たる工事目的物や工事の施工条件・要領・手順等について定めるものであり，「工事請負契約約款」は主に発注者・請負者間の法的な権利・義務関係を定めるものである。工事請負契約約款としては，発注者たる各民間企業（通常大企業）作成のものや公共工事に関する関係行政当局作成のものがあるが，民間における建設工事（建築工事，土木工事等）においては，民間（旧四会）連合協定の工事請負契約約款によるものが公正かつ公平なものとして広くかつ多く利用されている。本約款は，学会，建築士，建築・土木業者等の7団体（当初4団体）の共同作成になるもので，大正12年8月作成以来幾多の改正を経て現在に至っている。

　実際に工事を進める上で，現場の状況が当初想定していたものと違っていることが明らかになり，この想定に従って工事を進めた結果第三者に損害が及んだり，設計を変更する必要が生じたりすることは，まま起こりうる。時には，工事の途中で発注者が別の仕様を取り込みたいと考える場合も起こる。それによって，工期の変更を迫られたり，請負金額が変更される必要が出てくることもある。こうした事態は，チェンジとも呼ばれ，これに請負者としてどのように対応し，どのような「ネゴ」をするかで，その工事の採算が大きく異なってくる場合がある。

　上記のような事柄は，請負者にとって，工事を請負い，進める上での，リスクマネジメントの対象であり，工事を受注する前に，リスクアセスメントとして，発生しそうなリスクをできるだけ想定して，それを回避できるよう発注者との取り合いを明確化し，また，いわゆるコンティンジェンシーとしてある程度の危険率を受注額に見込んでおくことは当然として，場合によっては，コスト・プラス・フィーと呼ばれる，実費を基本に総支払額を決める方式を提案することも考えられる。工事が始まった後は，現場代理人（技術系）とアドミと呼ばれる契約面の管理にも熟達した事務系の人とのうまい組み合わせで対応していくことも重要になる。

第7章　債権不良化の予防，債権回収，取引先倒産への対応

　企業は製品やサービスの販売等によって収益をあげ，仕入先・外注先への代金，従業員の給与，役員報酬，株主への配当等の支払いを行うが，売上金債権の回収が滞ればこれら支払いの原資は枯渇してしまう。その意味で企業におけるタイムリーで確実な債権回収は，非常に重要な課題である。額に汗する努力で稼ぎ出す数％の利益は，わずかな売掛金の不良債権化で瞬時にして水泡に帰すことになる。

　この章では，債権の不良化の予防策にはどのようなものが考えられるか，タイムリーな債権回収のための活動と限界はどのようなものか，相手方が倒産した場合の基本的な法律関係と対応法にはどのようなものがあるか，を具体的な事案により検討する。

1　債権不良化の予防策

　ビジネス取引で売掛債権をどのように確保するかは，きわめて重要な課題である。与信管理，担保（約定担保や法定担保），保証，相殺，代理受領など，実務において検討すべき事項は多い。

【課題】　以下の刑事事件判決を読んで，登場者間の関係図を作り，事実をまとめなさい。

● 広島地裁平成14年3月20日判決（判例タイムズ1116号297頁）

被告人　不動産会社代表者

主　文

　被告人を懲役1年6月に処する。
　この裁判確定の日から3年間その刑の執行を猶予する。
　本件公訴事実中，背任の点については，被告人は無罪。

理　由

（罪となるべき事実）

　被告人は，不動産の売買及び仲介等を業とする株式会社Aの代表取締役であったものであるが，Bと共謀の上，平成10年8月20日ころ，広島市○区○町○番○号C株式会社において，行使の目的をもって，ほしいままに，あらかじめ用意していたD銀行残高証明書用紙に，上記Bにおいて，パーソナルコン

ピューターで押印欄に「D銀行E支店」，発行責任者欄に「F」と各印字した上，残高年月日欄に「１０　８　１９」，口座番号欄に「○○○○○○○」，金額欄に「￥３９２００１０００」などと冒書し，さらに，被告人において，名義人欄に「株式会社A代表取締役X」，年月日欄に「１０．８．２０」，取引の種類欄に「普通預金」のゴム印等を各押捺し，もって，同月１９日現在の前記株式会社Aの普通預金残高が3億9200万1000円である旨のD銀行E支店名義の残高証明書1通の偽造を遂げた上，被告人単独で，同月２０日ころ，同市○区○丁目○番○号G店において，H建設株式会社I支店営業課長Jに対し，上記偽造にかかる残高証明書1通を株式会社D銀行K支店発行の残高証明書1通とともに呈示して行使したものである。

（量刑の理由）

本件は，不動産の売買等を業とする会社の代表取締役であった被告人が，マンション建築に関し，建築請負業者との間で，請負代金の支払方法としてマンション区分所有建物購入者が住宅金融公庫から借り受ける融資金を代理受領した金銭の中から支払う旨約束していたにもかかわらず，これを他の銀行融資の支払等に流用して上記請負代金の支払に窮したため，その発覚を恐れ，銀行名義の残高証明書1通を偽造してこれを行使したという有印私文書偽造，同行使の事案であるところ，その動機は，自己の債務不履行を隠蔽するためという自己中心的かつ身勝手なものであって酌量の余地はなく，犯行態様も，パーソナルコンピュータに詳しい部下を利用して，銀行印の印影を作出させるなど巧妙である上，銀行の残高証明書という取引社会において信用力を証明する文書として大きな価値を有する文書を偽造・行使し，自己の信用を仮装して相手方の信頼を裏切った悪質な事犯である。

もっとも，被告人は，本件犯行の数日後には行使の相手方である建築請負業者に事実を告白して謝罪し，当公判廷でも本件犯行を素直に認め，反省の態度を示していること，被告人には前科前歴はなく，これまで一社会人として真面目に稼働してきたことなど，被告人にとって斟酌すべき事情も認められる。

そこで，これらの事情を総合考慮し，被告人に対しては，その刑責を明確にした上で，社会内において，その更生を期するのが相当であると判断した。

（一部無罪の理由）

1　本件公訴事実中，背任についての変更後の訴因は，「被告人は，不動産の売買及び仲介等を業とする株式会社Aの代表取締役であったものであるが，平成8年12月26日ころ，株式会社Aと土木建築工事の総合請負等を業とするH建設株式会社との間において，広島市○区○丁目○番○号のマンション『L』建築請負契約を締結するに当たり，同マンションは，住宅金融公庫の融資付きであったことから，上記建築請負代金5億7300万円は，同マンション区分所有建物購入者が上記公庫から借り受ける融資金を上記株式会社Aが代理受領した金銭の中から上記H建設株式会社に対して支払うこととし，その担保として，上記株式会社Aと上記H建設株式会社との間で，同融資金の振込口座としてM信用組合N支店株式会社A名義普通預金口座（口座番号○○○○○○○）を指定することと決め，同口座の預金通帳等を上記H建設株式会社に交付することにより，同口座に振り込まれる同融資金を上記建築請負代金の支払に優先的に充当する旨の契約を締結したのであるから，上記H建設株式会社のために，『資金の代理受領に関する委任状』振込口座欄に上記口座を記載して住宅金融公庫に提出し，同口座に同融資金が振り込まれるようにすべき任務を有

していたのに，平成１０年６月１６日ころ，同市○区○丁目○番○号上記株式会社Ａ事務所において，その任務に背き，同融資金総額５億０１３０万円を同社の金融機関等に対する債務の弁済に充当して同社の利益を図るため，上記委任状振込口座欄に，上記口座とは異なる上記信用組合同支店株式会社Ａ名義普通預金口座（口座番号○○○○○○○）を記載した上，そのころ，住宅金融公庫中国支店の融資業務を代行している同市○区○丁目○番○号Ｍ信用組合Ｎ支店に同委任状を提出して同融資金の振込口座を同口座に指定し，もって，上記株式会社Ａ名義普通預金口座（口座番号○○○○○○○）に同融資金が振り込まれることを不可能ならしめて，上記Ｈ建設株式会社に財産上の損害を加えたものである。」というのである。

２　そこで検討するに，＜証拠　略＞によると，以下の事実が認められる。

すなわち，（１）不動産の売買及び仲介等を事業目的とする株式会社Ａの代表取締役であった被告人は，平成７年ころから，広島市○区○丁目○番○号に定期借地権付の分譲マンション「Ｌ」（以下，「本件マンション」という。）をいわゆる立替工事（工事完了まで請負業者が工事代金を立て替えて負担し，工事完了後に注文者が請負業者に工事代金を支払うこと）で建築し，分譲販売することを計画していたこと，（２）Ｈ建設Ｉ支店は，本件マンション建設の引き合いを受けたが，これが立替工事であったことから，同年７月ころ，請負工事代金の回収が可能か否かの調査を開始したところ，Ａには資金調達力に問題があることが判明したこと，（３）そのため，同支店では，本件マンションの区分所有建物購入者（以下，「マンション購入者」という。）に対して，住宅金融公庫から支払われる融資金をＨ建設が直接代理受領することにより本件マンションの建設資金の支払を確保しようと考え，そのような取り扱いが可能か否かを住宅金融公庫に問い合わせたところ，住宅金融公庫では，代理受領権限を有する者を，①公庫の借入申込人の家族，②つなぎ融資を行った公庫の受託金融機関，③購入物件の売主に限定しており，工事請負業者が代理受領を行うことができるのは，マイホーム新築融資やリフォーム融資のように，公庫の借入申込人と施行業者との間で工事請負契約が締結されている場合であって，マンション購入融資など，公庫の借入申込人と売主との間で売買契約が締結されている場合には，工事請負業者が資金の代理受領を行うことができないという取扱いをしていたため，Ｈ建設に対して，同建設には，上記融資金の代理受領権限がない旨伝えたこと，（４）そこで，Ｈ建設Ｉ支店では，代理受領権限を有するＡがマンション購入者に代わって住宅金融公庫から代理受領する融資金から請負工事代金を回収しようと考え，①工事請負契約書案として，請負工事代金の支払について，「住宅金融公庫より融資があり次第，発注者は請負者に支払うものとする。」とし，②合意書案として，「Ａが物件購入者との間で交わす代理受領契約により，指定したＡ名義口座の預金通帳と使用印鑑を工事代金支払が完済するまで私方（Ｈ建設）が預かる。指定の預金口座に入金があったときは，その都度，Ａは，私方（Ｈ建設）が立ち会い払い出し支払にあてる。」とした内容の稟議書を作成してＨ建設本社に送付したところ，同年１２月４日付で本件マンションの建設請負契約締結の許可が下りたこと，（５）同月２６日，ＡとＨ建設との間で，請負工事代金額５億７３００万円とする本件マンションの工事請負契約が締結され，その際，請負工事代金の支払につき，「住宅金融公庫より融資があり次第，発注者は請負者に支払うものとする。」との条

項が本件請負契約書に定められた上，上記住宅金融公庫からの融資金が振り込まれる預金口座をM信用組合N支店のA名義の普通預金口座（口座番号〇〇〇〇〇〇〇。以下，「指定口座」という。）にするとともに，同口座の預金通帳及び使用印鑑をH建設に交付して上記請負工事代金を完済するまで預け置き，同口座に住宅金融公庫から入金があった場合には，その都度Aは，H建設立会の上，これを払い出して同請負工事代金の支払に充当する旨記載した合意書を取り交わしたこと，(6)上記指定口座には，M信用組合N支店との間で，普通預金債権につき譲渡禁止及び質権設定禁止の特約が付されていたこと，(7)被告人は，その後，マンション購入者から支払われた手付金などを指定口座で管理していたが，同手付金を別途管理するための口座を新たに開設することとし，平成9年5月7日，M信用組合N支店にA名義の普通預金口座（口座番号〇〇〇〇〇〇〇。以下「指定外口座」という。）を開設し，指定口座の残額1771万2264円を全額引き出して指定外口座に移し替えたこと，(8)同日，H建設I支店の営業課長Jは，前記合意書の約定に基づき，被告人に対し，指定口座の預金通帳及び使用印鑑の交付を求めたところ，被告人は，上記のとおり残高をゼロにした指定口座の預金通帳についてはこれを交付したものの，使用印鑑については，他のA名義の預金口座にも使用しているので，代わりに同印鑑が押捺された金額欄白地の払戻請求書を交付することで了解してほしい旨依頼してきたため，Jは，上記指定口座の預金通帳及び同払戻請求書があれば払い戻しは可能と考えてこれを了承し，上記指定口座の預金通帳及び同払戻請求書を受け取ったこと，(9)本件マンションの建築請負工事は，同年5月8日に起工式が行われて着工され，同月末ころまでには販売予定の35戸全てが完売し，同10年5月ころ，本件建築請負工事は完了し，同年6月12日，本件マンションは，上記建築請負契約の約定に従ってH建設からAに引き渡されたこと，(10)Aは，上記起工式後，同社が手掛けていた造成地開発の行き詰まりや，戸建て分譲地の販売不振などから資金繰りが悪化し，平成10年5月の決算時には約1億5800万円の資金不足となり，被告人は，上記住宅金融公庫からの融資金をAの他の債権者である金融機関への返済に流用しなければ同社の経営が困難になると考え，同年6月14日，M信用組合本店において，住宅金融公庫の金銭消費契約会が行われた際，マンション購入者に，融資金の振込先金融機関名，口座番号等を空欄にした住宅金融公庫あての「資金の代理受領に関する委任状」を作成させた上，同月15日または16日ころ，Aの職員であるOに命じて，D銀行を住宅金融公庫の業務取扱店として指定した者等を除く約30名のマンション購入者に関する上記委任状に融資金の振込先として指定外口座を記載させ，同委任状を住宅金融公庫の融資業務を代行していたM信用組合N支店に提出したこと，(11)その結果，同年7月27日，住宅金融公庫からの上記約30名のマンション購入者分の融資金合計5億0130万円が指定外口座に入金されたが，被告人は，その事実をH建設に告げず，同日，この融資金のうち3億3500万円をAの債権者であるM信用組合N支店に対する借金返済に充てるなどして，その大半を費消したこと，(12)同年8月，被告人は，H建設のJから，本件請負契約に基づき，上記請負工事代金5億7300万円の支払を求められたが，上記のとおり，住宅金融公庫の融資金を既に他の借金返済に流用しており，H建設に対する同請負工事代金を支払うことができなかったため，Jに対し，これを秘して支

払の猶予を求めたが，Jから指定口座の残高証明書を見せるように求められたことから，同融資金は取引の都合上指定口座からD銀行に移し替えた旨嘘を言い，判示罪となるべき事実のとおり，同月20日ころ，Bと共謀の上，D銀行E支店に3億9200万1000円の預金残高があるかのような同店名義の残高証明書1通を偽造するとともに，2億円の残高があることを証するD銀行K支店名義の真正な残高証明書1通と合わせてこれをJに呈示したこと，(13) その後，被告人は，同月25日ころ，Jに対し，上記E支店名義の残高証明書が偽造に係るものであり，住宅金融公庫からの融資金を別の借金返済に流用したことを認めたため，H建設は債権回収に乗り出したが，結局，Aが，同年11月20日及び同月30日に支払期日が到来した約束手形の支払をすることができず不渡りとし，事実上倒産したため，H建設は，6000万円を回収したのみであること，以上の事実が認められる。

3　以上の事実によると，被告人は，H建設のために，「資金の代理受領に関する委任状」振込口座欄に双方で取り決めた上記指定口座を記載して住宅金融公庫に提出し，同口座に住宅金融公庫からの融資金が振り込まれるようにすべき義務を負ったことは明らかである。

ところで検察官は，背任罪にいう「他人の事務」は，単なる債務不履行行為と背任として処罰されるべき行為とを峻別し，その可罰性を基礎づけるものであるため，可罰性の高いものに限定して解釈すべきは当然であり，売買，金銭消費貸借などの双務契約において，対向的に相手に対して義務を負うに過ぎない者は，一般には他人に関する自己の事務を処理する者に過ぎず，「他人の事務」を処理すべき者には当たらないというべきであるが，「他人の事務」は「自己の事務」と排他的な関係にある概念ではなく，(1) 既に財産の実質的な処分権が契約の相手方に移転しているような場合において，相手方の当該財産を管理保全する任務を負う者や，(2) 例えば売買契約を締結した当事者間で売買契約以外の特別な原因で特別な任務を負うに至った者などがその任務に背いて相手方に財産的な損害を与えたようなときは，その義務違反は極めて当罰性が高いのであって，そのような場合には，他人固有の事務を他人に代わって行う場合でなくとも，その任務の履行は，他人のためにする他人の事務の性格を帯びる場合として，なお，背任罪の「他人の事務」と解しても処罰範囲を不当に広げることにはならないと解するべきである，と主張する。

これに対し，弁護人は，被告人が，上記義務を負うことは認めるものの，それは被告人の事務であって，背任罪における「他人の事務」には該当しない，すなわち，背任罪成立のための任務違背行為といえるかどうかは，担保の設定の有無，その担保の効力の喪失が基準となるものであって，背任罪成立のためには，その前提として物権的な信任関係が必要であるところ，通帳と印鑑を預けることにより担保権が設定されたと解することはできず，したがって，本件では物権的な信任関係は成立しておらず，上記振込口座を変更する行為は債務不履行にはなっても任務違背行為にはならないから，背任罪は成立しないと主張する。

4　そこで検討するに，検察官の前記主張は一個の見解ではあり，この見解のうち，(1) 既に財産の実質的な処分権が契約の相手方に移転しているような場合とは，例えば県知事の同意を条件とする農地の売買の場合において，代金の支払いも済んでおり，県知事の同意だけが未了である場合に，法律的な所有権が残存している売主が，当該農地について第

三者に抵当権を設定したような場合（最高裁判所昭和３８年７月９日第三小法廷決定・刑集１７巻６号６０８頁の事例を参照）を指すものと解することができ，そのような場合には背任罪が成立すると解されるけれども，前記見解の（２）の場合，すなわち，例えば売買契約を締結した当事者間で売買契約以外の特別な原因で特別の任務を負うに至った者がその任務に背いた場合とは，当事者間に相手方の事務を代行する旨の委任等の別個の契約関係があるような場合であれば格別，その他，いかなる場合に特別の原因で特別の任務を負うことになるかは，上記基準をもってしては，必ずしも明らかでない。

　検察官は，本件につき，被告人とH建設との間で，請負契約のほかに，前記指定口座を定めた上で，その口座の預金通帳と使用印鑑をH建設が被告人から預かる旨の特別の取決めがなされたことを指摘し，かつ，現実には使用印鑑を預かることができなかったものの，代わりに同印鑑の押捺された払戻請求書を預金通帳と一緒に預かったのであるから，そのような場合には，事実上，被告人からH建設に対して指定口座の預金債権の譲渡がなされたものと同視できることを指摘して，被告人の負う債務はH建設の事務であって，その任務に違背した被告人については背任罪が成立すると主張するのであるが，本件については，H建設が上記通帳等を預かった時点においては，指定口座には何らの金員も振り込まれておらず，また振込がH建設に自動的に通知されるといった関係にもなく，逆にAは，H建設の承諾等を得ることもなく，指定口座の預金を払い戻すこと等が可能な状態にあったのであって，前記検察官の見解の（１）に従うとしても，H建設は，指定口座の預金債権について，実質的な処分権を有していたということはできない。

　また，検察官の前記（２）の見解が基準として明白性を欠くことは既に述べたとおりであるのみならず，上記のような特別の取決めがなされたからといって，本件のような場合には，その取決めに基づく義務を他人の事務と解する根拠とはなし得ないというべきである。

　すなわち，本件は，前記のとおり，被告人が，H建設に対する建築請負代金の支払いのために，マンション購入者の住宅金融公庫からの借入資金の代理受領権限に基づき，その振込先を指定口座とし，この指定口座に振り込まれた資金を建築請負代金の支払いに充てるという義務（検察官のいう上記特別の取決めに基づく義務）を負った事案であり，その義務は，H建設の建築請負代金債権の履行確保のためのものということができ，検察官が変更後の訴因において，「その担保として」と表現したのも，同様の趣旨であると解される（なお，変更前の訴因は，指定口座の預金債権に質権を設定する旨の契約が締結されたというものであった。）。

　しかしながら，そのような双務契約上の対向的な義務の一方の履行を確保するための手段としては，例えば法的担保を提供する旨の約定や，手形を振り出す旨の約定など，種々のものがあり，またそのような約定は対向的な契約関係に通常随伴することの多いものであって，そのような履行確保のための約定に基づく義務が常に背任罪における他人のための事務であるとすれば，一般の債務不履行と背任との区別がほとんどなくなり，背任罪における事務の他人性についての範囲があいまいとなって，不当にその成立範囲を拡大するものとの批判を免れ難いというべきである。

　弁護人はこの点について，背任罪成立のためには，物権的な信任関係が必要であり，本件についていえば，担保権の設定がなされた

といえる場合でなければ，背任罪における任務違背行為とはならないと主張しているところ，これは一理ある見解というべきである。

すなわち，上記のとおり，債権の履行確保のための手段，約定としては種々のものがあるところ，そのような約定に基づく債権確保のための対象財産に対する債権者側の管理支配権能が，単なる債権的なものにとどまらず物権的なものであれば，その管理，保全は，単に債務者のための事務というにとどまらず，債権者のための事務としての性格が強いといえ，その義務に違背する行為は，背任罪における他人の事務についての任務違背行為ということができる（訴因変更前の本件訴因が，前記のとおり質権の設定と構成されていたのも，そのような理解に基づくものではなかったかとも推察されるところである。）とともに，また，そのような基準であれば，一般の債務不履行との区別の基準としても，明確性に欠けるところはないと思われる。

もっとも，背任罪の成否を物権的な義務違反の有無という観点から捉えるにしても，検察官は更に，本件のように預金通帳や使用印鑑の印影のある払戻請求書を預かることは，法律的には指定口座の預金債権に質権を設定したものと同視でき，H建設は，指定口座の預金債権について，法律上，譲渡担保権ないしそれに類似する非典型担保権の設定を受けたものと評価できる，と主張し，H建設が物権的な権利を取得したと主張する。

しかしながら，本件指定口座の普通預金債権については，譲渡禁止及び質権設定禁止の特約が付されていた上，担保であることを公示する手段もなく，預金通帳と印鑑を預けたのみでは優先弁済権を確保したともいえないのであって，前記のとおり，指定口座に住宅金融公庫から入金があった場合には，その都度Aは，H建設立会の上，これを払い出して同請負工事代金の支払に充当する旨の合意がなされていて，H建設単独で上記預金債権を処分することはもちろん，払い出す権限も有していなかったと考えられることからすると，当初の合意のとおり，預金通帳と印鑑が預けられたとしても，それは，事実上，弁済を確保するためのものであって，これをもって何らかの担保権を設定したと認めることはできず，印鑑さえ交付されていない本件においてはなおさらそのように認めることはできないというべきである。

したがって，被告人とH建設との間には，未だ物権的な信任関係はなく，被告人の行為は，債務不履行にはなっても，背任罪にいう任務違背行為とはならないというべきである。

5　そうすると，前記背任の公訴事実については，被告人は，「他人のためにその事務を処理する者」とはいえず，結局被告人の行為は罪とならないから，刑事訴訟法３３６条により，被告人に対して無罪の言渡しをする。

よって，主文のとおり判決する。（求刑　懲役３年）

平成１４年３月２０日
広島地方裁判所刑事第２部
（裁判長裁判官　　小　西　秀　宣
　　裁判官　　浅　見　健次郎
　　裁判官　　鈴　木　祐　治）

【課題】　上記の判決を読んで，以下の質問について考えてみよう。
Ｑ１　代理受領を設定する場合に，債権者としてどのような点に留意すべきか。
Ｑ２　本件でH建設は債権の確保に失敗したが，どのような点に注意すればこのようなことにならなかったであろうか。

第7章　債権不良化の予防，債権回収，取引先倒産への対応

> Q3　H建設の立場で，本件のスキーム以外に建築請負代金を確保する方法はないか。

■　代理受領委任状等の例

委任状　兼　代理受領承諾依頼書・同承諾書

　　　　　　　　　　　　　　　　　　　　　　　　　　＿＿＿年＿＿月＿＿日

丙社　　御中〔第三債務者〕

　　　　　　　　　　　　　　　委任者（甲）住所
　　　　　　　　　　　　　　　　　　　　氏名＿＿＿＿＿＿㊞〔債務者〕
　　　　　　　　　　　　　　　受任者（乙）住所
　　　　　　　　　　　　　　　　　　　　氏名＿＿＿＿＿＿㊞〔債権者〕

委任者＿＿＿＿＿＿（以下「甲」という）は，甲が受任者＿＿＿＿＿＿（以下「乙」という）に対し現在負担し，または，将来負担すべき債務（以下「本債務」という）を担保するため，乙を代理人と定め，下記権限を委任します。 　なお，本委任に関しては，甲乙間で下記特約条項を合意しておりますので，その旨ご承諾いただき，本委任に基づく以外のいかなる方法によってもお支払いなきようお取り計らい下されたく，連署をもってご依頼申し上げます。 <div align="center">記 ＜委任事項＞</div>	1　丙株式会社（以下「丙」という）と甲との＿＿＿年＿＿月＿＿日付○○○契約に基づき，丙から甲に支払われるべき○○○債権金○○○○円の全額につき，その支払を請求し，弁済受領のうえ本債務に充当することに関する一切の件 2　復代理人選任の件　　＜特約＞ 1　甲は，乙の同意がなければ本委任を解約せず，本委任事項を乙以外の者に重ねて委任しない。 2　甲は，上記○○○債権を他に譲渡・質入れしない。

上記委任契約を承認し，上記○○○債権は必ず乙に支払います。 　　　年　　月　　日（確定日付）	住所 商号　丙株式会社 代表取締役＿＿＿＿＿＿㊞〔第三債務者〕

> 【課題】　上記の代理受領委任状は，一般の委任状とどのように異なるか。またそれは，なぜだろうか。

209

第2編 企業が直面するさまざまな問題と企業法務

> 【課題】 あなたはX社の法務担当を務めている。今般、取引先のY社からX社に手形を発行するについて、以下の文言を含む「手形送付依頼書」に調印してもらいたいと要請してきた。あなたはX社の法務担当として、どのような助言をするか。
> 「今後貴社（Y社）から当社（X社）に対するお支払い手形は、書留にて御郵送下さい。なお、貴社発送をもってその支払手形を受け取ったものと認め、その後のことは当社が一切の責任を負い貴社には御迷惑をお掛け致しません、又、貴社に対する売掛債権についても同様に消滅するものとします。」

2 知的財産権担保

債権担保の新しい方法として、知的財産担保がある。紛争事例をみながら、その課題を検討してみよう。

> 【課題】 以下の判決を読んで、事実、争点及び争点に対する裁判所の判断をまとめなさい。

● 静岡地裁平成15年6月17日判決（金融・商事判例1181号43頁）

原告　信用金庫
被告　国

主　文
1　被告は、原告に対し、金1億8000万円及びこれに対する平成9年11月17日から支払済みまで年5分の割合による金員を支払え。
2　原告のその余の請求を棄却する。
3　訴訟費用はこれを2分し、その1を被告の負担とし、その余を原告の負担とする。

事実及び理由
第1　原告の請求
　被告は、原告に対し、3億6000万円及びこれに対する平成9年11月17日から支払済みまで年5分の割合による金員を支払え。

第2　事案の概要等
1（1）　特許権の移転及び特許権を目的とする質権の設定については、特許庁に備える特許原簿に登録することを要し（特許法27条1項1号、3号）、特許権の移転（相続その他の一般承継によるものを除く。）及び特許権を目的とする質権の設定については、登録しなければ、その効力を生じないとされている（特許法98条1項1号、3号）。

　ところで、特許権の移転及び特許権を目的とする質権の設定の登録に関しては「登録に関して必要な事項は、政令で定める」とされ（特許法27条3項）、これを受け、特許登録令が登録について必要な事項を定めている。

　しかして、登録の申請については、法令に別段の定めがある場合を除き、登録権利者及び登録義務者が申請しなければならないとされている（特許登録令18条）。

　そして、特許庁においては、特許権について複数の登録の申請があった場合、登録受付簿に受付の年月日、受付の順序に従った受付番号が記載され、申請による登録は、受付の

順序に従ってしなければならないと定められている（特許登録令37条1項，特許登録令施行規則48条）。

（2）本件は，道路橋梁工事の工法であるFS床版に関する特許権の登録につき，何らかの原因により受付の順序に従って登録されなかったことを巡る3億6000万円の国家賠償請求訴訟である。

すなわち，

本件は，原告が，貸付金の担保として特許権に3億6000万円の質権を設定して，その旨の登録申請をしたが，特許庁によりその登録が直ちにされなかった（但し後日職権で更正登録された）ところ，同特許権の譲受人（移転登録済み）から提起された質権設定登録の抹消登録請求訴訟の判決により，当該質権設定登録が抹消されたことから，その質権を実行することができずに同貸付金を回収できなくなったのは，特許庁長官（担当の登録専門官）が特許権の質権設定登録申請の受付が，後であった特許権の移転登録申請を誤って先に登録してしまったことによるものとして，国家賠償法1条1項に基づき，被告に対し，損害（被担保債権相当額で未回収の貸付金3億6000万円）の賠償請求と附帯請求をしている事案である。

（3）原告の主張の骨子

原告の本件特許権に関する質権設定登録申請につき，被告が受付の順序に従い，（株）磯畑検査工業への特許権移転より先に登録処理をしていれば，原告の質権は効力を生じ，原告は，三井物産（株）が（株）磯畑検査工業に対して支払うべき本件特許権の対価である金4億円から本件被担保債権額金3億6000万円を回収することができた。

しかるに，被告は，故意又は過失により，質権設定登録申請をその受付の順序に従って登録処理しなかったため，原告は前記対価から被担保債権相当額3億6000万円の支払いを受けられず，同額の損害を被った。

2　争いのない事実及び後掲かっこ内の証拠等により容易に認められる事実

（1）ア　富士千橋梁土木株式会社（以下「富士千」という）は，平成元年9月，橋梁土木工事を中心的事業目的として設立された会社である（甲7）。

イ　富士千は，平成6年12月14日，発明の名称を「鉄筋組立用の支持部材並びにこれを用いた橋梁の施工方法」とする特許出願をし，同出願にかかる発明は，平成8年10月3日，権利者富士千，特許番号〈略〉として設定登録された（以下「本件特許権」という）。

ウ　本件特許権は，主鉄筋同士を溶接に替えてシャーグリップと呼ぶせん断補強筋で挟む方式を採用したことにより，溶接箇所を少なくし，かつ使用する鋼材量を押さえることができるというものであった（甲8，9）。

（2）ア　原告は，富士千に対し，平成7年4月5日から融資を始め，次第に運転資金としての貸付金額が大きくなっていった（甲加，弁論の全趣旨）。原告の富士千に対する貸付と担保の設定状況は別表＜省略＞のとおりである。

イ　そこで，原告は，富士千との間で，平成9年9月1日，上記貸付金のうち，同年8月19日貸付にかかる3億6000万円につき，原告を質権者，富士千を質権設定者，債権額を3億6000万円，弁済期を平成13年1月5日，利息の定めを年3.875％，損害金の定めを年14.5％として，本件特許権に質権を設定する合意をした（甲15，26，乙1の1，2，以下「本件質権設定」という）。すなわち，原告は，富士千に対する10億円余の貸付のうち，阪神大震災に関連す

る工事施工のための資金約7億円のうちの3億6000万円につき本件特許権を担保にとったのである。

ウ　原告は，平成9年9月2日付けで，特許庁長官にその旨の質権設定登録申請をした。

エ　しかして，原告による本件特許権の質権設定の登録申請は，平成9年9月3日，特許庁において受付番号003185として受け付けられた。

オ　しかし，上記登録申請については，後記2（3）エの平成9年11月17日まで正規にその旨の登録がされなかった。

（3）ア　他方，富士千は，平成9年8月31日（本件質権設定の前日），富士千の有する本件特許権及び後記2（4）アのその他の発明を株式会社磯畑検査工業（以下「磯畑」という）へ譲渡した（乙2の2，以下「本件移転」という）。

イ　そこで，富士千と磯畑は，本件特許権及び後記2（4）アの2の特許権につき，平成9年9月12日付けで，特許庁長官に本件移転を原因とする譲渡による特許権移転の登録申請をした（後記2（4）アの（2）の特許権につき甲22）。

ウ　しかして，本件特許権及び後記2（4）アの2の特許権につき，富士千から磯畑に対する本件移転を原因とする譲渡による特許権移転の登録申請は，上記質権設定登録申請の受付日（平成9年9月3日）の後である平成9年9月16日に，受付番号を003330として特許庁に受け付けられた（以下，本件特許権についての分を「本件移転登録」という）（後記2（4）アの2の特許権につき甲22）。

エ　そして，平成9年11月17日，いずれも権利者磯畑としてその旨の登録がされた。

（4）ア　磯畑は，平成9年11月，磯畑の所有する本件特許権を含む下記（1）ないし（4）の4つの発明（本件特許権ほか1件の特許権（2），1件の出願中特許（2），1件の出願予定の特許発明（4），以下，特許権（1），出願中特許（3），出願予定の特許発明（4）を併せて「その他の発明」という）を代金4億円で三井物産株式会社（以下「三井物産」という）に売却譲渡した（甲21）。

　（1）本件特許権
　（2）特許権（特許番号〈略〉）（甲23）
発明の名称「床版縁切り装置及び床版縁切り工法」
　（3）特許出願（平成8年特許願〈略〉）（甲24，25）
発明の名称「橋桁，橋桁構成体及び橋桁の施工方法」
　（4）特許出願予定のフープラップ工法（乙23，24）
発明の名称「橋梁用の床版躯体と床版施工法」

イ　そこで，磯畑と三井物産は，本件特許権及び上記特許権（2）につき，特許庁長官に対し，上記譲渡による特許権移転の登録申請をしたところ，同登録申請は，平成9年11月27日に，受付番号を004296及び004295として特許庁に受け付けられた（甲1x22，乙21）。

ウ　そして，平成10年2月23日，いずれも権利者三井物産としてその旨の登録がされた（甲1，22，乙21）。

（5）ア　ところで，平成9年9月3日受付の原告による本件特許権の質権設定の登録申請は，平成9年12月1日，特許庁において，登録年月日を遡って平成9年11月17日（富士千から磯畑に対する本件移転登録の日と同じ日）とし，特許原簿の丁区に順位番号1番として登録された（甲1，乙21，以下「本件質権登録」という）。

イ　ところが，本件質権登録が現実にされ

たのは，平成9年12月1日であることから，特許庁は，平成9年12月1日，特許原簿丁区の順位番号1番の付記1号として，登録年月日を平成9年12月1日（磯畑の本件移転登録の後の日）とする職権による更正登録を行った。

ウ　更に，特許庁は，特許原簿丁区の順位番号1番の付記1号として，平成9年12月1日に本件質権登録がされたのは本来質権の設定登録の追加更正として登録されるところ，その表示を脱漏したものであるということを明らかにするため，本件質権登録年月日を平成10年5月15日（磯畑の本件移転登録及び三井物産の本件特許権移転登録の後の日）とする2度目の職権による更正登録を行った（甲1，乙21）。

（6）ア　その後，原告は，本件特許権を譲り受けた三井物産より本件質権登録の抹消登録請求訴訟を提起された（東京地方裁判所平成10年ワ第8482号事件）。

イ　そして，原告敗訴の判決（甲19）により本件質権登録は平成10年10月8日抹消された。

（7）ア　富士千は，平成10年3月23日，2回目の手形の不渡りを出して銀行取引停止処分となり，事実上倒産した（甲14）。

イ　そのため，富士千は，同日，原告と富士千との間で取り交わされていた信用金庫取引約定書第5条に基づき，期限の利益を喪失した（甲20）。

ウ　なお，磯畑は，平成10年11月ころ事実上倒産した（証人Wの尋問調書205項）。

3　争点
（1）特許庁の担当登録専門官の故意又は過失の有無
　ア　原告の主張
　原告の本件特許権にかかる質権設定登録は，磯畑への本件特許権の移転登録よりも先に行われなければならなかったのに，被告（特許庁）は，これを知りながら故意に，又は知るべきであるのに過失によりこれを知らないで，原告の質権設定登録をする前である平成9年11月17日に磯畑への本件移転登録をしてしまった違法がある。

　イ　被告の認否及び反論
　原告の本件質権設定の登録申請にかかる登録が，平成9年11月17日の時点において，何らかの理由により，特許原簿に登録されなかったことは認めるが，その理由については，現在も種々の調査を継続しているところであり，登録申請につき，何らかの人為的な作用が原因となっていることも考えられるものの，未だ特定できていないのであるから，担当の登録専門官において，過失があったとの法的評価を直ちに受けるものではない。

（2）原告の損害の有無とその額
　特に，本件特許権の経済的価値と本件質権の同価値
　ア　原告の主張の要旨
　原告は，被告の不法行為により本件質権の実行が不能となり，3億6000万円の貸付債権回収の手だてを失った。
　三井物産が磯畑から本件特許権及びその他の発明を合計4億円で買い受けているところ，前記（2）の特許権は新しい橋梁の建設方法を提示して大きな経済価値をもたらすものではなく，出願中特許（3）は未だに審査請求すらなされていないものでその特許性は未知のものであり，出願予定の特許発明（4）は将来どの程度の価値を持った特許になるのか未知のものにすぎず，したがって，4億円の大部分は本件特許権の対価として支払われたものであるから，本件特許権は3億6000万円の価値を有する。

　仮に，本件特許権につき原告の質権設定登

録が磯畑への本件移転登録よりも先に正しく行われていれば，三井物産は，同質権設定登録を抹消するために必要な金員を支払う必要があったから，原告は，質権設定登録の抹消登録手続と引き換えに３億６０００万円を回収することができたはずである。

　イ　被告の反論の要旨

　原告主張の損害の算定時期は本件質権を実行できた時期，すなわち，早くとも富士千が倒産した平成１０年３月２３日以降である。

　本件特許権は，原告が本件質権を実行しようとした時点において，経済的に無価値であった。

　すなわち，本件特許権は，三井物産による営業活動等によっても何らの収益をあげないばかりか，対価を払って本件特許権を欲する他社すらなかったため，もはや経済的価値がないとして，特許料すら支払うことなく，本件特許権を消滅させたものである。このように，本件特許権は実施されておらず，市場性がなく，実際に使用された事実もなければ収益をあげていたこともない。しかして，実施されていない特許権は，それによる収益が上がることが考えられないのであるから，特段の事情がない限り，経済的に無価値というほかない。したがって，三井物産による本件特許権及びその他の発明の購入代金は，原告が本件質権を実行した当時において，本件特許権が４億円の価値を有する根拠とはならず，むしろ本件特許権購入後の三井物産の動きを見れば，本件特許権の経済的価値はゼロである。

　三井物産は，当時行っていた事業の将来性及び発展性等を考慮したうえ，今後の事業を遂行するに当たり，特に重要な技術である前記（２）の特許権の経済的価値を相当高く評価し，この技術を取得するために本件特許権，前記（３）の出願中特許及び（４）の出願予定の特許発明の取引に及んだのであり，これと類似する本件特許権，出願中特許（３），出願予定の特許発明（４）の関連技術については，技術使用を巡る後日の紛争等を回避することを目的として，本件特許権を前記（２）の特許権と一括で譲り受けたと見るのが合理的であるから，三井物産による購入代金額は，本件特許権の経済的価値を示すものではない。

　そして仮に，本件特許権についての質権登録が有効になされ，その後，富士千の倒産に伴い，本件特許権について同質権が実行され，競売手続に付されたとしても，このように市場で使用されず，全く収益が上がらず，経済的価値がないものであった本件特許権を，富士千からのノウハウ等を取得できない状況において，敢えてこれを競落する買受人が出現することなど到底考えられないから，原告は，富士千に対する貸付金である本件被担保債権を回収することができなかったというべきである。

第３　当裁判所の判断

１　争点（１）について

（１）ア　特許庁では，平成９年当時，特許権の移転又は特許権を目的とする質権設定の登録の申請にかかる特許原簿への登録手続について，一月に１回の事務として処理されていた。すなわち，１か月分の各申請を一括して，受付の順序により付された受付番号の順番に従って，順次登録するものとされていた。

　イ　具体的には，１か月分の各登録の申請は，受付日順に処理する特許庁の各登録専門官の人数に応じて各自に振り分けられた後，登録又は却下のいずれかの処分がなされることになり，したがって，受付日を異にする申請については，同じ登録専門官が処理する場合もあれば，全く別の登録専門官が処理する場合もあることとなる。

ウ 特許原簿は，磁気テープをもって調整され，その調整方法は，電子計算機の操作によるものであるが，特許原簿に関する各登録事務のうち，オンライン等でなされる手続については，原則として，電子計算機システムがこれに対応することにより自動設定・自動登録される。

エ しかし，全てがオンライン等の手続によってなされるわけではなく，特許権の移転又は特許権を目的とする質権設定の登録については，登録申請書に基づいて，磁気データとして置換入力したものを電子計算機システムに記録し，電子計算機により各種帳票，リスト及び各申請にかかる登録が仮になされた原簿が出力されると共に，特許原簿は，最終的に，磁気テープによって調整されるものの，登録専門官は，各登録の申請について，これを登録すべきか，又は却下すべきかを判断したうえ，各登録の申請にかかる申請書に基づき，仮の登録原簿のデータを必要に応じて修正し，電子計算機を操作することにより，本登録の指示を行うこととなる。

オ 本件移転の登録申請にかかる審査に際しては，同日，登録処理をすべき先に受け付けられていた本件質権設定の登録申請があることにつき，警告リストが出力されており，各登録専門官は，この警告リストにより，互いに連絡を取りながら事務処理を進めていた。

カ なお，電子計算機により，各申請にかかる登録が仮になされて出力される仮の登録原簿上には，本件質権の設定登録が記載されていた。

（2）以上の点につき，原告は，明らかに争わないところ，本件質権の設定登録申請について，特許原簿に登録されなかったのが担当の登録専門官の故意によるものと認める証拠はなく，若しも電子計算機（ハード，ソフト）自体に不備・欠陥ないし故障箇所があったとすると，本件だけの過誤というのは不合理・不可解というほかなく，通常ならば本件の1件だけでなくほぼ同時期に何件かの過誤が発生して然るべきところ，そのような形跡はないのであるから，本件では，担当の登録専門官において，仮の登録原簿上の必要な記載を見ないで放置していたか，その記載を見落としたか，見たのに判断を誤り，その後の処理を怠っていたのか，或いはその後の処理を誰かが行うであろうと軽率にも思い込んだか，2～3日中に処理しようと考えていてその後自分で処理した気になり，うっかりして処理を失念してしまったか，はたまた誰かに任せたので処理が行われるものと軽信したか，本件質権の設定登録申請書が他の書類に紛れ込んだか処理済みの書類の中に入ってしまったかして本登録のための入力をすることができなかったか，電子計算機に誤って操作したため正確に本登録として保存されず，本登録完了の確認をしなかったか，いずれにしても人為的な過誤，すなわち，国家賠償法1条にいう過失があったものと推認せざるを得ず，これを覆すに足りる証拠はない。

2 争点（2）について

（1）原告の有する本件特許権にかかる本件質権は，富士千から磯畑への本件特許権の本件移転登録がなされた平成9年11月17日の時点において，対抗要件の点から，その設定の効力を主張できなくなったのである（甲19の9頁参照）から，原告の有した質権の喪失・消滅という損害は，その時点で発生したというべきである（2つの鑑定時点を採る乙16は採用できない。）。

そして，その時点（平成9年11月17日）における本件特許権についての質権の価値〔厳密にいうと本件特許権（所有権）の価値ではない。本件特許権の価値と異なる場合が

ある。〕を算定し，それが原告の損害となると解すべきである。

この点につき，被告は，原告主張の損害の算定時期は本件質権を実行できた時期，すなわち，早くとも富士千が倒産した平成10年3月23日以降である旨主張するが，上記の理由で採用しない。

(2) そこで，平成9年11月17日までの事実関係を中心に検討する。

〈証拠略〉及び弁論の全趣旨によれば次の事実が認められる。

ア　富士千は，平成8年3月26日，登録出願中の本件特許権によるFS床版工法を新聞発表したところ，翌日以降の新聞で以下のとおり取り上げられた。

　　(1) 平成8年3月27日発行の日本工業新聞（見出し）「床版を現湯で直接架設」「道路橋工事の新工法」

　　(2) 平成8年3月27日発行の日刊工業新聞（見出し）「工期・価格が1／2」「ステン枠の道路橋床版」

　　(3) 平成8年3月27日発行の日刊建設工業新聞（見出し）「工期を半分に短縮」「プレハブ式鉄筋付き型枠」

　　(4) 平成8年3月27日発行の静岡新聞（見出し）「道路橋の新床版工法を開発」

　　(5) 平成8年3月27日発行の建設通信新聞　（見出し）「鉄筋付鋼製型枠床版FS床版を開発」「工期短縮，低コストを実現」「安全性も向上」

　　(6) 平成8年3月29日発行の日経産業新聞（見出し）「従来の半額の橋りょう用床版」

　　(7) 平成8年4月1日発行の橋梁新聞（見出し）「FS床版工期短縮と低価格を実現」「富士千が新発売」

　　(8) 平成8年11月6日発行の日本工業新聞（見出し）「ユニーク企業として富士千を紹介」「低コスト，工期短縮のFS床版」「阪神高速道の復旧工事にも一役」

　　(9) 発行年月日及び発行新聞不明（甲6）（見出し）「橋梁床版の新工法」「富士千　東燃と提携」

イ　平成8年3月29日ころ以降2週間余の間に，以下の会社等約25先から富士千に対し，FS床版工法についての照会や資料請求があった。・日本鋼管工事（株）・社団法人日本橋梁建設協会・新日本製徹（株）・三菱重工工事（株）・川田工業（株）・（株）山口商会・千代田建設興業（株）・新晃工業（株）・テトラ基礎設計・トピー工業・宮崎県等

ウ　平成8年10月3日，本件特許権の設定登録がなされたうえ，平成9年1月8日に，本件特許権についての公報が発行され，富士千は，同年8月，FS床版の販売につき，東燃（株）と業務提携した。

エ　その後，本件特許権の請求項にかかる発明の各構成要件の一部を具備するFS床版の技術が採用された。

オ　三井物産では，阪神・淡路大震災で阪神高速道路が倒壊したとき，自社取引先の三井建設（株）の下請であった磯畑と知り合う機会があり，磯畑がFS床版による工法で施工工事をしていることを聞き及び，磯畑から本件特許権及びその他の発明を購入して事業化する計画を立てた。

そして，三井物産は，本件特許権及び前記(2)の特許権に質権等の担保権が設定されていないかどうかを調査し，同担保権が設定されていないことを確認したうえ，平成9年11月，磯畑の所有する本件特許権及びその他の発明を4億円で買い受けた。その際，磯畑は，本件特許権及びその他の発明の実施につき，三井物産に対し，技術資料及び情報提供並びに必要な技術指導をすることを約していた（甲21の第5条）。なお，この時点では，

磯畑も富士千も営業活動をしていた。

　カ　その後，三井物産は，本件特許権及びその他の発明の売買代金4億円のうち，3億5000万円を磯畑に支払い，残金5000万円については，磯畑の事実上の倒産後，三井物産の磯畑に対する資材の売掛代金債権及び受取手形債権のうちの5000万円とを相殺処理した。

　キ　また，三井物産は，平成10年前半には，原告を相手方として，本件特許権に対する本件質権設定登録の抹消登録請求事件を提訴し，同年10月24日，勝訴の判決を得た。

　ク　そして，三井物産は，本件特許権及びその他の発明を購入してから平成13年3月までの間，本件特許権の事業化に向け富士千及び東然らと共同して取り組み，平成9年10月にはFTS床版（FS床版と同一）の技術説明書を作成し，平成10年4月にはパンフレットを作成し，FS床版をスーパーMSG床版という商品名で販売営業活動について鋭意努力した。

　その結果，価格の点，強度の点，工期短縮の点等において，他の在来工法の類似・競合商品と比べて市場競争力がないことが判明すると共に，他社からライセンス契約の締結等の正式な引き合いがなかった。

　ケ　そこで，三井物産は，本件特許権及びその他の発明についての事業化につき，採算が合わないものと判断して最終的にこれを断念し，平成12年10月3日，本件特許権につき，特許料の支払いを止めたので，平成13年5月14日に登録が抹消された。また，前記2の特許権についても，平成12年8月15日，特許料の支払いを止めたので，平成13年4月25日に登録が抹消された。

(3)　平成9年11月17日時点における本件質権の価値について検討する。

　ア　物の経済的価値（商品の交換価値）は，市場における或る予測を含んだ需要と供給のバランスによって決せられると一般的にいわれているところ，ある時点Aで高額に評価されていたものが「その後の状況の変化」によって，後のBの時点で低額な評価となる事象は社会経済取引上まま見られるものであるが，この場合，A時点における当該物（商品）の価値を算定するのに「その後の状況の変化」を考慮することは，特段の場合を除き許されないといわなければならない。なぜなら，当該物（商品）の価値が「その後の状況の変化」に応じて変動するのは当然であり，ある時点における当該物（商品）の価値は，原則として「その後の状況の変化」が十分予測されて事前に反映されるものではないと解されるからである。

　イ　これを本件についてみると，本件特許権は，平成9年11月17日以降に富士千や磯畑が事実上倒産し，その事業化を断念するといった「その後の状況の変化」があったために無価値になったのであるが，それは結果論にすぎないといわざるを得ず，三井物産が本件特許権及びその他の発明を譲り受けた平成9年11月の時点では，そのような事態は予測されておらず，かえって事業化の見通しがあり（証人Wの尋問調書334項），将来性と発展性が期待され，商品化が有望視されていた（証人W，弁論の全趣旨）のであるから，結果として事業化に成功しなかったことによる本件特許権の経済的価値の下落をもって，平成9年11月17日時点における本件特許権の価値をゼロと評価することはできない。

　ウ　ところで，磯畑から三井物産に対する本件特許権及びその他の発明の売買代金は4億円であるところ，〈証拠略〉によれば，三井物産では，本件特許権及びその他の発明のうち，最も重要なものは本件特許権であり，その他の発明，すなわち，前記(2)の特許権，

（3）の出願中特許及び（4）の出願予定の特許発明はいずれも本件特許権の周辺の附属技術にすぎないものと理解していたこと，したがって，本件特許権による技術の商品化・事業化ができない限りその他の発明についての商品化・事業化を考えていなかったこと，本件特許権もその他の発明のうちの前記（2）の特許権も平成12年の特許料不納により平成13年に抹消登録されたことが認められる。

そうすると，上記売買代金の4億円は大部分が本件特許権の対価と認めるのが相当であり，当裁判所は，上記売買当時，本件特許権（所有権）の価格が控えめにみても3億円は下らないものと認める。

この点につき，被告は，本件特許権の価値よりその他の発明のうちの前記（2）の特許権が特に重要な技術であり，三井物産はその経済的価値を相当高く評価し，この技術を取得するために本件特許権及びその他の発明を4億円で取引した旨主張するが，上記認定判断により採用しない。

なお，原告は，本件特許権につき，被担保債権を3億6000万円としているところ，3億6000万円とした根拠は明らかでないが，このことからすると，本件特許権の価格を6億円ないし5億円（6億円の6掛けないし5億円の7掛け強）とみていたのではないかと推測される（原告は，前記第2の2（2）イ認定のとおり，富士千に対する貸付金約7億円のうち3億6000万円について本件特許権を担保にとった。）が，本件特許権が5億円ないし6億円の価値を有していたことを認めるに足りる証拠はない。

エ　不動産担保の場合，通例，その担保価値は当該不動産の時価の7掛けないし8掛け前後の評価で算定することが多いところ，これは，不動産の担保権実行による場合の困難性，非効率性，低廉性等の理由からきている取引社会の要請と解される。

しかして，特許権担保の場合は，その価値が不動産担保のときよりも不安定であり，かつ，市場性に欠け，換価も容易でないと予想されることから，評価は更に下回ると考えられる。それゆえ，当裁判所は，特許権担保（質権）における当該特許権の担保権（質権）自体の価格は，控えめにみて当該特許権（所有権）の6割と評価するのを相当とする。

そうすると，本件特許権についての本件質権の価格は1億8000万円（3億円×0.6）と認める。

この認定判断は，本件特許権が有効に質権設定登録されたと仮定して，三井物産が本件特許権及びその他の発明を購入するに際し，本件特許権についての担保（質権）を抜いてもらうために原告と交渉した結果，原告としては，被担保債権額の半分（3億6000万円×1／2）の支払いを受ければ，それと引き換えに本件質権を解除し抹消したであろうということになるが，このようなことは，特許権の価値の不安定さ，市場性の程度，特許権担保の実行・換価の難しさ等コストの問題，貸付債権回収の見通しと未確実性，FS床版についての前記新聞報道や富士千の営業活動状況，原告と三井物産の各社会的地位等に鑑みると，金融取引実務としては十分あり得るのではなかろうかと考えられる。

ところで，被告が本件特許権につき経済的に無価値であったと主張するのは，本件質権を実行しようとした時点を基準にしている点において，採用し得ない。三井物産としては，平成9年10月にはFTS床版の技術説明書を作成するなどして販売営業活動を継続しており，更には，本件特許権の価値があると判断したからこそ本件質権設定登録の抹消登録請求訴訟を提起したものと認めるべきであろう。

また、被告は、実施されていない特許権につき特段の事情がない限り経済的に無価値と主張しているが、そのように一律にいえるか疑問がある。のみならず、前記第3の2（2）エ認定のとおり、本件特許権の請求項にかかる発明の各構成要件の一部を具備するFS床版の技術が採用された実績はあるし、被告も特段の事情があれば経済的価値を有することを認めているところ、本件は、実際に特許権の購入者が現れたのであるから、上記特別の事情が認められる場合に当たるというべきである。

したがって、上記理由により、乙16の鑑定評価書は採用することができない。

（4）　以上のとおりであるから、平成9年11月17日の時点における原告の損害は、本件質権の喪失・消滅による同価格相当の1億8000万円となる。

3　よって、主文のとおり判決する。なお、仮執行宣言の申立については相当でないものとしてこれを付さないこととする。

（裁判官　笹村將文）

【課題】　上記の特許権質権事件判決を読んで、以下の質問について考えてみよう。
Q1　原告(信用金庫)は3億6000万円の貸付金の担保として本件特許権に質権を設定した。原告はどのようにして特許権の担保価値を評価したと考えられるか。
Q2　静岡地裁は、「特許権担保の場合は、その価値が不動産担保のときよりも不安定であり、かつ、市場性に欠け、換価も容易でないと予想されることから、評価は更に下回ると考えられる。」と判示している。不動産担保の場合と比較して、特許権担保はどのような点で安定性・市場性・換価性が異なるのか。
Q3　最終的に市場で無価値となった特許権について、それが消滅したことによる損害を認定することは、どのような論理によるのか。
Q4　裁判所は本件特許権の価格を3億円と認定しているが、その根拠は何か。
Q5　特許権の価値と特許権質権の価値について、静岡地裁は「当裁判所は、特許権担保（質権）における当該特許権の担保権（質権）自体の価格は、控えめにみて当該特許権（所有権）の6割と評価するのを相当とする。」と判示している。なぜ6割というのか、不動産の場合と比較して考えてみよう。
Q6　本件の控訴審は、以下のように判示して、信金側を逆転敗訴とした。原審の静岡地裁判決の内容と対比して、考えてみよう。
○ 東京高裁平成16年12月8日判決（金融・商事判例1208号19頁）
「ア　原審証人Wは、本件売買契約当時、仮に本件特許権に本件質権が設定登録されていたならば、三井物産としては、磯畑において先に本件質権登録の抹消手続をしなければ、本件特許権等を買い受けることはなかったはずである旨を明言する。
イ　また、同証人の証言内容に照らすと、三井物産としては、もともと床版工事事業に進出することを特に意図していた訳ではなく、本件特許権等を取得するための強い動機を有していた訳でもなかったことが窺われる。したがって、本件売買契約当時、仮に本件特許権に本件質権が設定登録されていたならば、三井物産としても、はたして本件特許権等を買い受けるまでに至ったか否かについては、疑問が残る。

ウ　前記引用に係る原判決認定の本件特許権の実施状況，性能，価格等の事実に照らすならば，本件特許権は，客観的にみて，現実の経済価値を有するものであったとは認め難い。そうすると，仮に本件特許権に本件質権登録がなされていた場合，三井物産としては，本件質権登録の抹消登録の可能性等を検討するため，本件特許権の客観的価値を評価した可能性もあり得るところ，その場合，本件特許権についての上記事情が判明し，本件特許権の売買契約が締結されるまでには至らなかった可能性も否定できない。

エ　本件においては，磯畑と富士千との間における本件特許権の譲渡のいきさつが不明である。したがって，仮に本件売買契約当時，本件特許権に本件質権登録が経由されていたとするならば，はたして磯畑においても，本件特許権の売却を図ったかどうか疑問も残る。

オ　仮に本件質権登録が経由された状態で，本件特許権の売買契約の締結が具体的に検討された場合，三井物産，磯畑，被控訴人の三者間において，売買代金のうち3億円もしくは相当額を被控訴人に支払う旨の合意が成立するに至ったものと断定するだけの特段の根拠も見当たらない。

（3）以上からみるならば，仮に本件質権登録が本件移転登録に先立って経由されていたとした場合，被控訴人が主張するように，本件特許権等についての売買契約が，本件同様に成立し，かつ，本件質権登録を抹消するため，売買代金のうち3億円もしくは相当額が被控訴人に交付される旨の合意が成立したものとは，にわかには認定し難いといわざるを得ない。

そうすると，本件質権が，本件移転登録に先立ち正しく登録されていたとしても，被控訴人が，本件質権に基づいて，その被担保債権の弁済を受けることが可能であったともいい難いところであるから，本件においては，特許庁の登録専門官の過失により，被控訴人に現実に損害が発生したものとは認めることができないといわざるを得ない。」

Q7　最高裁判所は2006年1月24日の判決で以下のように判示して上記の原判決を破棄し，東京高裁に差し戻した。第1審判決，控訴審判決及びこの判決を通読して，ひとつの問題をめぐって展開される法的なチャレンジの在り方について，考えてみよう。

　　　○　最高裁平成18年1月24日第三小法廷判決（最高裁ホームページ）

「原審の上記判断は是認することができない。その理由は，次のとおりである。

(1)　特許権の移転及び特許権を目的とする質権の設定は，特許庁に備える特許原簿に登録するものとされ（特許法27条1項1号，3号），かつ，相続その他の一般承継による特許権の移転を除き，登録しなければその効力を生じないものとされ（同法98条1項1号，3号），これらの登録は，原則として，登録権利者及び登録義務者の共同申請，登録義務者の単独申請承諾書を添付した登録権利者の申請等に基づいて行われることとされている（特許登録令15条，18条，19条）。したがって，特許権者甲が，その債権者乙に対して甲の有する特許権を目的とする質権を設定する旨の契約を締結し，これと相前後して第三者丙に対して当該特許権を移転する旨の契約を締結した場合において，乙に対する質権設定登録の申請が先に受け付けられ，その後丙に対する特許権移転登録の申請が受け付けられたときでも，丙に対する特許権移転登録が先にされれば，質権の

効力が生ずる前に当該特許権が丙に移転されていたことになるから，もはや乙に対する質権設定登録をすることはできず，結局，当該質権の効力は生じないこととなる。このため，申請による登録は，受付の順序に従ってしなければならないものとされており（同令37条1項），特許庁の担当職員がこの定めに反して受付の順序に従わず，後に受付のされた丙に対する特許権移転登録手続を先にしたために，先に受付のされた乙に対する質権設定登録をすることができなくなった場合には，乙は，特許庁の担当職員の過失により，本来有効に取得することのできた質権を取得することができなかったものであるから，これによって被った損害について，国家賠償を求めることができる。

　前記事実関係によれば，上告人は，平成9年9月1日，A社から本件質権の設定を受け，同月2日，特許庁長官に本件質権設定登録を申請し，同月3日，これが受け付けられたにもかかわらず，この受付に後れて申請及び受付がされた本件特許権移転登録が先にされたため，本件質権の効力が生じなかったというのであるから，上告人は，特許庁の担当職員の過失により，本来有効に取得することのできた本件質権を取得することができなかったものであることが明らかである。

　(2)　特許庁の担当職員の過失により特許権を目的とする質権を取得することができなかった場合，これによる損害額は，特段の事情のない限り，その被担保債権が履行遅滞に陥ったころ，当該質権を実行することによって回収することができたはずの債権額というべきである。

　前記事実関係に照らせば，本件債権は，A社が銀行取引停止処分を受けて期限の利益を喪失した平成10年3月23日の時点で履行遅滞に陥ったものと認められ，しかも上記特段の事情はうかがわれないから，そのころ，本件質権を実行することによって回収することのできたはずの本件債権の債権額が本件質権を取得することができなかったことによる損害額というべきである。そして，本件質権には，これに優先する担保権は存在しないから，結局，平成10年3月ころの本件特許権の適正な価額から回収費用を控除した金額（それが本件債権の債権額を上回れば同債権額）が，本件質権を取得することができなかったことによる損害額となる。

　(3)　そこで，平成10年3月ころの本件特許権の適正な価額について検討する。

　特許権の適正な価額は，損害額算定の基準時における特許権を活用した事業収益の見込みに基づいて算定されるべきものであるところ，前記事実関係によれば，①A社が，平成8年3月，特許出願中の本件特許権を構成する技術の一部を用いたFS床版工法を発表したところ，多数の新聞に取り上げられ，多数の企業等から同工法についての照会や資料請求があったこと，②A社から本件特許権の譲渡を受けたB社は，平成9年11月，C社に対し，本件特許権等を代金4億円で譲渡したこと，③C社は，A社らと共に本件特許権の事業化に取り組み，平成10年4月，スーパーMSG床版という商品名でパンフレットを作成し，その販売営業に努力したこと，④C社は，本件特許権の事業化の障害となる本件質権設定登録を抹消するため，同年5月，上告人に対し，その抹消登録手続を求める訴えを提起し，同年7月，勝訴判決を得て，同年10月，その目的を達したこと，⑤C社は，最終的には，本件特許権の事業化は採算が合わないものと判断し

てこれを断念し、平成12年10月までに本件特許権の第5年分の特許料の支払をしなかったため、本件特許権が消滅したが、それまでは同事業化の努力をしていたことなどが明らかである。

以上に照らすと、本件特許権は、最終的にはC社による事業化に成功せず、平成12年10月に消滅するに至ったというのであるが、本件債権が履行遅滞に陥った平成10年3月ころには、事業収益を生み出す見込みのある発明として相応の経済的評価ができるものであったということができ、本件質権の実行によって本件債権について相応の回収が見込まれたものというべきである。

(4) 以上によれば、上告人には特許庁の担当職員の過失により本件質権を取得することができなかったことにより損害が発生したというべきであるから、その損害額が認定されなければならず、仮に損害額の立証が極めて困難であったとしても、民訴法248条により、口頭弁論の全趣旨及び証拠調べの結果に基づいて、相当な損害額が認定されなければならない。ところが、原審は、上記(3)①～⑤のような事実が明らかであるにもかかわらず、本件特許権について本件質権設定登録がされていた場合に、本件特許権等についての譲渡契約が前記1(5)の譲渡契約と同様に成立し、本件質権設定登録を抹消するために上告人に相当額が交付されるに至ったものとは認定し難いとして、本件質権を取得することができなかったことによる損害の発生を否定したのであるから、原審の上記判断には、判決に影響を及ぼすことが明らかな法令の違反がある。」

3 債権回収のための活動とその限界

債権者は、どのような回収活動も許されるというものではない。どのような点を留意しなくてはならないであろうか。

【課題】 以下の判決を読んで、登場者の関係図を作り、事実、争点、裁判所の判断をまとめなさい。

● **大阪高裁平成11年5月18日判決**（金融・商事判例1075号27頁）

控 訴 人（被告）　連帯保証人（元マンション所有者）
被控訴人（原告）　信用金庫

　　　　　　主　　文

一　原判決主文第一、二項を次のとおり変更する。

1　控訴人は、被控訴人に対し、129万3987円及び（一）内74万6000円に対する平成8年11月6日から、（二）内54万7987円に対する平成9年7月26日から各完済まで年18.25％の割合による金員を支払え。

2　被控訴人のその余の本訴請求を棄却する。

3 控訴人の反訴請求を棄却する。
二 訴訟費用は第1・2審を通じてこれを10分し、その1を被控訴人の、その余を控訴人の各負担とする。

事実及び理由

第一 控訴の趣旨
一 原判決を取り消す。
二 被控訴人の本訴請求を棄却する。
三 被控訴人は、控訴人に対し、518万6013円及びこれに対する平成9年12月4日から完済まで年5分の割合による金員を支払え。
四 訴訟費用は第1・2審とも原告の負担とする。

第二 事案の概要
（以下、控訴人を「被告甲野」・被控訴人を「原告」・原審相被告S技研工業株式会社を「S技研」と略称する。）

本件は、原告＜信用金庫＞が被告甲野に、約束手形買戻代金の保証債務の履行を求めた（本訴）のに対し、右保証債務履行請求権を被保全債権として原告が被告甲野所有マンションに対し仮差押を申し立てたこと等が違法であるとして、被告甲野が原告に対し、不法行為に基づく損害賠償を求めた（反訴）事案である。

一 「前提事実」「争点」「争点についての当事者の主張」は、次に付加する他は、原判決6頁7行目から同18頁8行目までに記載のとおりであるから、これを引用する。

二 当審補充主張
＜被告甲野の主張＞
1 被告甲野は、原告との十数年の取引を通じて、原告を金融のアドバイザーであり頼りになるコンサルタントと深く信頼していたもので、私財を処分してでも原告には迷惑を掛けられないと考えて、本件マンションが売れるまで待ってほしいと懇願していた。

そして、原告の担当者丙山に対し、債務の全容・弁済原資の入手方法・弁済計画等をすべて詳細に説明するという合理的な方法で、原告に債務弁済計画を知らしめているのであって、被告甲野は原告が右債務弁済計画を了承したものと認識していたのである。仮に原告が右計画を了承していなかったとしても、原告の了承が得られたと被告甲野が認識したことに過失はない。

このような状況に遭遇したとき、公の金融機関としては、自己の債権を回収する際、相手方の被ることのあるべき損害を最小限度に止めるよう最善の努力と良識と冷静な判断が要求されるといわねばならず、仮差押の法的手段以外に他に債権回収の方法がなかった場合に限って仮差押の必要性が是認されるというべきである。

2 本件についてこれをみるに、原告の被告甲野に対する債権額が比較的少額であること、被告甲野は原告を頼りにして深く信頼していたこと、相互信頼関係のもとに十数年にわたり事故なく取引を継続してきたこと、仮差押により売買契約成立が阻害されれば、原告の債権額以上の損害を被告甲野が被ることは充分予見し得たこと等一切の事情を斟酌すれば、僅か60万円の被担保債権の保全のために2280万円相当の本件マンションを売却寸前に仮差押までする必要はなく、むしろ売買契約を成立させて売買代金の中から債権を回収することは極めて容易なことであったから、公の金融機関としてはそうすべきであったのに、安易に本件仮差押をなし、被告甲野に損害を与えたのは不法行為を構成するといわなければならない。

＜原告の主張＞
1 原告の担当者丙山が被告甲野から説明を受けたのは、本件マンションを売却して債務を弁済するという一般的な話だけであり、具

体的な弁済計画についての説明は受けていない。具体的な弁済計画を説明したとの主張は当審において初めて提出されたものである。

2 本件仮差押当時、被告甲野の資産は本件マンションしかなかったにもかかわらず、被告甲野からは原告の債務の一部は支払えないと明言されていたことや、本件マンション自体リフォームも完了していつ売却されるか判らず、現に売却手続を進めていた状況にあったこと等の事情からすると、原告の債権を確保するために唯一の資産を仮差押したことはなんら違法ではない。

第三 当裁判所の判断

一 争点１について

1 前記前提となる事実に〈証拠略〉及び弁論の全趣旨を総合すると、以下の事実を認めることができる。

（一）Ｓ技研は、各種鋼製棚の製造販売等を業とする会社であって、第１６期（平成７年６月１日から平成８年５月３１日）の売上高は３８０３万９９０９円であり、シンキがその主な販売先であった。

（二）シンキは、平成８年１０月５日、倒産した。原告は、右当時、Ｓ技研の依頼によって割り引いたシンキ振出しの約束手形５通（額面合計３０１万９２５３円）を所持していたところ、同日、そのうちの１通（額面３７万５０００円）が不渡りとなった。

（三）原告とＳ技研の間で締結されていた信用金庫取引約定によると、Ｓ技研が割引を受けた手形の主債務者が期日に支払わなかったときは、Ｓ技研は、その者が主債務者となっている手形を額面金額で買い戻す義務を負い、直ちに代金を支払う旨約定されていたので、Ｓ技研は、本件手形を含む右５通の手形の買戻債務を、被告甲野はその保証債務を負うことになった。

（四）Ｓ技研は、シンキ振出しの手形を原告で割り引くほか、仕入先等に裏書交付しており、シンキ振出しの手形が不渡りとなることによって、これらの手形の買戻等のため合計約２千２、３百万円を必要とするに至り、買掛金債務を含めると、シンキの手形が不渡りとなった後のＳ技研の債務額は約２千７、８百万円であった。

（五）そこで、被告甲野は、同年１０月８日頃、Ｓ技研を訪ねて来た原告西支店の担当者丙山に不渡りとなった手形の一覧表を示し、「Ｓ技研の債務総額は２千数百万円にのぼるが、取引先に対しては長年の信用があるので約１０００万円もあれば一応の解決は図れるから、そんなに騒ぐ必要はない。ただ、連鎖倒産を起こす会社が一社あるのでその債務約３００万円は至急金策の要がある。」等と説明し、その資金を捻出するためにも本件マンションを売却して急場をしのぎ、併せて他の債務も返済する予定である旨を伝えた（乙九）。

本件マンションは、当時、被告甲野の唯一の資産であり、Ｓ技研の事務所兼同社従業員の宿舎でもあったことから、その売却には同従業員の立退きが前提であり、右立退きにも相当の費用が見込まれた。また、売却を有利に進めるために行う建物の改装工事にも相当の費用が見込まれた（乙三、九）。

そして、Ｓ技研は、同年１０月１４日、原告に対する定期預金を解約して、同月５日が支払期日であった約束手形１通（額面３７万５０００円）を買い戻した（〈証拠略〉）。

（六）被告甲野は、本件マンションの売却期限を改装工事期間をも入れて同年１１月２０日頃と見込み、仕入先の債権者には返済計画を伝えて同日までの債務返済の猶予を求め、おおむね了承を得た（乙九）。

そこで、被告甲野は、本件マンションの売却の仲介を常陽不動産株式会社に委託した。右売却価格は２４８０万円というのが被告甲

野の希望であった（乙四，五，一八）。

同年１０月末頃，原告西支店の支店長乙川は，被告甲野を訪ね，残る不渡り手形の買戻しを求めたが，被告甲野が今資金がないとして本件マンションを売却するまで猶予を求めたので，それ以上具体的な返済の目処等につき協議はしなかった（乙九）。

そして，被告甲野は，同年１１月上旬中にＳ技研の事務所の移転，従業員の転宅，さらには改装工事をも済ませた，（右工事費用は約２１５万円であった。）（乙三，九）。

（七）同年１１月７日，乙川支店長は，再度被告甲野を訪ね，前記不渡り手形の買戻しを求めたところ，被告甲野はそれを単なる嫌がらせと受け取り，本件マンションが売却できるまでは払えないと断ったことから口論となり，互いに言い募った挙げ句，喧嘩別れとなった（乙九）。

原告は，翌８日，手形買戻代金６０万円についての保証債務履行請求権を請求債権として，大阪簡易裁判所に本件マンションに対する仮差押を申し立て，同日，その仮差押決定を得た（以下これを「本件仮差押」という。）。同月１１日，本件マンションに右仮差押登記がなされた。当時，本件マンションは抵当権等の負担のない不動産であった（乙一，二）。

一方，被告甲野は，乙川支店長の前任者に取りなしを頼んでいたが，その効もないうち，同日，原告から１４日以内に手形買戻しの履行を求める旨の内容証明郵便の送付を受けた（乙九）。

（八）被告甲野は，同年１１月１２日，本件仮差押登記がされていることを知らないまま，本件マンションの買主側の仲介業者であった住友不動産販売株式会社（以下「住友不動産」という。）との間で，本件マンションを代金２２８０万円で売却することを了承し，同月１７日正式契約を結ぶことで合意した（乙七の一・二，九，一八）。

ところが，右正式契約に先立ち，住友不動産が登記簿を調べた結果，本件仮差押登記のあることが判明した。住友不動産は，早速原告の乙川支店長に本件仮差押登記の経緯につき説明を求めたが，乙川支店長は，被告甲野が同席しなければ説明はできないとして，被告甲野の債務内容等の詳細な説明はしなかった。そのため，住友不動産は，右合意を撤回し，２２８０万円で本件マンションを売却する件は不成立に終わった（乙九）。

（九）そこで，被告甲野は，急遽他の買主を探した結果，同年１１月２１日，本件マンションを新買主原田成秀に代金１５６０万円（契約書上は１９８０万円）で売却した。右売買においては，本件仮差押登記を被告甲野の責任で抹消することが条件であったので，被告甲野は，同日，仮差押解放金６０万円を供託して，大阪簡易裁判所から本件仮差押の執行取消しを受け，同日付けで買主に所有権移転登記を経由した（乙八，一九）。

（一〇）本件仮差押当時，Ｓ技研及び被告甲野が原告に対し手形買戻義務を負っていた割引手形は５通であった。そのうち３通は原判決別紙手形目録記載の手形であり，本件仮差押の請求債権は額面が最も少額のものであった。

なお，Ｓ技研及び被告甲野は，昭和６１年４月に原告と信用金庫取引を開始して以来，原告に対し手形割引を依頼する形で経営資金の調達を図っていたが，割引手形の決済や手形買戻の履行等に関して本件に至るまでは遅滞に陥ったことはなかった（乙九，二〇，弁論の全趣旨）。

２　債権者が債務者に対する債権を保全するため債務者の不動産を仮差押することは権利の行使として一般には適法な行為であるが，権利の行使といえどもそれがすべて是認され

るものではなく，社会的に相当とされる方法・態様を超えて行われ債務者に必要以上の損害を被らせたときには，例外的に違法と評価され不法行為を構成する場合があるといわなければならない。

債務者が債務過重に陥り債務の即時返済が困難となったときは，否認権や詐害行為取消権の制度の存在から窺われるように，とりわけ債権者間の平等な満足を図るべきことが強く要請されるのであって，債権者といえども自己の債権の満足を図るのみでなく，他の債権者の地位にも配慮した措置をとることが要請されるというべきである。

とくに，原告は，信用金庫法に基き設立された信用金庫で，信用金庫の地区内の個人又は事業者を会員として組織する共同組織（信用金庫法１条・１０条）であって，公共性を有する金融業務を担い，国民大衆のために金融の円滑を図って預金者等の保護に資することを目的として運用されるべき法人（同法１条・２条）であるから，債権の回収のみを業とするものではなく，融資によって会員の経済的な安定を援助することも重要な業務であるのはもとより，経済的な更生を図ろうとする会員に対してはその利益を害することのないよう配慮すべきこともまた社会的な要請であるというべきである。

そして，Ｓ技研及び被告甲野は，原告と昭和６１年４月に信用金庫取引を開始して以来，債務の履行につき問題を生じたことはなく，本件において，Ｓ技研及び被告甲野が原告に対し手形買戻義務を負担するに至った原因は，割引手形の振出人である他企業が倒産した結果であって，Ｓ技研自体の手形不渡りではなかったこと，Ｓ技研及び被告甲野としては，右倒産のあおりを受けて即時に支払うべき多額の債務を履行するには，唯一の資産である本件マンションを売却して返済原資を調達する以外に方策がなく，そのため，被告甲野は，各債権者との間で債務の返済額・返済時期・返済方法等について協議をし，原告以外の債権者との間では本件マンションを売却するまでの間は債務の返済を事実上猶予することでほぼ了解を得ていたものと窺われること，被告甲野は，原告に対しても，取引のあった西支店担当者に右の状況を説明し，返済すべき債務の内容・総額の他，本件マンションを売却して返済に充てる予定であることを伝えていたこと，原告西支店の支店長も，直接被告甲野を訪ね，同被告から同旨の説明を受けて返済の猶予を求められ，かつ，売却のために本件マンションの改装工事が行われていることを現認していたことは前記のとおりである。

このような原告の金融機関としての公共的性格や従来のＳ技研及び被告甲野との取引状況に鑑み，とりわけ本件手形買戻義務の発生がＳ技研や被告甲野の業績悪化から直接生じたものではなかったにもかかわらず，被告甲野が債務返済の方策として当時最善と考えられた本件マンションの売却によって出来るだけ多くの債務を返済する努力をしていたこと，原告以外の債権者は右売却を了承して債務の返済を事実上猶予していたこと等の事情に照らすと，原告としても，Ｓ技研及び被告甲野から本件マンションの売却による債務返済について協力依頼を受けたときは，右売却によっては返済原資がかえって減少する等，返済方法として相当でないと考えるべき格別の事情のない限り，右債務返済の方策の実施を妨げないよう配慮すべき義務があると解するのが相当である。

しかるに，原告西支店の支店長乙川は，同支店の担当者から事前に被告甲野の本件マンションの売却計画につき報告を受けていたはずであるのに，被告甲野との直接面談の際には，同被告から右売却を理由に返済の事実上

の猶予を求められたにもかかわらず，単に返済の履行を求めるのみで，それ以上右売却後の具体的な返済計画の内容を確かめようともしないまま右猶予の要請を拒否し，再度の面談の際にも同様でかえって口論となるなど冷静な対応を欠き，結局，喧嘩別れとなった翌日，直ちに被告甲野に対し本件仮差押の手続をとったこと，そして，本件仮差押決定を受けた後に，改めて被告甲野に内容証明郵便で債務の履行を求めたことは前記認定のとおりである。

金融機関が債権回収のために行う手順としては，債務者に内容証明郵便を送付した後なお履行がない場合に仮差押等の手続をとるのが通常であって，本件における原告の措置はそれと比較しても異例であったということができる。

右のような支店長乙川の対応及び原告の措置は，被告甲野が債務返済のために最善の方策としてとった本件マンションの売却という手段の実現を妨げるもので，右売却が返済方法として相当でないと考えるべき格別の事情は認められない本件においては，むしろ，感情的な報復措置と疑われてもやむを得ず，本件仮差押は原告が被告甲野に対して配慮すべき前記義務に著しく違反したもので，社会的に相当とされる方法・態様を超えて債務者に必要以上の損害を被らせたものとして，不法行為を構成するというべきである。

原告は，本件仮差押は唯一の資産を売却しようとする被告甲野に対する債権確保の手段であったと主張し，原審証人乙川はそれに沿う証言をするが，そのことのみで本件仮差押が不法行為を構成しない根拠とすることはできない。

3 被告甲野は，本件マンションの売却を仲介業者に委託し，本件仮差押登記がなされる以前に，買主側仲介業者との間で代金2280万円で売り渡す旨の合意が成立していたこと，しかるに，本件仮差押登記がなされた結果，右売買の合意は不成立に終わり，急遽別の買主との間で代金1560万円で本件マンションを売却せざるを得なくなったことは前記のとおりである。

従って，被告甲野は，本件仮差押により右売買代金の差額720万円の損害を被ったものと認められる。

原告は，金融業務に従事するものとして，売買の目的不動産に仮差押がなされれば売買契約の成立の妨げとなりうることは通常予見できる事柄であるから，被告甲野に対し右損害の賠償責任を負うものといわなければならない。

4 一方，被告甲野も，前記1（五）ないし（七）で認定した事実にみられるように，原告の支店長乙川に対し，本件マンションを売却した後の返済計画の内容を自ら具体的に説明しようとはせず，かえって，他の債権者が長年の取引上の信用から債務返済を猶予してくれたことに安住し，原告も同様に返済を猶予するのが当然であるかのような態度を採っていたことが窺われるのであって，それが同支店長の対応を硬化させたとも推測されるから，S技研及び被告甲野が基本的には原告との信用金庫取引において手形買戻義務を負担する債務者であることなど本件に現われた諸般の事情を考慮すると，前記損害をすべて原告に負担させるのは相当ではなく，民法722条2項を類推適用して，右損害のうち1割の限度で原告に責任を認めるのが相当である。

従って，原告は被告甲野に対し，不法行為による損害賠償として72万円の支払義務があるというべきである。

5 被告甲野が，平成9年12月8日の原審第2回口頭弁論期日において右損害賠償請求

権と原告の本訴請求債権のうち141万3987円とを対当額で相殺する旨の意思表示をしたことは当裁判所に顕著である。

そうすると，原告の本訴請求債権は72万円の限度で右相殺によって消滅したこととなり，これを弁済期の早い本件手形一と同二の買戻債務から按分減額すると，残る本訴請求債権は，本件手形一及び同二の残額合計74万6000円と本件手形三の残元本54万7987円の計129万3987円及び内74万6000円に対する平成8年11月6日（原告の請求する支払期日の翌日）から，内54万7987円に対する平成9年7月26日（原告の請求する日）から，各完済まで約定の年18.25％の割合による遅延損害金となる。

従って，右相殺に供した額以上の損害賠償を求める被告甲野の反訴請求は理由がない。

二　争点2について

原判決24頁10行目から同25頁2行目までに記載のとおりであるから，これを引用する。

第四　以上の次第で，これと異なる原判決は一部不当であるから，原判決主文第一，二項を本判決主文第二項のとおり変更することとして，主文のとおり判決する。

（裁判長裁判官　小林茂雄

裁判官　小原卓雄　山田陽三）

【課題】　上記仮差押不法行為事件判決を読んで，以下の質問について考えてみよう。

Q1　本件で，権利の行使としての債権回収活動が違法性を帯びると認定された要件は何か。

Q2　判決によると，原告信用金庫の支店長の対応は感情的な報復措置と疑われても仕方がないという。どのようなことから，このように考えられるのか。

Q3　本件仮差押のようなケースで，仮差押の疎明資料としてはどのようなものが裁判所に提出されるであろうか。被保全権利と保全の必要の両方について，考えよ。

Q4　被告甲野は本件訴訟で損害全部の回復を得ることはできなかった。このような損害を被らないようにするためには，どのような点に留意すべきであったと考えられるか。

＜エピソード＞　2003年10月10日(金) 報道

◆　N氏，弁護士廃業へ　債権回収巡り東京地検捜査（朝日新聞）

日本弁護士連合会会長を務めた弁護士のN氏（74）＝京都市在住＝が，弁護士を辞める意向を固め，10日，所属する大阪弁護士会に登録取消請求書と退会届を出した。初代社長を務めた住宅金融債権管理機構（現整理回収機構＝RCC）時代の不適切な債権回収業務をめぐり詐欺容疑で告発され，東京地検特捜部の事情聴取を受けており，こうした捜査が弁護士廃業へのきっかけになったとみられる。

弁護士として活動するには弁護士会に所属し，日弁連に登録することが義務づけられている。登録の取り消しで弁護士を廃業したことになる。

問題の回収をめぐっては民事で和解が成立している。起訴されるかどうかは現段階では未定で，東京地検幹部は「捜査を尽くし，上級庁と協議の上で，最終的な判断を決める」と話している。

問題となったのは，旧住宅金融専門会社（住専）に多額の負債があった朝日住建（大阪市）が担保に出していた大阪府堺市の土地計約1万7000平方メートルをめぐる債権回収。同社元幹部が昨年10月，N氏や，回収を直

接担当した住管機構の顧問弁護士らを告発していた。

告発状などによると，問題の土地は２区画に分かれ，狭くて利用価値の低い区画は住管側が優先回収権を持ち，広い区画は，横浜銀行など２社が優先回収権を持っていた。９７年に債権回収に乗り出した顧問弁護士らは，両方の土地の一括売買を２社に持ちかけた。その際，住管側の取り分を多くするため，住管が優先回収権を持つ区画を著しく高く評価した売却計画を作成するなどして２社をだまし，抵当権を抹消させたという。

Ｎ氏は９６〜９９年の社長時代，判断が難しい１００件以上の債権を「社長直轄」とし，回収方針などを自ら決断していたとされる。このため，今回の問題が発覚後，道義的な監督責任があるとしてＲＣＣの顧問を辞任。担当した弁護士もＲＣＣを辞任し，担当役員と回収に携わった職員２人が懲戒処分を受けた。

住管機構は，バブル時代の不動産融資のつけで破綻（はたん）した住専の処理のための「国策会社」。政府が住専処理に公的資金を投入したことに批判が高まり，Ｎ氏は「戦後処理」を任される形で社長に就任。「国民にこれ以上負担をかけない」を公約に，透明，公正な回収を掲げた。指導監督する「預金保険機構」には現職の検察官や裁判官も出向し，Ｎ氏らの作業を支えた。

弁護士の登録取消請求書を出したＮ弁護士は１０日午前，大阪市北区の大阪司法記者クラブで会見した。債権回収業務の不正が告発され，東京地検特捜部の取り調べを受けたことを認め，「私の責任として厳粛に受け止めなければなりません」と話した。

◆　ＲＣＣ債権回収で詐欺などの容疑で告発されたＮ元日弁連会長ら４人については起訴猶予処分　２００３年（平成１５年）１０月１７日

住宅金融債権管理機構（現・整理回収機構＝ＲＣＣ）の債権回収をめぐり，詐欺などの容疑で告発された元日弁連会長，Ｎ弁護士（７４歳）ら４人について，東京地検特捜部は１７日，起訴猶予処分（不起訴）にした。一定の刑事責任はあるものの，悪質さがないうえ，Ｎ弁護士が引退を表明した点なども考慮したとみられる。捜査の結果，問題の債権回収計画は，当時の顧問弁護士と社員が発案し，Ｎ弁護士も社長として決済していた。しかし▽国の不良債権回収策の一環だった▽個人的な利得を意図していない▽被害を受けた金融機関２社と示談が成立している──などから，起訴は必要ないと判断したとみられる。(以下略)

4　取引先倒産への対応

取引先倒産への対応も検討すべき重要な事項である。主要と考えられる項目を以下に列挙してみよう。
（１）倒産とは　　（２）法的整理と任意整理　　（３）再建型と清算型
（４）取引先倒産と債権者の対応
　　Ａ）回収活動　　①　製品引き揚げ？　②　取立て強行？　③　留置権と先取特権
　　　　　　　　　　④　抵当権　⑤　相殺　⑥　詐害行為取消，否認のリスク

第2編　企業が直面するさまざまな問題と企業法務

B）取引継続　　①　倒産と取引継続　　②　再建への協力

【課題】　以下の判決を読んで，登場者の関係図，争点，争点に対する裁判所の判断をまとめなさい。

● **最高裁平成１６年９月１４日第三小法廷判決**（判例時報１８７２号６７頁）

上　告　人　　　債権譲渡担保権者
被上告人　　　破産会社破産管財人
　　　　　　主　　　文
本件上告を棄却する。
上告費用は上告人らの負担とする。
　　　　　　理　　　由
上告代理人宇佐美明夫，同森戸一男の上告受理申立て理由について

1　原審の適法に確定した事実関係の概要は，次のとおりである。

(1)　株式会社Ａ（以下「破産会社」という。）は，寝具類及び衣料品の販売等を業とする会社であるが，平成７年７月１３日，上告人らとの間で，破産会社が上告人らに対して負担する一切の債務の担保として，破産会社の特定の第三債務者らに対する売掛債権を，上告人らにつき各５０００万円を限度として譲渡することとし，その債権の譲渡の効力発生の時期は，破産会社において，破産手続開始の申立てがされたとき，支払停止の状態に陥ったとき，手形又は小切手の不渡処分を受けたとき等の一定の事由が生じた時とする旨の契約（以下「本件債権譲渡契約」という。）を締結した。

(2)　破産会社は，平成１１年７月１日，支払停止の状態に陥った。

(3)　上告人らは，同日，破産会社から付与された権限に基づいて，破産会社に代わって，上記第三債務者らに対する確定日付のある証書による債権譲渡の通知をした。

(4)　上告人らは，同年９月から１０月までの間に，上記第三債務者らから譲受債権の弁済を受けた。

(5)　破産会社は，平成１２年３月２２日，大阪地方裁判所において破産宣告を受け，被上告人が破産管財人に選任された。

2　被上告人は，本訴において，上告人らに対し，本件債権譲渡契約に係る債権譲渡については破産法７２条１号又は２号に基づき，債権譲渡の通知については同法７４条１項に基づき，それぞれ否認権を行使し，不当利得返還請求権に基づき，譲受債権の弁済として受領した金員の支払を求めている。

3　破産法７２条２号は，破産者が支払停止又は破産の申立て（以下「支払停止等」という。）があった後にした担保の供与，債務の消滅に関する行為その他破産債権者を害する行為を否認の対象として規定している。同号の規定の趣旨は，債務者に支払停止等があった時以降の時期を債務者の財産的な危機時期とし，危機時期の到来後に行われた債務者による上記担保の供与等の行為をすべて否認の対象とすることにより，債権者間の平等及び破産財団の充実を図ろうとするものである。

債務者の支払停止等を停止条件とする債権譲渡契約は，その契約締結行為自体は危機時期前に行われるものであるが，契約当事者は，その契約に基づく債権譲渡の効力の発生を債務者の支払停止等の危機時期の到来にかからしめ，これを停止条件とすることにより，危機時期に至るまで債務者の責任財産に属していた債権を債務者が危機時期に至ると直ちに

230

その責任財産から逸出させることをあらかじめ意図し，これを目的として，当該契約を締結しているものである。

破産法72条2号の規定の趣旨及び上記契約の内容，その目的等に照らすと，上記契約は，同号の規定による否認権行使の実効性を失わせ，これを潜脱しようとするものといわざるを得ず，その契約内容を実質的にみれば，上記契約に係る債権譲渡は，債務者に支払停止等の危機時期が到来した後の債権譲渡と同視すべきものであり，上記規定に基づく否認権行使の対象となると解するのが相当である（最高裁平成13年（受）第1797号同16年7月16日第二小法廷判決・裁判所時報1368号327頁参照）。

そうすると，被上告人の請求を認容すべきものとした原審の判断は，結論において正当である。したがって，その余の点について判断するまでもなく，論旨は採用することができない。

よって，裁判官全員一致の意見で，主文のとおり判決する。
　　（裁判長裁判官　金谷利廣
　　裁判官　濱田邦夫　上田豊三　藤田宙靖）

【課題】　上記の判決を読んで，以下の質問について考えてみよう。

Q1　本件の債権譲渡契約の契約締結行為自体は危機時期よりも前に行われているが，それでも否認権行使の対象になると判断されているのは，どのような理由によるものか。債権譲渡通知を危機時期よりも前に行うことがなぜできないのだろうか。

Q2　本件で債権譲渡の効力発生は契約締結時とし，日付空欄で債務者の捺印を受けた債権譲渡通知書（内容証明郵便）を債権者が預託を受け，支払停止時等にその通知書に日付を補充して通知を行うというやり方を採ったとしら，どうか。

Q3　本件のような集合債権譲渡について，否認権の行使を受けないやり方として，どのようなものがあるか。

第8章　企業の危機と事業の再構成

　企業が財政的な危機に直面する場合，早期に対応策を検討し実行に移してゆく必要がある。リストラ，企業分割，営業譲渡，合併等の種々の対応が考えられるが，任意整理を含む早期の倒産処理による企業再建も重要な手段であり，企業法務としてこれらの基本的なスキームを理解しておく必要がある。また，危機にある企業を買収して，自社の新たな事業展開を図ることも，経営企画の問題として重要なものであり，これを支える戦略法務の問題としても重要である。この章では，具体的な事案について，早期且つ円滑に事業の再構成を図ってゆく諸方策を検討し，また逆に危機にある企業の買収の諸方策を検討し，これらに関する基本的な理解を得ることを目指したい。

1　企業における事業再構成と手法

　企業の事業再構成，企業構造の転換に用いられる主要な手法をまとめると，以下のようになろう。

（1）M&A(*)

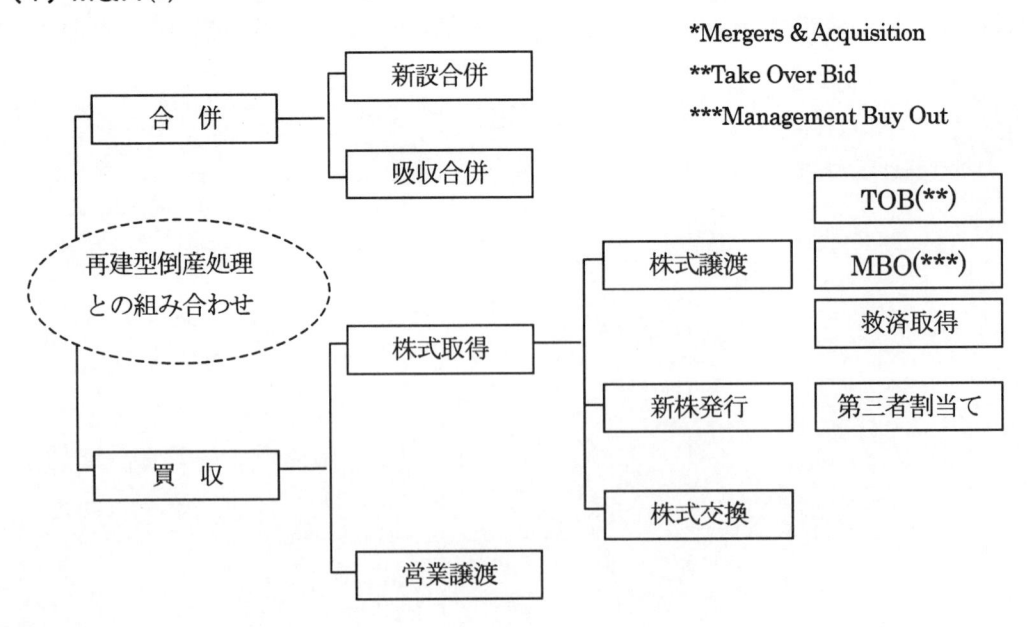

*Mergers & Acquisition
**Take Over Bid
***Management Buy Out

```
                  ┌─ 新設合併
         ┌─ 合併 ─┤
         │        └─ 吸収合併
         │                        ┌─ TOB(**)
         │                        │
         │        ┌─ 株式譲渡 ────┼─ MBO(***)
(再建型倒産処理   │                │
 との組み合わせ)  │                └─ 救済取得
         │
         └─ 買収 ─┼─ 株式取得 ─── 新株発行 ── 第三者割当て
                  │
                  ├─ 株式交換
                  │
                  └─ 営業譲渡
```

第8章　企業の危機と事業の再構成

（2）企業構造の転換

会社分割	分社化―親子会社，兄弟会社
株式交換	グループ再編
株式移転	純粋持株会社設立

（3）企業の財政危機と再建の基本的考え方

倒産とバランスシート（B/S）

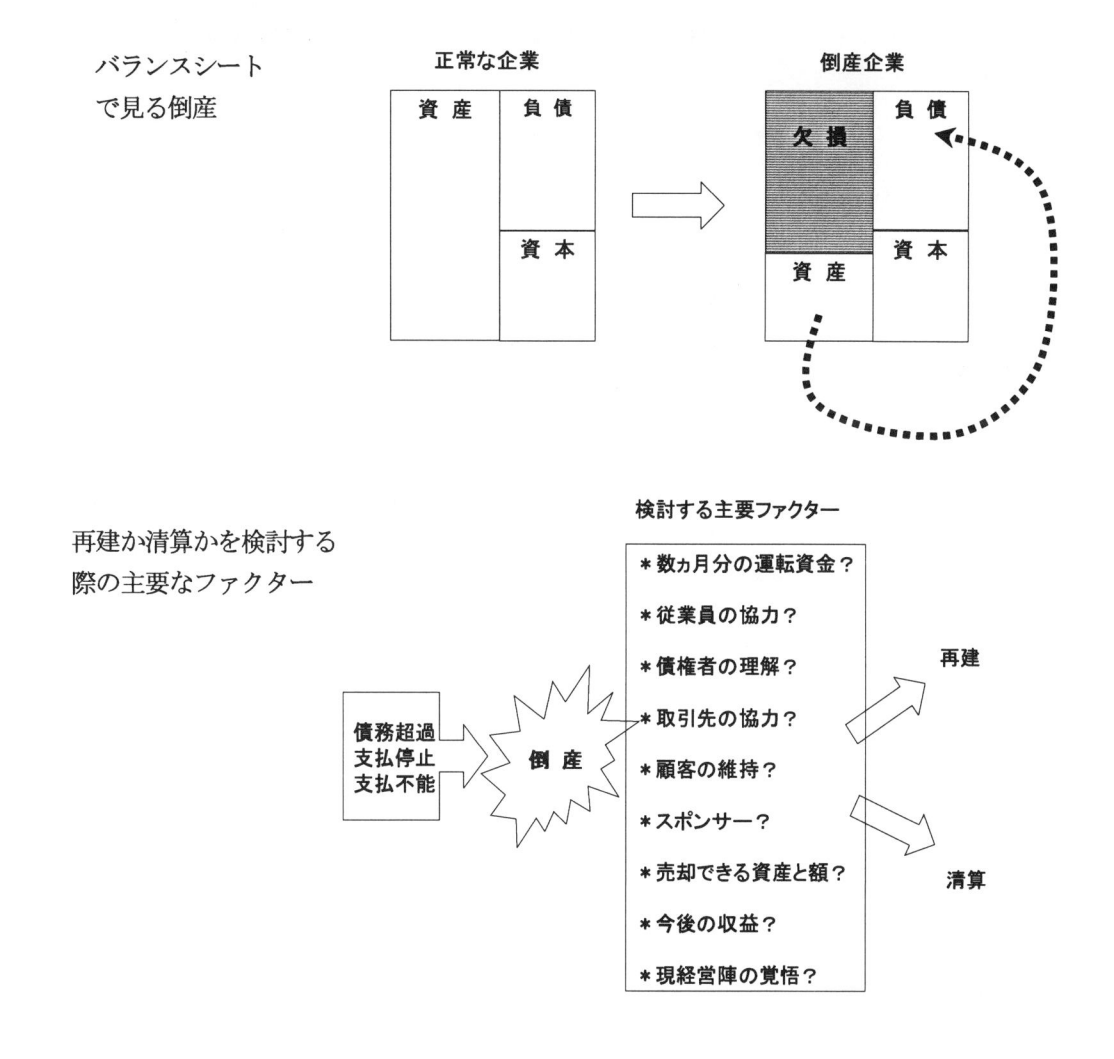

バランスシート
で見る倒産

正常な企業

| 資産 | 負債 |
| | 資本 |

倒産企業

| 欠損 | 負債 |
| 資産 | 資本 |

再建か清算かを検討する
際の主要なファクター

検討する主要ファクター

債務超過
支払停止　→　倒産
支払不能

* 数カ月分の運転資金？
* 従業員の協力？
* 債権者の理解？
* 取引先の協力？
* 顧客の維持？
* スポンサー？
* 売却できる資産と額？
* 今後の収益？
* 現経営陣の覚悟？

→ 再建
→ 清算

第2編　企業が直面するさまざまな問題と企業法務

再建の弁済原資
と基本的考え方

再建における弁済原資と負債の圧縮

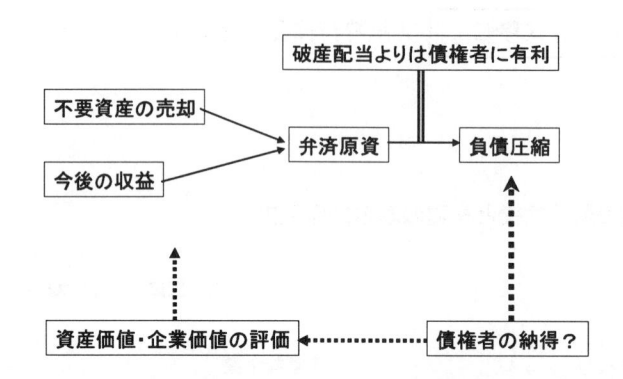

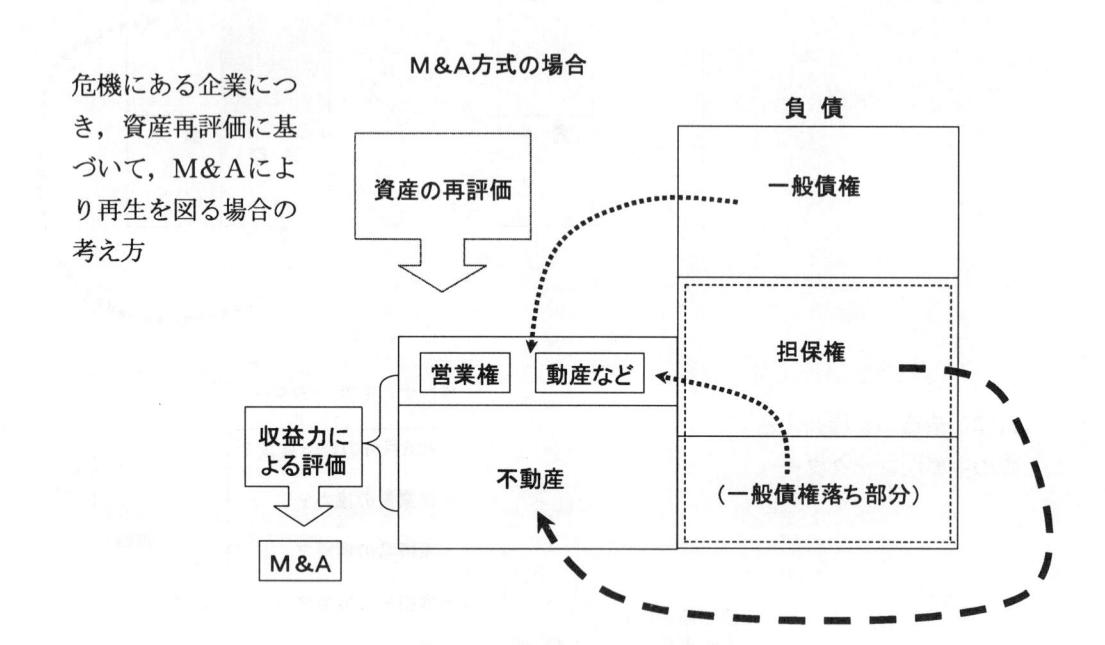

```
                    ┌──────────────────────┐
                    │ 破産配当よりは債権者に有利 │
                    └──────────────────────┘
                         │         │
  ┌──────────┐          ▼         ▼
  │ 不要資産の売却 │──→ ┌──────┐    ┌──────┐
  └──────────┘    │弁済原資│═══→│負債圧縮│
  ┌──────────┐    └──────┘    └──────┘
  │  今後の収益  │──→                ▲
  └──────────┘                      ┊
                   ▲                 ┊
                   ┊                 ┊
         ┌──────────────────┐  ┌──────────┐
         │資産価値・企業価値の評価│◄─┤債権者の納得？│
         └──────────────────┘  └──────────┘
```

危機にある企業につき，資産再評価に基づいて，M＆Aにより再生を図る場合の考え方

M＆A方式の場合

```
                    ┌─────────────────────┐
                    │        負 債         │
  ┌────────┐       ├─────────────────────┤
  │資産の再評価│       │     一般債権         │
  └────┬───┘       │                     │
       ▼           ├─────────────────────┤
  ┌──┬────┬──────┐ │     担保権          │
  │営業権│動産など│◄┄┄│                     │
  ├──┴────┴──────┤ ├─ ─ ─ ─ ─ ─ ─ ─ ─ ─ ┤
  │              │ │ (一般債権落ち部分)     │
  │    不動産    │◄┄┘                     │
  └──────────────┘ └─────────────────────┘
  ┌────────┐
  │収益力による評価│
  └────┬───┘
       ▼
    ┌─────┐
    │ M＆A │
    └─────┘
```

2　危機にある企業と事業再構成

(1) 営業譲渡と負債

> 【課題】 以下の判決を読んで，事実，争点，裁判所の判断をまとめなさい。

● 東京地裁平成15年6月25日判決（金融法務事情1692号55頁）

原告　　債権回収会社
被告　　貸金債務者の事業承継者

主　文

1　被告は，原告に対し，1億円及びこれに対する平成14年2月1日から支払済みまで年14パーセントの割合による金員を支払え。

2　訴訟費用は，被告の負担とする。

3　この判決は，仮に執行することができる。

事実及び理由

第1　請求
主文と同旨

第2　事案の概要

本件は，三菱信託銀行株式会社（三菱信託銀行）が株式会社藤和（訴外会社）に対し金銭を貸し付けたところ，ニュー・ワン・リミテッド（ニュー・ワン）が上記貸金債権を譲り受けて，原告に対し債権の回収を委託し，これを受けた原告が被告に対し，訴外会社・被告間で営業譲渡及び商号の続用があったとして，上記貸付金残元本のうち1億円及びこれに対する遅延損害金の支払を求めた事案である。

1　前提となる事実

（1）　三菱信託銀行は，昭和62年4月28日，訴外会社に対し，返済期限昭和65年4月30日（その後平成5年4月30日に変更），利息年5.2パーセント，遅延損害金年14パーセントの約定で10億1000万円を貸し付けた（本件貸付，《証拠略》）。

（2）　三菱信託銀行は，平成5年9月29日，株式会社共同債権買取機構（共同債権買取機構）に対し，本件貸付金の残元本及びこれに附帯する利息，損害金を譲渡した。訴外会社は，三菱信託銀行に対し，確定日付ある証書によって上記債権譲渡を承諾した（《証拠略》）。

（3）　共同債権買取機構は，平成11年3月25日，ケージーアイ・エル・リミテッド（ケージーアイ・エル）に対し，本件貸付金の残元本及びこれに附帯する利息，損害金を譲渡した。共同債権買取機構は，訴外会社に対し，同月26日到達の書面によって，上記債権譲渡を通知した（《証拠略》）。

（4）　ケージーアイ・エルは，ニュー・ワンに対し，平成12年4月1日，本件貸付にかかる貸金残元本9億0243万8500円及びこれに附帯する利息，損害金（本件貸付金）を譲渡した。ケージーアイ・エルは，訴外会社に対し，同月21日到達の書面によって，上記債権譲渡を通知した（《証拠略》）。

（5）　ニュー・ワンは，平成12年4月1日，原告に対し，本件貸付金を含む債権の管理回収を委託した（《証拠略》）。

（6）　訴外会社は，不動産売買仲介業のほかリフォーム業も行っていたが，平成14年2月に「株式会社オカヤマ」（オカヤマ）に商号変更し，本店所在地を他に移転した。被告は，現在，訴外会社の旧本店所在地において，リフォーム業を行っている。

（7）　訴外会社の商号は「株式会社藤和」であり（《証拠略》），被告の商号は「株式会社藤和リフォーム」である（《証拠略》）。

（8）　原告は，訴外会社を相手方として，本件貸金のうち4000万円を被保全債権として，当庁に預金債権の仮差押を申立て（平成14年（ヨ）第111号），平成14年1月

１７日仮差押決定を得た（本件仮差押決定，《証拠略》）。

　２　争点
（１）　訴外会社から被告に対し営業譲渡があったか。　＜当事者の主張は略＞
（２）　訴外会社と被告の間で商号の続用があるか。　＜当事者の主張は略＞

第３　争点に対する判断
　１　争点（１）について
（１）　前記前提となる事実及び証拠（《証拠略》，被告代表者）によれば，次の事実が認められる。
　　ア　設立時の状況
　被告は，本件仮差押決定がなされた直後である平成１４年２月２２日，訴外会社の旧本店所在地をその本店所在地として設立されたものである。なお，訴外会社は，平成１４年２月２２日商号の変更登記をしている。
　ところで，当時，訴外会社には６００ないし８００億円の負債があり，平成１１年９月期，平成１２年９月期，平成１３年９月期の不動産部門の売上自体が約２８億円，約２２億円，約１７億円と大幅に減少し，総売上利益も赤字であったのに対し，リフォーム部門は，平成１１年９月期の売上は８８９７万４０６４円，総売上利益は２０６５万１５８８円，平成１２年９月期のそれは，各１億１３０９万９１１３円，２６８８万８６４０円，平成１３年９月期のそれは，各１億２４５７万０８６０円，２２７４万１０６２円であった。
　　イ　事業内容
　訴外会社のリフォーム事業は，ちばリハウスからほぼ全ての顧客を紹介されるという形態のものであった。そして，同様に，被告のリフォーム事業もまた，ちばリハウスからほぼ全ての顧客を紹介されるという形態のもの

である。さらに，訴外会社では，一営業部門であることから「藤和のリフォーム」という名称を使用して事業を行ってきたが，被告はその商号である「藤和リフォーム」の名称で営業を行っている。
　また，訴外会社は不動産仲介業を行っていたのであるが，被告も，その目的に不動産仲介を掲げているところ，当初，宅地建物取引業の免許を有していなかったため，不動産仲介業を行っていなかったものの，紹介という形で，不動産取引に関与してきている。
　　ウ　物的要素（外観，設備）
　被告は，訴外会社の旧本店所在地（藤ビル）の３階に本店を置いて，リフォーム業等を行っている。ビル案内のプレートは，「三階(株)藤和」「二階藤和のリフォーム」から「二階(株)藤和リフォーム」に改められたにすぎない。
　被告は，訴外会社が残していった机９台を，現在もそのままの状態で使用している。また，訴外会社が使用していたパソコン２台についても，被告がリース会社に対し承継すると述べ，名義を変更してそのまま使用を継続している。
　　エ　人的要素（従業員，役員）
　訴外会社の従業員は，６名全員（リフォーム部門３名，不動産部門３名）がそのまま被告で営業活動にあたっている。また，リフォームの下職も，訴外会社から被告へ移っており，被告のもとで従来と同様の業務を行っている。
　なお，被告の代表取締役である甲田は，昭和６０年２月から訴外会社の東京支店営業部に籍をおき，平成元年８月から平成３年６月まで，及び，平成７年４月から平成１２年９月まで本店不動産事業部に勤務し，平成１２年９月５日には不動産事業部部長に就任し，平成１３年１１月３０日からは訴外会社の取締役不動産事業部部長に就任していた。甲田

は，平成１４年２月８日，訴外会社の取締役を辞任し，その後，被告設立と同時に，被告の代表取締役に就任している。

また，訴外会社においてリフォーム事業を立ち上げた乙野は被告の取締役に就任しているとともに，リフォーム事業部門の部長として活動している。
　　オ　資本構成
　訴外会社については，７０パーセントの株式を元代表取締役の丙本三郎（丙本）が保有している。一方，被告については，発行済株式総数２００株のうち，ちばリハウスが８０株，株式会社東葉が６０株，株式会社京葉キャピタルが６０株を保有している。そして，被告の筆頭株主であるちばリハウスの代表取締役は，丙本三郎であり，訴外会社の筆頭株主と同１人である。

　（２）　以上の認定事実に照らすと，訴外会社の大株主である丙本が代表者を務めるちばリハウスからのリフォーム事業継続の要請があり，また，訴外会社としても，リフォーム部門は収益を上げていたのであるから，同部門を赤字を続けていた不動産部門と切り離して存続させる必要があったこと，被告の事業活動は，訴外会社の人員，物的設備をそのまま使用し，顧客も従前と同様ちばリハウスからの紹介によるものであることからすると，被告は，訴外会社のリフォーム部門をそのまま継承したものと言わざるを得ないこと，名称も，訴外会社の一部門である「リフォーム」を加えたにすぎない名称を使用していることから，顧客に対して，訴外会社と関連性を有するとの認識を持たせていることが認められ，これらを総合すると，訴外会社は，被告に対し，リフォーム業という営業目的のために営業を譲渡したものということができる。

　なお，被告は，（１）訴外会社が倒産状態になったため，訴外会社の行っていたリフォーム事業を行う必要があったため，訴外会社と関係なく設立されたものであること，（２）「藤和」の名称の使用も，ちばリハウスがその使用を求めてきたものであること，（３）什器備品は，コンピューターについては新たにリース契約を締結したものであること，（４）従業員についても新たに採用したものであること，（５）資本構成も訴外会社と関係がないこと，以上のとおり主張し，甲田の供述はこれに沿うものではあるが，（１），（２）については，上記認定のとおり，ちばリハウスとの関係でリフォーム事業の継続が必要であったこと，訴外会社のリフォーム部門が黒字であったことからすると，訴外会社からリフォーム部門を独立して継続させる必要があったものというべく，被告が訴外会社と関係なく設立されたと認めることはできず，（３），（４）については，上記のとおり，什器備品はほぼそのまま使用され，コンピューターについてもリース契約の当事者を変更したにすぎず（甲田），従業員や下請業者もそのまま使用していることに照らすと，この事情をもって上記認定を覆すことはできず，（５）の事情については，訴外会社も被告の主要な取引先であるちばリハウスも丙本の関与があることからすると，資本構成が違うことをもって，上記認定を左右することはできない。

　２　争点（２）について
　訴外会社の商号「株式会社藤和」と，被告の商号「株式会社藤和リフォーム」は，その主要な部分である「藤和」を共通にしていること，両者は「株式会社」という会社の種類も共通にしていること，特に遮断的字句が用いられているわけではないことから，訴外会社の「株式会社藤和」という商号と，被告の「株式会社藤和リフォーム」という商号の間には，商法２６条１項にいう商号の続用があるものと認めるのが相当である。

なお，被告は，「リフォーム」という文字が加わることによって，被告の営業目的が明確になり，訴外会社と混同するおそれはなくなったと主張している。しかし，訴外会社も主たる事業の一つとしてリフォーム事業を行ってきており，「リフォーム」という文字が加わることによって，訴外会社と被告を混同するおそれがなくなったとは必ずしも言い難く，告の上記主張を認めることはできない。

3 結論

したがって，原告の請求は理由があるから認容することとし，主文のとおり判決する。

（裁判官　遠山廣直）

【課題】　上記の営業譲渡債務承継事件判決を読んで，以下の質問について考えてみよう。

Q1　倒産に瀕した企業において，採算のとれる事業部分を生かす方法には，どのようなものが考えられるか。

Q2　本件では新たに設立した会社が，旧来の会社が負っていた債務について弁済の責任を負うこととされたが，その根拠は何か。

Q3　本件で被告が訴外会社の債務について責任を負わないようにするためには，どのような対策を講じる必要があるか。

（2）事業再編の提携交渉とデューディリジェンス

【課題】　以下の判決を読んで，事実，争点，裁判所の判断をまとめなさい。

● 東京地裁平成15年1月17日判決（判例時報1823号82頁）

原告　生命保険会社（旧・協栄生命）
被告　損害保険会社（旧・第一火災）

主　文

一　被告（反訴原告）は，原告（反訴被告）に対し，163億6263万0137円及びこれに対する平成12年8月24日から支払済みまで年5分の割合による金員を支払え。

二　原告（反訴被告）のその余の本訴請求及び被告（反訴原告）の反訴請求をそれぞれ棄却する。

三　訴訟費用は，本訴反訴を通じ，これを30分し，その13を原告（反訴被告）の負担とし，その余は被告（反訴原告）の負担とする。

四　この判決は，第一項及び第三項に限り，仮に執行することができる。

事実及び理由

第一　請求

一　本訴請求

被告（反訴原告）（以下「被告」という。）は，原告（反訴被告）（以下「原告」という。）に対し，293億2000万円及びこれに対する平成12年8月24日から支払済みまで年5分の割合による金員を支払え。

二　反訴請求

原告は，被告に対し，6億8000万円及びこれに対する平成12年6月28日から支払済みまで年5分の割合による金員を支払え。

第二　事案の概要

一　本訴事件は，原告が，被告から虚偽の会計情報を提供されるなどしたため３００億円の基金を拠出させられたなどと主張して，被告に対し，不法行為に基づく損害賠償として，損害金３００億円の内金２９３億２０００万円（後記利益配当金６億８０００万円を控除）及びこれに対する本訴状送達の日の翌日から支払済みまで民法所定年５分の割合による遅延損害金の支払を請求する事案である。

反訴事件は，被告が，原告の株主たる地位に基づき，原告に対し，利益配当金６億８０００万円及びこれに対する当該利益配当を行う旨の利益処分案を承認した株主総会決議の日の翌日から支払済みまで民法所定年５分の割合による遅延損害金の支払を請求し，これに対して，原告が，上記損害賠償請求権の残部を自働債権として相殺の抗弁を主張する事案である。

二　前提事実（争いのない事実並びに《証拠略》により容易に認められる事実）

（１）　当事者

ア　原告は，生命保険事業を営む株式会社である。

原告は，平成１２年１０月１３日，東京地方裁判所において更生手続開始の決定を受け，平成１３年４月２日，更生計画の認可に伴い，商号を「協栄生命保険株式会社」から現商号に変更した。上記更生手続は同月２３日に終結した。

イ　被告は，損害保険事業を営む相互会社である。

被告は，平成１２年５月１日，金融監督庁長官（当時）から，保険業法２４１条に基づき，業務の一部停止並びに保険管理人による業務及び財産の管理を命ずる処分を受け，平成１３年４月１日，保険業法１５２条３項１号に基づき，解散した。

（２）　業務及び資本の提携

ア　原告と被告は，平成１０年１１月２７日，要旨次の内容の「業務および資本の提携に関する覚書」を締結した。

（ア）　前文

原告と被告は，双方の事業の健全かつ継続的な発展を期して新しい関係を構築することを展望し，その最も有効な方法として，業務と資本にわたる全面的な提携を推進することに合意する。

（イ）　第二項（資本の提携）

原告は，被告に対し，２００億円の基金を拠出する。

被告は，原告に対し，１０億円の株式増資と１５０億円の劣後特約付き貸付を行う。

（ウ）　第三項（秘密保持等に関する誓約書）

業務及び資本の提携の推進に必要な双方の経営内容の開示については，信義誠実の原則に基づいて透明性を確保してこれを行うものとし，具体的な開示に当たっては，別に原被告間で交換する秘密保持等に関する誓約書の規定によるものとする。

イ　原告は，被告に対し，平成１０年１２月２９日付け「秘密保持等に関する誓約書」（以下「本件誓約書」という。）を差し入れ，被告は，原告に対し，主体と客体が入れ替わっただけで本件誓約書と内容は同じ同日付け「秘密保持等に関する誓約書」を差し入れた。

本件誓約書の前文には，「原告は，被告に対し，被告との業務・資本提携等を検討するために，被告から情報の開示を受けるにあたり，下記の事項を遵守することを誓約いたします。」旨が，第８条（情報提供の性格）には，「原告は，原告における本件取引検討の目的のために被告より情報（秘密情報を含む。）提供を受けることにより，何らの法的権利も取得せず，また，その情報の正確性について保証を受けるものでもなく，原告がこれらの情

報により万が一何らかの被害を被っても，被告にその責任を追及いたしません。ただし，本件取引の成立に際し別途被告と書面により約定をした場合にはこの限りではありません。」旨が記載されていた（以下，この本件誓約書第8条を「本件免責条項」という。）。

ウ　原告と被告は，その後，互いの資金拠出の金額，方法等について詰め，平成１１年２月１２日，要旨次の内容の「業務および資本の提携に関する覚書」（以下「本件覚書」という。）を締結した。

　（ア）前文

　原告と被告は，双方の事業の一層の発展を期して新しい関係を構築することを展望し，その最も有効な方法として，業務と資本にわたる全面的な提携を推進することに合意する。

　（イ）第二項（資本の提携）

　原告は，被告に対し，３００億円の基金を拠出する。

　被告は，原告に対し，優先株による増資及び期限付き劣後ローンの合計で２００億円の提供に応じる。

　（ウ）第三項（秘密保持等に関する誓約書）

　業務及び資本の提携に必要な双方の経営内容の開示については，信義誠実の原則に基づいて透明性を確保してこれを行うものとし，具体的な開示に当たっては，別に原被告間で交換する秘密保持等に関する誓約書の規定によるものとする。

(3)　基金の拠出等

ア　原告と被告は，本件覚書に基づき，平成１１年３月５日，要旨次の内容の基金拠出契約を締結し，原告は被告に対し３００億円を拠出した（以下，この基金の拠出を「本件基金拠出」という。）。

　（ア）拠出年月日　平成１１年３月５日
　（イ）拠出金額　　３００億円
　（ウ）使途　相互会社における基金
　（エ）償還期限　平成２１年３月５日
　（オ）償還方法　償還期限に一括償還する。
　（カ）利率　年３．２０パーセント
　（キ）利息支払方法　　利息は，拠出日の翌日から償還期限まで付し，第１回の支払期日は平成１２年３月５日とし，爾後は各事業年度の３月５日を支払期日として，拠出日の翌日又は前回支払期日の翌日から各支払期日までの分を後払いするものとする。
　（ク）劣後条件　償還期限に一括償還する場合及び期限前償還をする場合を除く拠出金の償還については保険業法１８１条の定めによる。清算の場合の拠出金の償還については，保険業法１８１条の定めによる。被告の破産の場合は一般債権に劣後する。

イ　本件基金拠出に係る被告の基金総額の増加については，平成１１年３月１０日に基金総額の変更登記（以下「本件基金増額登記」という。）がされた。

ウ　原告と被告は，本件覚書に基づき，平成１１年３月３０日，要旨次の内容の劣後特約付き金銭消費貸借契約を締結し，被告は原告に対し３０億円を貸し付けた（以下「本件劣後貸付」という。）。

　（ア）貸付年月日　平成１１年３月３０日
　（イ）貸付金額　　３０億円
　（ウ）使途　長期運転資金
　（エ）弁済期限　平成２１年４月３０日（期限一括払い）
　（オ）利率　平成１１年３月３０日から平成１６年４月３０日まで年３．６パーセント，同年５月１日から弁済期限まで年４．１パーセント
　（カ）利息支払方法　　平成１１年１０月２９日以降毎年４，１０月の末日及び弁済期限を利息支払期日とし，借入日から又は前回利払日の翌日から当該利払日までの利息金を後払い。

(キ)　遅延損害金　年１４パーセント
　(ク)　劣後特約　原告の破産の場合は一般債権に劣後するなど。
エ　被告は，本件覚書に基づき，平成１１年３月３１日，次のとおり，原告が新たに発行した優先株式１７００万株（以下「本件優先株式」という。）を引き受け，１７０億円を払い込んだ。
　(ア)　株式の種類　無額面優先株式（原告第１回優先株式）
　(イ)　発行価額　１株につき１０００円
　(ウ)　優先配当金　普通株式を有する株主に先立ち，１株につき年４０円を支払う。
(4)　被告の情報の開示・提供
ア　被告は，本件基金拠出前の業務及び資本の提携交渉の際，原告に対し，平成１０年８月作成の「１９９８　第一火災の現状」と題するディスクロージャー誌（以下「本件資料一」という。）を資料として交付した。

　被告は，上記資料において，被告の平成１０年３月末時点のソルベンシー・マージン比率，資本の額等を次の（ア）及び（イ）のとおり公表し，「現在，当社のソルベンシー・マージン比率は，健全性の基準として行政当局の示す基準以上あり，経営の健全性については全く問題ないと考えています。」と公言した。
　(ア)　ソルベンシー・マージン比率　２５９．３パーセント
　　（ソルベンシー・マージンの総額６８５億１８００万円，リスクの合計額２６４億２４００万円）
　(イ)　資本の部合計　６４億８１００万円
　　（基金２５億円，法定準備金１５億円，剰余金２４億８１００万円）
　　（資産の部合計１兆４２６５億７２００万円，負債の部合計１兆４２００億９０００万円）
イ　被告は，平成１１年８月作成の「１９９９　第一火災の現状」と題するディスクロージャー誌において，被告の平成１１年３月末時点のソルベンシー・マージン比率，資本の額等を次の（ア）及び（イ）のとおり公表し，「当社のソルベンシー・マージン比率は，健全性の基準として行政当局の示す基準（２００％）を大きく上回っており，社員配当によるご契約者への還元および自己資本の充実の両面から見て，相互会社としてバランスのとれた経営を行っているものであり，経営の健全性については全く問題ないものと考えています。」と公言した。
　(ア)　ソルベンシー・マージン比率　３３０．０パーセント
　　（ソルベンシー・マージンの総額８４３億８３００万円，リスクの合計額５１１億４９００万円）
　(イ)　資本の部合計　４５２億８２００万円
　　（基金４０６億円，法定準備金１５億５０００万円，剰余金３１億３２００万円）（資産の部合計１兆３８７０万９１００万円，負債の部合計１兆３４１８億０８００万円）
ウ　なお，ソルベンシー・マージン比率とは，通常の予測を超える危険（リスクの合計額。すなわち，保険引受上の危険，予定利率上の危険，資産運用上の危険及び経営管理上の危険の総額）に対する，損害保険会社の保有する資本，準備金等の支払余力（ソルベンシー・マージンの総額。すなわち，資本・基金，価格変動準備金・異常危険準備金・社員配当準備金等の準備金，有価証券・土地の含み益の一部等の総額）の割合を示す指標である。同比率は，保険会社の保険金等の支払能力の充実の状況を示すものとして，行政当局が保険会社の経営の健全性を判断するための基準となっており，同比率が２００パーセント以上であれば，保険金等の支払能力の充実の状況

が適当であるとされている（保険業法１３０条，同法施行規則８６ないし８８条参照）。
　(5)　金融監督庁の検査
　金融監督庁は，平成１２年５月１日，被告に対する業務の一部停止並びに保険管理人による業務及び財産の管理を命ずる処分の際，平成１１年３月３１日を基準日とする検査結果に基づき，被告の同日時点のソルベンシー・マージン比率をマイナス７４．７パーセントと公表した。
　(6)　本件基金拠出に基づく利息の支払
　原告は，平成１２年３月３日，被告から，本件基金拠出に係る基金利息として，９億５７３６万９８６３円の支払を受けた（以下，この基金利息を「本件基金利息」という。）。
　(7)　本件優先株式に基づく利益配当金支払請求権
　原告は，平成１２年６月２７日開催の第５３回定時株主総会において，第１回優先株式１株につき４０円の配当を行うことを内容とする利益処分案を可決承認した。
　その結果，被告は，原告に対し，本件優先株式（第１回優先株式１７００万株）を保有する株主としての地位に基づき，６億８０００万円の利益配当金支払請求権を取得した。
　(8)　相殺の意思表示
　原告は，平成１２年６月２８日到達の内容証明郵便により，被告に対し，被告が原告を欺罔して基金を拠出させた不法行為に基づく損害賠償請求権の一部を自働債権とし，前記(7)の利益配当金支払請求権を受働債権として対当額（６億８０００万円）で相殺するとの意思表示をした。
三　争点
　(1)　不法行為の成否
　本件基金拠出に関する被告の情報提供について不法行為が成立するか。
　(2)　保険業法６０条４項，商法２８０条の１２の適用又は類推適用の可否
　保険業法６０条４項，商法２８０条の１２の適用又は類推適用により，原告は，被告に対し，詐欺等を内容とする不法行為に基づく損害賠償請求をすることが制限されるか。
　(3)　本件免責条項の適用の可否
　本件免責条項の適用により，被告は原告に対し損害賠償責任を負わないこととなるか
　(4)　過失相殺の有無及び程度　過失相殺により，損害賠償額が減額されるか。減額される場合，それはどの程度か。
　(5)　損益相殺の要否
　相益相殺により，本件優先株式払込金，本件劣後貸付金及び本件基金利息に相当する金額（合計２０９億５７３６万９８６３円）が損害賠償額から控除されるべきか。
四　争点に関する当事者の主張
　　　　　　＜略＞
第三　争点に対する判断
一　争点（１）（不法行為の成否）について
　(1)　前記前提事実，《証拠略》によれば，次の事実が認められる。
ア　原告は，平成１０年１２月３０日又は平成１１年１月７日，被告に対して財務状態等に関する資料の提供を要請した。
　被告は，原告に対し，本件資料一のほか，平成１１年１月に開催された原被告間の打合会において，同月作成の「事業計画について」と題する書面（以下「本件資料二」という。）及び同月作成の「保険営業の特色及び資産運用の現状について」と題する書面を資料として交付した。
　本件資料二には，被告の平成１０年３月期の資本の部合計が６５億円と記載され，また，被告が新たに２７６億円の基金を募集し基金が２９８億円となった場合の平成１１年３月期の資本の部合計は３５１億円となる計画である旨が記載されていた。

イ　原告は，被告から平成１１年１月２１日現在の有価証券等の含み損益を電話で聴取した上，前記ア記載の各資料に記載されていた被告の財務内容をもとに，「第一火災の経営状態について（決算概要）」と題する社内文書を作成し，取締役会において，本件基金拠出を含む被告との提携について検討した。原告は，上記文書において，被告の平成１０年３月末時点におけるソルベンシー・マージン比率について被告の公表値のとおり２５９．３パーセント，被告の同時点における自己資本の額について被告の公表値のとおり６５億円，被告の平成１１年３月期計画における自己資本の額について４１１億円（ただし，原告が３００億円の基金を拠出し，被告の基金が３９８億円となることを前提とする。）と把握していた。

ウ（ア）　金融監督庁は，被告について平成１１年３月末日を基準日とする検査を実施し，平成１２年４月１０日，被告に対し，その検査結果を通知した。同庁は，その際，被告が不良債権や有価証券含み損等の損失を隠すため，「飛ばし類似商品」（複雑な金融取引を組み合わせた損失隠しのための金融商品）を購入していたと指摘し，上記基準日時点のソルベンシー・マージン比率は実際にはマイナス７４．７パーセントであったと指摘するとともに，平成１２年３月期決算についても有価証券や貸付金を適正に会計処理するよう被告に命じた。

（イ）　これを受けて，被告は，平成１２年４月２４日，金融監督庁に対し，同年３月期において債務超過額が４８８億円に達し，ソルベンシー・マージン比率がマイナス１６０パーセントであったと報告した。

なお，被告は，同庁に対し，前記（ア）の検査結果について異議を述べることはしなかった。

（ウ）　被告は，平成１２年５月１日未明，臨時取締役会を開催し，事業の継続を断念する決議をし，金融監督庁に対し，同決議の結果を報告するとともに保険業法２４１条に基づく措置の発動を要請した。

（エ）　これを受けて，金融監督庁長官は，平成１２年５月１日午前４時３０分，保険業法２４１条に基づき，被告に対し，業務の一部停止を命じた。

さらに，同庁長官は，同日，同条に基づき，被告に対し，保険管理人による業務及び財産の管理を命じる処分をし，公認会計士真砂由博及び弁護士山岸良太を保険管理人（以下「本件保険管理人」という。）として選任した。

（オ）　また，金融監督庁は，平成１２年５月１日，前記（ア）の検査結果を公表した。これによると，被告の平成１１年３月期決算について，被告の資産に関する自己査定値は，同庁の総資産査定結果とは次のａないしｄのとおり異なっており，被告は８６９億円の追加償却・引当を要し，資本の額はマイナス３７２億円であり，ソルベンシー・マージン比率はマイナス７４．７パーセントであったとされている。

ａ　Ⅰ分類（Ⅱ分類，Ⅲ分類，Ⅳ分類としない資産）

（ａ）　被告の自己査定　　１兆３０９０億円

（ｂ）　金融監督庁の査定　　１兆１３５８億円（自己査定の方が１７３２億円多い。）

ｂ　Ⅱ分類（個別に適切なリスク管理を要する資産）

（ａ）　被告の自己査定　　７５１億円

（ｂ）　金融監督庁の査定　　１５９９億円（自己査定の方が８４８億円少ない。）

ｃ　Ⅲ分類（最終の回収に重大な懸念が存する資産）

（ａ）　被告の自己査定　　　２９億円

（b）　金融監督庁の査定　　２９９億円
（自己査定の方が２７０億円少ない。）
　　d　Ⅳ分類（回収不可能又は無価値と判定される資産）
　　（a）　被告の自己査定　　　　　　ゼロ
　　（b）　金融監督庁の査定　　６１２億円
（自己査定の方が６１２億円少ない。）
　（カ）　なお，金融庁（金融監督庁）は，その後，上記査定結果を修正していない。
エ（ア）　金融監督庁長官は，被告の経営責任の明確化のため，本件保険管理人に対し，弁護士，公認会計士等の第三者による調査委員会を設置し調査をするように命じた。
　（イ）　これを受けて，本件保険管理人は，平成１２年５月２５日から，弁護士及び公認会計士による調査委員会を設置し，旧経営陣の責任問題について調査，検討を進めた。同調査委員会は，被告の従業員等から任意に提出される資料を閲覧し，又は，被告の従業員に対する任意の事情聴取をするなどの方法により調査を実施した。その結果，本件保険管理人は，平成１３年３月２９日，被告の旧経営陣が平成１１年３月に関係会社に対し所有不動産を高く売り，「益出し」をして決算で利益を計上したこと，平成７年から平成９年にかけて損失の先送り等のため「飛ばし類似商品」を外資系金融機関から購入していたことなどにつき，旧経営陣に対し損害賠償請求をする旨を発表した。
オ（ア）　被告は，平成１２年５月１日の保険管理人選任後，平成１２年３月期における貸借対照表を作成し直し，次のとおり公表した。
　　a　資産の部合計　　　１兆１４６０億８１００万円
　　b　負債の部合計　　　１兆２７０６億４７００万円
　　c　資本の部合計　　マイナス１２４５億６５００万円
　　（欠損金　１６６７億６５００万円）
　（イ）　被告は，平成１３年に，同年３月期における貸借対照表を作成し，次のとおり公表した。
　　a　資産の部合計　　　　９５５２億６９００万円
　　b　負債の部合計　　　１兆０８８１億７６００万円
　　c　資本の部合計　　マイナス１３２９億０７００万円
　　（欠損金　１７３２億５７００万円）
（２）　前記前提事実及び前記（１）の認定事実によれば，(1)被告が平成１１年８月作成の「１９９９　第一火災の現状」と題するディスクロージャー誌において公表した同年３月末時点のソルベンシー・マージン比率（３３０．０パーセント）は，金融監督庁が査定した同時点の同比率（マイナス７４．７パーセント）より４０４．７パーセント高く，かつ，被告が同庁に報告した平成１２年３月末時点のソルベンシー・マージン比率（マイナス１６０パーセント）より４９０パーセント高いこと，(2)被告が上記ディスクロージャー誌において公表した同年３月末時点の資本の額（４５２億８２００万円）は，金融監督庁が査定した同時点の資本の額（マイナス３７２億円）より８２４億８２００万円高く，かつ，被告が平成１２年４月２４日に同庁に報告した平成１２年３月末時点の資本の額（マイナス４８８億円）より９４０億８２００万円，被告が保険管理人選任後に公表し直した平成１２年３月末時点の資本の額（マイナス１２４５億６５００万円）より１６９８億４７００万円高いこと，(3)被告は，平成１２年４月１０日，金融監督庁から，平成１１年３月末時点のソルベンシー・マージン比率，資本の額等に関する上記査定値を検査結

果として通知された後，それに異議を述べることなく，同年5月1日，保険業法241条に基づく措置の発動を要請したこと，(4)被告が金融監督庁に報告した平成11年3月末時点のソルベンシー・マージン比率及び資本の額は，同庁から同月期決算について適正な会計処理を命じられたことを受けての算定値であること，(5)金融監督庁の検査及び本件保険管理人の調査において，被告が損失隠しといった不正な会計処理をしていた疑いが生じたことが認められる。

これらの事実に加え，(6)被告及び金融監督庁のそれぞれの立場に着目すると，被告は，ソルベンシー・マージン比率を適正値より高く公表することにより，同比率が200パーセントに達しないとして業務改善命令等の行政措置が発動される危険性を回避する利益があるのに対し，金融監督庁は，同比率を適正値より低く査定する契機に乏しいこと，(7)被告が金融監督庁による査定前に公表した各数値を前提とするならば，ソルベンシー・マージン比率が平成11年3月末から平成12年3月末までの1年間で490パーセントも減少し，また，資本の額が上記1年間に940億円以上も減少したことになるが，このような事態は，その間に，被告の財務状態に著しい変動をもたらすような特段の要因が存しない限り，通常考え難いといわざるを得ないところ，本件全証拠によっても，かかる要因の存在は窺われないこと，(8)被告の平成11年3月末時点のソルベンシー・マージン比率及び資本の額に関する金融監督庁の査定値は，平成12年3月末時点のソルベンシー・マージン比率及び資本の額に関する被告の査定値とも整合性がみられること，(9)被告が損失隠しといった不正な会計処理をしていたとの疑いを払拭し得るような資料は見られないことを総合すると，被告の平成11年3月末時点におけるソルベンシー・マージン比率（適正値）は，200パーセントを大きく下回り，金融監督庁の査定値であるマイナス74.7パーセント又はそれに近い数値であったこと，被告の同時点における資本の額（適正値）はマイナスであり，金融監督庁の査定値であるマイナス372億円又はそれに近い数値であったものであったこと，被告が当初公表した平成11年3月末時点のソルベンシー・マージン比率及び資本の額は適正値から大幅に乖離していた，すなわち虚偽の数値であったことが認められるというべきである。

もっとも，被告は，上記公表値が適正であることの根拠として，会計の専門家たる監査法人により法令及び定款に従い会社の財産及び損益の状況を正しく示しているものと認められた確定済みの貸借対照表等に基づくことを主張し，その証拠として朝日監査法人の監査報告書を提出する。

しかしながら，監査法人であっても，不適正な会計を必ず見抜けるとは限らず，当該会社から選任された監査法人の適法意見が，現実の会社の財産等の状況を正しく踏まえたものとは直ちにはいえない。そして，被告は，金融監督庁から通知された検査結果がソルベンシー・マージン比率をマイナス74.7パーセントとし，被告の保険金支払余力を否定する内容のものとなっていて，かかる数値を前提とすれば，その経営が早晩破綻することが明らかであったにもかかわらず，これに対し，監査法人による適法意見を援用するなどして積極的に異議を述べていなかったばかりか，むしろ，自ら上記検査結果に従う行動をとっていたこと，監査法人が認めた会計上の数値は，被告自身によって公表された1年後の数値と不自然なまでに著しく乖離していることを考慮すれば，被告が援用する上記監査報告書は，前記認定を覆すに足りず，他に前

記認定を覆すに足りる証拠はない。

　なお，被告は，本件当時，ソルベンシー・マージン比率の算定方法は会計上完備されておらず，また，保険会社の事業特性に合わせた資産査定のマニュアルは未だ公表されていなかったと指摘する。しかし，本件当時においても，ソルベンシー・マージン比率は，２００パーセントを基準に，行政当局等が保険会社の経営の健全性を判断するための指標として機能しており，そのための算定が行われていたこと（前記前提事実（４）ウ参照），各保険会社による資産の査定も，一定のルールに基づいて行われていたことは疑いがなく，会計上の算定方法が「完備」していないとの指摘や査定方法のマニュアルが未公表であったとの指摘によって，直ちに金融監督庁の査定値等が相対化されるものではない。そして，前記（１）の認定事実に照らすと，平成１１年３月末時点のソルベンシー・マージン比率に関する被告の当初の公表値と金融監督庁の査定値等との違いは，主に資産に関する査定値の違いに基づくものとみられるが，それらの格差は，その大きさからして，単なる会計上の算定方法や資産の査定方法の違いとして合理的に説明できる範囲内にあるとはいい難い。そうすると，本件においては，被告の上記指摘は，前記認定に影響しないというべきである。

　（３）　平成１１年３月末日に近接した同月５日時点（本件基金拠出当時）における被告のソルベンシー・マージン比率及び資本の額は，前記（２）に認定の平成１１年３月末時点の数値と同程度（ソルベンシー・マージン比率につきマイナス７４．７パーセントに近い数値，資本の額につきマイナス３７２億円に近い数値）であったことが推認され，この推認を覆すに足りる証拠はない。

　そして，前記前提事実によれば，ソルベンシー・マージン比率が２００パーセント以上であるか否かは，保険会社の経営の健全性を判断するための重要な基準とされていることが明らかであり，保険会社のソルベンシー・マージン比率が２００パーセントを大きく下回っていたり，資本の額がマイナスであることは，保険会社の実質的な破綻状態を意味するといえるから，被告は，上記時点当時，本件基金拠出を受けてもなお実質的破綻状態であったということができる。

　（４）　ところで，前記前提事実及び前記（１）の認定事実によれば，被告は，本件基金拠出前の業務及び資本の提携交渉の際，原告に対し，本件資料一を交付することにより，直近の決算期である平成１０年３月期における被告のソルベンシー・マージン率を２５９．３パーセント，資本の額を６４億８１００万円であると公表するとともに，上記ソルベンシー・マージン比率は健全性の基準として行政当局の示す基準以上であり，経営の健全性については全く問題ないと考えている旨公言し，さらに，本件資料二を交付することにより，上記資本の額の公表値を追認した上，基金募集後の平成１１年３月期における資本の額につき３５１億円となる計画である旨を告げていたものであり（以下，被告のこれらの行為を「先行行為」という。），これらによって原告に被告の財務状態に関し上記内容の認識が形成されたものと認められる。ところが，同月５日の本件基金拠出当時における被告の現実の財務状態は，ソルベンシー・マージン比率が２００パーセントを大きく下回り，資本の額はマイナスであって，被告は本件基金拠出を受けてもなお実質的破綻状態であったのであるから（前記（３）），被告としては，本件基金拠出に際して，原告に対し，従前の公表値及び計画と大幅に乖離した上記財務状態を告知し，自己の先行行為によって形成され

た原告の認識を是正すべき注意義務があったというべきである。

しかるに，被告が，本件基金拠出に際して，原告に対し，上記のような財務状態の告知をしなかったこと（以下「本件行為」という。）は当事者間に争いがない。

（5） 前記（1）の認定事実によれば，原告は，本件基金拠出の社内での検討に当たって，被告の先行行為により提出された情報を前提としていたというのであり，本件行為の結果，そのような原告の認識が是正されなかったものである。そして，営利企業であれば，保険会社の財務状態が前記（3）のような状態であることを知っていれば，当該会社に対し３００億円もの基金拠出を実施するとはおよそ考え難いといえる。

したがって，原告は，被告による本件行為の結果，被告のソルベンシー・マージン比率，資本の額等の財務内容につき，被告が公表していたとおり問題ないと誤信して本件基金拠出をしたと認められ，被告の本件行為と本件基金拠出との間には相当因果関係があるというべきである。

そして，原告は，本件基金拠出を受けてもなお実質的破綻状態であった被告に対し，３００億円の本件基金拠出をしたのであるから，３００億円の損害を被ったものとみられ，以上によれば，本件行為と上記損害との間には相当因果関係があるということができる。

なお，被告は，原告は，被告の資産状況いかんにかかわらず，被告から本件基金拠出の見返りに資本拠出を受け，原告自身の平成１１年３月期のソルベンシー・マージン比率不足を回避するために，本件基金拠出をしたものであって，被告の本件行為と本件基金拠出との間には因果関係がないと主張する。

しかしながら，原告においては，被告の資産状況が悪く，被告が実質的な破綻状態にある場合に，３００億円の基金を拠出すれば，本件優先株式払込金及び本件劣後貸付金の合計２００億円の見返りを受けたところで，結局はソルベンシー・マージン比率不足の回避にはならず，それが原告にとって著しく不利益な取引となることは明らかであるから，被告の上記主張は失当というほかない。

（6） 被告は，前記（3）のような本件基金拠出当時における自己の財務状態を当然把握し，又は容易に把握し得たとみられる上，上記財務状態と従前公表した財務内容との乖離の著しさに照らすと，被告は，上記財務状態を告知せずに，自己の先行行為によって形成された原告の認識を放置しておくことが，原告に前記（5）のような損害を招くことを認識し，又は容易に認識し得たとみるべきであるから，被告には本件行為につき故意又は少なくとも重大な過失が認められるというべきである。

もっとも，被告は，自己の公表値が監査法人により認められた確定済みの計算書類を基礎としたものであったこと，被告が原告に対して裏付け調査の機会を提供したこと，原告がその裏付け調査の機会を行使せず，被告から提供された情報について被告から保証を受けることもしなかったことから，被告代表者の故意又は過失を否定する旨の主張をする。

しかしながら，被告内部において作成した書類を被告選任に係る監査法人が認めたことは，取引の相手方に対する被告代表者の故意又は過失を否定する理由とはならないというべきであるし，また，裏付け調査の機会を提供したことが，一方で自己の先行行為によって形成された相手方の認識を是正しなかった者の故意又は過失を免ずる理由とはならないことはいうまでもない。さらに，原告がその裏付け調査の機会を行使しなかったことや，被告から提供された情報について被告から保

証を受けなかったことは，被告が自己の先行行為との関係で負うべき注意義務を免れる理由とはならないから，被告の上記主張は失当である。

（7）　以上によれば，被告の本件行為につき不法行為が成立する。

二　争点（2）（保険業法60条4項，商法280条の12の適用又は類推適用の可否）について

保険業法60条4項，商法280条の12は，新たに募集された基金の拠出者は，基金の総額の増加による変更の登記の日から1年を経過した後は，錯誤若しくは基金拠出申込証の要件の欠缺を理由としてその拠出の無効を主張し，又は，詐欺若しくは強迫を理由としてその拠出を取り消すことができない旨を規定している。

しかし，上記条項は，その文理上からも明らかなように，無効の主張及び取消しを制限するものであって，金銭請求自体を制限するものではなく，まして不法行為による被害の填補を目的とする損害賠償請求を制限するものではない。したがって，不法行為に基づく損害賠償請求に上記条項を適用又は類推適用することはできないというべきである。

この点，上記条項が適用されて錯誤を理由とする無効の主張又は詐欺を理由とする取消しが制限される場合には，それを前提とする不当利得返還請求も制約されることとなるが，被告は，上記不当利得返還請求と同様に，詐欺等を内容とする不法行為に基づく損害賠償請求も制限されなければならないと主張する。そして，会社に対する詐欺等を内容とする不法行為に基づく損害賠償請求権の行使を許すと，会社の資本充実を害すると主張する。

しかしながら，上記不当利得返還請求は，無効の主張又は取消しが制限される当然の帰結として制限されるものである上，不法行為に基づく損害賠償請求は，不当利得返還請求とは，その制度趣旨，法的性質，要件及び効果を異にし，例えば過失相殺，消滅時効等の点において具体的な差異を生じることは明らかであるから，上記条項が不当利得返還請求を制約し得ることは，上記条項が不法行為に基づく損害賠償請求を制限し得ることを認める理由とはならない。

また，上記条項も，例えば，法定期間内に詐欺を理由とする取消しがされた場合には，その後の不当利得返還請求権の行使により拠出金相当額が会社から払い出されることを容認しており，こうした点からすると，資本充実を理由として，会社財産の払出しを招く権利の行使が常に制限されるべきであると直ちに帰結することはできない。そして，不法行為に基づく損害賠償請求権については，過失相殺がされる可能性があり，同請求権の行使によって，必ずしも拠出金相当額の全額が会社から払出しとなるわけではないことをも考慮すると，被告のいう資本充実の点は，上記条項の適用又は類推適用の可否に関する結論を左右するほどのものとみることができない。以上によれば，上記条項の適用又は類推適用により，詐欺等を内容とする不法行為に基づく損害賠償請求が制限されると解することはできないというほかなく，この点に関する被告の主張は，その主張自体失当である。

三　争点（3）（本件免責条項の適用の可否）について

前記前提事実によれば，原告と被告が平成11年2月12日に締結した本件覚書及びこれに先立つ平成10年11月27日に締結した「業務および資本の提携に関する覚書」においては，業務及び資本の提携に必要な双方の経営内容の開示については，信義誠実の原則に基づいて透明性を確保してこれを行うものとし，具体的な開示に当たっては，別に原

被告間で交換する秘密保持等に関する誓約書の規定によるものとすると規定されていたことが明らかであり，同年12月29日付けの本件誓約書も，これを踏まえて原被告間で交わされたものと推認される。これらの事実を総合すれば，原被告間においては，被告は，原告に対し，信義則に基づき透明性を確保して本件基金拠出に必要な被告の経営内容を開示すべきものとされ，本件誓約書は，こうした信義則に基づく経営内容の開示につき，その具体的な実施の在り方を規律するものと位置付けられていたことが認められる。

そうすると，本件誓約書中に置かれた本件免責条項は，本件基金拠出に必要な被告の経営内容の開示が信義則に基づき透明性を確保して行われることをその前提としているものとみられる。

さらに，そもそも本件のような重大な結果を伴う基金拠出に際して，被告が原告に対し，ソルベンシー・マージン比率，資本の額等の重要な財務内容を開示する場合には，信義則上，できる限り適正な情報を提供すべき義務があるというべきであり，本件免責条項の適用の可否について判断するに当たっては，このような信義則上の義務の存在を考慮しなければならない。

以上によれば，被告が原告に対し，信義則に基づき透明性を確保して本件基金拠出に必要な被告の経営内容を開示しなかった場合には，本件免責条項は適用されないと解するのが相当である。

本件においては，前記一のとおり，被告は，本件基金拠出に際して，原告に対し，ソルベンシー・マージン比率，資本の額等の重要かつ基本的な被告の財務内容につき，原告が知れば本件基金拠出を取りやめたであろう適正な情報を，故意又は重大な過失により開示せず，自己の先行行為によって現実の財務状態とは大幅に乖離した内容を誤信している状態に原告を陥らせているにもかかわらず，それを是正しなかったと認められるから，被告は，原告に対し，信義則に基づき透明性を確保して本件基金拠出に必要な被告の経営内容を開示しなかったというほかはない。

したがって，本件免責条項は，本件行為による被告の損害賠償責任については適用されないというべきである。

なお，本件免責条項の文言及び但書による制約の存在，本件免責条項が大企業同士の間で個別事案のために任意に締結された特約であること，原告も本件免責条項と同様の免責を受けられることが本件誓約書と同時に約定されたこと，被告が原告に対しデュー・デリジェンスの機会を提供していたにもかかわらず，原告がそれを実施しなかったことなどを被告は主張するが，これらは，以上説示したところを左右するものでないことはいうまでもない。

四　争点（4）（過失相殺の有無及び程度）について

（1）　前記一（1）の認定事実及び弁論の全趣旨によれば，原告は，本件基金拠出前の業務及び資本の提携交渉の際，被告から，被告の平成10年3月期の財務内容等を記した資料の交付を受けて検討したものの，被告から平成11年1月21日現在の有価証分等の含み損益を電話で聴取したほかは，その資料について，被告に対し，特に追加質問をしたり，裏付け資料の交付を要求するなどの調査はしなかったことが認められ，他に，原告が被告に対し裏付け調査に関する協力を要求した形跡も窺われない。

原告が，300億円という多額の基金を拠出するにもかかわらず，上記のような調査をしなかったことは，本件基金拠出に係る損害賠償請求権について過失相殺による減額の事

由となるというべきである。

　この点，《証拠略》によれば，原告は，被告に対し，平成10年3月30日に25億円の劣後貸付をしたが，その交渉過程において，平成9年11月から同年12月までの間，被告の平成7年3月期ないし平成9年3月期の財務内容につき，個別具体的な質問をし，被告からその回答を受けていたことが認められ，原告は，本件基金拠出の約1年3か月前に，既に被告の財務内容に対して一定の確認作業をしていたことが認められる。この結果と被告の先行行為（前記一（4）参照）とが相俟って，原告が被告の財務内容について誤信したとみられることに照らすと，上記のような過失相殺をすることは原告に酷なようにみえなくもない。

　しかしながら，原告の上記確認作業は，あくまでも被告の平成7年3月期ないし平成9年3月期の財務内容に対するものであり，直近の平成10年3月期以降に対するものではない。やはり，本件のような多額の基金拠出に鑑みれば，原告は，平成10年3月期等についても，相応の調査をすることが期待されたというべきであり，なお過失相殺を免れないといわざるを得ない。

（2）　以上の事実を斟酌し，さらに，本件基金拠出の投資としての規模及び危険性，原告の機関投資家性，被告の事業特性，原告と被告との関係その他の本件に表れた諸般の事情を総合考慮すると，過失相殺として原告の損害額（300億円）の4割を減額するのが相当である。

五　争点（5）（損益相殺の要否）について
（1）　被告は，原告の被告に対する本件基金拠出と，被告の原告に対する本件優先株式出資及び本件劣後貸付とは，本件覚書に基づき同時に行われた一体の行為であることを理由に，本件優先株式払込金及び本件劣後貸付金が損益相殺の対象となると主張する。

　しかしながら，損益相殺とは，不法行為があった結果，被害者が損害を被ると同時に利益を受けた場合に，損害からその利益を控除した残額を賠償すべき損害とするものである。

　原告の被告に対する本件基金拠出は，本件行為があった結果されたものであるといえるが，それに対して，被告の原告に対する本件優先株式出資及び本件劣後貸付は，本件覚書に基づいてされたものとはいえても，本件行為に基づいてされたものとはいえない。そして，本件優先株式出資及び本件劣後貸付は，本件基金拠出と同時期に行われたとはいえ，本件基金拠出を原因とするものともいえないから，結局，本件行為があった結果原告が受けた利益であるとはいうことができない。

　換言すれば，本件において，原告が本件優先株式払込金として170億円，本件劣後貸付金として30億円の支払を受けたことは，被告が自己の意思に基づき本件優先株式の引受け及び本件劣後貸付をしたことを原因とするものにほかならず，不法行為たる本件行為があった結果原告が受けた利益とはいえないのである。

　したがって，本件優先株式払込金及び本件劣後貸付金は損益相殺の対象とはならず，被告の上記主張は失当というほかない。

（2）　他方，本件基金利息は，本件行為により，本件基金拠出がされた結果，支払われたものであるから，不法行為たる本件行為があった結果原告が受けた利益ということができる。

　したがって，本件基金利息9億5736万9863円は損益相殺の対象となる。

（3）　以上によれば，上記9億5736万9863円の限度で損益相殺がされるべきであり，過失相殺後の損害賠償額（180億円）から上記金額を控除すると，被告が原告に対

し賠償すべき金額は170億4263万0137円となる。

第四　結論

一　以上のとおり，原告の被告に対する不法行為に基づく損害賠償請求権が認められるところ，前記前提事実によれば，これについて平成12年6月28日に6億8000万円の相殺がされたと認められるから，その結果，原告が被告に対して有する上記損害賠償請求権の金額は，163億6263万0137円となる。

また，上記相殺により，被告が原告に対して取得した本件優先株式の株主たる地位に基づく利益配当金支払請求権は消滅したものと認められる。

二　したがって，原告の本訴請求は，163億6263万0137円及びこれに対する不法行為の後で本訴状送達の日の翌日であることが記録上明らかな平成12年8月24日から民法所定年5分の割合による遅延損害金の支払を求める限度で理由があり，被告の反訴請求は，理由がない。

よって，主文のとおり判決する。

（裁判長裁判官　大門　匡
裁判官　高宮健二
裁判官笹本哲朗は，差し支えのため，署名押印することができない。
裁判長裁判官　大門　匡）

【課題】　上記の資本提携交渉虚偽情報事件を読んで，以下の質問について考えてみよう。

Q1　提携交渉などで出資等の出捐を検討する当事者は，相手方の資産・財務内容等について，どのような点に留意し，どのようなことをなすべきか。出資者側のリスクを担保する方法には，どのようなものが考えられるか。

Q2　デューディリジェンスで情報を開示する当事者は，開示する情報についてどのような範囲で責任を負わなくてはならないか（○**東京地裁平成18年1月17日判決**（同裁判所ホームページ）は，M&Aにおける売主の表明，保証違反に基づく買主に対する補償責任を認めた。この判決を読んで考えてみよう。）。

Q3　本件で，原告は約163億円の請求認容の判決を得ることができたが，その回収は可能であろうか。

〔編注〕　本件は東京高裁に控訴されていたが，2005年3月28日に和解が成立したと報道されている。報道によれば，第一火災側が和解金として1カ月以内に100億円を支払い，協栄生命側が請求を放棄する内容という。

3　事業再編をめぐる交渉の破綻

【課題】　以下の住友信託・ＵＦＪ独占交渉事件を読んで，事実，争点，最高裁の判断をまとめなさい。

● **最高裁平成１６年８月３０日第三小法廷決定**（最高裁民事判例集５８巻６号１７６３頁）

抗告人　　住友信託銀行
相手方　　ＵＦＪホールディングス

　　　　　　主　　　文

本件抗告を棄却する。
抗告費用は抗告人の負担とする。

　　　　　　理　　　由

抗告代理人深澤武久ほかの抗告理由について

１　記録によれば，本件の経緯は次のとおりである。

（１）　抗告人は，平成１６年５月２１日，相手方らとの間で，相手方らグループ（相手方ら並びに相手方Ｙ１のその他の子会社及び関連会社の総称）から抗告人グループ（抗告人並びにその子会社及び関連会社の総称）に対する相手方Ｙ２の法人資金業務等を除く業務に関する営業，これを構成する一定の資産・負債及びこれに関連する一定の資産・負債（以下「相手方Ｙ２の本件対象営業等」という。）の移転等から成る事業再編と両グループの業務提携（以下「本件協働事業化」という。）に関し，合意をし，その合意内容を記載した書面を作成した（以下，この合意を「本件基本合意」といい，この書面を「本件基本合意書」という。）。

本件基本合意書の１２条は，その条見出しを「誠実協議」とし，その前段において「各当事者は，本基本合意書に定めのない事項若しくは本基本合意書の条項について疑義が生じた場合，誠実にこれを協議するものとする。」と定め，その後段において「また，各当事者は，直接又は間接を問わず，第三者に対し又は第三者との間で本基本合意書の目的と抵触しうる取引等にかかる情報提供・協議を行わないものとする。」と定めている（以下，この後段の定めを「本件条項」という。）。

本件基本合意書には，抗告人及び相手方らが，本件協働事業化に関する最終的な合意をすべき義務を負う旨を定めた規定はなく，本件条項は，両者が，今後，上記の最終的な合意の成立に向けての交渉を行うに当たり，本件基本合意書の目的と抵触し得る取引等に係る情報の提供や協議を第三者との間で行わないことを相互に約したものである。そして，本件基本合意書には，本件条項に違反した場合の制裁，違約罰についての定めは存しない。

（２）　抗告人と相手方らは，本件基本合意に基づき，同年７月末日までをめどとして本件協働事業化の詳細条件を定める基本契約の締結を目指して交渉をしていたが，その後，相手方らは，相手方らグループの現在の窮状を乗り切るためには，本件基本合意を白紙撤回し，相手方Ｙ２を含めてＡグループ（Ａ並びにその子会社及び関連会社の総称）と統合する以外に採るべき方策はないとの経営判断をするに至り，同年７月１４日，抗告人に対し，本件基本合意の解約を通告するとともに，Ａに対し，相手方Ｙ２の本件対象営業等の移転を含む経営統合の申入れを行い，この事実を公表した。

（３）　抗告人は，同月１６日，東京地方裁判所に対し，相手方らがＡグループとの間で経営統合に関する協議を開始したことが本件条項所定の抗告人の独占交渉権を侵害するものであると主張して，本件基本合意に基づき，相手方らが，抗告人以外の第三者との間で，平成１８年３月末日までの間，相手方Ｙ２の本件対象営業等の第三者への移転若しくは第三者による承継に係る取引，相手方Ｙ２と第三者との間の合併若しくは会社分割に係る取引又はこれらに伴う業務提携に係る取引に関する情報提供又は協議を行うことの差止めを

求める本件仮処分命令の申立てをした。

(4) 東京地方裁判所は，平成１６年７月２７日，本件仮処分命令の申立てを認容する決定をした。これに対し，相手方らが異議の申立てをしたが，同年８月４日，同裁判所は，本件仮処分決定を認可する旨の決定をした。

(5) 相手方らが，上記異議審の決定を不服として，東京高等裁判所に対し，保全抗告をしたところ，同裁判所は，同月１１日，以下の理由により，上記各決定を取り消し，本件仮処分命令の申立てを却下する旨の原決定をした。

すなわち，記録により認定した事実関係によれば，客観的にみると，現時点において，抗告人と相手方らとの間の信頼関係は既に破壊されており，かつ，両者が目指した最終的な合意の締結に向けた協議を誠実に継続することを期待することは既に不可能となったものと理解せざるを得ない。したがって，遅くとも審理終結日である同月１０日の時点において，本件基本合意のうち少なくとも本件条項については，その性質上，将来に向かってその効力が失われたものと解するのが相当であり，現時点において差止請求権を認める余地はない。

(6) 相手方らは，同月１２日，Ａらとの間で，相手方らグループとＡグループとの経営統合に関する基本合意を締結し，平成１７年１０月１日までに経営統合を行うことをめどとすることなどを約した。

(7) 抗告人は，原決定を不服として抗告許可の申立てをし，東京高等裁判所は，平成１６年８月１７日，本件抗告を許可する旨の決定をした。

2 本件抗告の理由は，原決定が，現時点において，抗告人と相手方らとの間の信頼関係が破壊されており，最終的な合意の締結に向けた協議を誠実に継続することを期待する

ことが不可能となったとして，被保全権利である本件条項に基づく差止請求権が消滅したと判断したことを論難するものである。

そこで，まず，本件条項に基づく債務，すなわち，本件条項に基づき抗告人及び相手方らが負担する不作為義務が消滅したか否かについてみるに，前記の事実関係によれば，本件条項は，両者が，今後，本件協働事業化に関する最終的な合意の成立に向けての交渉を行うに当たり，本件基本合意書の目的と抵触し得る取引等に係る情報の提供や協議を第三者との間で行わないことを相互に約したものであって，上記の交渉と密接不可分なものであり，上記の交渉を第三者の介入を受けないで円滑，かつ，能率的に行い，最終的な合意を成立させるための，いわば手段として定められたものであることが明らかである。したがって，今後，抗告人と相手方らが交渉を重ねても，社会通念上，上記の最終的な合意が成立する可能性が存しないと判断されるに至った場合には，本件条項に基づく債務も消滅するものと解される。

本件においては，前記のとおり，相手方らが，本件基本合意を白紙撤回し，同年７月１４日，抗告人に対し，本件基本合意の解約を通告するとともに，Ａに対し，相手方Ｙ２の本件対象営業等の移転を含む経営統合の申入れを行い，この事実を公表したこと，抗告人が，これに対し，本件仮処分命令の申立てを行い，本件仮処分決定及び異議審の決定を得たが，相手方らは，原審においてこれらの決定が取り消されるや，直ちにＡらとの間で，相手方らグループとＡグループとの経営統合に関する基本合意を締結するなど，上記経営統合に係る最終的な合意の成立に向けた交渉が次第に結実しつつある状況にあること等に照らすと，現段階では，抗告人と相手方らとの間で，本件基本合意に基づく本件協働事業

化に関する最終的な合意が成立する可能性は相当低いといわざるを得ない。しかし，本件の経緯全般に照らせば，いまだ流動的な要素が全くなくなってしまったとはいえず，社会通念上，上記の可能性が存しないとまではいえないものというべきである。そうすると，本件条項に基づく債務は，いまだ消滅していないものと解すべきである。

ところで，本件仮処分命令の申立ては，仮の地位を定める仮処分命令を求めるものであるが，その発令には，「争いがある権利関係について債権者に生ずる著しい損害又は急迫の危険を避けるためこれを必要とするとき」との要件が定められており（民事保全法23条2項），この要件を欠くときには，本件仮処分命令の申立ては理由がないことになる。そして，本件仮処分命令の申立てがこの要件を具備するか否かの点は，本件における重要な争点であり，本件仮処分命令の申立て時以降，当事者双方が，十分に主張，疎明を尽くしているところである。

そこで，この点について検討するに，前記の事実関係によれば，本件基本合意書には，抗告人及び相手方らが，本件協働事業化に関する最終的な合意をすべき義務を負う旨を定めた規定はなく，最終的な合意が成立するか否かは，今後の交渉次第であって，本件基本合意書は，その成立を保証するものではなく，抗告人は，その成立についての期待を有するにすぎないものであることが明らかである。そうであるとすると，相手方らが本件条項に違反することにより抗告人が被る損害については，最終的な合意の成立により抗告人が得られるはずの利益相当の損害とみるのは相当ではなく，抗告人が第三者の介入を排除して有利な立場で相手方らと交渉を進めることにより，抗告人と相手方らとの間で本件協働事業化に関する最終的な合意が成立するとの期待が侵害されることによる損害とみるべきである。抗告人が被る損害の性質，内容が上記のようなものであり，事後の損害賠償によっては償えないほどのものとまではいえないこと，前記のとおり，抗告人と相手方らとの間で，本件基本合意に基づく本件協働事業化に関する最終的な合意が成立する可能性は相当低いこと，しかるに，本件仮処分命令の申立ては，平成18年3月末日までの長期間にわたり，相手方らが抗告人以外の第三者との間で前記情報提供又は協議を行うことの差止めを求めるものであり，これが認められた場合に相手方らの被る損害は，相手方らの現在置かれている状況からみて，相当大きなものと解されること等を総合的に考慮すると，本件仮処分命令により，暫定的に，相手方らが抗告人以外の第三者との間で前記情報提供又は協議を行うことを差し止めなければ，抗告人に著しい損害や急迫の危険が生ずるものとはいえず，本件仮処分命令の申立ては，上記要件を欠くものというべきである。

3　以上のとおりであるから，本件仮処分命令の申立てを却下するなどした原審の判断は，結論において是認することができる。論旨は，原決定の結論に影響を及ぼさない部分についてその違法をいうものにすぎず，採用することができない。

よって，裁判官全員一致の意見で，主文のとおり決定する。

（裁判長裁判官　上田豊三　裁判官　金谷利廣　裁判官　濱田邦夫　裁判官　藤田宙靖）

【課題】　上記の住友信託・ＵＦＪ独占交渉事件を読んで，以下の質問について考えてみよう。
Ｑ１　本件のような交渉で住友信託側が独占交渉の義務づけを行うのはなぜか。逆にＵＦＪ

側がこのような義務づけに応じるのはなぜか。

Q2　UFJ側が独占交渉の合意を反故にして，別の相手先と交渉を始めたのはなぜだろうか。そのような判断を行う場合，どのようなファクターを考慮するのだろうか。

Q3　第1審の東京地裁決定が維持されていたとすれば，本件交渉はどのように推移したと考えられるか。

Q4　UFJ側は，三井住友グループからも統合申し入れがなされている段階で，三菱東京グループとの統合合意を行ったが，そのような合意を行うことに問題はないか。その合意の中で東京三菱との統合が実行できなかった場合には，7000億円の出資株式の買い戻しと2100億円のペナルティが生じる旨の条項があるという。このような条項を合意することには，問題がないか。

Q5　住友信託はその後，1000億円の損害賠償を求めて提訴したが，この請求はどのような範囲で認められるだろうか（○東京地裁平成18年2月13日判決は，旧UFJ側が住友信託側との誠実交渉義務や独占的交渉義務に違反した点は認定したが，統合のための最終契約の成立が確実だったとは言えないとして，統合実現により得られたはずの利益を賠償する義務はないと判断した。住友信託は控訴し，信頼利益の賠償請求を行う方針に転換するとの報道がなされた。）。

4　敵対的買収と対抗策

【課題】　以下のニッポン放送・ライブドア事件を読んで，事実，争点，裁判所の判断をまとめなさい。

● 東京高裁平成17年3月23日決定（判例時報1899号56頁）

債権者　ライブドア
債務者　ニッポン放送（抗告人）

　　　主　　文
1　本件抗告を棄却する。
2　抗告費用は債務者の負担とする。
　　　理　　由
第1　保全抗告の趣旨
1　原決定を取り消す。
2　東京地方裁判所平成17年（ヨ）第20021号新株予約権発行差止仮処分命令申立事件について，同裁判所が平成17年3月11日にした仮処分決定を取り消す。
3　債権者の上記仮処分命令の申立てを却下する。
第2　事案の概要
1(1)　本件は，債務者［注：ニッポン放送］の株主である債権者［注：ライブドア］が，債務者が平成17年2月23日の取締役会決議に基づいて現に手続中の新株予約権4720個（以下「本件新株予約権」という。）の発行について，①特に有利な条件による発行であるのに株主総会の特別決議（商法280条ノ21第1項）がないため，法令に違反していること，②著しく不公正な方法による発行

であることを理由として，これを仮に差し止めることを求めた事案である。

(2) 原審仮処分決定は，上記①の点について，本件新株予約権の発行が新株の発行と実質的に同一であるとの本件における特殊な事情を考慮しても，本件発行価額が公正な価格を大きく下回り，本件新株予約権の発行が「特ニ有利ナル条件」による発行に当たるとまでいうことはできないとし，上記②の点について，公開会社において，現にその経営支配権につき争いが具体化した段階において，取締役が，現に支配権を争う特定の株主の持株比率を低下させ，現経営陣の経営支配権を維持することを主要な目的として新株等の発行を行うことは，会社の執行機関にすぎない取締役が会社支配権の帰属を自ら決定するものであって原則として許されず，新株等の発行が許容されるのは，会社ひいては株主全体利益の保護の観点からこれを正当化する特段の事情がある場合に限られる，本件において，債務者は，債権者による大量の債務者株式取得という公開買付けの開始後に発生した事情に影響を受けることなく，債務者が賛同を表明したフジテレビによる債務者の子会社化という目的を達成する手段として，本件新株予約権を付与しているから，本件新株予約権の発行は，現経営陣と同様にフジサンケイグループに属する経営陣による支配権の維持を目的としており，現経営陣の経営支配権を維持することを主たる目的とするものであるところ，債権者の経営支配権取得により債務者の企業価値が著しく毀損されることが明らかであるということはできず，企業価値の毀損防止のための手段として，従前の発行済株式数の約1．44倍にも上る本件新株予約権の発行を正当化する特段の事情があるということもできない等とした上，債務者の本件新株予約権の発行により，債権者が著しい損害を被るおそれがあるから，本件では保全の必要性も認めることができるとし，債権者が本決定の送達を受けた日から5日以内に，債務者のために5億円の担保を立てることを保全執行の実施の条件として債権者の仮処分命令申立てを認容すべきものとした。これに対し，債務者が，仮処分異議の申立てをした。

(3) 原審異議決定は，上記②の点につき，会社の経営支配権に現に争いが生じている場面において，支配権を争う特定の株主の持株比率を低下させ，現経営者又はこれに友好的な特定の株主の経営支配権を維持・確保することを主要な目的として新株予約権発行がされた場合には，原則として，著しく不公正な方法による新株予約権発行に該当するが，株主全体の利益の保護という観点から新株予約権発行を正当化する特段の事情がある場合には，例外的に，一種の緊急避難的行為として，支配権の維持・確保を主要な目的とする新株予約権発行を行うことが可能である，本件新株予約権の発行は，債務者の取締役が自己又は第三者の個人的利益を図るために行ったものではないとはいえるものの，会社の経営支配権に現に争いが生じている場面において，支配権を争う特定の株主の持株比率を低下させ，現経営者に友好的な特定の株主の経営支配権を確保することを主要な目的として行われたものであるから，これを正当化する特段の事情がない限り，不公正発行に該当する，会社の経営支配権に現に争いが生じている場面において，支配権の維持・確保を主要な目的として行われた新株予約権発行は，原則として不公正発行に該当するから，例外的にこれを正当化する特段の事情があることは，抗弁事実として債務者が主張立証責任を負うところ，本件においては，特段の事情があることについての疎明はない等との判断を付加した上，原審仮処分決定の判断部分を引用し，原審仮

処分決定を認可すべきものとした。
(4) 債務者は，原審異議決定に対し，本件抗告の申立てをしたところ，債権者は，本件仮処分申立ての争点を，新株予約権発行が商法２８０条ノ２１第１項の「特ニ有利ナル条件」による新株予約権の発行である旨の主張を撤回した。

2　争いのない事実関係等
(1)　当事者等
ア　債務者
(ア)　債務者は，昭和２９年４月に設立され，放送法に基づく一般放送事業（ＡＭラジオ放送），ＢＳデジタル音声放送の企画・制作・運営，その他関連物の企画・制作・運営等を主たる事業内容とする株式会社であり，ＡＭラジオ業界における売上高１位のラジオ局である。平成１７年２月現在の資本金は４１億５０００万円，発行済株式総数は３２８０万株であり，その発行する普通株式を東京証券取引所第二部に上場している。債務者においては，単元株制度が採用されており，１単元の株式数は１０株である。また，平成１６年３月期における総資産額は７９１億３１００万円である。（甲１，３，乙５，審尋の全趣旨）
(イ)　債務者はいわゆるフジサンケイグループの一員であり，株式会社フジテレビジョン（以下「フジテレビ」という。）とは持分法適用関連会社［＊編注］の関係にあり，平成１７年１月時点で同社の発行済株式総数のうち２２．５％を保有している。（甲５，２６の３，乙１，５，４３，７７の１，２，乙７９）

　　　［編注］連結子会社については連結財務諸表が作成される。「持分法」は非連結子会社及び関連会社に対する投資について適用される方法で，投資会社が，被投資会社の純資産及び損益のうち当該投資会社に帰属する部分の変動に応じて，その投資勘定を各事業年度ごとに修正する方法である〔連結財務規10〕。

株式会社ニッポン放送プロジェクト，株式会社一口坂スタジオ，株式会社彫刻の森は，いずれも債務者の１００％子会社であり，株式会社ビッグショット及び株式会社ニッポンプランニングセンターは，いずれも株式会社ポニーキャニオンと債務者の子会社であり，株式会社フジサンケイエージェンシーは，債務者とフジテレビの子会社であり，株式会社ポニーキャニオンは，債務者，フジテレビ，株式会社産業経済新聞社等の子会社である。（乙１５から２１までの各１，２）
(ウ)　債務者の定時株主総会は，毎年６月に招集され，定時株主総会において権利を行使することのできる株主は，債務者の定款上，毎決算期の最終（３月３１日）の株主名簿に記載又は記録された株主とされている。（乙４，７０）

イ　債権者等
　債権者は，平成８年４月に設立され，その資本金を２４０億３０００万円（平成１７年１月現在）とし，コンピュータネットワークに関するコンサルティング，コンピュータネットワークの管理，コンピュータプログラムの開発・販売，ネットワークコンテンツの編集・デザイン等を主たる事業内容とする株式会社である。（甲２９の１）
　株式会社ライブドア・パートナーズは，平成１６年１０月に設立され，その資本金を１０００万円とし，投資顧問，証券投資信託委託等を主たる事業内容とする株式会社であり，債権者の子会社である。（審尋の全趣旨）

ウ　フジテレビについて
　フジテレビは，昭和３２年１１月に設立され，放送法に基づくテレビジョン放送，放送業務一般等を主たる事業内容とする株式会社である。フジテレビは，以前より債務者の発行済株式総数の１２．３９％（４０６万４６６０株）を保有する債務者の株主であったが，

後記の本件公開買付けにより，債務者の発行済株式総数の36.47％（1196万1014株）を保有する債務者の株主となった。また，フジテレビの取締役のうち4名は，債務者の取締役を兼務している。（甲1，2，5，乙111，112）

(2) 本件新株予約権の発行前の状況

ア フジテレビは，平成17年1月17日，債務者の経営権を獲得することを目的とし，債務者のすべての発行済株式（債務者の保有する自己株式は除く。）の取得を目指して，証券取引法に定める公開買付けを開始することを決定した（以下「本件公開買付け」という。）。本件公開買付けにおいては，買付予定株式数をフジテレビの既保有分を含めて債務者の発行済株式総数の50％となる1233万5341株（ただし，応募株券の総数が買付予定株式数を超えたときは，応募株券の全部を買い付ける。），買付価格を1株5950円，買付期間を平成17年1月18日から同年2月21日までとしていた。（甲5，7）

債務者はこれを受けて，平成17年1月17日開催の取締役会において本件公開買付けに賛同することを決議し，同日付けの「公開買付けの賛同に関するお知らせ」と題する書面を公表した。（甲6，8，乙41）

フジテレビ及び債務者は，本件公開買付け終了後，債務者の株式を上場廃止することを念頭においていた。（乙93）

イ 債権者は，債務者の発行済株式総数の約5.4％（175万6760株）を保有していたが，本件公開買付け期間中である平成17年2月8日に，東京証券取引所のToSTNeT－1を利用した取引によって，株式会社ライブドア・パートナーズを通じて，債務者の発行済株式総数の約29.6％に相当する株式972万0270株を買い付け（以下「本件ToSTNeT取引」という。），その結果，債権者及び株式会社ライブドア・パートナーズ（以下「債権者等」という。）は，債務者の発行済株式総数の約35.0％の割合の普通株式を保有する株主となった。（甲4）

そして，債権者は，同日付けの「意向表明書」により，債務者の何人かの株主に対し，債務者の普通株式全部の取得を希望する旨を伝えた。（乙34）

また，債権者の代表取締役堀江貴文（以下「債権者代表者」という。）は，同日，記者会見を行い，債務者株式の取得の意図について，放送局が保有するWebサイトをポータル化し，シナジー効果を得ることを目的とするものであり，また，フジサンケイグループとの業務提携をも見据えたものであることを明らかにした。（甲9，42，乙27）

ウ フジテレビは，平成17年2月9日ころ，本件公開買付けについて，取組方針を鋭意検討しているとのコメントを発表し，また，フジテレビの代表取締役会長日枝久（以下「フジテレビ代表者」という。）は，記者に対し債権者と業務提携の気持ちはない旨を述べ，債権者が求めている提携に対し否定的な考えを示した。（甲53，審尋の全趣旨）

フジテレビは，同月10日，本件公開買付けに係る買付条件を変更し，買付株式数の下限はフジテレビの既保有分を含めて債務者の発行済株式総数の25％，買付価格は1株5950円，買付期間は平成17年3月2日までとした。また，本件公開買付けの目的を訂正し，従前の目的に加え，外部企業との事業提携については，今後の放送と通信の融合の時代への転換を展望して，ブロードバンド・モバイル関連分野において積極的に推進していくこと，その際には債務者及びフジサンケイグループとしての今後のインターネット戦略を基軸にしつつ，提携候補先の有する事業ノウハウ，技術開発力，営業インフラ，人材

等の諸要素，加えて当グループとの親和性とシナジー効果につき総合勘案して主体的に決定していくことを方針としているとした。この本件公開買付けに係る買付条件の変更は，同月18日に公告された（甲10，13）。

債務者は，これを受けて，同月16日開催の取締役会において前記の本件公開買付条件等の変更等を含む本件公開買付けに賛同することを決議した。（甲14，15，乙62）
エ　債権者等は，平成17年2月21日までに債務者の株式1152万9930株を取得し，債務者の総議決権に対する割合が37.85％となった。（甲16，17）

金融庁が，債権者の株式取得に関して，「時間外だが，東証での市場内取引のため，TOBを採用する必要はなく，違法と認定できない。」とのコメントを発表したとの新聞報道が，同月16日ころになされた。（甲58）
オ　フジテレビ代表者は，平成17年2月17日に債務者の代表取締役亀渕昭信（以下「債務者代表者」という。）に対し，債権者が債務者の株式の過半数を取得し，子会社化した場合には，フジテレビ及びフジサンケイグループは，債務者及びその子会社との従前の取引を中止せざるを得ないと口頭で伝えた。なお，フジテレビにおいては，取引中止は担当役員の決裁事項であり，取締役会決議事項ではない。平成17年2月28日のフジテレビの取締役会で，債務者に対して前記の取引中止の意向を記載したフジテレビ代表者作成の陳述書を本件仮処分事件の疎明資料として提出することの承認決議がされ，その後，同陳述書が本件仮処分事件の疎明資料として提出された。（乙2，63から65まで）
(3)　本件新株予約権の発行の公表
ア　債務者は，平成17年2月23日の取締役会において，大量の新株予約権をフジテレビに発行するとする別紙3「本件新株予約権の要綱」記載の要領による本件新株予約権の発行を決議した。この取締役会決議は，債務者の19名の出席取締役のうち，特別利害関係人に当たる可能性のある4名の取締役を除いた15名の取締役の全員一致によってされたものであり，その15名の中には4名の社外取締役も含まれていた。
イ　債務者は，上記の取締役会決議後に平成17年2月23日付けで「第三者割当による新株予約権発行のお知らせ」と題する書面を公表した。この書面には，本件新株予約権の発行は，債務者の企業価値の維持と，債務者がマスコミとして担う高い公共性の確保のために行うものであり，債権者が債務者の支配株主となることは債務者がマスコミとして担う高い公共性と両立しないと判断し，債権者による大量の債務者株式取得という公開買付けの開始後に発生した事情に影響を受けることなく，債務者が賛同を表明したフジテレビによる債務者の子会社化という目的を達成する手段として，フジテレビへの本件新株予約権の付与を決定した旨が記載されていた。また，本件新株予約権の発行により取得する払込金（新株予約権の発行価額の総額）は，（仮）臨海副都心スタジオプロジェクトへの整備資金に充当する予定であるとされていた。（甲18，25，26の1，2）
ウ　債務者代表者とフジテレビ代表者は，同日，共同で記者会見に出席し，フジテレビ代表者は，フジテレビの機関決定はされていないとした上で，本件新株予約権の発行に賛成を表明した。（甲37の1，2）

フジテレビは，平成17年2月24日付け書面で，債務者の行う本件新株予約権の引受け及び行使については，本件公開買付期間終了後，買付結果を踏まえた上で，フジテレビとして十分な検討を行って決定する予定であることを公表した。（甲22）

(4) 本件新株予約権の発行公表後の状況
ア　フジテレビは，平成17年2月24日に本件公開買付けの条件を更に変更し，買付期間の満了日を平成17年3月2日から同月7日に変更した。(甲23)
イ　株式会社産業経済新聞社の代表取締役社長住田良能は，平成17年2月25日付け書面で，債務者代表者に対し，債務者が債権者の子会社となる事態になった場合には，債務者との従前からのすべての事業上の関係を清算する意向であることを示した。住田良能の前記意向は，平成17年3月1日に開催された株式会社産業経済新聞社の取締役会において事後承認された。(乙3，66)
ウ　本件については，平成17年2月24日，衆議院予算委員会において質疑がされ，七条明金融担当副大臣は，債権者が行った本件ToSTNeT取引は，現行法上，基本的には違法と評価されないと答弁した。(甲38の1，2)

(5) 本件新株予約権の内容と株価の状況
ア　発行価額の算出方法
　本件新株予約権の発行価額（1株当たり336.2731円。1個当たり336万2731円）は，新株予約権の目的となる株式の数を4720万株（希薄化率143.9％），株式の基準時価を6750円（平成17年2月22日の終値），ボラティリティ（株価変動率）を26.1％（平成17年2月7日における65日間ヒストリカルボラティリティ），無リスク金利を0.099％（TIBOR3か月），配当利回りを0.089％，借株レートを5.0％（市場実勢を踏まえた推測）との前提条件を置いて，大和証券エスエムビーシー株式会社が，同社で開発した三項ツリーモデルと呼ばれるオプション価格算定モデルを用いて算出したものである。(甲18，25，26の1，2，乙42，45，93)

イ　本件新株予約権の行使の影響
　本件新株予約権の発行総額は，158億7209万0320円であり，これがすべて行使された場合に発行される株式数4720万株は，従来の発行済株式総数の約1.44倍に当たる。また，新株予約権がすべて行使されて普通株式に転換された場合の株式の発行総額は，2808億4000万円（新株予約権の行使により発行される株式1株当たりの払込金額が5950円の場合）となり，これは債務者の現在の資本金額の約68倍，債務者の平成16年3月期の総資産額の約3.5倍となる。さらに，本件新株予約権がすべて行使されて普通株式に転換された場合，債権者による債務者株式の保有割合は，約42％から約17％へと減少し，一方で，フジテレビの保有割合は，新株予約権を行使した場合に取得する株式数だけでも約59％になる。

ウ　債務者の株価の推移
　平成17年1月27日から同年3月3日までの債務者の株価の推移は，別紙4「債務者の株価推移表」のとおりである。(甲51)
　また，債務者の過去の市場価格の平均は，次のとおりである。(乙72の1)

	過去1か月平均	過去3か月平均	過去6か月平均
平成17年1月16日まで	5133円	4938円	5122円
平成17年2月7日まで	5849円	5240円	5184円
平成17年2月22日まで	6450円	5591円	5327円

エ　日本証券業協会の自主ルール
　日本証券業協会の平成15年3月11日付け一部改正に係る「第三者割当増資の取扱いに関する指針」（以下「自主ルール」という。）は，株主総会特別決議を経て発行される場合以外の第三者割当増資の発行価額について，「発行価額は，当該増資に係る取締役会決議

の直前日の価額（直前日における売買がない場合は，当該直前日からさかのぼった直近日の価額）に０．９を乗じた額以上の価額であること。ただし，直近日又は直前日までの価額又は売買高の状況等を勘案し，当該決議の日から発行価額を決定するために適当な期間（最長６か月）をさかのぼった日から当該決議の直前日までの間の平均の価額に０．９を乗じた額以上の価額とすることができる。」と規定している。（乙７１）

(6) 現在の株式保有状況

債権者は，本件ＴｏＳＴＮｅＴ取引以降も債務者株式を買い付け，平成１７年３月７日現在で，子会社である株式会社ライブドア・パートナーズを通じて保有するものも含めて，発行済株式総数の４２．２３％（１３８５万２５９０株。債権者保有分３２２万５１８０株，株式会社ライブドア・パートナーズ保有分１０６２万７４１０株）を保有している。（甲９６）

フジテレビは，平成１７年３月７日に終了した本件公開買付けにより，新たに７８９万６３５４株の債務者株式を取得し，発行済株式総数の３６．７４％（１１９６万１０１４株）を保有する株主となった。（乙１１１，１１２）

3 債権者及び債務者の当審における主張

債権者の主張は，別紙１記載のとおりである。＜略＞

債務者の主張は，別紙２記載のとおりである。＜略＞

第３ 当裁判所の判断

1 当裁判所は，本件における新株予約権が商法２８０条ノ３９第４項，２８０条ノ１０に規定する「著シク不公正ナル方法」によるものであり，これを事前に差し止める必要があると認めるべきであるから，本件仮処分命令申立てには被保全権利及び保全の必要性が存するとして，これを認容した原審仮処分決定は正当であり，したがってこれに対する異議申立事件において原審仮処分決定を認可した原審異議決定も正当であると判断する。その理由は，以下のとおりである。

2 本件新株予約権の発行の適否について

(1) 商法は授権資本制度を採用し（１６６条１項３号），授権資本枠内の新株等の発行を，原則として取締役会の決議事項としている（２８０条ノ２第１項，２８０条ノ２０第２項）。そして，公開会社においては，株主に新株等の引受権は保障されていないから（２８０条ノ５ノ２，２８０条ノ２７参照），取締役会決議により第三者に対する新株等の発行が行われ，既存株主の持株比率が低下する場合があること自体は，商法も許容しているということができる。

しかしながら，一方で，商法２８０条ノ３９第４項，２８０条ノ１０が株主に新株等の発行を差し止める権能を付与しているのは，取締役会が上記権限を濫用するおそれがあることを認め，新株等の発行を株主総会の決議事項としない代わりに，会社の取締役会が株主の利益を毀損しないよう牽制する権能を株主に直接的に与えたものである。

取締役会の上記権限は，具体化している事業計画の実施のための資金調達，他企業との業務提携に伴う対価の提供あるいは業務上の信頼関係を維持するための株式の持ち合い，従業員等に対する勤務貢献等に対する報賞の付与（いわゆる職務貢献のインセンティブとしてのストック・オプションの付与）や従業員の職務発明に係る特許権の譲受けの対価を支払う方法としての付与などというような事柄は，本来取締役会の一般的な経営権限にゆだねている。これらの事項について，実際にこれらの事業経営上の必要性と合理性がある

と判断され、そのような経営判断に基づいて第三者に対する新株等の発行が行われた場合には、結果として既存株主の持株比率が低下することがあっても許容されるが、会社の経営支配権に現に争いが生じている場面において、取締役会が、支配権を争う特定の株主の持株比率を低下させ、現経営者又はこれを支持して事実上の影響力を及ぼしている特定の株主の経営支配権を維持・確保することを主要な目的として新株等を発行することまで、これを取締役会の一般的権限である経営判断事項として無制限に認めているものではないと解すべきである。

商法上、取締役の選任・解任は株主総会の専決事項であり（２５４条１項、２５７条１項）、取締役は株主の資本多数決によって選任される執行機関といわざるを得ないから、被選任者たる取締役に、選任者たる株主構成の変更を主要な目的とする新株等の発行をすることを一般的に許容することは、商法が機関権限の分配を定めた法意に明らかに反するものである。この理は、現経営者が、自己あるいはこれを支持して事実上の影響力を及ぼしている特定の第三者の経営方針が敵対的買収者の経営方針より合理的であると信じた場合であっても同様に妥当するものであり、誰を経営者としてどのような事業構成の方針で会社を経営させるかは、株主総会における取締役選任を通じて株主が資本多数決によって決すべき問題というべきである。したがって、現経営者が自己の信じる事業構成の方針を維持するために、株主構成を変更すること自体を主要な目的として新株等を発行することは原則として許されないというべきである。

一般論としても、取締役自身の地位の変動がかかわる支配権争奪の局面において、果たして取締役がどこまで公平な判断をすることができるのか疑問であるし、会社の利益に沿うか否かの判断自体は、短期的判断のみならず、経済、社会、文化、技術の変化や発展を踏まえた中長期的展望の下に判断しなければならない場合も多く、結局、株主や株式市場の事業経営上の判断や評価にゆだねるべき筋合いのものである。

そして、仮に好ましくない者が株主となることを阻止する必要があるというのであれば、定款に株式譲渡制限を設けることによってこれを達成することができるのであり、このような制限を設けずに公開会社として株式市場から資本を調達しておきながら、多額の資本を投下して大量の株式を取得した株主が現れるやいなや、取締役会が事後的に、支配権の維持・確保は会社の利益のためであって正当な目的があるなどとして新株予約権を発行し、当該買収者の持株比率を一方的に低下させることは、投資家の予測可能性といった観点からも許されないというべきである。

これに対して、債務者は、会社の機関等の権限分配を根拠とするのであれば事前の対抗策も全部否定されることになって明らかに不当であるし、原審異議決定が機関の権限分配を根拠としながら事前の対抗策の余地を残したのは矛盾していると主張する。しかし、上記の機関権限の分配を前提としても、今後の立法によって、事前の対抗策を可能とする規定を設けることまで否定されるわけではない。また、後記のとおり、機関権限の分配も、株主全体の利益保護の観点からの対抗策をすべて否定するものではないから、新たな立法がない場合であっても、事前の対抗策としての新株予約権発行が決定されたときの具体的状況・新株予約権の内容（株主割当か否か、消却条項が付いているか否か）・発行手続（株主総会による承認決議があるか否か）等といった個別事情によって、適法性が肯定される余地もある。このように、機関権限の分配を根

拠としたからといって，事前の対抗策が論理必然的に否定されることになるわけではないから，債務者の上記主張は失当である。

(2) 以上のとおり，会社の経営支配権に現に争いが生じている場面において，株式の敵対的買収によって経営支配権を争う特定の株主の持株比率を低下させ，現経営者又はこれを支持し事実上の影響力を及ぼしている特定の株主の経営支配権を維持・確保することを主要な目的として新株予約権の発行がされた場合には，原則として，商法２８０条ノ３９第４項が準用する２８０条ノ１０にいう「著シク不公正ナル方法」による新株予約権の発行に該当するものと解するのが相当である。

もっとも，経営支配権の維持・確保を主要な目的とする新株予約権発行が許されないのは，取締役は会社の所有者たる株主の信認に基礎を置くものであるから，株主全体の利益の保護という観点から新株予約権の発行を正当化する特段の事情がある場合には，例外的に，経営支配権の維持・確保を主要な目的とする発行も不公正発行に該当しないと解すべきである。

例えば，株式の敵対的買収者が，①真に会社経営に参加する意思がないにもかかわらず，ただ株価をつり上げて高値で株式を会社関係者に引き取らせる目的で株式の買収を行っている場合（いわゆるグリーンメイラーである場合），②会社経営を一時的に支配して当該会社の事業経営上必要な知的財産権，ノウハウ，企業秘密情報，主要取引先や顧客等を当該買収者やそのグループ会社等に移譲させるなど，いわゆる焦土化経営を行う目的で株式の買収を行っている場合，③会社経営を支配した後に，当該会社の資産を当該買収者やそのグループ会社等の債務の担保や弁済原資として流用する予定で株式の買収を行っている場合，④会社経営を一時的に支配して当該会社の事業に当面関係していない不動産，有価証券など高額資産等を売却等処分させ，その処分利益をもって一時的な高配当をさせるかあるいは一時的高配当による株価の急上昇の機会を狙って株式の高価売り抜けをする目的で株式買収を行っている場合など，当該会社を食い物にしようとしている場合には，濫用目的をもって株式を取得した当該敵対的買収者は株主として保護するに値しないし，当該敵対的買収者を放置すれば他の株主の利益が損なわれることが明らかであるから，取締役会は，対抗手段として必要性や相当性が認められる限り，経営支配権の維持・確保を主要な目的とする新株予約権の発行を行うことが正当なものとして許されると解すべきである。そして，株式の買収者が敵対的存在であるという一事のみをもって，これに対抗する手段として新株予約権を発行することは，上記の必要性や相当性を充足するものと認められない。

したがって，現に経営支配権争いが生じている場面において，経営支配権の維持・確保を目的とした新株予約権の発行がされた場合には，原則として，不公正な発行として差止請求が認められるべきであるが，株主全体の利益保護の観点から当該新株予約権発行を正当化する特段の事情があること，具体的には，敵対的買収者が真摯に合理的な経営を目指すものではなく，敵対的買収者による支配権取得が会社に回復し難い損害をもたらす事情があることを会社が疎明，立証した場合には，会社の経営支配権の帰属に影響を及ぼすような新株予約権の発行を差し止めることはできない。

3 本件新株発行予約権の発行の目的について

(1) 債務者は，本件新株予約権の発行の目的は，フジテレビの子会社となり債務者の企業価値を維持・向上させる点にあり，現経営陣

の経営支配権の維持が主な目的であるとはいえないと主張する。

そこで検討すると，甲14，15，37の1及び2，乙62，93，121，122によれば，債務者取締役会は，債権者等が債務者の株式を大量に取得する以前から，債務者をフジテレビの完全子会社化して株式の上場廃止も意図し，フジテレビによる公開買付けに賛同することを決議していたものであり，社外取締役4名が本件新株予約権の発行に賛成していることが認められ，これらの事実からみて，本件新株予約権の発行が債務者の現取締役個人の保身を目的として決定されたとは認められない。また，フジサンケイグループに属する経営陣の個人的利益を図る目的で本件新株予約権の発行が決定されたことをうかがわせる資料もない。

しかしながら，甲4，23及び審尋の全趣旨によれば，本件新株予約権の発行は，債権者等が債務者の発行済株式総数の約29.6％に相当する株式を買い付けた後にこれに対する対抗措置として決定されたものであり，かつ，その予約権すべてが行使された場合には，現在の発行済株式総数の約1.44倍にも当たる膨大な株式が発行され，債権者等による持株比率は約42％から約17％となり，フジテレビの持株比率は新株予約権を行使した場合に取得する株式数だけで約59％になることが認められる。

そうすると，債務者は企業価値の維持・向上が目的であると主張しているものの，その実体をみる限り，会社の経営支配権に現に争いが生じている場面において，株式の敵対的買収を行って経営支配権を争う債権者等の持株比率を低下させ，現経営者を支持し事実上の影響力を及ぼしている特定の株主であるフジテレビによる債務者の経営支配権確保を主要な目的とするものであることは明白である。

(2) また，債務者は，本件新株予約権の発行の目的は，フジテレビと共同で計画している臨海副都心スタジオプロジェクトへの整備資金を調達することにあるとも主張する。

甲18，25，26の1及び2，乙42，43，61によれば，上記プロジェクトの整備資金のうち債務者が負担する分は，当初債務者の保有しているフジテレビ株をフジテレビに売却することで調達されることが予定されていたのであり，その後それでは資金不足のおそれがあることが判明したとの理由で本件新株予約権の発行による手取金約158億円でもって調達することに計画を一部変更したことが認められる。しかしながら，本件新株予約権の発行及びその行使に基づく新株発行によって債務者が調達する資金は上記金額をはるかに上回るものであり，その後にもフジテレビは本件新株予約権の全部を取得しても債務者の株式の過半数を取得する限りでしか権利行使しないことを表明しているから（乙168），本件新株予約権の発行の主要な目的が上記プロジェクトへの整備資金にあるというのは，本件紛争になって言い出した口実である疑いが強く，にわかに信用し難い。かえって，債権者等による株式の敵対的買収対抗策としてフジテレビによる債務者の経営支配権の確保を主要な目的としていることが認められる。

(3) 以上によれば，本件新株予約権の発行は，債務者の取締役が自己又は第三者の個人的利益を図るために行ったものでないとはいえるものの，会社の経営支配権に現に争いが生じている場面において，株式の敵対的買収を行って経営支配権を争う債権者等の持株比率を低下させ，現経営者を支持し事実上の影響力を及ぼしている特定の株主であるフジテレビによる債務者の経営支配権を確保することを主要な目的として行われたものであるから，

上記2のとおりのこれを正当化する特段の事情がない限り，原則として著しく不公正な方法によるもので，株主一般の利益を害するものというべきである。

4　本件新株予約権の発行を正当化する特段の事情について

債務者は，債権者がマネーゲーム本位で債務者のラジオ放送事業を解体し，資産を切り売りしようとしていると主張する。

しかしながら，債権者が上記のような債務者の事業や資産を食い物にするような目的で株式の敵対的買収を行っていることを認めるに足りる確たる資料はない。

5　債権者による債務者の経営支配による企業価値の毀損のおそれとフジサンケイグループに属して債務者を経営支配することの企業価値との対比について

(1)　債務者は，債権者が債務者の親会社となり経営支配権を取得した場合，債務者及びその子会社に回復し難い損害が生ずるのは極めて明らかであり，債務者がフジサンケイグループにとどまり，フジテレビの子会社となって経営されることがより企業価値を高めることから，そのための企業防衛目的の新株予約権の発行であると主張する。

しかしながら，債務者が債権者の経営支配下あるいはその企業グループとして経営された場合の企業価値とフジテレビの子会社としてフジサンケイグループの企業として経営された場合の企業価値との比較検討は，事業経営の当否の問題であり，経営支配の変化した直後の短期的事情による判断評価のみでこと足りず，経済事情，社会的・文化的な国民意識の変化，事業内容にかかわる技術革新の状況の発展などを見据えた中長期的展望の下に判断しなければならない場合が多く，結局，株主や株式取引市場の事業経営上の判断や評価にゆだねざるを得ない事柄である。そうすると，それらの判断要素は，事業経営の判断に関するものであるから，経営判断の法理にかんがみ司法手続の中で裁判所が判断するのに適しないものであり，上記のような事業経営判断にかかわる要素を，本件新株予約権の発行の適否の判断において取り込むことは相当でない。

したがって，債務者の上記主張は主張自体失当といわざるを得ない。(2)　なお，上記(1)の点は原審以来事実上争点とされ，原審仮処分決定も原審異議決定もこれに言及しているので，当裁判所も念のため，以下のとおり判断を付加しておく。

ア　債務者の企業価値毀損の防止策について

(ア)　債務者は，本件新株予約権の発行は，債務者の当初からの事業戦略（フジサンケイグループとの連携強化）を妨害している債権者を排除することにより，債務者の企業価値の毀損を防ぎ，企業価値を維持・向上させるために行ったものであり，本件新株予約権の発行は正当なものであると主張する。

そして，債務者は，債権者の子会社になりフジサンケイグループから離脱すると企業価値が毀損するおそれがあることの根拠として，①放送事業のうち看板放送である野球放送について契約を打ち切られ，番組作成についてグループからの協力が得られず聴取率が低下してスポンサーを失い，グループ各社との共催によって実施していたイベントができなくなって収入が激減する，②債務者の子会社らもフジサンケイグループ各社との取引を中止されることにより収入が激減する，③債務者の従業員は債権者の経営参画に反対する旨の声明を出しており，債務者が債権者の子会社となると，債務者の人的資産が流出する，④フジサンケイグループとしての債務者のブランド価値も失われる，⑤既に債権者が債務者の経営支配をするなら債務者との出演契約を

見合わせることなども表明する芸能人，タレント，パーソナリティなどがいることなどを挙げる。

(イ)　しかしながら，新株予約権の発行差止めは，新株予約権の違法又は不公正な発行によって株主が不利益を被ることを防ぐために株主に認められた権利であり，その抗弁事由として位置づけられる特段の事情が株主全体の利益保護の観点から認められるものであることに照らすと，特段の事情の有無は，基本的には買収者による支配権の獲得が株主全体の利益を回復し難いほどに害するものであるか否かによって判断すべきである。

　そうすると，債務者の主張する企業価値毀損の防止策のうち，債務者が債権者の子会社となった場合に，債務者がフジサンケイグループから離脱することにより債務者やその子会社の売上げ及び粗利益が債務者が主張するとおり減少し，債権者による支配権取得が債務者に回復し難い損害をもたらすかどうかは，一応特段の事情として引き直す余地もある。これに対し，買収者による支配権の獲得についての従業員の意向等の事情は，経営者が代わった段階での労使間の処理問題であり，株式の取引等の次元で制約要因として法的に論ずるのが相当な事柄にならないというべきである。

　以下，個別の論点ごとに順に検討する。

(ウ)　債務者は，債権者がインターネットにおいてアダルトサイトを運営したり，メディアリンクスの粉飾決算にかかわったり，架空取引を行うなど問題のある会社であることや，債権者代表者の言動等からすると，債務者が債権者の子会社となり，フジサンケイグループから離脱した場合に，債務者の取引先やフジサンケイグループ各社から取引を打ち切られるのは当然であり，そのような取引の打切りは独占禁止法違反に当たらないと主張する。

しかしながら，債務者は，債権者が債務者の経営支配権を手中にした場合には，フジテレビ等から債務者やその子会社が取引を打ち切られ多大な損失を被ることを主張しており，このことは有力な取引先であるフジテレビ等は取引の相手方である債務者及びその子会社が自己以外に容易に新たな取引先を見い出せないような事情にあることを認識しつつ，取引の相手方の事業活動を困難に陥らせること以外の格別の理由もないのに，あえて取引を拒絶するような場合に該当することを自認していると同じようなものである。そうであれば，これらの行為は，独占禁止法及び不公正な取引方法の一般指定第2項に違反する不公正な取引行為に該当するおそれもある。

　そして，債務者が債権者の子会社となった場合に，フジテレビやフジサンケイグループ各社が取引停止を示唆したことが独占禁止法違反に該当するか否かについては，個々の取引関係を詳細に検討して判断すべきであり，フジサンケイグループ各社の取引打切りの当否について，現段階で断定的に論ずることはできず，独占禁止法違反に当たらず当然に適法に行うことができるものともいい難い。

　そもそも，フジテレビが株式の公開買付けの期間中に，公開買付けがその所期の目的を達することができず，敵対的買収者に株式買収競争において敗れそうな状況にあるとき，公開買付価格を上回っている株式時価を引き下げるような債務者の企業価値についてのマイナス情報を流して，公開買付けに有利な株式市場の価格状況を作り出すことは，証券取引法159条に違反するとまでいわないとしても，公開買付けを実行する者として公正を疑われるような行動といわなければならない。

　また，フジサンケイグループ各社以外の取引先との取引についても，それらの取引先の取引打切りが許されるかどうかは，個々の取

引関係を詳細に検討して判断すべきものである。

　そうすると、債務者の上記主張は、その前提とする事実がいまだ不確実であるから、このような不確実な前提事実を基に算出した企業価値毀損の数値の信用性も疑義があるといわざるを得ない。

　この点をおき、債務者の主張する企業価値毀損に関する資料についても念のため検討しておく。

　株式会社ポニーキャニオンなどの債務者の子会社には、その事業につきフジサンケイグループとの取引に大きく依存しているものが少なくなく、債務者が債権者の子会社になったことにより同グループから取引を打ち切られた場合には、少なからぬ影響を受けることは否定できない（乙15の1から4まで、乙48、68）。また、フジサンケイグループ各社以外の取引先も、債務者がフジサンケイグループの一員であるために取引を継続しており、債務者が同グループを離脱した場合には取引継続を再考する場合もあることも否定できない（乙67、124から130まで、184、185）。

　しかし、債務者の放送事業のうち野球放送の契約が打ち切られる点については、球団との契約の中に債務者の主張する解除条項が従前の契約にはなかった平成17年2月22日になって加えられていることは認められるが（乙12の1及び2、乙13）、本件係争を債務者が有利に展開することを狙って意図的に合意した疑いが強く、債務者が債権者の子会社になった場合に球団側が放送権料の収入を放棄してまで解除権を行使するのか否かは、現段階では明確ではないといわざるを得ない。

　さらに、番組に出演する芸能人、タレント、パーソナリティの人材の確保ができなくなるとの点についても、それらの人材には代替性がないわけでもないことなどをも考慮すると、将来継続するか、代替の人員で行うのか、多様な展開が予想されるのであって、現段階でそれらの人材の確保ができなくなることまでを認めるに足りる的確な資料があるとはいえない。また、番組コンテンツの提供を受けることができなくなるとの点についても、上記人材の確保の点と同様である。

　これに加え、債務者とフジサンケイグループ各社との取引は、平成16年3月期の売上高の実績で13億4000万円、同期の債務者の単体の売上高が308億円以上であることを考慮すると、フジサンケイグループ各社との取引中止が債務者の単体の業績に及ぼす影響は必ずしも甚大ということはできない。

　以上によると、債務者の単体に対する売上等の低下が債務者の試算するほどの金額に上ることの確たる資料はない。

（エ）債務者は、フジサンケイグループの一員として大きなブランド力を有しており、それによって強い営業力を維持しているとし、債権者の子会社となってフジサンケイグループを離れれば、ブランド力は大きく毀損されると主張する。

　しかしながら、債務者はもともとAMラジオ業界における売上高1位のラジオ局であり、高い知名度を有すること等からみて、債務者の事業がフジサンケイグループのブランド力にどれほど依存しているかは必ずしも明らかとはいえず、債務者がフジサンケイグループから離脱することによってブランドイメージが毀損され、中長期的にも回復し難いほどに著しく営業力が損なわれるとまで認めるに足りる確たる資料はない。

　逆に、債務者がフジサンケイグループのグループ内取引に拘束されないという営業上の利点が生ずる可能性もある。

（オ）放送事業者において、人的ネットワー

クや各種特殊技能を用いて番組の企画制作や営業に当たる従業員は，極めて重要な役割を担う利害関係者であるところ，債務者の従業員らは，債権者が支配株主となることに反対を表明している（乙５６から５８まで）。

しかし，債権者が債務者の従業員らに対し，これまで自らの事業計画を説明したことはなく，債務者の従業員らが反対しているのは債権者代表者の発言をとらえてのことであることなどを考慮すると，債務者が債権者の子会社になった場合に，債権者が信認した新しい経営者が従業員らと十分な協議を行うとともに，真摯な経営努力を続ける可能性がないわけでなく，債務者の従業員らの大量流出が生ずるとまでは認めるに足りない。

イ　債権者の真摯な合理的経営意思の有無について

（ア）　債務者は，債権者は真摯に債務者との事業提携，債務者の合理的経営を目指すものでないと主張し，その根拠として，①債権者は，債務者の株式の大量取得に先立ち，債務者と業務提携を行うことを前提とした詳細な事業計画を一切検討していない，②債権者作成の事業計画書の試算は極めていいかげんであり，提案内容は実現困難なものである，③債権者の事業は主に金融子会社の収益によって成り立っており，ポータルサイト運営事業の基盤は極めて脆弱である，④債権者の真の意図は，債務者との事業提携でなく，フジテレビを支配することであることを挙げる。

（イ）　しかしながら，債権者が債務者の経営支配権を確立していない段階で債務者の上記主張のような事柄を明らかにすることは無理であり，企業秘密上得策でないこともあるから，その一事をもって債権者に債務者を合理的に経営する意思も能力もないと断定するわけにはいかない。

ウ　まとめ

以上のとおりであるから，債権者が債務者の支配株主となった場合に，債務者に回復し難い損害が生ずることを認めるに足りる資料はなく，また，債権者が真摯に合理的経営を目指すものでないとまでいうことはできない。

６　株式買収者の株式買収手段の証券取引法上の適否と現経営者による対抗手段としての新株予約権発行との関係について

(1)　債務者は，債権者等が本件ＴｏＳＴＮｅＴ取引により平成１７年２月８日に発行済株式総数の約３０％に当たる債務者株式を買い付け，その結果，発行済株式総数の約３５％の債務者株式を保有することとなったのは，証券取引法２７条の２に違反するものであり，仮にこれが証券取引法違反ではないとしても，公開買付規制の趣旨に反した不当な株式買占行為であるとし，このような買収者の違法性は「著シク不公正ナル方法」に該当するかどうかの判断において当然に勘案すべきであり，これに対する対抗措置として本件新株予約権の発行を行うことは不公正発行に該当しないと主張する。

(2)　債務者の上記主張は，まず，本件ＴｏＳＴＮｅＴ取引につき，①ＴｏＳＴＮｅＴ取引によって抗告人の発行済株式総数の３分の１超を取得した点，②売主との事前合意に基づくものである点において，証券取引法２７条の２に違反するというものである。

しかしながら，上記①の点につき，証券取引法は，その規制対象の明確化を図るため，その２条において定義規定を置き，「取引所有価証券市場」は「証券取引所の開設する有価証券市場」と定義しているところ（２条１７項），ＴｏＳＴＮｅＴ－１は，東京証券取引所が立会外取引を執行するためのシステムとして多数の投資家に対し有価証券の売買等をするための場として設けているものであるから，取引所有価証券市場に当たる。そうすると，

本件ＴｏＳＴＮｅＴ取引は，東京証券取引所が開設する，証券取引法上の取引所有価証券市場における取引であるから，取引所有価証券市場外における買付け等には該当せず，取引所有価証券市場外における買付け等の規制である証券取引法２７条の２に違反するとはいえない。

また，上記②の点につき，乙１０１，１０３，１９３によれば，売主に対する事前の勧誘や事前の交渉があったことが推認されるものの，それ自体は証券取引法上違法視できるものでなく，売主との事前売買合意に基づくものであることを認めるに足る資料はないから，この点の証券取引法違反をいう主張は，その前提において失当である。

(3) ところで，ＴｏＳＴＮｅＴ－１は競争売買の市場ではないから，そこにおいて投資者に対して十分な情報開示がされないまま，会社の経営支配権の変動を伴うような大量の株式取得がされるおそれがあることは否定できない。これに対し，公開買付制度は，支配権の変動を伴うような株式の大量取得について，株主が十分に投資判断をなし得る情報開示を担保し，会社の支配価値の平等分配に与る機会を与えることを制度的に保障するものである。公開買付制度の上記趣旨に照らすと，債権者等が，フジテレビによる債務者の株式の公開買付期間中に，本件ＴｏＳＴＮｅＴ取引によって発行済株式総数の約３０％にも上る債務者の株式の買付けを行ったことは，それによって市場の一般投資家が会社の支配価値の平等分配に与る機会を失う結果となって相当でなく，その程度の大規模の株式を買い付けるのであれば，公開買付制度を利用すべきであったとの批判もあり得るところである。

しかしながら，本件ＴｏＳＴＮｅＴ取引が取引所有価証券市場外における買付け等の規制である証券取引法２７条の２に違反するものでないことは前示のとおりであるから，上記問題があるとしても，それは証券取引運営上の当不当の問題にとどまり，証券取引法上の処分や措置をもって対処すべき事柄であって，それ故に債権者の本件株式の取得を無効視したり，債務者に対抗的な新株予約権の発行を許容して証券取引法の不当を是正すべく制裁的処置をさせる権能を付与する根拠にはならない。

そうすると，債権者等が本件ＴｏＳＴＮｅＴ取引によって債務者の株式を大量に買い付けたことが，証券取引法２７条の２以下の公開買付制度の趣旨・目的に照らし相当性を欠くとみる余地があるとの一事をもって，主要な目的が経営支配権確保にある本件新株予約権の発行を正当化する特段の事情があるということはできない。

(4) したがって，債務者の上記主張は採用することができない。

7 株主としての不利益が存在しないとの主張について

(1) 債務者は，商法２８０条ノ３９第４項，２８０条ノ１０にいう不利益を受けるおそれがある株主とは，当然株主であることを会社に対抗できる株主のことをいうから，名義書換を完了していない分も含めて債権者の不利益性を判断するのは同法２０６条に違反すると主張する。

(2) 債権者等への実質株主名簿の書換えがされていない現時点では，債権者は３万１４２０株を超える株主であることを，株式会社ライブドア・パートナーズは１０６２万７４１０株（平成１７年３月７日現在）の株主であることを，債務者に対抗することができない。

しかしながら，本件のように，債務者も債権者等が大量の株式を有することを自認しており（甲１１，１６），名義書換請求を拒絶し

得る正当な理由も特になく，間もなく実質株主名簿が書き換えられることが確実であるにもかかわらず，保管振替機関からの実質株主名簿書換えのための通知が9月末日と3月末日に限られている制度上の制約ゆえに，名義書換未了の株式数を不利益性判断の基礎から除外するのは明らかに不合理というべきである。上記のような事実関係の下においては，平成17年3月31日以降に債務者に対抗できることになる株式数も含めて不利益性を判断すべきである。

したがって，債務者の上記主張は採用することができない。

(3) 平成17年3月24日に発行され，翌25日から行使請求期間となる本件新株予約権がすべて行使された場合，債権者等による債権者株式の保有割合は約42％から約17％に減少することからすると，債権者が本件新株予約権の発行によって著しい不利益ないし損害を被るおそれがあることが明らかである。

8　保全の必要性について

債務者の本件新株予約権の発行によって債権者が著しい損害を被るおそれがあることは，前記7に判示したとおりであるから，保全の必要性も認めることができる。

9　結論

以上述べたとおりであって，債務者による本件新株予約権の発行は，その内容及び発行の経緯に照らしても，債権者等による債務者の経営支配を排除し，現在債務者の経営に事実上の影響力を及ぼす関係にある特定の株主であるフジテレビによる債務者に対する経営支配権を確保するために行われたことが明らかである。そして，本件に現れた事実関係の下では，債権者による株式の敵対的買収に対抗する手段として採用した本件新株予約権の大量発行の措置は，既に論じたとおり，債務者の取締役会に与えられている権限を濫用したもので，著しく不公正な新株予約権の発行と認めざるを得ない。

したがって，債権者の本件仮処分命令申立ては理由があるから，これを認容した原審仮処分決定及びこれを認可した原審異議決定は正当である。

よって，本件抗告を棄却することとし，主文のとおり決定する。

平成17年3月23日
東京高等裁判所第16民事部
　　（裁判長裁判官　鬼頭季郎
　　　裁判官　福岡右武　　畠山　稔）

【課題】　上記のニッポン放送・ライブドア事件を読んで，以下の質問について考えてみよう。

Q1　「会社は誰のものか」というの問題について，どのように考えるか（第2章参照）。

Q2　敵対的買収への対抗策としては，どのようなものが考えられるか。経済産業省2005年5月27日「企業価値・株主共同の利益の確保又は向上のための買収防衛策に関する指針」（http://www.meti.go.jp/press/20050527005/20050527005.html）を参照して，検討せよ。また例えば，東芝株式会社が2005年5月13日に公表した「当社株式に係る買収提案への対処方針に関するお知らせ」（http://www.toshiba.co.jp/about/press/200505/pr_j1301.htm）なども参照してみよ。

Q3　東京高裁決定が例外的な正当化事由としていう「株主全体の利益保護の観点から当該新株予約権発行を正当化する特段の事情」というのは，具体的にはどのような場合か。そのような事由はどのようにして立証できるであろうか。

Q4　２００５年４月１９日に，本件で和解がなされたという，以下のような報道がなされた（http://www.yomiuri.co.jp/atmoney/mnews/20050419mh12.htm）。

「ニッポン放送の経営権を巡り２か月以上に及び攻防を繰り広げてきたフジテレビジョンとライブドアは１８日，資本・業務提携することで基本合意したと正式発表した。ライブドアグループが保有するニッポン放送株をフジテレビが取得し，ニッポン放送を子会社化するほか，フジテレビはライブドアの第三者割当増資に応じ，１２・７５％出資する。フジテレビがライブドアに支払う金額は計１４７４億円となる。業務提携は，推進委員会を設置して具体策を検討する。迷走を続けた異例の企業買収劇は，テレビ局とＩＴ（情報技術）企業の提携という形で和解し，決着した。増資引き受け提携合意により，フジテレビは，念願だったニッポン放送の完全子会社化を実現し，グループ再編の推進が可能になる。一方，ライブドアはニッポン放送株への投資資金１０３１億円を回収したうえで，「通信と放送の融合」を目指したフジテレビとの提携に道筋をつけた。ただ，当初望んでいたフジテレビへの資本参加は果たせなかった形だ。

　フジテレビは５月２３日付で，ニッポン放送の発行済み株式の３２・４０％分を保有するライブドアの子会社ライブドア・パートナーズを買収する。さらに，企業グループの再編を後押しする産業活力再生特別措置法（産業再生法）を使うなどして，ライブドアや一般株主から残りのニッポン放送株を１株あたり６３００円で全株買い取り，９月１日付でニッポン放送を完全子会社化する。業務提携は，「業務提携推進委員会」を設置し，定期的な協議を行う。ライブドアの堀江貴文社長は「６か月以内で成果を出したい」と意欲を見せたが，提携の具体像は依然として不透明なままだ。１８日記者会見したフジテレビの日枝久会長は，「株主，視聴者，従業員などへの影響を考えると，経営的には満足できる」と，合意内容を自己評価した。ただ一方で，ライブドアからのニッポン放送株買い取り価格が，フジテレビが同放送に対して実施したＴＯＢ（株式公開買い付け）での買い付け価格（５９５０円）を上回ることには，「ＴＯＢに応じてくれた株主に対し，忸怩（じくじ）たるものがある」と述べた。

　堀江社長は「資本・業務提携を当初の目標通り発表できたことをうれしく思う」と語った。

　また，攻防の過程でニッポン放送保有のフジテレビ株を借り受けたソフトバンク・インベストメント（ＳＢＩ）は，フジテレビとライブドアの和解を受け，「状況に応じて，借り入れたフジテレビの全株式をニッポン放送へ返却する予定だ」とするコメントを発表した。」

　本件における，ライブドアによる敵対的買収，フジによる公開買い付け，新株予約権発行決議，ライブドアによる差止仮処分申立て，裁判所の仮処分決定，フジによる不服申立て，グループ会社，従業員，芸能人などが行った意見表明，ＳＢＩ北尾氏の登場といった一連の経過を考えた場合，本件の和解をどのように評価することができるか。

〔編注〕　なお，２００６年１月１６日，東京地方検察庁及び証券取引等監視委員会がライブドア子会社の株式に関する証券取引法違反について，六本木ヒルズ内のライブドア事務所等関係箇所に強制捜査に入り，その後，ライブドアの粉飾決算疑惑も取り上げられ，株式市場にライブドア・ショックをもたらした。そして１月１８日には東京証券取引所が，ライブドア・ショックに伴う売り注文殺到でシステム負荷が高まったため，株式売買取引を通常より短縮して全面停止するという前代未聞の非常事態に至った。また，「ライブドアの粉飾決算疑惑で，第２位の株主であるフジテレビは，株価の急落で損失を被ったとして，同社経営陣や同社を相手取り損害賠償請求訴訟を起こす方向で検討に入った」と報道されている。１月２３日には堀江代表者らが逮捕され、２月１３日には堀江氏ほか関係法人などが証券取引法違反（偽計，風説の流布）の罪で起訴された。損失を被った一般の投資家も損害賠償訴訟の検討をしていると報じられている。

第9章　製品安全・消費者苦情への対応

　現代の企業活動において，販売・流通させる製品の安全性の保持や機能品質の確保が極めて重要な課題であることは言うまでもない。企業法務の側面においても，製品安全問題が生じた場合のリコールや社外への告知，被害者への謝罪や賠償交渉など，基本的な対応に関する援助を適切に行うことが要請される。また，品質問題に関する消費者の苦情・相談も企業として適切に対応しなくてはならず，企業法務としてもその基本的な在り方や運営について援助を行う必要がある。この章ではこのような観点から，製品安全や品質問題等に関する具体的な事案について，初期段階からの対応や問題解決交渉，それをフィードバックする予防法務的対処などについて具体的に検討する。また，企業と闘う企業法務の社会的意義と交渉の限界について，ユーザーユニオン事件を取り上げて検討する。

1　製品安全の企業法務

【課題】　製品安全に関する主要な課題は，以下のようなものであろう。これらについて，企業法務として，どのような貢献ができるか考えてみよう。
（1）開発・設計，製造(素材・製造工程)，説明・警告と製品安全—製造物責任法
（2）品質管理体制
（3）リコール，社外対応
（4）被害者への賠償，謝罪

2　リコールの実務

【課題】　パソコンの電源部から発煙をし，ユーザーからクレームが寄せられた場合，当該パソコンメーカーはどのような対応をすべきか。以下に抜粋する経済産業省「消費生活用製品リコールハンドブック」(http://www.meti.go.jp/policy/consumer/seian/contents/recall/recall.htm)（平成14年）を参考にして具体的に考えなさい。

■ 消費生活用製品のリコールハンドブック（経済産業省，平成14年） 〔抜粋〕

I 本ハンドブックの目的

この消費生活用製品のリコールハンドブック（以下「ハンドブック」という）は，消費者の生命又は身体への危害発生の防止が最優先されるべきとの観点※に立ち，消費者の生命又は身体への危害の拡大防止を第一に図るためのリコール対応の在り方について示すものである。つまり，製造，輸入，流通・販売業者（以下「事業者」という）が，①リコールについて日頃からどのように取り組むべきか，②事故等が確認された場合に，いかに迅速かつ的確にリコールを実施するか，及び③リコールのフォローアップをいかに実施して実効性を高めるか，についての基本的な考え方や手順を示すことを目的としている。

本ハンドブックは，以上のような趣旨で作成されたものであり，法的責任を免れるためになされるべきことは何か，といった観点から作成されたものではない。よって，本ハンドブックを遵守することが，何らかの法令の免責理由に該当すると考えるべきではない。

なお，本ハンドブックは，人的危害がない又はその可能性がない物的損害，安全に直接関係のない品質や性能に関する不具合等を直接の対象とはしていないが，これはそのような場合についてはリコールの必要がないと考えていることを意味しているものではない。人的危害がない又はその可能性がない物的損害，安全に直接関係のない品質や性能に関する不具合等が生じた場合でも，個別対応は必要であり，また拡大可能性があると判断される場合等には，事業者によるリコールや情報提供等の積極的な取組みが強く求められることがある。そのような場合にも，本ハンドブックの関連個所が参考になる。

II 本ハンドブックにおける用語の定義及び リコールの実施者について

|事故|

本ハンドブックの本文において，「事故」とは，人的危害を生じた事故及び人的危害を生じる蓋然性の高い物的事故をいう。また，「事故等」と記述している場合の「等」とは，それらの事故発生の蓋然性が高い欠陥等の兆候をいう。

|拡大|

本ハンドブックにおいて，「拡大」とは，同様の事象が複数発生することをいう。

|リコール|

本ハンドブックにおいて，「リコール」とは，消費生活用製品による事故の発生の拡大可能性を最小限にするための事業者による対応であって，具体的には①流通及び販売段階からの回収，並びに②消費者の保有する製品の交換，改修（部品の交換，修理，適切な者による直接訪問での修理又は点検を含む。）又は引取りを実施することをいう。

|リコールの実施者|

リコールの実施者は，上述のとおり製造，輸入，流通・販売業者であるが，小売のみを専門としている業者及び卸売業者のような中間流通業者が，リコールの主体的な実施者となることは通常は稀である。

しかし，小売業者及び中間流通業者は，迅速かつ的確なリコールの実施に重要な役割を果たし得るので，消費者の安全を守るために，リコールの実施母体からの要請に応じて積極的にリコールの実施に協力することが望まれる。

III リコールを実施する意義

事業者にとって，消費者に安全な製品を供給することは基本的な責務である。しかしながら，現実には，周到な製品安全管理を行っ

ていたり，近年の技術進歩をもってしても，製品に起因する事故等の発生を完全にゼロにすることは極めて困難である。このため，事業者が，事故の発生又は事故の発生を予見させる欠陥等の兆候を発見した段階で，事故の発生や拡大の可能性を最小限にするため，自主的に迅速かつ的確なリコールを実施することは，消費者の安全確保の観点及び事業者のコンプライアンス（法令遵守）経営の観点から当然の責務である。このような責務を果たさず，欠陥や事故の発生を恣意的に隠匿したり，虚偽の情報を公開したりすることは，消費者を危険にさらす行為である。

人的危害を生じる製品を消費者に供給することは，製造物責任法上の責任を問われるだけではなく，刑事上の業務上過失致死罪等の法的な責任が問われる場合がある。加えて，消費者への人的危害が拡大する可能性がある場合，拡大防止のための迅速かつ的確なリコール等の対応を実施しないと，行政処分の対象となるだけではなく，損害賠償責任や，刑事責任を問われる事態に発展する場合がある。

事業者が，日頃から製品安全管理の徹底に努め，事故等の発生ゼロを目指すことは極めて重要であるが，実際に事故等が発生した場合に，迅速かつ的確なリコールを実施することが，適切な製品安全管理と同様に極めて重要である。

また，事業者が迅速かつ的確にリコールを実施し，消費者へ，より安全な製品を提供することこそが，リコールについての消費者，行政機関等の正しい理解及び報道機関の適正かつ公正な評価・報道につながるのである。

Ⅳ　リコールの流れ

＜中略＞

リコールを実施すべきか否かの判断については，・・・「人への危害」，「拡大可能性」及び「最適対応」が最重要要素となる。

＜中略＞

Ⅴ　日頃からの取組み

事業者は，まず事故が発生しないよう日頃から安全な製品の製造及び供給に努めなければならない。そして，事故の発生又は事故の発生を予見させる欠陥等の兆候を発見した場合に，慌てることなく，迅速かつ的確なリコールを実行するには，日頃から，リコールを念頭においた取組みを実施しなければならない。

この章では，いざリコールという場合のための日頃からの取組みについて示す。

＜中略＞

1　日頃からの心構えの徹底

事業者は，日頃から事故の発生や事故が発生する可能性をゼロにする努力が必要である。しかし，いかに周到な製品安全管理を行っていても，事故の発生や事故が発生する可能性をゼロにすることは極めて困難である。したがって，事業者は，日頃からリコールの実施に前向きに対応する企業姿勢を社内外に示すと共に，その姿勢を社内で徹底する必要がある。

リコールに背を向けない企業姿勢が必須である。

経営トップを含む全社員の意識向上のための教育又は研修が重要である。

(1)　リコールに背を向けない企業姿勢

リコールに背を向けない企業姿勢は，まず経営トップが持つべきであり，その姿勢を社内外に示すべきである。

事故等の情報は，事業者にとってマイナスの情報と受け取られがちであるが，たとえマイナスの情報であっても，目をそむけてはいけないという認識を持つべきである。

事業者は，安全な製品の設計，製造及び供給が努めであり，社会的な使命である。

事業者は，社員一人一人が上司に対し，事

故の発生や事故の発生を予見させる欠陥等の兆候に関する社内外からの情報を速やかに報告し、事故の拡大を防止するような体制を整備することが努めであり、社会的な責任である。

事業者は、事故の発生や事故の発生を予見させる欠陥等の兆候に関する社内外からの情報を、真摯に受け止め、事実関係等を把握するとともに、そのような情報に対し誠実かつ前向きに対応し、自らの企業姿勢について広く社会の理解を得る努力をすべきである。

リコールに背を向けない企業姿勢の社内外への発信方法としては、例えば、どのような場合にリコールを実施するか等の自主的な基準を開示することがある。

(2) 経営トップを含む全社員の意識向上のための教育・研修

迅速かつ的確なリコールの実施には、社内に円滑に情報を流すことが必要である。その実現のためには、システムやマニュアルの整備だけでは足りない。責任をもって事態に対応することが必要であるとの意識を、経営トップを含む全社員において定着・向上させることが必要である。

全社員の意識向上のためには、リコールを会社にとっての重大な危機ととらえ、リコール対応を危機管理※の一貫であるとの認識を共有することが必要である。

※ 危機管理（crisis management）とは、一般に莫大な経費を要したり、信用を失墜するおそれのあるリコール等の事業者にとっての重大な危機を対象としたものであり、その危機の対応に主眼がある管理をいう。

経営トップとして必須の意識

　危機管理は、経営上の重要事項である。
　危機管理には、経営トップのリーダーシップが不可欠である。

危機管理の専門家の育成、危機管理のための専門知識の集積等の社内体制整備は、経営トップの責務である。

経営トップは、危機管理の責任者であり、リコールを実施するか否かの意思決定を行う責任、リコールの実施者としての責任及び社内外への情報発信者としての責任がある。特に社外への情報発信は、リコール実施時に社会の理解及び協力を得るため、また信頼の回復のためにも重要である。適切な情報発信は、コミュニケーションの基礎であり、的確かつ誤解のないコミュニケーションを図るためのトレーニングも重要である。

専門的知識及び能力を持った管理職の育成

　管理職の判断ミス、連絡ミス及び対応ミスは、会社としての被害を大きくすることになる。したがって、事故の発生を予見させる欠陥等の兆候に関する社内外からの情報に対し、迅速に反応するため、専門的知識及び能力を持った管理職を育成すべきである。

管理職として意識すべき基本事項は、次のとおりである。

　危機管理は、業務管理、人事管理、計数管理などとともに必須管理事項である。
　部署内の危機意識の啓発が基本課題である。

全社員への危機管理意識の教育・啓発

　危機管理は、特定の部門のみが考えればいいとの意識は誤りである。職務のいかんを問わず全社員が危機管理意識を持つことによって、体制が確立し、有効に活用される知識や判断が生まれる。このような意識を浸透させるための社員教育や研修が求められる。

　一人一人の危機管理意識が基礎となって初めて、組織として一丸となった危機管理体制が確立する。
　危機管理は、社員一人一人の仕事の中にある。

2　事故、クレーム情報等の収集体制等の整

備

　円滑なリコールの実施のためには，事故の発生や事故の発生を予見させる欠陥等の兆候に関する情報を適切に収集するための体制を整備することが重要である。その場合は，開発，設計，製造，営業等の自社内の関連部門からの過去の経験をも含めたアドバイス，関連企業，外部の専門家などからのアドバイスを参考とすることが望まれる。具体的な情報の入手元としては，主に社内のお客様相談室，地方自治体の各消費者センター等の相談業務を実施している部門等や保全・修理・組立部門（外注，契約外部機関等を含む。）が考えられるが，その他，従業員からの日々の報告，内部監査，各種の立入検査等からも得られることに留意する必要がある。

　また，得られた情報の円滑な社内連絡体制（どこに，どのような情報を，いつ報告するか），連絡された情報を誰がどう判断するかの対処方法の意思決定体制（事故の拡大可能性があれば早急に責任者の指示を仰ぐ）を構築しておく必要がある。

　なお，「事故の発生を予見させる欠陥等の兆候に関する情報」とは，①事故を発生させる蓋然性が高い欠陥に関する情報，及び②欠陥か否かは明確に判別できないものの，同様の事故の発生を予見させる情報を言う。これらの情報は，ともすると見逃されやすいが，事故を未然に防止し，迅速かつ的確にリコールを実施するためには，敏感に反応するべき情報である。事業者は，取り扱う製品の特性を考え，どのような情報に注意すべきかを予め想定しておくことが有用である。

　　備考；JIS Z 9920：2000（苦情対応マネジメントシステムの指針）が参考になる。

3　製品の販路，追跡情報の把握体制の整備
　迅速かつ的確なリコールの実施には，該当する製品がどのような販路をたどって消費者の手に渡ったかを，いかに速やかに把握するかが重要である。製品によっては，最終消費者までの販路が完全に把握できない場合もあるが，どこまで把握できるかを事前に確認しておく必要がある。このために，①ロット番号やシリアル番号による流通・販路の追跡方法の整備，②ユーザー登録や顧客台帳等による顧客情報管理，③消費者に直接接する小売業者等がリコール時に連携又は協力しやすい環境作り等が重要である。

　ユーザー登録には，消費者の理解と協力が必要である。ユーザー登録の目的が，リコールや安全情報等の情報提供のためなのか，品質保証登録のためなのか，保全や点検先としての登録のためなのか，継続的な商品情報の提供やサービスの供与のためなのか等を消費者に対して明確に示すことも，消費者の理解を得るために重要である。また，近年のIT技術の進歩を背景として，消費者からの情報のフィードバック方法も，電子メールを始めとして，日夜進歩し，選択肢が増している。最も有用なユーザー登録の方法を常に模索し続けることが重要である。

4　緊急時の対応マニュアル等の検討及び整備
　事故の発生や事故の発生を予見させる欠陥等の兆候を発見した後の対応を迅速かつ的確に実行するためには，マニュアルの検討及び作成が必要である。

　マニュアルの作成にあたって留意すべき点は，次のとおりである。

　マニュアルの検討及び作成の際には，経営トップを始め，リコールに関する全部門が参画すべきである。

　リコールの意義※を全社員が共有できるようなマニュアルを作成するよう心がけることが必要である。

※「リコールの意義」は，Ⅲ　リコールを実施する意義を参照。

5　報告等を要する機関等の確認

リコール実施時には，まず消費者への情報伝達が最優先であり，目標を達成するまでは，必要な情報を発信し続ける必要がある。加えて，事故等の発生時を含め，以下の関係機関等への報告，調整等が必要である。これら関係行政機関等について，報告の時期や問い合わせ先等を確認しておくことも重要である。

・関係行政機関等

各関係行政機関等は，事故やリコール等の情報を収集及び提供し，また必要な措置を講じることにより，事故の未然防止，再発防止に取り組み，国民の安全を確保することに努めている。

消費者への安全な製品の供給に一義的な責務を有する事業者としては，関係行政機関等へ以下の報告を行い，協力して，事故の未然防止，再発防止に取り組んでいく必要がある)。

・事故等の発生時（第1報：事故等の発生状況）
・リコールの実施決定時（第2報：リコールプランの内容）
・リコールの実施中（第3報：経過報告）

・取引先（流通及び販売業者を含む）

特に，消費者への情報伝達のために，該当製品に関連した流通・販売業者への情報提供及び協力要請が必要不可欠である。

・ユーザー団体

製品によっては，関連ユーザー団体や使用者への情報提供等を行っている団体がある。例えば，スポーツ用品であれば，競技団体や競技の振興団体等がある。事故等の発生時及びリコールの実施決定時にはこれらの団体に速やかに連絡し，協力要請等を行うことが必要になる。

・マスコミ

新聞，テレビ等のマスコミに対する対応は，迅速かつ的確にリコールを実施するために重要である。これには記者会見における対応を含む。

・業界

ここでいう「業界」とは，業界団体や，業界で運営又は加盟している関連団体をいう。事故の内容によっては，業界として再発防止のための自主基準の作成や改正を行ったり，誤使用や不注意の要因がある場合は同様の事故防止のためのキャンペーンの実施を検討する等の対応が，望まれる場合がある。

他の事業者も使用する共用部品や共用材料に起因する事故であれば，複数の事業者によるリコールの実施が考えられる。複数事業者が関連するのであれば，業界全体の問題として，業界による再発防止対策が実施されることが望ましいため，業界団体等と情報を共有する必要がある。

また，該当製品が認証取得関連製品である場合は，認証基準への影響もあり得るため，関係認証機関への連絡も必要である。

・社員

社員は，最大の協力者であり理解者である。社員が必要な情報を共有することにより，無用な混乱や不安を回避し，誤った情報の流出を防ぐことができる。

・弁護士又は法律の専門家

法的責任の判断のためにも，速やかに事実関係を連絡し，相談することが望まれる。

・保険会社

保険に加入している場合，事故発生時（リコール中の事故やリコール漏れによる事故を含む）には，迅速な被害者の救済のために，生産物賠償責任保険の円滑な適用が望まれる。そのため，自社が加入している生産物賠償責任保険の内容，適用の範囲，実際の事故対応窓口等を確認し，必要に応じて保険会社と相

談しながら体制整備を行うことが望まれる。

6 責任範囲の明確化

単一の製造業者が設計，製造等を一貫して行う場合は，当該業者が責任を持ってリコールを実施することになる。しかし，設計，製造，組立，流通等が別業者間で行われる場合は，誰がどこまで責任を有しているか，どのような場合に誰がリコールを実施するかなどが不明瞭な場合がある。また，輸入品の場合等，特に責任範囲の明確化が必要なことがある。

リコールの実施は，膨大な費用，多くの人手，時間等が必要であり，社会的な責任などを問われる場合もあるため，最善かつ最適な方策を採用しなければならない。このため，必要に応じて関連事業者間で，原因究明のための協力体制，費用の分担などを契約等によって明確にしておく必要がある。

ただし，事前に準備していたとしても，現実に事故等が発生したときは，果たしてどの部位（部品）が原因なのか，その原因を引き起こした真の原因はどこにあるのか，責任分担契約に基づいてリコール費用を現実に転嫁できるのか等の問題は，直ちに解決できない場合が多いのも事実である。責任や賠償の問題を視野に入れながら行動することは必要であるが，そのためにリコールが遅れるようなことがあってはならない。

7 リコールに要する費用の確認

リコールには，膨大な費用が必要である。予めリコールに要する費用を考慮し，リコール保険の利用なども検討しておくことが重要である。

リコールに要する費用
- ⅰ 原因究明費用
- ⅱ 修理用部品，代替え品等の製作費用
- ⅲ 情報提供のための費用 ※
- ⅳ 回収，交換，改修，代替品貸与等のための費用
- ⅴ 臨時対応のための人件費
- ⅵ 弁護士費用
- ⅶ 販売の停止期間中の経費

※ 情報提供のための費用としては，全国向けに社会面に12㎝×2段の臨時ものの社告を掲載した場合，新聞社，時期，掲載方法等によって差があるが，1全国紙当たり約132万円〜430万円が必要となる（2002年3月（財）製品安全協会調べ）。

上記に加え，被害者への賠償等の費用，リコール後の信用回復のための活動費用，設計や製造方法の改良に伴う経費等が必要になる。

Ⅵ 事故等への速やかな対応

事故の発生，又は事故の発生を予見させる欠陥等の兆候を発見した後，速やかな対応（アクション）が必要である。

この章では，事実関係の把握等の後からリコールの実施に至る部分について示す。

アクション1　事実関係の把握等

1 事実関係の把握と内容の整理

事故の発生又は事故の発生を予見させる欠陥等の兆候を発見した場合，最初のアクションとして，まず事実関係を把握し，内容の整理等を行うべきであり，これらは下記に示す3つの事項に整理できる。

1) 事故の内容・状況の整理　or
事故の発生を予見させる欠陥等の兆候に関する情報の整理及び結果の予測
2) 製品の販路，追跡情報の整理
3) 周辺情報（関係者の意見，関連技術情報等）の整理

ここで確認された内容は，リコール等の対応の実施を決定する際の材料となるため，信頼性のない情報を基礎としたものであっては

ならない。しかし，緊急を要する場合には，全ての情報を確認するのを待つのではなく，まず判明している事実関係を整理し，上司，関連部門へ報告し，次のアクションへの準備に入るべきである。

(1) 事故等に関する内容の整理

① 事故の内容・状況の整理

事故の発生時には，同様の事故の拡大可能性を検討するために，事故の内容，状況の整理が必要である。ただし，重篤な事故の発生時等には，全ての情報を確認するのを待つのではなく，まず判明している事実関係を整理し，上司，関連部門に報告すべきである。

事故の内容・状況の整理
i 事故内容の確認
・情報の入手元
・発生状況（5W1H）
・現時点における被害の状況及び被害者への対処状況
・関連する問い合わせ，クレームの状況
ii 過去の同様事故及びクレーム情報（内容，件数等）の整理
iii 事故の拡大可能性の検討
iv 原因の推測
v 関連事業者の状況等の確認
・流通又は販売業者への対応状況
・部品納入業者等の関係企業における対応状況
vi 関係当事者間の責任分担関係の確認・検討
vii 賠償措置の対応の確認
・PL保険の適用の有無
viii 原因究明の実施体制の検討
ix 法的な責任等の確認
・製造物責任法上の責任の有無
・警察，消防等による事情聴取の有無
・行政処分の有無

② 事故の発生を予見させる欠陥等の兆候に関する情報の整理及び結果の予測

社内外から事故の発生を予見させる欠陥等の兆候に関する情報が得られた場合には，その情報の整理及び結果の予測を行う必要がある。重篤な危害が発生する可能性があり，緊急を要する情報の場合には，全ての情報を確認するのを待つのではなく，まず判明している事実関係を整理し，上司，関連部門等に報告すべきである。

事故の発生を予見させる欠陥等の兆候に関する情報の整理及び結果の予測
i 情報の入手元の確認
ii 過去の同様情報及びクレーム情報（内容，件数等）の整理
iii 予測される事故内容の検討
・内容，重篤度
・対象者
・拡大可能性
iv 原因の推測
v 関連事業者への影響等の予測
・流通又は販売業者への対応
・部品納入業者等の関係企業における対応
vi 関係当事者間の責任分担関係の検討
vii 賠償措置の対応の確認
・PL保険の適用の有無
viii 原因究明の実施体制の検討
ix 法的な責任等の予測
・製造物責任法上の責任の有無
・警察，消防等による事情聴取の有無
・行政処分の有無

(2) 製品の販路，追跡情報の整理

前述の(1)の情報とともに，製品の販路，追跡情報の整理が必要になる。

V 日頃からの取組み3 製品の販路，追跡情報の把握体制の整備に示す体制を整備しておくことで，円滑に必要情報を把握できる。

製品の販路，追跡情報の整理
i 製品の特定

- 製品名，型番，ロット番号，シリアル番号等
- 設計，製造又は販売の時期
- 販路

ⅱ 消費者又は出荷先の特定
ⅲ 流通及び販売数量の確認
- 市場における流通量
- 社内在庫量
- 生産計画段階の予定数量

（3）周辺情報の整理

事故の拡大可能性等について，自社内だけでは明確に判断できない場合がありうるため，周辺情報の整理が必要になる。

周辺情報の整理
　ⅰ 意見を聞くべき専門家の検討
　ⅱ 内外の関連技術情報の確認
　ⅲ 同様の事故等の確認
　　・他の企業，他の業界の状況

2 原因究明

事実関係の把握とともに，原因究明のための速やかな対応が必要である。

留意すべき点は次のとおりである。

どこで（誰が）実施すべきか

まず最初に，何が事故等の原因であるかを，把握された事実関係から検討し，原因究明に努める。

自社内での実施が困難な場合，製品の種類や事故の状況に応じ，公共又は民間の適切な原因究明機関※を積極的に利用し，原因究明に努めることが望まれる。

　　※ 原因究明機関の選定に当たっては，「原因究明機関ネットワーク登録台帳（平成12年10月通商産業省製品安全課発行）」が利用できる。この台帳は，製品関連事故の原因究明依頼があった場合に，依頼者の費用負担のもとで原因究明を実施することが可能である各種機関を，事故内容や原因究明試験内容に応じて適切に紹介・あっせんすることを目的として作成されたものである。

どれだけの時間を要するか

原因究明に時間を要することが予め予想される場合は，判明している事実関係をもとに事故の拡大防止策を実施する等，必要な対応をすべきである。

原因が完全に特定されるまで，事故の拡大防止策を何も実施しないと，行政処分だけでなく，その後拡大した損害についての民事上の損害賠償責任，あるいは新たに発生した事故についての刑事責任（業務上過失致死傷罪など）を問われる場合がある。

また，報道によって信用を失墜する場合もある。

3 関係行政機関等への第1報

事故の発生及び事故を生じる蓋然性の高い欠陥の発生が確認された段階で関係行政機関等への報告が必要である。

なお，事故の発生を予見させる欠陥等の兆候に関する情報には，①事故を発生させる蓋然性が高い欠陥に関する情報，及び②欠陥か否かは明確に判別できないものの，同様の事故の発生を予見させる情報がある。②については，どの段階でどこまで報告すべきかを関係行政機関等と調整の上，決定することが望まれる。

アクション2

リコールを実施するか否かの判断

直ちにリコールを実施するか，暫定対応だけでも実施すべきか等の意思決定が必要となる。意思決定は，経営トップが行うべきである。

＜中略＞

1 意思決定にあたっての判断要素

意思決定にあたっての判断要素は，次のと

（1）意思決定にあたっての最重要要素

人への危害又はその可能性があるか

「人への危害又はその可能性があるか」とは，その事故によって生命又は身体への危害，すなわち人的危害が発生したか，又は人的危害が発生する可能性があるかである。

人への危害発生の可能性は，重篤度に応じて以下のように分類することができる。

- クラスA；死亡又は重大な人への危害発生の可能性がある。
- クラスB；中度又は軽度な人への危害発生の可能性がある。死亡又は重大な人への危害発生の可能性は考えられない。
- クラスC；人への危害発生の可能性は考えられない。

結果が物的損害のみであっても，間接的に人的危害の可能性がある場合は，人への危害がありうると判断しなければならない。安易に物的損害と判断せず，社内外の関連事故情報等を調べるなどして，人的危害の発生がないことを継続的に確認し続ける必要がある。

拡大可能性があるか

同様の事故が発生する可能性がある場合（明らかに単品不良と断定できない場合）は，拡大可能性があると判断する。

拡大可能性は，以下のように分類することができる。

同型番製品での拡大可能性；
　同一型番の製品での同様の事故の発生がある場合をいう。

別型番の製品での拡大可能性；
　事故の原因が，他の型番の製品にも使用されている共通部品や共通材料に起因する場合，又は共通の設計や共通の工程に起因する場合は，同様の事故が自社内別型番の製品でも発生する可能性がある。

他社の製品を含んだ拡大可能性；事故の原因が，他社も使用する共用部品や共用材料に起因する場合，又は共通の設計や共通の工程で製造した中間部品等に起因する場合は，同様の事故が複数の事業者間でも発生する可能性がある。

事故の発生が使用者の誤使用や不注意によると考えられる場合であっても，当該製品が誤使用や不注意を誘発する構造であるか，警告表示等の注意事項等は十分か等の点から同様の事故が発生する可能性を検討する必要がある。

最適対応は何か

事故の拡大防止のための迅速かつ的確な対応は，必ずしもリコールとは限らず，①使用方法等に関する注意喚起，②原因が究明されるまでの製造，流通又は販売の停止等の暫定対応の場合がある。事故の拡大防止を目的として，製品や事故状況に応じた最も適切な対応方法を決定すべきである。この場合，アクション3以降に示す一連のアクション等を参考として，対策本部の設置，プランの策定，情報提供等の対応を実施していく必要がある。

なお，ここで暫定対応を含むリコール以外の対応を選択した場合であっても，事故の拡大可能性が十分防止できているかを常に評価し，必要に応じて別の対応やリコールの実施を検討すべきである。

リコール以外の対応を選択する場合については，Ⅵ　リコール以外のアクションに例を示す。

（2）その他

欠陥かどうか

製造物責任法第2条2項に「欠陥（当該製造物が通常有すべき安全性を欠いていること）」の概念が示されている。

「欠陥かどうか」を考えることは，製造物

責任法等の法的な責任を問われるかどうかを考えることにつながる。この場合，事故の発生が，一見使用者の誤使用や不注意による（警告表示等の注意事項等に違背して使用した場合も含む）と思える場合であっても，同様の事故が発生するときには，結果的に誤使用や不注意ではなく，製品の欠陥と判断されることがある，ということに留意する必要がある。

このような観点から，リコールを実施するか否かの判断をする時点においては，事故等が製品の欠陥によるものか否かを明確にすることよりも，まず消費者の安全確保を優先し，事故の拡大防止を図るための最適な対応を検討すべきである。

すなわち，「欠陥かどうか」は，リコールを実施するか否かを判断するに当たっての必須の判断要素ではなく，また，リコールを実施したからといって，必ずしも製品に欠陥があるということにはならない。重要なのは「疑わしきは消費者の利益に！」と考え，対応することである。

<u>物的損害として対応</u>

本ハンドブックは，I 本ハンドブックの目的にも示すとおり，人的危害がない又はその可能性のない物的損害，安全に直接関係のない品質や性能に関する不具合等を直接の対象とはしていないが，不具合等への個別対応は必要であり，特に拡大可能性があると判断される場合等には，事業者によるリコールや情報提供等の積極的な取組みが強く求められることがある。そのような場合には，本ハンドブックの関係個所が参考になりうる。

<u>単品不良として個別対応</u>

人への危害又は人への危害の可能性はあるが，拡大可能性がなく，単品不良と考えられる場合であっても，製品の交換，部品の交換，修理等による被害者への個別対応は行われるべきである。そのような場合にも，本ハンドブックの基礎にある安全重視の姿勢や関係個所が参考になる。

<u>他の判断要素には何があるか</u>

他の判断要素として，法的な責任の有無，関係当事者間での責任の分担関係等がある。

また，社会及び市場は，企業姿勢を事故の発生時からの対応の中に見ている。企業倫理に欠ける姿勢である，又は法を遵守していないと誤解されないよう，情報開示をする等，最適な対応を常に検討すべきである。

2 暫定対応の必要性

状況によっては，明確な対処方法を決定するための判断材料が得られない場合がある。しかし，消費者の安全確保という基本に立ち戻って考えると，事故の拡大可能性がある場合は，速やかに暫定対応を実施すべきである。暫定対応には，製造，流通及び販売の一時停止，社告等による使用の停止，注意喚起等の情報提供，製品の点検等がある。

アクション3

対策本部等の実施母体の設置

リコールは，全社的な取組みである。実施を決定したら，経営トップのもと，各関係部門の長が中心となった対策本部又は同等の実施母体を設置し，具体的なリコールプランの策定，実施を行うこととなる。

対策本部又は同等の実施母体は，リコールプランを策定するとともに，実際にリコールを実施するための責任母体となる。対策本部又は同等の実施母体は，組織によっては，日頃から品質保証上等の観点で危機管理の取組みを行っている組織が前身である場合や，役員会，取締役会，経営トップのもとで臨時に組織されるグループである場合がある。

＜中略＞

アクション4

リコールプランの策定

迅速かつ的確に事故の拡大を防止するため，

具体的なリコールプランを策定する。このプランは，リコールを実施するにあたっての対応方針を決定し，社内外に対する姿勢を明確にするものである。

リコールプランの内容

i 目的　　　事故の未然防止と拡大防止を最大目標とする。

ii リコールの種類

実施するリコールの種類（交換，改修（部品の交換，修理，適切な者による直接訪問での修理又は点検を含む），引取り）を決定する。

iii 具体的な目標

リコール対象数，リコール実施期間等を決定する。

iv 責任母体

誰が責任者であり，どのような組織が対策本部又は同等の作業グループとなるか，またどのような活動を行うかを決定する。

v 対象製品

対象製品（品名，型番，ロット番号，シリアル番号等）が何であり，その製品は現在どのような状態にあるのか（流通段階，販売段階，消費者が保有等）を明確にする。

vi 情報提供方法

(1) 緊急記者会見を行うか否かを決定する。

(2) 社告等の情報提供方法（媒体の決定，時期，内容等）を決定する。

(3) 社内外に対し進捗状況の透明性確保の方法を決定する。

vii 被害者への対応方針

(1) 既に被害が発生している場合には，当該被害者への救済方法を含めた対応方針及び対応方法を速やかに決定する。

(2) まだ被害は発生していない場合には，被害を予測して，被害者への対応方針及び対応方法を検討する。

viii 関係機関への報告又は調整

ix 社内への情報伝達

社員の意識の統一をどう図るかを決定する。

x 原因究明

原因究明の結果，実施状況（実施機関，時間的目標等），原因が部品供給会社等の関連会社等の製品にある場合は，どこまで掘り下げて究明するか等を決定する。

xi 関係者からの意見聴取

法的な責任の有無を確認すると共に，業界全体への影響，将来的な信用や風評への対応等について，弁護士等の専門家に意見を聞き，前向きに対応していく姿勢を明確にする。

xii 再発防止対策方法の決定

設計，生産計画の見直し，実施等の計画を明確にする。

xiii リコール実施状況の評価及び見直し体制の明確化

リコールの種類

「リコールの種類」は，①流通及び販売段階からの回収，並びに②消費者の保有する製品の交換，改修（部品の交換，修理，適切な者による直接訪問での修理又は点検を含む）又は引取りに分けられる。また，他の事業者も使用する共用部品や共用材料に関するものであれば，自社だけの問題とはせず，関連事業者へ連絡し，リコールの種類を決定すべきである。

暫定対応やリコール以外の対応の場合の例としては，①設計，製造又は販売方法の変更，②製造，流通及び販売の停止，③関係部品や材料の納入ルートの変更，④流通及び販売段階の製品のみの回収，⑤消費者への注意喚起，⑥点検による安全確認等がある。

リコール対象数の設定

リコール対象数の設定にあたっては，事故が発生する可能性を限りなくゼロに近づけることを念頭に置いて設定する必要がある。

具体的には，全出荷量から流通段階及び販売前の段階にある製品を除き，製品のライフ

サイクルを考慮したうえで消費者が保有すると考えられる製品数をリコール対象数として設定する。

リコール実施期間

リコール実施期間の設定は，社告等の情報提供方法に応じた周知期間を設定し，さらにリコール実施率の状況を評価しながら，最善策の模索及び実施を続ける期間とすべきである。

なお，消費者を特定できず，出荷量が大量の場合は，どれだけ長いリコール実施期間を定めても，消費者が保有すると考えられる製品全てに対応するのは不可能な場合が多い。リコール対応ができなかった製品（リコール漏れ）がある場合は，継続してリコール対応が可能な窓口体制を維持し，ホームページ等で情報を発信し続けるべきである。

アクション5

社告等の情報提供方法の決定

以下に留意して社告等の情報提供方法を決定する。

1 情報提供の対象者は誰か

情報を提供すべき対象が誰であるかを決定する。

 例．購入者か，使用者か，保有者か，使用者の保護者か，使用管理者（器具を管理する学校や施設等）か

2 どのような方法及び媒体を用いるか

情報提供を効果的に行う方法は「どう売ったか，どう売る宣伝をしたか」を再考することによってヒントが得られる場合がある。

(1) 情報提供の対象者を特定できる場合

 ① ダイレクトメール
 ② 電話，ファックス
 ③ Eメール
 ④ 直接訪問
 ⑤ 流通・販売業者等を通じての連絡
  流通・販売業者等には，以下がある。

・直接的な製品供給業者（販売店，専業配送会社など）
・レンタル業者
・通信販売業者
・専業修理，保全業者

なお，流通・販売業者等を通じて情報提供の対象者を特定する場合，作業に時間がかかり，直ちに情報提供が行えない場合が考えられる。そのような場合は，事故の重篤度等を考慮し，注意喚起等の暫定対応を実施すべきである。

(2) 情報提供の対象者を特定できない場合

製品や業種に応じて，以下を参考に最適な情報提供媒体を決定することが望まれる。事故の重篤度や緊急性によって，複数の情報提供方法を時期やスケールを考慮しながら臨機応変に決定していくべきである。

① 新聞社告

新聞への社告の場合，限られたスペースに極力明確かつ簡潔にリコールの実施内容を表記しなければならない。したがって，冗長な「お詫び」の表現を優先するよりも，限られたスペースでいかに有効に情報提供するかを考慮すべきである。

また，掲載個所は，広告と混同されない個所とすべきである（社会面下部が基本）。

新聞には次がある。

・全国紙
・ブロック紙
・地方紙
・製品特性に応じた業界紙
・該当ユーザーのみに配付される情報紙
　競技団体による選手や関係者向けの情報紙，登録ユーザー向けの製品情報やバージョン情報等が掲載されている情報紙がある。

② 雑誌，リビング誌，折り込みチラシ等
③ 総合カタログ

作成元に協力依頼をし，通信販売用のカタログ，学校等に配付される総合卸業者によるカタログに掲載する。
④ 自社のホームページ
⑤ 公的機関におけるパブリックスペース
・公的な機関の掲示板等
保健所，消費者センター，自治体等に協力を依頼し，掲示板や広報紙等の公的な施設や設備を利用する。
・公的な機関によるホームページ
独立行政法人製品評価技術基盤機構「事故情報のページhttp://www.jiko.nite.go.jp/」等の，社告等の関連情報を掲載している行政機関等の公的機関に連絡し，そのホームページを利用する。
⑥ 民間等のパブリックスペース
・販売店での情報提供
営業部門等が原稿を用意し，量販店，小売店等に対し，直接協力を依頼してチラシ配布や掲示等を実施する。
・ニュースサイト，ポータルサイトなどのインターネット上の仮想パブリックスペース広くニュースを扱うホームページ，検索用のホームページ，特定の製品ユーザが共有するホームページ，Ｗｅｂ上の百貨店的な役割のホームページ等をホームページの提供元やプロバイダ等に協力依頼をして利用する。

3 考慮すべき事項
情報提供に当たっては，以下の項目を考慮する必要がある。
① 専門機関，助言機関等と必要に応じ，密接に連絡をとりながら対応する。
専門機関，助言機関等の例としては，行政機関，業界団体，関係ＰＬセンター，広報の専門アドバイス機関，法律事務所，保険会社等がある。
② 高齢者を考慮した大きめの文字やわかりやすい表現方法を用いる。
③ 宣伝と誤解されない体裁とする。
④ 情報提供は1回行えば良いというものではなく，目標を達成するまで，継続的に実施し続ける。
⑤ 情報提供の方法は，ますます多様化していくものと予想されるため，最も適切な方法が何であるかを常に考え，目標を達成するための最適方法を模索し続ける。例えば，テレビやラジオ等のメディア，駅や交通機関等の公共施設等，ＩＴ技術の進歩を背景とする各種情報ネットワーク等の利用が考えられる。

4 報道用資料の作成
情報提供活動として，リコール内容に準じた報道用資料をマスコミ各社に配布し，記事化を求める。

5 何を伝えるか
社告を掲載する際の基本事項を次に示す。これは，使用者等の情報提供の対象者を特定できないリコールを実施するために，消費者向けに新聞に掲載する場合の例である。
具体的には，参考2 社告の例に示される表参考2－1 新聞社告のチェックリストを参考にして作成することが望ましい。

社告の基本事項
ⅰ 会社名－製品－リコールの種類
ⅱ 危険性の有無
ⅲ リコールの内容
・リコールの種類
例．（製品の）交換，（部品の）交換，修理，点検，引取り（返金）
※消費者にとって「回収」という表現は，「交換」か「引取り（返金）」かが不明確であり，適切ではない。
・使用の中止
・消費者への依頼内容
例．御連絡を下さい。
～で料金着払いにてご返送ください。

・簡潔な謝辞　　　　　※1行程度
iv　製品の識別方法
　・名称，型番，シリアル番号（ロット番号）
　・製品の型番及びシリアル番号（ロット番号）がどこに，どのように表示されているか（イラストや写真による説明）
　・その他，製品を限定する情報
　　　例．製造又は輸入時期，販売期間，地域性を含む販路等
v　連絡先
　・連絡先名（返送を依頼する場合は送付先名，住所）
　・電話番号（フリーダイヤルが基本）
　・連絡可能曜日及び時間帯
　・その他必要な連絡又は問い合わせ先，方法等
　　　例．ファックス番号，メールアドレス，自社のホームページアドレス
vi　日付　　vii　住所　　viii　会社名

　アクション6
　関係機関等への報告
　Ⅴ　日頃からの取組みに記載のとおり，リコール実施時には，まず被害者や被害の可能性がある消費者への情報伝達を最優先し，目標が達成されるまでは必要な情報を発信し続ける必要がある。情報伝達先としては，これに加えて，リコールプランの内容を報告し，協力を要請することが必要な関係機関等がある。これらへの報告は順不同であり，どの機関等に報告，調整すべきかは製品，業態等によって異なる。

・関係行政機関等
　各関係行政機関等は，事故やリコール等の情報を収集及び提供し，また必要な措置を講じることにより，事故の未然防止，再発防止に取り組み，国民の安全を確保することに努めている。
　消費者への安全な製品の供給に一義的な責務を有する事業者としては，リコールを公表する前に関係行政機関等へリコールプラン等の報告を行い，協力して事故の未然防止，再発防止に取り組んで行く必要がある（参考3　関係行政機関等への報告第2報：リコールプランの内容を参照）。

・取引先（流通・販売業者を含む。）
　特に，消費者への情報伝達のために，該当製品に関連した流通・販売業者への情報提供及び協力要請は必要不可欠である。
　リコール実施後の信頼回復，取引きの再開ができるよう，リコールの原因，リコールの実施状況，結果，改善内容などを正しく連絡し，理解を得る姿勢が重要である。

・ユーザー団体
　製品によっては，関連ユーザー団体や使用者への情報提供等を行っている団体がある。例えば，スポーツ用品であれば，競技団体や競技の振興団体などがある。
　このような団体に対してもリコールの実施決定時には速やかに連絡し，協力要請等を行うことが必要になる。

・マスコミ
　新聞，テレビ等のマスコミに対する対応は，迅速かつ的確にリコールを実施するために重要である。これには記者会見における対応を含む。
　記者会見は，リコール問題に対する企業姿勢の社会への表明の場であり，広く社会の理解を得るためにも，重要なコミュニケーションとなるものである。
　また，情報提供活動として，リコール内容に準じた報道用資料をマスコミ各社に配布し，記事化を求めることも有用である。

・業界
　ここでいう「業界」とは，業界団体や，業界で運営又は加盟している関連団体をいう。事故の内容によっては，業界として再発防止

のための自主基準の作成や改正を行ったり，誤使用や不注意の要因がある場合は同様の事故防止のためのキャンペーンの実施を検討する等の対応が至急望まれる場合がある。

　他の事業者も使用する共用部品や共用材料に起因する事故であれば，複数の事業者によるリコールの実施が考えられる。複数事業者が関連するのであれば，業界全体の問題として，業界としての再発防止策が実施されることが望ましいため，業界団体等と情報を共有する必要がある。

　また，該当製品が認証取得関連製品である場合は，認証基準への影響もあり得るため，関係認証機関への報告も必要である。

・社員

　社員は，最大の協力者であり理解者である。社員と必要な情報を共有することにより，無用な混乱や不安を回避し，誤った情報の流出を防ぐことができる。

　社員へのリコールプランの内容の伝達は，少なくとも対外的な報告の前に実施すべきである。

・弁護士又は法律の専門家

　法的責任の判断のためにも，速やかに事実関係を連絡し，相談することが望まれる。

・保険会社

　保険に加入している場合，事故発生時（リコール中の事故やリコール漏れによる事故を含む）には，迅速な被害者の救済のために，生産物賠償責任保険の円滑な適用が望まれる。そのため，保険会社と密接に情報交換を行って，自社が加入している生産物賠償責任保険の内容，適用の範囲，実際の事故対応窓口等を把握しておき，早い段階で連絡することが肝要である。

　また，実際に被害者がいたとしても，適切にリコールを実施しなかった場合，保険金が支払われない場合があるため，事故の情報を入手した後の対応には十分に留意する必要がある。保険金が支払われない例としては，被害者が出ることが十分予測できるのに，その事実を隠匿したり，リコールや注意喚起を恣意的に実施しなかった場合などの悪質な背信行為があった場合である。

緊急記者会見における基本姿勢等

ⅰ　緊急記者会見の位置づけ
・一刻も早い消費者への危害防止のための注意喚起である。
・被害者への陳謝及び信頼関係の維持・回復のための機会である。
・実施する又は実施中のリコールに関する事実の公表であり，安全重視の企業姿勢の社会への表明である。
・実施する又は実施中のリコールについて，社会の理解を得，協力を得るためのコミュニケーションである。
・リコール実施の責任所在の表明である。
・不正確な情報の伝播，誤解及び憶測による報道を防止する機会でもある。
・社告の代用ではない。

ⅱ　実施上の注意点
・事実を伝える。情報を隠匿しない。
・早急に実施する（リコール実施決定後1～2日以内）。
・表明内容は，必ず経営トップの責任で作成する。
・消費者，報道機関等の目から見て誤解を与えない内容とする。
・緊急記者会見の案内をファックス等で報道機関に連絡する場合は，目的（どのような製品のどのようなリコールか），日程，場所，報告者，問い合わせ先を書く。

ⅲ　必要な内容

ⅲ-1　謝罪表明
・どのような危害を発生させたかをまず最初に表明し，謝罪する。

iii-2 事故の内容（現象と原因）
- 判明している事実があれば，その事実関係を正確に報告する。
- 早急に原因が究明されない場合であっても，取組みの事実関係を報告する。

iii-3 対応状況の説明
- リコールの種類，リコール対象数，リコール実施期間などを報告する。
- 消費者や使用者に対する情報提供（社告等）の方法や実施状況，被害者への対応状況を報告する。

iii-4 再発防止策
- 同様の事故を発生させない具体的な対策を報告する。

iii-5 責任表明
- 状況に応じて弁護士等の法律の専門家と打合せを行い，どこまでを表明するかについて確認しておく。

リコール以外のアクション

　事故の拡大可能性がある場合，考えなければならないのは，消費者への最も適切な対応が何かということである。消費者の利益を第一に考え，リコール以外の対応がその時点での最適対応となる場合がありうる。ただし，目的は消費者への事故の拡大防止であるため，リコール以外の対応を選択した場合であっても，事故の拡大可能性が十分防止できているかを常に評価し，必要に応じて別の対応やリコールの実施を検討すべきである。

　ここでは，リコール以外のアクションとして考えられる例と，そのような場合に本ハンドブック中のどこが参考となるかを示す。

（1）注意喚起の例

　注意喚起を行う場合，関係機関や外部専門家の意見等を聞き，効果的な情報提供を検討することが重要である。

① 例1

　事故等の原因が，使用方法にあったり，取扱説明書に不備があって，危害の重篤度が低く（クラスB※），使用者が特定されている場合においてはダイレクトメール等で必要な注意喚起が行うことができる。

　この場合に関しては，アクション3 対策本部等の実施母体の設置，アクション5 社告等の情報提供方法の決定，アクション6 関係機関等への報告及びⅦ リコールのフォローアップが参考となる。

② 例2

　製品自体の問題ではなく，ある特定の別製品や機器との組合せによって人的危害の拡大可能性が確認された場合においては，その内容を社告等によって注意喚起することが適切である。このような場合は，相手側の製品や機器の提供事業者も注意喚起等の対応をすべきであるため，互いに協力し，対応を検討することが望まれる。

　この場合に関しては，アクション3 対策本部等の実施母体の設置，アクション5 社告等の情報提供方法の決定及びアクション6 関係機関等への報告が参考となる。特に，相手側の製品や機器の提供事業者の理解や協力を得る必要があるため，関係機関等への報告や情報提供が重要になる。

③例3（業界による対応）

　使用者の誤使用・不注意であると判断した場合であって，他社製品にも共通する事例がある場合においては，広く業界として誤使用防止のための安全キャンペーンを実施し，消費者へ注意喚起を行うことが適切である。

　この場合に関しては，アクション5 社告等の情報提供方法の決定及びアクション6 関係機関等への報告が参考となる。

（2）使用者への作業依頼を含む対応の例

　製品の改修は，リコールを実施し，製品を引き取ったり，適切な者の直接訪問によって対応することが望ましいが，該当使用者が特

定されており，直接連絡をとり，確実に該当製品の調整方法を情報提供をすることが可能な場合においては，使用者の了解を得て，使用者による簡易な作業依頼を含む対応を行うことができる。具体的には，安全部品等を消費者のもとに送付し，それを容易に組み込む等の対処が可能な場合が考えられる。

この場合に関しては，使用者を特定し，直接連絡する必要があるため，Ⅴ 日頃からの取組み 2 事故，クレーム情報等の収集体制等の整備が基礎となる。また，アクション3 対策本部等の実施母体の設置，アクション5 社告等の情報提供方法の決定，アクション6 関係機関等への報告及びⅦ リコールのフォローアップが参考となる。

Ⅶ リコールのフォローアップ

リコールは，必ずしも目標どおりに進むわけではないため，逐次その方法等を見直し，常に最善の策となるよう評価，修正する必要がある。また，リコールの経験は，経営自体，製品安全管理体制などを根本的に見直し，改善していくための貴重な基礎資料となる。そのため，確実に将来への材料となるよう，組織として確実にフォローアップできる体制をもつべきである。

この章では，リコール実施後のフォローアップについて示す。

フォローアップ1
進捗状況の評価及び修正

リコール対応の進捗状況を評価し，必要に応じ随時修正を行わなければならない。
1 適切な評価体制の整備

設定したリコールプラン通りにリコールが履行されているか否かを評価する体制を整備しておく。特に，リコール実施率と，実施期間との関係を明瞭にしておき，進捗状況を評価する。

評価は，対策本部等の実施母体が行う場合もあるが，社内の実施母体とは別の監査者が進捗状況を客観的に評価した方が，適切な指示ができる場合もある。
2 計画変更の速やかな対応

リコールの進捗状況の評価によって，逐次最適な対応方法の検討及び修正を行う。リコールプラン通りに進まない場合は，繰り返し社告等の情報提供を行ったり，リコールプランを再考する必要がある。

ＰＤＣＡサイクル＝リコールプランを策定し（Plan），実施する（Do）と同時に，実施状況を常にチェック（Check）し，改善処置を実行する（Act）。

フォローアップ2
関係行政機関等への経過報告

提出されたリコールプランに基づく実施状況（実施率），事故の追加発生の有無，リコールプランの修正状況等を，関係行政機関等と調整の上，定期的（例えば1ヶ月毎）に報告する。リコールプランに示されるリコールの終了目標（リコール実施期間等）に沿ったリコールの終了の判断についても報告する。

リコールの終了判断については，リコール実施率の状況を評価し，設定した実施期間を考慮しながら判断することとなるが，事業者においては，事故の発生する可能性が限りなくゼロに近いと説明できることが必要である。

フォローアップ3
記録の作成，リコール漏れへの対処体制及びフィードバック
1 記録の作成

同様な事故等の発生がないよう，事故等の発生原因を確認し，確実に改善に結びつける必要があることから，事故等の発生からの経緯を記録しておくことが重要である。
2 リコール漏れへの対処体制

使用者等の情報提供の対象者が特定できないリコールの場合，リコール実施率を１０

0％とすることは非常に困難であり，リコール漏れが残ることがある。リコール実施期間が終了した場合であっても，リコール漏れがある場合は，事故の再発防止のためにホームページ等による継続的な情報の発信，窓口における対応可能体制の維持を必ず行わなければならない。

3　フィードバック

リコールの実施で得られた経験は，製品安全管理体制やリコールを実施するか否かの判断基準の見直しに非常に有用な情報である。見直しが必要と考えられる場合は，速やかに再検討し，改善し，同様の事故が発生した場合の基礎とすべきである。

また，リコールを実施することとなった原因が，基本的な企業姿勢や，経営者や社員の倫理面の問題である場合もありうる。そのような場合は，二度と同様の問題が発生しないように企業理念，経営方針を見直し，経営者や社員の意識変革のための教育，啓発に関する根本的，具体的な対応を社内外へ示し，実施されるべきである。

さらに，同様のリコールが，親会社，関連会社，子会社，別事業部で繰り返し発生する場合がある。真に経験を生かすのであれば，関係する親会社，関連会社，子会社，別事業部等へのフィードバック及びフィードバックされた情報を業務に確実に反映させることが必要不可欠である。

<u>参考1　リコールの実施か否かの対応例</u>

アクション2の「リコールを実施するか否か」の意思決定において，最重要要素は「人への危害か又は可能性があるか」，「拡大可能性があるか」及び「最適対応は何か」の3つであることを示した。

ここでは，最適対応として，リコールを実施したケースを6例，リコールを実施しなかったケースを2例示す。

なお，人への危害発生の可能性は，重篤度に応じて以下のように分類することができる。

クラスA；死亡又は重大な人への危害発生の可能性がある。

クラスB；中度又は軽度な人への危害発生の可能性がある。死亡又は重大な人への危害発生の可能性は考えられない。

クラスC；人への危害発生の可能性は考えられない。

　　注　下記事例はあくまで，本マニュアルのために取り上げた参考例であり，現実にあったケースを正確に記述したものではない。また，各ケースの例は，リコールの実施か否かの意思決定をするに当たっての具体的，定量的な判断基準を意図するものではない。

リコールを実施したケース（6例）

リコールを実施したケース1：

［人への危害あり（クラスA；重大な危害），拡大可能性あり］

【製品】　子守帯

【問題の発見】　袋式子守帯に乳児を入れて歩行中，側面開閉部を留めているスナップ及び調整ベルトが外れ，乳児が落下する人的事故が1件発生した。

【リコールの判断】　製品の詳細な調査結果から，乳児の抱き方によっては調整ベルトが抜け，乳児が転落するおそれがあることが判明した。同様の人的事故が発生する可能性があるため，リコール実施（製品の交換）を決定した。

本件は，社告以外に販売店，保健所，医療機関等の協力を得て情報提供を行った。

リコールを実施したケース2

［人への危害あり（クラスB；中度の危害），拡大可能性あり］

【製品】　給湯器付きふろがま

【問題の発見】　蛇口から熱い湯が出て，手にやけどを負う人的事故が6件発生した。

【リコールの判断】

製品の詳細な調査結果から，内部部品の不良によって熱湯が出てやけどをする可能性があることが判明した。同様の人的事故が発生する可能性があるため，リコール実施（部品の交換）を決定した。

リコールを実施したケース3

［人への危害の可能性あり（クラスA；重大な危害），拡大可能性あり］

【製品】　カラーテレビ

【問題の発見】　テレビ台に置いて使用中，本体内部から発煙する事故が6件発生した。

【リコールの判断】

製品の詳細な調査結果から，トランスの電圧調整回路のケースに不良材料が用いられていたため，亀裂が生じやすく，リーク放電が発生し，長期間の使用によって内部に堆積したほこり等により，発煙，発火し，火災の発生によって人に危害が及ぶ可能性があることが判明した。人的事故が発生する可能性があるため，リコール実施（修理）を決定した。

リコールを実施したケース4

［人への危害の可能性あり（クラスA；重大な危害），拡大可能性あり］

【製品】　充電式電動歯ブラシ

【問題の発見】　電動歯ブラシ本体を充電するため，充電用アダプターに本体を差し込んで充電中，充電アダプター部のねじ部に触れると感電，加熱によるやけど，火災等の可能性があることが社内検査で確認された（人的事故の発生が予見される兆候の確認）。人的事故の発生報告はなかった。

【リコールの判断】

製品の詳細な調査結果から，充電器内にあるトランスに絶縁不良があったため，過電流が流れ，過熱し，発火し，やけどや火災の発生によって人に危害が及ぶ可能性があることが判明した。人的事故が発生する可能性があるため，リコール実施（製品の交換）を決定した。

リコールを実施したケース5

［人への危害の可能性あり（クラスA；重大な危害），拡大可能性あり（別型番製品での同様事故の可能性もあり）］

【製品】　浴室・脱衣室暖房乾燥機

【問題の発見】

天井に設置されている室内機の組立上の不具合によりパネルを固定する本体側の樹脂製の爪が破損し，パネルが落下する事故が1件発生した。

【リコールの判断】

製品の詳細な調査結果から，本体にパネルを取り付ける際に樹脂製の爪に傷が入り，ひび割れしやすい成型不良があり，パネルの荷重で爪の亀裂が広がって落下したものと判明した。

同様の事故が発生する可能性があり，落下したパネルによって人に危害が及ぶ可能性があるため，リコール実施（修理）を決定した。加えて，当該取付け用爪部品は，別の型番製品との共通部品であり，同様の事故が発生する可能性のある別の型番製品を含めてリコールを実施した。

リコールを実施したケース6

［人への危害の可能性あり（クラスB；中度の危害），拡大可能性あり（共用部品使用他社でも類似事故の可能性もあり）］

【製品】　アルカリ乾電池

【問題の発見】　アルカリ乾電池単3形に製造上の不備があり，液漏れしやすいことが発見された。

【リコールの判断】

製品の詳細な調査結果から，液漏れの可能性があり，その液が皮膚や目・衣服に付着し

た場合に障害等が発生する可能性があることが判明した。

人的事故が発生する可能性があるため，リコール実施（製品の交換）を決定した。

なお，同乾電池を組み込んだレンズ付きフィルムを製造している業者においても，液漏れによって撮影機能に影響がでる可能性がある（物的損害の拡大可能性がある）ことから，リコールの実施（電池の交換，製品の交換等）が並行して行われた。

リコールを実施しなかったケース（2例）

リコールを実施しなかったケース1
［人への危害あり（クラスB；中度の危害），拡大可能性あり，不注意による人的事故］

【製品】　炊飯ジャー

【問題の発見】　台所を清掃中，炊飯中の炊飯ジャーを移動させる時，蒸気口より噴出している蒸気で腕をやけどし，赤く腫れ上がる人的事故が2件発生した。

【リコールの判断】

製品の詳細な調査結果から，社内基準に適合した水準の製品であることが確認された。人への危害があり，拡大可能性があるものの，炊飯ジャーの構造上，蒸気噴出防止は設計上困難であり，製品本体及び取扱説明書に警告表示をしてあることから，使用者の不注意による人的事故と判断した。

以上のことから，リコールを実施しないことを決定したが，警告表示及び取扱説明書中の注意事項をより大きく強調した。

リコールを実施しなかったケース2
［人への危害無し］

【製品】　水栓金具

【問題の発見】　台所用の水栓金具から，何らかの理由で漏水する事故が3件発生した。3件のうち，1件は床を汚損した。

【リコールの判断】

製品の詳細な調査結果から，水栓金具に加工不良があり，部分的に肉厚が薄いものが混入し，その個所が水圧に耐えられなかったため，発生したことが判明した。予想される被害としては漏水があり，最悪，床等の汚損が予想されることが判明した。

人に危害が及ぶ可能性はないものと判断し，リコールを実施しないことを決定した。

なお，漏水による床等への汚損については，工務店を通じて個別に状況を聞き取り調査し，必要に応じて点検，調整，部品交換を実施した。また，同様の加工不良が発生しないよう加工条件の見直し・改善を行った。

参考2　社告の例

社告の例を以下に示す。

この社告例は，使用者等の情報提供の対象者を特定できないため，新聞上で社告を行う例である。

チェックすべき点については，表参考2－1　新聞社告のチェックリストを参照。

望ましい社告の例

○○社湯沸し器「△ △」の交換

弊社湯沸かし器「△△」について，蓋部が過熱し，やけどをする恐れが生じました。

左記に該当する製品の交換を実施します。直ちにご使用を中止し，ご連絡下さい。社員証明書を保持した係員が交換に伺います。

お客様には，心よりお詫び申し上げます。
　　　　　　　　記
○○社の湯沸し器「△△ AH－5 0」
ロット番号○○○～○○○
型番とロット番号は左図<略>の取っ手部にシールで表示してあります。

この製品は，主として平成○○年に関東甲信越のデパート，スーパーで販売されたものです。

連絡先

○○株式会社○○製品回収センター
フリーダイヤル０１２０－○○○○○○
（受付は土日祝日を問わず９時～５時まで）
詳細は，左記のインターネットで参照でき
ます。　http://www.000.000.or.jp
平成○○年○○月○○日
東京都中央区日本橋○○－○○－○○
　○○社　　　　　　＜中略＞

望ましくない社告の例

＜弊社の「△△」の安全な使い方について＞

お客様各位

　平素は格別のご愛顧を賜り厚くお礼申し上げます。

　さて，この度弊社で製造しました「○○」の製造工程で若干の汚れが残ったまま表面理を施したことから，過熱時に局部的に高い温度が発生することがわかりました。

　このような状況はごく稀にしか発生しませんし，重度のやけどのおそれもありません。

　これは，溶接時にごく稀に発生するスラグによるものであり，厳重な品質管理の結果，通常の使用の範囲内では問題なくご使用ができる範囲まで低減されました。しかし，万が一のため，ここに製品の交換のご連絡をさせていただくものです。左記にご連絡下さい。

　今後共，お客様の身になってより安全で品質の高い製品を製造，供給していく所存ですので，何とぞお客様のご理解とご協力をお願い申し上げます。

記

一．対象製品　　製品名称，製品の型番
連絡先　　〒000-0000　東京都中央区○○
○○○　○ ○株式会社　00-0000-0000
平成00 年00 月00 日

【課題】　上記のハンドブックを読んで，以下の質問について考えてみよう。

Q1　上記の「望ましい社告の例」と「望ましくない社告の例」とを比較し，「望ましい」点と「望ましくない」点を列挙しなさい。

Q2　三菱ふそう等が繰り返し事故を隠蔽してリコールを怠ったのは，なぜだろうか。

Q3　松下電器産業の「１９８５年から１９９２年製のナショナルＦＦ式石油温風機及び石油フラットラジアントヒーターには事故に至る危険性があります。当該対象製品を未点検のままご使用になりますと，一酸化炭素を含む排気ガスが，室内に漏れ出し，死亡事故に至るおそれがあります。」という社告が同社ホームページ（http://panasonic.co.jp/）のトップに掲載されている。経済産業省は，２００５年１１月２９日，「松下電器産業株式会社が昭和６０年～平成４年に製造した温風暖房機から一酸化炭素が漏洩する可能性があることから，同社に対し，消費生活用製品安全法第８２条の規定に基づき，該当する製品について，回収・危険性の周知等必要な措置をとるよう緊急命令を発動致しました。」と公表した（http://www.meti.go.jp/press/20051129002/20051129002.html）。松下電器は「配達地域指定冊子小包」（＝地域に住んでいるすべての人に配達される郵便物）により「松下電器より心からのお願いです」「安全にかかわる重要な内容ですので，ご開封の上，ぜひともご確認いた

だきますよういま一度お願い申し上げます。」とし，「２０年〜１４年前のナショナルFF式石油暖房機を探しています」(以下略)というメッセージを発している。

　この事案を参考にして，この種の事故が生じた場合の企業の対応の在り方について考えてみよう。製造物責任法５条の期間の制限は，この事案でどのような意味を持っているか。
　Ｑ４　Ａ社の製品ＡがＢ社の部品を使用している場合，製品Ａのリコールに要する費用はＡ社Ｂ社でどのように負担すべきだろうか。

3　製品事故

【課題】　以下の判決を読んで，事実，争点，裁判所の判断をまとめなさい。

● 奈良地裁平成１５年１０月８日判決（判例時報１８４０号４９頁）

原告　事故による受傷者（小学生）
被告　製品の加工販売事業者ら，及び，国

主　文

一　被告旭及び被告岩城は，原告に対し，連帯して，１０３７万６５５６円及びこれに対する平成１１年２月１９日から支払済みまで年５分の割合による金員を支払え。

二　原告の被告旭及び被告岩城に対するその余の請求，並びに，被告国に対する請求をいずれも棄却する。

三　訴訟費用は，原告と被告旭及び被告岩城との間に生じた分については，これを１０分し，その７を被告旭及び被告岩城の連帯負担，その余を原告の負担とし，原告と被告国との間に生じた分については，すべて原告の負担とする。

四　この判決は，第一項に限り，仮に執行することができる。

事実及び理由

第一　請求

　被告らは，原告に対し，連帯して，１４４０万７８４７円及びこれに対する平成１１年２月１９日から支払済みまで年５分の割合による金員を支払え。

第二　事案の概要

　本件は，国立丁原小学校（以下「本件小学校」という。）の３年生に在学していた原告が，学校給食用食器として使用されていた強化耐熱ガラス製の食器（商品名コレール。以下，同商品を一般的に指すときには「コレール」といい，原告が使用していた食器を「本件食器」という。）を片付ける際に誤って床に落下させたところ，その際に飛び散った微細かつ鋭利な破片により右眼に受傷し，さらにそれにより後遺障害も生じているとして，①本件食器ないしコレールには欠陥，すなわち製造物として通常有すべき安全性を欠く旨主張して，コレールを加工・販売している被告旭及び被告岩城（以下，被告旭及び被告岩城をあわせて「被告旭ら」という。）に対し，製造物責任法３条に基づき，さらに，②原告の上記傷害及び後遺障害は，本件小学校及びその教諭の過失及び本件食器（公の営造物）の設置又は管理の瑕疵によるものである旨主張して，本件小学校を設置する被告国に対し，国家賠償法（以下「国賠法」という。）１条１項，２

条1項に基づき，それぞれ損害賠償を請求する事案である。
一　前提事実（争いのない事実及び証拠により容易に認定できる事実）
(1)　当事者
ア　原告は，平成2年3月30日生まれの女子であり，平成11年2月19日当時8歳で，本件小学校3年生に在学中の児童であった。
イ　被告旭ら
(ア)被告旭は，ガラス製品，食器及び調理器具等の製品及び複合製品の製造，加工，売買並びに輸出入等を業とする株式会社である。同社は，コレールに模様をプリントする加工を行い，コレールに添付されている取扱説明書の品質表示欄に，岩城硝子株式会社（被告旭の従前の商号）の記載があり，製造物責任法2条3項1号にいうコレールの製造業者に当たる。
(イ)　被告岩城は，被告旭が出資する子会社であり，被告旭が製造するコレール等の製品の販売を目的としている。コレールに添付されている上記取扱説明書のお問い合わせ先として，被告岩城の記載があり，消費者に対して，直接交渉や接触し，商品の説明をするのは，被告岩城の担当者である。したがって，被告岩城は，製造物責任法2条3項3号にいうコレールの製造業者等に当たる。
ウ　被告国は，国立学校設置法1条1項に基づき，丁原大学を設置し，同法2条2項に基づき，同大学の附属小学校として本件小学校を設置している。
(2)　コレールの採用
国立大学の附属小学校の運営の権限は，大学長の監督の下に附属小学校長があって，運営の重要事項については，附属小学校長と教員によって構成される教官会議における審議・決議を経た上で，附属小学校長が決定することになっていた。
本件小学校は，平成8年12月5日の教官会議の決議を経て，コレールを給食器として採用した。
(3)　コレールの使用開始
被告旭らは，平成9年3月27日，コレールを本件小学校に引き渡した。その後，本件小学校において，コレールを学校給食用の食器として使用していた。
(4)　本件事故の発生
原告は，平成11年2月19日午後0時55分ころ，本件小学校3年3組の教室（以下「本件教室」という。）内において給食を食べ終わり，食器類を返却するために，教室前方にあるワゴンに向かって歩いている際，本件食器を床に落下させた（以下これを「本件事故」という。）。
(5)　原告の治療状況
原告は，本件事故当日，松島眼科クリニックを受診し，右眼角膜裂傷，右眼外傷性白内障と診断され（以下「本件傷害」ともいう。なお，紹介状中の「(左)」の記載（2か所）はいずれも「右」の誤記であると認められる。），同日，奈良県立医科大学附属病院（以下「県立医大病院」という。）に緊急入院し，同病院においても同様の診断を受け，同月24日に白内障手術（眼内レンズ挿入術を含む）を受け，同年3月13日に退院した。
その後，原告は，平成12年3月27日，同病院にて，白濁した水晶体後嚢をYAGレーザーを用いて切開し，視力を改善する手術を受け，同年4月3日，症状固定と診断された後も，眼内レンズ挿入による調整機能障害の後遺障害（以下「本件後遺障害」ともいう。）が残った。
(6)　コレールの使用中止
本件小学校においては，平成11年2月19日以降，コレールを学校給食器として使用

することを取り止めている。
 二　争点
　（１）本件事故の態様
　（２）本件食器の欠陥の有無及び本件事故との因果関係
　（３）本件小学校の教職員の過失の有無
　（４）公の営造物の設置・管理の瑕疵の有無
　（５）原告の損害
　（６）過失相殺
 三　争点に対する当事者の主張　＜省略＞

第三　争点に対する判断

　当裁判所は、原告の請求のうち、被告旭らに対する請求には一部理由があり、被告国に対する請求には理由がないものと判断する。その理由は以下のとおりである。
 一　争点（１）（本件事故の態様）について
　（１）《証拠略》によれば、本件事故発生の機序について、以下の事実が認められる。
　　ア　本件事故発生に至る経緯
　　（ア）原告は、平成１１年２月１９日午後０時５５分ころ（なお、本件小学校の給食の時間は、午後０時５分から午後０時５５分である。）、本件教室（本件教室内の机等の配置は、別紙図面記載のとおりであり、前方中央に担任教諭の教卓、その横の廊下側に給食用ワゴンがあり、各児童の机は、給食時には、３個ずつ向かい合わせにした６個ずつの固まりが、前後２列、縦横３列の計６つに分かれた形で配置されていた。）において、給食を食べ終わった後、前方に置かれたワゴンに食器類を返却しに行こうとして、最も廊下に近い側の列の後ろから２番目の自席から、左手に、アルマイト製のパン皿の上に本件食器を載せて、右手に、空の牛乳瓶に箸を差して持ち、最も廊下に近い側の通路を歩き始めた。
　　（イ）原告が前から２番目の席付近（別紙図面中のＡ地点）まで至ったとき、ちょうど同席に着席しようとしていた別の女子児童の左肘が、原告の左肘付近に軽く当たった（このときに、同児童の左肘ないし手などが、原告の右眼に入っていない。）。
　　イ　本件事故時の状況
　　（ア）原告と上記児童とが接触した際、原告が左手に持っていたパン皿から、本件食器が、滑り落ち、床に当たって大きな破裂音をたてて割れ、その破片が周囲に飛び散った。
　　（イ）本件食器の破片は微細かつ鋭利な形状をしており、その主なものについては原告が本件食器を落下させた地点から直径約２メートルの範囲に飛散している。落下地点から最も遠い場所で発見された破片は、本件教室の出入口付近の壁際に置かれたピアノの前（落下地点から約２．６メートル）まで飛散したものであった（ただし、上記破片の飛距離がちょうど約２．６メートルであったのか、破片がピアノに当たってその場所に落ちたのかは明らかではない。）。
　　本件事故当時、原告の身長は１２２．５センチメートルであった。
　　ウ　本件事故発生後の原告の様子等
　　（ア）原告は、本件事故発生直後から右眼に睫毛が入ったようなちくちくした痛みを感じ、その場で右眼を押さえたまま立っていた。
　　（イ）本件教室の教卓の前にいた３年３組担任教諭の乙山松子（以下「乙山教諭」という。）は、破裂音を聞いてすぐに原告のそばに行き、原告をより明るい廊下まで連れて行き、そこで原告の右眼を開けさせたが、傷や異物があることを視認することはできなかった。その後、原告の右眼の様子をみた本件小学校の養護教諭である丙川竹子（以下「丙川教諭」という。）も傷や異物は視認できなかった。
　　（ウ）原告は、本件事故当日に受診した松島眼科クリニック及び県立医大病院にて、右眼に角膜裂傷、外傷性白内障の傷害を負って

いる旨診断されたが，県立医大病院にて行われたＣＴ検査や眼底検査においても，原告の右眼球内から異物は発見されず，裂傷部は閉じていた。上記右角膜裂傷は水晶体にまで達し，外傷を起因として水晶体内部が白濁して，白内障を発症したものと認められた。

（２）上記認定の本件食器の破損状況及び原告の受傷内容に照らせば，原告が本件食器を床に落下させ，本件食器が破損し，その破片が広範囲に飛散したが，その破片のうちの少なくとも１つが原告の右眼を直撃したことにより，本件傷害を生じさせたものと推認することができる。

被告旭らは，原告の右眼球内部から本件食器の破片が一切発見されていないことから，本件事故発生時に本件食器の破片がそのまま原告の眼球を直撃したのかどうかは確認されていないとして，本件事故（本件食器の破損）と原告の受傷との間に因果関係はないとの趣旨の主張をする。

しかし，《証拠略》によれば，前記認定のとおり，原告は，本件事故発生直後から右眼に睫毛が入ったようなちくちくした痛みを感じ，その場で右眼を押さえたまま立っていたこと，乙山教諭も，食器が割れる音がして原告を見ると原告が右眼を押さえたことを目撃していることが認められる。このように，本件事故直後，原告が右眼に異常を感じていること，また，本件食器（コレール）の破片は，その形状や飛散状況からみて，原告が小学３年生としては背が低い方であったことからすれば，原告の本件傷害を生じさせるに足りると認められること，本件食器の破片が原告の右眼を直撃したということ以外に，本件傷害を生じさせるような事情を認めるに足りる証拠はないことに照らせば，上記被告旭らの指摘をもってしても，前記推認を覆すことができない（本件食器の破片が原告の眼球内から発見されなかったとしても，一旦原告の右眼に入って本件傷害を生じさせた上で，眼球内に残留せずに外部に出た可能性やその他の理由で眼球内から破片が発見されなかったものと考えられる。）。

その他，前記推認を覆す事実関係を認めるに足りる証拠はない。

二　争点（２）（本件食器の欠陥の有無及び本件事故との因果関係）について

（１）《証拠略》によれば，以下の事実が認められる。

　ア　コレールについて

（ア）コレールは，熱膨張係数の異なる２種類のガラスを溶融して接着させた積層強化ガラス製の食器であり，二層の透明ガラス（厚さ各０．１５ミリメートル）の間に，乳白色ガラス（厚さ２．４０ミリメートル）を挟み込んだ三層構造になっており，これらを溶融状態で接着させたものである。三層の中央部の乳白色ガラスは膨張率が大きく，両表面の透明ガラスは膨張率が小さくなっていて，この膨張率の違いにより，表層部分に圧縮応力層を生じさせ，ガラスが割れる原因となる引張応力に対抗させることにより，破壊強度を高め，割れにくいものとなっている。しかし，一旦割れた場合には，内部にため込まれた引張応力が解放されることによって，大きな破裂音をたてたり，破片が激しく飛散するなどして，破損することになる。

（イ）学校給食用食器については，アルマイト製食器に代わって広く使用されるようになったプラスチック製食器について，有害物質の溶出が問題にされるようになり，関係者の間で別の食器に変える取組みなどがなされるようになっていた。コレールは陶磁器の約３分の２程度の重さで，薄くて均一な厚さで作られており，糸底がないため，重ねて収納する際に場所を取らない，また，耐熱性が高

く（耐熱温度差摂氏１５０度），表面が滑らかなので汚れがつきにくいほか，他の素材と比較して酸やアルカリ，有機溶媒などに強く，有害物質などの溶出がないなどの利点もあったことから，新たな学校給食用食器として各地で導入されるようになっていった。

（ウ）コレールは，昭和４５年にアメリカ合衆国で発売が開始されて以来，世界中で少なくとも累計２０億枚が販売され，日本国内でも，平成９年度までにコレールを給食用食器として採用した小・中学校は全国１６６３校あり，平成１１年度までに，病院・福祉施設・学校関係の使用先に対する出荷数は，累計で約２１０万３０００枚，同年度実績で１４万０１７７枚であった。

（エ）本件事故に先立ち，平成８年７月に東京都足立区内の小学校で，小学２年生の女子児童が給食用食器のコレールを落とし，これが破損し，その飛散した破片により左眼角膜に傷害を負う事故（以下「足立区の事故」という。）が発生していた。上記女子児童及びその両親は，平成１１年１２月２７日，足立区教育委員会及び被告らを被告として，東京地方裁判所に損害賠償請求訴訟を提起し，その旨が同月２８日に新聞報道された。

（オ）足立区の事故及び本件事故が報道された後，経済産業省は，「強化ガラス製食器に関するテスト」として，積層強化ガラス製食器の品質・安全性等に関する商品テスト（以下「本件商品テスト」という。）を行った。本件商品テストは，本件小学校で４５回使用されたコレール（以下これを「事故同等品」という。）及び同一仕様新品（以下「同等品」という。）をテスト対象とし，風冷強化（ガラスを軟化点に近い高温に加熱した後に急冷し，表層に圧縮応力層を作り，破壊強度を強くする方法）ガラス製食器，強化磁器製食器，一般的な磁器製食器を比較品として，３種類の落下実験を行い，破損（破片の飛散）状況等を調べたものであり，その結果は以下のとおりである。

　a　事故同等品の破損状況等について

事故状況をみるために，事故同等品を，学校の床を再現したＰタイルの床（コンクリートの上に貼られた厚さ２ミリメートルのプラスチックタイル）の上に，高さ７０センチメートル（身長１２０センチメートルの子供の肘の高さ）から，落下点をフチ，底として各１０枚ずつを落下させた。

その結果，底から落下させた場合は１枚も割れなかったが，フチから落下させた場合，１０枚中３枚が破壊し，破壊時には針状の微細な破片や鋭利な薄片が無数に生じ，それらの破片が最高で高さ２００センチメートル以上に勢いよく跳ね上がり，また，落下地点から半径３００センチメートルの範囲内に飛散した。

　b　同等品及び比較品との落下強度の比較

同等品と比較品の落下強度を比較するために，同等品と比較品（風冷強化ガラス，強化磁器及び磁器）を，コンクリート，Ｐタイル及びフローリングの各床に，１１０センチメートル（身長１７０センチメートルの大人の肘の高さ），７０センチメートルの２つの高さから，それぞれ落下点をフチ，底として各５枚ずつ落下させた。

その結果，同等品については，コンクリートの床の上に落下させた場合，１１０センチメートルの高さから落下させると，底から落下させた５枚全てとフチから落下させた５枚中の２枚が破壊し，また，７０センチメートルの高さから落下させると，底から落下させた５枚中の４枚が破壊したが，フチから落下させた５枚はいずれも破壊しなかった。また，Ｐタイルやフローリングの床ではいずれも破

壊しなかった。

風冷強化ガラスは，コンクリートの床では破壊することがあったが，Ｐタイルやフローリングの床では破壊しなかった。

これに対し，強化磁器製の食器は，フチから落下させたものは，床の種類及び落下させた高さにかかわらず全て破壊し，底から落下させたものも，コンクリートの床の上に落下させた場合には，１１０センチメートルの高さから落下させた５枚中３枚，７０センチメートルの高さから落下させた５枚中２枚がそれぞれ破壊した。また，磁器製の食器は，フチから落下させたものは床の種類及び落下させた高さにかかわらずほとんどが破壊され，底から落下させたものも，コンクリート製の床の上に落下させたもの全てが破壊したほか，Ｐタイルの床の上に落下させた場合にも破壊したものがあった。

　ｃ　同等品と比較品の破片の飛散状況について

同等品と比較品の破片の飛散状況を比較するために，Ｐタイルの床に，１１０センチメートル及び７０センチメートルの２つの高さから，それぞれ落下点をフチ，底として各３枚ずつ落下させた。ただし，同等品及び風冷強化ガラスはＰタイルで割れないため，表裏面に研磨紙で全面に細かな傷を付けてから実験した。その結果，最高飛散高は，フチから落下させた場合，落下高さにかかわらず２００センチメートル以上であり，底から落下させた場合でも，落下高さ７０センチメートルで１２０センチメートル，落下高さ１１０センチメートルで１６５センチメートルであり，いずれも落下高さよりも高く飛散している。落下地点からの最大飛範囲は，フチから落下させた場合，落下高７０センチメートルのときは２５０センチメートル，落下高１１０センチメートルのときは３００センチメートル，

底から落下させた場合，落下高７０センチメートルのときは２５０センチメートル，落下高１１０センチメートルのときは２８０センチメートルに及んでいる。なお，破壊した同等品の破片は，事故同等品のそれと同様に，強化磁器及び磁器に比べて破片が細かいだけでなく，細片以外に針状の微細な破片や鋭利な破片が無数に存在し，同等品を底から落下して破壊した場合は，フチの部分が大きな破片となって残ったが，フチから落下して破壊した場合は，フチの部分も細片になってしまう傾向があった。

風冷強化ガラスの場合も，フチから落下させると破片の飛散高は約１１０センチメートルに達することもあるが，積層強化ガラスよりも破片数が少なく，飛散高も低かった。

強化磁器及び磁器の破片は強化ガラスのような細片は少なく，大きなものであり，飛散高さも１１０センチメートルの高さから落下させた場合には，数個の破片が８５センチメートルの高さまで飛散することもあったが，概ね３０～５０センチメートル程度であり，破片の飛散範囲は，半径１００～２５０センチメートルの範囲に少数の破片が飛散するにとどまった。

（カ）製品評価技術基盤機構（旧・製品評価技術センター）は，平成１３年１月１７日付の事故情報特記ニュース（Ｎｏ．３３）において，「積層強化ガラス製食器」の商品テスト結果として，上記テストの結果を公表し，同年３月９日付の同ニュース（Ｎｏ．３４）でも，強化ガラス製食器の使用に当たって，「固い床（コンクリート床，プラスチックタイル床など）に落ちた場合には破損することがあり，その際には破片が激しく飛散し，ケガをするおそれがあるという，潜在的な危険性を有していることに十分留意する必要があります。このため，強化ガラス製食器の使用

に当たっては，次の点に注意することが必要です。・急激な衝撃を与えない。・破損した場合，破片が細片となって激しく飛散する特性を持つものがあるので注意するとともに，傷が付くような取扱いは避ける。」との注意情報を出した。

（2）設計上の欠陥について

ア　原告が，学校給食用食器としてのコレールの設計上の欠陥であると主張するのは，要するに，①糸底がなく，子供には持ちにくくすべりやすいし，熱いものを入れたら持てなくなるので，給食用食器として不向きな形状である，②他のガラス製品よりも割れにくい特性をもつ反面，ごく微細なキズでもその強度は格段に弱まり，割れた場合には細かい鋭利な破片が無数に生じ，しかも，これらの破片が勢いよく広範囲に飛散するから，容易に傷がつきうる給食用食器としては不適当である。また，上記のような他の陶磁器などにはみられない割れ方をするのに，③それによる被害を防止することに全く考慮が払われておらず，④陶器に似せることを意図して設計されており，そのために，外観上陶磁器と見間違いやすく，学校関係者や児童に陶磁器製の食器と同様のものであるという意識を与える，の4点である。

イ　設計上の欠陥とは，製造物の設計段階から安全面で構造的な問題があるといった，設計そのものの欠陥をいうと解される。

ところで，製造物の中には危険性を有するものの，それを上回る社会的有用性を併せ有するものも多いところ，製造物にその設計上欠陥があるといえるか否かは，単に危険性を有するかどうかではなく，製造物自体の有用性，製造物が有する危険性の性質，その危険の回避可能性及び難易度，その製造物につき安全対策をとることが有用性に与える影響，利用者が危険を予見し回避することが可能で

あったか等をも総合的に考慮して判断すべきである。

ウ　一般に，給食用食器は，危険性についての判断や適応について，十分な能力を有しない幼児や小学校低学年の児童等も使用することが想定されているものであるから，それに見合った高い安全性を有し，仮に危険性を内包するものであれば，それについての十分な対策がなされることが期待されているのはもちろんである。しかし，学校給食が学校における教育の一環として行われていることから，教育的見地からの有用性も無視し得ないものというべきである。

上記認定事実によれば，コレールは，給食用食器として，軽くて取り扱いやすい，有害物質の溶出がないといった有用性がある。また，原告が，コレールの設計上の欠陥として主張する上記の4点のうち，①（糸底のない形状）は，一面ではかさばらないし，運搬や洗浄の際に便利であるとか，内容物の温度を実感しながら配膳できるという学校用給食の食器としての有用性を生じさせるものであり，②（割れた時の危険性）は，コレールが強化磁器製や一般的な磁器製等の食器に比べて，衝撃に強く割れにくいという学校用給食の食器としての大きな有用性がある反面，割れた場合には細かく鋭利な破片が広範囲に飛散するという危険性を有するものであるが，それは，衝撃を内部にとどめる構造ゆえのものであって，割れにくさという有用性と表裏一体をなすものであり，これをもって直ちに，その設計上に欠陥があったと評価することはできない。また，③（被害回避措置の欠如）の点も，自動車のフロントガラスは割れることによってより大きな被害を回避しようとするものであり，同じガラス製品でも，食器であり，使用の目的・形態等を全く異にするコレールをこれと単純に同列にして論ずること

はできず，フロントガラスのような被害回避措置（これも万全のものでないことは被告旭らが指摘するとおりである。）をとるべきであるともいえない。さらに，④（陶磁器に似た外観）については，学校給食においても，家庭で日常用いられる陶磁器等と類似した食器を用いうることは，有用性の一つとして評価しうるものであるし，そのような外観は，ことさらに消費者に陶磁器と誤信させるためのものであると認めるに足りる証拠はない。

以上説示のとおり，原告がコレールについてその設計上の欠陥として主張する点は，いずれも設計上における安全面での構造的な問題ということはできない。

エ　(ア)　原告は，独自に本件小学校から譲り受けた未使用品のコレールを使用して落下実験を行ったところ，傷を付けずに９０センチメートルの高さから落下させても５０パーセントの確率で割れているなどとして，本件商品テストの結果に疑問を呈し，コレールの危険性がより高いものであるかのような主張をし，それに沿う《証拠略》を提出する。しかし，原告が行った上記実験は，コレールの割れ方及びその破片が眼球を損傷する可能性の有無についての検証を主な目的とするものであって，コレールの正確な破損率を確認する目的で行われたものではないから，この点についての検証の正確性は必ずしも高くなく，同実験結果は本件商品テストの結果を弾劾するものではない。よって，この点についての原告の主張は採用できない。

(イ)　また，原告は，本件食器に圧縮応力層を形成する過程でのひずみのようなものがないとは言い切れないとして，製造上の欠陥があったとも主張する。しかし，本件食器の製造過程において，圧縮応力層を形成する過程でのひずみが生じたことを認めるに足りる証拠はない。したがって，この点についての

原告の主張も採用できない。

オ　以上より，コレールないし本件食器には，その設計において給食器として通常有すべき安全性を欠いていたとはいえないから，設計上の欠陥があったものとはいえない。したがって，本件において，コレールがその設計上通常有すべき安全性を欠いていた，すなわち，欠陥があったと認めることはできず，この点についての原告の主張は理由がない。

(3) 表示上の欠陥について

ア　《証拠略》によれば，以下の事実が認められる。

(ア)　被告岩城の業務用全商品カタログ中のコレールについての説明部分には，冒頭に，「ショックに強く丈夫だから，割れたりカケたりしにくく，多少手荒に扱っても大丈夫。」と記載されるとともに，上記の三層構造が図示され，丈夫さの秘密が上記のような三層構造による引張率と圧縮応力が互いの力を打ち消し合うためになかなか割れない状態になること，また，コレールと他社の陶磁器，強化磁器，耐熱強化磁器及び乳白強化ガラスとの強度比較一覧表（コレールの落下強度（水平落下）が平均値２７０センチメートル，最低値でも９０センチメートル，端部衝撃強度（垂直落下最低値）が５０センチメートル）が記載されている。しかし，コレールの破損の危険性やそれに対する注意喚起，破損した場合に予想される破片の飛散状況等についての記載はない。

(イ)　また，被告岩城によるコレールの使用要項の表紙には，「熱にも，ショックにも強いガラス食器」と大きく記載されるとともに，特長の筆頭に，「ショックに強い，ガラスでありながら一見陶磁器のようで，しかも丈夫さはその数倍！」と記載されているほか，陶磁器との強度比較として，上記と同様の内容の強度一覧表が記載されている。取扱い上の注

意事項としては，品質表示欄の横に，「粒子の粗いクレンザーやスチールたわしを使って洗わないでください。」，「高いところから落とすなど，急激な衝撃を与えることは避けてください。」，取扱い上のお願い中の一般的な注意事項として，「（1）食器は安全に持ちましょう。また，安全に取扱える枚数を運びましょう」，「（2）高い所から落すなど，急激な衝撃を与えることは避けて下さい。」，「（3）食器同士が激しくぶつからないように扱って下さい」等と記載されているが，破損についてはその危険性があることが，回収，洗浄や収納，運搬についての注意事項に添え書きされているのみであり，破損した場合に予想される破片の飛散状況等についての記載はない。

（ウ）コレールに一般に添付されている取扱説明書には，「五つの特長」の第1番目に「コレール独自の三層構造で，多少のショックでも割れにくい性質をもってい」ることが挙げられている。他方で，同説明書内の「取扱い上の注意」欄には，「コレールはガラス製品です。一般のガラス製品や陶磁器より丈夫にできていますが，決して『割れない』，『欠けない』ということではありません。」として破損の可能性があることのほか，「硬いものにぶつけたり落としたりすると割れることがあります。」，「また，そのときに割れなくても，ついた傷が原因で，後になって思わぬ時に割れることがあります。」，「割れた場合，音をたてて，鋭利な破片となって割れることがあります。又，底が抜けるように割れることがあります。洗浄やご使用時はていねいにお取扱いください。」，「ガラスにヒビ，カケ，強いスリ傷の入ったものは，思わぬ時に破損することがありますので，使用しないで下さい。」，洗浄する場合に，「研磨剤入りナイロンたわし，金属たわしや，粒子の粗いクレンザーなどを使用しますとガラスが傷つき，破損する原因となるので使用しないで下さい。」，「ギザギザのついたナイフやスプーン等固いもので強くたたいたりこすったりしないで下さい。」などとして，強い衝撃を与えたり，傷をつけると破損の原因となることが，さらに，「ガラス製品は破損すると鋭利な破片となります。破片は十分注意してお取扱いください。」として，破片の危険性についての一応の注意喚起がなされている。

（エ）経済産業省は，本件事故後の平成13年4月24日，家庭用品品質表示法第3条の規定に基づく雑貨工業品品質表示規程の一部を改正する告示を定め（同省告示第328号），これは同日付官報に掲載された。上記改正により，雑貨工業品品質表示規程別表第二第18号「強化ガラス製の食事用，食卓用又は台所用の器具」の（二）につき，強化の種類を示す用語を用いて適正に表示することとするとともに，その強化の種類について，「熱膨張係数の異なる2種類以上のガラスを三層以上に重ね合わせることにより製品全面の表面に圧縮層を設け，製品の強度を増大したもの」について，強化の種類を示す用語として，「全面積層強化」が新たに加えられ，同号（三）につき，「取扱い上の注意の表示に際しては，次に掲げる事項を製品の品質に応じて適切に表示すること」として，イ（破損を防ぐための注意事項）②で，「…全面積層強化のものその他破損した場合に破片が鋭利なかけら又は細片となって激しく飛散するおそれがあるものにあっては，傷がつくような取扱いは避ける旨」，ロ（破損した場合に関する注意事項）で「イ②に規定するものにあっては，破損した場合に，破片が鋭利なかけら又は細片となって激しく飛散するおそれがあるので注意する旨」が挙げられた。

イ（ア）前記（1）の認定事実によれば，積層強化ガラス製食器であるコレールは，他

の強化磁器製や一般的な磁器製等の食器に比べて，落下等の衝撃に強く，破壊しにくく丈夫であるいう長所を有する反面，割れにくさの原因である三層からなるガラス層を圧縮形成する構造ゆえに，ひとたび破壊した場合には残留応力が解放されることにより，他の強化磁器製や一般的な磁器製等の食器に比べて，その破片がより高く，広範囲にまで飛散し，しかも，その破片は鋭利でかつ細かく，多数生じることが認められる。

すなわち，コレールは，強化磁器製や一般的な磁器製等の食器に比べて，割れにくさという観点からはより安全性が高い食器であるという一面を有するが，破損した場合の破損状況という観点からは，極めて危険性の高い食器であるともいえる。

しかし，被告旭らは，コレールの取扱説明書，商品カタログ及び使用要項において，コレールがガラス食器でありながら，一見陶磁器のような外観を有し，しかも，陶磁器，強化磁器，耐熱強化磁器及び乳白強化ガラス等に比べて，落下や衝撃に強く，丈夫で割れにくいものであることを特長として強調しているものの，一旦割れた場合には，通常の陶磁器等に比べて危険性の高い割れ方をすることについては特段の記載がないことが認められる。

（イ）ところで，コレールが割れた場合の危険性を考慮すれば，コレールが必ずしも通常の陶磁器等に比べて安全性が高いものとはいえない。そうすると，消費者としては，コレールの購入や使用を検討するに当たり，その割れにくさと割れたときの危険性をいう，いわば表裏をなす性質の両面を十分認識して初めて，割れにくさを重視して購入・使用するか，あるいは，割れた場合の危険性を重視して購入・使用をしないという選択を的確になしうるといえるし，また，割れにくさを重視して購入・使用した消費者に対しても，一旦割れた場合の危険性について注意喚起し，その危険性を認識した上でその使用方法につき，十分な警告をする必要があるといえる。

したがって，コレールの製造業者等である被告旭らとしては，商品カタログや取扱説明書等において，コレールが陶磁器等よりも「丈夫で割れにくい」といった点を特長として，強調して記載するのであれば，併せて，それと表裏一体をなす，割れた場合の具体的態様や危険性の大きさをも記載するなどして，消費者に対し，商品購入の是非についての的確な選択をなしたり，また，コレールの破損による危険を防止するために必要な情報を積極的に提供すべきである。確かに，商品カタログは，商品を宣伝し，消費者に購入させることを目的として作成されるものであるが，消費者は商品の製造・販売業者による情報提供がなければ，製品の特性に関して十分な情報を知り得ないのが通常であることに鑑みれば，商品の製造業者等としては，当該製品の短所，危険性についての情報を提供すべき責任を免れるものではないし，まして，取扱説明書においては，短所や危険性について注意喚起が要求されるというべきである。

（ウ）そこで，本件におけるコレールの取扱説明書や使用要項等の危険性についての注意事項の記載内容が，コレール購入の是非についての的確な選択をなすための必要な情報を提供していたといえるか否かについて検討する。

前記認定のとおり，コレールの取扱説明書及び使用要項には，取扱い上の注意として，コレールはガラス製品であり，衝撃により割れることがあるといった趣旨の記載があり，また，取扱説明書には，割れた場合に鋭利な破片となって割れることがあるという趣旨の記載もある。しかし，これらの記載は，割れ

る危険性のある食器についてのごく一般的な注意事項というべきものであり，被告旭らが，陶磁器等と比較した場合の割れにくさが強調して記載していることや，コレールが割れた場合の破片の形状や飛散状況から生じる危険性が他の食器に比して大きいことからすると，そのような記載がなされた程度では，消費者に対し，コレールが割れた場合の危険性について，十分な情報を提供するに足りる程度の記載がなされたとはいえない。また，商品カタログ及び使用要項には，コレールが割れた場合にどのような態様で割れるかについての記載は一切ない。

そうすると，上記説明に接した消費者は，コレールについて，陶磁器のような外観を有しながら，より割れにくい安全な食器であると認識し，仮に割れた場合にも，その危険性が一般の陶磁器のそれとさほど変わらないものにすぎないと認識するのが自然であると考えられる。したがって，上記各表示は，コレールが割れた場合の危険性について，消費者が正確に認識し，その購入の是非を検討するに当たって必要な情報を提供していないのみならず，それを使用する消費者に対し，十分な注意喚起を行っているものとはいえない。

以上より，コレールには，破壊した場合の態様等について，取扱説明書等に十分な表示をしなかったことにより，その表示において通常有すべき安全性を欠き，製造物責任法3条にいう欠陥があるというべきである。

ウ　被告旭らは，上記経済産業省の規程の一部改正の告示は，足立区の事故及び本件事故の各発生後になされたものであり，こうした行政庁の判断及び関連表示規程の改正過程からしても，本件事故当時の被告旭らによる警告表示及び告知内容については，表示上の欠陥はないとも主張する。しかし，被告旭らは，コレールの製造業者等として，コレールが破損した場合の上記規程が指摘するような危険性を十分認識していたはずであるから，仮に，これを認識していなかったとしても，その商品を大量に販売する以上，その商品テストをすれば，その危険性につき十分認識することができたと考えられ，上記規程が設けられるより以前に，そのような危険性を取扱説明書等に注意事項として記載するなどして，消費者ないしコレールの使用者に注意を喚起することは可能であったというべきである。上記被告旭らの主張は採用できない。

また，被告旭らは，本件事故の発生確率は非常に低く希有の事例である上，本件事故は原告自身が相当な注意を怠ったことにより発生した旨主張し，このことを，本件製品には製造物責任法3条にいう欠陥がなかった根拠としている。しかし，原告には過失相殺すべきほどの過失が認められないことは，後記五(2)オ記載のとおりである上，コレールの破損により負傷するという事例は極めて少ないものの，現に足立区の事故が発生しており，ひとたび破損事故があれば，その破壊力により，足立区の事故や本件のように，場合によっては失明に至る重篤な傷害を発生させる危険性を内在させているのであり，現実の重篤な傷害事故の希少性をもって，コレールが破損した場合の上記認定の危険性の表示は不要とすることはできず，この点についての被告旭らの主張も採用できない。

その他，前記認定・判断を覆す事実関係を認めるに足りる証拠はない。

(4) 因果関係の有無について

ア　上記説示のとおり，コレールは，その割れた場合の危険性を表示しなかったという表示上の欠陥を有していた。そして，その表示上の欠陥があったために，その危険性が十分認識がなされないまま，本件小学校の給食用食器として採用され，使用されるに至った

ものである。そして，仮にコレールが割れた場合の危険性が陶磁器等のそれに比べてはるかに高いことを本件小学校の教諭らが認識していれば，給食用食器としての採用・導入を見合わせたり，あるいは，その危険性を認識した上であえてその特長に着眼して給食用食器として採用したとしても，児童らに危険性を周知徹底させるなどの適切な対処を行うことは十分可能であったから，表示上の欠陥と本件事故発生の結果との間には，相当因果関係があるものというべきである。

　イ　以上より，本件食器の表示上の欠陥と原告の傷害との間には相当因果関係が認められる。

（5）　小括

以上より，コレールには表示上の欠陥が認められ，同欠陥と原告の傷害との間には相当因果関係が認められる。したがって，被告旭らは，製造物責任法3条に基づき，原告に生じた損害を連帯して賠償する責任を負う。

三　争点（3）（本件小学校の教職員の過失の有無）について

（1）《証拠略》によると，次の事実が認められる。下記認定に反する証拠は採用しない。
　　　　　＜略＞
（2）安全な給食用食器を選定し，採用・導入すべき義務違反の有無について
　　　　　＜略＞
（3）日常的にコレールの危険性について指導し，注意を喚起すべき義務違反について
　　　　　＜略＞
（4）コレールによる事故が発生した場合に適切な救護措置をとるべき義務及びその際の対処方法等を確立しておくべき義務違反について　　＜略＞
（5）以上より，本件において，乙山教諭らには，本件事故後，原告に必要に応じて適切な治療を受けさせる義務を怠った過失が認め

られるも，同過失と原告の傷害ないし後遺障害との間に相当因果関係は認められないから，被告国は，国賠法1条1項に基づく損害賠償責任を負わない。

四　争点（4）（公の営造物の設置・管理の瑕疵の有無）について

・・・＜中略＞・・・被告国は，本件食器ないしコレールによる本件事故のような態様の事故発生の予見可能性及び回避可能性を欠いていたというべきであって，したがって，本件食器を給食用食器として使用したことをもって，公の営造物の設置又は管理に瑕疵があったものとはいえない。
　　　　　＜略＞

五　争点（5）（原告の損害）及び争点（6）（過失相殺）について

（1）原告の本件傷害についての治療及び本件後遺障害等

　ア　入通院について

原告が，本件事故当日（平成11年2月19日），松島眼科クリニック及び県立医大病院を受診し，右眼角膜裂傷，右眼外傷性白内障と診断されたこと，同日から同年3月13日までの23日間，県立医大病院に入院し，その間，同年2月24日に白内障手術（眼内レンズ挿入術を含む）を受けたことは前提事実（5）記載のとおりである。

そして，《証拠略》によれば，原告は，その後，松島眼科クリニックで22日間，県立医大病院で6日間，それぞれ通院治療を受けたことが認められる。

　イ　本件後遺障害

原告には，平成12年4月3日に症状固定と診断された後も，眼内レンズ挿入による調節機能障害（本件後遺障害）が残ったことは前提事実（5）記載のとおりである。

（2）損害額について

　ア　治療関係費

（ア）治療費　　認容額３１万９３９０円（請求額のとおり）

　《証拠略》によれば，原告は，本件事故日から症状固定日までの医療費として，県立医大病院分６１万０５８０円（入院治療費５９万０１００円，通院治療費等２万０４８０円）を，松島眼科クリニック分３万１４４０円（通院治療費）の合計６４万２０２０円を支出したことが認められる。

　なお，県立医大病院入院時に要した費用のうちには，差額室料，食事療養費も含まれているが，原告が負った本件傷害の内容及び程度，治療経過等に《証拠略》に照らせば，これら費用も本件事故と相当因果関係にある費用と認めることができる。

　上記治療費から，弁論の全趣旨により認められる日本災害センターから填補を受けた治療費の補填額を差し引くと，少なくとも原告が主張する３１万９３９０円の損害を受けたことが認められる。

　（イ）付添看護費　　認容額１３万８０００円　　（請求額のとおり）

　弁論の全趣旨によれば，原告が県立医大病院に入院中，原告の母親が付き添って看護に当たっていたことが認められる。前記認定の原告の受傷の内容及び程度，原告の本件事故当時の年齢等に照らせば，原告が同病院に入院していた間，付添看護を要すべき状況にあったものと認められ，原告が別個に入院雑費を請求していないことに照らせば，近親者の付添看護費は１日当たり６０００円とするのが相当である。したがって，本件事故と相当因果関係のある付添看護費は，合計１３万８０００円であると認められる。

　（ウ）交通費　　認容額１万９６２０円（請求額３万９４００円）　　＜詳細略＞

　（エ）将来の手術費，治療費，通院交通費，雑費等の費用

　　　　　　　認容額３０万６６９９円
　　　　　　　（請求額１４４万円）

　原告は，将来の手術費，治療費，通院交通費，雑費等として，再手術に要する費用６０万円，及び，今後５０年間についての毎月の定期検診費用８４万円の合計１４４万円を請求する。

　ａ　《証拠略》及び前記認定の原告の本件後遺障害の内容に照らせば，原告は，本件事故による受傷の影響で後発性白内障を発症するおそれがあり，その発症の有無を確認するために，症状固定後も定期検診を受ける必要があると認められる。

　原告は，本件後遺障害の症状固定日（平成１２年４月３日）当時１０歳であるところ，上記定期検診は，本件傷害や本件後遺障害の程度及び内容，従前の治療経過等からすると，少なくとも今後５０年間にわたって月１回程度受診する必要があると認めるのが相当である。したがって，将来の診療費として，少なくとも今後５０年間にわたり，１回（１か月）当たり１４００円を要すると認めるのが相当であり，控除する中間利息の割合を５パーセントとする５０年のライプニッツ係数（１８．２５５９）を用いて中間利息を控除して現価を算定すると，以下の計算式のとおりである（小数点以下切り捨て）。

　（計算式）１，４００×１２×１８．２５５９＝３０６，６９９

　ｂ　しかし，将来の眼内レンズ取替え等のための再手術費用については，本件全証拠によっても，再手術の要否は現時点では不確定的であると認められ，将来に実際に行われる蓋然性が高いとまではいえないし，仮に，実際に行われるとしても，手術時期や必要な回数，費用の算定も適切な中間利息の控除も困難である。

　したがって，将来の手術費としてはこれを

認めず，将来再手術が必要となるかもしれず，再手術をすれば一定の費用を要すると見込まれることについての不安感を抱かせるものとして，後記の慰謝料算定に当たって斟酌すべき事由として考慮するのが相当と認める。

　イ　本件後遺障害による逸失利益
認容額５３９万２８４７円（請求額７７７万１０５７円）

　原告は，本件後遺障害（１２級１号該当）により，将来にわたってその労働能力を１４パーセント喪失したが，原告の両親の社会的な地位からすれば，原告も当然大学を卒業後就職することは確実であり，満６７歳に達するまで就労可能であるとして（ただし，原告の症状固定日時点の年齢を１０歳，就労可能年数は満２２歳ではなく，満１８歳から算出しているものと解される。），賃金センサス平成１０年第１巻第１表の女子の大卒平均年収４５１万３８００円を基礎とし，控除する中間利息の割合を５パーセントとするライプニッツ係数（１２．２９７３）を用いて現価を計算した７７７万１０５７円（小数点以下切り捨て）を，本件後遺障害による逸失利益として請求する。

　（計算式）　４，５１３，８００×０．１４×１２．２９７３≒７，７７１，０５７

　前記認定の原告の治療経過及び後遺症の内容，程度に照らすと，原告には，本件事故により，自動車損害賠償保障法施行令２条別表所定の後遺障害別等級表第１２級１号（一眼の眼球に著しい調節機能障害又は運動障害を残すもの）に相当する後遺障害が生じたものと認めるのが相当である。そして，原告は，症状固定日（平成１２年４月３日，当時１０歳）より将来にわたって労働能力を１４パーセント喪失したものと認められる。

　原告は，本件事故当時，満８歳の健康な女子であったから，本件事故に遭わなければ，満１８歳（本件事故から１０年後）から平均的就労可能年齢である満６７歳（本件事故から５９年後）までの４９年間は稼働し，少なくとも賃金センサス平成１１年第１巻第１表の産業計・企業規模計・学歴計女子労働者平均給与額である年間合計３４５万３５００円の収入を得ることができたものと推認される。そこで，上記４９年間の原告の労働能力喪失による逸失利益の現価を，上記金額を基礎として，前記労働能力喪失割合を乗じ，同額から利率を５パーセントとするライプニッツ係数を用いて中間利息を控除して，上記４９年間の逸失利益の本件事故当時における現価を求めると，その金額は，次の計算式のとおり，５３９万２８４７円（小数点以下切り捨て）となる。

　３，４５３，５００×０．１４×（１８．８７５７－７．７２１７）≒５，３９２，８４７

　なお，《証拠略》によれば，歯科医師である原告の父は，原告も自らと同じ職業に就かせたいとの意向を持っていて，原告の教育についても熱心であること，原告の近親者には医学関係者が多いことが認められる。しかし，これらの事実を考慮に入れても，本件事故当時小学生であった原告の進路はいまだ不確定的な要素が多いし，将来大学に進学した上で就職する蓋然性が高いとまで認めるに足りる証拠はない。したがって，原告の逸失利益の算定につき，女子の大卒平均年収に基づいてなすべきであるとの主張は採用できない。

　ウ　慰謝料　　　　　　認容額３３０万円
（請求額３４０万円）
　（ア）傷害（入通院）慰謝料＜詳細略＞
　認容額６０万円　（請求額７０万円）
　（イ）後遺障害慰謝料＜詳細略＞
　認容額２７０万円（請求額のとおり）
　エ　前記アないしウの認容額を合計すると

９４７万６５５６円となる。

オ　過失相殺について

被告旭らは，本件事故の大きな原因は原告の不注意であり，相当額の過失相殺をすべきであると主張する。確かに，本件事故は，原告がアルマイト製の皿の上に本件食器を載せて移動している最中に生じたものであって，原告の本件食器の保持状態は，割れる可能性のあるものの取扱いとしては適切さを欠くものであり，原告が少なくとも年齢（満８歳）相応の事理弁識能力が有していたといえること，本件事故の約１年前にコレール食器を落とし，破損させた経験があったことなどに照らすと，過失相殺すべき旨の被告旭らの主張も理解できるところはある。しかし，学校給食用の食器は，危険状態に対する判断力や適応能力が十分でない小学校低学年の児童も使用することが予定されているものであるから，それを前提にした安全性を備えるべきであるところ，コレールが割れた場合の危険性の大きさに鑑みれば，それを使用者に認識させるだけの警告を欠いた表示上の瑕疵は重大であること，上記認定のとおり，本件小学校においては，児童は，給食用食器の返却の際などにお盆を使わず，使用した食器を重ねて運ぶことが多かったが，教職員がこれを特に注意することはなかったこと，本件事故の際，原告は着席しようとしていた児童と接触したものであり，多数の児童が一時に大量に使用する給食用食器として，異常な用法によって生じたものとはいえないこと等，本件事故態様及び原告の年齢等，その他本件に現れた一切の事情に照らすと，原告の行為について，コレールの表示上の欠陥の内容と対比した場合に，過失相殺しなければ公平を失するといえるまでの事情は認められない。よって，被告旭らの主張は採用できない。

カ　弁護士費用　　　認容額９０万円（請求額２２０万円）　＜詳細略＞

キ　そうすると，原告が被告旭らに対し請求することができる金員は，１０３７万６５５６円となる。

第四　結論　以上より，原告の請求は，１０３７万６５５６円及びこれに対する本件事故発生の日である平成１１年２月１９日から支払済みに至るまで年５分の割合による金員の支払を求める限度で理由があるからこれを認容し，その余は理由がないからこれを棄却することとし，主文のとおり判決する。

（裁判長裁判官　東畑良雄　裁判官　大澤晃　谷口真紀）

【課題】　上記の給食食器破損事件判決を読んで，以下の質問について考えてみよう。

Q1　コレールのメーカーの法務担当は，コレールの設計，製造，販売等の事業について，どのような働きをすることができるであろうか。

Q2　コレールのカタログ，取扱説明書等にどのような記載をすべきであったか。具体的な記載内容を検討せよ。

Q3　本件でコレールメーカーは製品のリコールをすべきであろうか。どのような対応をすべきか，具体的に考えよ。

4　企業と闘う企業法務 —— ユーザーユニオン事件

【課題】　ユーザーユニオン事件（以下で概要を解説）を読んで，企業と闘う企業法務の在り方や交渉行動の限界について考えてみよう。

　自動車に関する消費者運動を推進するとの目的で設立された「日本自動車ユーザーユニオン」の監事兼顧問弁護士と専務理事兼事務局長の自動車技術者が，本田技研，トヨタ，日産などの自動車製造・販売会社数社に対し，製品の自動車に欠陥があるとして，「マスコミに欠陥を発表する。民事訴訟を提起する。国会や運輸省等に調査を促す。」などと申し入れて多額の示談金を要求し，計3件9750万円の支払いをさせ，計4件18億9854万円の支払いの約束をさせた。

〇東京地裁昭和52年8月12日判決（判例時報872号21頁）　第1審判決はこれを恐喝，恐喝未遂と認定し，弁護士を懲役3年，技術者を懲役2年の実刑に処した。交渉に当たって，相手方に自己の主張の根拠を十分に説明し，その要求があれば証拠も開示し，反論に耳を傾ける態度をとるべきことはいうまでもなく，示談交渉の名のもとに自己の要求だけを一方的に正しいものとして押しつけ，相手方の言い分もよく聞かずに，何らかの事柄に仮託して相手方の意思決定を強制することは明らかに相当でないとされ，被告人らの交渉態度は，もはや相手方に対する説得や駆引きの範囲を越えており，明らかに相手方の意思決定を強制したものであって違法であるとされ，このような交渉が弁護士の業務としてなされたものであるからといって，相手方に対する強制にわたるような行為が正当化されるものではないとされた。

〇東京高裁昭和57年6月28日判決（判例時報1047号35頁）　控訴審は，以下のように判示して原判決を破棄した。

　他人に対して権利を有すると確信し，かつ，そう信ずるについて相当な理由を有する場合は，権利実現のために多少の脅迫的言動が加えられたとしても，それが権利行使の方法として社会通念上被害者において忍容すべきものと一般に認められる程度内のものである限り，恐喝罪は成立しないとし，ホンダN360に関する8千万円については被告人両名は，同車を欠陥車と確信し，その欠陥による事故の典型例として，被害者親子3人死亡事故の遺族に製造者である同社に対する1億円程度の損害賠償請求権が存在すると確信していたもので，そのように信ずるについて相当な理由（資料）を有し，右遺族の代理人らとして権利行使の意図をもって示談交渉に当つたものであり，種々の脅迫的な圧力をかけながら行なつた示談交渉の方法も，全体として見れば，社会通念上一般に忍容すべきものと認められる程度を超えないものと認められるとして，一部無罪とした。

　他の恐喝2件，同未遂4件については，欠陥認識については，確信－軽信－疑いと程度の差はあつても一応の認識があるものの，損害賠償請求権の存在，数額について，確信も，相当な資料もなかつたとして，その成立を認めた。

　量刑：弁護士を懲役2年，技術者を懲役1年6月，いずれも4年間の執行猶予とした。

第10章　反社会的勢力との闘い

　一流企業であっても未だに暴力団や総会屋等と関係を持っていたり，餌食になったりする事案が後を絶たない。企業法務においては，企業が違法不当な外部からの要求等に屈せず，きっぱりとした対応ができるよう支援する必要がある。この授業では，具体的な事案について，初期段階からどのような対応を行うべきか，法的な対応としてはどのようなものが考えられるか，警察との連携の在り方，暴力団等と接する場合の基本的な心構えなどを検討する。

1　企業対象暴力の実態と対応策

> 【課題】　財団法人全国防犯協会連合会「全国暴力追放推進センター」（http://www1a.biglobe.ne.jp/boutsui/index2.htm）が平成15年3月に公表した「平成14年度，企業対象暴力に関するアンケート（調査結果概要）」（全国3000社対象，約63％回収）によると，以下のように報告されている。この報告に関し，後掲の経団連「企業行動憲章実行の手引き」第7章「市民社会の秩序や安全に脅威を与える反社会的勢力および団体とは，断固として対決する。」を参考にして，以下のQを検討してみよう。

■　「平成14年度，企業対象暴力に関するアンケート（調査結果概要）」

＊「暴力団，暴力団関係企業，総会屋，社会運動標ぼうゴロ，政治活動標ぼうゴロ等の反社会的勢力からの金品の要求，契約締結の強要等（以下「要求等」という）を受けた経験の有無について，『ある』とする企業が783社（41．3％）にのぼっている。」

＊「…暴力団からの要求では『製品の欠陥等へのクレーム及び示談金名下の金品の要求』が最も多く，…26社…，以下，『下請け契約締結の要求』（17社…），『物品購入の要求』（16社…），『寄付金・賛助金名下の金品の要求』及び『機関紙（誌）購入の要求』（ともに15社…）が続く。」

＊その他の要求行為としては，「マスコミや行政等に連絡しないことの見返り」，「口止め料」，「地域対策費」，「騒音等の迷惑料・慰謝料」，「正当な代金・料金の不払い，踏み倒し」，「融資の要求」，「株の信用取引の要求」，「損失補

てんの要求」、「不動産の明渡し、立退き料」、「共同事業の申し入れ」、「経営参加の申し入れ」、「街宣活動を行わないことの見返り」、「株主総会の運営を紛糾させないことの見返り」などがある。

> Q　このような要求等が暴力団などからなされてきたら、どのように対応すべきだろうか。具体的にイメージしてみよう。

＊要求に対する対処については、
　1)「要求等を拒否した」とする企業が83.8％と8割を超え、圧倒的に多かった。
　2) しかし、要求に応じた企業は68社にのぼる。内訳は以下のとおり。
「要求等に全面的に応じた」3社、「要求等の一部に応じた」23社、「当初、拒否したが最終的には要求等に全面的に応じた」7社、「当初、拒否したが最終的には要求等に一部に応じた」35社
＊要求に応じたとする企業の理由は、以下のとおり。
「トラブルが拡大することを恐れた」22社、「要求金額が小額であったから」16社、「当方にも一部非があったため」16社、「対応に不慣れであったため」13社、「以前から応じており、断るのが困難だから」13社、「襲撃を受ける危険性があると思った」4社、「払っておけば逆に役に立つこともあろうと思った」2社。
　その他、「威圧感を感じた」、「役員が直接対応してしまった」、「相手をするのが面倒になった」、「どの企業も行っている業界の慣行」などが挙げられている。

> Q　上記の「応じた理由」を見てどのように感じるか。個々の理由について、その当否を検討してみよう（例えば、要求に応じれば本当にトラブルの拡大が防げるか）。諸君ならば、どのようなことを考え、どのようなことを検討し、どのように行動するか。

＊　要求に従わなかったときの相手の行動は、「引き下がった」が515社（73.4％）あるが、「物的損害や人的危害を加えてきた」というものも10社（1.4％）ある。
　その他、「会社を中傷するような街宣活動を行った」、「迷惑電話などのいやがらせ行動を続けた」、「要求等の内容や態様を変えてきた」、「親会社や監督官庁等に連絡すると脅してきた」などがある。

＊　えせ右翼からの糾弾活動は、「本社（本店）への街宣」23社（39％）、「支社（支店・営業所）への街宣」15社（25.4％）、「インターネットのホームページ等への中傷記事の記載」5社（8.5％）、その他、「役員及び関係社員宅付近への街宣」、「ビラ貼り・ビラ配り」、「取引先等への中傷文書投げ込み」などがある。

> Q　このような行動を受けた場合、どうすべきであろうか。

＊糾弾活動を受けた際の対応は、「警察に届けた」、「弁護士に相談した」、「暴力追放推進センターに相談した」というものが多いが、「暴力団に相談した」、「他の政治団体に相談した」、

> Q 「暴力団に相談した」,「他の政治団体に相談した」という対応がなぜ生じるのだろうか。

> Q 企業は上記で見たような反社会的勢力への適切な対策を行うために,どのような取り組みをすべきだろうか。

＊反社会的勢力対策のための取り組みをしているという企業が６１５社あり,その取り組み内容は以下のようなものになっている。
「警察や暴追センターとの連絡体制の強化」,「社員に徹底するための企業倫理マニュアルなどの作成」,「企業倫理綱領など社の基本方針の策定」,「社員に対する倫理研修」などが多く,その他,「業務監査の強化」,「旧総務部などの改組・人事の一新」,「企業対象暴力対策の専任組織（者）」,「顧問弁護士を依頼」,「特防連・企防協会への加入」,「関係遮断の宣言」,「機関紙等の購読の打ち切り」など。

■ 経団連・企業行動憲章実行の手引き 第７章　　１９９７年１１月７日 改訂
　市民社会の秩序や安全に脅威を与える反社会的勢力および団体とは,断固として対決する。

１　背　景
（１）多様化する反社会的勢力,団体
　近年,市民社会の秩序や安全に脅威を与え,経済活動にも障害となる反社会的勢力,団体の活動は,以前に比べてますます知能化,巧妙化しつつあり,その多様化が進んでいる。暴力団活動もその例外ではなく,広域化,寡占化を進めると共に,その活動も多様化,悪質化の傾向を辿っている。
（２）暴力団対策法の施行と暴力団活動の変質
　こうした動きに対応して,９２年に施行された「暴力団員による不当な行為の防止等に関する法律」（暴力団対策法）を一つの契機に,市民や企業の間では反社会的勢力,団体に対する排除意識が確実に深まりつつある。
　しかし一方で,暴力団対策法の施行やバブル経済の崩壊等によって収入源が乏しくなったそれらの勢力は,恐喝,強要,嫌がらせなど企業を標的とした行動が目立つようになった。またその手口も,あたかも合法的経済取引に見せかけるなど,益々,悪質,多様化しつつある。
　例えば,株主権の行使に名を借りて企業に揺さぶりをかけたり,社会運動や政治運動を仮装・標榜して企業に対して賛助金や協力費等の名目で金品を要求するケースも増えている。
（３）求められる反社会的勢力,団体との対決姿勢
　こうした中で各企業は,社会的責任を強く認識して,その姿勢を正し,反社会的勢力,団体に屈服したり,癒着したりすることは厳しく戒め,かつ,これらの勢力や団体とは断固として対決する基本方針を改めて確立することが求められている。
　最近,我が国を代表する大手企業においていわゆる総会屋への利益供与事件等の不正取引が次々と発覚するところとなり,国民の企業に対する信頼度は大きく低下するとともに,我が国の国際的な信用も損なわれる事態となっている。これは,これまで日本企業が経験

したことのない深刻なものであり，今，改めて企業における倫理が問われている。

2　基本的心構え・姿勢

（1）企業倫理の確立と遵法精神の徹底

反社会的勢力や団体との関係根絶のためには，各企業において企業倫理の確立，徹底を図ること，また企業のトップが意識改革を行い，総会屋等の反社会的勢力，団体との関係を断つという断固たる決意をすることが必要である。

今，企業行動に対する社会の目は非常に厳しいものとなってきている。不祥事に対する社会の反応に見られる通り，企業関係者が法律違反や社会の一員として妥当性を欠く行動をすれば，その企業は法的制裁を受けるだけでなく，社会的な批判にさらされ，永年培ってきた名声や信用を一夜にして失い，その存続すら危うくなることもある。

このような事態にならぬよう，事業遂行にあたっては，企業トップから従業員一人一人に至るまで遵法の意識を持つと同時に，社会的良識を備えた善良な市民としての行動規範を確立，遵守する。

（2）関係遮断

企業活動がますます広範に展開され，また，企業間競争が激化する中で，企業と反社会的勢力，団体が結びつく危険性がないとは言い切れない。企業は自らがそれらの勢力，団体に決して入り込まないよう厳しく戒めなければならない。企業がその姿勢を正すとともに，反社会的勢力，団体に毅然とした態度で臨むことは企業の倫理的使命であり，企業活動の健全な発展のために不可欠の条件であるとの認識を持つ。

（3）毅然とした対応（「三ない」の基本原則）

反社会的勢力，団体に対しては，「三ない」すなわち「金を出さない」「利用しない」「恐れない」を基本原則として，毅然とした態度で対応する。

企業は常に，危機管理意識を持ち，反社会的勢力，団体に付け入る隙を与えないよう企業活動の実践の場において「三ない」の基本原則を徹底するよう努める。暴力団対策法をはじめとする法令が本当に機能するか否かは，企業側の心構えにかかっている。

（4）企業内コンセンサスの確立

集団の威力を背景とした反社会的勢力，団体による組織暴力に対しては，組織で対抗するのが基本姿勢であり，企業の担当者個人による対応にまかせるようなことは極力回避する。また，総会屋等については，企業として一切の接触を遮断する。それにより，担当者個人が問題を抱え込み，時として心ならずも徐々に相手のペースに引き込まれていく構図は排除しなくてはならない。

こうした観点から，個人的関係の生成やその助長を防止する社内基盤の確立，すなわち，反社会的勢力，団体に企業をあげて立ち向うことについて企業内のコンセンサスを確立する。

（5）平素の備え

基本的心構えの一つとして，平素から備えを厳重に固めておくことが必要である。反社会的勢力，団体の実態を的確に見据えることが大切であり，相手の真の姿を平素から研究し，具体策を練っておく。また，暴力事件に発展する場合には直ちに警察に通報することになるが，企業においては常に，「立証措置」を考慮に入れて対応する。トラブルに巻き込まれた場合には安易な妥協をせずに法的な判断を前提とし，個々の事案の内容に応じて適切な解決を図ることを基本とする。社内の総務，法務，審査，監査等の各関係部門が情報を共有し，反社会的勢力，団体との対応において横断的な協力体制を構築しておく。

3　具体的アクション・プランの例

(1) 企業のトップの決意（絶縁宣言）とその実行

　企業のトップは，自ら反社会的勢力，団体の実態を把握し，それらとの関係を完全に遮断し，断固としてこれらを排除する決意を社内外に明らかにする（絶縁宣言）。そして危機管理を自らの役割として認識し，基本方針を明確に打ち出し，担当部門任せではない，組織的対応を可能とする体制を確立する。これにより，企業としての意思を統一すると共に，企業を取り巻く危機の実態や問題点が企業トップや関係幹部にタイムリーに，かつ，迅速に伝達されるシステムを合わせて構築する。

(2) 対応組織体制の整備

　企業意思を統一し，社内における危機管理意識を高めながら，反社会的勢力，団体の動きに組織的に対応していくためには，次のような対策を通じて社内体制の整備をはかる。

　①対応責任者の決定と対策委員会等の設置（「業務監視委員会」等）
　②情報の一元化をベースとした指揮命令系統の整備
　③社内での緊急報告ルート，連絡システムの構築
　④従業員に対する教育，指導の徹底，啓蒙の強化
　⑤水際で防御するための的確な受付け体制の整備
　⑥社内関係部門間の横断的協力体制の構築

(3) 複数対応の原則と「立証措置」への配慮

　集団的暴力行為の威嚇に対しては，企業サイドも必ず複数でチームを組んで対応し，担当者を孤立させないようにする。

　対応の初期段階から相手の確認を行うとともに，不当な要求行為の事実，交渉経緯等の「立証措置」に十分配慮する。この面でも，社内の法務部門との連携が必要である。

(4) 迅速な被害届け

　反社会的勢力，団体による行為により被害を被ったときには，被害額の大小にかかわらず，泣き寝入りすることなく，直ちに警察に被害届けをだすことを躊躇してはならない。この点についても，企業のトップの毅然とした姿勢が社内に周知徹底されていることが必要である。また，そうした被害につき，損害賠償請求訴訟の提起など，民事的な対策を講ずることも検討する。

(5) 理論武装，法的武装

　企業における総務，法務などの関係部門は，事業活動等を律する各種の法令，関係機関の行政指導事項などについて平素から関心を持ち，調査，研究を怠らないように努める。反社会的勢力，団体に立ち向かうためには，法的手段に訴えていくことを考慮する。状況に応じて，刑事・民事両面からの対応を考慮することが必要である。暴行，傷害，脅迫等の行為については，その被害を直ちに警察に申告することが暴力追放の根本であり，また，例えば街宣車を使っての嫌がらせには，裁判所から「街宣活動禁止の仮処分」の決定を得ることが有効である。このための法的武装を整えるにあたっては，顧問弁護士に加えて専門の弁護士等からの協力，助言をタイムリーに得ることも大切である。

　日本弁護士連合会や各単位弁護士会における民暴対策活動（各都道府県の「民事介入暴力被害者救済センター」）を積極的に利用し，問題の未然防止や適切，迅速な処理に当たる。

(6) 反社会的勢力，団体に対する自衛策の実施

　社内に暴力団追放運動に関するポスターや関係団体の会員証を掲示したり，会社施設や幹部宅などに防犯カメラを設置するなどして自主防衛措置を実施する。こうした企業における自衛策の強化をアピールすることにより，

反社会的勢力,団体に対してガードが固いことを明示する環境づくりを行う。平素から企業をあげて暴力団等に対処する予防システムの構築が必要である。

(7) 情報の交換,収集,蓄積

関係情報を他社との間で交換するとともに,常にマスコミ,個人的人脈等からの収集を欠かさず,生きた情報として,いつでも活用できるよう蓄積,整備しておく。これにより,相手の動きを的確に知ることができ,反社会的勢力,団体に企業が毅然と対峙していく上で,大きなポイントとなる。

(8) 業界全体,地域企業での反社会的勢力,団体排除への取り組み

各業界団体や地域企業が団結し,反社会的勢力,団体の排除に向けた取り組みを行う。各企業の関係者が情報を共有し,この分野での問題点を相互にチェックし合える土壌づくりを進めることにより,反社会的勢力,団体に対する企業の自衛策を一層強固なものとするよう努める。

総会屋等の反社会的勢力,団体に対して,商法違反となるような金品供与の中止はもとより,不当な収益をもたらすおそれのある寄付金や賛助金の提供,資材等の購入も中止し,これらの不当,不法な要求には一切応じないことを各業界レベルで申し合わせておくことが大切である。

こうした取り組みは,業界そのもののガードを固めることになり,また,反社会的勢力,団体と対決する際の「味方」を増やすことにもなる。業界の団結により業界全体で被害を防止したり,地域の企業が団結し反社会的勢力,団体と対決することなども有効な対策となる。

(9) 総会屋等が発行する情報誌の購読中止等

総会屋等が発行する情報誌については,直ちにその購読,広告出稿を中止する。また,企業活動を妨害される恐れがあるといった理由で購読等を行っている情報誌についても,その購読,広告出稿等は差し控える。この点についての業界全体での結束は,購読中止等の実行にあたって大きな力となる。

また,その他の新聞,雑誌等の購読や広告掲載についても,警察や業界等からの情報に基づき,社内での厳しいチェックをへて,その必要性を判断すべきである。判断にあたっては,必要性や相当性を裏付ける資料を確保し,発行元についての慎重な調査を実施する。

(10) 警察等関係行政機関との緊密な連携

関係行政機関への通報,相談窓口を設置し,平素から緊密な連携を保つことが望ましい。警察には早い段階で相談し,連絡することが肝要である。特に,総会屋対応については,警察との普段からの意思疎通が重要であり,不法,不当な要求に対しては,その前兆を察知した段階で,迅速に連絡し,適時・適切なる指導と支援を要請することがキー・ポイントである。

各都道府県ごとに設置されている「暴力追放運動推進センター」の活用も有効である。

(11) 対策マニュアルの作成と活用

暴力団の介入手口は極めて多様であり,近年,一段と知能化,巧妙化している。彼らは,あらゆる手段を講じて企業に入り込む機会をうかがっており,例えば,合法的な形態で派遣社員を差し向けることによって,企業との接触を試みることもある。

反社会的勢力,団体を分類し,各区分ごとに,その特性,行動パターン等を分析,整理し,具体的事態に即しての対応マニュアルを作成する。こうしたマニュアルを社内で活用することにより,「経験」の不足を補い,企業における窓口部門による臨機応変の対応の一助として役立てることが重要である。

(12)「暴力団対策連絡協議会」の活用

　警察庁と経団連が協力して運営している「暴力団対策連絡協議会」に積極的に参加する。ここで討議された内容や収集した情報を広く関係会社に開示し，周知徹底すると共に，グループ各社の従業員の啓蒙を図り，グループをあげて，反社会的勢力，団体に断固として対決しうる体制を整備する。

【反社会的勢力，団体を排除するための組織の概略】

1　暴力団対策連絡協議会

　これは，警察庁と経団連が協力して運営しているものである。警察庁側の幹事は警察庁暴力団対策本部，経団連側は，総務本部となっており，年に1〜2回程度開催されている。経団連側の委員には，各業界団体（13団体）の会長会社の総務部長が就任している。暴力団対策法の施行状況や直近の暴力団情勢等について情報交換している。

　社団法人警視庁管内特殊暴力防止対策連合会（「特防連」）これは，東京都内における特殊暴力を効果的に排除し，その被害を防止することによって広く社会公共の繁栄のために寄与することを目的に設立されたものである。現在，特防連に加盟している各地区の特殊暴力防止対策協議会（略称「地区特防協」）は，47地区2107社で結成されており，警視庁暴力団対策課および地元警察署と連携しながら，特殊暴力の追放・排除活動にあたっている。

　特殊暴力とは，暴力団，総会屋等による，企業に対する寄付金・賛助金・出版物の購読料等の名目のいかんを問わない金品その他の財産上の利益の供与を強要する等の不当要求および面会の強要，強談威迫，暴力的不法行為その他の迷惑行為と広く定義され，特防連ではこうした特殊暴力に関する情報の提供，研修会や講演会の開催，企業防犯に関する相談，指導などの活動を行っている。

　会員になるには，地区特防協の推薦を受けて，理事会の承認が必要である。理事長には，経団連事務総長が就任している。

2　暴力追放運動推進センター

　暴力団対策法では，暴力団排除活動を効果的に推進するため，都道府県ごとに暴力団追放運動推進センターを指定し，暴力団追放運動，暴力団による不当な行為に関する相談に応ずることなどの事業を行わせることとしている。暴力団追放運動推進センターには，「都道府県暴力追放運動推進センター」と「全国暴力追放運動推進センター」がある。

　例えば，東京都では，「財団法人暴力団追放運動推進都民センター」が民間での暴力団排除運動を支援するための推進母体として設立されている。ここでは，主として暴力団追放に関する思想の高揚，知識の普及をはかるための広報，民間の自主的な組織活動に対する支援，暴力団員の不当行為等に関する相談などの事業を行っている。

　全国暴力追放運動推進センターでは，各都道府県センターの事業について，連絡調整をはかることが主たる事業内容となっている。

3　民事介入暴力被害者救済センター

　日本弁護士連合会では，「民事介入暴力対策委員会」を設置するとともに，各単位弁護士会に対して民事介入暴力被害者救済業務への取組みを要請し，これを受けて，各弁護士会では「民事介入暴力被害者救済センター」を設置した。

　東京都においては，東京三弁護士会が「民事介入暴力被害者センター」を開設し，民事介入暴力またはそのおそれのある案件について被害者の依頼を受けた場合，弁護士会に所属する弁護士に法律相談または事件の受任を紹介するなど，関係諸機関との協力体制の下，問題の解決にあたっている。

【関係法規等】
1　暴力団員による不当な行為の防止等に関する法律
　暴力団員の行う暴力的要求行為等について必要な規制を行い，暴力団員の活動による被害の予防等に資するための民間の公益団体の活動を促進する措置等を講ずることなどを通じて，市民生活の安全と平穏の確保を図り，これにより国民の自由と権利の保護を目的とするもの。
2　商法の利益供与の禁止に関する関係条項
＜略＞
3　民暴対策（特に街宣車による嫌がらせの例）の仮処分の留意点
（1）迅速に証拠固めを行うこと
・街宣行為の日時の記録をとる。
・カメラやビデオなどによる街宣行為の現場状況につき証拠を残す。
・拡声器から流れる声の録音でもよい。この場合には，直ちにこれを文書に記録化する。
・騒音を測定器を用いて測定する。
・現場に立ち会った者や関係者に，状況や経過につき，報告書を作成させる。
（2）間接強制を準備すること
　仮処分が出てもなお，街宣活動がおさまらないときは，違反行為に制裁金を課す間接強制を申し立てる。また，威力業務妨害罪等の刑事告訴も準備する。
（3）本案訴訟では損害賠償の請求も行うこと
　本案訴訟では，妨害等の禁止だけではなく，妨害等により被った被害について，損害賠償の請求も行う。

2　総会屋への利益供与

【課題】　以下の刑事事件判決を読んで，事件の事実関係をまとめなさい。

● **東京地裁平成10年10月15日判決**（判例タイムズ1000号340頁）

　　　　　　主　　文
被告会社大和證券株式会社を罰金4000万円に処する。
　　　　　　理　　由
（犯罪事実）被告会社大和證券株式会社は，東京都千代田区大手町〈番地略〉に本店を置き，有価証券の売買，有価証券市場における有価証券の売買等の委託の取次ぎなどを目的とする証券会社であり，被告人Aは，被告会社の代表取締役副社長として，被告会社総務部等の業務全般を掌理していたもの，被告人Bは，被告会社の常務取締役総務本部長として，被告会社総務部の業務全般を掌理していたもの，被告人Cは，被告会社の総務副本部長兼総務部長（平成7年7月15日からは総務副本部長）として，被告会社総務部の業務全般を掌理していたもの，被告人Dは，被告会社の総務部付部長として，被告会社の株主総会の運営，株主との対応等の業務に従事していたもの，被告人Eは，平成7年9月17日まで被告会社の常務取締役エクイティ本部長として，被告会社エクイティ本部の業務全般を掌理していたもの，被告人Fは，被告会社のエクイティ部長兼株式担当部長（平成7

年4月26日からはエクイティ本部長付部長）として，被告会社の株式等の自己売買を担当していたものであるが，被告人6名は，共謀の上，法定の除外事由がないのに，被告会社の業務及び財産に関し，被告会社の一単位の株式の数（1000株）以上の数の株主である甲の株主の権利の行使に関し，平成7年6月29日に開催される被告会社の第58回定時株主総会及び平成8年6月27日に開催される被告会社の第59回定時株主総会で，議事が円滑に終了するよう協力を得ることの謝礼の趣旨で，被告会社の顧客である甲が，株式会社小甚ビルディング及び仲本元成の各名義で行った株式の売買につき，当該株式について多額の損失を生じていたことから，その損失の一部を補てんするため，被告会社の計算において，甲に対し，財産上の利益を提供するとともに供与しようと企て，被告会社が顧客の注文約定等の事務処理を委託している東京都江東区永代〈番地略〉所在の株式会社大和総研に設置されたホストコンピューターを使用するなどの方法により，別紙犯罪事実一覧表記載のとおり，平成7年1月9日から同年12月21日までの間，前後52回（被告人Eについては，同年1月9日から同年9月12日までの間，前後40回）にわたり，同表の自己取引の状況欄記載の株式の買い付け及び売り付けは，いずれも被告会社が自己の計算において行ったものであったのに，甲から委託を受けて行った取引として，これらを右株式会社小甚ビルディング名義又は仲本元成名義の各取引勘定に帰属させ，甲に対し，合計2億279万5151円相当（被告人Eについては，合計1億6855万2796円相当）の財産上の利益を提供するとともに供与し，もって，被告会社の業務及び財産に関し，有価証券の売買その他の取引等につき，当該有価証券等について生じた顧客の損失の一部を補てんするため，当該顧客に対し，同人の株主の権利の行使に関し，被告会社の計算において，財産上の利益を提供するとともに供与したものである。

（証拠の標目）〈省略〉

（法令の適用）罰条及び科刑上一罪の処理判示の別紙犯罪事実一覧表の番号1から10までの各所為について被告会社罰条同表の番号ごとにいずれも（同表の番号3，8及び10についてはそれぞれ包括して）平成9年法律第117号による改正前の証券取引法（以下改正前の証券取引法という。）207条1項2号，199条1号の6，50条の3第1項3号（いずれも裁判時においては，右改正後の証券取引法（以下改正後の証券取引法という。）207条1項2号，198条の2，50条の3第1項3号に該当するが，犯罪後の法令により刑の変更があったときに当たるので，平成7年法律第91号による改正前の刑法（以下改正前の刑法という。）6条，10条により軽い行為時法の刑による。）被告人6名罰条各損失補てんの点同表の番号ごとにいずれも（同表の番号3，8及び10についてはそれぞれ包括して）改正前の刑法60条，改正前の証券取引法199条1号の6，50条の3第1項3号（いずれも裁判時においては，改正前の刑法60条，改正後の証券取引法198条の2，50条の3第1項3号に該当するが，犯罪後の法令により刑の変更があったときに当たるので，改正前の刑法6条，10条により軽い行為時法の刑による。）各利益供与の点同表の番号ごとにいずれも（同表の番号3，8及び10についてはそれぞれ包括して）改正前の刑法60条，平成9年法律第107号による改正前の商法（以下改正前の商法という。）497条1項（いずれも裁判時においては，改正前の刑法60条，平成9年法律第107号による改正後の商法（以下改正

後の商法という。）４９７条１項に該当するが，犯罪後の法令により刑の変更があったときに当たるので，改正前の刑法６条，１０条により軽い行為時法の刑による。）科刑上一罪の処理同表の番号ごとにいずれも改正前の刑法５４条１項前段，１０条（いずれも一罪として重い証券取引法違反の罪の刑でそれぞれ処断）判示の別紙犯罪事実一覧表の番号１１から５２まで（被告人Ｅについては，同表の番号１１から４０まで）の各所為について被告会社罰条同表の番号ごとにいずれも（同表の番号１７，１９，２６，２８，２９，３４，３５，３８，３９及び４２についてはそれぞれ包括して）改正前の証券取引法２０７条１項２号，１９９条１号の６，５０条の３第１項３号（いずれも裁判時においては，改正後の証券取引法２０７条１項２号，１９８条の２，５０条の３第１項３号に該当するが，犯罪後の法令により刑の変更があったときに当たるので，刑法６条，１０条により軽い行為時法の刑による。）被告人６名罰条各損失補てんの点同表の番号ごとにいずれも（同表の番号１７，１９，２６，２８，２９，３４，３５，３８，３９及び４２についてはそれぞれ包括して）刑法６０条，改正前の証券取引法１９９条１号の６，５０条の３第１項３号（いずれも裁判時においては，刑法６０条，改正後の証券取引法１９８条の２，５０条の３第１項３号に該当するが，犯罪後の法令により刑の変更があったときに当たるので，刑法６条，１０条による軽い行為時法の刑による。）各利益供与の点同表の番号ごとにいずれも（同表の番号１７，１９，２６，２８，２９，３４，３５，３８，３９及び４２についてはそれぞれ包括して）刑法６０条，改正前の商法４９７条１項（いずれも裁判時においては，刑法６０条，改正後の商法４９７条１項に該当するが，犯罪後の法令により刑の変更があったときに当たるので，刑法６条，１０条により軽い行為時法の刑による。）科刑上一罪の処理同表の番号ごとにいずれも刑法５４条１項前段，１０条（いずれも一罪として重い証券取引法違反の罪の刑でそれぞれ処断）刑種の選択被告人６名いずれも判示各罪について懲役刑をそれぞれ選択併合罪の処理被告会社刑法４５条前段，４８条２項（各罪所定の罰金の多額を合計）被告人６名いずれも刑法４５条前段，４７条本文，１０条（いずれも犯情の最も重い判示の別紙犯罪事実一覧表の番号３０の罪の刑に法定の加重）刑の執行猶予被告人６名いずれも刑法２５条１項

（罪数についての補足説明）

一　被告人らの本件各所為については，その行為の具体的な態様，期間，回数，立法の趣旨等に照らし，本件各取引日ごとに損失補てん（証券取引法違反）の罪及び利益供与（商法違反）の罪がそれぞれ成立するものと解されることは，法令の適用で示したとおりであるが，被告人Ａ，同Ｂ及び同Ｃの各弁護人並びに検察官は，これと異なる主張をするので，若干補足して説明する。

二　１　まず，被告人Ａ，同Ｂ及び同Ｃの各弁護人は，①被告人らの本件各犯行の動機及び目的が，毎年開催される被告会社の株主総会の議事が円滑に終了するように甲の協力を得るためという単一のものであること，②甲に対する支払の態様が，一銘柄ごとの利益をその都度計算して現金で支払うというものではなく，継続した期間全体の利益を累積し，特定の銘柄の分としてではなく，当該時点での利益額を合算して１つの金額として甲に報告し，その求めにより，要求額を一口として支払うというものであること，③被告人Ａ，同Ｂ及び同Ｃの共謀の態様が，付け替えを実行する日ごとにあるいは個々の銘柄ごとに了承を求められ，あるいは与えていたというもの

ではなく，相被告人に概略的で包括的な了承を与えたにすぎないのであって，その都度具体的に了承をしていたものではないことなどに照らして，被告人らの本件損失補てん及び利益供与の各行為につき全体としてそれぞれ包括一罪が成立する旨主張する。

2 たしかに，被告人らの本件各行為が，定時株主総会で議事が円滑に終了するよう甲の協力を得るためになされたものであること，甲が，株式会社小甚ビルディング名義及び仲本元成名義の各取引勘定（以下小甚ビルディング名義等の各取引勘定という。）に利益が帰属される都度，それらの勘定から出金していたものでないこと，被告人らが，取引日ごとにその都度，意思疎通を図っていたものでないことは，右各弁護人の主張するとおりである。

3 しかしながら，被告人らの損失補てん行為及び利益供与行為は，被告人らが，本件各取引日に，被告会社が自己の計算で行った株式の買い付け及び売り付けの双方を，又は買い付けのみを，甲から委託を受けて行った取引としてホストコンピューターに入力させ，小甚ビルディング名義等の各取引勘定に帰属させることによって，それぞれ既遂に達するのであり，甲の出金の有無や態様は，犯罪の成否に影響を及ぼすものではない。

また，甲の利益の提供及び供与は，機械的に反復されたというものではなく，被告人Fにおいて，本件各取引日ごとに，その都度，甲や被告会社自体の損益状況等を考慮しながら，取引の利益額等を検討し，銘柄や帰属させる方法等を選択した上で行っているのである。

そして，被告人らの共謀の内容は，被告人Fがそのように個々に判断を加えて甲に利益の提供及び供与を行うことを当然の前提としたものである。

しかも，被告人らの本件各行為は，1年近くの長期間にわたり，回数も52回（被告人Eについては，8か月余りの間に40回）と多数に及んでいる上，その取り扱った銘柄も多数である。

さらに，損失補てん行為は，証券市場における適正な価格形成機能を歪め，証券会社の市場仲介者としての中立性や公正性を損なうことから禁止されたものであり，また，利益供与行為は，会社運営の健全性を害することから禁止されたものであって，被告人らの本件各取引日における行為は，その一つ一つがこのような立法の趣旨に違背するものといわざるを得ない。

したがって，これらの事情を総合すれば，右2でみたような事情を考慮しても，被告人らの本件損失補てん及び利益供与の各行為につき全体としてそれぞれ包括一罪が成立する旨の右各弁護人の主張は，失当であり，採用することができない。

三 1 一方，検察官は，同一取引日に行われた行為であっても，対象とされた株式の銘柄が異なる場合には，銘柄ごとに損失補てんの罪及び利益供与の罪がそれぞれ成立するほか，被告会社の自己勘定によって発注された同一銘柄の株式のうち，一部については買い付け及び売り付けの双方を，一部については買い付けのみを小甚ビルディング名義等の各取引勘定に帰属させた場合も，各別に損失補てんの罪及び利益供与の罪が成立する旨主張する。

2 たしかに，証券市場において，個々の銘柄の株式は，各会社の業績や資産等に基づいて評価されるものであり，証券取引法においても，個々の銘柄の株式がそれぞれ公正に取り引きされることが重要であるとして，各銘柄がそれぞれ個性のあるものとして取り扱われている。

また，被告会社が自己の計算で行った取引の中から，甲に対し，買い付け及び売り付けの双方を帰属させる場合（以下日計りという。）と買い付けのみを帰属させる場合（以下はな替えという。）とでは，前者が確定利益を帰属させるのに対し，後者が評価利益を帰属させるものであるから，提供又は供与する利益の種類を異にしていることも明らかである。

3　しかしながら，損失補てん及び利益供与の各罪は，提供又は供与される財産上の利益の種類を問わないのであって，提供又は供与の対象となった個々の銘柄の株式の取引の公正自体を直接の保護法益としているものではないのであるから，利益の種類が異なるからといって，直ちに利益の種類ごとにそれぞれ一罪が成立してそれらが併合罪の関係に立つというものではない。

また，本件における具体的な損失補てん行為及び利益供与行為の態様をみると，被告人Fは，本件各取引日において，東京証券取引所等に被告会社の自己取引としての買い付けを発注するに当たり，短期間で利益が見込めそうな銘柄の株式を幾つも選択して買い付け注文をし，あるいは一部の銘柄の株式については数回の買い付け注文をするなどして，それらの買い付けについてホストコンピューターへの入力を保留しておき，さらに，その中で売り付けたものがある場合には，同様にホストコンピューターへの入力を保留しておいた上，その日の大引け（午後の立会いの最終取引）後に，甲や被告会社自体の損益状況等を考慮しながら，右各取引の利益について，そのまま被告会社の自己取引として被告会社に帰属させるものと，甲からの委託取引として甲に帰属させるものとの振り分けを行い，部下に指示してホストコンピューターにその旨入力させているのである。

このように，被告会社の自己取引として行った取引の利益は，その取引の時点ではなく，大引け後に至って初めて甲に帰属させられるのである。

またホストコンピューターへの入力を保留した取引の利益は，そのすべてが甲に帰属させられるものではなく，その中にはそのまま被告会社に帰属させられるものもあるのであって，個々の銘柄の株式について，被告会社の自己取引として行った取引の利益を甲に帰属させるかどうかは，その取引を行った段階では何ら決まっておらず，その日の大引け後に初めて決定されていたのである。

すなわち，本件においては，損失補てん及び利益供与の実行行為は，すべて大引け後に行われているのであり，対象とされた株式の銘柄が複数ある場合であっても，あるいは同一銘柄の株式につき日計りとはな替えの双方の手段が用いられた場合であっても，同一取引日に行われたものである限り，それらの利益の提供及び供与は，同一の機会になされたものであるというほかない。

したがって，このような本件の具体的な事情の下では，同一取引日において，複数の銘柄の株式が利益の提供及び供与の対象とされた場合や，同一銘柄の株式につき日計りとはな替えの双方が行われた場合には，その取引日については，損失補てんと利益供与の各包括一罪が成立するというべきであって，検察官の前記主張は，採用することができない。

（量刑の理由）

一　本件は，証券会社である被告会社の要職にあった被告人6名が，被告会社の業務及び財産に関し，被告会社の顧客で株主でもある甲に対し，同人の株式の売買について生じた損失の一部を補てんするため，同人の株主の権利の行使に関し，被告会社の計算において，多数回にわたり，財産上の利益を提供するとともに供与したという証券取引法違反及び商

法違反（被告会社については証券取引法違反）の事案である。

　被告人らは，株主総会の議事が円滑に終了するよう協力を得ることの謝礼の趣旨で，いわゆる総会屋の甲に対し，違法に利益を供与するに当たり，公正な証券取引を責務とする証券会社として行ってはならない違法な損失補てんの手段を用いたものであり，まさに二重に罪を犯したというものである。

二　本件各犯行に至る経緯をみると，被告会社は，かねてより甲との種々の関わりがあったところ，平成５年１０月に，同人の委託に基づき東日本旅客鉄道株式会社の株式を買い付けたところ，その株価が値下がりして同人に３億円を上回る損失が生じたほか，平成６年１０月及び同年１２月にも同人の委託に基づく株式の取引で同人に多額の損失が生じるなどしたため，同人からそれらの損失補てんを執拗に要求されるに至った。

　被告人らは，甲が株主提案権を有する有力な総会屋であることから，同人の要求に応じなければ，同人が株主提案権を行使するなどして被告会社の定時株主総会が著しく紛糾することになると考え，定時株主総会の議事を平穏かつ短時間に終了させるため，同人の要求を受け入れて，本件各犯行に及んだものである。

三　利益供与の禁止は，総会屋の存在とその弊害が社会的に大きな問題となったことから，総会屋の活動を根絶するため，昭和５６年の商法の改正により新設されたものであり，株主の権利の行使に影響を与える目的で会社財産を費消することを禁止することによって，会社運営の健全性を保持することをその趣旨とするものである。

　また，損失補てんの禁止は，平成３年に被告会社を含む大手証券会社等が一部顧客に対して損失補てんを行っていたことが明るみに出て，社会的に厳しい批判を受けたことから，同年の証券取引法の改正によって新設されたものであり，証券会社が顧客に対して損失補てんを行うことが，証券取引における自己責任の原則を揺るがし，証券市場における適正な価格形成機能を歪め，証券会社の市場仲介者としての中立性や公正性を損なうことから，これを禁止することによって，証券市場の公正性及び健全性を保持することをその趣旨とするものである。

　被告人らは，証券会社に勤める者として，これらの法改正やその趣旨を熟知し，利益供与や損失補てんの違法性を十分に認識しながら，法改正の趣旨に背き，総会屋との決別や証券市場の公正性及び透明性を求める社会の要請を無視して，本件各犯行に及んだのである。

　しかも，本件は，被告人らが，甲に対し，平成７年１月から同年１２月までの間に，前後５２回にわたり，合計２億２７９万円余相当（被告人Ｅについては，同年１月から同年９月までの間に，前後４０回にわたり，合計１億６８５５万円余相当）の財産上の利益を提供するとともに供与したというものであり，期間も長期に及び，回数及び取り扱った銘柄も多数で，財産上の利益も極めて多額に上っている。

　被告人らは，本件各犯行により，被告会社の運営の健全性を損ない，被告会社と総会屋との癒着の関係を強めて反社会的勢力の活動を助長するとともに，証券業界や証券市場の公正性に対する社会一般の信用を著しく傷つけたものであり，本件各犯行の結果は重大である。

四　また，本件各犯行の態様等をみると，被告人らは，被告会社の自己取引による利益を甲の使用する取引勘定に振り替えたことが，事後に外部からの検査等で発覚しないように，

被告会社のコンピューターシステムを悪用し，被告会社の計算で行った取引につき，被告会社のホストコンピューターへの入力を保留させたり，当初から委託があった旨の内容虚偽の株式注文伝票を作成させるなどして，正当な取引であったかのように仮装工作を施しているのであって，犯行の手口も巧妙かつ悪質である。

そして，被告人Eを除く被告人らが，本件発覚後に，証券取引等監視委員会の検査や検察庁の捜査に対し，当初は口裏を合わせるなどして非協力的な態度をとり続けたことも看過することはできない。

さらに，この種事案については，一般予防の観点も考慮する必要があるというべきである。

五 次に，被告会社及び被告人らの個別事情をみていくことにする。

1 被告会社は，我が国を代表する証券会社の一つであり，公正な証券取引は証券会社にとっていわば生命ともいうべきものであるにもかかわらず，代表取締役副社長ら幹部の者が多数関与し，関係部署において組織的に連携を図りながら，総会屋に対し，大規模な本件各損失補てん行為を行ったものである。

被告会社の本件各犯行は，投資者間に不公平感をもたらし，証券市場や証券会社に対する一般投資家や国民の信頼感を著しく損なうとともに，我が国証券業界に対する国際的な評価にも悪影響を及ぼしたもので，被告会社の刑事責任は重大である。

なお，被告会社の弁護人は，甲が，暴力団の背景を有し，株主提案権を有する３０万株の大株主で，その無言の威圧力は他の一般の総会屋の遠く及ぶところではなかったのであり，そのような甲から，総会屋という特別な株主の地位を利用した利益の提供を要求されたため，被告会社側では，これを拒絶することができず，やむなくその要求に従わざるを得なかったのであるから，被告会社側がいわば被害者的立場にあったものである旨主張する。

しかしながら，被告会社の要職にあった被告人らは，甲の違法な要求に対し，何ら毅然たる対応をとろうとせず，被告会社の株主総会が平穏かつ短時間に終了することのみに心を砕き，同人に株主総会で懸案事項を持ち出されないようにするために，同人に対する損失補てんの違法行為を繰り返したのである。

そして，被告会社には，株主総会では懸案事項に触れられることなく，円滑に議事が進行することこそが自社の信用の維持のために重要であり，そのためには総会屋との関係もやむを得ないとするような風潮があったことが窺われ，そのことが，被告人らをして，本件各犯行に走らせたともいえるのである。

したがって，前記のような法改正の趣旨にかんがみれば，右弁護人の主張のように，被告会社の方が被害者的立場にあったというのは，企業独自の論理に基づくものであって，社会一般に受け入れられるものではないといわなければならない。

2 さらに，被告人らの本件各犯行における役割や関与の度合い等をみると，次のとおりである。

（一）被告人Aは，平成２年に総務部担当の常務取締役として甲との交渉に当たって以降，同人との各種折衝に従事して，被告会社と同人との関わりについて最もよく知っていたものであり，また，平成６年６月からは総務部等を担当する代表取締役副社長という被告人らの中では最も高い地位に就いていたものである。

したがって，被告人Aは，被告人らの中では，本件各犯行について，最終的な決定権を持つ最高責任者の立場にあったものであり，

その刑事責任は最も重いといわなければならない。

(二) 被告人Bは，平成6年7月から常務取締役総務本部長の重職にあり，本来，違法行為をやめさせるべき立場にあったにもかかわらず，被告人Cから被告会社と甲との関わりについて説明を受け，本件各犯行について了承を与えたものであって，その刑事責任は重いものがある。

(三) 被告人Cは，平成4年から業務システム副本部長兼総務部長として総務部の業務全般を掌理するようになり，平成6年7月からは総務副本部長兼総務部長，平成7年7月からは総務副本部長の職にあったもので，被告人らの中では被告人Aに次ぐ古参者として総会屋対策を担当してきた経緯がある。

被告人Cは，被告人Aの了承を得た上，自ら被告人Fや同Eに依頼をして，本件各犯行を実行させているのであって，本件において果たした役割は大きく，その刑事責任は重いものがある。

(四) 被告人Dは，平成6年2月から総務部付部長として，甲との直接交渉を担当し，同人の要求がある場合には被告人Cらにそれを報告したり，小甚ビルディング名義等の各取引勘定から甲のために出金手続を行うなどしていたのであって，その刑事責任は軽くない。

(五) 被告人Eは，平成6年2月から平成7年9月17日までの間，常務取締役エクイティ本部長として，エクイティ本部の業務全般を掌理していたのであって，後任者が甲に対する利益供与及び損失補てんを拒んだために他の被告人らの本件各犯行の継続が困難になったことからも明らかなように，本件各犯行を阻止することが可能な立場にあったにもかかわらず，エクイティ本部長の職にあった同日までの間，本件各犯行を了承し，直属の部下である被告人Fをしてその実行行為を行わせていたのであって，その刑事責任は軽くない。

(六) 被告人Fは，平成6年2月からエクイティ部長兼株式担当部長の職に，平成7年4月からはエクイティ本部長付部長の職にあって，被告会社の株式等の自己売買の担当者として，自らの相場の値動きに関する情報を駆使して，本件各犯行の実行行為を担当し，本件に不可欠な役割を果たしたものであり，その刑事責任は重いものがある。

六 しかしながら，他方，被告会社や被告人らのために酌むべき事情も存在する。

1 被告会社は，本件を契機として，会社内外に向けて，本件に対する反省の念を表明し，今後，総会屋等の反社会的勢力との絶縁を誓約するとともに，社内の組織改革を行い，倫理規定を制定するなど，再発防止のための方策を講じている。

また，被告会社は，本件に関与した被告人らを含む職員に対し，出勤停止，減給等の社内処分を実施するとともに，現在の役員及び監査役に対しても減給処分を実施し，本件の責任を受け止める姿勢を明確にしている。

さらに，被告会社は，大蔵大臣から関係部署の業務停止等の行政処分を受けたほか，日本証券業協会及び東京証券取引所から合計1億9000万円の過怠金の処分を受けるなど，一定の社会的制裁も受けている。

2 被告人らは，現在では，本件各犯行に及んだことについて反省後悔している。

被告人らが本件各犯行に及んだのは，自己保身のためという側面がないではないものの，純然たる私利私欲のためではなく，あくまでも会社の業務の延長として行ったものであり，実際にも，被告人らは，本件により個人的な利益を得ていない。

甲は，株主提案権を有する30万株の株主

で，不正な利益を取得するためにその株主提案権を効果的に行使する能力を有しており，これまでにも株主提案権行使の通告書面や大部の質問状を幾度も送付するなどして被告会社に揺さぶりを掛けてきたことがあり，今回も，それらを背景に，強い口調で執拗に損失補てんを要求してきたものであって，そのような同人からの要求があったことが本件各犯行の切っ掛けになっている。

被告会社と甲との関わりは，既に被告人らの前任者の時代から始まっており，被告人らは，それを引き継ぐような形で本件各犯行に至ったものである。

被告人らは，前科前歴がなく，これまで真面目に働いて被告会社の発展に寄与するとともに，公的活動を通じて証券業界や社会のためにも貢献してきた。

被告人らは，本件により，相当期間の身柄の拘束を受けるとともに，責任を取って自ら役職を辞任したり，被告会社から減給等の社内処分を受けたり，日本証券業協会からも外務員登録の取消処分を受けるなど，ある程度の社会的制裁を受けている。

その他，各弁護人指摘のような被告人らのために有利に斟酌することができる個別事情も認められる。

七　そこで，以上のような被告会社及び被告人らに有利不利な一切の事情を総合考慮した上，被告会社及び被告人らに対し，前示のとおりそれぞれ刑を量定した次第である。

（求刑被告会社に対して罰金５０００万円，被告人Ａ，同Ｆ，同Ｃ及び同Ｂに対してそれぞれ懲役１年，被告人Ｄ及び同Ｅに対してそれぞれ懲役１０月）

（裁判長裁判官服部悟，裁判官大図玲子，裁判官佐々木健二）

【課題】　上記大和証券総会屋利益供与事件判決を読んで，以下の質問について考えてみよう。

Ｑ１　判決は「被告会社の方が被害者的立場にあったというのは，企業独自の論理に基づくもの」としているが，どういう意味か。

Ｑ２　本件では総務部門の最高責任者らが組織ぐるみで利益供与等を行ってきたということであるが，なぜそのようなことが行われてしまうのであろうか。

Ｑ３　「被告会社と甲との関わりは，既に被告人らの前任者の時代から始まっており，被告人らは，それを引き継ぐような形で本件各犯行に至った」とあるが，このような引き継ぎの話が社内でなされた場合，就任者はどのように対応すべきか。「引き継ぎ」がなされないようにするためには，企業はどのようなことをすべきか。法務担当はどのようにバックアップすべきか。

Ｑ４　本件で甲は暴力団の背景も有していたということであり，「甲は，株主提案権を有する３０万株の株主で，不正な利益を取得するためにその株主提案権を効果的に行使する能力を有しており，これまでにも株主提案権行使の通告書面や大部の質問状を幾度も送付するなどして被告会社に揺さぶりを掛けてきたことがあり，今回も，それらを背景に，強い口調で執拗に損失補てんを要求してきた」ということである。このような場合，企業はどのように対応すべきか。法務担当はどのようにバックアップすべきか。

3 暴力団の加害行為と責任

【課題】 以下の判決を読んで，事実，争点，裁判所の判断をまとめなさい。

● **宇都宮地裁栃木支部平成8年1月23日判決**（判例時報1569号91頁）

原告　パチンコ店経営会社，施設所有者
被告　暴力団構成員

主　文

一　被告らは，原告有限会社Sに対し，各自金463万4972円及び内金421万4972円に対する平成5年5月7日から支払い済みまで年5分の割合による金員を支払え。
二　被告らは，原告亡丙山次郎訴訟承継人丙山花子に対し，各自金309万8842円及び内金281万8842円に対する平成5年5月7日から支払い済みまで年5分の割合による金員を支払え。
三　原告らのその余の請求を棄却する。
四　訴訟費用はこれを100分し，その13を原告有限会社Sの，その2を原告丙山花子の，その余を被告らの各負担とする。
五　この判決は，第一項及び第二項につき仮に執行することができる。

理　由

（以下，原告有限会社Sを「原告S社」と，亡丙山次郎を「亡丙山」と，原告亡丙山次郎訴訟承継人丙山花子を「原告丙山」と，被告甲野一郎を「被告甲野」と，被告乙川春夫を「被告乙川」と，原告有限会社星友代表者代表取締役丁沢三郎を「丁沢」と各略称する。）

第一　事案の概要

本件は，○○会××会A一家甲野組の組員である被告乙川が，原告S社の代表者である丁沢において同被告による「みかじめ料」の要求に応じなかったことから，平成5年5月7日午前3時55分頃，同原告の経営するパチンコ店の店舗建物に同被告運転にかかる普通乗用自動車を故意に激突させたり，同店舗内においてパチンコ遊技用椅子等をパチンコ遊技機等に投げ付けたりなどして，丁沢が亡丙山から賃借し原告S社をしてパチンコ店の営業をさせている原告丙山所有にかかる建物，及び原告S社所有のパチンコ遊技機等を損壊した不法行為について，原告らから，被告乙川に対しては民法709条の不法行為に基づく損害賠償請求を，右甲野組の組長である被告甲野に対しては民法715条の使用者責任に基づく損害賠償請求をした事案である。

第二　請求の趣旨

一　被告らは，原告S社に対し，各自金585万0094円及び内金535万0094円に対する平成5年5月7日から支払い済みまで年5分の割合による金員を支払え。
二　被告らは，原告丙山に対し，各自金331万8842円及び内金281万8842円に対する平成5年5月7日から支払い済みまで年5分の割合による金員を支払え。
三　訴訟費用は被告らの負担とする。
四　仮執行の宣言

第三　当事者間に争いのない事実

一　被告らの立場
1　被告甲野は，佐野市，下都賀郡藤岡町及び岩舟町を縄張として活動する○○会××会A一家甲野組の組長であって，甲野組の最高責任者である。

2 被告乙川は，右甲野組の構成員（組員）であって，佐野市内に存する甲野組の本部事務所責任者の地位にある。

二 被告乙川の不法行為に至る経緯

1 被告乙川は，平成3年11月頃，前記藤岡町内の地廻り中，かつて同町大字藤岡〈番地略〉で営業されていたパチンコ店「モナミ」の内装工事が行われているところから，同店が新たな経営者によって新規開店されることを知った。

2 そこで，被告乙川は，新たな経営者から「みかじめ料」（用心棒代）を徴収しようと考えて，右「モナミ」の後にパチンコ店「パチンコ七福」を新規開店した原告S社の代表取締役丁沢に面談し，「甲野組本部事務所責任者乙川春夫」との記載のある名刺を示したうえ，「みかじめ料」の要求をした。

3 丁沢は，当初はその支払いを拒否していたが，「パチンコ七福」の客や従業員に迷惑が及ぶことを懸念して，渋々それに応じ，その後も数回被告乙川の要求に応じてその支払いをしてきた。

4 被告乙川は，平成4年春頃，丁沢から「みかじめ料」の支払いを拒否されるや，数回にわたり右「パチンコ七福」へ電話を架け，応対に出た従業員に対して丁沢と面談させるよう求めたが，それができなかった。

三 被告乙川の本件不法行為

被告乙川は，平成5年5月7日午前3時55分頃，普通乗用自動車を運転して，前記「パチンコ七福」に赴き，同店の店舗北側出入口に右乗用自動車を故意に激突させ，更に，右乗用自動車から降りて同店舗内に入り，パチンコ遊技用椅子等をパチンコ遊技機等に投げ付けるなどして，丁沢が平成3年10月28日より亡丙山から賃借して原告S社をして「パチンコ七福」の営業をさせている亡丙山所有にかかる木造亜鉛メッキ鋼板葺の店舗建物の出入口間柱等，及び原告S社所有のパチンコ遊技機等を損壊した。

四 亡丙山の死亡による原告丙山の相続

亡丙山は，平成6年11月19日死亡し，平成7年3月27日，同人の被告らに対する損害賠償請求権を原告丙山が取得するとの内容の遺産分割協議がなされた。

第四 争点

一 1 被告甲野の使用者責任（民法715条）
　 2 損害

二 当事者の主張 ＜略＞

第五 争点についての当裁判所の判断

一 民法715条について

民法715条は，一定の社会活動をしようとする者が，他人を自己の指揮監督下において使用した場合に，その被用者のなした不法行為についても自らも責任を負担すべきものとした規定である。

従って，その適用に当たっては，他人との間の指揮監督関係の存在が必須要件であるから，これが認められる限り，その関係の生じた原因が，情誼ないし個人的な理由であっても何ら差し支えなく，また，使用者の社会活動の合法，非合法を問わないものと解すべきである。

更に，他人を使って自らの社会活動を遂行しようとする以上，その活動から一般に予想される範囲の被用者の不法行為については，使用者はその責任を負うべきである。

以上を前提に，本件が民法715条に該当するかを検討する。

二 被告甲野の使用者責任

1 甲野組の組織

甲第一七号証，乙第三号証，証人藤田丈夫の証言，証人寺内洋の証言及び被告乙川春夫の本人尋問の結果によれば，甲野組は，平成4年6月23日に暴力団員による不当な行為の防止等に関する法律3条に基づき指定され

た暴力団〇〇会系に属する××会A一家系の下部組織であって，被告甲野を組長（貸元，親分）とし，その下に組長代行（代貸），その下にその他の役員，末端に組員（若衆）という合計２０名以上の構成員を擁し，組長の命令を絶対的なものとする上命下服の関係を組織の根幹としていること，甲野組は，栃木県内において，佐野市，下都賀郡藤岡町及び岩舟町を同法９条４号に規定された縄張とし，その構成員をして縄張内から経済的利益を得るための合法，非合法を問わない種々の活動（しのぎ活動）をさせていること，また，縄張を区域に分けそれぞれ責任者を置き，責任者は，自己の担当する縄張内の監視（地廻り）を行って他の暴力団組織が自己の縄張内において活動しないようにして縄張を守っていること，以上の事実が認められる。

　右事実によると，甲野組は，全権を掌握し絶対的，専制的統率をする組長である被告甲野によって支配され，同被告の統率力と庇護に依存する構成員（組員）によって組織され，同被告において，その命令を効果的に伝達し，命令内容を確実に実現するための組織であって，社団性の認められない組織である。

2　被告甲野の使用者性及び被告乙川の被用者性

　甲第三ないし第六号証，第一六号証，乙第二ないし第五号証，第九号証，証人藤田丈夫の証言，証人寺内洋の証言，原告代表者丁沢三郎の尋問の結果及び被告乙川春夫の本人尋問の結果によれば，被告乙川は，被告甲野が組長をし前記のような組織を有する甲野組の構成員（組員）の一人として，組長である被告甲野の世話係をしたり，定期的に自宅と棟続きとなっている組事務所の当番をして，同被告から１か月約２０万円程の小遣い（生活費）の支給を受けると共に，同被告から割り当てられ命じられた担当責任区域（縄張）として藤岡町を任せられ，その縄張内において絶えず地廻り（縄張内の巡視）をしつつ，被告甲野から許された「〇〇連合会A一家甲野組本部事務所責任者乙川春夫」との名称，A一家総本部と甲野組本部事務所の住所と電話番号及び〇〇会の紋章（代紋）が各印刷された名刺を使用して甲野組の構成員であることを名乗る方法により，甲野組の威力を背景に縄張内のパチンコ店や飲食店等にカレンダー，生花，門松等の物品を高価で売り付けたり，新聞広告料名目あるいは用心棒代（みかじめ料）名目の金銭を徴収するなどして利益を上げるいわゆる「しのぎ活動」を行い，それによって得た利益の一部を，組長代行の丙山二郎を経由するなどして被告甲野に納め，被告甲野はそれを甲野組の運営資金に充てていたことが認められる。

　右事実に前記１の認定事実を併せると，甲野組の活動は，実質において被告甲野の活動と見るべきであって，被告甲野と被告乙山との間には，被告甲野による指揮監督関係，即ち，被告甲野を使用者，被告乙川を被用者とする事実上の使用・被用関係が存するものと認められる（甲野組の活動中に右のとおり非合法のものがあったり，被告甲野と同乙川の指揮監督関係が前近代的なものであったとしても，民法７１５条の適用に支障がないことは前記説示のとおりである。）。

　なお，証人寺内洋の証言のうちには，甲野組において「みかじめ料」の徴収はしていないとの部分もあるが，他方同証言中には，縄張内の何十軒かのパチンコ店や飲食店からお茶を飲みに行った際に小遣い銭を受け取っているとの供述もあり，右金銭を支払う側にそれを支払う合理的な動機ないし根拠が見当たらないところからすると，右小遣い銭こそ「みかじめ料」と見られるのであって，従って，同証言は甲野組における「みかじめ料」の徴

収を否定する趣旨のものとは解されない。

3　被告甲野の活動の事業性

甲第三ないし第六号証，第七号証の一ないし四，第一六号証，乙第三ないし第五号証，第九号証及び証人藤田丈夫の証言によれば，甲野組は，組員による前記認定のような合法，非合法を問わない種々の営利活動（しのぎ活動）からの収益の一部を組長代行丙山二郎を通じて甲野組ないしその組長である被告甲野へ納めさせたり，必要な都度，構成員の組における地位や資力に応じた金銭を割当徴収し，それらにより組の運営及び維持をしていること，構成員（組員）は，社会通念として日頃から暴力団の恐ろしさを感じている相手方が甲野組の威力や甲野組からの報復措置を恐れて構成員（組員）が敢えて直接的な威嚇的言動を示さなくても要求に応じざるを得ない状況のもとにあることに乗じて，前記のとおり組長である被告甲野から許されて甲野組の肩書を有する名刺を示しあるいは甲野組の者であることを告げることにより，売買代金ないし用心棒代（みかじめ料）の名目で金銭等の経済的利益を得ることができ，他方，甲野組ないしその組長である被告甲野は，前記のとおり右利益の一部を自己のものとすることができること，以上の事実が認められる。

右事実によると，被告甲野を組長とする甲野組が被告乙川を含む構成員（組員）を使用して，縄張内においてする前記営利活動（しのぎ活動）は，前記のとおり甲野組と実質を同じくする被告甲野の事業であるものと認められる。

なお，証人寺内洋の証言及び被告乙川春夫の本人尋問の結果中，甲野組においては構成員からの収益の一部が甲野組ないし被告甲野の収益となることはないとの趣旨の部分は，乙第五号証（被告乙川の司法警察官に対する供述調書）中の，被告乙川が藤岡町内で得た「みかじめ料」が一旦甲野組の組長代行丙山に預けられるとの趣旨の部分，及びこれを裏付ける証人藤田丈夫の証言内容に照らしそのまま信用することはできない。

4　被告乙川の本件不法行為の事業執行性

前記認定事実によれば，甲野組ないし被告甲野が，被告乙川をして，藤岡町内において，カレンダー等の高価販売や用心棒代（みかじめ料）の徴収等のいわゆる「しのぎ活動」をさせることは，甲野組の，実質的には被告甲野の事業であり，また，甲第三，第四号証，乙第四，第五号証，第一〇号証及び原告代表者丁沢三郎の尋問の結果によれば，被告乙川は，丁沢が被告乙川による用心棒代（みかじめ料）等の要求に応じなかったことに対する報復ないし威嚇として，本件不法行為に及んだものと認められる。

そうすると，被告乙川の本件不法行為は，被告甲野の営利活動の一環であるいわゆる「しのぎ活動」を効果的にするためにその手段としてなされたものであって，しかも右「しのぎ活動」をするについてなされることが一般に予想されるものであるから，従って，被告甲野の事業を執行するについてなされたものと認められる。

乙第一号証及び被告乙川春夫の本人尋問の結果中，本件不法行為は，被告乙川が丁沢から対立組織である△△会の名を引き合いにして馬鹿にされたことに対する専ら個人的憤懣から出た報復であるとする部分は，△△会の名を出したのは被告乙川からであって，丁沢は単にそれに相槌を打ったに過ぎないとする原告代表者丁沢三郎の尋問の結果に照らし信用できない。しかも，仮に本件不法行為の動機ないし目的の一部に被告乙川の言う個人的憤懣が存したとしても，これと前記「みかじめ料」不払いに対する威嚇ないし報復の目的とは相容れないものではないから，本件不法

行為に事業執行性を認めることに支障はない。
5　被告甲野の被告乙川の選任及び事業の監督についての相当の注意　証人寺内洋の証言及び被告乙川春夫の本人尋問の結果のうちには，被告甲野や代行の丙山において，日頃，被告乙川やその他の組員に対し，暴力を振るうな，要求を断られたらそのまま帰って来い，無理をするななどと口が酸っぱくなるほど注意を与えていたとの趣旨の部分もあるが，仮にそのような言動がなされていたとするならば，被告乙川は，絶対服従すべき被告甲野の命令に反して本件不法行為を敢行したことになるのであるから，厳しい制裁を受けて当然と思われるのにもかかわらず，被告乙川春夫の本人尋問の結果によると，被告甲野ないし甲野組において被告乙川に対し叱責の言葉以上の制裁措置をなした形跡は窺われない。また，証人藤田丈夫の証言によれば，被告甲野らの右のような言動は，被告乙川ら組員の「みかじめ料」等の徴収活動を暗に督励しつつ，しかし組長等甲野組の上層部に責任が及ばないように活動することを強調する言動である可能性が窺われる。そうすると，証人寺内洋らの右供述のみをもって，被告甲野が被告乙川を組員とし，藤岡町の責任者として「みかじめ料」徴収等の「しのぎ活動」をさせたこと，即ち，被告乙川の選任及び被告乙川の事業の監督について，相当の注意をしたものと認める証拠とすることはできず，その他に右主張を認めるに十分な証拠はない。

6　被告甲野の使用者責任についての結論

右に見てきたところによれば，被告乙川の本件不法行為は，甲野組を組織する被告甲野の営利活動であるしのぎ活動をするについて，丁沢が甲野組のしのぎ活動を拒否したことに，する制裁のため，ひいては甲野組の威力を直接的には丁沢に，間接的には甲野組の勢力内のパチンコ店や飲食店に誇示して，しのぎ活動を効果的にするためになしたものであって，被用者である被告乙川が，使用者である被告甲野の事業の一環であるしのぎ活動を執行するについてなしたものと言うべきであるから，被告甲野は，被告乙山がなした本件行為によって原告らが被った損害を賠償すべき義務がある。

三　損害について

甲第二，第三号証，第九，第一〇号証，第一二号証，第一五号証及び原告代表者丁沢三郎の尋問の結果によれば，原告Ｓ社及び亡丙山は，被告乙川の本件不法行為により，次のとおりの損害を被ったことが認められる。

なお，原告Ｓ社主張の交通費に関する原告代表者丁沢三郎の尋問の結果は，日常の業務のための分と本件不法行為についての対応のための分との区別及び右対応のために交通費を出捐した日時や金額についての具体性を欠き，それのみでは原告Ｓ社主張の交通費についての確証を得られず，その他に右主張を認めるに十分な証拠はない。また，原告Ｓ社主張の従業員に残業手当てを支払ったことに関する原告代表者丁沢三郎の尋問の結果は，本件不法行為についての対応のため従業員を残業させた内容及び残業手当ての支給内容についての具体性を欠き，それのみでは原告Ｓ社主張の残業手当て支給についての確証を得られず，その他に右主張を認めるに十分な証拠はない。

また，原告Ｓ社主張にかかるパチンコ機械合計２４台に関する損害及びパチスロ修理費については，新たに購入した費用等に関する甲第一一号証の一，二によって右損害自体を証するものとはいえず，その他に右主張を認めるべき証拠はない。

1　原告Ｓ社の被った損害合計４６３万４９７２円

（一）修理費用　１３８万２２００円

＜詳細略＞
（二）営業損害（休業損害）　２８３万２７７２円

原告Ｓ社は，被告乙川の本件不法行為により，平成５年５月７日から同月１８日までの間，パチンコ台等の修理のため「パチンコ七福」の営業をすることができず，その間，平成４年の右期間に対応する期間に得た売上金１２３１万６４００円に平均粗利益率２３パーセントを乗じた２８３万２７７２円に相当する利益を得ることができなかった。

（三）弁護士費用　　　　　４２万円

本件不法行為は，前記のとおり暴力団によるものであり，しかも被告甲野においてその責任を強く争うことが予想されたものであるところから，原告Ｓ社において弁護士に委任して本件訴訟を提起することを余儀なくされたものであり，そのような本件訴訟の経緯に加え，本件事案の内容及び認容額等を考慮すると，弁護士費用として金４２万円を被告らから同原告に賠償させるのが相当である。

２　亡丙山の被った損害合計３０９万８８４２円

（一）建物修理費用　２８１万８８４２円
＜詳細略＞

（二）弁護士費用　　　　２８万円

前記原告Ｓ社の弁護士費用について記載したのと同様の本件訴訟の経緯，本件事案の内容及び認容額等を考慮すると，弁護士費用として金２８万円を被告らから原告丙山に賠償させるのが相当である。

（裁判長裁判官須藤　繁　裁判官草深重明　裁判官木本洋子）

【課題】
Ｑ１　企業が暴力団構成員からみかじめ料を要求された場合，どのように対応し行動すべきか。具体的に考えよ。カレンダー，花，門松などを売りに来たときはどうか。
Ｑ２　弁護士であるあなたが暴力団側から本件の依頼を受けたら，どうするか。また，顧問弁護士になってほしいとの依頼を受けたらどうか。

4　弁護士への加害と闘い

【課題】　以下の刑事事件判決を読んで，以下の問題を考えてみよう。
Ｑ１　弁護士として暴力団関係者と対決する事案に関与する場合，どのような点を留意すべきであろうか。依頼者，自分自身，家族なども視野にいれて，具体的に考えよ。
Ｑ２　相手方の暴力団関係者から弁護士に電話が入り，「この事件から手を引け」と申し入れてきた場合，当該弁護士としてはどのようにすべきか。「組事務所に来れば話に乗ってやる」と申し入れてきた場合はどうするか。

● 東京地裁平成９年７月１４日判決（判例時報１６２６号１５５頁）
　　　　　主　　文　　　　　　　　　　　被告人を懲役１年２月に処する。

未決勾留日数中１５０日を右刑に算入する。

　　　　　　　理　　由
　（罪となるべき事実）
　被告人は，A及びBと共謀の上，平成６年７月８日午前２時５０分ころ，東京都世田谷区《番地略》所在のC〔編注：企業の顧問弁護士〕方付近路上において，同人方玄関ドアに所携の回転弾倉式けん銃で実包３発を撃ち込み，もって，同人所有の建造物の一部である玄関ドア（損害額２５万６０００円相当）を損壊し，かつ，同人に対し，同人及びその親族の生命，身体，財産等に危害を加えるような気勢を示して脅迫した。
　（証拠の標目）《略》
　（補足説明）
　弁護人は，被告人には建造物損壊罪，脅迫罪の共謀共同正犯は成立せず，同罪の幇助犯が成立するにすぎないと主張し，被告人も，実行行為はしておらず，ただ現場に実行行為者を案内しただけであると供述するので，被告人について判示のとおり右各罪の共同正犯を認定した理由について補足して説明する。

一　関係証拠を総合すれば，次の事実が認められる。
　１　Bは，かつて甲野組系乙山組の副長を務めるとともに同組内丙川組の組長をしていたが，平成３年に暴力団員としての活動を辞めた。Bは，平成６年１月ころ，甲野組系丁原組傘下で和歌山県新宮市に本拠を置く戊田組の組長で，乙山副長当時から面識があったDから依頼され，戊田組の東京支部ないし東京連絡事務所であった株式会社甲田（以下「甲田」という。）に，同年３月ころから専務として勤務することになり，債権の回収，不動産の仲介，倒産関係商品の売買等を業務として行っていた。なお，甲田からは，Bらにより，毎日朝昼晩の３回戊田組の本部事務所に，東京支部の様子等について連絡していた。
　被告人は，平成４年１２月自己の営む会社が倒産した後暴力団員と知り合い，平成６年５月には覚せい剤の入ったバッグを公衆電話ボックスに置き忘れたことから，逮捕されることをおそれ，甲田に寝泊まりするようになり，同時にBの下で同社の営業部長として勤務するようになった。

　２　平成６年６月ころ，戊田組の本部長の地位にあったAは，ある総会屋から，仕事がうまくいっていないので丙山自動車の代表取締役であるEと同社の顧問弁護士であるCに嫌がらせをするよう頼まれ，これを承諾した。Aは，E及びCのそれぞれの自宅にけん銃で実包を撃ち込んで同人らを畏怖させようと考えた。
　Aは，東京の地理に不案内であったため，甲田に電話を掛け，BにE及びCの自宅の場所等を調べるよう依頼した。これを受けて，Bは，被告人にE及びCの自宅がどこにあるか現地に行って調べるよう命じ，被告人は，自動車で現地に赴き，E及びCの自宅の場所を確認し，Bにその結果を報告した。Bが更にAに報告すると，Aは，後日右各場所まで案内してくれるようBに頼み，Bは，これを承諾した。

　３　Aは，同年７月７日，上京して昼過ぎスーツ姿で甲田を訪ねるなどして，Bらと会った。Aは，E及びCの自宅に同日夜けん銃を撃ち込もうと考え，Bに対し，E及びCの自宅に同日夜案内するよう依頼し，いったん宿泊先のホテルに戻った。
　一方，Bは，被告人に，場所を確認してもらったE及びCの家を今夜案内してもらうから時間をあけておいてくれと指示した。
　なお，AもBも，未だE及びCの自宅の所在地に行ったことはなく，同所に行ったことのあるのは被告人だけであった。

4　Bは，同月8日午前1時過ぎころ，被告人に普通乗用自動車を運転させてAをホテルに迎えに行き，車に乗せた。Bは，Aがジャンパー姿の身軽な格好をし，しかも無口で緊張した様子でいるのを見て，かつて自分がけん銃を撃ち込みに行った経験から，AがE及びCの自宅にけん銃を撃ち込みに行くつもりでいることに気付いた。Bは，Aが個人的に自分に頼んできたものではなく，この件の背後には乙野組長が存在しているものと思い，当時乙野組長からは1件当たり1億円を超える債権の取立て等を4件ほど依頼され，成功報酬として案件の金額の1割ないし2割を取得できることとされていたことから，乙野組長が背後にいるAの依頼を引き受けて成功すれば，今後の取引にとってプラスになると考え，また，自分のかつての配下が引き取られている暴力団組長と乙野組長とが兄弟分であり乙野組長とは浅からざる義理人情の関係があることから，E及びCの自宅にけん銃を撃ち込むことに加担することを決意した。Aも，BがAの意図を了解した上でこれに加担しようとしているものと考えており，ここに，BとAとの間に右各犯行の共謀が成立した。

被告人は，前記のAの服装や様子を見て，E及びCの自宅に行き，嫌がらせなどをするのではないかと考えるにとどまり，けん銃を撃ち込もうとするものとは思わなかった。

5　Bは，被告人に自動車を運転させてE方に向かわせた。同人方付近に至り，被告人が，AにE方を教え，同人方の近くに車を止め，Aだけが降りてEの自宅にけん銃を撃ち込んで車に戻って来た。Bは，被告人に対し，すぐに車を発進させて世田谷のC方に向かうよう指示した。

被告人は，E方付近で待機中，けん銃の大きな発射音を数回聞いて，AがEの自宅にけん銃を撃ち込んだことを知り，次に案内するCの自宅にもAがけん銃を撃ち込むつもりであると思った。しかし，当時被告人は，置き忘れた覚せい剤の件で逮捕されることをおそれ逃走中で経済的にもゆとりのない状態であり，Bから何度も小遣いをもらうなどして面倒をみてもらっており今後も同種のことを期待していたことから，Bの頼みを断ることはできず，A及びBがけん銃を撃ち込むことに自分が加担することもやむを得ないと決意した。A及びBも，被告人が右犯行に加担しようと考えているものと思っていた。

6　そこで，被告人は，A及びBを自動車に乗せてC方に向かった。同日午前2時50分ころ，C方付近に至り，被告人は，C方の脇を走行しながら，Aに対し，「ここです」と言ってC方を教えた。被告人は，C方から数十メートル離れた場所に車を止め，エンジンをかけたままBと共に車内で待機し，Aが車から降りてC方前まで行き，同人方玄関ドアにけん銃で実包3発を撃ち込んで，車まで戻って来た。被告人は，Bと共にAを車に乗せ，すぐ発進して同所付近から逃走し，Aを宿泊先のホテルまで送った。

二　ところで，AがC方にけん銃を撃ち込むつもりであることを被告人が知った後の同人の行為は，Bの指示に基づき，自分が運転する自動車にAを乗せてC方付近まで行き，AにC方を教え，同人方から数十メートル離れた地点で車を止めエンジンを掛けたまま待機し，C方にけん銃を撃ち込んで戻って来たAを車に乗せて逃走したというものである。このような被告人の行為は，建造物損壊や脅迫の実行行為そのものとはいえない。しかしながら，実行行為者が，路上から住宅の玄関に向けてけん銃を撃ち込む行為を完遂し，自己の犯行であることを悟られないためには，誰にも気付かれることなく対象物に接近する

ことのみならず，けん銃の発射音が大きく，かつ，それと分かるものであるがゆえに，けん銃を撃ち込んだ後誰にも見付けられることなく素早くその場から逃走することが肝要であり，その意味で，被告人の前記の行為は，実行行為と同程度に重要なものである。しかも，本件においては，被告人のみがC方の所在地，同人方への道順及び同人方からの逃走経路を把握していたのであるから，被告人の関与なしには実行することができなかったのであり，被告人の前記行為は，本件犯行を行うために必要不可欠のものでもあった。

次に，本件に関与した者の関係等をみると，B及び被告人は，実行行為者であるAの所属する暴力団戌田組の東京支部に所属していたものである。Bは，戌田組の組長との取引等に今後何らかのプラスになることを期待するなどしてAの計画が成功するようこれに加担したものであり，BがAとの共同正犯に当たることは明らかである。そして，被告人は，警察に追われる身で，経済的にもゆとりのない状態であり，今後も引き続きBから小遣いをもらえることを期待するなどしてBの指示に従い，BがAとの関係で行うべき行為を行ったものである。さらに，前示のとおり被告人の行為は本件犯行に必要不可欠のものであったが，被告人は，C方への案内を断れば本件犯行は行われ得ないことを知りながら，あえて前記の行為に及んだものである。

右にみたような（一）被告人の行為が本件犯行において占める役割及び重要性，（二）被告人とA及びBとの関係，（三）被告人が本件犯行に関与した際の心理状態に照らすと，A，B及び被告人の三者はそれぞれの置かれた立場に応じてC所有の建造物の損壊行為及びCに対する脅迫行為の実現に向けて一体となったものであり，Aの行った実行行為は，その共同意思の下に行われた三者共同のものであると認められる。したがって，被告人には判示建造物損壊罪及び脅迫罪の共同正犯が成立することは明らかである。なお，被告人が被害者方への案内を断ることができなかったのは，Bからの頼みであることのほか，Aがけん銃を持っており恐ろしく思ったことにもよると認められるが，そのことは量刑に影響する一事情にとどまり，共同正犯性についての右判断に消長を来すものではない。

（法令の適用）

被告人の判示所為のうち，建造物損壊の点は平成7年法律第91号による改正前の刑法60条，260条に，脅迫の点は同法60条，222条に該当するが，右は1個の行為で2個の罪名に触れる場合であるから，同法54条1項前段，10条により一罪として重い建造物損壊罪の刑で処断し，その所定刑期の範囲内で被告人を懲役1年2月に処し，同法21条を適用して未決勾留日数中150日を右刑に算入し，訴訟費用は，刑事訴訟法181条1項ただし書を適用して被告人に負担させないこととする。

（量刑の理由）

本件は，被告人が共犯者2名と共謀の上，深夜，被害者方の玄関ドアにけん銃で実包3発を撃ち込み，ドアの3か所に穴を開け，内側に亀裂を作り，建造物を損壊するとともに被害者を脅迫したという事案であり，一つ間違えば家人に対し重大な結果が生じかねない極めて危険な犯行である上，被害者が顧問弁護士をしている企業の事業運営に絡むトラブルに起因して敢行されたものであり，酌量の余地のない悪質な犯行である。玄関ドアの厚さ約4センチメートルの半分近くまで弾丸がめり込むほどのけん銃の威力をも併せ考えると，被害者及びその家人の受けた恐怖ないし精神的衝撃は大きかったと認められる。加えて，玄関ドアの損害も25万6000円と高

額に上るものであり，未だ示談が成立しておらず，被害感情が強いのも十分首肯できる。また，人の寝静まった深夜，閑静な住宅街でけん銃が発射されたことが付近住民に大きな恐怖感を与えたことも無視できない。そして，被告人は，実行行為にこそ関与していないものの，前記のとおり，世話になっている共犯者Bとの今後の関係を良好に保つ必要があることから同人の頼みを断れず，実行行為と同じくらい重要で，かつ，本件に必要不可欠である自動車による現場への案内，現場での待機，自動車による現場からの逃走を担ったものである。これらの事情にかんがみると，被告人の刑事責任は重いといわざるを得ない。

しかしながら，他方，被告人は，1軒目に案内したE宅付近での銃声を聞いて実行行為者であるAの意図が分かったものの，Bからの頼みであったことのほか，Aがけん銃を持っており恐ろしく思ったことからも，C方への案内を断り切れず，本件犯行に至ってしまったという事情があること，本件犯行前の覚せい剤約9グラムの所持により本件犯行後の平成8年に懲役3年，執行猶予4年，保護観察付きの確定判決を受けているところ，本件犯行と右覚せい剤取締法違反の罪とは同時審判の可能性があったものであり，その場合の量刑との均衡を全く考慮しないわけにはいかないこと，被告人が被害者に謝罪文を送付し，本件犯行について反省の態度を示していること，被告人の弟が今後被告人を監督し，精神的にも経済的にも援助する旨約束していることなど被告人のために酌むべき事情も認められる。

そこで，以上の諸事情を総合考慮した上で，被告人に対しては，主文の刑を科するのが相当であると判断した。

　　　　　　　　　　　求刑懲役2年
　　　　　　　　　（裁判官　伊名波宏仁）

第11章　企業が直面する刑事事件と法務活動

　一見正常に運営されている企業は犯罪とは無縁の世界にいるようであるが，実は一歩間違えるとたちまち犯罪に巻き込まれ，犯罪の被害者になることはもちろん，犯罪の主体にさえなってしまうリスクと隣り合わせにいるのであり，企業法務に関与する者はこのことを常に自覚している必要がある。そこでこの章では企業が犯罪に巻き込まれた複数の事案を取り上げ，犯罪に巻き込まれる過程を追跡しながら，企業が犯罪に巻き込まれないようにし，また不幸にして巻き込まれてしまった際にどのような対応をすべきなのかを検討する。

1　企業の安全管理と犯罪

> 【課題】　原子力施設臨界事故に関する次の刑事事件判決に示された事実について，被告人ら（会社及び個人）の行動の問題点を中心にまとめなさい。

● 水戸地裁平成15年3月3日判決（判例タイムズ1136号96頁）

主　文

1　被告人株式会社Aを罰金100万円に処する。

2　被告人Bを禁錮3年及び罰金50万円に処する。同被告人においてその罰金を完納することができないときは，金1万円を1日に換算した期間，同被告人を労役場に留置する。同被告人に対し，この裁判が確定した日から5年間その禁錮刑の執行を猶予する。

3～7〔編注：被告人C～G　＜省略＞〕

8　訴訟費用は，その7分の1ずつを各被告人の負担とする。

理　由

（事故に至る経緯）

第1　各被告人の履歴・業務等

（なお，以下における役職等の記載は，特段の断りのない限り，被告人株式会社A東海事業所におけるものを意味する。）

1　被告人株式会社Aについて

被告人株式会社A（以下「被告人会社」ともいう。）は，東京都港区新橋〈番地略〉に本店を置き，原子燃料の製造及び売買並びにウラン化合物の精製及び売買等を目的とする株式会社であるが，もともとは，○○金属鉱山

株式会社（以下「○○金属鉱山」という。）の核燃料加工事業部門であったものが，昭和54年10月1日に同社の子会社として独立して設立されたもので（当時の商号は××株式会社。その後，2度の商号変更を経て，平成10年8月1日から現商号となる。），昭和55年9月17日に内閣総理大臣の許可を受けて核燃料物質の加工事業を始めた核燃料物質の加工事業者である。

被告人会社には，代表取締役社長が常駐して主に営業や許認可申請手続等の業務を行う東京事務所のほかに，茨城県那珂郡東海村大字石神外宿〈番地略〉に東海事業所（「東海工場」等と称された時期もあるが，以下，時期にかかわらず「東海事業所」という。）があり（ちなみに，核燃料は，まずウラン鉱石から製錬された粗製錬産物（イエローケーキ）を六ふっ化ウランに転換して濃縮し，次に濃縮された六ふっ化ウランを核燃料に適した二酸化ウラン粉末に再転換し，さらに，燃料の形に成型加工するなどして製造するのであるが，東海事業所はこのうちの再転換に当たる工程に関連した施設である。），東海事業所には，核燃料加工施設として，第一加工施設棟，第二加工施設棟及び転換試験棟があるが，第一，第二加工施設棟は，六ふっ化ウラン（濃縮度5パーセント以下のもの）等から酸化ウラン粉末を製造する施設であり，転換試験棟は六ふっ化ウラン（濃縮度20パーセント未満のもの）等から酸化ウラン粉末又は硝酸ウラニル溶液を製造する施設である。

平成11年当時の東海事業所の組織として，東海事業所長の下に技術部，製造部及び総務部があり，さらに，技術部には製品の品質保証等を担当する品質保証グループ，一般安全衛生管理及び臨界管理等を担当する安全管理グループ，工場施設の製作・保全等を担当する工務グループ並びに技術管理や許認可申請業務等を担当する技術グループがあり，また，製造部には生産・工程計画の策定・管理や原料・製品の輸送等を担当する計画グループ及びウランの加工等を担当する製造グループがあり，各グループにはグループ長が置かれていた（ただし，安全管理グループは対外的には品質保証グループを兼ねており，安全管理グループ長が品質保証グループ長を兼務していた。）。製造グループの下には，第一，第二加工施設棟におけるウランの加工等に従事する4つの作業班のほかに，ボイラーやコンプレッサーの運転等を担当するユーティリティーと，排水処理，酸粉化作業，ウラン輸送用容器である30Bシリンダーの点検補助，固体廃棄物処理，転換試験棟におけるウランの加工等を担当するスペシャルクルー等が置かれていたが，ウランの加工等については同グループの職場長が統括管理していた。

2　被告人Ｂについて

被告人Ｂ（以下「被告人Ｂ」ともいう。）は，〈中略〉平成11年6月29日に常務取締役東海事業所長兼技術部長に就任し，東海事業所における核燃料物質の加工等の業務全般を統括するとともに，核原料物質，核燃料物質及び原子炉の規制に関する法律（以下「原子炉等規制法」という。なお，単に原子炉等規制法という場合は，各当時のそれを指す。）に基づく保安規定（以下「保安規定」という。）によって定められた東海事業所の安全主管者として，核燃料物質の加工等に関する保安を総括する業務に従事していた。また，東海事業所長就任と同時に総括安全管理者に選任され，東海事業所の安全管理及び衛生管理について，各部グループ長のほか労働安全衛生法に基づく安全管理者及び衛生管理者を指揮する業務に従事していた。

なお，被告人Ｂは，昭和49年に核燃料取扱主任者の資格を取得し，昭和50年には放

射線取扱主任者第一種の資格を取得しているほか，平成元年6月1日から平成11年7月1日までの間，原子炉等規制法に基づく核燃料取扱主任者として，東海事業所における核燃料物質の取扱いに関して保安の監督を行う業務に従事していた。

3　被告人Cについて

被告人C（以下「被告人C」ともいう。）は，＜中略＞平成9年6月に取締役製造部長兼製造一課長兼製造二課長に就任してそれらを歴任した後，同年8月に取締役製造部長兼製造グループ長に就任した。また，平成6年10月1日からは保安規定によって定められた製造管理統括者として，平成9年1月15日からは労働安全衛生法に基づく安全管理者として，東海事業所における核燃料物質の加工等の計画及びその実施について，同加工等の従事者に対する指導及び監督を行うとともに，同加工等に伴う危険を防止し，安全を確保する業務に従事していた。

4　被告人Dについて

被告人D（以下「被告人D」ともいう。）は，＜中略＞，平成11年7月1日からは，原子炉等規制法に基づく核燃料取扱主任者として，東海事業所における核燃料物質の取扱いに関して保安の監督を行う業務に従事していた。

なお，被告人Dは，○○金属鉱山に入社後，放射線取扱主任者第一種の資格を取得しているほか，平成2年5月には核燃料取扱主任者の資格を取得している。

5　被告人Eについて

被告人E（以下「被告人E」ともいう。）は，＜中略＞平成9年8月1日に製造部製造グループ職場長に就任し，平成10年4月からはスペシャルクルーの業務の監督を兼務し，ウランの加工作業等に従事する作業員を掌握して東海事業所における核燃料物質の加工等の作業を指揮及び監督する業務に従事していた。

6　被告人Fについて

被告人F（以下「被告人F」ともいう。）は，＜中略＞平成9年8月1日に製造部計画グループ主任に就任し，核燃料物質の加工等について作業指示書を作成するなどして加工工程を管理するとともに，製品の品質を管理する業務に従事していた。

なお，被告人Fは，平成6年11月に放射線取扱主任者第一種の資格を取得しているほか，平成7年5月には核燃料取扱主任者の資格を取得している。

7　被告人Gについて

被告人G（以下「被告人G」ともいう。）は，＜中略＞平成9年8月からはスペシャルクルーに配属され，平成10年8月にスペシャルクルー副長に就任し，同班員を指揮して転換試験棟における核燃料物質の加工等を行わせる業務に従事していた。

第2　核燃料加工事業者に課される義務等

1　臨界・核的制限

ウランの原子核に中性子が衝突すると，同原子核が分裂し，そこから新たに中性子が放出されるが，その中性子が別のウランの原子核に衝突して核分裂を起こし，更に新たな中性子が放出され，別の核分裂を起こすというように，ウランのような核分裂物質を含む体系の中で核分裂が連鎖的持続的に発生する状態を「臨界」という。臨界により大量の熱エネルギーが放出されるほか，人体に有害な中性子線等の放射線が多量に放出される。

臨界が発生するためには，当該ウランにおいて，ウランの同位体中ウラン二三五の割合（濃縮度）が一定以上であること，当該物質中のウランの割合（ウラン濃度）が一定以上であること，ウランを収容する容器が一定以上の大きさを有するものであること等の条件がそろわなければならないが，他方で，この

条件を満たさないようにすることによって臨界の発生を防止することもできる。このように臨界の発生を防止するための各種制限を「核的制限」といい、その中には当該物質中のウラン濃度を一定以下にする「濃度制限」、ウランを収容する容器の形状等を一定以下にする「形状制限」、作業1回当たりのウラン取扱量（バッチ）の質量を一定以下にする「質量制限」等がある。

　2　核燃料加工事業許可制度等

　ウランを取り扱う施設において、臨界により人体に有害な放射線が多量に放出されるような事故（以下「臨界事故」という。）が発生しないようにするために、原子炉等規制法に種々の規定が置かれているが、被告人会社が加工事業許可を取得した昭和55年当時の同法によれば、核燃料加工事業を行おうとする者は、加工施設の位置、構造及び設備並びに加工の方法等を記載した許可申請書を内閣総理大臣に提出し、その内容については科学技術庁（平成13年1月の省庁再編前のもの）において審査がなされ、その後、更に同庁から諮問された原子力安全委員会の核燃料安全専門審査会における調査審議がなされた上でなければ、内閣総理大臣の加工事業許可を取得することはできないとされていたばかりか、事業開始後においても、加工施設の位置、構造及び設備並びに加工の方法について変更する場合には、改めて内閣総理大臣の加工事業変更許可を得なければならないとされていた（加工事業許可を得た者を「加工事業者」という。）。さらに、加工施設に関する設計及び工事の方法についても内閣総理大臣の認可が必要であり、施設検査を経た後でなければ、加工施設として使用することはできないとされていた。

　ところで、加工事業許可申請に対する審査は、原子力安全委員会決定である「核燃料施設安全審査基本指針」等に基づいて行われるところ、これらは、加工事業者に対して臨界事故防止のための各種核的制限を講じること（以下「臨界管理」という。）を要請しているほか、原子炉等規制法に基づく核燃料物質の加工の事業に関する規則（以下「加工規則」という。）は、その7条の5において、加工事業者がする核燃料物質の加工の操作に関して、「いかなる場合においても、核燃料物質が臨界に達するおそれがないように行うこと。」、「加工設備の操作に必要な知識を有する者に行わせること。」と規定していることから、加工事業者は臨界管理方法を遵守した加工作業を行うとともに、臨界管理等について作業員等を教育することが要請されている。また、原子炉等規制法22条によれば、加工事業者は内閣総理大臣の認可を受けた保安規定を定めなければならず、これに基づいた操業を行うことが義務づけられるとともに、そのために必要な指示・監督をすることも義務づけられ、さらに、加工規則8条によって、放射線業務従事者に対する保安教育に関する事項についても保安規定を定めなければならないとされている。なお、原子炉等規制法22条の2は、核燃料加工事業者に対して、核燃料取扱主任者の免状を有する者の中から核燃料取扱主任者を選任するとともに、選任した核燃料取扱主任者を内閣総理大臣に報告することを義務づけている。同法によれば、核燃料取扱主任者は、核燃料物質の取扱いに関して保安の監督を行うこととされるとともに、核燃料物質の取扱いに従事する者は核燃料取扱主任者がその取扱いに関して保安のためにする指示に従わなければならないとされている。

第3　転換試験棟の加工事業許可の内容

　1　硝酸ウラニル溶液製造作業の内容

　前述のとおり、被告人会社は、昭和55年9月に内閣総理大臣の許可を受けて核燃料物

質の加工事業を始めたが，転換試験棟については原子炉等規制法上の核燃料物質の使用許可を得た上で主に研究用の施設として使用していた。昭和５８年，当時の動力炉・核燃料開発事業団(後の「核燃料サイクル開発機構」。以下，時期を問わず「サイクル機構」という。)から高速増殖実験炉常陽（以下「常陽」という。)用の濃縮度約２０パーセントの二酸化ウラン粉末及び硝酸ウラニル溶液の製造依頼を受けたことから，これに応えるため，昭和５９年６月２０日，転換試験棟において濃縮度２０パーセント未満のウランの加工作業を行うことについて加工事業変更許可を受けた。

前記加工事業（変更）許可を受けた工程のうち，硝酸ウラニル溶液を製造するための加工作業（以下「溶液製造作業」という。）の工程については，その許可内容が明確に規定されていないが，加工事業許可において明示されていた二酸化ウラン粉末の加工工程からすると，その原則的な工程の概要は以下のとおりと考えられる。

すなわち，硝酸ウラニル溶液の原料である八酸化三ウラン粉末から不純物を除去して精製するため，溶解塔において八酸化三ウラン粉末に硝酸と純水を加えて溶解し(溶解工程)，その溶液を抽出塔等において有機溶媒と混合して不純物を吸着させた後，同溶媒を抽出して不純物を取り除き（溶媒抽出工程），この抽出液を貯塔内に一時貯留した後，沈殿槽においてアンモニアガスを加えて重ウラン酸アンモニウム（ADU）の形で沈殿させ（沈殿工程)，これを仮焼炉において加熱する（仮焼工程）ことによって八酸化三ウラン粉末が精製され（以下，ここまでの工程を「第一工程」という。)，さらに，第一工程で精製された八酸化三ウラン粉末に硝酸と純水を加えて溶解塔で再溶解させ（再溶解工程)，これを混合して均一化する（混合均一化工程。また，第一

第１１章　企業が直面する刑事事件と法務活動

工程の後からここまでの工程を「第二工程」という。）というものであった。

　２　転換試験棟における核的制限の内容

　転換試験棟における上記各設備の核的制限として，溶解塔，抽出塔等については，その直径を１７．５センチメートル以下とする形状制限がなされていたが，沈殿槽については，形状制限がなされておらず，濃縮度が１６パーセントないし２０パーセントのウランを取り扱う場合にその１回当たりのウランの取扱量（一バッチ）を２．４キログラムウラン以下とする質量制限のみがなされていたところ，質量制限をしたのみでは人的過誤による臨界事故発生の危険性が高いことから，沈殿槽に一バッチを超える量のウランの流入を防止するための措置として，前記質量制限に加えて，第一工程中の溶解から沈殿に至る一連の工程間に投入されるウランの総量を常に一バッチ以下にすべきこと（以下「一バッチ縛り」という。）とされた。

第４　転換試験棟における加工作業の変遷

　１　一バッチ縛りについて

　上記のように，被告人会社は，昭和５９年６月に転換試験棟に関し加工事業変更許可を受けたが，許可のとおりに一バッチ縛りを遵守すると，前の沈殿工程を終えるまでは，次のバッチ分のウランを溶解工程に投入できないことから，効率が非常に悪い上，配管等にウランが残存してしまうことから，必ずしも一バッチ分のウランを得ることができず，もし，すべての残存ウランを水等によって押し出すとなると，品質にも影響を及ぼす事態になるなど種々の問題が生じることが予想されたため，昭和６０年８月から開始され，前記許可取得後初めて常陽用の二酸化ウラン粉末を製造することとなった常陽第三次操業においては，一バッチ縛りを遵守することなく複数バッチの連続操業を行い，その後の転換試

験棟における加工作業においても複数バッチの連続操業を行っていた。

　2　混合均一化工程について

　被告人会社は，昭和61年から開始された常陽第四次操業に際して，サイクル機構から初めて常陽用の硝酸ウラニル溶液の発注を受けたが，それまで転換試験棟では硝酸ウラニル溶液を製品として製造したことがなかったことから，その加工工程について検討したところ，硝酸ウラニル溶液の混合均一化作業をどのようにするかが問題となった。そこで，当時の転換試験棟主任であったH（以下「H」という。）らにおいて検討した結果，精製した八酸化三ウラン粉末を溶解塔で一バッチずつ溶解し，これを各バッチ毎に10本の容器へ均一分量ずつ取り分ける作業を，サイクル機構への一納入単位（ロット）に当たる六ないし七バッチ分繰り返し行い，それぞれの容器内で硝酸ウラニル溶液の混合を行ってその濃度等を均一化するという，いわゆるクロスブレンド法が考案され，常陽第四次操業における溶液製造作業では混合均一化作業をこの方法で行った。この方法については，この操業後に作成された溶液製造作業の手順書に記載され，同操業以降，溶液製造作業における混合均一化作業はクロスブレンド法によりなされることとなった。

　ところが，平成5年12月ころ，被告人会社は，サイクル機構から常陽第七次操業用の硝酸ウラニル溶液について従来の2倍の量を一度に出荷して欲しい旨依頼され，クロスブレンド法を使ったのではそれだけの分量を納期内に製造することは非常に困難であったことから，当時の製造部副部長兼製造一課長であった被告人Cは，Hに対し，形状制限のされた貯塔を使って混合均一化作業の効率化が図れるか検討するように指示した。そこで，Hにおいて検討したところ，仮設配管を取り付け，ポンプで溶液を循環させることにより，貯塔で溶液を混合均一化することが可能であることが分かり，同人は，後任の転換試験棟主任であるI（以下「I」という。）に貯塔で混合均一化作業を行う方法について更に検討するよう引継ぎをした。Iは，貯塔による混合均一化の作業方法について検討し，平成6年末から平成7年初めにかけて，仮設配管の設置方法等をまとめ，当時の製造部長であった被告人C，同じく製造一課長であった被告人Dらに報告し，同被告人の了承を得た。同じころ，Iは，貯塔に仮設配管を設置することが許認可に反しないか等についての検討を技術課に依頼し，同課員から許認可上の問題はない旨回答を得たことから，同年5月，工務課に貯塔に仮設配管を設置する工事をするよう依頼し，その後，同工事が完了した。以上の経緯から，常陽第七次操業以降は，溶液製造作業に際して従来のクロスブレンド法による混合均一化作業は行われず，硝酸ウラニル溶液の混合均一化作業は貯塔を用いて行われるようになった。

　3　溶解・再溶解工程について

　被告人会社は，常陽第四次操業においては，溶解塔を使用して八酸化三ウラン粉末を溶解していたところ，平成4年11月ころ，サイクル機構から常陽用の硝酸ウラニル溶液が急きょ必要になったとして，その発注（常陽第六次操業）を受けたものの，その製造量及び納期が従来よりも厳しいものになっていたため，そのころから平成5年初めにかけて，H，当時の製造部副部長兼製造一課長であった被告人C，品質保証部のJ（以下「J」という。）らにより溶液製造作業の短縮化が検討された。

　その結果，第二工程中の再溶解工程において行っている溶解塔の洗浄や検査に要する手間と時間を省くため，溶解塔に代えてステンレス製バケツを使用して再溶解作業を行う方

法が考えられ，当時の製造部長であった被告人Bの了承の下，同方法が用いられることになった。平成5年1月23日ころ，被告人Cは，自ら転換試験棟の作業員に対してステンレス製バケツを用いた再溶解作業のやり方を教えた。この常陽第六次操業以降，第二工程における再溶解作業は，溶解塔ではなく，ステンレス製バケツを用いて行われるようになった。

その後，転換試験棟主任となったIは，Hからステンレス製バケツを用いてウランの溶解を行っている旨の引継ぎを受けたが，これが第二工程の再溶解作業であるのか，第一工程における溶解作業をも含むのか明確でなかったことから，Iは，第一工程における溶解作業においてもステンレス製バケツを用いるものと考え，常陽第七次操業においては，第一工程における溶解作業にもステンレス製バケツを使用し，以後，転換試験棟で行われるウランの溶解については，第一工程，第二工程ともステンレス製バケツが使用されるようになった。

なお，ステンレス製バケツによる再溶解作業の方法については，Jが被告人Cの指摘を踏まえた上で平成5年1月20日付けの手順書を作成し，また，貯塔を用いての混合均一化作業についても，Iにより個人的に手順書が作成され，順次改訂されていたが，平成8年10月ころ，Iは，以上の事情を踏まえて第二工程についての手順書を作成し，被告人Cの承認を受けて，同年11月28日付けで，ステンレス製バケツによるウランの溶解や貯塔による混合均一化作業の方法が記載された手順書が発行された。その後，Iは，実際の作業方法と手順書の記載とを合わせるために手順書の見直しを行い，平成9年6月ころ，詳しい内容に書き換えた手順書を作成し，被告人Cの承認を受けた上で，平成9年10月27日付けで，新たな手順書が発行された。

4　スペシャルクルーについて

（1）スペシャルクルー発足の経緯及びその業務内容等

平成7年ころ，急激な円高の進行と電力事業自由化の流れを踏まえて，電力会社からのコストダウンの圧力が，核燃料の成型加工メーカーを通じて被告人会社にもかかるようになったことから，東海事業所では人員整理等の事業再構築（いわゆる「リエンジ」）を図るようになった。

これについては，平成7年9月ころから，被告人Bが中心となって検討が進められ，その中で，常時稼働する施設を第二加工施設棟のみとして生産資源の集中化を図るとともに，加工施設棟の作業班を四班に削減し，班員数も減らすことによって人員の削減を図ることとされた。このため，減員された作業班が賄いきれない雑務を担当する別の作業班を設けることとなり，平成8年1月にIが管理担当者を務め，K（以下「K」という。）らが班員となるスペシャルクルーが発足し，30Bシリンダーの点検補助，固体廃棄物処理等とともに，転換試験棟におけるウランの加工等をも担当することとなった。

そして，リエンジの一環としての平成9年8月ころに行われた組織改編により，それまで作業班の長の呼称であった「リーダー」が「副長」に改められるとともに，「リーダー」8名体制から「副長」4名体制に改編され，それに伴い，それまでリーダーを務めていた被告人GとL（以下「L」という。）はスペシャルクルーの班員へと異動した。平成10年3月に転換試験棟主任のIが退職し，さらに，その後，第一，第二加工施設棟の作業班削減に伴い総合排水処理棟の排水処理作業もスペシャルクルーの業務内容に含まれることになった。この排水処理作業は24時間作業であ

るため，スペシャルクルーの班員は，それまでの昼一間勤務から三交代制で夜間勤務もしなければならなくなり，持病のため夜間勤務に就けないKは，これを機会にスペシャルクルーを離れて別会社に出向することとなった。そして，平成10年8月の異動で，M（以下「M」という。），N（以下「N」ともいう。）及びO（以下「O」ともいう。）がスペシャルクルーの班員として異動してきた。また，そのころ，被告人Gはスペシャルクルーの副長に就任した。

（2）スペシャルクルーの班員の臨界等に関する知識・能力

平成11年当時，被告人GとLは，平成8年から平成10年にかけて実施された常陽第八次操業において，二酸化ウラン粉末を製造した経験はあるものの，溶液製造作業についての経験はなく，Mは，以前に転換試験棟における操業に関与したことはあるものの，濃縮度約20パーセントの硝酸ウラニル溶液の製造に関与したことはなかった。N及びOにおいては，転換試験棟における操業そのものが初めてであった。

被告人Gは，入社時に臨界について基本的な教育を受けた記憶はあるものの，その具体的な内容についての十分な理解はなく，また，ウランの入った容器を近づけると臨界が起きると聞いていたが，ウランの入った容器を間隔を空けずに置いても臨界にならなかったことから，次第に臨界についての危機意識が薄れていった。また，スペシャルクルーに配属された際には，転換試験棟で取り扱うウランの濃縮度が高いことから臨界について意識したものの，ウランの取扱いについて特段の違いがなかったことから，やはり次第に臨界についての危機意識が薄れていった。さらに，核的制限に関しては，形状制限，質量制限については知っていたものの，濃度制限については知らなかったことから，第一，第二加工施設棟における加水分解液貯槽や純硝酸ウラン液貯槽に溶液を大量に入れても臨界にならないのは，ウランが溶液のままでは臨界にならない性質を有しているためであるなどと誤解するとともに，沈殿槽になされた質量制限についても，沈殿させてADUとなった場合には臨界が起きるが，沈殿させずに溶液のままであれば臨界にならないと誤解していた。

被告人G以外の班員も，臨界及び核的制限，更には第一，第二加工施設棟と転換試験棟との間の臨界管理方法の違い等についての教育（以下，上記のような臨界等に関する教育訓練について，まとめて「臨界教育」ともいう。）を受けておらず，現実の操業においても臨界を意識した指導・監督がなされていなかったことから，被告人G同様に臨界及び核的制限等についての知識及び理解は非常に不十分なものであった。

第5　被告人会社における安全管理体制の実態

1　保安規定上の安全管理体制

原子炉等規制法及び加工規則に基づいて制定された被告人会社の保安規定は，順次改訂が加えられ，その内容は一定ではないものの，東海事業所における核燃料物質加工に関する保安のための管理組織として，以下の各機関が設けられていた。

（1）安全主管者及び各管理統括者

保安規定に基づいて安全主管者及び各グループごとに管理統括者が置かれていた。安全主管者は，東海事業所長とされ，東海事業所における核燃料物質の加工に関する保安を総括するとともに，各管理統括者に対して保安を確保する措置を講ずるように指示・監督するとされている。また，各管理統括者は，各グループにおける保安に関する職務を行い，同グループ員に対し，核燃料物質の加工に関

し保安上必要な指導・監督を行うとともに，毎日1回以上，加工設備等について巡視・点検を行うと規定されていた。さらに，各管理統括者は，加工施設の操作に必要な知識を有する者に操作させるとともに，加工施設の操作に必要な構成人員をそろえ操作させなければならないとされていた。

しかしながら，安全主管者である東海事業所長から各管理統括者に対し，保安を確保する措置を講ずる旨の指示・監督は特段なされていなかった。また，各管理統括者において行うとされていた加工設備等への巡視・点検は実施回数が規定よりも少なかった上，核燃料物質の加工に関し保安上必要な指導等が行われたことはほとんどなかった。さらに，各管理統括者において，作業員が加工施設の操作に必要な知識を有しているか否かについて確認する手続は存在しなかった。なお，前記保安規定によれば，安全主管者は，核燃料取扱主任者の意見を求めつつ教育訓練計画を定めることになっていたが，安全主管者において教育訓練計画を定めることはなく，安全管理グループが策定した教育訓練計画を決済するにすぎなかった。

（2）安全専門委員会

保安規定に基づいて安全主管者の保安に関する諮問機関として安全専門委員会が設置されていた。同委員会は，核燃料物質の加工に関する保安について審議する機関であるが，平成7年9月8日に，同委員会の委員長で，当時の技術部技術課長であったPのほか，当時の技術部長・核燃料取扱主任者であった被告人B，当時の製造一課長であった被告人Dら同委員会の委員及び当時の製造部長兼製造二課長であった被告人Cが出席して開催された。この時の同委員会において，転換試験棟における臨界管理方法が議題とされ，現状として，溶解から沈殿に至る工程内に複数バッチが存在する連続操業が行われていること，加工事業許可内容と異なりステンレス製バケツを使用して八酸化三ウランの溶解が行われていること，貯塔を用いて混合均一化がなされることなどについて報告がなされたが，このような方法でも臨界管理上問題にはならないことが確認されたことから，その後も上記のような操業を継続することで出席者一同が了承し，これを契機に，前記各作業方法が被告人会社において承認された。

（3）核燃料取扱主任者

前記第2の2のとおり，原子炉等規制法により加工事業者は核燃料取扱主任者を選任することが義務づけられているが，前記保安規定によれば，核燃料取扱主任者は，安全主管者において選任するとされ，保安上必要な場合には安全主管者に意見具申をするとともに，核燃料物質の取扱いに従事する者に指示すること，教育訓練計画の作成に参画することとされ，また，安全主管者らは核燃料取扱主任者の意見を尊重しなければならないとされていた。

東海事業所においては，核燃料取扱主任者の免状を有する者の中から年次の古い順に核燃料取扱主任者が選任されていたものの，核燃料取扱主任者が担当すべき具体的な職務内容が明確ではなかったことから，核燃料取扱主任者において，安全主管者らに対し意見具申をするようなことはなかった。また，核燃料取扱主任者の交代に際しても，前任者からは特段の引継事項はなかった。なお，前記保安規定によれば，核燃料取扱主任者は，安全主管者に対し教育訓練計画について意見を述べることになっているが，核燃料取扱主任者において安全主管者に対し意見具申をすることはなく，安全管理グループが策定した教育訓練計画を決済するにすぎなかった。

（4）安全管理グループ（安全管理室）

東海事業所においては，同事業所の一般安全衛生管理及び臨界管理を行い，従業員に対する教育訓練を行う機関として，所長直属の安全管理室を設置していたが，前記リエンジに伴う組織改編に際して，名称を安全管理グループと変更するとともに，技術部内の一部門として位置づけられた。また，安全管理グループ長は品質保証グループ長と兼任となり，所属員も両グループの業務を兼務することとなった。以上の組織改編の結果，安全管理グループには臨界に関する専門知識を有する者は配置されなくなり，また，臨界管理を行えるだけの人員も配置されていなかったことから，安全管理グループが臨界管理基準等の規定類や手順書等を審査することもなかった。そもそも被告人会社においては，製造現場で作業方法等を変更しようとする場合に，その許認可上又は臨界管理上の問題点を審査する手続が明確化されておらず，必要に応じて製造現場から技術課等に問い合わせがなされていたにすぎず，安全管理グループが被告人会社における臨界管理上の問題点について検討することはなかった。

2 被告人会社における臨界教育の実状

安全管理グループは，毎年実施される全体教育訓練やグループ別教育訓練の企画等を担当していたが，全体教育訓練における臨界管理に関する教育は，平成4年8月17日に当時の製造部長であった被告人Bが数十分間行ったものが最後であり，その他にグループ別教育訓練として小規模に行われたことがあるものの，実際にウランの加工作業に当たる作業員らに対する臨界教育はほとんど行われていなかった。また，実地教育においても，何らの教材等も用意されていないばかりか，実地教育に当たるべき者においてすら臨界等についての知識が乏しく，十分な臨界教育はなされていなかった。さらに，ウランの加工作業に従事する作業員個人の能力，臨界に関する知識等を把握する方法も何ら採られていなかった。

以上のとおり，東海事業所における臨界教育が全くといってよいほどなされていなかったことから，同事業所においては臨界事故は起きないとの認識が蔓延し，臨界そのものに対する意識もほとんどないような状況であった。殊に，転換試験棟での操業は，サイクル機構からの不定期な発注に基づいて行われる上，その業務量も第一，第二加工施設棟のそれに比較すると微々たるものであったことから，転換試験棟における臨界管理についての意識は一段と低いものになっていた。しかも，転換試験棟については，第一，第二加工施設棟と異なり濃度制限がなされていないことから，形状制限のなされていない沈殿槽内に質量制限を超過する量のウランを含有する溶液を注入すれば，沈殿の有無にかかわらず臨界になり得るが，この臨界管理方法の相違点について教育する機会は全くなかった。

3 労働安全衛生法上の安全管理体制

労働安全衛生法は，一定の業務及び規模の事業所に対し安全管理者を選任させ，その者に安全に関する技術的事項を管理させることを義務づけているが，東海事業所においても，同法に基づき安全衛生管理規定を定め，総括安全衛生管理者及び安全管理者について規定していた。それによれば，総括安全衛生管理者は，東海事業所長とされ，東海事業所における安全管理及び衛生管理について各部グループ長，安全管理者，安全管理グループ長を指揮して，安全衛生管理について指揮・管理する旨規定されていた。また，安全管理者は，東海事業所における施設等の点検・整備，危険がある場合の応急措置等に関すること，作業の安全についての教育訓練に関すること等の技術的事項を管理する旨規定されていた。

東海事業所においては，一般の労働災害防止のための各種教育訓練は行われていたものの，前述したとおり，核燃料物質の加工工程における臨界管理方法等についての教育訓練はほとんど行われていなかった。

第6　常陽第九次操業に至る経緯及び同操業の状況

1　常陽第九次操業の契約締結に至る経緯及び操業開始前の状況

平成10年11月ころから，被告人会社は，サイクル機構との間で新たな常陽用の二酸化ウラン粉末又は硝酸ウラニル溶液受注についての交渉を行っていたところ，平成11年1月の被告人会社における生産・販売会議及び同年2月の管理職会議において，平成11年度の常陽用の硝酸ウラニル溶液と二酸化ウラン粉末の受注予定が報告された。その後の交渉の結果，同年8月31日，被告人会社とサイクル機構との間で常陽第九次操業についての合意が成立し（なお，正式な契約は同年9月8日付けで締結された。），このことは，被告人B，被告人Cらが出席して同月9日に開催された経営連絡会議において報告された。また，この席上で，被告人Cから，転換試験棟において同月中旬から濃縮度約18.8パーセントの硝酸ウラニル溶液を製造する予定である旨の報告がなされた（以下，常陽第九次操業における硝酸ウラニル溶液の製造を「本件操業」という。）。

平成11年8月ころ，被告人Gは，被告人Eから，同年9月から本件操業を開始する予定であることを告げられ，同月13日から作業を始める旨答えてこれを了承した。溶液製造作業は，受注に応じて断続的かつ不定期にしか実施されないものであるばかりか，本件操業は，前回の同種操業から約2年10か月ぶりに行われることとなったものである上，本件操業時のスペシャルクルーの班員の中にはKなど溶液製造作業に精通した作業員は誰もいなかったが，この際，被告人Gは，被告人Eに対し，溶液製造作業の経験はないけれども，手順書を見ればなんとかなる旨答えた。

被告人Fは，同月1日から3日ころまでの間に，本件操業に関し，質量制限等の核的制限を踏まえつつ，契約どおりの品質の製品が出来上がるようにするための製造条件を指示する作業指示書（PPS（プロセス・パラメータ・シート））を溶解，溶媒抽出，沈殿，仮焼，再溶解の各工程ごとに作成したが，混合均一化工程については作成しなかった。同月6日，被告人Fは，作成したPPSにつき被告人Eの審査を受けようと考え，同被告人にその旨連絡したが，同被告人は，転換試験棟での作業経験がなく，本件操業の具体的な作業方法を把握していなかったことから，実際に本件操業を担当する被告人Gも審査に立ち会わせることにした。同審査の席上で，被告人E，被告人F及び被告人Gは，被告人Fの作成したPPSについて検討し，本件操業について打ち合わせをし，被告人Fから被告人Gに対して作業指示書に記載してある各工程について説明があったが，被告人Fが混合均一化はクロスブレンド法で行う旨説明したため，被告人Gから現在では貯塔を使って混合均一化している旨の指摘がなされた。その際にも，被告人Gは，被告人Fに対し，自分は溶液製造作業の経験はないが，作業経験のあるKに聞いたり，手順書を見ればなんとかなる旨答え，被告人F及び被告人Eにおいても，被告人Gに対し，分からないことがあったらKに尋ねたり，手順書で確認するように告げた。

被告人Fは，被告人E及び被告人Gとの前記審査の後，被告人Dに対し前記PPSについての承認を求めた。被告人Dは，被告人Fから前回の操業と変わりはないと聞いたため，

特段の検討もすることなくこれを承認し，その後，被告人Dが本件操業について指示等をすることはなかった。

被告人Eは，前記審査に立ち会ったものの，その後は本件操業の具体的な作業方法について検討しなかったばかりか，被告人Gらに対し，本件操業について特段の指示及び監督をすることもなかった。

被告人Gは，前述のとおり，被告人Eや被告人Fから本件操業について手順書で確認したり，Kに尋ねるように指示されていたものの，被告人Gが本件操業前にKに尋ねたのは，ろ過するときのろ材として使用する物の種類や貯塔で混合した後の溶液の抜き取り方などその場で思い付いたことのみであり，また，被告人G自身が手順書に目を通すことはなかった。

2 本件操業開始から平成11年9月28日までの状況

平成11年9月7日から同月10日までの間，スペシャルクルーは，30Bシリンダー定期検査の補助を行っていたが，同日の作業には2名が当たれば十分であったことから，被告人Gは，L，M及びNに対し，同月13日に開始予定であった本件操業の準備作業にかかるよう指示をした。Lらは，準備作業が完了したことから，本件操業を繰り上げて実施することとしたが，Lは，前回の転換試験棟での操業の際にKより教わった工程を思い浮かべながら，溶液製造作業の経験がないM及びNに対し，原料の八酸化三ウラン粉末をステンレス製バケツに入れて純水と硝酸で溶解し，それをポリバケツに入れて濃度調整をし，ポンプを使って抽出塔へ送る溶媒抽出工程までの作業方法を教え，同日夕方までに，原料の八酸化三ウラン粉末を三バッチ分溶解し終えた。被告人Gは，同日夕方，Lらが本件操業を開始したことを知ったが，スペシャルクルーでは常々その日のうちにできる仕事はその日のうちにすることにしていたことから，Lらに対し，作業日程を無断で早めたことをとがめるようなことはしなかった。その後，被告人Gは，L，M，N及びOの4名をローテーションに従って2名ずつ組ませ，それから同月28日までの間，七バッチ分のウランについて，同人らに第一工程の溶解，溶媒抽出，沈殿，仮焼の各工程の作業を行わせた。被告人Gは，第一工程が行われていた間，排水処理作業等を行っていたが，転換試験棟で作業している班員が休憩する時間を見計らって休憩室に行ったり，実際に転換試験棟内にまで行ったりするなどして本件操業の進行状況を確認していた。

同月28日，被告人Gがその翌日から始まる予定の第二工程の準備をするために転換試験棟に赴いたところ，Oにおいて第一工程で使用した沈殿槽の洗浄を終え，Nにおいて第一工程最後の仮焼工程の作業を行っていたところであった。被告人Gは，最後の七バッチ分目が仮焼工程中であり，まもなく第二工程に入れることが分かったので，第二工程において混合均一化作業をするために使用する貯塔の準備をすることにした。

被告人Gは，保管してあった溶液循環用の仮設配管を取り出し，Oとともに同配管を貯塔に接続しようとしたが，手順書等によって検討していなかったこともあって，貯塔を使って混合均一化作業を行うに当たっては，同配管のほかに溶液の出し入れ用にもう1本仮設配管を接続しなければならないことに気付かなかった。被告人Gらは，硝酸ウラニル溶液の出し入れは貯塔につながっている配管のバルブから行うものと考えたが，そうするとバルブの位置が低すぎることや同バルブは貯塔から1メートルくらい離れた場所にあり，そのバルブから貯塔までの間にいわゆるデッ

第11章　企業が直面する刑事事件と法務活動

ドスペースが生じて同溶液が残存し，多量のスクラップが出ることから，Oに対し，「これでやるんだけど，デッドスペースが多いし，抜き口が低いからやりづらいよな。」などと言って，仮設配管を貯塔に接続して混合均一化作業をすることの問題点を指摘した。

これに対して，Oが，沈殿槽を使用して混合均一化作業をすることを提案し，Nも，沈殿槽にはかくはん機がある上，硝酸ウラニル溶液を入れるハンドホールもあり，溶液の抜き口も高いなどと言ってOの意見に賛成したことから，被告人Gにおいても，沈殿槽にはかくはん機が付いていて混合均一化作業が早くできる上，硝酸ウラニル溶液の出し入れも楽な姿勢ででき，デッドスペースもほとんど生じないとして，沈殿槽は七バッチ分のウランを含有する硝酸ウラニル溶液を一度に入れて混合均一化する設備として最適であると考えた。ただ，ハンドホールはそれほど大きなものではなかったことから，硝酸ウラニル溶液を沈殿槽に注入する際に同溶液を沈殿槽外にこぼすおそれがあったため，被告人Gは，ハンドホール内に漏斗を差し込んだ上，これを使って硝酸ウラニル溶液を注ぎ込めばいいと考えつき，それをO及びNにも伝えた。他方，被告人Gは，これまで混合均一化作業に沈殿槽が使われていなかった理由について，沈殿槽内にADU等が残っていた場合に，製品である溶液にこれらが入り込み，品質上問題が生じるためであろうと考えるとともに，そうであるならば，沈殿槽に希硝酸溶液を張り込んだまま一晩置くなどして沈殿槽を十分に洗浄すれば，品質上の問題は解消し，混合均一化作業に沈殿槽を使うことは可能であると判断した。被告人Gは，これまでにも製品の品質について問題が生じた場合には，被告人Eを介することなく，品質管理の担当者である被告人Fに直接問い合わせをしていたことから，今回も被告人Fの承認を得る必要があると考えた。そこで，被告人Gは，O及びNに希硝酸溶液を張り込んで沈殿槽を洗浄するよう指示するとともに，沈殿槽の洗浄が完了すれば混合均一化作業のために沈殿槽を使用する許可をもらいに行く旨告げた。

なお，被告人Gは，前述のとおり臨界等についての十分な知識を有していなかったことから，転換試験棟の沈殿槽にいくら硝酸ウラニル溶液を入れても，溶液である限り臨界管理上の問題は全くないと考えていた。

3　平成11年9月29日から同月30日までの状況

平成11年9月29日午前10時30分ころ，被告人Gは，沈殿槽が十分に洗浄できたかどうかを確認するために転換試験棟に行ったところ，Oが十分に洗浄できている旨報告し，Nも第二工程で用いるろ過器を洗浄し終わっていたことから，被告人Fに，混合均一化作業のために沈殿槽を使用することについて承認を得ることにした。

同日午後零時すぎころ，被告人Gは，被告人Fに対し，貯塔を使うと時間がかかることや沈殿槽は十分洗浄してあるので品質に問題が出ることはないことなどを告げ，貯塔の代わりに沈殿槽を使用して硝酸ウラニル溶液を混合均一化したい旨言ったところ，被告人Fは，これに対して即答せず，昼休みが終わったら連絡する旨告げた。被告人Fも，被告人会社において臨界等について十分な教育を受けておらず，第一，第二加工施設棟と転換試験棟との間では臨界管理方法が違っていることやその理由を知らなかったことなどから，被告人Gの提案に対して，主に製品の品質に問題が出ないかのみを検討し，同日午後1時ころ，被告人Gに電話をかけ，沈殿槽にADU等が残っている可能性はないか，沈殿槽を使わないと間に合わないのかなど製品の品質

349

に影響しかねない点についてのみ確認した上，沈殿槽を使用しても製品の品質上何ら問題はないと考え，被告人Gに対し混合均一化作業のために沈殿槽を使用することを承認した。その際，被告人Fは，沈殿槽に硝酸ウラニル溶液を沈殿させると臨界発生の危険があると考え，沈殿工程で硝酸ウラニル溶液を沈殿させるために使うアンモニアを混合均一化工程中に誤って吹き込まないようにしなければならないと思い，被告人Gに対し，溶液なら大丈夫だが沈殿させると危ないのでアンモニアのバルブを開けないように注意をした。

被告人Gは，N及びOも第二工程における再溶解作業や混合均一化作業を経験したことがなかったことから，最初の一，二バッチ分の溶解と沈殿槽への注入までは自ら確認しておこうと考え，N及びOとともに転換試験棟に行き，同日午後1時すぎころから，同所において，N及びOをして再溶解作業を開始させた。N及びOは，被告人Gの指示に基づいて精製済みの八酸化三ウラン粉末を一バッチずつステンレス製バケツに入れて溶解し，同溶液をろ過器でろ過した後，沈殿槽のハンドホールに漏斗を差し込んだ上で，ステンレス製バケツ又はステンレス製ビーカーに入れた硝酸ウラニル溶液を順次四バッチ分沈殿槽内に注入し，残りの三バッチ分については，翌30日に作業を行うことにしてその日の作業を終えた。

翌30日午前10時ころ，被告人Gが転換試験棟に行ったところ，N及びOにおいて残り三バッチ分の再溶解作業を完了させていたことから，その後は，Nにおいて溶液のろ過を行い，Oにおいてろ過し終えた溶液をステンレス製ビーカーで沈殿槽内に注入し，被告人GにおいてOが注入しやすいようにハンドホールに差し込んだ漏斗を支えていた。残り一バッチ分の硝酸ウラニル溶液を注入する際に，Nがろ過の作業を終えたことから，被告人GはNと作業を代わり，沈殿槽内のウラン濃度の計算を行うことにした。同日午前10時35分ころ，Nが漏斗を支えた状態で，Oが残り一バッチ分の硝酸ウラニル溶液を沈殿槽内に注入した。

（罪となるべき事実）
第1　業務上過失致死について
　1　各被告人の過失について
　（1）被告人Bの過失

被告人Bは，前記「事故に至る経緯」第1の2記載のとおり，東海事業所長及び保安規定上の安全主管者としての業務に従事していたものであるが，前記の経緯において，被告人G，N及びOらに本件操業を行わせるに当たっては，自ら又は被告人Cら部下職員をして，溶液製造作業の従事者に対して，内閣総理大臣の許可内容を遵守した加工作業を行うよう指示及び監督を行うとともに，第一，第二加工施設棟と転換試験棟との間の臨界管理方法の相違点を周知徹底させるなどの臨界教育を実施するなどの臨界事故発生を防止するための措置を講ずべき業務上の注意義務があるのに，これを怠り，何ら同措置を講じなかった過失がある。

　（2）被告人Cの過失

被告人Cは，前記「事故に至る経緯」第1の3記載のとおり，製造部長兼製造グループ長，保安規定上の製造管理統括者及び労働安全衛生法に基づく安全管理者としての業務に従事していたものであるが，前記の経緯において，被告人G，N及びOらに本件操業を行わせるに当たっては，自ら又は被告人Eら部下職員をして，溶液製造作業の従事者に対して，内閣総理大臣の許可内容を遵守した加工作業を行うよう指示及び監督を行うとともに，第一，第二加工施設棟と転換試験棟との間の臨界管理方法の相違点を周知徹底させるなど

の臨界教育を実施するなどの臨界事故発生を防止するための措置を講ずべき業務上の注意義務があるのに，これを怠り，何ら同措置を講じなかった過失がある。
　（3）被告人Ｄの過失　＜略＞
　（4）被告人Ｅの過失　＜略＞
　（5）被告人Ｆの過失　＜略＞
　（6）被告人Ｇの過失　＜略＞
　２　本件臨界事故の発生等
　被告人Ｂ，被告人Ｃ，被告人Ｄ，被告人Ｅ，被告人Ｆ及び被告人Ｇは，前記の経緯において，前記１のそれぞれの過失が競合したことにより，平成１１年９月２９日午後１時すぎころから同月３０日午前１０時３５分ころまでの間，茨城県那珂郡東海村大字石神外宿〈番地略〉所在の被告人会社東海事業所の転換試験棟において，Ｎ（当時３５歳）及びＯ（当時３９歳）らをして，ステンレス製バケツ等を用いて合計約七バッチ分の濃縮度約１９パーセントのウラン（合計約１６．６キログラムウラン）を含有する硝酸ウラニル溶液を沈殿槽内に注入させ，同日午前１０時３５分ころ，臨界事故を発生させるに至らせ，Ｎ及びＯに中性子線等の放射線を浴びさせて急性放射線症の傷害をそれぞれ負わせ，よって，Ｎを，同年１２月２１日午後１１時２１分ころ，東京都文京区本郷〈番地略〉所在の東京大学医学部付属病院において，Ｏを，平成１２年４月２７日午前７時２５分ころ，同病院において，前記傷害に起因する多臓器不全によりそれぞれ死亡するに至らしめた。
第２　原子炉等規制法違反について
　被告人Ｂ，被告人Ｃ及び被告人Ｄは，前記の経緯において，共謀の上，被告人会社の業務に関し，被告人会社が，原子炉等規制法に基づく内閣総理大臣の許可を受けていたところの，濃縮度が２０パーセント未満のウランの加工に使用する溶解設備として転換試験棟に設置していた溶解装置（容器部分の直径の制限値を１７．５センチメートル以下とする形状制限が施された溶解塔等で構成されているもの）につき，内閣総理大臣の許可を受けないで，平成７年９月１８日から平成１１年９月３０日までの間，転換試験棟において，濃縮度約１９パーセントのウランの化合物である硝酸ウラニル溶液及び二酸化ウラン粉末を製造するため八酸化三ウラン粉末を硝酸及び純水で溶解するに当たり，上記溶解装置に代えてステンレス製バケツを使用し，もって，内閣総理大臣の許可を受けないで加工施設の設備を変更した。
第３　労働安全衛生法違反について
　被告人Ｂは，前記の経緯において，被告人会社の業務に関し，平成１１年６月２９日から同年９月３０日までの間，常時５０人以上の労働者を使用して核燃料物質の加工業を営む事業場である東海事業所において，安全管理者であるＣをして，スペシャルクルーの班員であるＮ及びＯら労働者に対し，核燃料物質の加工工程における臨界の発生を防止するための形状制限，質量制限等の核的制限を遵守するなどの安全のための教育を実施させず，もって，安全に係る技術的事項を管理させなかった。
　（証拠の標目）　　　＜略＞
　（法令の適用）　　　＜略＞
　（量刑の理由）
第１　本件臨界事故について
　本件は，被告人Ｂ，被告人Ｃ，被告人Ｄ，被告人Ｅ，被告人Ｆ及び被告人Ｇ（以下，被告人会社を除いた被告人全員をまとめて「各被告人」とも表記する。）が，前記判示の経緯において，それぞれの過失が競合したことにより，茨城県那珂郡東海村所在の被告人会社東海事業所の核燃料加工施設である転換試験棟において，硝酸ウラニル溶液の製造中に臨

界事故を発生させ，NとOの2名に中性子線等の放射線を浴びさせて急性放射線症の傷害を負わせて死亡させたという業務上過失致死の事案（判示「罪となるべき事実」第1），被告人B，被告人C及び被告人Dが，共謀の上，被告人会社の業務に関し，前記転換試験棟において，ウランを加工するに当たり，内閣総理大臣の許可を受けないで加工施設の設備を変更したという原子炉等規制法違反の事案（同第2）及び被告人Bが，被告人会社の業務に関し，東海事業所において，安全管理者であるCをして，同所勤務の労働者に対し，核燃料物質の加工工程における臨界管理方法に関する安全のための教育を実施させなかったという労働安全衛生法違反の事案（同第3）である。

核燃料物質は，その取扱いによっては臨界事故等の重大な事態を引き起こし，その取扱者のみならず，周辺の住民や環境にも多大な被害・影響を及ぼしかねない非常に危険な物質であるため，許認可を得た特定の業者において，法規等に則った方法によってのみその取扱いが許されていることからも明らかなように，その取扱いには厳しい制限があり，その安全に対しては細心の注意と施策が求められている。それにもかかわらず，本件臨界事故の直接的な原因は，被告人Gが被害者両名に対し形状制限のなされていない沈殿槽内に合計約七バッチ分のウランを含有する硝酸ウラニル溶液を注入するよう指示し，被害者両名をして同作業をさせたことにあり，その過失は極めて単純かつ重大である。また，被告人G以外の各被告人においても，核燃料物質の危険性について十分認識せず，被告人Gの誤った指示を防止できなかったのであるから，本件臨界事故を引き起こした各被告人の刑責は重いというほかない。さらに，各被告人がこのような重大な過失を犯すに至った背景には，被告人会社の長年にわたる安全軽視の姿勢があったといわなければならない。

そして，被害者両名の貴い生命が奪われたという本件臨界事故の結果が重大であることはいうまでもない。被害者両名は，本件臨界事故によりいずれも急性放射線症の傷害を負い，Nにおいては35歳，Oにおいては40歳という人生で最も充実した時期に愛する家族を残して先立たなければならなかったのであり，被害者両名の無念は察するに余りある。被害者両名は，Nにおいては約3か月間，Oにおいては約7か月間にも及ぶ闘病生活を送った末に死亡し，被害者両名の家族においても，被害者らの回復を願いながらも，容態が悪化するのをなすすべもなく見守るしかなかった上，生前の各人の姿を想像することができないほど変わり果てた遺体と対面することになったもので，その結末はあまりにも残酷かつ悲惨というほかなく，残された遺族の悲嘆の念は極めて深い。確かに，被告人会社らは各遺族に対する慰謝の措置に努めており，同遺族らが各被告人について必ずしも厳しい処罰を望んでいないとの事情は認められるものの，本件臨界事故により一家の精神的・経済的支柱を失った遺族の生活・将来に与えた影響は重大である。

加えて，本件臨界事故により人体に有害な中性子線等が多量に放射され，東海事業所が立地する東海村の住民など数百人にも上る被ばく者を出したばかりか，周辺の住民に対し屋内退避要請が出され，周辺の道路・鉄道が途絶したほか，本件臨界事故以後，茨城県産の農水産物等の売上げが減少するなどの風評被害も相当程度に及んでいるなど，本件臨界事故が地域社会に与えた影響・衝撃は計り知れない。また，本件臨界事故が，核燃料加工事業のみならず原子力の安全性そのものに対する国民の信頼を著しく損ねた点で，我が国

の原子力政策にも相当の悪影響を及ぼしており，我が国において初めての臨界事故である本件の影響は極めて深刻である。

以上のとおり，本件臨界事故の態様は悪質であり，その結果は重大であることを踏まえ，以下，被告人ごとにその責任について論ずる。

第2　被告人会社の責任について

　1　原子炉等規制法違反の事実について

被告人会社は，判示のとおり，許可を得ることなく加工施設の設備を変更しているが，これは許認可を受けた特定の業者のみに核燃料物質の取扱いを許し，その取扱いに厳格な規制を設けることにより核燃料物質等による災害を防止しようとした原子炉等規制法の趣旨を没却するものである上，その期間も約4年間と長期にわたるものであり，厳しい非難を免れない。

被告人会社は，判示「事故に至る経緯」に記載したように，昭和59年6月に一バッチ縛りを遵守する前提で加工事業変更許可を受けていながら，許可取得後初めての常陽用二酸化ウラン粉末の製造から一バッチ縛りを遵守せずに複数バッチの連続操業を行い，その後の硝酸ウラニル溶液等の製造においても複数バッチの連続操業を行っていたというのであるから，当初から許可内容を遵守しようという意識を欠いていたといわざるを得ない。

この点について，弁護人は，およそ遵守することが困難な一バッチ縛りを許可内容に含めること自体が問題であるばかりか，操業記録等を見れば一バッチ縛りが遵守されていないことは明白であったにもかかわらず，行政当局は適切な監督を行わなかったのであるから，行政当局の責任は軽視できない旨主張する。確かに，一バッチ縛りを遵守すれば，極めて非効率で生産性の低い操業しか行い得ないばかりか，製品の品質にも悪影響を及ぼすことになるが，これを許可内容として受け入れるかどうかは最終的には被告人会社の経営上の判断・選択であるばかりか，臨界事故解析を行うなど他の選択肢が全くなかったわけではないのであるから，この点をもって被告人会社に有利な事情とはいい難い。そもそも，被告人会社は，特定の企業にしか与えられない許可に基づいて核燃料加工事業を営んでいたのであるから，その許可内容を遵守することは当該企業が守るべき最低限の企業倫理であって，行政当局の監督が十分でないことを論難するのは自らの責任を他に転嫁するに等しいというべきである。

また，弁護人は，常陽第六次操業のための硝酸ウラニル溶液製造に際し，ステンレス製バケツによる再溶解作業が始められ，判示の原子炉等規制法違反の罪を犯すに至っている点について，ステンレス製バケツの使用等の転換試験棟における違法・逸脱操業の背景には，サイクル機構が，被告人会社に対し，作業の安全，許可内容の遵守，作業員の作業負担等について全く配慮することなく発注していたとの事情が存する旨指摘するが，サイクル機構が被告人会社の違法・逸脱操業の実態について認識した上で無理な発注を行っていたとの事実は認められず，むしろ，被告人会社の方で重要な顧客であるサイクル機構の意向にできる限り沿うべく無理を承知の上で受注していたとの事実が認められることからすると，この点をもって被告人会社に有利な事情とすることはできない。

以上の事情に加え，被告人会社においては，転換試験棟のみならず，第一，第二加工施設棟においても，許可を得ることなく加工施設の設備や加工工程を変更していたばかりか，科学技術庁の調査に際しては，その許可違反の設備等を撤去するなどの工作を行っていたことをも考慮すると，被告人会社は全社的に許可を尊重する意識・姿勢を欠いていたとい

被告人会社において許可違反の実態を改善しようとする動きが全くなかったわけではないが、結局のところ、何ら有効な施策は取られず、その改善も見られなかったのであるから、被告人会社の安全軽視の姿勢は非常に根深いものというべきである。

以上のとおり、認可内容を遵守するとの意識の鈍麻が被告人会社全体において核燃料物質を取り扱うことについての緊張感を弛緩させたといい得ることからすると、被告人会社の原子炉等規制法違反の責任は、単に適正な許認可手続を取らなかったという手続違反にとどまらない重大なものというべきである。

2　労働安全衛生法違反の事実について

被告人会社においては、判示「事故に至る経緯」及び前項において述べたように、安全管理者らから作業員らに対し保安上必要な指示・監督がなされることはほとんどなく、また、臨界等に関する全体的な教育訓練はほとんど実施されていなかった上、各現場における実地教育においても系統立てた臨界教育はなされておらず、さらに、個々の作業員の能力や知識について検証する手だても講じられていなかった。本件労働安全衛生法違反の事実は、このような被告人会社における長年にわたる安全軽視の姿勢の現れといえ、その犯情は極めて悪い。

さらに、この臨界教育軽視の風潮が、臨界に対する意識を低下させ、東海事業所においては臨界は発生しないとの「神話」を作り上げ、最終的には末端の作業員から幹部に至るまで、臨界事故発生の危険性についてほとんど意識しないまま日常の職務に当たるような状態になり、本件臨界事故を招来するに至ったというのであるから、被告人会社の労働安全衛生法違反の責任も重大というほかない。

3　まとめ

以上のとおり、被告人会社の犯した原子炉等規制法違反及び労働安全衛生法違反の各事実は、単なる一時的なものではなく、長年にわたり被告人会社全体を支配してきた安全軽視の姿勢の現れというべきであり、核燃料加工事業者としての緊張感を欠いたその姿勢は厳しく責められなければならない。

これらの事情にかんがみれば、被告人会社において、起訴に係る事実関係を争わず、その代表者が本件臨界事故を発生させたことについて陳謝していること、被告人会社が本件臨界事故を発生させたことにより核燃料物質の加工事業許可の取消処分を受けていること、前記のように本件臨界事故により死亡した被害者両名の遺族に対し慰謝の措置に努め、同人らとの間で示談が成立していること、風評被害等による損失についてもできるだけ補償すべく努力していること等の被告人会社に有利な事情を最大限に考慮しても、なお、被告人会社に対しては、およそ法が許すところの最高の刑罰をもって臨むほかない。

第3　被告人会社以外の各被告人の責任について

1　被告人Bについて

被告人Bは、本件臨界事故当時の東海事業所長であり、また、保安規定によって定められた安全主管者として、核燃料物質の加工等を行う際の保安を総括する業務に従事していたのであるから、同所における操業についての最高責任者といえる。加えて、その学歴・資格や社内における経験・履歴等からも明らかなように、被告人Bは核燃料物質の取扱いについて十分な知識と経験を有していたと認められることからすれば、被告人Bは、本件臨界事故当時の東海事業所の最高責任者として、作業員に対する臨界教育を始めとする臨界事故の防止に向けた諸施策を講じなければならない責務を負っていたのであり、かつ、

それが可能な地位と能力を有していたというべきである。

　また，被告人Bは，昭和５９年当時，技術課長として加工事業変更許可の取得に関与した際，一バッチ縛りの遵守が困難であることを十分認識しながら，一バッチ縛りを許可内容に含めることを了承していること，常陽第六次操業における再溶解工程においてステンレス製バケツの使用が検討された際にも，製造部長としてこれを了承していること，平成７年９月の安全専門委員会に技術部長として出席した際，一バッチ縛りが遵守されていない事実，ステンレス製バケツを使用してウランを溶解している事実，貯塔を用いて混合均一化作業が行われる事実等が報告されたが，これを了承していることなどの事情が認められるが，これによれば，被告人Bは，前述した被告人会社の長年にわたる安全軽視の姿勢が形成される過程に深く関与してきたといえる。

　以上によれば，被告人Bの刑事責任は極めて重い。

　しかしながら，被告人Bの具体的な刑を量定するに当たっては，以下の事情についても検討する必要がある。

　すなわち，被告人Bは，本件操業の従事者に対し誤った指示・命令等を出すなどして臨界を発生させたなどという本件臨界事故に直接結び付く過失があったとしてその責任が問われているのではなく，許可内容を遵守した加工作業を行うよう指示・監督するとともに，臨界教育等を行って臨界事故の発生を防止すべき注意義務を果たさなかったという監督・管理責任が問われているのである。そして，臨界教育等を実施して被告人会社における安全管理体制をしっかり根付かせることは一朝一夕にできるものではないことからすれば，被告人会社の歴代の幹部，殊に歴代の東海事業所長においても安全管理体制を構築してこなかった責任の一端があるというべきである。以上の事情からすれば，本件臨界事故が発生した当時の東海事業所長であるということで，被告人Bに過大な責任を負わせることはできないというべきである。

　次いで，被告人Bが，東海事業所長として，本件臨界事故の発生を防止するためにいかなる方策をとり得たかを具体的に検討すると，常陽第九次操業における硝酸ウラニル溶液等の製造については平成１０年１１月ころから交渉が始まり，平成１１年１月及び２月の被告人会社における会議において受注予定が報告されたとの事実が認められるところ，被告人Bは，その後の同年６月に東海事業所の所長に就任し，その後２か月余りで本件操業が開始され，さらに，それからわずか３週間後に本件臨界事故が発生しているのである。以上の事実経過からすれば，被告人Bは，本件臨界事故当時，東海事業所長の立場にあったものの，常陽第九次操業を行うことは既に会社の方針として決定されていたことであり，しかも被告人会社以外に常陽用の硝酸ウラニル溶液を製造できる核燃料加工事業者がいない中で，急きょその受注を中止ないし延期して作業員に対する臨界教育等を実施し，長年にわたる被告人会社における安全軽視の姿勢及びこれにより培われた作業員の安全軽視の意識を改革・改善して安全管理体制を構築することは，現実的には困難であったといわざるを得ない。確かに，作業員に対し内閣総理大臣の許可内容を遵守した加工作業を行うよう指示・監督することはさほど困難ではないものの，その許可の背景にある臨界や核的制限等について十分な教育訓練をしておかなければ，被告人Gのように効率性を求める余り許可内容から逸脱した作業を行う作業員が出て来る可能性が十分あったのであるから，本

件臨界事故の発生を防止するためには，単に許認可を遵守するよう指示・監督するのみでは足りず，臨界教育等を実施して安全管理体制を構築することが不可欠であったというべきである。

以上の点は，被告人Bの刑責を否定するものではないけれども，その刑を量定するに当たっては無視することのできない事情というべきである。

さらに，前述のとおり，被告人Bが被告人会社の安全軽視の姿勢の形成過程に深く関与していた事実が認められるものの，その関与はあくまでも被告人会社という組織の一員としてのものであって，被告人Bの一存により判示のような許可内容から逸脱した操業が実施されたものでもない。

そして，以上の事情のほかにも，被告人Bは，捜査段階から一貫して本件各犯行についての事実関係をすべて認め，十分に反省している様子がうかがえること，個人的にも被害者両名の遺族に対して慰謝の措置を講じ，同遺族らにおいても被告人Bについて必ずしも厳しい処罰を望んでいるわけではないこと，本件各犯行により被告人会社を懲戒解雇されているほか，本件臨界事故が広く報道され，当時の東海事業所長として社会的な非難を受けるなど，相当の社会的制裁を受けていること，被告人Bには前科前歴がなく，今まで犯罪行為とは無縁の生活を送ってきたことなど被告人Bに有利な事情が認められる。

以上の諸事情を総合考慮すれば，被告人Bの本件各犯行における責任は非常に重く，主文のとおりの禁錮刑及び罰金刑を科すべきであるが，被告人Bに有利な前記の事情を考慮して，その禁錮刑の執行を5年間猶予するのが相当と判断した。

2　被告人Cについて

被告人Cは，平成9年8月に製造部長兼製造グループ長に就任し，併せて平成6年10月からは原子炉等規制法に基づく保安規定によって定められた東海事業所の製造管理統括者として，平成9年1月からは労働安全衛生法に基づく安全管理者として，東海事業所における核燃料物質の加工等の業務全般を統括し，同加工等の計画及びその実施について，同加工等の従事者に対する指導及び監督を行うとともに，同加工等に伴う危険を防止し安全を確保する業務に従事していたことに加え，被告人会社においてはほぼ一貫して製造部に勤務していたことからも明らかなように，溶液製造作業の内容や転換試験棟の作業状況等についても十分な知識を有していたことが認められる。以上の事情によれば，被告人Cは，本件臨界事故当時，製造部門の最高責任者として，東海事業所において被告人Bに次ぐ地位にあって，被告人Bと同様に，作業員に対する臨界教育を始めとする臨界事故の防止に向けた諸施策を講じなければならない責務を負っていたのであり，かつ，それが可能な地位と能力を有していたというべきである。

また，被告人Cは，平成5年12月ころ，製造部副部長兼製造一課長として，混合均一化工程の効率化を検討した際，当時の転換試験棟主任に対して貯塔を用いた混合均一化の作業方法の検討を指示し，これに応えて提案された貯塔に仮設配管を設置して行う混合均一化の作業方法について了承していること，硝酸ウラニル溶液の製造期間の短縮が問題となった際，自ら転換試験棟の作業員らに対しステンレス製バケツを使用した再溶解作業のやり方を指導していること，平成7年9月の安全専門委員会に出席した際，一バッチ縛りが遵守されていない事実，ステンレス製バケツを使用してウランを溶解している事実，貯塔を用いて混合均一化作業が行われる事実等が報告されたが，これを了承していること，

溶解作業や混合均一化作業についてステンレス製バケツや貯塔による旨記載された手順書について承認を与えていることなどの事情が認められるが，これによれば，時として積極的に許認可違反の工程を自ら指導するなど，同被告人もまた被告人Bと同等に被告人会社における安全軽視の姿勢が形成される過程に深く関与していたものと認められる。

以上によれば，被告人Cの刑事責任は重大というべきである。

しかしながら，被告人Bの責任について説明したのと同様に，被告人Cは，本件臨界事故当時，製造部門の最高責任者ではあったものの，本件臨界事故発生に直接結び付く過失があったとしてその責任が問われているのではなく，臨界教育等を行って本件臨界事故の発生を防止すべき注意義務を怠ったという監督・管理責任が問われていることに加え，被告人Cのみがこのような注意義務を負っていたわけでもない。また，被告人Cが被告人会社の安全軽視の姿勢の形成過程に以前から深く関与していた事実が認められるものの，その関与はあくまでも被告人会社という組織の一員としてのものであって，被告人Cの一存により判示のような許可内容から逸脱した操業が実施されたものでもないとの事情も認められる。

そして，以上の事情のほかにも，被告人Cは，捜査段階から一貫して本件各犯行について事実関係をすべて認め，十分に反省している様子がうかがえること，個人的にも被害者両名の遺族に対して慰謝の措置を講じ，同遺族らにおいても被告人Cについて必ずしも厳しい処罰を望んでいるわけではないこと，本件各犯行により被告人会社を懲戒解雇されているなど，相当の社会的制裁を受けていること，被告人Cには前科前歴がなく，今まで犯罪行為とは無縁の生活を送ってきたことなど

被告人Cに有利な事情が認められる。

以上の諸事情を総合考慮すれば，製造部門の最高責任者としての被告人Cの刑事責任は重大であり，被告人Bと同じ刑期の禁錮刑を言い渡すべきであるが，被告人Cに有利な前記の事情を考慮して，その刑の執行を猶予するのが相当と判断した。

3　被告人Dについて＜略＞
4　被告人Eについて＜略＞
5　被告人Fについて＜略＞
6　被告人Gについて＜略＞

第4　結　論

本件は，我が国において初めての臨界事故に関するものであるが，本件臨界事故により被害者両名が死亡するという重大な結果が生じたばかりか，本件臨界事故が地域社会のみならず日本の社会全体に与えた衝撃も極めて大きく，核燃料加工事業，更には原子力の安全性に対する国民の信頼が大きく揺らいだといっても過言ではない。このような極めて重大な事故を引き起こした背景には，被告人会社における長年にわたるずさんな安全管理体制があったことが認められ，被告人会社の安全軽視の姿勢は厳しく責められなければならない。また，各被告人もそれぞれの地位・役職に応じて本件臨界事故の発生を未然に防止すべき職務を負っていながら，臨界管理の重要性に思いを致すことなく，漫然とその職務に従事していたため本件臨界事故を惹起しており，いずれの被告人の刑責も重大であって，その安全軽視の姿勢は厳しく非難されなければならない。

他方，前述したように，本件臨界事故は，長年にわたるずさんな安全管理体制下にあった被告人会社の企業活動において発生したものであり，当該企業の一員であった各被告人だけが本件臨界事故発生に寄与したわけではないことからすると，本件臨界事故の結果が

極めて重大であるからといって，過度に重い刑をもって各被告人個々人の責任を問うことは本件臨界事故の実態を反映させることにはならないというべきである。

以上の事情を総合考慮すると，被告人会社に対しては，およそ法が許す限り最高の刑罰を科すのが相当であるが，各被告人については，主文の刑をそれぞれ量定した上で，禁錮刑についてはその執行を猶予することとした。

よって，主文のとおり判決する。

（裁判長裁判官・鈴木秀行，裁判官・下津健司，裁判官・江口和伸）

【課題】　上記判決を読んで，以下の質問について考えてみよう。
　Q1　被告人会社が操業上無理な「一バッチ縛り」を許可条件として受諾したのはなぜか。被告人会社は本来どのようにすべきであったか。
　Q2　被告人会社での作業において，一バッチ縛り，クロスブレンド法などを回避し，第二工程で溶解塔を使わずステンレスバケツを使用し，それが第一工程にも拡大した理由は，どのようなことにあるであろうか。このようなことを未然に防ぐには，会社としてどのようなことを行うべきか。
　Q3　作業効率の向上，コストダウン，リストラなどの圧力の中で安全を確保するためには，どのようなことが必要か。
　Q4　本件事故の結果，どのようなことが起ったか，個人レベルから国レベルまで整理し，それぞれについて被告人らがどのような対応をすることになったか，まとめて説明せよ。
　Q5　本件の各個人被告人は懲戒解雇されているが，会社はどのような段階を経てこのような懲戒解雇を行うべきか。被告人ら以外の会社役員の責任はどうか。
　Q6　会社の顧問弁護士は，本件被告人らの弁護を相談された場合，どうすべきか。

2　大企業が大規模詐欺被害を受けるとき

【課題】　以下の判決を読んで，登場する関係者の関係図を作成し，事実経過をまとめなさい。また判決の中に出てくる「タックスヘイブン」，「ケイマン法人」，「キープウェル」という言葉の意味を調べ，簡単に説明しなさい。

● **東京地裁平成15年1月20日判決**（判例タイムズ1119号267頁）

　　　　　主　　文
　被告人を懲役10年及び罰金1000万円に処する。
　未決勾留日数中230日をその懲役刑に算入する。
　その罰金を完納することができないときは，金10万円を1日に換算した期間被告人を労役場に留置する。
　訴訟費用は被告人の負担とする。

　　　　　理　　由
　（罪となるべき事実）
　被告人は，

第1　Uという外国会社が発行し，その償還債務につき香港上海銀行の関係会社が保証するという社債券の購入をあっせんするように装って，T生命保険株式会社（以下「T生命」という。）からその購入代金名下に金員を詐取しようと企て，平成12年3月25日，東京都千代田区有楽町〈番地略〉所在のT生命本社の役員応接室において，同社代表取締役甲野一郎に対し，真実は，そのような社債券の購入をあっせんするつもりはなく，受領した金員は被告人が代表取締役を務めるC株式会社（以下「C社」という。）等の資金繰りに用いる意図であるのに，その情を秘して，「Uという外国の会社が発行する債券100億円分をT生命で購入してもらいたい。この債券については，香港上海銀行の関係会社が保証し，香港上海銀行のキープウェルが付いている。」などと虚構の事実を申し向けて，甲野をしてその旨誤信させ，よって，同月28日，甲野の指示を受けたT生命有価証券部員をして，中華人民共和国香港特別行政区クィーンズロードセントラル〈番地略〉所在の香港上海銀行××本店に開設された被告人が実質的に管理しているU名義の銀行口座に100億円を振込送金させ，もって，人を欺いて財物を交付させた

第2　T生命が第三者割当の方法によって新株を発行し平成12年3月31日付で増資をした際，前記第1の詐欺罪の犯罪行為により得た財産を用いることにより，被告人がT生命の新株3480万株の払込みをして株主たる地位を取得するとともに，C社にT生命の新株6000万株の払込みをさせて株主たる地位を取得させ，T生命の発行済株式総数1億4185万株の約66.8パーセントに相当する株式を被告人の支配下においたものであるが，同社の事業経営を支配する目的で，同年4月3日，前記T生命本社の会議室において開催された同社の株主総会において，被告人及びC社から委任を受けた代理人を介して，それぞれの株主としての権限を行使し，被告人，春田太郎，夏村二郎及び秋山三郎の4名を同社の取締役に選任した

第3　平成11年6月29日から平成12年9月28日までの間，群馬県前橋市六供町〈番地略〉に本店を置くS株式会社（以下「S」という。）の代表取締役社長として同社の業務全般を統括し，同社のためその資産を確実に管理し的確に運用するなどして忠実にその業務を遂行すべき任務を有していたものであるが，被告人作成のIなる会社名義の株券が換価処分できないものであるにもかかわらず，それをSに購入させることにより，同社の資金をC社等の資金繰りに充てることを企て，C社等の利益を図る目的をもって，S代表取締役としての任務に背き，平成12年5月15日，前記T生命本社ビル12階のC社事務所において，S取締役乙川四郎に対してファクシミリによって送金を指示し，同社財務課長丙野五郎をしてIなる会社名義の株券5650万株分の購入代金として73億円を東京都中央区日本橋〈番地略〉所在の株式会社富士銀行△△支店に開設されたC社名義の普通預金口座に振込送金させ，もって，Sに対し同額の財産上の損害を加えた

第4　インドスエズ銀行の略称で呼ばれるクレディアグリコルインドスエズの取り組んだ譲渡性預金（以下「CD」という。）の取引をあっせんするかのように装い，T生命からその預入金名下に金員を詐取しようと企て，平成12年7月17日から同月25日までの間，前後6回にわたり，別表記載のとおり，前記T生命本社の役員室等において，被告人の指示を受けた同社取締役春田太郎を介して，同社常務取締役丁田六郎に対し，真実は，預入金と引き換えに，被告人作成にかかる，イン

ドスエズ銀行とは何の関係もなく実在しないG銀行の国際預金証書と題する書面をT生命に交付し，受領した金員をC社等の資金繰りに用いる意図であるのに，その情を秘し，別表の「欺罔文言」欄記載の虚構の事実を申し向けて，あたかもインドスエズ銀行の取り組んだCDの取引をあっせんするかのように装い，丁田及び同人から報告を受けた同社代表取締役冬川七郎をして，その旨誤信させ，よって，同月18日から同月26日までの間，前後6回にわたり，冬川の指示を受けたT生命経理部員をして，大阪市中央区北浜〈番地略〉所在の株式会社富士銀行〇〇支店に開設された被告人が実質的に管理している株式会社N證券名義の当座預金口座にCDの預入金として合計85億円を振込送金させ，もって，人を欺いて財物を交付させたものである。

（証拠の標目）　〈省略〉
（法令の適用）　〈省略〉
（量刑の事情）
1　被告人の経歴等
（1）　被告人は，昭和60年3月に大学を卒業して，同年4月に野村証券株式会社に就職したが，昭和61年2月にはモルガン銀行に転職し，平成2年9月に同銀行を退職した。

被告人は，平成3年4月ころ，真実はペーパーカンパニーにすぎず，会社としての実体のない外国会社であるK（以下「K」という。）を本邦で登記して，同社の日本における代表者となるとともに，さらに，そのころ，いわゆるタックスヘイブン国で設立されたオフショアバンクの売買を行うアメリカの業者から，Fというペーパーカンパニー（以下「F」という。）を，F名の譲渡性預金（以下「FのCD」という。）証書用紙，刻印機及び同社印などを含めて購入した上，平成5年2月ころ，既にその代表取締役となっていた株式会社Aの商号をE株式会社（以下「E」という。）と変更した。

そして，被告人は，それ自体は何ら価値が無く換価処分できないFのCDを企業に購入させ，その代金を，香港上海銀行のF名義の預金口座に入金させた上，同口座から貸付金名目でK名義の預金口座を経由させ，日本におけるEの預金口座に送金することによって，被告人が自由に使える資金とし，中小企業相手の金融の仕事などをしていた。

（2）　被告人は，平成6年4月以降，FのCDの売却によって得た資金などを用いて，投資一任契約に係る業務の認可を受けている株式会社D（以下D）という。）の増資に応じるなどし，その筆頭株主となって，平成8年6月ころには自己の支配下においた。

被告人は，香港の会計事務所の世話で，実体のないペーパーカンパニーであるIを手に入れ，同年5月，都内の印刷業者にその株券を印刷させた上，Dと投資一任契約を結んでいた企業に，それ自体は何らの価値がなく換価処分できないIの株式（以下「I株」という。）を購入させて多額の資金を得ていた。

被告人は，平成8年12月，R株式会社を設立し（その後C株式会社と商号変更。以下「C社」という。）自らその代表取締役社長となった上，平成9年11月N證券株式会社（後に株式会社N證券と商号変更。以下「N證券」という。）を，平成10年6月株式会社Y新聞社を，同年7月Sを，同年12月M株式会社を，平成11年3月株式会社Z新聞社をそれぞれ買収し，C社の傘下に入れた。被告人は，上記の買収に当たっては，Z新聞社を除き，FのCDやI株によって得た資金などを用いていた。

2　本件各犯行に至る経緯等
（1）　判示第1の犯行について
ア　被告人は，C社を中心とした総合金融

第11章 企業が直面する刑事事件と法務活動

企業グループを構築しようとしていたところ,平成12年3月上旬ころ,ラボ・アジア証券株式会社の社員から,金融監督庁からいわゆる早期是正措置の命令を受けたT生命が近く増資を予定しており,その引受先を探している旨の情報を聞き,C社傘下に入れる生命保険会社を物色していたこともあって,増資を引き受けることとし,同月9日,T生命との間で,同社が同月末までに増資を予定している50億円のうち30億円をC社が引き受ける旨の基本合意書を取り交わした。被告人は,同月22日,T生命と株式引受契約を締結し,C社がT生命の行う第三者割当増資50億円のうち30億円を引き受けることのほか,T生命は今後平成13年3月までに発行する新株の引受権をCに付与すること,T生命の旧経営陣を退任させること,被告人及びD社長の春田太郎(以下「春田」という。)を同社特別顧問に任命し,T生命の資産運用については特別顧問の指示に従うことなどを合意した。

イ 被告人は,その後,T生命が,本社ビルを証券化したエダム債のいわゆるBノートについて,金融監督庁や監査法人から平成12年(以下特に断りのない限り同年。)3月末までに売却するように指導されていたのに,なおこれを保有していたことを知り,同月24日ころ,T生命本社役員応接室において,同社代表取締役社長甲野一郎(以下「甲野社長」ともいう。)に対し,エダム債約60億円が売却済みでなかったことを難詰し,上記株式引受契約に違反するおそれがあるなどと言って,増資を引き受けない姿勢を示した。その一方で,被告人は,上記エダム債をC社が買い取ることとし,その購入資金と新株引受けの資金とするため,T生命から100億円の資金を出させようと考え,香港の会計事務所から紹介を受けた実体のないペーパーカンパニーであるUの社債(以下「U債」という。)をT生命に引き受けさせようと企て,同月25日ころ,自己の事務所において,テレックスを用い,代表者J名義で,U債100億円の償還債務について香港上海銀行の関係会社であるケイマン法人が保証し,かつ,香港上海銀行がキープウェルを付している旨記載された内容虚偽のオファーメモを作成した。

ウ 被告人は,同月25日,T生命本社役員応接室において,甲野社長に対し,T生命及びその関係会社が保有するエダム債のいわゆるB,Cノート額面合計105億円をC社が買い取ること,T生命がU債100億円を購入することなどの条件を飲んでくれれば増資に応じると言った上,前記オファーメモを示して,「このボンドには,香港上海銀行の関係会社の保証が付いているし,香港上海銀行本体がキープウェルしているから,大丈夫だ。」などと虚構の事実を申し向け,判示第1の犯行に及んだ。

(2) 判示第2の犯行について

ア 被告人は,3月27日,戊谷取締役との協議により,T生命の増資に際して,C社が30億円を引き受けることに加えて,被告人自身も17億4000万円を引き受けること,また,地価の下落により含み損を生じてT生命のソルベンシーマージン比率を引き下げる要因になっていた同社保有の大阪四つ橋ビルについて,これをC社が簿価の約25億円で買い取ることなどを取り決めた。

イ 被告人は,同月30日,判示第1の犯行によってT生命から振込送金を受けた100億円のうち97億円余りを,自己が管理する住友銀行△△支店のC社名義の預金口座に振込送金させ,同日,そのうち30億円をC社の増資引受分として,17億4000万円を被告人個人の増資引受分として,約25億円を大阪四つ橋ビル購入代金として,20億円をエダム債購入代金の一部として,それぞ

れT生命に支払い，その余の金員をC社のグループ会社数社の資金繰りに用いた。

ウ　被告人は，前記詐取に係る資金で増資を引き受けたことにより，同月31日時点におけるT生命の発行済み株式総数1億4185万のうち，被告人個人名義の3480万株とC社名義の6000万下部を合わせて9480万株（発行済み株式総数の約66.8パーセント）を保有する大株主となった。

そこで，被告人は，同社の事業経営を支配する目的で，同日，甲野社長及び同社専務取締役冬川七郎に対し，甲野社長と己山相談役は退任させ，新社長には冬川をあて，被告人，春田，N證券社長の夏村二郎，M株式会社社長の秋山三郎を取締役とするなどの人事案を示し，4月3日に株主総会を開催するよう指示した上，判示第2の犯行に及んだ。

（3）　判示第3の犯行について

ア　被告人は，T生命に対し，エダム債のいわゆるB，Cノートを合計105億円で，4月28日までにC社が買い取る旨約束していたが，同日までに約35億円しか支払えず，残代金約70億円の支払は5月15日まで延期してもらっていた。

イ　被告人は，5月10日ころ以降，Sにコマーシャルペーパー（以下「CP」という。）を発行させ，これをT生命に購入させた上，Sが得た資金を，I株の購入名目で，C社に移動させることによって上記エダム債の購入資金を工面しようと考え，SがT生命あてにCPを合計80億円分発行することについて，自ら又は春田を介し，S及びT生命の役員らの了承を得た後（ただし，T生命に対しては，このCPには香港上海銀行の保証が付いていると説明し，20億円分については事後承諾であった。），同月15日，T生命本社ビル12階所在のC社事務所から，T生命から約80億円の送金を受けたSの乙川四郎取締役に対し，I株の購入代金73億円をSからC社に送金するよう指示して，判示第3の犯行に及んだ。

ウ　被告人は，この73億円を原資として，エダム債の買取り残代金約70億円を支払った。

（4）　判示第4の犯行について

ア　被告人は，判示第1の犯行で使用したU債の銀行の保証の有無などについてT生命の監査法人や金融監督庁が問題視してきたことから，6月6日，T生命との間で，C社がU債を7月28日限り100億2333万円で買い戻す旨の契約をし，6月下旬までに内金25億円を支払った。さらにT生命が8月1日付けで行う45億円の増資を被告人とC社が引き受けることとしたため，7月末までにU債の残代金約75億円との合計約120億円を調達しなければならなかったが，その見通しが立たなかった。

イ　T生命は，6月3日，金融監督庁から現預金等以外の資産運用を禁止されていたところ，被告人は，外国銀行が発行するCDであれば禁止事項に該当しないと考え，7月10日ないし11日ころ，格付けの高いフランスの銀行やインドスエズ銀行と略称されるクレディアグリコルインドスエズのCD売買を装ってT生命から現金をだまし取ろうと企て，そのころ，I株を印刷させた業者に，「G銀行」という架空の銀行が発行するCD証書の印刷を発注し，同月17日ころ，その証書用紙1200枚の納品を受けた上，これに被告人自身が金額等をタイプライターで適宜記入するなどし，G銀行発行名義のCD（以下「GのCD」という。）であるように偽装した。

ウ　被告人は，GのCDについて，Sを売主，T生命を買主とし，その売買をN證券が仲介するように手配した上，7月17日，まず額面3億円のGのCDを詐言をろうしてT

生命に購入させて，判示第4の犯行に及んだ。

エ　被告人は，判示第4の犯行により送金を受けた合計85億円のうち45億円を増資払込資金として，10億円をU債の買戻し資金として，28億円はGのCDの買戻し資金として使用した。

3　本件各犯行に基づくT生命の損害

（1）　判示第1のU債に関するもの

被告人は，前述のとおり，6月6日，U債を100億2333万円余りで買い取り，担保を差し入れたが，その後の代金支払い，担保権の実行等により，T生命の売買代金残債権は59億4649万円余りとなっている。

（2）判示第3のI株73億円に関するもの

被告人は，Sに購入させた上記I株をT生命に75億円で買い戻させたため，T生命に同額の損害を生じさせ，現時点においても73億4650万円余りの実損害が同社に残っている。

（3）判示第4のGのCDに関するもの

被告人は，T生命から，GのCDを85億円で買い戻すこととしたが，本件逮捕時までに68億円を支払い，T生命かC社のT生命に対する債権と相殺したことから，現時点において16億5136万円余りの実損害が残っている。

（4）結局，被告人は，本件各犯行により，T生命に合計149億4435万円余りの損害を与えている。

4　被告人の刑事責任について

（1）以上説示したとおり，本件は，それ自体は経済的価値がなく換価処分できないFのCDやI株を用いて多額の資金を得て証券会社等を買収してきた被告人が，M&Aによる総合金融企業グループの形成という野望を抱き，経営が悪化していたT生命を自己の企業グループに取り込もうとして，増資に応じ

るとともに，その不良資産であるエダム債を買い取ることとして，その資金をこともあろうにT生命自身から得ようと企て，I株などと同様換価処分できないU債について香港上海銀行の関係会社が保証しているなどとうそを言って，同社から100億円もの巨額の資金をだまし取ったのを手始めに，詐取した資金でT生命の大株主となってその事業経営を支配し，エダム債の購入代金の資金繰りに窮してこれを捻出するため，SにI株購入名下に73億円をC社に支払わせて同額の損害を加え，U債の買戻しと増資資金に充てるため，金融監督庁からリスクのある資産運用を禁止されていたさなかに，ペーパーカンパニーですらない架空銀行であるGのCDを作出してT生命から85億円をだまし取った，というものである。

（2）被告人は，本件以前から金融関係の専門的知識を用いて，資産的裏付けのない有価証券を使用して多額の資金を獲得していたところ，N證券にFのCDを購入させてその代金でN證券の増資に応じていた件で，関係当局の指導を受け，平成11年11月に同社の取締役を辞任し，同年12月には同社の減資をしていたのであるから，そのような手法の違法性を十分に認識していたものと認められる。しかるに，同様の手口で本件各犯行に及んだ被告人には，この種犯行の常習性があるといわざるを得ない。

また，T生命の増資に応じることなどが新聞報道されるなど，社会の耳目を集めている中で，増資や資金売却の資金を獲得するため，実体のない外国会社社債に著名な外国銀行が保証しているかのように装い，T生命自身から現金を引き出した判示第1の犯行は，他に類例を見ない大胆で反社会性の強い犯罪といわざるを得ず，真にT生命の再建を目的とするのなら到底とりようのない行為である。被

告人の手法は、資産的な裏付けがないことから、いずれ破綻を来すことは必定であり、それを回避するためには、判示第3、第4の犯行に見られたように、自転車操業の如く犯行を繰り返すほかはない。判示第4の犯行では、GのCDの売買にN證券を介在させるなどしてT生命関係者を信用させていて、被告人が支配した企業グループが巨額の資金詐欺の舞台装置になっているとも評することができ、犯行の態様は組織的、巧妙であって極めて悪質であるといわざるを得ない。

本件によって被告人は、T生命の営を支配した上、同社に多額の損害を与えたものであって、経済社会に深刻な混乱をもたらしている。しかるに、被告人は、ともすれば自己の行為を正当化する言動に傾きがちであり、被害弁償についても、被告人及びC社の持ち出し分の方が多いという態度に終始しており、誠実な対応をしているとは言い難く、真摯な反省の態度は認められない。

（3）このような諸事情に照らすと、犯情は甚だ悪質であって、被告人の刑事責任は重大であるというほかはない。

＜中略＞

6　結語

以上検討したとおり、情状関係に関する弁護人の上記主張は、採用し難く、被告人がそれなりの反省の弁を述べていること、被告人に前科前歴がないことなど、被告人にとって斟酌すべき事情を十分考慮しても、被告人に対しては、主文掲記の刑をもって臨むのが相当であると考えた。

（裁判長裁判官・八木正一、裁判官・松岡幹生、裁判官・鹿野暁子）

【課題】　上記の判決を読んで、以下の質問について考えてみよう。

Q1　本件でT生命が本件のような被害を受けないようにするためには、どのような対応をすることが必要か。

Q2　もしあなたが本件犯行まえから被告人に顧問弁護士を頼まれ、本件のような金融取引のサポートを依頼されたら、どのような点に留意するか。

Q3　上記であなたが顧問弁護士として被告人の相談を受けている途中で、被告人の行為が詐欺ではないかと気が付いた場合、どのようにするか。

Q4　あなたが相談に乗る中で疑問を感じたが、被告人が本件の弁護人の主張として述べられていることを主張した場合、あなたはどうするか。

Q5　会社として本件のような被害に遭ったこと、あるいは遭いそうになっていることを認識した場合、どのような対応策を講じるべきか。法務部や顧問弁護士はどのように役に立つことができるか。

3　一流企業が組織ぐるみで詐欺加害の主体になってしまう場合

【課題】　雪印食品の食肉偽装に関する以下の刑事判決を読んで、事実関係をまとめなさい。

● **神戸地裁平成14年11月22日判決**（判例タイムズ1113号284頁）

主　文

被告人５名をそれぞれ懲役２年に処する。

被告人５名に対し，この裁判が確定した日から３年間，それぞれその刑の執行を猶予する。

理　由

（犯罪事実）

被告人Ａは，Ｙ食品株式会社（以下，「Ｙ食品」という。）のデリカハム・ミート事業本部長付部長として，同社の食肉事業の収支改善責任者であったもの，被告人Ｂは，同事業本部ミート営業調達部長として，Ｙ食品が取り扱う販売用食肉の購買及び供給の責任者であったもの，被告人Ｃは，同事業本部ミート営業調達部営業グループ課長として，同部部長を補佐していたもの，被告人Ｄは，Ｙ食品関西統括支店関西ミートセンター長として，担当エリア内の食肉の購買及び供給等の責任者であったもの，被告人Ｅは，同関東統括支店関東ミートセンター長として，担当エリア内の食肉の購買及び供給等の責任者であったものであるが，牛海綿状脳症（ＢＳＥ，いわゆる狂牛病）の影響等により，Ｙ食品が保管・管理する輸入牛肉等の在庫が増大してその処分に困窮していたところ，政府が農畜産業振興事業団法に基づく牛肉在庫緊急保管対策事業（以下，「牛肉緊急対策事業」という。）を実施することを聞き知るや，同事業の実施主体であるＶ協同組合に対し，Ｙ食品が保管・管理する輸入牛肉を牛肉緊急対策事業の対象となっている国産牛肉であると偽って売却し，Ｖ協同組合から売買代金名目で金員を詐取しようと企て，Ｙ食品の専務取締役デリカハム・ミート事業本部長Ｆ及び同社の常務取締役関東統括支店長Ｇらと共謀の上，平成１３年１１月６日ころ，東京都中央区日本橋茅場町ａ丁目ｂ番ｃ号所在のＹ食品から東京都渋谷区恵比寿ｄ丁目ｅ番ｆ号所在のＶ協同組合に対し，真実は，牛肉緊急対策事業の対象でない輸入牛肉を含んでいたにもかかわらず，申込みにかかる牛肉が全て同事業の対象である国産牛肉であるかのように装って，輸入牛肉２万９９９３．６キログラムを含む合計２７万９４６７．７キログラムの牛肉につき，代金３億１１３２万７０１７円での買入れ方を申し込み，Ｖ協同組合専務理事Ｈらをして，上記申込みにかかる牛肉の全量が牛肉緊急対策事業の対象である国産牛肉である旨誤信させ，よって，平成１４年１月７日，Ｖ協同組合から，上記申込みにかかる牛肉の売買代金の一部として，東京都千代田区大手町ｇ丁目ｈ番ｉ号所在の株式会社Ｉ銀行Ｊ支店のＹ食品名義の普通預金口座に，１億９５６２万７３９０円の振込入金を受け，もって，人を欺いて財物を交付させた。

（証拠の標目）　　省略

（法令の適用）

被告人５名の判示所為はいずれも刑法６０条，２４６条１項に該当するところ，その所定刑期の範囲内で被告人５名をそれぞれ懲役２年に処し，被告人５名について，いずれも情状により同法２５条１項を適用してこの裁判が確定した日から３年間，それぞれその刑の執行を猶予することとする。

（量刑の理由）

１　本件事案の概要

本件は，平成１３年９月１０日，千葉県内で牛海綿状脳症（ＢＳＥ，いわゆる狂牛病）を発症した牛が発見されたことを発端に，Ｙ食品が管理・保管する国産牛肉及び輸入牛肉の売上げが激減し，それらの在庫が増加した状況下，牛肉価格の下落，低迷に対処して市場における牛肉の滞留の解消，牛肉の価格安定化を図るために策定された国の牛肉緊急対策事業に参加する際，Ｙ食品が抱える輸入牛

肉の在庫を減少させるとともに，Y食品のミート事業の損失を補てんするため，被告人らが，共謀の上，輸入牛肉を国産牛肉に偽装し，これを牛肉緊急対策事業の事業主体であるV協同組合に買上げの対象となる国産牛肉と偽って買い上げさせ，その売買代金の一部１億９５６２万７３９０円を詐取したという詐欺の事案である。

2　本件事案に関する諸事情
（１）　犯行に至る経緯

　Y食品には，ハム及びソーセージ等を販売する肉製品事業部門，総菜等を販売するデリカ事業部門及び食肉を販売するミート事業部門などがあり，ミート事業部門の業績は，平成４年度以降赤字基調で推移していたが，平成１２年には，親会社であるY乳業株式会社の食中毒事件の影響からY食品の業績は大きく落ち込み，Y食品全体として赤字決算となった。

　そこで，Y食品では，平成１３年８月ころから，同社デリカハム・ミート事業本部長である同社専務取締役Fの主導で，「死守ライン」と呼ばれる業績の達成目標を設定し，ミート事業部門の業績改善に向けて必死の努力が続けられていた。

　しかし，同年９月１０日，千葉県内で，我が国で初めて牛海綿状脳症（ＢＳＥ，いわゆる狂牛病）に罹患したと思われる国産牛が発見され，テレビ等で連日大きく報道されたため，食肉の需要は国産牛肉であるか輸入牛肉であるかを問わず大幅に減少し，一旦出荷されていた牛肉に関しても，その多くが返品されるなどした。

　中でも，輸入牛肉の在庫の増加は国産牛肉にも増して一層深刻で，輸入牛肉の在庫量は同年９月，１０月と増加の一途をたどっていたが，これは，被告人らが責任者であった関西ミートセンター，関東ミートセンター，本社ミート営業調達部の各部署においても例外ではなく，販売見込みすら立たない状況の下，被告人５名をはじめ担当者は一様にその処分に難渋していた。

　一方，ＢＳＥに対する消費者の不安感に由来する牛肉の消費低迷による市場価格の下落，低迷等を憂慮した政府は，同年１０月１８日から，同日以降にと畜処理される牛についてＢＳＥ検査（いわゆる全頭検査）を実施することとした。そうすると，同月１７日以前にと畜処理された全頭検査を経ていない牛については全く売却のめどが立たなくなることから，農林水産省において滞留している国産牛肉を市場から隔離する事業を検討した結果，農畜産業振興事業団法に基づく指定助成対象事業として，全国農業協同組合連合会やV協同組合など６団体が事業実施主体となり，各団体の構成員である食肉業者から全頭検査開始前にと畜処理された牛肉の在庫を買い上げて冷凍保管し，事業団が事業実施主体に補助金を交付するという内容の牛肉緊急対策事業を策定・実施する旨決定し，同月２６日，農林水産省はその実施要領として「牛肉在庫緊急保管対策事業実施要領」を制定し，同月２９日には事業団も同様の実施要綱等を制定した。

　これをうけて，牛肉緊急対策事業の事業実施主体となったV協同組合においても，合計約３４０万キログラムの対象牛肉を組合員である食肉業者から買い上げることとなり，Y食品もV協同組合の組合員として牛肉緊急対策事業に参加することとなった。

　このころ，食肉業界関係者内部では，国が牛肉の買上げ制度を検討中であるとの情報が流れていたが，同時に，安価な経産牛（お産を経験した牛）を買い上げさせるために買いあさっている業者がいるとか，輸入牛肉を国産牛肉として買い上げさせようとしている業

者がいるといった噂が広まっていた。

食肉業界においては，以前から産地表示を偽ったり，輸入牛肉を国産牛肉として販売する不正行為が商慣習として存在しており，Y食品も食肉業界の動きに呼応して，牛肉，豚肉を問わず，産地を偽装したり，品質期限を改ざんしたり，輸入牛肉を国産牛肉と偽装するなどの不正行為を日常的に行っていたため，被告人5名は，上記のような食肉業界の不正行為の噂を聞いても，格別驚くことはなかった。

（2）　本件共謀状況及び被告人5名の関与状況等

　ア　本社ミート営業調達部関係

被告人B及び被告人Cは，同年10月25日，V協同組合で実施された牛肉緊急対策事業の説明会に出席して同事業の概要について説明を受け，V協同組合が買い上げた牛肉の全量についての検査は事実上不可能であると考え，前記のような食肉業界の他業者の動向について噂を聞いていたことから，Y食品においても輸入牛肉をV協同組合に買い上げさせればよいと考えるに至った。

一方，被告人Aも，被告人B及び被告人Cと同様，前記の噂を聞いて，他業者が偽装工作をするのであれば，Y食品だけが食肉業界で取り残されないよう，Y食品においても輸入牛肉を国産牛肉に偽装しようなどと考えていた。

被告人Bは，同月26日午前中に開かれたY食品の常勤取締役会に出席し，K社長以下，副社長，Fらに対して，ミート営業調達部の営業概況や原料概況等を報告した際，牛肉緊急対策事業の概要や前記のような食肉業界の噂を報告したが，その際，社長以下，出席役員の誰からもY食品としてそのような不正行為を行わないようにとの指示，意見は出なかった。

第11章　企業が直面する刑事事件と法務活動

同日午後，被告人Cは，被告人A及び被告人Bに対し，被告人Cが課長を務める本社営業グループとして牛肉緊急対策事業への参加に際して輸入牛肉を買上対象に回したい旨相談を持ちかけ，被告人A及び被告人Bも，これを了承した。

そこで，被告人Cは，輸入牛肉を国産牛肉に偽装する場所として，以前から知っていた兵庫県西宮市にある株式会社Lを利用しようと考え，被告人Dと連絡を取るなどしたが，関西ミートセンターの詰替作業の関係から断られ，被告人A及び被告人Bらと協議した上で，最終的に北海道茅部郡森町にあるY乳業の子会社であるM食肉株式会社（以下，「M」という。）を偽装場所として利用することとし，被告人AがMに直接連絡をとり，詰替作業への協力約束を取り付けた。

一方，被告人Bは，Fに対し，他業者と同様にY食品として輸入牛肉等を買い上げさせようと考えている旨報告したところ，Fから，とにかく損をしないように考えて行動するようにとの内容の指示を受け，輸入牛肉の国産牛肉への偽装について了解を得た。

その後，本社ミート営業調達部では，国産牛肉に偽装する輸入牛肉を，東京都内の保管倉庫からMに搬入し，同年11月3日，Mで輸入牛肉を国産牛肉の牛正肉に偽装するために加工するなどして詰替作業を行った。

なお，最終的にV協同組合に買上げ申請した対象牛肉のうち本社ミート営業調達部分約2万9400キログラム中，約1万2600キログラムが国産牛肉に偽装した輸入牛肉であった。

　イ　関西ミートセンター関係

関西ミートセンター長であった被告人Dは，関西ミートセンターの輸入牛肉の滞留在庫（不良在庫）の増加及びその処分に苦慮していたところ，食肉業界内で牛肉緊急対策事業

において輸入牛肉を国産牛肉に偽装しようとしている業者がいるなどの噂を聞くに及んで，関西ミートセンターでも同様の偽装工作をしようと考えていたが，同年10月26日，被告人Cから本社ミート営業調達部の偽装工作にLを使いたいと相談されたことから，本社ミート営業調達部においても偽装の計画があることを察知した。

そこで，被告人Dは，関西ミートセンターにおいても輸入牛肉を国産牛肉に偽装して買上げ申請しようと決意し，関西ミートセンターの部下を集めて牛肉緊急対策事業について説明した際，輸入牛肉を国産牛肉に偽装して，買上げ対象として申請する旨指示した。

同月29日，被告人Dは，買上げ対象とする輸入牛肉の選定を具体的に指示した上，詰替作業のためにLを使用する承諾を取り付け，部下に具体的な輸入牛肉偽装のための詰替作業の段取りを指示した。

そして，同月31日，被告人Dは，自ら部下とともに，輸入牛肉を国産牛肉用の箱に詰め替える偽装工作を実行し，その後，本社に報告した買上げ対象牛肉の在庫数量とのつじつまを合わせるため，Lに内容虚偽の在庫証明書を発行させてV協同組合に送付させたり，不足した重量分の輸入牛肉をLに追加搬入するなどした。

なお，最終的にV協同組合に買上げ申請した牛肉のうち関西ミートセンター分約13万9668キログラム中，約1万3873キログラムが国産牛肉に偽装した輸入牛肉であった。

　ウ　関東ミートセンター関係　＜略＞
（3）　詐取金の返還

Y食品は，本件犯行によりV協同組合から振込入金を受けた金員，保管料及び利息相当額合計1億9914万5321円を，本件発覚後の平成14年2月14日までにV協同組合に返還し，金銭的な被害は回復された。

3　量刑上特に考慮した事情
（1）　各被告人に共通の事情について

本件犯行に至る経緯，本件共謀状況，被告人5名の関与状況等は，前記2に認定したとおりである。

本件犯行は，BSE施策の一環として，牛肉価格の下落，低迷に対処して市場における牛肉の滞留の解消，牛肉の価格安定化を図るとともに，国民の不安感払拭を期して，国が策定，実施した牛肉緊急対策事業という公的制度を悪用し，組織ぐるみで2億円近い金員をだまし取ったものであって，その犯行態様は，国民の期待を裏切った背信的なもので，悪質である上，被害額も膨大である。

被告人5名は，長年産地偽装や品質表示の改ざん等の不正行為がまかり通っていた食肉業界の悪弊にほとんど疑問を持つことなく，さほど抵抗もなく本件犯行を立案・実行したもので，被告人5名の規範意識のみならず食肉関係者として消費者に対して負う道義的責任感までも鈍麻していたものといわざるを得ない。

被告人5名が，不振にあえいでいた食肉業界の担当者として，BSEの影響によりふくれあがった輸入牛肉の不良在庫の処分に苦慮し，自分の担当部署やY食品全体の業績改善のために努力していたことは認められるとしても，そのようなことは，本件犯行に至る経緯として，特に酌むべき情状とはいえず，むしろ被告人5名は，会社の利益しか考えていなかったといわざるを得ないのであって，その犯行動機に酌量の余地は乏しい。

その上，本件犯行後，被告人5名は，部下に本件に関する書類等を自宅に隠匿又は破棄するよう指示したり，被告人5名の間及び偽装工作関係者との間で口裏合わせを試みるなどしており，証拠隠滅工作を組織的に行って

いたことも認められ，被告人5名の事後的な犯情もはなはだ芳しくない。

加えて，上場企業であったY食品は，本件犯行の発覚により，業績が急激に悪化し，再建の努力もむなしく清算，解散に至り，同社の正社員，嘱託社員，パート等約2000名の従業員は全員職を失い，現在の冷え切った雇用情勢下，再就職もままならず，不安な日々を送ることを余儀なくされており，本件犯行がもたらした派生的な結果もかなり重大であり，また，本件犯行が，食肉のみならず食生活全般に関して，計り知れない不信感，不安感を国民に与えたことからも，本件が社会に及ぼした影響には極めて大きなものがある。

　（2）　各被告人の個別的事情について
　　ア　被告人Aについて

被告人Aは，Y食品デリカハム・ミート事業本部長付部長として，食肉部門の収支改善の責任を負い，被告人Cから偽装工作について相談を持ちかけられた際，容易に賛同し，本社分の偽装工作に関して，自らMに対して電話をかけて詰替作業の手配をするなどしており，その関与は積極的かつ具体的であること，本件犯行，ことに本社ミート営業調達部における偽装工作に関して，その遂行上必要不可欠であったことに加え，他の被告人4名と比してY食品の会社組織上地位が高く，会社全体の意思決定過程において被告人Aが果たした役割は相当大きい。

　　イ　被告人Bについて

被告人Bは，Y食品デリカハム・ミート事業本部ミート営業調達部長として，被告人A及び被告人Cと本社ミート営業調達部における偽装工作を具体的に共謀したばかりか，Fに対して本件偽装工作に関連する情報を提供し同人の承諾を受けるなど，会社として買上げ申請を行うに際しての最終的な意思決定のためのとりまとめをしたものであり，その役割は重要である。

　　ウ　被告人Cについて

被告人Cは，本社ミート営業調達部営業グループ課長として本社ミート営業調達部における偽装工作において，場所，対象等について具体的な指示を与え中心的な役割を果たしたばかりか，被告人Dや被告人Eと連絡を取り合い，関西ミートセンターや関東ミートセンターにおける偽装工作に関する情報を被告人Aや被告人Bに伝え，いわば「現場」と「本社幹部」との窓口としての役割を担っていたもので，会社ぐるみの組織的犯行である本件において被告人Cが果たした役割は重要で不可欠なものであった。

　　エ　被告人Dについて

被告人Dは，関西ミートセンター長として，関西ミートセンターにおける偽装工作を具体的かつ中心的に発案，指示した上，自らも偽装のための詰替作業に参加するなど，被告人Dの関与態様は積極的かつ行動的なものであり，国産牛肉に偽装した輸入牛肉の量は本社分や関東ミートセンター分と比して，関西ミートセンター分が最も多量であっただけでなく，関西ミートセンターにおける偽装工作に際し，詰替えにかかる牛肉の原産地について国産である旨のラベルを調製し，全箱に貼付するなど入念な詰替え，偽装工作をした。

　　オ　被告人Eについて

被告人Eは，関東ミートセンター長として，関東ミートセンターにおける偽装工作を具体的に指示，遂行しただけでなく，上司であるGに逐一報告してその了解を得るなど，本件犯行の実施を最終的に決定させる上で，重要な役割を担った。

　（3）　各被告人の刑の軽重について

以上3・(1)，3・(2)の諸事情にかんがみると，各被告人が本件一連の組織的犯行の中で果たした役割の重要性，実行行為におけ

る関与の程度等に照らし，各被告人の刑事責任は，皆同等に重いというべきである。

（4）　有利な事情について

しかしながら，他方，2・(3)で触れたとおり，本件発覚後，Y食品は，V協同組合に対し，詐取した金員に保管料及び利息相当額を付加した額の金員を返還し，本件によってV協同組合が被った金銭的な被害はすでに現実に回復されている。

そして，被告人5名は，それぞれ本件発覚直後から行われた捜査機関による任意の事情聴取においては，会社の利益を考えて会社ぐるみの犯行であることや役員であるFらの関与を否定していたものの，その後逮捕・勾留されてからは，F及びGの両役員の本件犯行に対する関与を含めて事実を全て素直に認め，一貫して本件捜査に協力的であったもので，当公判廷においても各被告人は事実を全て認めて，Y食品の従業員，家族のみならず全国民に対して心から謝罪し，今後は自己の犯した罪の重さを感じながら生きていきたいなどと述べていることからも，各被告人の誠実な反省の情が顕著に認められる。

また，被告人5名は，本件発覚後まもなく無給の休職処分を受け，その後，平成14年3月7日付で懲戒解雇の処分を受けることとなり，本来各被告人が退職すれば受けることができたであろう相当額の退職金を受けられなくなり，各被告人の生活設計は大きく狂い，本件発覚後，本件がマスコミ等で大々的に報道され，それまでに築き上げてきた社会的地位等を全て失い，さらには各被告人の家族は，妻がパート等で働いて生計を立てるなど生活環境の大きな変化にさらされることとなったものであって，被告人5名はいずれも相当の社会的な制裁を受けたものと認められる。

加えて，被告人A及び被告人Dの両名には禁錮刑以上に処せられた前科はなく，他の被告人3名にあっては全く前科前歴が見当たらないこと，被告人5名とも，大学又は高校を卒業後本件犯行に至るまで，Y食品の従業員として「Y」ブランドに誇りを持ち，家庭生活の犠牲もかえりみず懸命にY食品に奉職し，一流企業の幹部職員として相応の社会生活を送ってきたことなど，各被告人にとって有利な事情も多く認められる。

4　そこで，以上2及び3で認定した諸事情を総合して考慮し，被告人5名に対し，それぞれ主文の懲役刑に処し，その刑事責任を明確にした上で，それぞれ3年間その刑の執行を猶予することとする。

（求刑・被告人5名について懲役2年）

平成14年11月22日
神戸地方裁判所第4刑事部
（裁判長裁判官　笹野明義
　裁判官　浦島高広　　裁判官　谷口吉伸）

【課題】上記の判決を読んで，以下の質問について考えてみよう。
Q1　本件で一流企業が組織ぐるみでこのような詐欺行為を継続して行ってしまった原因はどこにあるのだろうか。また，このような犯罪を犯さないようにするためには，どのような対策を考えるべきであろうか。
Q2　食肉業界では産地偽造や品質表示改竄などが「業界の商慣習」であったと認定されている

第11章　企業が直面する刑事事件と法務活動

> が，どうしてこのような行為が慣習化するのだろうか。
> Q3　本件が会社，被告人ら，家族，消費者その他に対して及ぼした影響は，どのようなものであったか。
> Q4　このような事件の防止のために，法務部や顧問弁護士として，どのように役立つことができるであろうか。

4　犯罪嫌疑が掛けられた場合

> 【課題】　以下の報道を読んで，各所のQについて考えてみよう。

■　「兼松日産の元社員取り調べ（共同通信）

　住宅関連資材メーカー「兼松日産農林」（東京都千代田区）のビスに関する強度認定書偽造事件で，警視庁捜査二課は7日，有印公文書偽造・同行使の疑いで元同社厚木事業所の主任技師（47）の取り調べを始めた。容疑が固まり次第，逮捕する方針。捜査二課は，一連の偽造は住宅の安全性を揺るがす悪質な行為と判断，3月末の家宅捜索から2カ月余りを経て立件に踏み切ることになった。

　　　　　　［共同通信：2005年06月07日］

> Q1　「3月末の家宅捜索」が入った際，会社としてどのように対応すべきか。
> Q2　これまでの段階で，問題の主任技師について，会社はどのようにすればよいか。
> Q3　その他，これまでの段階で，会社としてどのようなことを行うべきだろうか。

■　「偽造認定書でビス販売，兼松日産農林の社員逮捕（読売新聞）

　大手建築資材メーカー「兼松日産農林」（東京都千代田区）が，偽造された国土交通相の認定書を使って建材用ビスなどを販売していた事件で，警視庁捜査2課は7日，同社デュオファスト事業部厚木事業所の元主任技師，H容疑者（47）（5月26日付で懲戒解雇）を有印公文書偽造の容疑で逮捕した。捜査2課は，認定書偽造に同社上層部が関与していなかったかどうかについても解明を進める。調べなどによると，H容疑者は昨年5月，「ツー・バイ・フォー（2×4）工法」などの木造住宅に使用されるビスについて，国交相の認定を取るために，国の指定機関になっている財団法人「日本住宅・木材技術センター」にビスの性能評価試験を依頼した。同6月，ビスを使って石こうボードを固定した時の壁の強度を調べる試験が同センターで実施されたが，期待した数値に満たなかったため，H容疑者は同7～8月，勤務先の神奈川県厚木市の同社デュオファスト事業部厚木事業所内で，壁の強度の数値を水増しし，ビスの性能を不当に高くみせた認定書4通を偽造した疑いが持たれている。

　　　　　　［読売新聞：2005年06月07日］

> Q4　H容疑者のこの時点での刑事弁護について，会社としてどのように考えるべきであろうか。会社の「上層部」については，どうか。
> Q5　あなたがHの被疑者段階での弁護を担当していると仮定して，会社から「Hはどう言ってますか」と質問された場合，あなたはどうするか。

■　認定書を紛失　強度認定書偽造（共同通信）

　兼松日産農林の住宅用ビスなどの強度認定書偽造事件で，同社が正規のくぎの認定書7通を紛失し，元主任技師花沢功容疑者（47）＝有印公文書偽造容疑などで逮捕＝はこれらの認定書も偽造した疑いのあることが8日，警視庁捜査二課の調べで分かった。同課は事件の背景に同社のずさんな管理体制があったとみて，紛失の経緯などを詳しく捜査している。［共同通信：2005年06月08日］

> Q6　会社の内部調査と警察の捜査とは，どのような関係に立つであろうか。会社の内部調査を行う上で，どのようなことに留意すべきであろうか。

第12章　企業活動と環境問題

　現代の企業にとって，環境問題への真摯な取り組みは必須の課題であり，企業法務としてもこれをサポートしてゆく必要がある。そこで本章ではまず，環境問題の歴史的な流れを理解し，ついで京都議定書を読んで現代の環境問題の重要課題を検討し，また環境をめぐる事件例を参照して，企業法務の観点から考えることとしたい。

1　我が国の環境問題の歴史的な流れ

　我が国の環境問題は，大きく2つのステージに分けて考えることが妥当である。

　まず第1段階が公害防止対策が中心であった時代である。1960年以降，経済活動の活発化と同時に，公害問題が大きな社会問題となった。水俣病訴訟，四日市公害訴訟に代表されるような公害をめぐる民事訴訟が提起され，1967年には，公害対策基本法が制定された。ここでは，典型7公害として，大気汚染，水質汚濁，土壌汚染，騒音，振動，地盤沈下および悪臭が指定された。こうした動きに対応して，我が国の産業界は公害対策を積極的に行い，現在では，公害問題はさほど大きな問題とされないようになった。

　その間，第1次，第2次の石油ショックが発生し，エネルギーの大量消費に対して，このままでは我が国の経済が立ちゆかなくなることすらおそれられ，1973年には，省エネ法が成立し，高いエネルギー価格に対応するために，企業における省エネについての技術革新が進められた。

　第2段階として，1990年頃以降に，地球環境対策が中心になる時代が来る。我が国では，1993年に，従来の公害対策基本法等を包含し，これからの環境問題に対応する国としての指針を定める環境基本法が成立した。この3条は環境権を，4条はsustainable development（持続可能な成長）を，5条は国際貢献について規定し，また，22条において経済的手段として，環境税の問題の投げかけを行った。一方において，宮脇昭氏（横浜国大名誉教授）が鎮守の森を守り育てることに代表される生態系の回復こそが地球環境対策への近道だと主張されていることも忘れられてはならない。

　国際的な地球温暖化防止対応を目指す動きとしては，気候変動枠組み条約が1992年に締結され，これをうけて，京都議定書が1997年に結ばれ，2005年に発効した。温室効果ガスの削

減率については，3条および附属書Bに規定があり，炭酸ガス等の削減の方法として京都メカニズムが採用された。この中には，先進国どうしが排出の割当量を売買する排出権取引（17条），他の先進国での排出削減事業に貢献した場合に排出単位を取得できる共同実施（6条），途上国での排出削減事業に貢献した場合に排出単位を取得できるクリーン排出メカニズム（12条）が含まれる。なお，排出権取引は，この仕組みと離れて，EU諸国の間で，EU－ETSという取引制度が2005年1月1日からスタートしている。また，この国際的な動きに対応して，我が国でも，地球温暖化対策推進法や省エネ法が制定，改正された。

ここで，地球環境に関係するいくつかの数字をあげると，まず，世界で排出される二酸化炭素の総量は，年間230億トン（炭素換算63億トン），このうち，日本は12億トン（世界の5％），アメリカ23％，中国15％，EU13％である。また，今の状態からさらに1トンの炭素を減少するために必要な限界的な費用は，省エネの進んでいる状況によって異なるが，日本で200ドル，アメリカやEUで150ドル程度といわれている。日本で議論されている環境税の額は，炭素1トンあたり2,400円から3,400円程度（ガソリン1リットルあたり1.5円から2円程度）であり，これで計算すると，日本の炭素換算の量が3億トンと見て，年間1兆円という桁の話となる。EU－ETSでの二酸化炭素の排出権の取引価格は1トンあたり10から20ユーロ（炭素換算1トンあたり40から80ユーロ，つまり5,000円から1万円）である。日本の場合，産業部門の省エネは順調に進んでおり，問題は，増加する民生，運輸部門であるといわれている。

また，化学物質規制では，ダイオキシン対策法が1999年に，土壌汚染対策では，そのための法が2002年に，循環型社会を目指して，廃棄物処理，リサイクルを進めるものとして，容器包装リサイクル法が1995年，家電リサイクル法が1998年に成立した。

環境管理を進める手法に関して，以下の諸点を指摘しておく。
（1）環境アセスメントについては，環境基本法20条に規定がある。
（2）国際的な環境対策の標準として，ISO14000という制度ができ，その標準に合致しているか否かの審査も進んでいる。
（3）環境報告書を各企業が作成するようになった。
（4）環境に要する費用と効果を金額で示す環境会計の導入も進められている。

【参考文献】淡路剛久・岩淵勲編の「企業のための環境法」（有斐閣，2002）

2　京都議定書

【課題】　京都議定書を読んで，以下のQについて考えてみよう。
　Q1　今なぜ環境問題において地球環境対策が大きな問題として取り上げられるようになったのか説明しなさい。二酸化炭素対策，つまりは，省エネで解決がつくような問題なのだろうか。
　Q2　京都議定書は，日本および世界の環境問題についてどのような対策を講じようとしているのか。

Q3　京都メカニズムといわれるものには，どのような手法が含まれるか。特に，排出権取引とは，どのような手法で，どの程度の実効性が期待されるか。
Q4　ポスト京都はどのような形にすべきと考えるか。
Q5　環境対策として環境税を導入するべきであるという声があるが，どの程度の金額であれば環境面での効果があり，また，そのような額になった場合の経済に対する影響をどの程度と考えるか。

■　**京都議定書**　（2005(平成17)年1月20日公布　条約第1号）　〔編注：一部省略〕

この議定書の締約国は，
気候変動に関する国際連合枠組条約（以下「条約」という。）の締約国として，
条約第2条に定められた条約の究極的な目的を達成するため，
条約を想起し，
条約第3条の規定を指針とし，
条約の締約国会議における第1回会合の決定第1号（第1回会合）により採択されたベルリン会合における授権に関する合意に従って，次のとおり協定した。

第1条
この議定書の適用上，条約第1条の定義を適用する。これに加え，
1　「締約国会議」とは，条約の締約国会議をいう。
2　「条約」とは，1992年5月9日にニュー・ヨークで採択された気候変動に関する国際連合枠組条約をいう。
3　「気候変動に関する政府間パネル」とは，1988年に世界気象機関及び国際連合環境計画が共同で設置した気候変動に関する政府間パネルをいう。
4　「モントリオール議定書」とは，1987年9月16日にモントリオールで採択され並びにその後調整され及び改正されたオゾン層を破壊する物質に関するモントリオール議定書をいう。
5　「出席しかつ投票する締約国」とは，出席しかつ賛成票又は反対票を投ずる締約国をいう。
6　「締約国」とは，文脈により別に解釈される場合を除くほか，この議定書の締約国をいう。
7　「附属書Ⅰに掲げる締約国」とは，条約附属書Ⅰ（その最新のもの）に掲げる締約国又は条約第4条2(g)の規定に基づいて通告を行った締約国をいう。

第2条
1　附属書Ⅰに掲げる締約国は，次条の規定に基づく排出の抑制及び削減に関する数量化された約束の達成に当たり，持続可能な開発を促進するため，次のことを行う。
　(a)自国の事情に応じて，次のような政策及び措置について実施し又は更に定めること。
　　(i)　自国の経済の関連部門におけるエネルギー効率を高めること。
　　(ii)　関連の環境に関する国際取極に基づく約束を考慮に入れた温室効果ガス（モントリオール議定書によって規制されているものを除く。）の吸収源及び貯蔵庫の保護及び強化並びに持続可能な森林経営の慣行，新規植林及び再植林の促進
　　(iii)　気候変動に関する考慮に照らして

持続可能な形態の農業を促進すること。

(iv) 新規のかつ再生可能な形態のエネルギー，二酸化炭素隔離技術並びに進歩的及び革新的な環境上適正な技術を研究し，促進し，開発し，及びこれらの利用を拡大すること。

(v) すべての温室効果ガス排出部門における市場の不完全性，財政による奨励，内国税及び関税の免除並びに補助金であって条約の目的に反するものの漸進的な削減又は段階的な廃止並びに市場を通じた手段の適用

(vi) 温室効果ガス（モントリオール議定書によって規制されているものを除く。）の排出を抑制し又は削減する政策及び措置を促進することを目的として関連部門において適当な改革を奨励すること。

(vii) 運輸部門における温室効果ガス（モントリオール議定書によって規制されているものを除く。）の排出を抑制し又は削減する措置

(viii) 廃棄物の処理並びにエネルギーの生産，輸送及び分配における回収及び使用によりメタンの排出を抑制し又は削減すること。

(b) 条約第4条2(e)(i)の規定に従い，この条の規定に基づいて採用される政策及び措置の個別の及び組み合わせた効果を高めるため，他の附属書Ⅰに掲げる締約国と協力すること。このため，附属書Ⅰに掲げる締約国は，当該政策及び措置について，経験を共有し及び情報を交換するための措置（政策及び措置の比較可能性，透明性及び効果を改善する方法の開発を含む。）をとる。この議定書の締約国の会合としての役割を果たす締約国会議は，第1回会合において又はその後できる限り速やかに，すべての関連する情報を考慮して，そのような協力を促進する方法について検討する。

2 附属書Ⅰに掲げる締約国は，国際民間航空機関及び国際海事機関を通じて活動することにより，航空機用及び船舶用の燃料からの温室効果ガス（モントリオール議定書によって規制されているものを除く。）の排出の抑制又は削減を追求する。

3 附属書Ⅰに掲げる締約国は，条約第3条の規定を考慮して，悪影響（気候変動の悪影響，国際貿易への影響並びに他の締約国（特に開発途上締約国とりわけ条約第4条8及び9に規定する国）に対する社会上，環境上及び経済上の影響を含む。）を最小限にするような方法で，この条の規定に基づく政策及び措置を実施するよう努力する。この議定書の締約国の会合としての役割を果たす締約国会議は，適当な場合には，この3の規定の実施を促進するため，追加の措置をとることができる。

4 この議定書の締約国の会合としての役割を果たす締約国会議は，各国の異なる事情及び潜在的な影響を考慮して1(a)に規定する政策及び措置を調整することが有益であると決定する場合には，当該政策及び措置の調整を実施する方法及び手段を検討する。

第3条

1 附属書Ⅰに掲げる締約国は，附属書Ⅰに掲げる締約国により排出される附属書Aに掲げる温室効果ガスの全体の量を2008年から2012年までの約束期間中に1990年の水準より少なくとも5パーセント削減することを目的として，個別に又は共同して，当該温室効果ガスの二酸化炭素に換算した人為的な排出量の合計が，附属書Bに記載する排出の抑制及び削減に関する数量化された約束に従って並びにこの条の規定に従って算定される割当量を超えないことを確

保する。
2 附属書Iに掲げる締約国は、2005年までに、この議定書に基づく約束の達成について明らかな前進を示す。
3 土地利用の変化及び林業に直接関係する人の活動（1990年以降の新規植林、再植林及び森林を減少させることに限る。）に起因する温室効果ガスの発生源による排出量及び吸収源による除去量の純変化（各約束期間における炭素蓄積の検証可能な変化量として計測されるもの）は、附属書Iに掲げる締約国がこの条の規定に基づく約束を履行するために用いられる。これらの活動に関連する温室効果ガスの発生源による排出及び吸収源による除去については、透明性のあるかつ検証可能な方法により報告し、第7条及び第8条の規定に従って検討する。
4 附属書Iに掲げる締約国は、この議定書の締約国の会合としての役割を果たす締約国会議の第1回会合に先立ち、科学上及び技術上の助言に関する補助機関による検討のため、1990年における炭素蓄積の水準を設定し及びその後の年における炭素蓄積の変化量に関する推計を可能とするための資料を提供する。この議定書の締約国の会合としての役割を果たす締約国会議は、第1回会合において又はその後できる限り速やかに、不確実性、報告の透明性、検証可能性、気候変動に関する政府間パネルによる方法論に関する作業、第5条の規定に従い科学上及び技術上の助言に関する補助機関により提供される助言並びに締約国会議の決定を考慮に入れて、農用地の土壌並びに土地利用の変化及び林業の区分における温室効果ガスの発生源による排出量及び吸収源による除去量の変化に関連する追加的な人の活動のいずれに基づき、附属書Iに掲げる締約国の割当量をどのように増加させ又は減ずるかについての方法、規則及び指針を決定する。この決定は、2回目及びその後の約束期間について適用する。締約国は、当該決定の対象となる追加的な人の活動が1990年以降に行われたものである場合には、当該決定を1回目の約束期間について適用することを選択することができる。
5 附属書Iに掲げる締約国のうち市場経済への移行の過程にある国であって、当該国の基準となる年又は期間が締約国会議の第2回会合の決定第9号（第2回会合）に従って定められているものは、この条の規定に基づく約束の履行のために当該基準となる年又は期間を用いる。附属書Iに掲げる締約国のうち市場経済への移行の過程にある他の締約国であって、条約第12条の規定に基づく1回目の自国の情報を送付していなかったものも、この議定書の締約国の会合としての役割を果たす締約国会議に対して、この条の規定に基づく約束の履行のために1990年以外の過去の基準となる年又は期間を用いる意図を有する旨を通告することができる。この議定書の締約国の会合としての役割を果たす締約国会議は、当該通告の受諾について決定する。
6 この議定書の締約国の会合としての役割を果たす締約国会議は、条約第4条6の規定を考慮して、附属書Iに掲げる締約国のうち市場経済への移行の過程にある国によるこの議定書に基づく約束（この条の規定に基づくものを除く。）の履行については、ある程度の弾力的適用を認める。
7 附属書Iに掲げる締約国の割当量は、排出の抑制及び削減に関する数量化された約束に係る1回目の期間（2008年から2012年まで）においては、1990年又は5の規定に従って決定される基準となる年若しくは期間における附属書Aに掲げる温室効果ガ

スの二酸化炭素に換算した人為的な排出量の合計に附属書Bに記載する百分率を乗じたものに五を乗じて得た値に等しいものとする。土地利用の変化及び林業が1990年において温室効果ガスの排出の純発生源を成す附属書Ⅰに掲げる締約国は，自国の割当量を算定するため，1990年又は基準となる年若しくは期間における排出量に，土地利用の変化に起因する1990年における二酸化炭素に換算した発生源による人為的な排出量の合計であって吸収源による除去量を減じたものを含める。

8 附属書Ⅰに掲げる締約国は，7に規定する算定のため，ハイドロフルオロカーボン，パーフルオロカーボン及び六ふっ化硫黄について基準となる年として1995年を用いることができる。

9 附属書Ⅰに掲げる締約国のその後の期間に係る約束については，第21条7の規定に従って採択される附属書Bの改正において決定する。この議定書の締約国の会合としての役割を果たす締約国会議は，1に定める1回目の約束期間が満了する少なくとも7年前に当該約束の検討を開始する。

10 第6条又は第17条の規定に基づいて一の締約国が他の締約国から取得する排出削減単位又は割当量の一部は，取得する締約国の割当量に加える。

11 第6条又は第17条の規定に基づいて一の締約国が他の締約国に移転する排出削減単位又は割当量の一部は，移転する締約国の割当量から減ずる。

12 第12条の規定に基づいて一の締約国が他の締約国から取得する認証された排出削減量は，取得する締約国の割当量に加える。

13 一の附属書Ⅰに掲げる締約国の約束期間における排出量がこの条の規定に基づく割当量より少ない場合には，その量の差は，当該附属書Ⅰに掲げる締約国の要請により，その後の約束期間における当該附属書Ⅰに掲げる締約国の割当量に加える。

14 附属書Ⅰに掲げる締約国は，開発途上締約国（特に条約第4条8及び9に規定する国）に対する社会上，環境上及び経済上の悪影響を最小限にするような方法で，1に規定する約束を履行するよう努力する。条約第4条8及び9の規定の実施に関する締約国会議の関連する決定に従い，この議定書の締約国の会合としての役割を果たす締約国会議は，第1回会合において，条約第4条8及び9に規定する締約国に対する気候変動の悪影響又は対応措置の実施による影響を最小限にするためにとるべき措置について検討する。検討すべき問題には，資金供与，保険及び技術移転の実施を含める。

第4条

1 前条の規定に基づく約束を共同で履行することについて合意に達した附属書Ⅰに掲げる締約国は，附属書Aに掲げる温室効果ガスの二酸化炭素に換算した人為的な排出量の合計についての当該附属書Ⅰに掲げる締約国の総計が，附属書Bに記載する排出の抑制及び削減に関する数量化された約束に従って並びに前条の規定に従って算定された割当量について当該附属書Ⅰに掲げる締約国の総計を超えない場合には，約束を履行したものとみなされる。当該附属書Ⅰに掲げる締約国にそれぞれ割り当てられる排出量の水準は，当該合意で定める。

2 1の合意に達した締約国は，この議定書の批准書，受諾書若しくは承認書又はこの議定書への加入書の寄託の日に，事務局に対し当該合意の条件を通報する。事務局は，当該合意の条件を条約の締約国及び署名国に通報する。

3　1の合意は，前条7に規定する約束期間を通じて維持される。

4　共同して行動する締約国が地域的な経済統合のための機関の枠組みにおいて，かつ，当該地域的な経済統合のための機関と共に行動する場合には，この議定書の採択の後に行われる当該地域的な経済統合のための機関の構成のいかなる変更も，この議定書に基づく既存の約束に影響を及ぼすものではない。当該地域的な経済統合のための機関の構成のいかなる変更も，その変更の後に採択される前条の規定に基づく約束についてのみ適用する。

5　1の合意に達した締約国が排出削減量について当該締約国の総計の水準を達成することができない場合には，当該締約国は，当該合意に規定する自国の排出量の水準について責任を負う。

6　共同して行動する締約国が，この議定書の締約国である地域的な経済統合のための機関の枠組みにおいて，かつ，当該地域的な経済統合のための機関と共に行動する場合において，排出削減量の総計の水準を達成することができないときは，当該地域的な経済統合のための機関の構成国は，個別に，かつ，第24条の規定に従って行動する当該地域的な経済統合のための機関と共に，この条の規定に従って通報した自国の排出量の水準について責任を負う。

第5条

1　附属書Ⅰに掲げる締約国は，1回目の約束期間の開始の遅くとも1年前までに，温室効果ガス（モントリオール議定書によって規制されているものを除く。）について，発生源による人為的な排出量及び吸収源による除去量について推計を行うための国内制度を設ける。その国内制度のための指針（2に規定する方法を含める。）は，この議定書の締約国の会合としての役割を果たす締約国会議の第1回会合において決定する。

2　温室効果ガス（モントリオール議定書によって規制されているものを除く。）の発生源による人為的な排出量及び吸収源による除去量について推計を行うための方法は，気候変動に関する政府間パネルが受諾し，締約国会議が第3回会合において合意したものとする。当該推計を行うための方法が使用されない場合には，この議定書の締約国の会合としての役割を果たす締約国会議の第1回会合において合意される方法に従って適当な調整が適用される。この議定書の締約国の会合としての役割を果たす締約国会議は，特に気候変動に関する政府間パネルの作業並びに科学上及び技術上の助言に関する補助機関によって行われる助言に基づき，締約国会議の関連する決定を十分に考慮して，これらの方法及び調整について定期的に検討し，並びに適当な場合にはこれらを修正する。方法又は調整のいかなる修正も，その修正の後に採択される約束期間における第3条の規定に基づく約束の遵守を確認するためにのみ用いる。

3　附属書Aに掲げる温室効果ガスの発生源による人為的な排出及び吸収源による除去の二酸化炭素換算量を算定するために用いられる地球温暖化係数は，気候変動に関する政府間パネルが受諾し，締約国会議が第3回会合において合意したものとする。この議定書の締約国の会合としての役割を果たす締約国会議は，特に気候変動に関する政府間パネルの作業並びに科学上及び技術上の助言に関する補助機関によって行われる助言に基づき，締約国会議の関連する決定を十分に考慮して，附属書Aに掲げる温室効果ガスの地球温暖化係数を定期的に検

討し，及び適当な場合にはこれらを修正する。地球温暖化係数のいかなる修正も，その修正の後に採択される約束期間における第3条の規定に基づく約束についてのみ適用する。

第6条

1　附属書Ⅰに掲げる締約国は，第3条の規定に基づく約束を履行するため，次のことを条件として，経済のいずれかの部門において温室効果ガスの発生源による人為的な排出を削減し又は吸収源による人為的な除去を強化することを目的とする事業から生ずる排出削減単位を他の附属書Ⅰに掲げる締約国に移転し又は他の附属書Ⅰに掲げる締約国から取得することができる。

　　(a)　当該事業が関係締約国の承認を得ていること。

　　(b)　当該事業が発生源による排出の削減又は吸収源による除去の強化をもたらすこと。ただし，この削減又は強化が当該事業を行わなかった場合に生ずるものに対して追加的なものである場合に限る。

　　(c)　当該附属書Ⅰに掲げる締約国が前条及び次条の規定に基づく義務を遵守していない場合には，排出削減単位を取得しないこと。

　　(d)　排出削減単位の取得が第3条の規定に基づく約束を履行するための国内の行動に対して補足的なものであること。

2　この議定書の締約国の会合としての役割を果たす締約国会議は，第1回会合において又はその後できる限り速やかに，この条の規定の実施（検証及び報告を含む。）のための指針を更に定めることができる。

3　附属書Ⅰに掲げる締約国は，自国の責任において，法人がこの条の規定に基づく排出削減単位の発生，移転又は取得に通ずる行動に参加することを承認することができる。

4　附属書Ⅰに掲げる締約国によるこの条の規定の実施上の問題が第8条の関連規定に従って明らかになる場合において，その後も排出削減単位の移転及び取得を継続することができる。ただし，締約国は，遵守に関する問題が解決されるまで，第3条の規定に基づく約束を履行するために当該排出削減単位を用いることはできない。

第7条

1　附属書Ⅰに掲げる締約国は，締約国会議の関連する決定に従って提出する温室効果ガス（モントリオール議定書によって規制されているものを除く。）の発生源による人為的な排出及び吸収源による除去に関する自国の年次目録に，第3条の規定の遵守を確保するために必要な補足的な情報であって4の規定に従って決定されるものを含める。

2　附属書Ⅰに掲げる締約国は，条約第12条の規定に基づいて提出する自国の情報に，この議定書に基づく約束の遵守を示すために必要な補足的な情報であって4の規定に従って決定されるものを含める。

3　附属書Ⅰに掲げる締約国は，1の規定によって必要とされる情報を毎年提出する。ただし，この提出は，この議定書が自国について効力を生じた後の約束期間の最初の年について条約に基づき提出する最初の目録から開始する。附属書Ⅰに掲げる締約国は，2の規定によって必要とされる情報を，この議定書が自国について効力を生じた後及び4に規定する指針が採択された後に条約に基づいて送付する最初の自国の情報の一部として，提出する。この条の規定によって必要とされる情報のその後の提出の頻度は，締約国会議が決定する各国の情報の

送付の時期を考慮して，この議定書の締約国の会合としての役割を果たす締約国会議が決定する。

4 この議定書の締約国の会合としての役割を果たす締約国会議は，締約国会議が採択した附属書Ⅰに掲げる締約国による自国の情報の作成のための指針を考慮して，第1回会合において，この条の規定によって必要とされる情報の作成のための指針を採択し，その後定期的に検討する。また，この議定書の締約国の会合としての役割を果たす締約国会議は，1回目の約束期間に先立ち，割当量の計算方法を決定する。

第8条

1 附属書Ⅰに掲げる締約国が前条の規定に基づいて提出する情報は，締約国会議の関連する決定に従い，かつ，この議定書の締約国の会合としての役割を果たす締約国会議が4の規定に基づいて採択する指針に従い，専門家検討チームによって検討される。附属書Ⅰに掲げる締約国が前条1の規定に基づいて提出する情報は，排出の目録及び割当量に関する毎年の取りまとめ及び計算の一部として検討される。さらに，附属書Ⅰに掲げる締約国が前条2の規定に基づいて提出する情報は，専門家検討チームが行う情報の検討の一部として検討される。

2 専門家検討チームは，締約国会議がその目的のために与える指導に従い，事務局が調整し，並びに条約の締約国及び適当な場合には政府間機関が指名する者の中から選定される専門家で構成する。

3 検討の過程においては，締約国によるこの議定書の実施状況に関するすべての側面について十分かつ包括的な技術的評価を行う。専門家検討チームは，この議定書の締約国の会合としての役割を果たす締約国会議に提出する報告書であって，締約国の約束の履行状況を評価し並びに約束の履行に関する潜在的な問題及び約束の履行に影響を及ぼす要因を明らかにするものを作成する。当該報告書については，事務局が条約のすべての締約国に送付する。事務局は，この議定書の締約国の会合としての役割を果たす締約国会議が更に検討するために当該報告書に記載された実施上の問題の一覧表を作成する。

4 この議定書の締約国の会合としての役割を果たす締約国会議は，第1回会合において，締約国会議の関連する決定を考慮して，専門家検討チームがこの議定書の実施状況を検討するための指針を採択し，その後定期的に検討する。

5 この議定書の締約国の会合としての役割を果たす締約国会議は，実施に関する補助機関並びに適当な場合には科学上及び技術上の助言に関する補助機関の支援を得て，次のことについて検討する。

 (a) 前条の規定に基づいて締約国が提出する情報及びその情報に関しこの条の規定に基づいて行われる専門家による検討に関する報告書

 (b) 3の規定に基づいて事務局が列記する実施上の問題及び締約国が提起する問題

6 この議定書の締約国の会合としての役割を果たす締約国会議は，5に規定する情報の検討に基づき，この議定書の実施に必要とされる事項について決定を行う。

第9条

1 この議定書の締約国の会合としての役割を果たす締約国会議は，気候変動及びその影響に関する入手可能な最良の科学的情報及び評価並びに関連する技術上，社会上及び経済上の情報に照らして，この議定書を

定期的に検討する。その検討は，条約に基づく関連する検討（特に条約第4条2(d)及び第7条2(a)の規定によって必要とされる検討）と調整する。この議定書の締約国の会合としての役割を果たす締約国会議は，その検討に基づいて適当な措置をとる。

2　1回目の検討は，この議定書の締約国の会合としての役割を果たす締約国会議の第2回会合において行う。その後の検討は，一定の間隔でかつ適切な時期に行う。

第10条

すべての締約国は，それぞれ共通に有しているが差異のある責任並びに各国及び地域に特有の開発の優先順位，目的及び事情を考慮し，附属書Ⅰに掲げる締約国以外の締約国に新たな約束を導入することなく，条約第4条1の規定に基づく既存の約束を再確認し，持続可能な開発を達成するためにこれらの約束の履行を引き続き促進し，また，条約第4条3，5及び7の規定を考慮して，次のことを行う。

(a)　締約国会議が合意する比較可能な方法を用い，また，締約国会議が採択する各国の情報の作成のための指針に従い，温室効果ガス（モントリオール議定書によって規制されているものを除く。）の発生源による人為的な排出及び吸収源による除去に関する自国の目録を作成し及び定期的に更新するため，締約国の社会経済状況を反映する国内の排出係数，活動データ又はモデルの質を向上させる費用対効果の大きい自国（適当な場合には地域）の計画を適当な場合において可能な範囲で作成すること。

(b)　気候変動を緩和するための措置及び気候変動に対する適応を容易にするための措置を含む自国（適当な場合には地域）の計画を作成し，実施し，公表し及び定期的に更新すること。

(i)　当該計画は，特に，エネルギー，運輸及び工業の部門，農業，林業並びに廃棄物の処理に関するものである。さらに，適応の技術及び国土に関する計画を改善するための方法は，気候変動に対する適応を向上させるものである。

(ii)　附属書Ⅰに掲げる締約国は，第7条の規定に従い，この議定書に基づく行動に関する情報（自国の計画を含む。）を提出する。他の締約国は，自国の情報の中に，適当な場合には，気候変動及びその悪影響への対処に資すると認める措置（温室効果ガスの排出の増加の抑制，吸収源の強化及び吸収源による除去，能力の開発並びに適応措置を含む。）を内容とする計画に関する情報を含めるよう努める。

(c)　気候変動に関連する環境上適正な技術，ノウハウ，慣行及び手続の開発，利用及び普及のための効果的な方法の促進について特に開発途上国と協力し，並びに適当な場合には気候変動に関連する環境上適正な技術，ノウハウ，慣行及び手続の特に開発途上国に対する移転又は取得の機会の提供について，促進し，容易にし及び資金を供与するための実施可能なすべての措置（公の所有に属し又は公共のものとなった環境上適正な技術を効果的に移転し並びに民間部門による環境上適正な技術の移転及び取得の機会の提供の促進及び拡充を可能とする環境を創出するための政策及び計画を作成することを含む。）をとること。

(d)　条約第5条の規定を考慮して，気候系，気候変動の悪影響並びに種々の対応戦略の経済的及び社会的影響に関する不確実性を減少させるため，科学的及び技術的研究に協力し，組織的観測の体制の維持及び発展並びに資料の保管制度の整備を促進し，並びに研

究及び組織的観測に関する国際的な及び政府間の努力，計画及び協力網に参加するための固有の能力の開発及び強化を促進すること。

　(e)　教育訓練事業の計画（自国の能力（特に人的及び制度的能力）の開発の強化及び教育訓練専門家を養成する者の交流又は派遣（特に開発途上国のためのもの）に関するものを含む。）の作成及び実施について，国際的に及び適当な場合には既存の団体を活用して協力し及び促進し，並びに国内的な規模で気候変動に関する啓発及び情報の公開を円滑にすること。これらの活動を実施するための適切な方法は，条約第6条の規定を考慮して，条約の関連機関を通じて作成されるべきである。

　(f)　締約国会議の関連する決定に従い，自国の情報の中にこの条の規定に基づいて行われる計画及び活動に関する情報を含めること。

　(g)　この条の規定に基づく約束の履行に当たり，条約第4条8の規定について十分な考慮を払うこと。

第11条

1　締約国は，前条の規定の実施に当たり，条約第4条4，5及び7から9までの規定について考慮を払う。

2　条約附属書Ⅱに掲げる先進締約国は，条約第4条1の規定の実施との関連において，条約第4条3及び第11条の規定に従い，また，条約の資金供与の制度の運営を委託された組織を通じて，次のことを行う。

　(a)　条約第4条1(a)の規定に基づく既存の約束であって前条(a)の規定の対象となるものの履行を促進するために開発途上締約国が負担するすべての合意された費用に充てるため，新規のかつ追加的な資金を供与すること。

　(b)　条約第4条1の規定に基づく既存の約束であって，前条の規定の対象となり，かつ，開発途上締約国と条約第11条に規定する国際的組織との間で合意するものについて，その履行を促進するためのすべての合意された増加費用を負担するために開発途上締約国が必要とする新規のかつ追加的な資金（技術移転のためのものを含む。）を条約第11条の規定に従って供与すること。これらの既存の約束の履行に当たっては，資金の流れの妥当性及び予測可能性が必要であること並びに先進締約国の間の適当な責任分担が重要であることについて考慮を払う。締約国会議の関連する決定（この議定書の採択前に合意されたものを含む。）における条約の資金供与の制度の運営を委託された組織に対する指導は，この2の規定について準用する。

3　条約附属書Ⅱに掲げる先進締約国は，また，二国間の及び地域的その他の多数国間の経路を通じて，前条の規定を実施するための資金を供与することができるものとし，開発途上締約国は，これを利用することができる。

第12条

1　低排出型の開発の制度についてここに定める。

2　低排出型の開発の制度は，附属書Ⅰに掲げる締約国以外の締約国が持続可能な開発を達成し及び条約の究極的な目的に貢献することを支援すること並びに附属書Ⅰに掲げる締約国が第3条の規定に基づく排出の抑制及び削減に関する数量化された約束の遵守を達成することを支援することを目的とする。

3　低排出型の開発の制度の下で，

　(a)　附属書Ⅰに掲げる締約国以外の締約国は，認証された排出削減量を生ずる事業活動から利益を得る。

(b) 附属書Iに掲げる締約国は，第3条の規定に基づく排出の抑制及び削減に関する数量化された約束の一部の遵守に資するため，(a)の事業活動から生ずる認証された排出削減量をこの議定書の締約国の会合としての役割を果たす締約国会議が決定するところに従って用いることができる。

4 低排出型の開発の制度は，この議定書の締約国の会合としての役割を果たす締約国会議の権限及び指導に従い，並びに低排出型の開発の制度に関する理事会の監督を受ける。

5 事業活動から生ずる排出削減量は，次のことを基礎として，この議定書の締約国の会合としての役割を果たす締約国会議が指定する運営組織によって認証される。

　(a) 関係締約国が承認する自発的な参加
　(b) 気候変動の緩和に関連する現実の，測定可能なかつ長期的な利益
　(c) 認証された事業活動がない場合に生ずる排出量の削減に追加的に生ずるもの

6 低排出型の開発の制度は，必要に応じて，認証された事業活動に対する資金供与の措置をとることを支援する。

7 この議定書の締約国の会合としての役割を果たす締約国会議は，第1回会合において，事業活動の検査及び検証が独立して行われることによって透明性，効率性及び責任を確保することを目的として，方法及び手続を定める。

8 この議定書の締約国の会合としての役割を果たす締約国会議は，認証された事業活動からの収益の一部が，運営経費を支弁するために及び気候変動の悪影響を特に受けやすい開発途上締約国が適応するための費用を負担することについて支援するために用いられることを確保する。

9 低排出型の開発の制度の下での参加（3(a)に規定する活動及び認証された排出削減量の取得への参加を含む。）については，民間の又は公的な組織を含めることができるものとし，及び低排出型の開発の制度に関する理事会が与えるいかなる指導にも従わなければならない。

10 2000年から1回目の約束期間の開始までの間に得られた認証された排出削減量は，1回目の約束期間における遵守の達成を支援するために利用することができる。

第13条〜第16条（略）

第17条

締約国会議は，排出量取引（特にその検証，報告及び責任）に関する原則，方法，規則及び指針を定める。附属書Bに掲げる締約国は，第3条の規定に基づく約束を履行するため，排出量取引に参加することができる。排出量取引は，同条の規定に基づく排出の抑制及び削減に関する数量化された約束を履行するための国内の行動に対して補足的なものとする。

第18条

この議定書の締約国の会合としての役割を果たす締約国会議は，第1回会合において，不遵守の原因，種類，程度及び頻度を考慮して，この議定書の規定の不遵守の事案を決定し及びこれに対処すること（不遵守に対する措置を示す表の作成を通ずるものを含む。）のための適当かつ効果的な手続及び制度を承認する。この条の規定に基づく手続及び制度であって拘束力のある措置を伴うものは，この議定書の改正によって採択される。

第19条〜第21条（略）

第22条

1 各締約国は，2に規定する場合を除くほか，一の票を有する。
2 地域的な経済統合のための機関は，その権限の範囲内の事項について，この議定書の締約国であるその構成国の数と同数の票を投ずる権利を行使する。地域的な経済統合のための機関は，その構成国が自国の投票権を行使する場合には，投票権を行使してはならない。その逆の場合も，同様とする。

第23条（略）

第24条
1 この議定書は，条約の締約国である国家及び地域的な経済統合のための機関による署名のために開放されるものとし，批准され，受諾され又は承認されなければならない。この議定書は，1998年3月16日から1999年3月15日までニュー・ヨークにある国際連合本部において，署名のために開放しておく。この議定書は，この議定書の署名のための期間の終了の日の後は，加入のために開放しておく。批准書，受諾書，承認書又は加入書は，寄託者に寄託する。
2 この議定書の締約国となる地域的な経済統合のための機関でそのいずれの構成国も締約国となっていないものは，この議定書に基づくすべての義務を負う。地域的な経済統合のための機関及びその一又は二以上の構成国がこの議定書の締約国である場合には，当該地域的な経済統合のための機関及びその構成国は，この議定書に基づく義務の履行につきそれぞれの責任を決定する。この場合において，当該地域的な経済統合のための機関及びその構成国は，この議定書に基づく権利を同時に行使することができない。
3 地域的な経済統合のための機関は，この議定書の規律する事項に関するその権限の範囲をこの議定書の批准書，受諾書，承認書又は加入書において宣言する。また，当該地域的な経済統合のための機関は，その権限の範囲の実質的な変更を寄託者に通報し，寄託者は，これを締約国に通報する。

第25条
1 この議定書は，55以上の条約の締約国であって，附属書Ⅰに掲げる締約国の1990年における二酸化炭素の総排出量のうち少なくとも55パーセントを占める二酸化炭素を排出する附属書Ⅰに掲げる締約国を含むものが，批准書，受諾書，承認書又は加入書を寄託した日の後90日目の日に効力を生ずる。
2 この条の規定の適用上，「附属書Ⅰに掲げる締約国の1990年における二酸化炭素の総排出量」とは，附属書Ⅰに掲げる締約国がこの議定書の採択の日以前の日に，条約第12条の規定に従って送付した1回目の自国の情報において通報した量をいう。
3 この議定書は，1に規定する効力発生のための要件を満たした後にこれを批准し，受諾し若しくは承認し又はこれに加入する国又は地域的な経済統合のための機関については，批准書，受諾書，承認書又は加入書の寄託の日の後90日目の日に効力を生ずる。
4 地域的な経済統合のための機関によって寄託される文書は，この条の規定の適用上，その構成国によって寄託されたものに追加して数えてはならない。

第26条～第28条（略）

1997年12月11日に京都で作成した。

第2編　企業が直面するさまざまな問題と企業法務

附属書A

〔編注：以下の番号は理解のしやすさを考えて付加したものである。〕

1　温室効果ガス
　　二酸化炭素（CO2）　メタン（CH4）
　　一酸化二窒素（N2O）　ハイドロフルオロカーボン（HFCs）　パーフルオロカーボン（PFCs）　六ふっ化硫黄（SF6）

2　部門及び発生源の区分
（1）エネルギー
　　　　燃料の燃焼
　　　　　　エネルギー産業　製造業及び建設業　運輸　その他の部門　その他
　　　　燃料からの漏出
　　　　　　固体燃料　石油及び天然ガス
　　　　　　その他
（2）産業の工程
　　　　鉱物製品　化学産業　金属の生産
　　　　その他の生産
　　　　ハロゲン元素を含む炭素化合物及び六ふっ化硫黄の生産
　　　　ハロゲン元素を含む炭素化合物及び六ふっ化硫黄の消費
　　　　その他
（3）溶剤その他の製品の利用
（4）農業
　　　　消化管内発酵　家畜排せつ物の管理
　　　　稲作　農用地の土壌

　　　　サバンナを計画的に焼くこと
　　　　野外で農作物の残留物を焼くこと
　　　　その他
（5）廃棄物
　　　　固形廃棄物の陸上における処分
　　　　廃水の処理　廃棄物の焼却　その他

附属書B

　締約国〔編注：五十音順に並べ替えた〕とそれぞれの排出の抑制及び削減に関する数量化された約束（％で示す）　なお国名の後の＊は市場経済への移行の過程にある国を示す

　　アイスランド110　アイルランド 92　アメリカ合衆国 93　イタリア 92　ウクライナ＊ 100　エストニア＊ 92　欧州共同体 92　オーストラリア108　オーストリア92　オランダ92　カナダ 94　ギリシャ 92　グレート・ブリテン及び北部アイルランド連合王国92　クロアチア＊ 95　スイス92　スウェーデン92　スペイン92　スロヴァキア＊ 92　スロヴェニア＊ 92　チェコ共和国＊ 92　デンマーク92　ドイツ92　日本国94　ニュー・ジーランド100　ノールウェー101　ハンガリー＊94　フィンランド92　フランス 92　ブルガリア＊ 92　ベルギー92　ポーランド＊ 94　ポルトガル92　モナコ92　ラトヴィア＊ 92　リトアニア＊92　リヒテンシュタイン92　ルーマニア＊92　ルクセンブルグ92　ロシア連邦＊100

3　環境をめぐる諸事件

（1）小田急線連続立体交差事業認可処分取消事件

第12章　企業活動と環境問題

> 【課題】　以下の最高裁判決を読んで，事実，争点，最高裁の判断，意見・反対意見をまとめなさい。また，この判決を踏まえて，今後，このような環境に影響を及ぼす事業に取り組む場合，事業者はどのようなことを検討すべきか，企業法務としてどのような貢献ができるか，考えてみよう（なお，この判決は本書第13章における行政事件訴訟法の改正との関連でも，重要なものである。）。

● **最高裁平成17年12月7日大法廷判決**（最高裁ホームページ）

主　文

1　別紙上告人目録1ないし3記載の上告人らは，別紙事業認可目録1記載の認可の取消しを求める原告適格を有する。
2　本件上告のうち次の各訴えに関する部分を棄却する。
（1）別紙上告人目録1記載の上告人らの別紙事業認可目録2ないし7記載の各認可の取消しの訴え
（2）別紙上告人目録2記載の上告人らの別紙事業認可目録2ないし5及び7記載の各認可の取消しの訴え
（3）別紙上告人目録3記載の上告人らの別紙事業認可目録2ないし6記載の各認可の取消しの訴え
（4）別紙上告人目録4記載の上告人らの訴え
3　前項（1）ないし（4）の各訴えに関する上告費用は，それぞれ同項（1）ないし（4）記載の各上告人らの負担とする。

理　由

＜中略＞

上告代理人斉藤驍ほかの上告受理申立て理由のうち原告適格に係る所論に関する部分について
1　原審の確定した事実関係等の概要は，次のとおりである。
（1）建設大臣は，平成6年5月19日付けで，都市計画法59条2項に基づき，東京都に対し，小田急小田原線の喜多見駅付近から梅ヶ丘駅付近までの区間（以下「本件区間」という。）の連続立体交差化を内容とする別紙事業認可目録1記載の都市計画事業の認可（以下「本件鉄道事業認可」といい，この認可に係る都市計画事業を「本件鉄道事業」という。）をし，同年6月3日付けでこれを告示した。

本件鉄道事業認可は，建設大臣が昭和39年に決定し被上告参加人が平成5年2月1日付けで変更を告示した東京都市計画高速鉄道第9号線（昭和45年の都市計画の変更以降の名称は「東京都市計画都市高速鉄道第9号線」である。）に係る都市計画を基礎とするものであり，上記変更後の上記都市計画によれば，本件区間の鉄道の構造は，嵩上式（一部掘割式）とされている。
（2）建設大臣は，世田谷区が平成5年2月1日付けで告示した東京都市計画道路・区画街路都市高速鉄道第9号線付属街路第3，第4，第5，第6，第9及び第10号線に係る各都市計画を基礎として，同6年5月19日付けで，都市計画法59条2項に基づき，東京都に対し，本件区間の一部に係る付属街路の設置を内容とする別紙事業認可目録2ないし7記載の各都市計画事業の認可（以下「本件各付属街路事業認可」といい，これらの認可に係る都市計画事業を「本件各付属街路事業」という。）をし，同年6月3日付けでこれ

387

を告示した。

　本件各付属街路事業に係る付属街路は，本件鉄道事業による小田急小田原線の連続立体交差化に当たり，環境に配慮して沿線の日照への影響を軽減することを主たる目的とし，また，沿線地域内の交通の処理や災害時の緊急車両の通行に供すること，地域の街づくりのために役立てること等をも目的として設置することとされたものである。

（3）上告人らは，いずれも本件鉄道事業の事業地の周辺地域にある別紙上告人目録1ないし4記載の各住所地に居住するにとどまり，同事業の事業地内の不動産につき権利を有しない者である。また，別紙上告人目録2記載の上告人らのうち，上告人X1は，別紙事業認可目録6記載の認可に係る都市計画事業（以下「付属街路第9号線事業」という。）の事業地内に土地を所有し，上告人X2は，同事業の事業地内に存する建物の共有持分権を有し，その敷地につき利用権の設定を受けており，別紙上告人目録3記載の上告人らは，別紙事業認可目録7記載の認可に係る都市計画事業（以下「付属街路第10号線事業」という。）の事業地内にそれぞれ土地を所有しているが，それ以外には，上告人らは，本件各付属街路事業の事業地内の不動産につき権利を有していない。

　東京都環境影響評価条例（昭和55年東京都条例第96号。平成10年東京都条例第107号による改正前のもの。以下「本件条例」という。）は，鉄道の新設又は改良など同条例別表に掲げる事業でその実施が環境に著しい影響を及ぼすおそれのあるものとして東京都規則で定める要件に該当するものを「対象事業」とした上で（2条3号），被上告参加人において，「事業者が対象事業を実施しようとする地域及びその周辺地域で当該対象事業の実施が環境に著しい影響を及ぼすおそれがある地域」として，当該対象事業に係る関係地域を定めなければならないとしている（2条5号，13条1項）。本件鉄道事業に係る関係地域は，別紙図面のとおり定められているところ，別紙上告人目録1ないし3記載の上告人らは，上記の関係地域内に居住している。

2　本件は，上告人らが，本件鉄道事業認可及び本件各付属街路事業認可がいずれも違法であるとして，建設大臣の事務承継者である被上告人に対し，これらの各認可の取消しを求めている事案である。

3　原審は，上記事実関係等の下において，上告人らの原告適格に関し，次のとおり判断した。

（1）上告人らは，いずれも本件鉄道事業の事業地の周辺地域に居住するにとどまり，事業地内の不動産につき権利を有しないところ，都市計画事業の事業地の周辺地域に居住するにとどまり事業地内の不動産につき権利を有しない者については，事業の認可によりその権利若しくは法律上保護された利益が侵害され又は必然的に侵害されるおそれがあると解する根拠が認められないから，上告人らは，本件鉄道事業認可の取消しを求める原告適格を有しない。

（2）ア　別紙上告人目録2記載の上告人らは，付属街路第9号線事業の事業地内の不動産につき権利を有し，同目録3記載の上告人らは，付属街路第10号線事業の事業地内の不動産につき権利を有するところ，都市計画事業の事業地内の不動産につき権利を有する者は，違法な事業の認可がされることによって自己の権利を侵害され又は必然的に侵害されるおそれが生ずるから，同目録2記載の上告人らは別紙事業認可目録6記載の認可の，別紙上告人目録3記載の上告人らは別紙事業認可目録7記載の認可の，各取消しを求める原告適格を有する。

第12章　企業活動と環境問題

イ　上告人らは，上記アのほかには，いずれも本件各付属街路事業の事業地内の不動産につき権利を有しないのであるから，上記アのほかに本件各付属街路事業認可の取消しを求める原告適格を有しない。

4　しかしながら，原審の上記判断のうち，別紙上告人目録4記載の各上告人らにつき本件鉄道事業認可の取消しを求める原告適格を否定した部分及び上記3（2）イについてはいずれも結論において是認することができるが，同目録1ないし3記載の各上告人らにつき本件鉄道事業認可の取消しを求める原告適格を否定した部分については是認することができない。その理由は，次のとおりである。

（1）行政事件訴訟法9条は，取消訴訟の原告適格について規定するが，同条1項にいう当該処分の取消しを求めるにつき「法律上の利益を有する者」とは，当該処分により自己の権利若しくは法律上保護された利益を侵害され，又は必然的に侵害されるおそれのある者をいうのであり，当該処分を定めた行政法規が，不特定多数者の具体的利益を専ら一般的公益の中に吸収解消させるにとどめず，それが帰属する個々人の個別的利益としてもこれを保護すべきものとする趣旨を含むと解される場合には，このような利益もここにいう法律上保護された利益に当たり，当該処分によりこれを侵害され又は必然的に侵害されるおそれのある者は，当該処分の取消訴訟における原告適格を有するものというべきである。

そして，処分の相手方以外の者について上記の法律上保護された利益の有無を判断するに当たっては，当該処分の根拠となる法令の規定の文言のみによることなく，当該法令の趣旨及び目的並びに当該処分において考慮されるべき利益の内容及び性質を考慮し，この場合において，当該法令の趣旨及び目的を考慮するに当たっては，当該法令と目的を共通にする関係法令があるときはその趣旨及び目的をも参酌し，当該利益の内容及び性質を考慮するに当たっては，当該処分がその根拠となる法令に違反してされた場合に害されることとなる利益の内容及び性質並びにこれが害される態様及び程度をも勘案すべきものである（同条2項参照）。

（2）上記の見地に立って，まず，上告人らが本件鉄道事業認可の取消しを求める原告適格を有するか否かについて検討する。

ア　都市計画法は，同法の定めるところにより同法59条の規定による認可等を受けて行われる都市計画施設の整備に関する事業等を都市計画事業と規定し（4条15項），その事業の内容が都市計画に適合することを認可の基準の一つとしている（61条1号）。

都市計画に関する都市計画法の規定をみると，同法は，都市の健全な発展と秩序ある整備を図り，もって国土の均衡ある発展と公共の福祉の増進に寄与することを目的とし（1条），都市計画の基本理念の一つとして，健康で文化的な都市生活を確保すべきことを定めており（2条），都市計画の基準に関して，当該都市について公害防止計画が定められているときは都市計画がこれに適合したものでなければならないとし（13条1項柱書き），都市施設は良好な都市環境を保持するように定めることとしている（同項5号）。また，同法は，都市計画の案を作成しようとする場合において必要があると認められるときは，公聴会の開催等，住民の意見を反映させるために必要な措置を講ずるものとし（16条1項），都市計画を決定しようとする旨の公告があったときは，関係市町村の住民及び利害関係人は，縦覧に供された都市計画の案について意見書を提出することができるものとしている（17条1項，2項）。

イ　また，上記の公害防止計画の根拠となる

法令である公害対策基本法は，国民の健康を保護するとともに，生活環境を保全することを目的とし（1条），事業活動その他の人の活動に伴って生ずる相当範囲にわたる大気の汚染，水質の汚濁，土壌の汚染，騒音，振動等によって人の健康又は生活環境に係る被害が生ずることを公害と定義した上で（2条），国及び地方公共団体が公害の防止に関する施策を策定し，実施する責務を有するとし（4条，5条），内閣総理大臣が，現に公害が著しく，かつ，公害の防止に関する施策を総合的に講じなければ公害の防止を図ることが著しく困難であると認められる地域等について，公害防止計画の基本方針を示して関係都道府県知事にその策定を指示し，これを受けた関係都道府県知事が公害防止計画を作成して内閣総理大臣の承認を受けるものとしている（19条）（なお，同法は，環境基本法の施行に伴い平成5年11月19日に廃止されたが，新たに制定された環境基本法は，内閣総理大臣が上記と同様の地域について関係都道府県知事に公害防止計画の策定を指示し，これを受けた関係都道府県知事が公害防止計画を作成して内閣総理大臣の承認を受けなければならないとしている（17条）。さらに，同条の規定は，平成11年法律第87号及び第160号により改正され，現在は，環境大臣が同様の指示を行い，これを受けた関係都道府県知事が公害防止計画を作成し，環境大臣に協議し，その同意を得なければならないとしている。）。

公害防止計画に関するこれらの規定は，相当範囲にわたる騒音，振動等により健康又は生活環境に係る著しい被害が発生するおそれのある地域について，その発生を防止するために総合的な施策を講ずることを趣旨及び目的とするものと解される。そして，都市計画法13条1項柱書きが，都市計画は公害防止計画に適合しなければならない旨を規定していることからすれば，都市計画の決定又は変更に当たっては，上記のような公害防止計画に関する公害対策基本法の規定の趣旨及び目的を踏まえて行われることが求められるものというべきである。

さらに，東京都においては，環境に著しい影響を及ぼすおそれのある事業の実施が環境に及ぼす影響について事前に調査，予測及び評価を行い，これらの結果について公表すること等の手続に関し必要な事項を定めることにより，事業の実施に際し公害の防止等に適正な配慮がされることを期し，都民の健康で快適な生活の確保に資することを目的として，本件条例が制定されている。本件条例は，被上告参加人が，良好な環境を保全し，都民の健康で快適な生活を確保するため，本件条例に定める手続が適正かつ円滑に行われるよう努めなければならない基本的責務を負うものとした上で（3条），事業者から提出された環境影響評価書及びその概要の写しを対象事業に係る許認可権者（都市計画の決定又は変更の権限を有する者を含む。2条8号）に送付して（24条2項），許認可等を行う際に評価書の内容に十分配慮するよう要請しなければならないとし（25条），対象事業が都市計画法の規定により都市計画に定められる場合においては，本件条例による手続を都市計画の決定の手続に合わせて行うよう努めるものとしている（45条）。これらの規定は，都市計画の決定又は変更に際し，環境影響評価等の手続を通じて公害の防止等に適正な配慮が図られるようにすることも，その趣旨及び目的とするものということができる。

ウ　そして，都市計画事業の認可は，都市計画に事業の内容が適合することを基準としてされるものであるところ，前記アのような都市計画に関する都市計画法の規定に加えて，前記イの公害対策基本法等の規定の趣旨及び

目的をも参酌し，併せて，都市計画法66条が，認可の告示があったときは，施行者が，事業の概要について事業地及びその付近地の住民に説明し，意見を聴取する等の措置を講ずることにより，事業の施行についてこれらの者の協力が得られるように努めなければならないと規定していることも考慮すれば，都市計画事業の認可に関する同法の規定は，事業に伴う騒音，振動等によって，事業地の周辺地域に居住する住民に健康又は生活環境の被害が発生することを防止し，もって健康で文化的な都市生活を確保し，良好な生活環境を保全することも，その趣旨及び目的とするものと解される。

エ　都市計画法又はその関係法令に違反した違法な都市計画の決定又は変更を基礎として都市計画事業の認可がされた場合に，そのような事業に起因する騒音，振動等による被害を直接的に受けるのは，事業地の周辺の一定範囲の地域に居住する住民に限られ，その被害の程度は，居住地が事業地に接近するにつれて増大するものと考えられる。また，このような事業に係る事業地の周辺地域に居住する住民が，当該地域に居住し続けることにより上記の被害を反復，継続して受けた場合，その被害は，これらの住民の健康や生活環境に係る著しい被害にも至りかねないものである。そして，都市計画事業の認可に関する同法の規定は，その趣旨及び目的にかんがみれば，事業地の周辺地域に居住する住民に対し，違法な事業に起因する騒音，振動等によってこのような健康又は生活環境に係る著しい被害を受けないという具体的利益を保護しようとするものと解されるところ，前記のような被害の内容，性質，程度等に照らせば，この具体的利益は，一般的公益の中に吸収解消させることが困難なものといわざるを得ない。

オ　以上のような都市計画事業の認可に関する都市計画法の規定の趣旨及び目的，これらの規定が都市計画事業の認可の制度を通して保護しようとしている利益の内容及び性質等を考慮すれば，同法は，これらの規定を通じて，都市の健全な発展と秩序ある整備を図るなどの公益的見地から都市計画施設の整備に関する事業を規制するとともに，騒音，振動等によって健康又は生活環境に係る著しい被害を直接的に受けるおそれのある個々の住民に対して，そのような被害を受けないという利益を個々人の個別的利益としても保護すべきものとする趣旨を含むと解するのが相当である。したがって，都市計画事業の事業地の周辺に居住する住民のうち当該事業が実施されることにより騒音，振動等による健康又は生活環境に係る著しい被害を直接的に受けるおそれのある者は，当該事業の認可の取消しを求めるにつき法律上の利益を有する者として，その取消訴訟における原告適格を有するものといわなければならない。

　最高裁平成8年（行ツ）第76号同11年11月25日第一小法廷判決・裁判集民事195号387頁は，以上と抵触する限度において，これを変更すべきである。

カ　以上の見解に立って，本件鉄道事業認可の取消しを求める原告適格についてみると，前記事実関係等によれば，別紙上告人目録1ないし3記載の上告人らは，いずれも本件鉄道事業に係る関係地域内である上記各目録記載の各住所地に居住しているというのである。そして，これらの住所地と本件鉄道事業の事業地との距離関係などに加えて，本件条例2条5号の規定する関係地域が，対象事業を実施しようとする地域及びその周辺地域で当該対象事業の実施が環境に著しい影響を及ぼすおそれがある地域として被上告参加人が定めるものであることを考慮すれば，上記の上告人らについては，本件鉄道事業が実施される

ことにより騒音，振動等による健康又は生活環境に係る著しい被害を直接的に受けるおそれのある者に当たると認められるから，本件鉄道事業認可の取消しを求める原告適格を有するものと解するのが相当である。

これに対し，別紙上告人目録4記載の上告人らは，本件鉄道事業に係る関係地域外に居住するものであり，前記事実関係等によっても，本件鉄道事業が実施されることにより騒音，振動等による健康又は生活環境に係る著しい被害を直接的に受けるおそれがあるとはいえず，他に，上記の上告人らが原告適格を有すると解すべき根拠は記録上も見当たらないから，本件鉄道事業認可の取消しを求める原告適格を有すると解することはできない。

（3）次に，別紙上告人目録2記載の上告人らが別紙事業認可目録6記載の認可の，別紙上告人目録3記載の上告人らが別紙事業認可目録7記載の認可の，各取消しを求める原告適格を有するほかに，上記（2）の見解に立って，上告人らが本件各付属街路事業の実施により健康又は生活環境に係る著しい被害を直接的に受けるおそれのある者に当たるとして，当該事業認可の取消しを求める原告適格を有するか否かについて検討する。

前記事実関係等によれば，本件各付属街路事業に係る付属街路は，本件鉄道事業による沿線の日照への影響を軽減することのほか，沿線地域内の交通の処理や災害時の緊急車両の通行に供すること，地域の街づくりのために役立てること等をも目的として設置されるものであるというのであり，本件各付属街路事業は，本件鉄道事業と密接な関連を有するものの，これとは別個のそれぞれ独立した都市計画事業であることは明らかであるから，上告人らの本件各付属街路事業認可の取消しを求める上記の原告適格についても，個々の事業の認可ごとにその有無を検討すべきである。

上告人らは，別紙上告人目録2及び3記載の各上告人らがそれぞれ別紙事業認可目録6及び7記載の各認可に係る事業の事業地内の不動産につき権利を有する旨をいうほかには，本件各付属街路事業に係る個々の事業の認可によって，自己のどのような権利若しくは法律上保護された利益を侵害され，又は必然的に侵害されるおそれがあるかについて，具体的な主張をしていない。そして，本件各付属街路事業に係る付属街路が，小田急小田原線の連続立体交差化に当たり，環境に配慮して日照への影響を軽減することを主たる目的として設置されるものであることに加え，これらの付属街路の規模等に照らせば，本件各付属街路事業の事業地内の不動産につき権利を有しない上告人らについて，本件各付属街路事業が実施されることにより健康又は生活環境に係る著しい被害を直接的に受けるおそれがあると認めることはできない。

したがって，上告人らは，別紙上告人目録2記載の上告人らが別紙事業認可目録6記載の認可の，別紙上告人目録3記載の上告人らが別紙事業認可目録7記載の認可の，各取消しを求める原告適格を有するほかに，本件各付属街路事業認可の取消しを求める原告適格を有すると解することはできない。

5　以上によれば，別紙上告人目録1ないし3記載の上告人らは，本件鉄道事業認可の取消しを求める原告適格を有するというべきである。主文第2項（1）ないし（4）掲記の各訴えについては，同（1）ないし（4）に掲げる各上告人らがそれぞれ原告適格を有するということはできず，これらの者につき原告適格を否定した原審の判断は，結論において是認することができるから，本件上告のうちこれらの各訴えに関する部分を棄却することとする。

よって，判示4（3）についての裁判官横尾和子，同滝井繁男，同泉徳治，同島田仁郎の反対意見があるほか，裁判官全員一致の意見で，主文のとおり判決する。なお，裁判官藤田宙靖，同町田顯の各補足意見があり，判示4（3）についての裁判官今井功の補足意見がある。

裁判官藤田宙靖の補足意見は，次のとおりである。

私は，多数意見に賛成するものであるが，その理由につき，私の考えるところを更に敷衍しておくこととしたい。

1　本件各事業認可処分は，本件各事業の対象地につき権利を有する者を除き，上告人ら周辺住民に対してその権利義務に直接の変動をもたらすものではなく，また，上告人らが主張する健康上の被害等も，直接には，行政庁の処分自体によってもたらされるのではなくて，いずれ行われることになる都市計画施設の利用行為によって初めて生じるものなのであるから，それにもかかわらず，何ゆえに本件事業認可処分そのものが上告人らの「法律上の利益」を侵害すると言えるのか，言葉を換えて言えば，本件処分が取り消されることによって回復されることになる上告人らの「法的利益」なるものが，果たして，またいかなるものとして存在するのか，が問題となる。そして，この問題については，従来の当審判例が採用してきた，当該処分の根拠規定が処分の相手方のみならず第三者をも保護しようとする意図を含む場合には，この意味での「法律上の利益」が認められる，という公式（以下「従来の公式」という。）のみをもってしたのでは，理論的に充分な説明がなされているとは言い難いのである（参照，藤田「第四版行政法〈1〉（総論）」407ページ以下）。

この点，私は，少なくとも，本件のような都市計画施設についての事業認可のケースでは，仮に周辺住民に原告適格が認められるとするならば，理論的にはそれは，行政庁に，当該施設が将来において利用されることに起因する一定の損害を受けるリスクから，第三者（周辺住民）を保護する法的な義務が（如何様にしてか）課せられている（言葉を換えて言えば，住民には，そのような保護を受ける法的利益が与えられている）と認められるからであろうと考える。すなわち，違法な事業認可がなされることによって，行政庁がこのような「リスクからの保護義務」に違反し，法律上周辺住民に与えられている「リスクから保護される利益」が侵害されると認められるがゆえにこそ，住民に原告適格が認められるのである。

ところで，周辺住民が有する「法律上の利益」がこのような内容のものであるとすれば，その前提となる行政庁の法的義務（リスクから保護する義務）が，事業認可処分の根拠規定によって課せられたものに限られるという理論的必然性は無いことになるはずであって，処分を行う行政庁に対しては，根拠規定の他にも手続規定・目的規定等様々の枠規定が，更にはまた，行政庁の権限行使に制約を課する現行法令一般が，このような法的義務を課している可能性があり得る。多数意見がその一般論として，行政事件訴訟法9条2項を引きつつ理由4（2）に述べるところは，上記「従来の公式」を踏まえたものということができ，私自身もまた，本件においてそのような手法を採ること自体に敢えて反対するものではないが，一般論として，同法9条の解釈上，そこにいう法律上の利益とはすなわち根拠規定によって保護された利益であるとの出発点に固執することが，果たして適切あるいは必要であるかについては，なお疑問があり，この問題に関する限り，ここでは留保をして

おくこととしたい。

いずれにせよしかし，本件の場合にはまず，本件各事業認可処分そしてその基礎となる都市計画の策定につき，都市計画法上の根拠規定を始めとする諸規定が，果たして，行政庁に対し，このような「リスクからの保護義務」を課すものと認められるか否かが，問題となる。そしてこのような見地から考察するとき，人口密集地において行われる都市計画施設の建設及びその基礎となる都市計画の策定に際して，行政庁が，施設の利用が周辺に与えるマイナスの影響をおよそ考えることなく判断することが，そもそも「都市の健全な発展と秩序ある整備を図」る（都市計画法1条）という法の目的，そして，「機能的な都市活動」と並び「文化的な都市生活」の確保を目的とする都市計画の理念（同法2条）に適合するものであるはずはなく，都市計画の策定及び事業認可に当たって，上記マイナスの影響をも含めた諸利益の調整を十分に行うべき義務を負わされていることは，当然のことであると言わなければなるまい。このことに，生命・健康等の享受について国民に与えられた憲法上の保障（人格権）を併せ考えるならば，行政庁が，少なくともこれらの利益に対する重大な侵害のリスクから周辺住民を保護すべき義務を負わされているものと考えることは，決して無理な推論とは言えないように思われる。また，このようにして保護されるはずの周辺住民の利益が，「公益一般」に過ぎないのか，それとも「個人の利益」なのか，という問題について言えば，ここでいう「公益一般」とは，例えば土地収用の場合などのように，「私益」と対立する「公益」なのではなく，「個々の利益の集合体ないし総合体」としての「集団的利益」なのであるから，そこに「個人的利益」が内含されていることは，むしろ当然のことなのであって，そうでないという

ならば，むしろそのことについて法律上明確な根拠が示されるのでなければなるまい。言い換えるならば，行政庁は個人に対する上記の意味での保護義務を負うものではないということが，法律上明確な根拠によって明らかにされるのでない限り，少なくとも，事業認可に係る都市計画施設の利用の結果生命健康等に重大な損害を被るというリスクにさらされている周辺住民からの訴えについては，本来，原告適格が認められて然るべきであると考えられるのである。そして，現行法上，この意味での明確な根拠は認められないのみならず，かえって，多数意見の示すように，都市計画法と公害対策基本法等との密接な結び付き等により，推定は逆方向に働くのであるから，本件鉄道事業認可につき主文第1項に記載された上告人らに取消訴訟の原告適格が認められることは，むしろ当然であるというべきである。

2　なお，本件各付属街路事業の認可につき，対象事業地についての権利を有しない上告人らには取消訴訟の原告適格が認められないとする多数意見に対して，本件各付属街路事業認可は鉄道事業認可と実質上一体であるとの理由に基づく反対意見があるので，私が多数意見に賛成する理由を以下簡単に述べておきたい。

本件各事業が，行政上のプロジェクトとして一体性を有することは反対意見の指摘するとおりであり，また，本件の場合，紛争の実態としても，鉄道事業認可に対するそれと付属街路事業に対するそれとは，後者が専ら前者の一部として展開されている意味において（すなわち，後者においては，付属街路の建設それ自体によって生じる生命健康の被害については，一切の主張立証がなされず，専ら鉄道認可事業の違法性が問題とされているにすぎない，という意味において）実質的に一

体であるということができる。他方でしかし，本件における鉄道事業認可と付属街路事業認可とが法的に別物であることは，いうまでもないことである（仮に両者が文字どおり法的に一体であるとすれば，そのそれぞれに対する取消訴訟は，いわば二重起訴の関係に立つことになるのではないか，という問題も出てこよう。）。

ところで，行政上のあるプロジェクトないしスキームが複数の異なった法行為によって構築されている場合，これらの個々の行為が全体としてのプロジェクトとの関係において果たしている機能と切り離して個別的にのみこれを考察し，行政救済法上においても専らそのような取扱いしかしない，という法解釈が，常に妥当であるかどうかについては，確かに問題が無いわけではない。しかし，一般的に言えば，法的にそのような分節がなされているのは，まさに，立法者がそれを選択した結果に他ならないのであるから，仮に例外的な解釈を許すとしても，それは，国民の権利救済の必要上やむをえないことについて，真に合理的な理由がある場合に限られるものというべきであろう。ところが，本件の場合，先に見た紛争の実態に照らしても明らかであるように，上告人らにおいて，本件各付属街路事業認可の取消訴訟は，実質的に，鉄道事業認可取消訴訟に加えて，上告人らの主張する権利利益を守るための固有の意味を持つものではなく，そこで主張されていることは，鉄道事業認可取消訴訟内において，充分主張することが可能な内容なのである（因みに，本件において上告人らが主張し，また一審判決が採用した「一体論」は，専ら，本判決によって変更される当審平成11年判決の考え方，すなわち事業対象地に関する権利を有する者以外は原告適格を有しない，という考え方を前提としたとしても原告適格を認められる者，すなわち，本件の場合，付属街路事業対象地につき権利を有する者に，本件鉄道事業認可の取消訴訟についても原告適格を認めるための便法として機能すべく，考案されたものであった。いうまでもなく，その前提は，本判決によって失われることになる。）。

確かに，プロジェクトとしての一体性からすれば，本件鉄道事業認可と付属街路事業認可は，あるいは，運命を共にするのが合理的である，とも言えよう。しかし，その合理性は，仮に鉄道事業認可が取り消されたとして，それを踏まえた上で行政的に判断されるべき事柄であるし，また，それで支障は無いものと考える。

裁判官町田顯の補足意見は，次のとおりである。

私は，裁判官藤田宙靖の補足意見に同調し，次のとおり付言する。

従前，行政処分の取消訴訟における原告適格の要件としての「法律上の利益」とは，当該処分の根拠規定において保護された利益と解され，当該処分の結果必然的に権利，利益を侵害されても，それが根拠法規によって保護すべきものとされていない場合には原告適格がないものとされている。しかし，根拠法規がいかなる権利，利益を保護しているのかは一義的に明白でない場合が少なくなく（現に，本判決において変更すべきものとされる最高裁平成8年（行ツ）第76号同11年11月25日第一小法廷判決は，都市計画事業の根拠法規が保護する権利，利益について本判決と異なる見解を採っている。），その解明に時間と手間を要するため訴訟遅延の一因となり，また権利，利益の侵害があっても救済されない場合があることを認めることにより取消訴訟の役割を狭めるとの批判が寄せられることとなる可能性もある。原告適格の要件

としては当該処分により必然的に権利，利益を侵害されることだけで足りることとし，侵害される権利，利益が実体法上認められず，根拠法規が特に保護しているような場合にのみ根拠法規の保護の性質を検討するということも考えてみる価値はありそうである。もっとも，本件の場合これまでの手法によっても原告適格が認められることは法廷意見の述べるとおりである（そのために本判決の述べるような関係法令全部の綿密な検討を必要とするから，当事者にもそれなりに十分な準備が求められよう。）ので，この点の検討は将来そのような事案が問題となるときに改めて行うこととするのが適当であるから，「従来の公式」の再検討を本件で行うことは留保し，これを将来にゆだねるとする藤田裁判官の補足意見に賛成する。

また，本件のような都市計画施設についての事業認可の取消訴訟における周辺住民の原告適格を考える場合に，被害の程度に強弱のある多数の住民のうちどの範囲のものに認められるかの基準について，根拠法規及び関連法規が定める手続等においてどの範囲の住民を対象としているか，換言すればどの範囲の住民について「リスクからの保護義務」を負うものと解されるかがその指針となり得よう。本判決が個々の被害の程度を問わず本件鉄道事業に係る関係地域の内か外かという基準によって原告適格の有無を判断しているのは，以上の理に基づくものとするのが相当と思われる。私が藤田裁判官の「リスクからの保護義務」という見解に同調するゆえんである。

判示4（3）についての**裁判官今井功の補足意見**は，次のとおりである。

私は，本件各付属街路事業認可について，別紙上告人目録2記載の上告人らが別紙事業認可目録6記載の認可の，別紙上告人目録3記載の上告人らが別紙事業認可目録7記載の認可の，各取消しを求める原告適格を有するほかに，上告人らが本件各付属街路事業認可の取消しを求める原告適格を有すると解することはできないとする多数意見に同調する者であるが，横尾裁判官ほか3裁判官の反対意見にかんがみ，この点に関する私の見解を補足して述べておきたい。

1 本件各付属街路事業の事業地内の不動産につき権利を有する上告人らについて，当該付属街路事業認可取消の原告適格が認められることに異論はない。問題は，それ以外の付近住民で，本件鉄道事業が実施されることにより騒音，振動等による健康又は生活環境に係る著しい被害を直接的に受けるおそれがある者として，本件鉄道事業認可取消請求について原告適格を認められる上告人らについて，付属街路事業認可取消請求についても原告適格が認められるかということである。

本件鉄道事業と本件各付属街路事業は，それぞれ別個の都市計画を基礎とする都市計画事業であり，これらの事業認可もそれぞれ別個にされた別個の行政処分であることは，原判決の確定するところである。したがって，各事業認可の取消しを求める原告適格についても，個々の事業ごとに判断すべきである。この見地に立てば，本件各付属街路は，鉄道の高架による日照被害を軽減することを主たる目的として設置されるものであり，それ自体としては，上告人らに対し，騒音，振動等の被害を増大させるものでないことは明らかであるから，各付属街路事業自体により被害を受けるおそれがあることを原告適格を認める根拠とすることはできないし，上告人らもそのような主張はしていない。

2 反対意見は，本件各付属街路事業は，本件鉄道事業に係る環境の保全のための措置として実施されるものであり，本件鉄道事業に

付属する事業であることから，両事業の認可は，形式はともあれ，実体的には一体の行政処分であり，双方の認可処分を通じて，事業地の周辺に居住する住民に対し健康又は生活環境に係る著しい被害を与えないという事業認可の適法要件に適合することを図っているとされ，このことを前提として，本件鉄道事業認可により健康又は生活環境に著しい被害を受けるおそれのある上告人らは，本件各付属街路事業認可についてもその取消しを求める利益があるとされる。

確かに，本件各付属街路事業の目的は上記のようなものであるから，これが本件鉄道事業に付属する事業であることは疑いがない。しかし，付属事業であるからといって，形式的に別個の行政処分であるものをその取消しを求める原告適格の面において，一体のものとして扱う必要性はなく，また，そのような取扱いをすることについては，看過しがたい問題点があると考える。

まず，両者を一体として取り扱う必要性について，反対意見は，上告人らの環境利益を保護するためには，付属街路事業を含めた鉄道事業全体について検討をする必要があるとされる。鉄道事業が周辺の環境にどのような影響を及ぼすかを考えるに際しては，鉄道の高架による日照被害を軽減することを主たる目的として付属街路が設置されることをも考慮して行われるべきことは当然のことであって，付属街路事業認可が鉄道事業認可と一体の行政処分であるとしなければ，付属街路事業が実施されることを考慮できないということにはならない。

次に，両者を一体として取り扱うことは次のような不都合な結果をもたらすことになる。すなわち，原告適格の面において両者を一体として取り扱うとすれば，その当然の帰結として，違法性の判断においても両者を一体として取り扱わなければならないこととなる。そうすると，両事業のいずれかに瑕疵があるときは，全体について瑕疵を帯び，全体が違法となるという結果となるものといわざるを得ないが，この結果は到底容認することができない。これを本件に即していえば，鉄道事業は一つであるが，付属街路事業は，複数存在し，本件では，そのうち，3号線から6号線まで及び9，10号線の6個の付属街路事業（この事業の行われる一番西端は祖師ヶ谷大蔵駅付近であり，一番東端は梅ヶ丘駅付近である。）につき取消しが求められている。原告適格の面で鉄道事業及び各付属街路事業を一体として取り扱うとすることは，法的には，これらの事業すべてが一体のものとして取り扱われるということであり，その結果，その違法性の判断においても一体として取り扱われなければならないこととなる。したがって，仮に係争の6個の付属街路事業認可の一つにつき何らかの違法があるとした場合に，当該事業認可を取り消すべきことは当然であるが，そのことの故に，実体的に一つの行政処分であるとされる本件鉄道事業認可及び他の付属街路事業認可もすべて違法となり，そのすべてを取り消さざるを得なくなる。この結論は，いかにも不当である。このような結果を招いてまで，両者を一体のものとする必要性はないと考える。

これに対しては，原告適格の判断と違法性の判断（取消事由の有無）とは別個に考えてはどうかという見解，すなわち原告適格について一体的に判断するとしつつ，違法性の判断については一体でなくてもよいとする見解もあり得ないではない。これは，本件各認可が実体的には一体ではないことを認めつつ，原告適格の判断においてのみ一体として取り扱おうとするものである。しかし，原告適格は，行政処分の取消しを求めるにつき法律上

の利益を有する者に認められるのであるから、両者を切り離して考えることは相当でないというべきである。

3 また、反対意見は、本件鉄道事業認可と付属街路事業認可とが別個独立の行政処分であるとすれば、付属街路事業認可の違法事由として、鉄道事業認可の違法性を主張することはできないとされるが、そのようなことはない。付属街路事業は、鉄道事業が実施されることを前提として、それに伴う日照被害等の軽減を図ることを主たる目的として実施されるものであるから、前提たる鉄道事業が違法で実施できないものであるとすれば、それを前提とする付属街路事業もその前提を欠くこととなる結果、違法となることもあり得るのであるから、両事業の認可を一体の処分と解しなくても、付属街路事業認可の違法事由として鉄道事業認可の違法を主張することができる場合もあり得ると解すべきである（これに対して、鉄道事業と付属街路事業とは、いわば主従の関係にあるのであるから、主たる事業である鉄道事業認可の違法事由として、従たる事業である付属街路事業認可の違法事由を主張することはできないと解すべきである。）。

なお、反対意見は、上告人らに本件各付属街路事業認可取消の原告適格を認めないと、仮に上告人らが本件鉄道事業認可の取消請求訴訟に勝訴しても、取消判決の拘束力は本件各付属事業認可には及ばないから、連続立体交差化事業の計画内容全体の見直しを得ることができないとされる。しかし、付属街路事業が鉄道事業と上記のような関係にあることを考えると、付属街路事業認可の重要な前提である鉄道事業認可が取り消された場合には、付属街路事業を認可した行政庁において、その事実を踏まえて、付属街路事業について適切な判断がされることになるのであって、反対意見の懸念は当たらないと考える。

判示4（3）についての**裁判官横尾和子，同滝井繁男，同泉德治，同島田仁郎の反対意見**は、次のとおりである。

私たちは、別紙上告人目録1ないし3記載の上告人ら（以下「上告人ら」という。）は、本件各付属街路事業認可の全部について、その取消しを求める原告適格を有すると考える。その理由は、次のとおりである。

1 原判決の認定及び本件記録によると、次の事実が認められる。

（1）ア 建設省と運輸省との間で昭和44年9月1日に締結し平成4年3月31日に改正した「都市における道路と鉄道との連続立体交差化に関する協定」（以下「建運協定」という。）は、都市における道路と鉄道との連続立体交差化に関し、事業の施行方法、費用負担方法、その他必要な事項を定めることにより連続立体交差化を促進し、もって都市交通の安全化と円滑化を図り、都市の健全な発展に寄与することを目的として、〔1〕建設大臣又は都道府県知事は都市計画法の定めるところにより、連続立体交差化に関する都市計画を定めること、〔2〕都市計画決定された連続立体交差化に関する事業（以下「連続立体交差化事業」という。）は都市計画事業として都道府県又は政令指定都市が施行すること、〔3〕連続立体交差化事業費である高架施設費等は鉄道事業者と都市計画事業施行者とがこの協定の定めるところにより負担すること、〔4〕運輸省及び建設省は連続立体交差化事業が円滑に実施されるよう鉄道事業者及び都市計画事業施行者を指導すること、〔5〕この協定を円滑に運用するため、運輸省及び建設省の職員で構成する連続立体交差化協議会を設けることなどを定めている。

イ 改正前の建運協定に基づき設置された連

続立体交差化協議会の昭和51年4月28日付け決定「連続立体交差化事業の取扱いについて」は、鉄道の高架化に関連して、都市環境の保全に資する目的で、高架構造物に沿って住居の用に供している土地が連たんしている区間に設置される道路（都市計画法に基づく幹線街路を除く。以下「関連側道」という。）の幅員及び設置に要する費用の負担等について定めており、関連側道の幅員は原則として6メートルとすること、関連側道の設置に要する費用のうち、工事費は都市計画事業施行者が負担すること、用地費は幅員6メートルまでの区域は高架施設費の負担割合により都市計画事業施行者と鉄道事業者が負担し、幅員が6メートルを超える場合の当該超える区域に係る用地費は都市計画事業施行者が負担することなどを定めている。

ウ　建設省都市局特定都市交通施設整備室長の昭和58年1月6日付け事務連絡「連続立体交差化事業における側道の取扱いについて」は、連続立体交差化事業における側道の整備に要する費用の補助率を2分の1とするとしている。

エ　また、建設省は、国庫補助を受けて連続立体交差化事業を行おうとする都道府県等に対し、事業の緊急性を検討するとともに、都市計画決定に必要な概略の事業計画を作成するための事前調査を行うべきものとし、その調査内容等を示すために連続立体交差事業調査要綱を定めているが、その中で、「事業後の日照阻害時間の推計を行い、鉄道線形、関連側道の設計において配慮するものとする。」とし、側道を含む連続立体交差化計画を記入した鉄道・側道等計画図を作成すべきものとしている。

（2）東京都は、平成5年2月1日付けで告示した東京都市計画都市高速鉄道第9号線に係る都市計画変更決定に先立ち、上記の連続立体交差事業調査要綱に基づく調査を行い、また、本件条例に基づく環境に及ぼす影響についての調査、予測及び評価を行って環境影響評価書を作成した。この環境影響評価書には、「高架構造物による日影については、建築基準法及び「東京都日影による中高層建築物の高さの制限に関する条例」に準じ、高架構造物からの等時間日影線が規制値を満足しないところについて環境空間を設けることにより、影響は少ないものと考える。」及び「「東京都日影による中高層建築物の高さの制限に関する条例」に準じ、線路北側に6～約12mの環境空間を設け、日影の影響を可能な限り少なくするよう配慮する。なお、環境空間については、そのほとんどを道路（鉄道付属街路）として鉄道計画と同時期に区が都市計画決定し、事業者が関係機関と協議の上、本事業と並行して用地買収・工事等を行う予定である。」と記載されている。

（3）被上告参加人東京都知事は、平成5年1月11日に建設大臣の認可を受けて、上記の東京都市計画都市高速鉄道第9号線に係る都市計画変更決定を行った。

（4）世田谷区は、平成5年1月11日に被上告参加人東京都知事の承認を受けて、本件各付属街路事業に係る都市計画決定を行い、同年2月1日付けで告示した。

（5）東京都は、平成6年4月19日付けで、建設大臣に対し、本件鉄道事業に係る都市計画事業認可申請書を提出し、申請の理由として、「本路線は、都市高速鉄道第9号線小田急小田原線（世田谷代田～喜多見間）の在来線部分について、連続立体交差事業を行うものであり、「都市における道路と鉄道との連続立体交差に関する協定」に基づき、東京都が施行する。」と記載した。

（6）東京都は、平成6年4月19日付けで、建設大臣に対し、本件各付属街路事業に係る

都市計画事業認可申請書を提出し，申請の理由として，「本路線は，都市高速鉄道第9号線小田急小田原線（世田谷代田～喜多見間）の連続立体交差事業に伴う関連側道であり，本線の事業と併せて東京都が施行する。」と記載し，資金計画書の収入として，国庫支出金，一般財源及び鉄道負担を掲げた。

（7）建設大臣は，上記（5）及び（6）の各申請に対し，平成6年5月19日付けでいずれもこれを認可する旨の本件鉄道事業認可及び本件各付属街路事業認可の各処分をした。

2　上記1に掲げた事実からすれば，本件各付属街路事業は，本件鉄道事業による小田急小田原線の高架化に伴い沿線の住居に日照阻害が生じることに対応し，建築基準法及び「東京都日影による中高層建築物の高さの制限に関する条例」に準じ，等時間日影線が規制値を満足しないところについて環境空間（環境側道）を設けることを主たる目的とするものであって，本件鉄道事業を環境保全の面で支える性質を有し，建運協定の連続立体交差化事業の一部を構成するものであることが明らかである。そして，本件各付属街路事業は，東京都が事実上本件鉄道事業に併せて行うというものではなく，東京都が，本件鉄道事業の事業者の立場で，本件条例により作成を義務付けられた環境影響評価書に，環境の保全のための措置として，環境空間としての鉄道付属街路を設けると記載したことに由来する事業である。都市計画法59条1項の規定からすれば，本件各付属街路事業は，本来，世田谷区が施行すべきものであるが，東京都が上記の環境影響評価書において本件鉄道事業の事業者の立場で自ら施行すると記載したものであり，また，建運協定で都道府県又は政令指定都市が行うとされている連続立体交差化事業の一部を構成するものであるところから，同条2項の「特別な事情がある場合」として，東京都が都市計画事業認可を申請したものであり，建設大臣も，本件鉄道事業と本件各付属街路事業とが共に建運協定の連続立体交差化事業を構成するものとして，東京都に対し都市計画事業認可を与えたものである。建運協定自体は，行政機関内部における取決めにすぎないにしても，連続立体交差化事業に関する行政指針をなすものであり，東京都の前記都市計画事業認可申請書が示すとおり，本件鉄道事業認可と本件各付属街路事業認可という都市計画法に基づき建設大臣が行った行政処分の内容として組み込まれ，両者の行政処分を一体のものとして結合させているのである。そうすると，本件鉄道事業認可と本件各付属街路事業認可とは，形式はともあれ，実体的には一体の行政処分であるというべきである。

3　そして，法廷意見の説示のとおり，公害対策基本法及び本件条例の規定の趣旨及び目的をも参酌の上，都市計画法の趣旨及び目的を考慮すれば，同法は，都市計画事業の認可に関する規定を通じ，都市計画事業の事業地の周辺に居住する住民に対し，都市計画事業により健康又は生活環境に係る著しい被害を受けないという利益を個々人の個別的な利益としても保護していると解すべきである。すなわち，都市計画法は，都市計画事業の認可権の行使に対し，事業地の周辺に居住する住民に対し健康又は生活環境に係る著しい被害を与えてはならないという制約を課しているのであり，かかる被害を与えないことを都市計画事業認可の適法要件の1つとしているのである。上記1及び2で述べたことからすれば，本件において，建設大臣は，本件鉄道事業認可のみで上記の適法要件に適合することを図るものではなく，本件鉄道事業認可に，本件鉄道事業を環境保全の面で支える本件各付属街路事業の認可を結合させ，双方の認可

処分を通じて上記の適法要件に適合することを図っていることが明らかである。そうすると，本件鉄道事業認可により健康又は生活環境に係る著しい被害を受けるおそれのある上告人らは，本件各付属街路事業認可についてもその取消しを求め，行政庁に対し本件鉄道事業及び本件各付属街路事業によって構成される連続立体交差化事業の計画内容全体の見直しを迫り，健康又は生活環境に係る著しい被害を受けないという都市計画法で保護された利益の回復を求める利益を有するというべきである。

4　確かに，騒音，振動，日照阻害等を発生させるのは本件鉄道事業であり，本件鉄道事業認可が取り消されれば，上告人らが健康又は生活環境に係る著しい被害を受けるという事態は発生しないであろう。しかし，前記のとおり，建設大臣は，本件鉄道事業認可と本件各付属街路事業認可の両者を通じて，周辺住民の健康又は生活環境に係る著しい被害を発生させてはならないという都市計画法の適法要件を充たそうとしているのであり，本件鉄道事業は，その施行者である東京都が本件各付属街路事業を同時に施行することを当然の前提としているのである。本件各付属街路事業も，用地費をはじめとして相当額の事業費を必要とするものであり，都市計画事業認可申請書添付の資金計画書によると，本件各付属街路事業に係る支出は，本件鉄道事業及び本件各付属街路事業の合計支出の約２０％を占めており，しかも，本件各付属街路事業に係る収入には，前記1（1）ウ記載の連続立体交差化事業における側道に対する国庫支出金（補助金）が計上されている。したがって，本件鉄道事業認可に係る裁量権行使の適否の判断も，本件各付属街路事業の環境保全措置としての相当性やこれに要する事業費を抜きにしてはなし得ず，この面でも両者は密接に結び付いているところ，上告人らは，資金計画をも含めた本件鉄道事業及び本件各付属街路事業の事業計画全体を見直して，上告人らに被害を生じさせないよう求めているのである。上告人らに対し，本件鉄道事業認可の取消しを求める原告適格のみを認め，本件各付属街路事業認可については原告適格を認めないとすると，仮に上告人らが前者の取消請求訴訟に勝訴しても，取消判決の行政庁に対する拘束力は本件各付属街路事業認可には及ばないから，連続立体交差化事業の計画内容全体の見直しを得ることができないのである。上告人らが，上記事業計画全体を見直して，上告人らに被害を生じさせないよう求めている以上，本件各付属街路事業認可についても，その取消しを求める利益を認めるべきである。本件鉄道事業認可と本件各付属街路事業認可とは，形式的に見れば別個独立の行政処分ではあるが，その実体的な一体性から，上告人らが両認可の取消しを求めている本件においては，これを許さないとする理由はないといわなければならない。

5　なお，原判決は，本件鉄道事業認可と別紙事業認可目録６及び７記載の付属街路の事業認可とが別個独立の処分であるとしているが，そうであるとすれば，上記付属街路の事業認可の違法事由として本件鉄道事業認可の違法性を主張することができず，上記付属街路の事業認可自体に固有の違法事由が存する旨の主張のない本件においては，上記付属街路に係る事業認可の取消請求は棄却を免れないことになるはずである。しかし，原判決は，上記付属街路に係る都市計画は本件鉄道事業に係る都市計画において，小田急小田原線の高架化が図られることを前提に，環境に配慮し「東京都日影による中高層建築物の高さの制限に関する条例」に準じて環境側道を設置することを主たる目的として定められたもの

であり，本件鉄道事業に係る都市計画決定が違法で，同都市計画決定に基づき都市計画事業を実施することができないものであれば，側道設置の必要性もなくなり，上記付属街路に係る都市計画決定もその必要性を欠くものとして違法となり，その結果，同決定を基礎とする上記付属街路の事業認可も違法になるという。これは，本件各付属街路事業認可が本件鉄道事業認可に依存する処分であって，両者が実体的適法要件を共通にすることを認めたものにほかならない。そうだとすれば，前記のとおり，本件鉄道事業の事業地の周辺住民に対し，本件各付属街路事業認可の取消しを求める原告適格も認める方が，論理が一貫すると考える。

（裁判長裁判官　町田顯　裁判官　濱田邦夫　裁判官　横尾和子　裁判官　上田豊三　裁判官　滝井繁男　裁判官　藤田宙靖　裁判官　甲斐中辰夫　裁判官　泉徳治　裁判官　島田仁郎　裁判官　津野修　裁判官　今井功　裁判官　中川了滋　裁判官　堀籠幸男　裁判官　古田佑紀）

（別紙）事業認可目録　＜略＞

> 【課題】　社会資本整備における合意形成や紛争プロセスについて，「社会資本整備における合意形成手法の高度化に関する研究」（国土技術政策総合研究所　総合技術政策センター，）などが行われ（http://www.mlit.go.jp/chosahokoku/h17giken/program/kadai/pdf/account/acc11.pdf），PI(Public Involvement)，CB(Consensus Building)といった合意形成のアプローチやMediationといった紛争解決プロセスが検討されている。これを読んで，本件のような社会資本の整備に関連する紛争の解決やその前段階での住民等との合意形成の在り方について，考えてみよう。

（2）　土壌汚染をめぐる事件

> 【課題】　三菱地所土壌汚染隠ぺい事件に関する以下の報道を読んで，事態の進展に応じて，会社がどのような対応をしてきたか検討してみよう。また，各所のQについて考えてみよう。

■　土壌汚染隠ぺい，三菱地所担当者は認識…3社を捜索（2004年11月22日）

　大阪市北区の大型複合施設「大阪アメニティパーク」（OAP）を巡る土壌汚染隠ぺい事件で，大阪府警は22日，OAP内の分譲マンションを販売した「三菱地所住宅販売」の本社（東京都千代田区）を宅地建物取引業法違反（重要事項の不告知）容疑で，開発主体の不動産最大手「三菱地所」，非鉄金属最大手「三菱マテリアル」の両本社（同）を関連先として一斉捜索に着手した。

　調べでは，マテリアル社は，マンション販売開始約1か月前の1997年1月から計19回，地下水検査で国の環境基準値を超えるヒ素やセレンを検出したが，同住宅販売大阪支店はこうした事実を購入者に知らせず販売していた。

　三菱地所担当者が，汚染を示す地下水検査結果を認識していたことが新たに判明，府警は汚染の事実を告げずに販売することを決定した経緯について，3本社の関与の有無を解明する。…

> Q1　土壌汚染対策法はいつから施行された法律か。また，同法の概要を簡単に説明せよ（同法施行に伴って，宅建業法に関しても改正が行われた点について，http://www.homenavi.or.jp/frk/kaiho60/topics1.htm）。
>
> Q2　本件で宅建業法違反の嫌疑とされるが，具体的にはどのようなことか。宅建業法35条の重要事項と同法47条の1号の「重要な事項」とはどのような関係になるか。

■　大阪の複合施設土壌汚染隠し，三菱地所社長ら聴取（2005年3月28日）

　大阪市北区の大型複合施設「大阪アメニティパーク」（OAP）の土壌汚染隠ぺい事件で，大阪府警が，開発主体だった「三菱地所」の高木茂社長（65）と，「三菱マテリアル」のN会長（70），I社長（63）から宅建業法違反（重要事項の不告知）容疑で事情聴取していたことが27日，わかった。

　3人は汚染の事実を認識していたことを認めたが，「公表する必要性に思いが至らなかった」などと意図的な隠ぺいを否定した。

　府警は，OAP内のマンション購入者に汚染を知らせなかった「不作為」の責任を重視し，法人としての両社と経営陣数人の立件を目指して詰めの捜査を急いでいる。

　調べによると，三菱マテリアルは1999年6月のマンション販売開始直後から約5年間に，地下水検査で国の排出基準を超える重金属を18回検出した。

　3人の供述によると，N会長（当時社長）は2000年8月，T社長は三菱マテリアルから三菱地所に報告があった01年6月下旬，汚染について報告を受けた。2人は02年6，7月の2回，汚染の拡大防止策などを話し合ったが，マンション購入者への対応には触れなかったという。

　両社などは，業界紙が汚染の事実を掲載した約2週間後の同年9月に公表し，マンション販売を中止した。

　府警の事情聴取に，T社長は「故意に隠そうとしたわけでない」，N会長は「（公表するかどうかなど）細部まで指示していなかった」と説明した。公表後の昨年6月に就任したI社長（当時副社長）は「マンション購入者への告知の判断は三菱地所に任せていた」と話したという。

> Q3　本件で土壌汚染が判明した時点で，会社としてはどのような対応をすべきであったか。

■　大阪の土壌汚染隠ぺい，三菱地所社長ら書類送検（2005年3月29日）

　大阪市北区の大型複合施設「大阪アメニティパーク」（OAP）の土壌汚染隠ぺい事件で，大阪府警生活経済課は29日，共同開発主体の「三菱地所」（本社・東京）のT社長（65），「三菱マテリアル」（同）のN会長（70）ら両社の現旧幹部計10人と，法人としての両社を宅建業法違反（重要事項の不告知）容疑で書類送検した。

　調べによると，T社長とN会長（当時社長）らは，OAP敷地内で1989年1月～97年1月にかけて国の環境基準を超えるヒ素などが検出されたことを知りながら，2001年12月～02年8月の間，大阪市の会社役員（56）ら8人に事実を知らせず，分譲マンションを販売した疑い。

　ほぼ同時期に販売した千葉県のマンション購入者には土壌汚染を説明していたほか，当時，同法で重要事項として明文化されていな

第2編　企業が直面するさまざまな問題と企業法務

かった土壌汚染について，業界団体がすでに重要事項とすべきとする指針を出していたことから，府警はT社長，N会長ら両社経営陣が告知の必要性を認識していたと判断。両トップの不作為が隠ぺいを招いたと判断した。調べに対し，10人は「購入者に告知すべき重要事項にあたるとの認識がなかった」などと容疑を否認しているという。

昨年12月に法人として書類送検した三菱地所住宅販売については，「汚染の事実を知らされていなかった」として立件を見送った。

> Q4 「重要事項にあたるとの認識がなかった」ことは故意を否定する理由になるだろうか。

■ OAP土壌汚染問題　三菱側と住民，75億円補償で合意（2005年05月09日）

大阪市北区の複合施設「大阪アメニティパーク」（OAP）の土壌汚染問題で，敷地内のマンション住民への補償について，住民の代表と，事業主体の三菱地所と三菱マテリアルなど4社は8日，マンション購入額の25％（計約75億円）を住民に支払う補償案で合意した。今後，個々の住民と4社の間で個別に補償交渉が進められる。

補償問題を巡っては，三菱側が2月末，補償金15億円，環境対策費45億円とする補償案を住民側に提示。住民側は土壌対策の実施には基本合意したが，補償金については交渉が続いていた。

全住民へのアンケートでは，住民の59％が補償金支払いによる解決を希望し，購入額に対する補償要求割合は平均28％だった。これをもとに双方が協議してきた。三菱側によると，マンションの販売総額は約300億円で，25％は約75億円にあたるという。

マンション買い取りを希望する住民には三菱側が買い取りに応じ，更に買い取り価格の10％を「迷惑料」として上積みすることで合意した。

また三菱地所など4社は今月1日，4社長名による「おわび」文書を住民側に提示。文書では「販売に先立って開発当時の土壌対策の経緯等をご説明申し上げなかった点につきまして衷心よりおわび申し上げます」としている。

この日会見したマンション管理組合のH事長は「ようやく一致をみた。社長名でおわびを出すなど，三菱側が真摯（しんし）な姿勢になってくれた」と話した。

この問題を巡っては，販売時に汚染を知りながら住民に伝えなかったとして，大阪府警が三菱地所，三菱マテリアルの当時の経営陣計10人を3月末，宅建業法違反（重要事項の不告知）容疑で書類送検している。三菱地所のO執行役員は「捜査によって特に補償交渉を急いだということはない」と述べた。

> Q5 執行役員が「捜査によって特に補償交渉を急いだということはない」と述べたというのは，どういう意味であろうか。
> Q6 土壌汚染の問題があることを考慮すると，土地取引をする場合，契約条項としてどのようなものを検討すべきだろうか。取引後，土壌汚染があることが判明した場合，買主はどうすべきだろうか。

■ 三菱地所社長，三菱マテリアル会長が辞任　土壌汚染事件（2005年05月27日）

大阪市の複合施設「大阪アメニティパーク」（OAP）内のマンション土壌汚染問題で，事業主体となった三菱地所と三菱マテリアルの両社は27日，経営陣の引責辞任を発表した。三菱地所は大阪府警に書類送検されたT社長とW，Mの両代表取締役専務執行役員が辞任。三菱マテリアルも書類送検されたN会長が取締役相談役に退く。

両社はこの日，従来の見解を改め，一連の販売行為が宅建業法違反に当たることを認めた。会見した三菱地所のF会長は「多大な迷惑をかけて申し訳ない。消費者の立場に立って検討した結果，宅建業法違反に当たると考えた」と陳謝した。ただ，T社長は「捜査が継続中」として欠席。新社長に就任するK氏も欠席した。三菱地所は全取締役の減俸10％（6カ月）を決めた。

三菱マテリアルも，I社長は減俸50％（3カ月），N会長を含む他の取締役は減俸20％（同）を決定。

OAPの土壌汚染事件では3月，マンション販売時に汚染を認識しながら客に説明しなかったとして，T社長とN会長ら当時の両社幹部計10人と法人としての両社が宅建業法違反（重要事項の不告知）容疑で書類送検された。起訴されて有罪が確定すれば，三菱地所は宅建業免許が取り消され，罰金支払いから5年間は免許が再取得できず，マンション事業が事実上，中止に追い込まれる。

両社を含むOAPの開発業者は5月，社長名による文書で住民に謝罪し，マンション購入額の25％を補償することで住民と合意している。

> Q7　この段階で「従来の見解を改め，一連の販売行為が宅建業法違反に当たることを認めた。」のはどうしてだろうか。

■　OAPの土壌汚染隠ぺい，三菱地所社長らを不起訴処分（2005年06月10日）

大阪市北区の大型複合施設「大阪アメニティパーク」（OAP）の土壌汚染隠ぺい事件で，大阪地検は10日，宅建業法違反（重要事項の不告知）容疑で書類送検されていた不動産最大手「三菱地所」（東京）のT社長（66），非鉄金属最大手「三菱マテリアル」（同）のN会長（70）ら両社の現・旧幹部10人と法人としての両社を不起訴処分（一部起訴猶予，一部時効）とした。

T社長や当時社長だったN会長らは，製錬所跡地のOAP内で1989年から8年間に，国の環境基準を超えるヒ素などが検出されたことを知りながら，2001年12月～02年8月の8回，三菱地所子会社「三菱地所住宅販売」（東京）を通じ，10人に汚染の事実を告知せずマンションを販売したとして，今年3月，大阪府警が書類送検していた。

地検は，01年12月～02年3月までの販売分（3回）は同法違反罪の公訴時効（3年）が成立しているとし，それ以外の5回分は〈1〉マンション管理組合との間で，購入価格の25％を補償し，希望者には買い取りに応じる内容で合意した〈2〉T社長，N会長が引責辞任を決めるなど社会的制裁を受けた——などとして，起訴猶予とした。

地検は，土壌汚染を告げずに販売すれば，同法違反になると判断した。しかし，マンシ

ョン販売開始当時はまだ土壌汚染に関する法令が整備されておらず，汚染規制や社会一般の認識が大きく変化する過渡期に発生した事案で，T社長らに明確な違法性の認識はなかったことを起訴猶予の理由に挙げた。

> Q8　本件は上記のように不起訴処分となったが，これで刑事処分は受けないことが確定したといえるか。

第13章　司法，立法，行政と企業法務

　法の継続的な刷新に取り組むことは法律家の一つの重要な責務であるが，企業にとっても自社の企業活動を合理的に進める上で，諸種の課題についてなされる立法は重大な意味を有することから，企業法務としても法の刷新に積極的に取り組む必要がある。そこで本章ではまず，近年の司法制度改革の出発点を振り返り，次いで企業法務として立法に対する働きかけを行うという観点から，パブリックコメントなどの具体的事例を取り上げて，法の刷新に向けた企業法務の在り方を検討する。また，旧来，企業活動は種々の許認可権を背景とした事前の行政指導のもとで行われてきた。しかし規制緩和に伴い，規制の在り方が事前から事後へと変わり，企業のメンタリティも官庁の指導に依存するのではなく，自社独自に事業を追求し，その前に立ちはだかる行政的な障害には正面から法的にブレークスルーを図ってゆくという姿勢に移りつつある。そこで本章の後半では，司法制度改革における行政事件訴訟法改正の意義について検討し，次いでノーアクションレター制度を使った具体的事例や，企業が行政と闘った行政訴訟の具体的な事案を取り上げて，これからの企業を支える法務活動の在り方を検討する。

1　法の改革

> 【課題】　以下に引用する司法制度改革審議会意見書（抜粋）を読んで，概要をまとめなさい。司法制度改革審議会意見書に示されている出発点を踏まえると，企業法務を担当する法律家として，どのような問題関心を持つべきか。具体的な事項を挙げて考えなさい。

■　司法制度改革審議会意見書（抜粋）

Ⅰ　今般の司法制度改革の基本理念と方向
　民法典等の編さんから約百年，日本国憲法の制定から五十余年が経った。当審議会は，司法制度改革審議会設置法により託された調査審議に当たり，近代の幕開け以来の苦闘に充ちた我が国の歴史を省察しつつ，司法制度改革の根本的な課題を，「法の精神，法の支配がこの国の血肉と化し，『この国のかたち』と

407

なるために，一体何をなさなければならないのか」，「日本国憲法のよって立つ個人の尊重（憲法第13条）と国民主権（同前文，第1条）が真の意味において実現されるために何が必要とされているのか」を明らかにすることにあると設定した。

法の精神，法の支配がこの国の血となり肉となる，すなわち，「この国」がよって立つべき，自由と公正を核とする法（秩序）が，あまねく国家，社会に浸透し，国民の日常生活において息づくようになるために，司法制度を構成する諸々の仕組みとその担い手たる法曹の在り方をどのように改革しなければならないのか，どのようにすれば司法制度の意義に対する国民の理解を深め，司法制度をより確かな国民的基盤に立たしめることになるのか。これが，当審議会が自らに問うた根本的な課題である。

我が国は，直面する困難な状況の中にあって，政治改革，行政改革，地方分権推進，規制緩和等の経済構造改革等の諸々の改革に取り組んできた。これら諸々の改革の根底に共通して流れているのは，国民の一人ひとりが，統治客体意識から脱却し，自律的でかつ社会的責任を負った統治主体として，互いに協力しながら自由で公正な社会の構築に参画し，この国に豊かな創造性とエネルギーを取り戻そうとする志であろう。今般の司法制度改革は，これら諸々の改革を憲法のよって立つ基本理念の一つである「法の支配」の下に有機的に結び合わせようとするものであり，まさに「この国のかたち」の再構築に関わる一連の諸改革の「最後のかなめ」として位置付けられるべきものである。この司法制度改革を含む一連の諸改革が成功するか否かは，我々国民が現在置かれている状況をどのように主体的に受け止め，勇気と希望を持ってその課題に取り組むことができるかにかかっており，その成功なくして21世紀社会の展望を開くことが困難であることを今一度確認する必要がある。

第1　21世紀の我が国社会の姿

国民は，重要な国家機能を有効に遂行するにふさわしい簡素・効率的・透明な政府を実現する中で，自律的かつ社会的責任を負った主体として互いに協力しながら自由かつ公正な社会を築き，それを基盤として国際社会の発展に貢献する。

我が国が取り組んできた政治改革，行政改革，地方分権推進，規制緩和等の経済構造改革等の諸改革は，何を企図したものであろうか。それらは，過度の事前規制・調整型社会から事後監視・救済型社会への転換を図り，地方分権を推進する中で，肥大化した行政システムを改め，政治部門（国会，内閣）の統治能力の質（戦略性，総合性，機動性）の向上を目指そうとするものであろう。行政情報の公開と国民への説明責任（アカウンタビリティ）の徹底，政策評価機能の向上などを図り，透明な行政を実現しようとする試みも，既に現実化しつつある。

このような諸改革は，国民の統治客体意識から統治主体意識への転換を基底的前提とするとともに，そうした転換を促そうとするものである。統治者（お上）としての政府観から脱して，国民自らが統治に重い責任を負い，そうした国民に応える政府への転換である。こうした社会構造の転換と同時に，複雑高度化，多様化，国際化等がより一層進展するなど，内外にわたる社会情勢も刻一刻と変容を遂げつつある。このような社会にあっては，国民の自由かつ創造的な活動が期待され，個人や企業等は，より主体的・積極的にその社会経済的生活関係を形成することになるであろう。

21世紀にあっては，社会のあらゆる分野

において，国境の内と外との結び付きが強まっていくことになろう。驚異的な情報通信技術の革新等に伴って加速度的にグローバル化が進展し，主権国家の「垣根」が低くなる中で，我が国が的確かつ機敏な統治能力を発揮しつつ，「国際社会において，名誉ある地位」（憲法前文）を占めるのに必要な行動の在り方が不断に問われることになる。我が国を見つめる国際社会の眼が一層厳しくなっていくであろう中で，我が国がこの課題に応えていくことができるかどうかは，我々がどのような統治能力を備えた政府を持てるかだけでなく，我々の住む社会がどれだけ独創性と活力に充ち，国際社会に向かってどのような価値体系を発信できるかにかかっている。国際社会は，決して所与の秩序ではない。既に触れた一連の諸改革は，ひとり国内的課題に関わるだけでなく，多様な価値観を持つ人々が有意的に共生することのできる自由かつ公正な国際社会の形成に向けて我々がいかに積極的に寄与するかという希求にも関わっている。

このようにして21世紀において我々が築き上げようとするもの，それは，個人の尊重を基礎に独創性と活力に充ち，国際社会の発展に寄与する，開かれた社会である。

第2　21世紀の我が国社会において司法に期待される役割

1. 司法の役割

法の支配の理念に基づき，すべての当事者を対等の地位に置き，公平な第三者が適正かつ透明な手続により公正な法的ルール・原理に基づいて判断を示す司法部門が，政治部門と並んで，「公共性の空間」を支える柱とならなければならない。

司法は，具体的事件・争訟を契機に，法の正しい解釈・適用を通じて当該事件・争訟を適正に解決して，違法行為の是正や被害を受けた者の権利救済を行い，あるいは公正な手続の下で適正かつ迅速に刑罰権を実現して，ルール違反に対して的確に対処する役割を担い，これを通じて法の維持・形成を図ることが期待されている。したがって，司法機能は公共的価値の実現という側面を有しており，裁判所（司法部門）は，多数決原理を背景に政策をまとめ，最終的に法律という形で将来に向って規範を定立し執行することを通じて秩序形成を図ろうとする国会，内閣（政治部門）と並んで，「公共性の空間」を支える柱として位置付けられる。

法の下ではいかなる者も平等・対等であるという法の支配の理念は，すべての国民を平等・対等の地位に置き，公平な第三者が適正な手続を経て公正かつ透明な法的ルール・原理に基づいて判断を示すという司法の在り方において最も顕著に現れていると言える。それは，ただ一人の声であっても，真摯に語られる正義の言葉には，真剣に耳が傾けられなければならず，そのことは，我々国民一人ひとりにとって，かけがえのない人生を懸命に生きる一個の人間としての尊厳と誇りに関わる問題であるという，憲法の最も基礎的原理である個人の尊重原理に直接つらなるものである。

身体にたとえて，政治部門が心臓と動脈に当たるとすれば，司法部門は静脈に当たると言えよう。既に触れた政治改革，行政改革等の一連の改革は，いわば心臓と動脈の余分な附着物を取り除き，血液が勢いよく流れるよう，その機能の回復・強化を図ろうとするものである。この比喩によるならば，司法改革は，従前の静脈が過小でなかったかに根本的反省を加え，21世紀のあるべき「この国のかたち」として，その規模及び機能を拡大・強化し，身体の調和と強健化を図ろうとするものであると言えよう。

憲法は，国会，内閣と並んで，裁判所を三権分立ないし抑制・均衡システムの一翼を担うにふさわしいものとすべく，民事事件，刑事事件についての裁判権のほか行政事件の裁判権をも司法権に含ませ，更に違憲立法審査権を裁判所に付与した（第81条）。裁判所は，これらの権限の行使を通じて，国民の権利・自由の保障を最終的に担保し，憲法を頂点とする法秩序を維持することを期待されたのである。裁判所がこの期待に応えてきたかについては，必ずしも十分なものではなかったという評価も少なくない。前記のように，静脈の規模及び機能の拡大・強化を図る必要があるという場合，その中に，立法・行政に対する司法のチェック機能の充実・強化の必要ということが含まれていることを強調しておかなければならない。

行政に対する司法のチェック機能については，これを充実・強化し，国民の権利・自由をより実効的に保障する観点から，行政訴訟制度を見直す必要がある。このことは個別の行政過程への不当な政治的圧力を阻止し，厳正な法律執行を確保しつつ，内閣が戦略性，総合性，機動性をもって内外の諸課題に積極果敢に取り組むという行政府本来の機能を十分に発揮させるためにも重要である。

違憲立法審査制度については，この制度が必ずしも十分に機能しないところがあったとすれば，種々の背景事情が考えられるが，違憲立法審査権行使の終審裁判所である最高裁判所が極めて多くの上告事件を抱え，例えばアメリカ連邦最高裁判所と違って，憲法問題に取り組む態勢をとりにくいという事情を指摘しえよう。上告事件数をどの程度絞り込めるか，大法廷と小法廷の関係を見直し，大法廷が主導権をとって憲法問題等重大事件に専念できる態勢がとれないか，等々が検討に値しよう。また，最高裁判所裁判官の選任等の在り方についても，工夫の余地があろう。

いずれにせよ，21世紀の我が国社会にあっては，司法の役割の重要性が飛躍的に増大する。国民が，容易に自らの権利・利益を確保，実現できるよう，そして，事前規制の廃止・緩和等に伴って，弱い立場の人が不当な不利益を受けることのないよう，国民の間で起きる様々な紛争が公正かつ透明な法的ルールの下で適正かつ迅速に解決される仕組みが整備されなければならない。21世紀社会の司法は，紛争の解決を通じて，予測可能で透明性が高く公正なルールを設定し，ルール違反を的確にチェックするとともに，権利・自由を侵害された者に対し適切かつ迅速な救済をもたらすものでなければならない。このことは，我が国の社会の足腰を鍛え，グローバル化への対応力の強化にも通じよう。

2. 法曹の役割

国民が自律的存在として，多様な社会生活関係を積極的に形成・維持し発展させていくためには，司法の運営に直接携わるプロフェッションとしての法曹がいわば「国民の社会生活上の医師」として，各人の置かれた具体的な生活状況ないしニーズに即した法的サービスを提供することが必要である。

制度を活かすもの，それは疑いもなく人である。上記のような21世紀の我が国社会における司法の役割の増大に応じ，その担い手たる法曹（弁護士，検察官，裁判官）の果たすべき役割も，より多様で広くかつ重いものにならざるをえない。司法部門が政治部門とともに「公共性の空間」を支え，法の支配の貫徹する潤いのある自己責任社会を築いていくには，司法の運営に直接携わるプロフェッションとしての法曹の役割が格段と大きくなることは必定である。

国民が，自律的存在として主体的に社会生活関係を形成していくためには，各人の置か

れた具体的生活状況ないしニーズに即した法的サービスを提供することができる法曹の協力を得ることが不可欠である。国民がその健康を保持する上で医師の存在が不可欠であるように，法曹はいわば「国民の社会生活上の医師」の役割を果たすべき存在である。

　法曹が，個人や企業等の諸活動に関連する個々の問題について，法的助言を含む適切な法的サービスを提供することによりそれらの活動が法的ルールに従って行われるよう助力し，紛争の発生を未然に防止するとともに，更に紛争が発生した場合には，これについて法的ルールの下で適正・迅速かつ実効的な解決・救済を図ってその役割を果たすことへの期待は飛躍的に増大するであろう。

　また，21世紀における国際社会において，我が国が通商国家，科学技術立国として生きようとするならば，内外のルール形成，運用の様々な場面での法曹の役割の重要性が一段と強く認識される。とりわけますます重要性の高まる知的財産権の保護をはじめ，高度な専門性を要する領域への的確な対応が求められるとともに，国際社会に対する貢献として，アジア等の発展途上国に対する法整備支援を引き続き推進していくことも求められよう。

　21世紀における，以上のような役割を果たすためには，法曹が，法の支配の理念を共有しながら，今まで以上に厚い層をなして社会に存在し，相互の信頼と一体感を基礎としつつ，それぞれの固有の役割に対する自覚をもって，国家社会の様々な分野で幅広く活躍することが，強く求められる。

3. 国民の役割

　統治主体・権利主体である国民は，司法の運営に主体的・有意的に参加し，プロフェッションたる法曹との豊かなコミュニケーションの場を形成・維持するように努め，国民のための司法を国民自らが実現し支えなければならない。

　司法がその求められている役割をいかんなく遂行するためには，国民の広い支持と理解が必要である。政治改革・行政改革等を通じて政治部門の統治能力の質が向上するに伴い，政治部門の国民に対する説明責任も重くなる。同様に，司法部門も，司法権の独立に意を用いつつも，国民に対する説明責任の要請に応え，国民的基盤を確立しなければならない。司法は，その行動が，国民にとって，見えやすく，分かりやすく，頼りがいのあるものであって，初めてその役割を十全に果たすことができるのである。

　司法が国民的基盤を確保するためには，法曹が，国民から信頼を得ていなければならない。信頼の源は，法曹が，開かれた姿勢をもって，国民の期待に応える司法の在り方を自覚的に作り上げていくことにある。法曹は，国民に対する説明責任の重みと，国民にとってより良い司法を確立する高度の責任を自覚しつつ，進んでこれらを果たしていかなければならない。

　そのために，法曹は，不断に自らの質を高めながら，プロフェッションとして国民との豊かなコミュニケーションを確保する中で，良き社会の形成に向けての国民の主体的・自律的な営みに貢献しなければならない。他方，国民は，司法の運営に主体的・有意的に参加し，プロフェッションたる法曹との豊かなコミュニケーションの場を形成・維持するように努め，司法を支えていくことが求められる。21世紀のこの国の発展を支える基盤は，究極において，統治主体・権利主体である我々国民一人ひとりの創造的な活力と自由な個性の展開，そして他者への共感に深く根ざした責任感をおいて他にないのであり，そのことは司法との関係でも妥当することを銘記すべきであろう。

第3　21世紀の司法制度の姿

1. 司法制度改革の三つの柱

当審議会が本意見で提起する諸改革は，内外の社会経済情勢が大きく変容している中で，我が国において司法の役割の重要性が増大していることを踏まえ，司法制度の機能を充実強化することが緊要な課題であることにかんがみ，次の三点を基本的な方針として，各般の施策を講じることにより，我が国の司法がその役割を十全に果たすことができるようにし，もって自由かつ公正な社会の形成に資することを目標として行われるべきものである。

第一に，「国民の期待に応える司法制度」とするため，司法制度をより利用しやすく，分かりやすく，頼りがいのあるものとする。

第二に，「司法制度を支える法曹の在り方」を改革し，質量ともに豊かなプロフェッションとしての法曹を確保する。

第三に，「国民的基盤の確立」のために，国民が訴訟手続に参加する制度の導入等により司法に対する国民の信頼を高める。

2. 21世紀の司法制度の姿

(1) 国民の期待に応える司法制度の構築（制度的基盤の整備）　国民にとって，より利用しやすく，分かりやすく，頼りがいのある司法とするため，国民の司法へのアクセスを拡充するとともに，より公正で，適正かつ迅速な審理を行い，実効的な事件の解決を可能とする制度を構築する。

民事司法については，国民が利用者として容易に司法へアクセスすることができ，多様なニーズに応じた適正・迅速かつ実効的な救済が得られるような制度の改革が必要である。

まず，訴訟事件について，利用者が適正・迅速かつ実効的な救済が得られるよう，審理の内容を充実させて，現在の審理期間をおおむね半減することを目標とする。そのために，審理計画を定めるための協議を義務付けて計画審理を推進し，証拠収集手続を拡充するとともに，専門的知見を要する事件について，鑑定制度の改善を図るほか，専門家が訴訟手続へ参加する新たな制度を導入する。特に，知的財産権関係訴訟については，東京・大阪両地方裁判所の専門部の処理体制を一層強化し，実質的に特許裁判所として機能させる。個別労使関係事件を中心に増加が顕著となっている労働関係事件についても，労働調停を導入するなど対応強化のための方策を講じる。家庭裁判所・簡易裁判所については，管轄の見直しを含め，その機能の充実を図る。また，権利実現の実効性を確保するため，民事執行制度改善のための新たな方策を導入する。そして，司法へのアクセスを拡充するため，利用者の費用負担の軽減，民事法律扶助の拡充，司法に関する総合的な情報提供を行うアクセス・ポイントの充実等を図る。さらに，国民が，訴訟手続以外にも，それぞれのニーズに応じて多様な紛争解決手段を選択できるよう，裁判外紛争解決手段（ADR：Alternative Dispute Resolution の略）の拡充・活性化を図る。

さらに，三権分立ないし抑制・均衡システムの中で，従前にもまして司法の果たすべき役割が一層重要となることを踏まえ，司法の行政に対するチェック機能の強化を図る必要がある。

刑事司法については，新たな時代・社会の状況の中で，国民の信頼を得ながら，その使命（適正手続の保障の下，事案の真相を明らかにし，適正かつ迅速な刑罰権の実現を図ること）を一層適切に果たしうるような制度の改革が必要である。

まず，裁判内容に国民の健全な社会常識を一層反映させるため，一定の重大事件につき，一般の国民が裁判官と共に裁判内容の決定に参加する制度を新たに導入する。また，裁判

の充実・迅速化を図るため，争点整理の充実とそれに資する証拠開示の拡充の観点から，新たな準備手続の創設と証拠開示に関するルールを明確化するとともに，公判の連日的開廷を原則化する。そして，刑事司法の公正さの確保の観点から，被疑者・被告人の弁護人の援助を受ける権利を実効的に担保するため，これらの者に対する公的弁護制度を確立する。公訴提起の在り方については，検察官による一層適正な権限行使を求めるとともに，民意をより直截に反映させるため，検察審査会の一定の議決に対し法的拘束力を付与する制度を導入する。さらに，被疑者の取調べの適正さを確保するため，取調べ状況等を書面により記録することを義務付ける制度を導入する。

(2) 司法制度を支える法曹の在り方（人的基盤の拡充）

高度の専門的な法的知識を有することはもとより，幅広い教養と豊かな人間性を基礎に十分な職業倫理を身に付け，社会の様々な分野において厚い層をなして活躍する法曹を獲得する。

今後の社会・経済の進展に伴い，法曹に対する需要は，量的に増大するとともに，質的にも一層多様化・高度化していくことが予想される。現在の我が国の法曹を見ると，いずれの面においても，社会の法的需要に十分対応できているとは言い難い状況にあり，前記の種々の制度改革を実りある形で実現する上でも，その直接の担い手となる法曹の質・量を大幅に拡充することは不可欠である。

法曹人口については，平成16（2004）年には現行司法試験合格者数1,500人を達成した上，新たな法曹養成制度の整備状況等を見定めながら，平成22（2010）年ころには新司法試験の合格者数を年間3,000人にまで増加させることを目指す。

法曹養成制度については，21世紀の司法を担うにふさわしい質の法曹を確保するため，司法試験という「点」による選抜ではなく，法学教育，司法試験，司法修習を有機的に連携させた「プロセス」としての法曹養成制度を整備することとし，その中核として，法曹養成に特化した大学院（以下，「法科大学院」と言う。）を設ける。

弁護士制度については，社会のニーズを踏まえ，法律相談活動の充実，弁護士報酬の透明化・合理化，専門性強化を含む弁護士の執務態勢の強化等により，国民の弁護士へのアクセスを拡充するほか，綱紀・懲戒手続の透明化・迅速化・実効化など弁護士倫理の徹底・向上を図るための方策を講じる。

検察官制度については，検察の厳正・公平性に対する国民の信頼を確保する観点から，検事を一般の国民の意識等を学ぶことができる場所で執務させることを含む人事・教育制度の抜本的見直しなど検察官の意識改革のための方策等を講じる。また，検察庁の運営に国民の声を反映することのできる仕組みを整備する。

裁判官制度については，国民が求める裁判官を安定的に確保していくことを目指し，判事補に裁判官の職務以外の多様な法律専門家としての経験を積ませることを制度的に担保する仕組みの整備を始めとする判事補制度の改革や弁護士任官の推進など給源の多様化・多元化のための方策を講じるとともに，国民の意思を反映しうる機関が裁判官の指名過程に関与する制度の整備や人事評価について透明性・客観性を確保するための仕組みの整備等を行う。

(3) 国民的基盤の確立（国民の司法参加）

国民は，一定の訴訟手続への参加を始め各種の関与を通じて司法への理解を深め，これを支える。

司法の国民的基盤を更に強固なものとして

確立すべく，国民の司法参加を拡充するための方策を講じる。

　司法の中核をなす訴訟手続への新たな参加制度として，刑事訴訟事件の一部を対象に，広く一般の国民が，裁判官と共に，責任を分担しつつ協働し，裁判内容の決定に主体的，実質的に関与することができる新たな制度を導入する。民事訴訟手続については，専門的知見を要する事件を対象に，専門家が裁判の全部又は一部に関与し，裁判官をサポートする制度を導入する。また，検察審査会の一定の議決に法的拘束力を付与すること，人事訴訟の移管に伴う家庭裁判所の機能の充実の一環として参与員制度を拡充することなど，既存の参加制度についても拡充する。さらに，裁判官任命手続へ国民の意思を反映させる制度や，裁判所，検察庁，弁護士会の運営等について国民の意思をより反映させる仕組みを導入する。基本法制の整備など分かりやすい司法の実現，司法教育の充実，司法に関する情報公開の推進等，こうした司法参加を実効あらしめるための条件整備を進める。

3.　２１世紀の司法制度の実現に向けて

　このような２１世紀の司法制度を実現するために，当審議会は，これまでの調査審議を踏まえ，以下，「国民の期待に応える司法制度」，「司法制度を支える法曹の在り方」，「国民的基盤の確立」とに分けてその改革の具体的方策やその方向性などを詳述する。

　これら司法制度に関わる多岐にわたる改革は，相互に有機的に関連しており，その全面的で統一的な具体化と実行を必要としている。加えて，冒頭で述べたように，司法制度改革そのものも，先行して進められてきた政治改革，行政改革，地方分権推進，規制緩和等の経済構造改革等の一連の改革と有機的に関連するものであり，実際，これら諸改革において，司法制度の抜本的改革の必要が説かれてきたところである。例えば，中央省庁等の再編を導いた，行政改革会議の最終報告（平成９年１２月３日）は，「内閣機能強化に当たっての留意事項」として，権力分立ないし抑制・均衡のシステムへの適正な配慮を伴わなければならず，「『法の支配』の拡充発展を図るための積極的措置を講ずる必要がある」と説くとともに，

　「この『法の支配』こそ，わが国が，規制緩和を推進し，行政の不透明な事前規制を廃して事後監視・救済型社会への転換を図り，国際社会の信頼を得て繁栄を追求していく上でも，欠かすことのできない基盤をなすものである。政府においても，司法の人的及び制度的基盤の整備に向けての本格的検討を早急に開始する必要がある。」

　と述べている。

　政府におかれては，今般の司法制度改革の意義及び重要性を踏まえ，本改革の早期かつ確実な実現に向け，内閣を挙げ，本格的に取り組まれることを期待する。本改革の実現には，これに必要とされる人員・予算の確保が不可欠であり，厳しい財政事情の中にあって相当程度の負担を伴うものであるが，政府におかれては，これまでの経緯にとらわれることなく，真にこれらの諸改革を実現しうる方策をもって，大胆かつ積極的な措置を講じられるよう，強く要望する次第である。

　　　　　　　　　　　　＜以下略＞

2 パブリックコメント

> 【課題】 特許法における職務発明制度のあり方について，２００３年（平成１５年）に以下のようにパブリックコメントが募集された。この募集において示された産業構造審議会知的財産政策部会特許制度小委員会「職務発明制度の在り方について」報告書（案）（http://www.jpo.go.jp/shiryou/toushin/toushintou/patent_houkoku.htm）を読んで，①その概要をまとめ，②報告書案に示された問題点について，どのように考えるべきか検討してみよう。

■ 産業構造審議会知的財産政策部会特許制度小委員会
　「職務発明制度の在り方について」報告書（案）に対する意見募集

　　　　　　　　平成１５年１０月　産業構造審議会知的財産政策部会　特許制度小委員会

　産業構造審議会知的財産政策部会特許制度小委員会は，平成１４年９月１８日に産業構造審議会知的財産政策部会に設置され，知的財産戦略大綱において早期に検討が必要とされた特許制度に関連した事項につき審議を行ってまいりました。

　このたび，職務発明制度の在り方についてこれまでの審議結果を報告書として取りまとめるにあたり，各方面から御意見を募ることといたしました。

　皆様からいただいた御意見につきましては，報告書を取りまとめるにあたっての参考とさせていただきます。

　なお，お寄せいただいた御意見に対する個々の回答は致しかねますので予め御了承下さい。

１．意見募集期間

　平成１５年１０月２４日（金）〜平成１５年１１月２５日（火）

　電子メール及びＦＡＸは，平成１５年１１月２５日(火)１７：４５まで受け付けております。

　郵送の場合は，平成１５年１１月２５日(火)必着で郵送してください。

２．意見送付要領

　御名前，御住所，電話番号，御職業（勤務先名等）を明記の上，次のいずれかの方法で御意見を送付してください。なお，電話での御意見については，お応えしかねますので，予め御了承ください。

　＜以下略＞

◇パブリックコメント募集時点での特許法３５条（職務発明）

〔昭和３４年４月１３日法律第１２１号〕

１　使用者，法人，国又は地方公共団体（以下「使用者等」という。）は，従業者，法人の役員，国家公務員又は地方公務員（以下「従業者等」という。）がその性質上当該使用者等の業務範囲に属し，かつ，その発明をするに至つた行為がその使用者等における従業者等の現在又は過去の職務に属する発明(以下「職務発明」という。)について特許を受けたとき，又は職務発明について特許を受ける権利を承継した者がその発明について特許を受けたときは，その特許権について通常実施権を有す

る。
2　従業者等がした発明については，その発明が職務発明である場合を除き，あらかじめ使用者等に特許を受ける権利若しくは特許権を承継させ又は使用者等のため専用実施権を設定することを定めた契約，勤務規則その他の定の条項は，無効とする。
3　従業者等は，契約，勤務規則その他の定により，職務発明について使用者等に特許を受ける権利若しくは特許権を承継させ，又は使用者等のため専用実施権を設定したときは，相当の対価の支払を受ける権利を有する。
4　前項の対価の額は，その発明により使用者等が受けるべき利益の額及びその発明がされるについて使用者等が貢献した程度を考慮して定めなければならない。

※　特許法35条は，実用新案法11条3項及び意匠法15条3項により，職務考案及び職務創作に準用される。

■　産業構造審議会知的財産政策部会　特許制度小委員会報告書
　　「職務発明制度の在り方について」（案）（平成15年10月）

第1章　職務発明制度の現状と課題
第1節　職務発明活性化の重要性

知的財産立国を実現し，産業競争力を強化するためには，イノベーションを生み出す人材の確保とこれを活かすシステムを構築することが極めて重要である。このシステムの中核をなす知的創造サイクル（知的財産再生産の好循環）は，知的財産の創造活動から始まる。このため，我が国の豊富な研究人材の発明意欲を，今まで以上に刺激することが必要である。また，知的創造サイクルを国民経済上意味あるものとし，また，これを加速するためには，知的財産の活用の側面が極めて重要である。このためには，企業や大学等において知的財産権を戦略的に最大限活用することが不可欠である。これらの活動の緊密な連携によって，初めて活力ある経済社会が実現される。

現在我が国は特許大国と言われ，世界一の特許出願件数を誇っている。この特許出願の状況を見てみると，その大部分は企業や大学等によるものであり，我が国におけるいわゆる「職務発明」の重要性が窺われる。

職務発明の担い手は，いうまでもなく企業や大学等において職務として研究開発活動に従事し，発明を行う者である。職務発明の活性化のためには，まず何よりもこうした職務発明の担い手に対して，更なる研究開発，発明に向けたインセンティブを付与することが必要である。他方，職務発明は，発明活動に直接従事する研究者のみによって成し遂げられるわけではなく，研究者を雇用する企業や大学等による研究開発資金やリスクの負担の上に成り立つものであることもまた当然である。したがって，職務発明の活性化のためには，併せて，こうした資金やリスクの担い手である企業や大学等に対しても，研究開発投資を増大させるようなインセンティブを付与することが必要である。

さらに，我が国の産業及び経済の活性化のためには，先に述べたように，研究開発活動の成果たる発明が迅速に，かつ戦略的に活用される必要がある。特許法は，発明が個人の創意工夫により生まれることにかんがみ特許を受ける権利は発明者に帰属する建前を採り，この考え方は職務発明においても貫かれている。しかしながら，その活用，事業化は，主として資金面・リスク面において発明を支え

た企業，あるいは大学等からのライセンスを受けた企業において行うことが通常である。このことを考えると，研究開発成果の戦略的な活用の観点から，職務発明に基づいて発生する権利については，企業や大学等が有効に利用できるような環境を整備することが必要である。

特許法第35条に規定されている職務発明制度は，大正10年制定の旧特許法に概ね現在の姿で規定され，昭和34年法に受け継がれている。本来，職務発明制度は，国際的な産業競争力強化の観点から，絶えずその運用を見守り，その時代に合った制度とすべく見直していくことが大切である。しかしながら，昭和34年法の規定は，昨今の研究開発環境，知的財産権を取り巻く環境の激変にもかかわらず，一切手直しされることもなく現在に至っている。以上で述べたように，国をあげて知的財産戦略が推進され，様々な場面において知的財産の重要性が強調されるという新たな環境の下で，イノベーションを生み出し，これを経済成長の糧としていくためには，個々の研究者の発明意欲を刺激すると同時に，企業や大学等の知的財産活動を支援するための制度でもある職務発明制度について，上記のような趣旨に照らして改めて点検し，知的財産政策の一翼を担いうる制度への脱皮を図る必要がある。

第2節　職務発明制度の趣旨

職務発明制度の本来の趣旨は，「使用者，法人，国又は地方公共団体（使用者等）」が組織として行う研究開発活動が我が国の知的創造において大きな役割を果たしていることにかんがみ，使用者等が研究開発投資を積極的に行い得るよう安定した環境を提供するとともに，職務発明の直接的な担い手である個々の「従業者，法人の役員，国家公務員又は地方公務員（従業者等）」が使用者等によって適切に評価され報いられることを保障することによって，発明のインセンティブを喚起しようとするものである。それは，全体として我が国の研究開発活動の奨励，研究開発投資の増大を目指す産業政策的側面を持つ制度であり，その手段として，従業者等と使用者等との間の利益調整を図ることを制度趣旨としている。

具体的には，我が国特許法は特許を受ける権利を発明者に原始的に帰属させているが，従業者等による職務発明に関しては，従業者等の雇用，研究開発設備の提供，研究開発資金の負担等，使用者等による一定の貢献が不可欠であることを重くみて，使用者等に法定の通常実施権を付与し（特許法第35条第1項），さらに，特許を受ける権利等の予約承継を許容する規定（同条第2項）を設けている。

一方，実際に職務発明を生みだした従業者等には，特許を受ける権利等を使用者等に承継させる代償として，「相当の対価」支払の請求権を与えている（同条第3項）。この「相当の対価」請求権は，従業者等が権利承継の対価を確実に受け取れるようにすることによって，発明を奨励するためのものといえる。

また，この「相当の対価」の額を算出するにあたっては，その発明により使用者等が受けるべき利益及びその発明がされるについて使用者等が貢献した程度が考慮されることになる（同条第4項）。

これらの規定によって，発明を行った従業者等と，従業者等に支援をなした使用者等との間の利益の調整が図られている。

なお，諸外国の状況を見ると，ドイツでは日本と同様に，職務発明に係る権利を従業者に原始的に帰属させる制度を採用し，英国，フランス，ロシア，イタリアでは職務発明（又は職務発明に係る権利）を使用者に原始帰属させる制度を採用しているが，いずれの場合でも，従業者に対価の請求権を認める等によ

り使用者と従業者との間の均衡を図っている国が大半である。

　他方，米国には，職務発明に関する明文規定は存在せず，職務発明か否かにかかわらず特許を受ける権利はつねに発明者に原始的に帰属させる制度となっている。その上で，従業者から使用者への特許を受ける権利の承継は，連邦公務員を除いて契約及び各州の判例法に委ねられており，給与の中に権利の承継に対する対価が含まれるとする雇用契約が結ばれることが一般的である。

　また，職務発明に係る権利の承継等について，使用者と従業者の立場の相違にかんがみ，契約の自由に一定の制約を加えようとする考え方を持つ国もある。例えば，ドイツでは，従業者に対する補償金の算出基準について詳細なガイドラインを置き，特許商標庁には使用者と従業者間の紛争処理機関を設置する等，行政が広範かつ入念な介入を行っている。

　なお，職務発明が従業者に帰属する制度を採用している米国，ドイツでは，日本と同様に従業者の意思に関わらず，使用者は当該職務発明を実施する権利を有している（ただし，ドイツでは，実施する権利を取得するための請求手続が必要）。ただし，その権利を無償とする考え方（日本，米国）と有償とする考え方（ドイツ）がある。

第3節　職務発明制度をめぐる新たな問題

　我が国特許法第35条が規定するところの，使用者等に職務発明に係る権利の実施と承継について安定的な地位を認め，他方で従業者等には「相当の対価」の支払という形での職務発明に対する適切な評価を保障する制度は，特許制度の根本となる発明者主義の考え方と，職務発明の特殊性の両方を総合的に勘案し，使用者等と従業者等の均衡の中で職務発明を活性化しようとするものとして，国際的な制度比較においても比較的バランスの取れたものであるとの評価が可能である。現実に，同条の規定のもと，使用者等は職務発明に係る権利を安定的に承継し，それを基礎とした積極的な事業展開を行ってきたし，そのことに大きな支障があるとは考えられてこなかった。他方，従業者等は，使用者等が定めた報償規程等により一定の処遇を得てきており，その対価や処遇が大きな問題として顕在化することはなかった。

　しかしながら，近年の知的財産に対する国民的関心の高まりを背景に，特許法第35条の存在が改めて意識され，同条に基づく訴訟が多発するとともに（下表参照），その在り方が問われるに至っている。今後，さらなる知的財産への意識の高まりとともに，この傾向はますます拡大するものと予想される。

＜中略＞

　特許法第35条の問題点として指摘されるのは，大きく以下の2点に集約される。
第一は，企業の研究開発投資活動への不安定性の増大である。特許法第35条第3項は，職務発明に係る権利の承継等を行ったときは，使用者等は従業者等に対し，「相当の対価」を支払うべきとしている。そして，ピックアップ装置事件最高裁判決において，勤務規則等に，使用者等が従業者等に対して支払うべき対価に関する条項がある場合においても，これによる対価の額が特許法第35条第4項の規定に従って定められる対価の額に満たないときは，従業者等は同条第3項の規定に基づき，その不足する額に相当する対価の支払を求めることができるとの判示がなされた（最三小判平成15年4月22日判時1822号39頁〔43頁〕）。すなわち，同条第3項は，実質的に使用者等と従業者等の間の取り決めによっても排除することのできない強行規定と解釈されている。

　また，同条第4項はその算定基準を定める

が，その算定基準は甚だしく具体性を欠き，かつ，判例における「相当の対価」の算定においては，事後的な売上やライセンス収入等を基に「相当の対価」を算定することを要求しているものと解釈されている反面，発明完成後の使用者等の貢献，発明による利益に間接的につながる研究開発の費用，給与ほか対価以外の処遇が十分に考慮されていないため，使用者等は，従業者等に対していかなる対価を支払えばよいのかが極めて不透明な状況に置かれることとなり，予測可能性をもって研究開発投資を行っていくことに支障が生じていると指摘されている。

なお，予測可能性を高めるため，「相当の対価」の算定基準を明確化するような詳細なガイドラインを設けるべきとの意見もある。しかし，そのような制度を有しているドイツにおいて，企業は過度な特許管理コストを強いられていること，使用者・従業者間で補償額をめぐる紛争が頻発しており，従業者発明法や補償ガイドラインを簡素化する動きがあること等を考慮すると，ガイドラインの策定が有効であるとはただちには考えにくい。

第二に，従業者等は，多くの場合いわゆる報償規程に規定された金額を受け取っているが，この報償規程は使用者等が一方的に定めていることが多いため，その発明活動が使用者等によって適切に評価されているという納得感を得ていない場合があることである。その結果，使用者等の評価に納得しない従業者等の中には，退職後に訴訟に踏み切ることによって自らの権利を行使する者もいるが，納得しない従業者等であっても在職中の者は裁判に訴えることは事実上困難であるのが現状である。

また，職務発明をめぐる訴訟の判決を契機として，勤務規則等に定められた対価の上限を引き上げたり，さらにはこの上限を撤廃する企業が続出していることは従業者等にとって望ましい方向であるが，多くの場合において使用者等が一方的に定めるという問題点は改善されていない。

第2章　職務発明制度改正の具体的方向

第1節　職務発明に係る特許権に対する使用者等の通常実施権について

特許法第35条第1項の規定を維持し，職務発明について使用者等に通常実施権を認めるべきである。

1．現行法下における状況

契約，勤務規則等の定めがなくとも，従業者等が職務発明について特許を受けたとき，使用者等はその発明を実施する権利（通常実施権）を有することが特許法第35条第1項に規定されている。実際には，ほとんどの大企業では，すべての職務発明について特許を受ける権利を承継しているため，この通常実施権が必要とされる事例は少ない。一方，中小企業では，職務発明に係る権利の承継について明文の規定をおいていない場合も多い。このため，職務発明をなした従業者等が特許を取得し，当該職務発明を実施している使用者等を特許侵害で訴える事例（大阪地判昭和47年3月31日判時678号71頁，東京地判昭和60年2月22日判タ559号284頁，名古屋高判平成9年10月30日判タ980号261頁等）が存在しているが，このような場合には，裁判所は使用者等が通常実施権を有することを根拠として特許侵害を否定している。

2．制度改正の具体的方向性

職務発明がされるについて，使用者等は，研究開発の課題設定，資金や設備の提供等によって直接的又は間接的に貢献している。この点にかんがみると，使用者等と従業者等の均衡の観点から，使用者等に一定の実施権を与えることには合理性がある。また，使用者

等への通常実施権の付与によって，使用者等の職務発明に係る権利を安定させ，その事業活動はもとより更なる研究開発投資の円滑を期すことが可能となると考えられる。したがって，職務発明について特許を受ける権利を使用者等が承継せず，当該職務発明について従業者等が特許を取得した場合であっても，現行制度どおり使用者等に通常実施権を認めることが適切である。

特に，職務発明に係る権利の承継について明文の規定をおいていない中小企業等の業務に支障をきたさないためにも，最低限の保障として上記の通常実施権を認めることが必要である。したがって，特許法第35条第1項の規定は維持すべきである。

第2節　職務発明，自由発明に係る権利の予約承継について

特許法第35条第2項の規定を維持し，職務発明に係る権利については使用者等への予約承継を認め，自由発明に係る権利については使用者等への予約承継を禁止すべきである。

1．現行法下における状況

従業者等がした発明のうち職務発明ではないもの（以下，「自由発明」という。）について，あらかじめ使用者等に特許を受ける権利等を承継させること又は使用者等のため専用実施権を設定すること（以下，「予約承継」という。）を定めた契約，勤務規則その他の定めの条項は，特許法第35条第2項の規定により無効であり，一方，その反対解釈として，職務発明については，そのような条項が有効であると解されている。この解釈を基礎として，使用者等は，契約，勤務規則その他の定めにおいて，職務発明について特許を受ける権利を従業者等から予約承継する旨の規定を置き，現実に迅速かつ安定的な承継を実現している。

2．制度改正の具体的方向性

新たな職務発明がより早く，広く実施され利用されるためには速やかに権利の帰属が定まることが望ましい。そして，企業等は，その成果を事業化することを目的として研究開発投資を行っており，大学等で生み出された職務発明については，個々の研究者がその成果を自らの資金・リスクで事業化するよりも，大学等において組織的に活用することがより有効であることにかんがみ，職務発明について，使用者等に予約承継を認める現行制度を存続させることが適切である。

一方，従業者等が職務と関係なく行った自由発明については，現行制度どおり，予約承継を定めた場合これを無効とすることが適切である。したがって，特許法第35条第2項の規定は維持すべきである。

第3節　職務発明に係る権利の承継があった場合の対価の決定について

・権利の承継があった場合の対価の決定が，使用者等と従業者等との立場の相違にかんがみて不合理でなければ，その決定された「対価」を尊重するべきである。

・上記決定が不合理である場合には，従業者等に「相当の対価」を請求する権利を認めるべきである。

・上記の不合理性の判断においては，使用者等と従業者等との間での決定の自主性を尊重することの重要性にかんがみ，対価の決定の手続面を重視するべきである。

1．現行法下における状況

現行特許法第35条第3項においては，契約，勤務規則その他の定めにより職務発明に係る特許を受ける権利又は特許権を使用者等に承継させた場合又は専用実施権を設定した場合，従業者等は「相当の対価」の支払を受ける権利を有することが規定されている。そして，最高裁は，勤務規則等にしたがって使用者等が従業者等に対して支払った対価の額

が「相当の対価」の額に満たないときは，従業者等は事後的にその不足額の支払を求めることができる旨判示した。

2．問題点

上記最高裁判決により，使用者等が勤務規則等に基づいて対価を支払っていた場合であっても，従業者等は権利承継から長期経過後に「相当の対価」との差額を事後的に請求できるとされた。その結果，使用者等は，従業者等から事後的に「相当の対価」との差額を請求される可能性が残るため，債務が長期間確定しないこととなる。しかも，その「相当の対価」の具体的算定根拠は，当事者から見て必ずしも明確ではなく，対価についての予測可能性が低いものとなっている。

他方，従業者等は，現行特許法第35条第3項の下，勤務規則等に基づき算出された対価の額が特許法の定める「相当の対価」の額に満たないときは，不足額を請求することができるが，現実に不足額を請求すべく訴訟を提起する従業者等は極めて少ない。すなわち，従業者等は，多くの場合において使用者等が一方的に定める勤務規則等の定めに従って対価の支払いを受けているのが現状である。

3．制度改正の具体的方向性

第一に，職務発明の「対価」については，使用者等にとっての予測可能性を高めるとともに，発明評価に対する従業者等にとっての納得感を高めることで研究開発意欲を喚起するため，原則として両当事者間の「自主的な取り決め」に委ねることとすべきである。すなわち，使用者等と従業者等との間で取り決められた「対価」を尊重する仕組みとするため，使用者等と従業者等との間で契約や勤務規則その他の定めにおいて「対価」について定めたときは，その定めるところによることを原則とすることが適当である。また，このように職務発明についての「対価」を両当事者間の「自主的な取り決め」に委ねることによって，企業を取り巻く経営環境，企業の研究開発戦略，研究者の置かれている研究環境等，各業種，各企業毎に異なる諸事情を「対価」に柔軟に反映させることが可能となる。

このような観点から，「対価」の決定は，使用者等が一方的に定めうる「勤務規則」ではなく，使用者等と従業者等の間の「契約」に基づくべきとの考え方がある。しかし，我が国の雇用関係下においては，契約の締結において，必ずしも従業者等の意思が反映されているとは限らず，「契約」と「勤務規則」という法形式の差異によってことさらに区別することは適切ではないといった指摘や，各従業者等との個別契約を一律に要求すると多くの従業者等を抱える使用者等は承継及び対価の決定に関して現実問題として制度運用を行うことが困難となるといった問題がある。このため，「契約」という形式のみならず，「勤務規則」という在り方をも許容しつつ，対価の決定の過程全体において，従業者等の意思がどれだけ反映されているか，換言すればどれだけ実質的な手続が行われているかという点を評価の重要な基準とすることが適当であるという点で意見が一致した。

第二に，対価についての定めがない場合や，使用者等と従業者等との立場の相違に起因して不合理な対価の決定がなされる場合が想定され得ることから，このような場合には，従業者等に現行制度どおりの「相当の対価」請求権を認めることが適当である。

第三に，契約や勤務規則によって定められた「対価」が使用者等と従業者等との立場の相違にかんがみて不合理であるか否かについては，手続面と内容面を含む「対価」の決定全体を総合的に評価することにより判断されることが原則であるが，使用者等と従業者等との間での決定の自主性を尊重することの重

要性にかんがみ，不合理性の判断にあたっては，特に従業者等の関与の状況等の手続面を重視することが適切である。より具体的には，包括的な予約承継のための勤務規則等が策定され，その中において同時に「対価」を決定するための基準が置かれる場合にあっては，従業者等又は従業者等を正当に代表する者の意見を反映しているか否か等その基準を策定するに当たっての従業者等との協議の状況や，その基準の個々の従業者等への開示の状況等が，重要な要素として勘案されるべきである。また，個々の発明に対する「対価」の決定に当たっては，従業者等に対する説明の有無や程度，従業者等に対する異議を述べる機会の付与の有無等が考慮されるべきである。

この点に関し，合理的な手続を履践していれば，使用者等と従業者等との間での決定の自主性を尊重するとの立場から，その結果たる「対価」そのものは，司法審査対象から完全に除外すべきであるとの意見が一部の委員より提出された。これについては，最終的には結果たる「対価」が当事者の紛争の対象であること，手続の履践にも実態上は程度の差がありその合理性は対価との相関において判断される面があること，仮に手続要件のみを法定する場合はより厳格な手続の履践が求められるようになること，手続の履践によって従業者等にとっての納得感が高まれば対価が不合理であるとされる場合は，通常は想定されないこと，等を併せ考慮し，「対価」を審査の射程から除外しないこととしつつも，その中で手続に重きを置くことが妥当であるとの意見でまとまった。

なお，個々の発明に「対価」を決定するための基準を適用する際，使用者等と従業者等との間に発明の経済的な価値の評価の単なる違いが存在するに過ぎない場合には，その違いのみを理由として対価の決定全体が不合理であると判断されるべきではない。しかし，不合理ではないと判断されたとしても債務不履行として，その基準にもとづき本来支払われるべきであった対価の支払いが認められる場合があることに留意すべきである。

第四に，使用者等と従業者等の実態は様々であり，かつ，「対価」も従業者等が発明意欲を刺激されるための良好な研究環境の一要素であって「対価」以外の諸要素も研究環境を左右することにかんがみれば，具体的な協議・交渉の方式等に法や行政が過剰に介入することなく，個々の実態にあわせて柔軟に決定することが許容されるべきである。例えば，権利の承継のための条件を事前に明示することが発明へのインセンティブを高めるとの観点から事前の権利承継・対価算定のための基準を策定することが望ましいが，必ずしもこれによらず発明完成後の個別承継も許容されるべきであり，この場合は個別承継のための契約における交渉の実質が評価されるべきであること，事前承継・対価算定のための基準策定においては個々の従業者等の個別の同意までは必要とせず，集団的協議でも足りるとすべきこと，包括ライセンス契約交渉において中核をなさないような発明に関する対価の決定の具体的説明は，使用者側から支払毎に逐一行うこととせずに，従業者等からの求めがあればこれに応じて説明すれば足りるとする仕組みも許容されるべきこと，等である。

第五に，「対価」の決定の合理性を側面から担保するために，使用者等は「対価」を決定するための基準を公表するように努めることが望ましい。また，この基準の公表により，使用者等にとっては，優秀な研究者が集まることを期待でき，一方，従業者等にとっては，よりよい研究環境を選択することが可能となることを期待できる。

第4節 「相当の対価」について

「相当の対価」が決定される際に幅広い事情が考慮されるよう、第35条第4項の規定を明確化すべきである。

1．現行法下における状況

現行の特許法第35条第4項においては、「相当の対価」の額について、「その発明により使用者等が受けるべき利益の額」及び「その発明がされるについて使用者等が貢献した程度」を考慮して定めなければならないと規定されている。そして、訴訟において裁判所は、発明完成後の事情である実施料収入額（又は自社実施の場合は実施料収入相当額）を基準として、使用者等の貢献度を割合的に考慮して「相当の対価」を算定している。

2．問題点

職務発明をめぐる対価請求事件に関する各地裁、高裁判決においては、「相当の対価」の算定根拠として「実施契約に対する各発明の寄与度」、「推定実施料率」、「使用者が貢献した程度」、「各発明者が貢献した程度」等の項目は示されているものの、各項目がどのように考慮されたのか具体的数値との対応が示されていない場合も多く、結局のところ算定根拠が不明確な面は否定できない。

また、発明完成後の事情である発明品の売上や実施料収入額を基準として「相当の対価」が算定されているにもかかわらず、特許法第35条第4項の「その発明がされるについて使用者等が貢献した程度」の規定においては、発明がされるまでの事情のみしか考慮されていない可能性がある。すなわち、発明完成後の貢献である発明の実施にあたっての改良活動、営業経費、広告宣伝費等が考慮されていない可能性がある。また、貢献の一形態である費用負担については使用者等が受けるべき利益から控除すべき場合もあると考えられるが、同項に「貢献した程度」と規定されているため、費用負担についても画一的、割合的に考慮されている。

3．制度改正の具体的方向性

発明により利益を得るためには、発明がされるまでの貢献だけでなく、特許出願手続、実施化のための技術開発、営業・宣伝活動、ライセンス交渉等、発明完成後の貢献も必要である。このため、これらの貢献も「相当の対価」の算定において考慮されるべきである。

また、使用者等は、当該研究開発のリスクを負担していることに加えて、具体的利益に直接繋がる発明を生みだす研究開発以外にも当該利益に間接的に繋がる研究開発も幅広く行っている。さらに、従業者等のうち使用者等の利益に貢献した研究者等が給与、昇進等によって厚く処遇されている場合もある。

したがって、裁判所によって「相当の対価」を算定する際に指針となる第4項の規定について、当該発明に直接的又は間接的に関連性がある限り、上述のような様々な事情が幅広く考慮されることを許容すべきである。

〈以下略〉

> 【課題】 上記のパブリックコメントを経て、特許法35条は以下のように改正された。この改正により、企業はどのような対応をすべきか。法務担当として、どのような役割を果たすことができるか。（特許庁のホームページにおける職務発明に関する説明、資料等については http://www.jpo.go.jp/seido/index.htm を参照）。

■ 改正後の特許法第35条（職務発明）

1 使用者、法人、国又は地方公共団体（以下「使用者等」という。）は、従業者、法

人の役員，国家公務員又は地方公務員（以下「従業者等」という。）がその性質上当該使用者等の業務範囲に属し，かつ，その発明をするに至つた行為がその使用者等における従業者等の現在又は過去の職務に属する発明（以下「職務発明」という。）について特許を受けたとき，又は職務発明について特許を受ける権利を承継した者がその発明について特許を受けたときは，その特許権について通常実施権を有する。

2　従業者等がした発明については，その発明が職務発明である場合を除き，あらかじめ使用者等に特許を受ける権利若しくは特許権を承継させ又は使用者等のため専用実施権を設定することを定めた契約，勤務規則その他の定めの条項は，無効とする。

3　従業者等は，契約，勤務規則その他の定めにより，職務発明について使用者等に特許を受ける権利若しくは特許権を承継させ，又は使用者等のため専用実施権を設定したときは，相当の対価の支払を受ける権利を有する。

4　契約，勤務規則その他の定めにおいて前項の対価について定める場合には，対価を決定するための基準の策定に際して使用者等と従業者等との間で行われる協議の状況，策定された当該基準の開示の状況，対価の額の算定について行われる従業者等からの意見の聴取の状況等を考慮して，その定めたところにより対価を支払うことが不合理と認められるものであつてはならない。

5　前項の対価についての定めがない場合又はその定めたところにより対価を支払うことが同項の規定により不合理と認められる場合には，第三項の対価の額は，その発明により使用者等が受けるべき利益の額，その発明に関連して使用者等が行う負担，貢献及び従業者等の処遇その他の事情を考慮して定めなければならない。

3　司法改革における行政事件訴訟法の改正の意義

> 【課題】　司法制度改革において行政事件訴訟が重要課題とされ，改革が行われている。行政事件訴訟改革の企業にとっての意義は何か，考えてみよう。

　行政事件訴訟の新受件数は年約２５００件といわれている。知的財産，地方自治，税務，警察などの分野でそれぞれ年に３００から５００件というところである。これに対し，行政に対する苦情，不服の相談は，年５０万件にものぼるというのであるから，いかに裁判所に事件を持ち込んでも何の救済も得られないという無力感を国民が抱いていたか，そして，結果としてそのような裁判を活用しようとしなかったかの証左ともいえよう。

　戦後６０年が経過し，日本経済も成長よりは，安定を目指す状況になった。そこでは，従来のように，行政が，大幅な裁量権に裏付けられて，成長を目指して国民生活を指導するという過大な存在であることからの変革が求められている。これからは，個人やベンチャービジネスをはじめとす

る中小企業群の生き生きとした自主性の発揮が重視され，行政は，サービス役，チェック役に徹することが期待される。そしてそうした行政の機能がおろそかにされているときに，行政事件訴訟を通じて司法がそれをチェックするという体制が求められているのである。こうすることによって法の支配を確立することが今回の司法改革の大きな眼目の一つと考えられたのである。従来の行政事件訴訟法の下においても，ごく限られた人数の裁判官のみが司法が行政のチェック役として機能するような判断をしていたのであるが，ほとんどの判決は，行政処分の公定力を前提としてとらえ，多くの事件を内容判断に入る手前で門前払い却下をしてしまっていたのである。こうした現実をみて，日弁連なども，強く行政事件訴訟法の改正を働きかけ，機能する行政事件訴訟を目指したのである。

今回の法改正の主要な点は次の通りである。
1 取消訴訟の原告適格の拡大－9条2項の追加
2 公法上の法律関係に関する確認の訴え－4条の当事者訴訟に追加
3 義務づけ訴訟の法定－3条6項，37条の2，37条の3の追加
4 差止め訴訟の法定－3条7項，37条の4の追加
5 行政訴訟を利用しやすく，わかりやすくするための改正－被告適格の明確化（11条），管轄裁判所の拡大（12条），出訴期間の延長（14条）
6 審理の充実，促進のための改正－釈明処分（23条の2）
7 仮の救済制度の整備－執行停止（25条），仮の義務づけ，仮の差止め（37条の5）

【課題】 以下に掲出する在外邦人の選挙権に関する最高裁平成17年9月14日大法廷判決や，第12章で検討した同年12月7日大法廷判決（小田急線連続立体交差事業事件）を読んで，裁判所の行政事件に対する基本的な姿勢がどのように変わってきているか，考えてみよう。

● **最高裁平成17年9月14日大法廷判決**（最高裁ホームページ）

主　文

1 原判決を次のとおり変更する。
第1審判決を次のとおり変更する。
(1) 本件各確認請求に係る訴えのうち，違法確認請求に係る各訴えをいずれも却下する。
(2) 別紙当事者目録1記載の上告人らが，次回の衆議院議員の総選挙における小選挙区選出議員の選挙及び参議院議員の通常選挙における選挙区選出議員の選挙において，在外選挙人名簿に登録されていることに基づいて投票をすることができる地位にあることを確認する。
(3) 被上告人は，上告人らに対し，各金5000円及びこれに対する平成8年10月21日から支払済みまで年5分の割合による金員を支払え。
(4) 上告人らのその余の請求をいずれも棄却する。
2 訴訟の総費用は，これを5分し，その1を上告人らの，その余を被上告人の各負担とする。

理　由

上告代理人喜田村洋一ほかの上告理由及び上告受理申立て理由について

第1　事案の概要等

1　本件は，国外に居住していて国内の市町村の区域内に住所を有していない日本国民（以下「在外国民」という。）に国政選挙における選挙権行使の全部又は一部を認めないことの適否等が争われている事案である（以下，在外国民に国政選挙における選挙権の行使を認める制度を「在外選挙制度」という。）。

2　在外国民の選挙権の行使に関する制度の概要

(1)　在外国民の選挙権の行使については，平成10年法律第47号によって公職選挙法が一部改正され（以下，この改正を「本件改正」という。），在外選挙制度が創設された。しかし，その対象となる選挙について，当分の間は，衆議院比例代表選出議員の選挙及び参議院比例代表選出議員の選挙に限ることとされた（本件改正後の公職選挙法附則8項）。本件改正前及び本件改正後の在外国民の選挙権の行使に関する制度の概要は，それぞれ以下のとおりである。

(2)　本件改正前の制度の概要

本件改正前の公職選挙法42条1項，2項は，選挙人名簿に登録されていない者及び選挙人名簿に登録されることができない者は投票をすることができないものと定めていた。そして，選挙人名簿への登録は，当該市町村の区域内に住所を有する年齢満20年以上の日本国民で，その者に係る当該市町村の住民票が作成された日から引き続き3か月以上当該市町村の住民基本台帳に記録されている者について行うこととされているところ（同法21条1項，住民基本台帳法15条1項），在外国民は，我が国のいずれの市町村においても住民基本台帳に記録されないため，選挙人名簿には登録されなかった。その結果，在外国民は，衆議院議員の選挙又は参議院議員の選挙において投票をすることができなかった。

(3)　本件改正後の制度の概要

本件改正により，新たに在外選挙人名簿が調製されることとなり（公職選挙法第4章の2参照），「選挙人名簿に登録されていない者は，投票をすることができない。」と定めていた本件改正前の公職選挙法42条1項本文は，「選挙人名簿又は在外選挙人名簿に登録されていない者は，投票をすることができない。」と改められた。本件改正によって在外選挙制度の対象となる選挙は，衆議院議員の選挙及び参議院議員の選挙であるが，当分の間は，衆議院比例代表選出議員の選挙及び参議院比例代表選出議員の選挙に限ることとされたため，その間は，衆議院小選挙区選出議員の選挙及び参議院選挙区選出議員の選挙はその対象とならない（本件改正後の公職選挙法附則8項）。

3　本件において，在外国民である別紙当事者目録1記載の上告人らは，被上告人に対し，在外国民であることを理由として選挙権の行使の機会を保障しないことは，憲法14条1項，15条1項及び3項，43条並びに44条並びに市民的及び政治的権利に関する国際規約（昭和54年条約第7号）25条に違反すると主張して，主位的に，①本件改正前の公職選挙法は，同上告人らに衆議院議員の選挙及び参議院議員の選挙における選挙権の行使を認めていない点において，違法（上記の憲法の規定及び条約違反）であることの確認，並びに②本件改正後の公職選挙法は，同上告人らに衆議院小選挙区選出議員の選挙及び参議院選挙区選出議員の選挙における選挙権の行使を認めていない点において，違法（上記の憲法の規定及び条約違反）であることの確認を求めるとともに，予備的に，③同上告人らが衆議院小選挙区選出議員の選挙及び参議院選挙区選出議員の選挙において選挙

権を行使する権利を有することの確認を請求している。

また，別紙当事者目録1記載の上告人ら及び平成8年10月20日当時は在外国民であったがその後帰国した同目録2記載の上告人らは，被上告人に対し，立法府である国会が在外国民が国政選挙において選挙権を行使することができるように公職選挙法を改正することを怠ったために，上告人らは同日に実施された衆議院議員の総選挙（以下「本件選挙」という。）において投票をすることができず損害を被ったと主張して，1人当たり5万円の損害賠償及びこれに対する遅延損害金の支払を請求している。

4　原判決は，本件の各確認請求に係る訴えはいずれも法律上の争訟に当たらず不適法であるとして却下すべきものとし，また，本件の国家賠償請求はいずれも棄却すべきものとした。所論は，要するに，在外国民の国政選挙における選挙権の行使を制限する公職選挙法の規定は，憲法14条，15条1項及び3項，22条2項，43条，44条等に違反すると主張するとともに，確認の訴えをいずれも不適法とし，国家賠償請求を認めなかった原判決の違法をいうものである。

第2　在外国民の選挙権の行使を制限することの憲法適合性について

1　国民の代表者である議員を選挙によって選定する国民の権利は，国民の国政への参加の機会を保障する基本的権利として，議会制民主主義の根幹を成すものであり，民主国家においては，一定の年齢に達した国民のすべてに平等に与えられるべきものである。

憲法は，前文及び1条において，主権が国民に存することを宣言し，国民は正当に選挙された国会における代表者を通じて行動すると定めるとともに，43条1項において，国会の両議院は全国民を代表する選挙された議員でこれを組織すると定め，15条1項において，公務員を選定し，及びこれを罷免することは，国民固有の権利であると定めて，国民に対し，主権者として，両議院の議員の選挙において投票をすることによって国の政治に参加することができる権利を保障している。そして，憲法は，同条3項において，公務員の選挙については，成年者による普通選挙を保障すると定め，さらに，44条ただし書において，両議院の議員の選挙人の資格については，人種，信条，性別，社会的身分，門地，教育，財産又は収入によって差別してはならないと定めている。以上によれば，憲法は，国民主権の原理に基づき，両議院の議員の選挙において投票をすることによって国の政治に参加することができる権利を国民に対して固有の権利として保障しており，その趣旨を確たるものとするため，国民に対して投票をする機会を平等に保障しているものと解するのが相当である。

憲法の以上の趣旨にかんがみれば，自ら選挙の公正を害する行為をした者等の選挙権について一定の制限をすることは別として，国民の選挙権又はその行使を制限することは原則として許されず，国民の選挙権又はその行使を制限するためには，そのような制限をすることがやむを得ないと認められる事由がなければならないというべきである。そして，そのような制限をすることなしには選挙の公正を確保しつつ選挙権の行使を認めることが事実上不能ないし著しく困難であると認められる場合でない限り，上記のやむを得ない事由があるとはいえず，このような事由なしに国民の選挙権の行使を制限することは，憲法15条1項及び3項，43条1項並びに44条ただし書に違反するといわざるを得ない。また，このことは，国が国民の選挙権の行使を可能にするための所要の措置を執らないと

いう不作為によって国民が選挙権を行使することができない場合についても，同様である。

在外国民は，選挙人名簿の登録について国内に居住する国民と同様の被登録資格を有しないために，そのままでは選挙権を行使することができないが，憲法によって選挙権を保障されていることに変わりはなく，国には，選挙の公正の確保に留意しつつ，その行使を現実的に可能にするために所要の措置を執るべき責務があるのであって，選挙の公正を確保しつつそのような措置を執ることが事実上不能ないし著しく困難であると認められる場合に限り，当該措置を執らないことについて上記のやむを得ない事由があるというべきである。

2　本件改正前の公職選挙法の憲法適合性について

前記第1の2(2)のとおり，本件改正前の公職選挙法の下においては，在外国民は，選挙人名簿に登録されず，その結果，投票をすることができないものとされていた。これは，在外国民が実際に投票をすることを可能にするためには，我が国の在外公館の人的，物的態勢を整えるなどの所要の措置を執る必要があったが，その実現には克服しなければならない障害が少なくなかったためであると考えられる。

記録によれば，内閣は，昭和59年4月27日，「我が国の国際関係の緊密化に伴い，国外に居住する国民が増加しつつあることにかんがみ，これらの者について選挙権行使の機会を保障する必要がある」として，衆議院議員の選挙及び参議院議員の選挙全般についての在外選挙制度の創設を内容とする「公職選挙法の一部を改正する法律案」を第101回国会に提出したが，同法律案は，その後第105回国会まで継続審査とされていたものの実質的な審議は行われず，同61年6月2日に衆議院が解散されたことにより廃案となったこと，その後，本件選挙が実施された平成8年10月20日までに，在外国民の選挙権の行使を可能にするための法律改正はされなかったことが明らかである。世界各地に散在する多数の在外国民に選挙権の行使を認めるに当たり，公正な選挙の実施や候補者に関する情報の適正な伝達等に関して解決されるべき問題があったとしても，既に昭和59年の時点で，選挙の執行について責任を負う内閣がその解決が可能であることを前提に上記の法律案を国会に提出していることを考慮すると，同法律案が廃案となった後，国会が，10年以上の長きにわたって在外選挙制度を何ら創設しないまま放置し，本件選挙において在外国民が投票をすることを認めなかったことについては，やむを得ない事由があったとは到底いうことができない。そうすると，本件改正前の公職選挙法が，本件選挙当時，在外国民であった上告人らの投票を全く認めていなかったことは，憲法15条1項及び3項，43条1項並びに44条ただし書に違反するものであったというべきである。

3　本件改正後の公職選挙法の憲法適合性について

本件改正は，在外国民に国政選挙で投票をすることを認める在外選挙制度を設けたものの，当分の間，衆議院比例代表選出議員の選挙及び参議院比例代表選出議員の選挙についてだけ投票をすることを認め，衆議院小選挙区選出議員の選挙及び参議院選挙区選出議員の選挙については投票をすることを認めないというものである。この点に関しては，投票日前に選挙公報を在外国民に届けるのは実際上困難であり，在外国民に候補者個人に関する情報を適正に伝達するのが困難であるという状況の下で，候補者の氏名を自書させて投票をさせる必要のある衆議院小選挙区選出議

員の選挙又は参議院選挙区選出議員の選挙について在外国民に投票をすることを認めることには検討を要する問題があるという見解もないではなかったことなどを考慮すると、初めて在外選挙制度を設けるに当たり、まず問題の比較的少ない比例代表選出議員の選挙についてだけ在外国民の投票を認めることとしたことが、全く理由のないものであったとまでいうことはできない。しかしながら、本件改正後に在外選挙が繰り返し実施されてきていること、通信手段が地球規模で目覚ましい発達を遂げていることなどによれば、在外国民に候補者個人に関する情報を適正に伝達することが著しく困難であるとはいえなくなったものというべきである。また、参議院比例代表選出議員の選挙制度を非拘束名簿式に改めることなどを内容とする公職選挙法の一部を改正する法律(平成12年法律第118号)が平成12年11月1日に公布され、同月21日に施行されているが、この改正後は、参議院比例代表選出議員の選挙の投票については、公職選挙法86条の3第1項の参議院名簿登載者の氏名を自書することが原則とされ、既に平成13年及び同16年に、在外国民についてもこの制度に基づく選挙権の行使がされていることなども併せて考えると、遅くとも、本判決言渡し後に初めて行われる衆議院議員の総選挙又は参議院議員の通常選挙の時点においては、衆議院小選挙区選出議員の選挙及び参議院選挙区選出議員の選挙について在外国民に投票をすることを認めないことについて、やむを得ない事由があるということはできず、公職選挙法附則8項の規定のうち、在外選挙制度の対象となる選挙を当分の間両議院の比例代表選出議員の選挙に限定する部分は、憲法15条1項及び3項、43条1項並びに44条ただし書に違反するものといわざるを得ない。

第3 確認の訴えについて

1 本件の主位的確認請求に係る訴えのうち、本件改正前の公職選挙法が別紙当事者目録1記載の上告人らに衆議院議員の選挙及び参議院議員の選挙における選挙権の行使を認めていない点において違法であることの確認を求める訴えは、過去の法律関係の確認を求めるものであり、この確認を求めることが現に存する法律上の紛争の直接かつ抜本的な解決のために適切かつ必要な場合であるとはいえないから、確認の利益が認められず、不適法である。

2 また、本件の主位的確認請求に係る訴えのうち、本件改正後の公職選挙法が別紙当事者目録1記載の上告人らに衆議院小選挙区選出議員の選挙及び参議院選挙区選出議員の選挙における選挙権の行使を認めていない点において違法であることの確認を求める訴えについては、他により適切な訴えによってその目的を達成することができる場合には、確認の利益を欠き不適法であるというべきところ、本件においては、後記3のとおり、予備的確認請求に係る訴えの方がより適切な訴えであるということができるから、上記の主位的確認請求に係る訴えは不適法であるといわざるを得ない。

3 本件の予備的確認請求に係る訴えは、公法上の当事者訴訟のうち公法上の法律関係に関する確認の訴えと解することができるところ、その内容をみると、公職選挙法附則8項につき所要の改正がされないと、在外国民である別紙当事者目録1記載の上告人らが、今後直近に実施されることになる衆議院議員の総選挙における小選挙区選出議員の選挙及び参議院議員の通常選挙における選挙区選出議員の選挙において投票をすることができず、選挙権を行使する権利を侵害されることになるので、そのような事態になることを防止す

るために，同上告人らが，同項が違憲無効であるとして，当該各選挙につき選挙権を行使する権利を有することの確認をあらかじめ求める訴えであると解することができる。

選挙権は，これを行使することができなければ意味がないものといわざるを得ず，侵害を受けた後に争うことによっては権利行使の実質を回復することができない性質のものであるから，その権利の重要性にかんがみると，具体的な選挙につき選挙権を行使する権利の有無につき争いがある場合にこれを有することの確認を求める訴えについては，それが有効適切な手段であると認められる限り，確認の利益を肯定すべきものである。そして，本件の予備的確認請求に係る訴えは，公法上の法律関係に関する確認の訴えとして，上記の内容に照らし，確認の利益を肯定することができるものに当たるというべきである。なお，この訴えが法律上の争訟に当たることは論をまたない。

そうすると，本件の予備的確認請求に係る訴えについては，引き続き在外国民である同上告人らが，次回の衆議院議員の総選挙における小選挙区選出議員の選挙及び参議院議員の通常選挙における選挙区選出議員の選挙において，在外選挙人名簿に登録されていることに基づいて投票をすることができる地位にあることの確認を請求する趣旨のものとして適法な訴えということができる。

4 そこで，本件の予備的確認請求の当否について検討するに，前記のとおり，公職選挙法附則8項の規定のうち，在外選挙制度の対象となる選挙を当分の間両議院の比例代表選出議員の選挙に限定する部分は，憲法15条1項及び3項，43条1項並びに44条ただし書に違反するもので無効であって，別紙当事者目録1記載の上告人らは，次回の衆議院議員の総選挙における小選挙区選出議員の選挙及び参議院議員の通常選挙における選挙区選出議員の選挙において，在外選挙人名簿に登録されていることに基づいて投票をすることができる地位にあるというべきであるから，本件の予備的確認請求は理由があり，更に弁論をするまでもなく，これを認容すべきものである。

第4 国家賠償請求について

国家賠償法1条1項は，国又は公共団体の公権力の行使に当たる公務員が個別の国民に対して負担する職務上の法的義務に違背して当該国民に損害を加えたときに，国又は公共団体がこれを賠償する責任を負うことを規定するものである。したがって，国会議員の立法行為又は立法不作為が同項の適用上違法となるかどうかは，国会議員の立法過程における行動が個別の国民に対して負う職務上の法的義務に違背したかどうかの問題であって，当該立法の内容又は立法不作為の違憲性の問題とは区別されるべきであり，仮に当該立法の内容又は立法不作為が憲法の規定に違反するものであるとしても，そのゆえに国会議員の立法行為又は立法不作為が直ちに違法の評価を受けるものではない。しかしながら，立法の内容又は立法不作為が国民に憲法上保障されている権利を違法に侵害するものであることが明白な場合や，国民に憲法上保障されている権利行使の機会を確保するために所要の立法措置を執ることが必要不可欠であり，それが明白であるにもかかわらず，国会が正当な理由なく長期にわたってこれを怠る場合などには，例外的に，国会議員の立法行為又は立法不作為は，国家賠償法1条1項の規定の適用上，違法の評価を受けるものというべきである。最高裁昭和53年（オ）第1240号同60年11月21日第一小法廷判決・民集39巻7号1512頁は，以上と異なる趣旨をいうものではない。

在外国民であった上告人らも国政選挙において投票をする機会を与えられることを憲法上保障されていたのであり，この権利行使の機会を確保するためには，在外選挙制度を設けるなどの立法措置を執ることが必要不可欠であったにもかかわらず，前記事実関係によれば，昭和59年に在外国民の投票を可能にするための法律案が閣議決定されて国会に提出されたものの，同法律案が廃案となった後本件選挙の実施に至るまで10年以上の長きにわたって何らの立法措置も執られなかったのであるから，このような著しい不作為は上記の例外的な場合に当たり，このような場合においては，過失の存在を否定することはできない。このような立法不作為の結果，上告人らは本件選挙において投票をすることができず，これによる精神的苦痛を被ったものというべきである。したがって，本件においては，上記の違法な立法不作為を理由とする国家賠償請求はこれを認容すべきである。

そこで，上告人らの被った精神的損害の程度について検討すると，本件訴訟において在外国民の選挙権の行使を制限することが違憲であると判断され，それによって，本件選挙において投票をすることができなかったことによって上告人らが被った精神的損害は相当程度回復されるものと考えられることなどの事情を総合勘案すると，損害賠償として各人に対し慰謝料5000円の支払を命ずるのが相当である。そうであるとすれば，本件を原審に差し戻して改めて個々の上告人の損害額について審理させる必要はなく，当審において上記金額の賠償を命ずることができるものというべきである。そこで，上告人らの本件請求中，損害賠償を求める部分は，上告人らに対し各5000円及びこれに対する平成8年10月21日から支払済みまで民法所定の年5分の割合による遅延損害金の支払を求める限度で認容し，その余は棄却することとする。

第5 結論

以上のとおりであるから，本件の主位的確認請求に係る各訴えをいずれも却下すべきものとした原審の判断は正当として是認することができるが，予備的確認請求に係る訴えを却下すべきものとし，国家賠償請求を棄却すべきものとした原審の判断には，判決に影響を及ぼすことが明らかな法令の違反がある。そして，以上に説示したところによれば，本件につき更に弁論をするまでもなく，上告人らの予備的確認請求は理由があるから認容すべきであり，国家賠償請求は上告人らに対し各5000円及びこれに対する遅延損害金の支払を求める限度で理由があるから認容し，その余は棄却すべきである。論旨は上記の限度で理由があり，条約違反の論旨について判断するまでもなく，原判決を主文第1項のとおり変更すべきである。

(以下略)

> 【課題】　今回の行政事件訴訟法の改正により，これが正しく適用されるなら大きな前進ではあるが，現状ではなお行政優位の姿が根本的に変わったとはいえないだろう。日本弁護士連合会が平成17年10月18日に公表した「行政法制度に関する第二次改革の要望書」を読んで，企業なり一個人の立場に立って，今後の行政法制度をよりよい方向に改革してゆくとして，その在り方について考えてみよう。

■ **日本弁護士連合会「行政法制度に関する第二次改革の要望書」**（平成17年10月18日）

行政主導の社会の仕組みは，経済を量的に拡大することが最大の目標であった時代には

有効性を持ちましたが，我が国が世界有数の豊かな国になり，国民の価値観が多様化した今日，綻びは明らかとなりました。そのような時代の司法の役割について，政府のもとにおかれた司法制度改革審議会の意見書（平成13年6月）は，事前規制型から事後審査型への行政スタイルの転換していく中にあって，行政改革・規制改革とならんで，誤った行政活動を是正する行政訴訟制度が大きな役割をもつことを指摘しました。意見書が指摘するように，これまでの行政訴訟制度は，国民の救済手段として不十分であり，かつ行政に対するチェックという機能も果たしてきませんでした。

そこで，上記意見書を受けた司法制度改革推進本部のもとで，行政訴訟制度の改革が検討され，行政事件訴訟法が改正されるとともに，平成16年10月に積み残し課題に関する検討結果「行政訴訟検討会最終まとめ－検討の経過と結果」が発表されました。

今般の行政訴訟改革は，行政事件訴訟法の一部改正により，司法の行政に対するチェック機能の強化を部分的に実現するものでありました。しかし，上記意見書が述べた包括的な改革項目からしますと，なお積み残した課題は数多くにのぼっています。

その中の主要課題は，裁量統制の改革，行政計画・行政立法の争訟手続の整備，客観訴訟の充実（団体訴訟，納税者訴訟の創設）で，これらが第二次改革の主要課題であります。なお，行政手続法の行政立法に関する規定が改正され，平成17年6月29日に公布されましたが，第二次改革の必要性は全く減じておりません。そして，司法の行政に対するチェック機能を強化するためには，行政訴訟制度，行政手続の改革にあわせて，個別実体法を含めた改革も不可欠です。

そこで，当連合会は，第二次改革をすみやかにかつ十分な検討をもって準備するため，内閣に行政法制度改革審議会（仮称）を設置することを要望致します。

改革議論は広く国民に公開するものとし，有識者，在野法曹を含めて多角的議論ができるような審議会とし，委員の人選には十分な配慮をすべきです。

事務局の組織体制は第二次改革を推進するためには重要であり，法務省，最高裁，日弁連からの任命のほか，経済団体，労働団体などから推薦を受けた有識者，及び，行政法研究者などで構成されるものとし，常勤，非常勤を含め，整備された推進体制としなければなりません。

そして審議会は，3年を目処として答申を出すこととします。

なお，当連合会としましては，上記主要課題，その他の諸課題について，「行政法制度に関する第二次改革の要綱案」として取り纏めましたので，別紙のとおり添付致します。

＜別紙＞

行政法制度に関する第二次改革の要綱案

Ⅰ．裁量統制の改革

行政の裁量に対する裁判所の審査を充実させるために，行政事件訴訟法第30条の規定を見直し，合理性の基準，比例原則，代替案の検討等の裁量に関する司法審査の基準を法定する。

今次の行政訴訟改革は，主観訴訟の訴訟要件を緩和することに主眼が置かれていたが，裁量審査に関する直接の手当てはなされていない。しかし，「裁量権の範囲をこえ又はその濫用があった場合に限り」処分を取り消すことができるとする行政事件訴訟法第30条の規定は，具体的内容が何ら明らかではなく，司法による裁量審査の基準は明確となっていない。司法制度改革推進本部事務局の「行政訴訟検討会最終まとめ－検討の経過と結果

ー」(平成16年10月,以下「検討会最終まとめ」という。)も,行政訴訟改革の主要な積み残し課題の1つに「裁量に関する司法審査」を挙げている。

そこで,前提となる個別法における処分要件や手続の定め方の改善や,行政手続法の改正・整備とともに,これまでの判例の蓄積や学界の研究実績を踏まえて,合理性の基準,比例原則,代替案の検討等の裁量に関する司法審査の基準を法定すべきである。

II. 行政立法・行政計画に対する行政手続・争訟手続の整備

行政立法・行政計画の適法性に対する司法的チェック手段を確立するために,行政事件訴訟法上の抗告訴訟,公法上の当事者訴訟とは別に,行政立法の効力・違法性を直接の審理対象とする新たな訴訟制度を創設するとともに,あわせてその前段階の行政手続及びその参加手続・不服申立手続を整備する。

検討会最終まとめが,行政訴訟改革の積み残し課題のうち主要なものとして,「行政立法の司法審査」及び「行政計画の司法審査」を挙げているように,行政立法及び行政計画に対する司法的チェックは,現行制度(抗告訴訟,公法上の当事者訴訟,国家賠償訴訟)では不十分であり,処分性の認められない行政立法・行政計画についても,その一般性・抽象性・多種多様性に配慮しながら,早期の段階における司法審査を確保することが必要である。

この点,都市計画について,いわゆる圏央道あきる野IC事業認定・収用裁決取消訴訟第一審判決(東京地判平16年4月22日判時1856号32頁)が,事情判決の適用の可否に関する判断において,事業計画の適否について早期の司法判断を可能にする争訟手段を新設することが是非とも必要であると付言したことは記憶に新しいところである。

そこで,権力分立の中で司法が果たすべき役割を踏まえつつ,一定の行政立法及び行政計画を直接の訴訟対象とする新たな訴訟制度を,一般法または個別法において創設する必要がある。その際には,他の救済類型との役割分担を考慮しつつ,訴訟対象とすべき範囲,原告適格,訴訟参加,出訴期間の要否,判決効,仮の救済等について更に検討を行う。

III. 団体訴訟制度の創設

消費者団体や環境保護団体が原告となり,拡散的集団的利益を守るための客観訴訟を提起することを認める団体訴訟制度を創設する。

改正行政事件訴訟法第9条第2項は,原告適格の範囲を実質的に拡大するために考慮事項を規定したが,主観訴訟である抗告訴訟では,特定の個人の利益に必ずしも還元しがたい消費者保護,環境保護,文化財保護などの拡散的集団的利益の司法的救済を図ることができない。検討会最終まとめも団体訴訟を行政訴訟改革の主要な積み残し課題の1つと位置付けている。

そこで,消費者保護団体や環境保護団体のように公益性を有する団体が公益を擁護するために一定の行政庁の行為の違法を争う訴訟制度を,一般法または個別法において創設する必要がある。その際には,先行している民民間の訴訟制度である消費者団体制度の検討結果を参照しつつ,訴訟対象とすべき範囲,適格団体の要件,主観訴訟との調整,判決効等について更に検討を行う必要がある。

IV. 公金検査請求訴訟制度の創設

国レベルの財務会計行為を国民が監視し是正するための制度として公金検査請求訴訟を創設する。

地方自治法においては,普通地方公共団体の住民が,その財務行為の違法性をチェックし,損害を回復する訴訟として,「住民訴訟」が認められている。

住民訴訟は，地方自治法に規定された客観訴訟であり，住民であれば，誰でも，普通地方自治体における違法な財務行為について，その差止め，損害賠償請求・不当利得返還請求訴訟などを提起することができる。これまで公共事業談合，官官接待，不正裏金，不正補助金，不正手当など多くの事案で，住民の訴えに基づいて，裁判所が違法行為を認定し，その結果，普通地方自治体の損害が回復，防止され，更に普通地方公共団体の行政における財務行為のあり方が是正，改革されてきた。

ところが，普通地方公共団体以上に多額の税金が支出されている国については，違法な財務行為が明らかになっても，国民がこれを正す訴訟は認められておらず，そのため，たとえば，公共事業談合が発覚しても，国の損害は放置される事態となっている。このような事態は，普通地方公共団体と比べて明らかに正義に反するものである。国における財務行為の適法性の確保は国民にとってきわめて重要であり，法治主義，財政民主主義の観点から，そして司法による行政の適法性確保の必要性の観点から，国レベルでの住民訴訟の創設の必要性が指摘されてきた。行政訴訟検討会の「行政訴訟制度の見直しのための考え方と問題点の整理（今後の検討のためのたたき台）」（平成15年10月）においても，「国の支出の適法性を確保するための納税者訴訟」について「十分な検討を行う必要がある」とされている。

そこで，国レベルの住民訴訟制度として，公金検査請求訴訟制度を創設すべきである。同制度は，住民監査請求，住民訴訟制度と基本的には同様の制度とし，国版の監査請求制度（「公金検査請求制度」）では，会計検査院に対して監査を請求するものとする。すなわち，国民は，会計検査院に対し，国の財務行為について，これを特定し，その違法性，損害を指摘して検査を行うよう求めることができるものとし，会計検査院は，検査を行った結果，違法な財務行為があると判断した場合には，関係者に対し，損害回復等の必要な措置を勧告するものとする。国民からの検査請求に対して，会計検査院が勧告措置を取らない場合，あるいはその勧告措置が十分なものではないとして納得できない場合には，国などを被告として必要な措置を取るよう請求する訴訟を提起することができる制度である。

V．その他の改革諸課題

行政法制度に関する多数の課題を整理し，優先順位をつけて今後の改革スケジュールとその方向性を決定する。

日弁連は，その他の主な改革諸課題とその改革の方向性について，次のように考える。

1．国民が行政訴訟を更に提起しやすくするための方策として次の改革をすべきである。

（1）訴え提起の手数料の合理化

行政訴訟につき一律に少額の定額手数料を定めるとすることや，複数の原告が同一の処分の違法を争う場合に訴額の基礎となる利益が共通である（民事訴訟法第9条第1項ただし書参照）とみなすものとすること等について更に検討し，法改正を含む所要の措置を講じる必要がある。

（2）弁護士費用の片面的敗訴者負担制度の導入

行政訴訟について，被告行政側が敗訴した場合にのみ弁護士費用の敗訴者負担を認める片面的敗訴者負担制度を導入することについて更に検討し，法改正を含む所要の措置を講じる必要がある。

2．行政訴訟の運用面等における改革として，陪参審制度ないし裁判員制度を導入すべきである。

行政訴訟の審理において，国民の健全な社会常識を反映させることにより，より公正で

適切な裁判を確保するため，陪参審制度ないし裁判員制度を導入することについて，裁判員制度の実施状況を踏まえつつ更に検討し，法改正を含む所要の措置を講じる必要がある。

3．行政訴訟以外の救済制度の整備としては，行政不服申立手続・行政審判の改革などをしなければならない。

個別行政法に規定されている不服申立前置制度を廃止すること，不服申立制度および行政審判を抜本的に改革することについて，実際の運用状況を踏まえつつ更に検討し，法改正を含む所要の措置を講じる必要がある。

4．行政法制の継続的改革を行うために，恒常的改革機関を設置すべきである。

高度に複雑化した社会における行政諸法制は不断のメンテナンスを必要としており，行政法制とその運用状況を常にチェックし改革していくことが必要である。そのための恒常的改革機関を設置することについて検討し，法制定を含む所要の措置を講じる必要がある。

以上

4　ノーアクションレター制度

　行政庁の許認可権を背景とした事前規制は必要最少限とし，あらかじめ明示される公正なルールによる事後規制を原則とする制度に変わりつつある。しかし，ルールがあらかじめ明確でなければ，事業者は予期しない事後規制により不測の損失を被ることになり，事後規制の意味がなくなる。そこで法令の適用について，事業者が事前に管轄行政庁の確認を得て安心して事業展開をなしうるようにするため，ノーアクションレター制度が各省庁により運用されている。

　各府省（公取委，警察庁，金融庁，総務省，法務省，財務省，外務省，文部科学省，厚生労働省，農林水産省，林野庁，経済産業省，国土交通省，気象庁，環境省）の法令適用事前確認手続は，http://www.e-gov.go.jp/link/no_action_letter.html から知ることができる。

【課題】　以下に引用する公正取引委員会のノーアクションレター制度の説明と，レジ袋有料化に関する事前相談の実例を読んで，その内容を簡潔にまとめなさい。また，このようなノーアクションレター制度は，窓口での行政指導とどのように異なるだろうか，考えてみよう。

■　公正取引委員会：事業者等の活動に係る事前相談制度

1　趣旨

　公正取引委員会は，法運用の透明性の向上を図るとともに，事業者等の自らの行為への法適用に関する予見可能性を高めるとの観点から，事業者等が行おうとする具体的な行為に関し，当該行為が公正取引委員会所管法令の規定に抵触するか否かについて，相談に応じ，回答する制度の整備を図ることとし，そのための手続きを以下のとおり定める。

　なお，本制度によらない一般的な相談については，従来と同様に取り扱うこととする。

2　対象となる行為

　事前相談の対象となる行為は，事業者又は事業者団体が実施しようとする具体的な行為

であって，私的独占の禁止及び公正取引の確保に関する法律（昭和22年法律第54号。以下「独占禁止法」という。），下請代金支払遅延等防止法（昭和31年法律第120号。以下「下請法」という。）又は不当景品類及び不当表示防止法（昭和37年法律第134号。以下「景品表示法」という。）（これら3法を以下単に「法律」という。）の規定に抵触するか否かが明らかでないものとする。ただし，独占禁止法第4章の規制対象となる企業結合案件に係る相談については，本制度の対象外とする。

3　申出の用件

事前相談の申出については，次に掲げるすべての要件を満たす場合に内容の検討を行うこととする。

（1）　相談の対象となる行為を行おうとする事業者又は事業者団体（以下「申出者」という。）からの申出であること。

（2）　将来自ら行おうとする行為に係る個別具体的な事実を示すこと。

（3）　申出者名並びに相談及び回答の内容が公表されることに同意していること。

4　申出の方法

（1）　事前相談の申出を行おうとする者は，当該相談の対象となる行為に応じて，別紙1から別紙5の様式＜略＞のうち，事案に応じ該当するものにより事前相談申出書(電子的方法を含む。以下同じ。)を提出するものとする。事前相談申出書には，相談内容の概要を示した書面を添付するものとする（事前相談申出書及び相談内容の概要を示した書面に企業秘密が含まれる場合には，それに該当する部分を明示すること。）。

（2）　事前相談申出書は，公正取引委員会事務総局経済取引局取引部長あてに提出するものとする。

なお，各地方事務所・支所等を経由して提出することもできるものとする（事前相談申出書の提出窓口は別紙6＜略＞。

（3）　事前相談申出書が前記3の申出の要件を備えていない場合には，その旨を申出者に口頭又は書面（電子的方法を含む。以下同じ。）により通知するものとする。

（4）　申出者が事前相談申出書に公表時期の延期を希望する旨，その理由及び公表可能とする時期を付記している場合には，速やかにその内容を検討し，その諾否を，申出者に対して，後記8に掲げる回答期間内に遅滞なく書面により通知するものとする。

5　事前相談申出書の補正

本制度の運用上必要な範囲内で，申出者に対して事前相談申出書の補正（回答を行うために必要と判断される資料等の追加的提出を含む。）を求めることができる。

6　相談の取下げ

後記8に掲げる回答を行うまでの間に申出者から相談の取下げの申出があった場合は，後記8の規定にかかわらず，当該申出に係る相談に対する回答は行わないものとする。この場合において，当該相談については，後記10の規定は適用しない。

7　検討，照会等

事前相談の申出があった場合には，事前相談申出書に記載された行為について，法律に抵触するか否かの検討を行う。検討に際しては，必要に応じ，申出者の同意を得て，申出者以外の第三者からヒアリングを行うほか，広く意見を求めることがある。

8　回答

（1）回答期間

原則として，事前相談申出書を受領してから30日以内に書面により回答を行うものとする。ただし，事前相談申出書を受領後，回答を行うために必要と判断される資料等の追加的提出を求めた場合には，すべての資料等

を受領してから30日以内に回答を行うものとする。
（2）回答期間の延長
　慎重な判断を要する場合，担当の課室の事務処理能力を超える多数の事前相談の申出により業務に著しい支障が生じている場合等，合理的な理由により，設定された回答期間内に回答を行うことができない場合には，申出者に対して，その理由及び回答の見通しを書面により通知しなければならない。
（3）回答の方式
　事前相談申出書に記載された事実を前提に，事前相談申出書に記載された行為が法律の規定の適用対象となるかどうか，又は法律の規定に抵触するか否かについて，現時点における見解を書面により回答するものとする。
　なお，回答において，必要な場合には期限又は条件を付すことがある。
（4）回答を行わない事案
　以下のいずれかに該当する場合には，具体的な理由を申出者に対して書面により通知した上で，回答を行わないことがある。
　　ア　相談に密接に関連する事案が訴訟の対象となっているなど，私的紛争に介入することとなる場合。
　　イ　公正取引委員会が適切な判断を行うに足るだけの情報を申出者その他の事業者等から入手できない場合。
　　ウ　一般に提供されている解説等により既に当該相談に係る法律の解釈が明らかにされているような事案に関する相談，又は既に公正取引委員会のホームページ等において回答が公開されている相談と同種類似の相談である場合。
　　エ　回答を行うことにより，審査活動又は審判手続に支障を生じるおそれのある場合。
　　オ　共同研究開発又は特許・ノウハウライセンス契約に関する相談等の場合であって，技術の内容又は将来の製品市場に及ぼす影響に係る評価を必要とする場合（独占禁止法に係る相談の場合）。
　　カ　商品又は役務の効能，効果等が明らかでない場合（景品表示法に係る相談の場合）。
（5）回答の効果
　（1）により，法律の規定に抵触するものでない旨の回答をした場合においては，当該相談の対象とされた行為について，法律の規定に抵触することを理由として法的措置を採ることはないものとする。ただし，事前相談申出書や提出を受けた資料等に事実と異なる記載があった場合，申出に係る行為の内容と異なる行為又は回答に付された期限を超え若しくは条件に反する行為が行われた場合は，この限りでない。

9　回答の撤回

　前記8（1）により法律の規定に抵触するものでない旨の回答をした後において，相談の対象となった行為に係る市場における申出者等の地位や当該市場の状況が著しく変化する等，当該回答に際して判断の基礎となった事実に変更が生じた場合，その他当該回答を維持することが適当でないと認められる場合には，理由を付記した書面をもって，その全部又は一部を撤回することがある。この場合には，原則として，回答の全部又は一部を撤回し，必要な措置を採るための合理的な期間を経た後でなければ，当該相談の対象とされた行為について，法的措置を採らないものとする。

10　事前相談の公表

（1）公表内容
　申出者名並びに相談及び回答の内容を公正取引委員会のホームページ等において公表するものとする。ただし，相談及び回答の内容のうち，行政機関の保有する情報の公開に関する法律（平成11年法律第42号）に定め

る不開示事由に該当し得る情報が含まれている場合には，これを除いて公表することができる。

（２）公表時期

申出者名並びに相談及び回答の内容は，原則として回答を行ってから３０日以内に公表するものとする。

（３）公表の延期

申出者が事前相談申出書に公表の延期を希望する理由及び公表可能とする時期を付記している場合であって，その理由が相当であると認められるときは，回答を行ってから３０日を超える日以後に公表を行うことができる。ただし，この場合においては，必ずしも申出者の希望する時期まで公表を延期するものではなく，公表を延期する理由が消失した場合には，公表する旨を申出者に通知した上で，公表を行うことができる。

■ 事前相談の事例：レジ袋の利用抑制のための有料化の決定について

公正取引委員会は，事業者等の活動に係る事前相談制度に基づく，株式会社エコスからの相談の申出について，平成１４年４月２６日，下記のとおり回答

記

1 本件相談に係る行為

（１）共同行為の参加事業者

相談の行為の参加事業者は，株式会社エコス，株式会社マルエツ，株式会社かましん及び株式会社オータニ（以下「４社」という。）である。４社は，食料品等の日常使用される多種類の商品（以下「食料品等」という。）を主としてセルフサービス方式により小売販売している事業者（以下「スーパー」という。）である。

４社は，栃木県河内郡南河内町及び下都賀郡国分寺町の地域の食料品等の小売販売分野において，５割を超える販売シェアを有する。

（２）共同行為の目的

南河内町及び国分寺町は，ビニール・プラスチックごみの減量化に取り組んできたところ，いわゆるレジ袋の大半が一般ごみとして排出されており，南河内町の住民アンケートの結果，レジ袋が有料であれば４人のうち３人が自前の買物袋を持参するとの回答を得たことから，両町の地域における主要な食料品等の小売業者である４社に対して，レジ袋を有料化することを依頼した。

４社は，このような南河内町及び国分寺町の依頼を受けてごみの減量化に資するため，その方策の一つとして以下のような行為を共同して行うことを検討している。

（３）共同行為の内容

４社は，レジ袋を無償配布していたところ，自然環境に資する活動のために寄付することを明示した上で，レジ袋を利用する顧客に一定の費用負担の協力を求めることを決定するとともに，当該費用を１枚当たり５円とすることを検討している。具体的には，レジにおいて顧客にレジ袋を提供しないこととし，レジとは別の場所にレジ袋を置き，レジでの支払を済ませた顧客がレジ袋を利用した場合に１枚当たり５円を箱に入れてもらうこと等を考えている。また，同時に，４社は行政の協力も得て一定の費用負担を求めることを顧客に広く周知することとしている。

なお，４社は，レジ袋を利用する顧客が負担した費用のすべてを顧客に対して示しているように自然環境に資する活動に寄付するとしている。

2 相談に対する考え方

（１）本件相談の行為に対する独占禁止法上

の考え方は次のとおりである。

ア　4社は，一般の商品の販売に付随して無償配布されているレジ袋の利用を抑制するために，レジ袋を利用する顧客に費用負担の協力を求め，かつ，顧客が負担した費用の全額を自然環境に資する活動に寄付し，その旨を顧客に明示するものであることから，本件相談の行為において4社がレジ袋を利用する顧客に一定の費用負担を求めることは，一般の商品の販売とは異なる。

イ　4社がレジ袋を利用する顧客に対して5円の費用負担を求めることが競争に与える影響をみると，①4社によれば，レジ袋が有料であれば，約4分の3の顧客がレジ袋を利用しないとしていることから，レジ袋に係る費用が顧客の買物をするスーパーの選択に与える影響は小さいと考えられること，②スーパーにおいては多種類の商品について活発な競争の実態があることから，顧客にとって5円の費用負担が買物をするスーパーの選択に影響を与える程度の顧客誘引効果があるとはいえず，競争に与える影響は小さい。

ウ　本件相談の行為は，レジ袋の利用を抑制してごみの減量化を図るという社会公共的な目的のためになされるものである。

エ　レジ袋を利用するかどうかは顧客の任意の判断に委ねられており，また，レジ袋を利用する顧客に対し，レジ袋の原価等を考慮して5円の費用負担を求めるものであることから，本件相談の行為が顧客の利益を不当に害するとはいえない。

（2）したがって，4社の行為は，それがレジ袋の利用を抑制するために，レジ袋を利用する顧客に5円の費用負担の協力を求め，顧客が負担した費用の全額を自然環境に資する活動に寄付し，その旨を顧客に明示するものであって，各社が当該行為に自由に参加・離脱できるものである限り，独占禁止法上問題となるものではない。

3　結論

以上のとおり，事前相談申出書に記載された4社の行為は，直ちに独占禁止法上問題となるものではない。

なお，本回答に際しての判断の基礎となった事実に変更が生じた場合その他本回答を維持することが適当ではないと認められる場合には，文書により本回答の全部又は一部を撤回することがある。この場合は，このような撤回をした後でなければ，本件相談の対象とされた行為について，法的措置を採ることはない。

【課題】　上記のノーアクションレター制度及び実例を読んで，以下について考えなさい。

Q1　A社が新しいビジネス・スキームを計画する場合，「このビジネス・スキームに法的に問題があるか否か，確認を求める」ことは可能か。

Q2　行政庁から「該当しない」旨の見解が示されたが，裁判所がそれとは異なった判断に立って，事前確認会社に損害が生じた場合，会社は国家賠償を請求することができるか。

Q3　上記の公取委の実例で，会社が計画の実施を非常に急いでおり，事前確認などしている暇はなく，即時実施に移したいと希望している場合，法務部ないし顧問弁護士としてはどのように対応すべきか。

5　許認可権と参入障壁

【課題】　以下の判決を読んで，事実，争点，裁判所の判断をまとめなさい。

● 福岡地裁平成10年8月27日判決（判例時報1697号45頁）

原告　　専門学校設立代表者
被告　　国

　　　　　　主　　文
一　被告が平成9年9月30日付けで通知した（厚生省収健政第371号）平成8年7月2日，同年12月2日及び平成9年4月1日付けで申請のあった柔道整復師法第12条に基づく柔道整復師養成施設の指定についてはこれを行わない旨の処分を取り消す。
二　訴訟費用は被告の負担とする。
　　　　　　理　　由
第一　請求　　主文同旨
第二　事案の概要
　本件は，原告の柔道整復師養成施設指定申請に対し，被告が右指定を行わない旨の処分をしたことから，これを不服とする原告が，右処分は違法であるとして，その取消しを求めた訴訟である。
一　争いのない事実等
1　柔道整復師について
(1)　柔道整復師とは，被告の免許を受けて，柔道整復を業とする者である（柔道整復師法（以下法という。）2条1項）。
(2)　柔道整復の業務は，打撲，捻挫，脱臼及び骨折に対して外科手段，薬品の投与等の方法によらないで，応急的若しくは医療補助的方法によりその回復を図ることを目的とするものである。
(3)　柔道整復師の免許は，柔道整復師試験（以下試験という。）に合格した者に対して，被告が付与することとされ（法3条），試験の受験資格は，学校教育法56条の規定により大学に入学することのできる者で，3年以上，文部大臣の指定した学校又は被告の指定した柔道整復師養成施設（以下養成施設という。）において解剖学，生理学，病理学，衛生学その他柔道整復師となるのに必要な知識及び技能を修得したものに限られる（法12条）。
(4)　養成施設の指定
　①　養成施設の指定を受けようとするときは，設置者はその所在地の都道府県知事を経由して，被告に対し，申請手続をしなければならない（柔道整復師学校養成施設指定規則（以下規則という。）2条）。なお，学校の指定を受けようとするときは，文部大臣に対し同様の手続をしなければならない。また，養成施設の指定基準は，規則四条に定められている。
　②　関係団体の同意書の添付
　平成元年9月29日付け厚生省健康政策局長通知柔道整復師養成施設指導要領について（以下指導要領通知という。甲五）によれば，都道府県知事は，養成施設の設置計画書の進達に際しては，関係団体（社団法人日本柔道整復師会の都道府県段階の組織及び都道府県知事において必要と認めた団体）の同意書を添付することとされている。
　なお，社団法人日本柔道整復師会は公益法

人であり，その組織数において当業界において全国で最多の団体である。

2　本件の経緯

(1)　原告　原告は，養成施設である福岡柔道整復師専門学校（仮称。以下本件施設という。）の設立代表者である。なお，本件施設は，規則4条に定められた指定基準を充たしている。

(2)　第一次申請

原告は，福岡県内において養成施設を設置することを計画し，規則2条に従い，平成8年7月2日，平成10年4月1日設置予定の本件施設に係る柔道整復師養成施設指定認可申請書を福岡県知事宛に提出した（以下，右申請書の提出を指して，第一次申請という。）。

(3)　本件審議会の開催　平成8年10月21日，第一次申請を受けて，法25条により養成施設の指定に関する重要事項を審議することとされているあん摩，マッサージ，指圧，はり，きゅう，柔道整復等審議会（以下本件審議会という。）が開催された。本件審議会では，次の2点を理由として，第一次申請を認めることは適当でないとの意見が出された（乙四）。

①　新設の必要性の不存在　養成施設は，昭和48年以降新たな設立はされていないが，柔道整復師の従事者数は相当増加してきている状況にあり，従来の養成施設と同様の施設を新たに設立する特段の必要性が見い出し難いこと。

②　関係団体等の反対意見　福岡県から，柔道整復師について不足しているとの認識になく，将来的にも不足する状況にないとして，養成数の増加を招く今回の計画は不適切である旨の意見が出されており，また，福岡県の意見書にもあるように柔道整復師の関係団体からも反対の意見が提出されていること。

(4)　健康政策局長の通知平成8年10月28日付け厚生省健康政策局長の健政発第928号柔道整復師養成施設の指定申請についてとの書面をもって，原告に対し，養成施設としての指定を行わない方針である旨の厚生省健康政策局長の通知（以下指定申請通知という。甲三の二）がされ，福岡県知事から原告に送付された。

(5)　第二次及び第三次申請原告は，同年12月2日，再度指定認可申請書を福岡県知事宛に提出した（以下，右申請書の提出を指して，第二次申請という。）ところ，被告から正式な回答が得られなかったため，平成9年4月1日，本件施設の設置予定日を平成10年4月1日から平成11年4月1日に変更した上で，重ねて本件施設にかかる指定認可申請書を提出した（以下，右申請書の提出を指して，第三次申請といい，第一次ないし第三次申請を総称して本件各申請という。）。

(6)　原告は，第二次申請に当たり，全国柔整鍼灸協同組合九州支部支部長，同組合理事長，ＪＢ日本接骨師会理事の各同意書を得て，これを添付している（甲七ないし九）。

(7)　福岡県私立学校審議会の答申平成9年1月28日に開催された福岡県私立学校審議会において，本件施設の専修学校としての設置認可についての第一次審議が行われ，第二次審議に移行することにつき支障はないとの意見となり（甲一七），右審議会は，右意見を同年2月3日付けで福岡県知事に対し答申した（甲一八）。

(8)　公正取引委員会からの要請　被告は，平成9年7月7日付けで公正取引委員会から，養成施設に係る被告の指定の運用について，法令に具体的な根拠のない需給調整を行うことは競争政策の観点から極めて問題であるので，このような運用を行わないよう要請を受けた（乙五）。

(9)　本件審議会の再開催本件審議会は，平

成9年9月12日付けで次の意見を提出した（乙六）。

① 養成施設の指定に当たり，法令に具体的な根拠のない需給調整を行うことは競争政策の観点から極めて問題であるとする公正取引委員会からの要請は，昨今のあらゆる分野での規制緩和，自由競争化という傾向から理解できる。

② しかしながら，国民に適切な医療を提供する体制を整備することは医療行政の重要な柱であり，この観点から医療従事者の適正な需給を図ることが求められており，柔道整復師の養成に関しても医療保険を含む医療制度の今後の方向をも念頭に置いて議論を行う必要があると考えられる。

これらのことに加え，埼玉県知事及び福岡県知事の意見も参考としながら，今般，競争政策の観点を含め，改めて議論したものであるが，昨年の意見を変える必要はないとの結論に達したものである。

③ よって，速やかに適切な措置をとるべきである。

(10) 本件処分　本件各申請に対して，被告は，平成9年9月30日付け書面（厚生省収健政第371号）をもって，平成8年7月2日，平成8年12月2日及び平成9年4月1日付けで申請のあった柔道整復師法第12条に基づく柔道整復師養成施設の指定についてはこれを行わないこととし（以下，右の指定を行わなかった行為を指して本件処分という。），その旨を原告に通知したが，本件処分の理由として，以下の点を挙げている（甲一の二）。

① 柔道整復師の従事者数は相当増加してきている状況にあり，養成力の増加を伴う施設を新たに設置する必要性が見い出し難いこと。

② 本件審議会から本件申請に関して認めることは適当でないとの意見書が提出されていること。

③ 柔道整復師の従事者数等について

（ⅰ）　全国の柔道整復師の従事者数の推移は，昭和45年が6974人，平成6年が2万6221人，平成8年が2万8244人であり（乙一），平成6年の数は，昭和45年の数の約3．76倍，平成8年の数は昭和45年の数の約4．05倍である。

（ⅱ）　福岡県の柔道整復師数本件施設の設置が予定されている福岡県における柔道整復師の従事者数は，昭和55年当時193人であったが，平成6年には635人に増加しており，15年間に約3．29倍に増えている（甲二の三）。

（ⅲ）　人口との対比

a）　平成6年7月作成の統計表によると，柔道整復師1人当たりの人口は，全国平均が4983人であり，都道府県別では，東京都が2138人，福岡県が8508人であり，人口10万人に対する柔道整復師数は，全国平均が20．1人であり，都道府県別では，東京都が46．8人，福岡県が11．8人であった（甲一〇）。

b）　平成8年末の時点における人口10万人に対する柔道整復師数は，全国平均が22．4人であり，都道府県別では，東京都が54．2人であるのに対し，福岡県14．1人，佐賀県12．8人，長崎県16．5人，熊本県6．8人，大分県14．4人，宮崎県13．5人，鹿児島県14．3人，沖縄県5．1人，鳥取県5．5人，島根県9．9人，岡山県11．0人，広島県12．2人，山口県9．9人，徳島県16．5人，香川県25．6人，愛媛県8．2人，高知県26．1人であった（甲一一）。

（ⅳ）　整形外科医師数

a）　平成6年の全国の整形外科医師数は

２万１６６１人であり，昭和４５年の１万１１００人の約２．１４倍となっている（乙二）。

　　b）　平成６年末における人口１０万人に対する整形外科医の数は，全国平均が１２．５人であり，都道府県別では，東京都が１３．７人，福岡県が１６．８人であり，沖縄県を除いた中国，四国，九州地方の各県における数は，全国平均のそれを上回っている（乙三）。

（ⅴ）　柔道整復師養成施設現在指定を受けている養成施設は全国で１４校（入学定員数の合計は１０５０名）あるが，その内６校は関東地方に，３校は近畿地方に存在し，九州，中国，四国地方には養成施設が１校もない。

養成施設の新設は，昭和４８年から現在まで１校も認められていない。

なお，文部大臣の指定を受けた学校はない。

（ⅵ）　試験実施結果

　　　　　受験者数　合格者数　合格率（パーセント）
平成５年度　１０６６人　　９６３人　９０．３
平成６年度　１１９４人　１０５９人　８８．７
平成７年度　１２１３人　１００５人　８２．９
平成８年度　１２７６人　１０６３人　８３．３
平成９年度　１２９６人　１１３７人　８７．７
　　　　　　　　　　　　　　　平均　８６．４

二　争点　　本件処分の違法性の有無
三　争点に関する原告の主張　＜略＞
四　争点に関する被告の主張　＜略＞

第三　当裁判所の判断
一　本件処分における被告の裁量について

　１　法は，柔道整復師の資格を定めるとともに，その業務が適正に運用されるように規律することを目的としており（１条），試験の受験資格として被告指定の養成施設での修業を要求している（１２条）のであるから，養成施設の指定に当たっては，その養成施設が一定の水準を備え，試験の受験資格を与え得る者を養成できるか否かを中心に判断するのが原則であると解される。

　２　法令の解釈は，制定目的のほか，規定の体裁等を考慮してなされるべきであるから，法をあん摩等法と対照して考察することとする。

（１）　法制定の経緯法は，昭和２２年１２月に法制化されたあん摩，はり，きゅう，柔道整復等営業法から，昭和４５年に分離され，単独法として制定されたものである。

（２）　法とあん摩等法との共通性。あん摩マッサージ指圧師等及び柔道整復師はいずれも医療の一翼を担う者として医療類似行為を行うことは同一であるから，あん摩等法と法とに分離された後も，数次の改正の内容，当該法律に基づく規則の内容も後記の一点を除いては同様のものとなっている。

すなわち，あん摩等法２条は，あん摩マッサージ指圧師等の免許は，学校教育法５６条の規定により大学に入学できる者で３年以上文部大臣の認定した学校又は被告の認定した養成施設であん摩マッサージ指圧師等となるのに必要な知識及び技能を習得したもので，被告が行うあん摩マッサージ指圧師等の試験に合格した者に被告が与えるとされ，あん摩マッサージ指圧師等の学校又は養成施設認定の実体的要件については，あん摩等法では後記の一点を除いて具体的な基準を定めておらず，同法を受けて制定されたあん摩マッサージ指圧師，はり師及びきゅう師に係る学校養成施設認定規則が，右学校又は養成施設の施設，設備，教員組織等について定めているのみである。

（３）　あん摩等法と法との違い。右のように，あん摩マッサージ指圧師等と柔道整復師とは，その免許や試験受験資格及びその養成施設の認定・指定については，横並びの規定となっているが，あん摩マッサージ指圧師についてのみ，著しい視覚障害のある者（以下視覚障害者という。）に対する受験資格が特例として

緩和され（あん摩等法18条の2），かつ，前記学校及び養成施設の認定・承認をしないことができる例外（同法19条）が規定されている点が異なっている。

すなわち，同法19条1項は，「当分の間，文部大臣又は厚生大臣は，あん摩マッサージ指圧師の総数のうちに視覚障害者以外の者が占める割合，あん摩マッサージ指圧師に係る学校又は養成施設において教育し，又は養成している生徒の総数のうちに視覚障害者以外の者が占める割合その他の事情を勘案して，視覚障害者であるあん摩マッサージ指圧師の生計の維持が著しく困難とならないようにするため必要があると認めるときは，あん摩マッサージ指圧師に係る学校又は養成施設で視覚障害者以外の者を教育し，又は養成するものについての第2条第1項の認定又はその生徒の定員の増加についての同条第3項の承認をしないことができる。」と特に規定しているところ，この規定の趣旨は，あん摩マッサージ指圧師の養成業への参入を自由に認めると，生計の維持が著しく困難となり，業務内容の質の低下を招き，ひいては適切な医療体制の確保に支障を生じるおそれがあるから，前記認定規則の基準を充たすものであっても，認定されない場合があることを定めたものであると解される。

ところで，法には，右のような規定は存しないから，規則の指定基準を充たす養成施設において修業した者に対し試験の受験資格を与えることで，業務内容の質の低下を防止し，適切な医療体制を確保することは可能であると考えられ，右基準が充たされる以上は，被告は原則として，養成施設の指定を行わなければならないものであると解される。

3　仮に，医療行政等の観点から，指定基準を充たすにもかかわらず例外的に指定を行わないことができる場合があるとしても，右に述べたところによれば，それは被告の広範な裁量に委ねられるものではなく，個別案件において合理的かつ具体的な理由が示されなければならないと考えられる。

そこで，次項以下において，本件処分の理由について検討する。

二　本件処分の理由第一（新設の必要性の不存在）について。

柔道整復師の従事者数は，増加傾向にあるが（第二の一3一），柔道整復師の数が増大することは，そのサービスを受ける国民にとっては，その施術内容その他医療サービスの内容等により，柔道整復師を選択できることとなり，国民にとって利益になることはあっても，不利益にはならないものである。

ところが，平成8年末時点における人口10万人に対する柔道整復師の数は，全国平均で22．4人であるのに対し，福岡県では14．1人であり，福岡県以外の九州各県，中国地方全県及び四国地方の一部の県についても，人口10万人に対する柔道整復師の数は，いずれも全国平均を大きく下回っている。

また，既存の養成施設は九州，中国，四国地方には一校もなく，このことが右の一要因になっていると考えられる。

本件施設の定員との関係について検討すると，平成9年度の試験受験者数は1296人，合格者数は1137人，合格率は87．7パーセントであり，平成5年度から同9年度までの年平均合格率は，86．46パーセントであるところ，原告主張のとおり，本件施設の定員が120名であるとすると，平成9年度の試験受験者数は1416名となるが，右人数が受験したと仮定して，合格率を右年平均合格率86．46パーセントとして計算すると，合格者は1224名となる。

この場合，不合格者数は平成9年度のそれよりも33名増加するに過ぎない。

ところで，人口１０万人に対する柔道整復師従事者数が全国平均を上回っている地域において，柔道整復師の経営の著しい不安定化，施術の低下の招来，適切な医療体制への支障が発生したとの事実は本件全証拠によるも認められないし，全国的にも柔道整復師が過剰，過当競争の状態にあると認めるに足りる証拠もない。

また，柔道整復師数と整形外科医数との間の相関関係を認めるに足りる証拠も存しない。したがって，柔道整復師数を増加させるべきか否かの点につき，当該地域の整形外科医数を考慮しなければならないということはできないし，柔道整復師数は増加していることが認められるものの，全国的に柔道整復師数が過剰な状況にあると認めることもできず，特に福岡県を含む，九州，中国地方及び四国地方の一部では，柔道整復師の供給が全国平均水準を下回り，不足していることが認められるのであるから，本件処分の理由第一の，養成施設を新たに設置する必要性がないとの判断は，その根拠が薄弱なものであるといわざるを得ない。

三　本件処分の理由第二（本件審議会の意見）について。

本件審議会の権限は，被告の諮問に応じ，重要事項を調査審議することにある（法２５条）から，被告は，養成施設の指定をするに当たっては，本件審議会の意見に拘束されることなく判断することができるものであるところ，福岡県知事の意見書に添付された社団法人福岡県柔道整復師会の意見は，理由根拠を示すことなく，単に社団法人福岡県柔道整復師会は反対しますと示されているのみであり，他方，原告は，第二次申請において，全国柔整鍼灸協同組合九州支部長，同組合理事長，ＪＢ日本接骨師会の各同意書を添付して申請したものである。

また，公正取引委員会事務総局経済取引局総務課長から，平成９年７月７日付けで，厚生省健康政策局総務課長宛に，養成施設の指定に係る被告の指定の運用については，競争政策の観点から極めて問題であるので，このような運用を今後行わないよう強く要請する旨の書面が出されたところ，右書面（乙五）には，養成施設の指定に係る厚生省の運用は，法令に具体的な根拠のない需給調整であり，養成施設への新規参入を不当に制限するものであるとともに，右需給調整の結果，昭和４６年以来養成施設への新規参入が全くないため，養成施設のみならず，柔道整復師自体について著しい地域的偏在が生じており，柔道整復の利用者のニーズに応えるものとなっていないなど，競争政策の観点からは極めて問題である旨記載されている。

そもそも，公正かつ自由な競争を維持・促進するためには，参入・退出の自由が保障されている必要があるから，行政機関は，法令に具体的な規定がない参入・退出に関する行政指導により公正かつ自由な競争が制限され，又は阻害され，独占禁止法との関係において問題を生じさせるおそれが生じないよう十分留意すべきである。

右によると，本件審議会の意見は問題をはらむものであって，被告はこれに拘束されるものではなく，これを尊重すべきものでもないというべきである。

四　以上によると，規則に規定されている指定基準が充たされている以上，被告において裁量の余地はなく，被告は，本件施設を養成施設に指定しなければならなかったものである。

仮に，裁量の余地があったとしても，それは前記のとおり小さなものであり，被告の裁量権の行使には逸脱があったというべきである。

したがって，本件処分は違法であり，取り消されるべきものである。

五 よって，本訴請求は理由があるからこれを認容し，訴訟費用の負担につき行政事件訴訟法7条，民事訴訟法61条を適用して，主文のとおり判決する。

（裁判長裁判官　古賀　寛　裁判官　金光健二　裁判官　秋本昌彦）

【課題】　柔道整復師養成機関設置不指定取消判決を読んで，以下のQについて考えなさい。
Q1　按摩師等と柔道整復師とで法令上の違いがあるのはなぜだろうか。
Q2　法令の定めている一定の基準を満たしていても設置を認めないことが合理的な場合には，どのような場合があるだろうか。
Q3　原告は違法な処分によって設置をすることができなかったことになるが，国に対して国家賠償を求めることはできるか。また，新規参入に反対してきた業界に対しては，何らかの法的措置を講じることはできるか。
Q4　行政庁との接触において，法務担当の果たす役割として，どのようなことが考えられるか。

第14章　企業法務の広大な裾野
　　　──競争，個人情報保護，ハラスメントなど

　本書ではこれまで，企業を取り巻くさまざまな法務問題を取り上げてきた。しかし企業法務問題は，無限ともいえる広大な裾野を有している。本書ではそれらをすべて網羅的に取り上げることはできないが，第2編の最後にこれまでの章では触れることができなかった競争，個人情報保護，及び，ハラスメントをめぐる問題を取り上げておく。

1　競　争

【課題】　企業法務において競争の問題は欠かすことのできない課題である。以下の判決を読んで，企業間における公正かつ自由な競争の具体的な在り方について考えてみよう。なお独占禁止法についてまだ勉強していない人は，公正取引委員会発行のパンフレット（http://www.jftc.go.jp/dokkinpamph.pdf）で概略をつかんでおこう。なお，経済産業省の「市場競争を巡る紛争に関する相談」について，http://www.meti.go.jp/policy/kyoso_funso/index.html 参照。

● 東京地裁平成18年1月19日判決（東京地裁ホームページ）

原告：ヤマト運輸株式会社
被告：日本郵政公社

主　文
1　原告の請求をいずれも棄却する。
2　訴訟費用は原告の負担とする。

事実及び理由
第1　請求
　1　被告は，原告の宅急便サービスの取次店であるコンビニエンスストアに対し，郵便局局舎の一部を市場価格を著しく下回る額の賃料で貸し付け，私設郵便差出箱からの取集料を免除する等の不当な利益をもって，被告の一般小包郵便物サービスの取引所となるよう誘引してはならない。
　2　被告は，株式会社ローソンの直営店又は加盟店の店舗を取次所として，被告の一般小包郵便物サービスを提供してはならない。
　3　被告は，株式会社ローソンに対し，同社の直営店又は加盟店の店舗での被告の一般小包郵便物サービスの取次の委託を撤回する

旨通知せよ。
　4　被告は，別紙一覧表（省略）記載の料金未満の料金で被告の一般小包郵便物サービスを提供してはならない。
　5　訴訟費用は被告の負担とする。
　6　仮執行宣言
第2　事案の概要
　本件は，宅配便事業を営む原告が，被告は，一般小包郵便物（ゆうパック）の新しい料金体系による役務の供給によって，「不公正な取引方法」（昭和57年公正取引委員会告示第15号）6項の「不当廉売」に当たる行為を行い，かつ，株式会社ローソンに対して，郵便局舎の余裕スペースを低額の賃料で賃貸したり，ローソン店舗内の私設郵便差出箱からの取集料を免除するなどの利益を提供して，一般小包郵便物（ゆうパック）サービスの取次所となるよう誘引することなどによって，同告示9項の「不当な利益による顧客誘引」に該当する行為を行っており，そのため，原告は利益を侵害されていると主張して，私的独占の禁止及び公正取引の確保に関する法律24条所定の差止請求権に基づき，これらの被告の行為の差止め等を求めた事案である。
＜中略＞
　1　法令の定め
　　(1)　私的独占の禁止及び公正取引の確保に関する法律（昭和22年法律第54号。以下「独占禁止法」という。）19条は，「事業者は，不公正な取引方法を用いてはならない。」と規定しているところ，同法24条は，「第8条第1項第5号又は第19条の規定に違反する行為によってその利益を侵害され，又は侵害されるおそれがある者は，これにより著しい損害を生じ，又は生ずるおそれがあるときは，その利益を侵害する事業者若しくは事業者団体又は侵害するおそれがある事業者若しくは事業者団体に対し，その侵害の停止又は予防を請求することができる。」旨を定めている。
　　(2)　また，上記の「不公正な取引方法」については，同法2条9項において，次のとおり定義している。
　「この法律において「不公正な取引方法」とは，次の各号のいずれかに該当する行為であつて，公正な競争を阻害するおそれがあるもののうち，公正取引委員会が指定するものをいう。
　一　不当に他の事業者を差別的に取り扱うこと。
　二　不当な対価をもつて取引すること。
　三　不当に競争者の顧客を自己と取引するように誘引し，又は強制すること。
　四　相手方の事業活動を不当に拘束する条件をもつて取引すること。
　五　自己の取引上の地位を不当に利用して相手方と取引すること。
　六　自己又は自己が株主若しくは役員である会社と国内において競争関係にある他の事業者とその取引の相手方との取引を不当に妨害し，又は当該事業者が会社である場合において，その会社の株主若しくは役員をその会社の不利益となる行為をするように，不当に誘引し，そそのかし，若しくは強制すること。」
　　(3)　そして，同項の規定を受けて，公正取引委員会は「不公正な取引方法」（昭和57年公正取引委員会告示第15号。以下「一般指定」という。）を定め，不公正な取引方法に当たる行為を指定しているが，一般指定6項及び9項においては，それぞれ次のような行為が「不公正な取引方法」に当たると定めている。
　「（不当廉売）
　6　正当な理由がないのに商品又は役務をその供給に要する費用を著しく下回る

対価で継続して供給し，その他不当に商品又は役務を低い対価で供給し，他の事業者の事業活動を困難にさせるおそれがあること。」

「（不当な利益による顧客誘引）

9　正常な商慣習に照らして不当な利益をもつて，競争者の顧客を自己と取引するように誘引すること。」

2　前提となる事実

以下の事実は，原則として，当事者間に争いがない事実である…＜中略＞。

(1)　（原告）

　ア　原告は，昭和4年2月21日に設立された小口貨物輸送等を業とする株式会社である。

　イ　原告は，昭和51年1月に宅急便の事業を開始し，その年間取扱個数は，昭和58年度には1億個を，平成4年度には5億個を超えて，平成15年度には約10億1115万個となり，取扱個数において33.5パーセントのシェアを，売上金ベースにおいて40.8パーセントのシェアをそれぞれ有し，いずれも業界第1位の地位にある。

(2)　（被告）

被告は，平成15年4月1日，中央省庁等改革基本法（平成10年法律第103号）33条1項に規定する国営の新たな公社として，独立採算制の下，信書及び小包の送達の役務，簡易で確実な貯蓄，送金及び債権債務の決済の手段並びに簡易に利用できる生命保険を提供する業務，当該業務を行うための施設その他の経営資源を活用して行う国民生活の安定向上及び国民経済の健全な発展に資する業務等を総合的かつ効率的に行うことを目的として，設立された法人である。

(3)　（被告における一般小包郵便物の事業の推移）

被告…は，昭和59年に一般小包郵便物（ゆうパック）の集荷を，平成7年には一部地域で翌朝10時郵便を，平成8年には保冷郵便サービスをそれぞれ開始し，平成11年には，20キログラムまで取扱いを拡大するとともに，配達時間帯指定サービスを開始し，平成12年には配達時間帯指定サービスを夜間の時間帯に延長するなどしてきた。

小包郵便物は，信書以外の物（その物に添付する無封の添え状又は送り状を含む。）を内容とする郵便物で，その包装の表面の見やすい所に小包なる文字を掲げたもの（郵便法（昭和22年法律第165号）30条）であり，一般小包郵便物（ゆうパック）と冊子小包郵便物とがあるが，そのうち，一般小包郵便物（ゆうパック）の年間取扱個数は，昭和57年には約8300万個であったものが，昭和63年には1億1000万個を，平成2年には1億6000万個を超え，平成15年には，1億8218万個となり，取扱個数において6パーセントのシェアを，売上金ベースにおいて6.5パーセントのシェアを有し，いずれも業界第5位の地位にある。（甲2，10の2，乙1，2）

(4)　（ローポスくんの設置）

ローソン店舗約7700店内には，平成15年1月1日から，「ローポスくん」の愛称で呼ばれる郵便差出箱が設置されているが，この郵便差出箱について，被告は取集料を徴収していない。

(5)　（ポスタルローソンの出店）

株式会社ローソンは，被告から，郵便局舎の余裕スペースを賃借し，平成15年8月5日代々木郵便局内に「ポスタルローソン代々木局店」を，同月26日青葉台郵便局内に「ポスタルローソン青葉台局店」を，平成16年8月5日被告北海道支社内に「ポスタルローソン道庁赤れんが前店」をそれぞれ出店した。

(6)（被告と株式会社ローソンとの提携）

被告は，平成16年8月18日，株式会社ローソンとの間で，ローソン国内全店（同年7月末現在で7851店）を取次所として同年11月中旬ころから被告の一般小包郵便物（ゆうパック）サービスを提供する旨の提携を合意し，その旨を発表した。

(7)（原告と株式会社ローソンとの業務委託契約の解消）

原告は，昭和63年5月に株式会社ローソンとの間で宅急便取扱店業務委託契約を締結し，継続してきたが，同契約は，同社と被告との業務提携に伴い，平成16年8月ころ，解消された。

(8)（被告総裁の平成16年11月17日の定例会見における発言）

被告の代表者である日本郵政公社総裁A（以下「被告総裁」という。）は，平成16年11月17日，定例会見において，株式会社ローソンとの間で，同年8月18日に一般小包郵便物（ゆうパック）取扱いに関して合意に達し，これに基づいてローソン全店舗で一般小包郵便物（ゆうパック）の取扱いを開始すること，取扱い店舗はローソン店舗全部（同年10月末現在で7911店）であること及び開始日は同年11月18日であることを明らかにした。

また，被告総裁は，記者から，その際，「他のコンビニでのゆうパックの展開は」との質問を受け，「前からいろんなコンビニさんが，郵政と組むということについて，今後民営化していくから，いろんなポテンシャリティーというか，潜在的な何かがあるのではないか，メリットがあるのではないかということで，いろいろ関心を示していらっしゃるところがありますけれど，今のところ，具体的にどこといった話はありません。まあ，様子を見ているのではないですか。」と発言し，さらに，他のコンビニエンスストアでの展開に関連して，記者から，「公社としては，どんどん増やしていくと」という質問を受けて，「公社としては，よほど強く，何が何でもと言われない限り，少なくとも今のところは静かに見ていたいと思います。やっぱり，コンビニさんの業種からみると，いろんな事業展開をしたいので，向こうから御覧になる時の，民営化された後の郵政事業というのは，特に窓口ネットワークに御興味があるのだと思います。だから，何もこっちが，どなたかを排除してなんていう考えを持たなくても，いろいろ御関心が示されるし，お話は自然にあるので，それを待ってお話しする。これは，ローソンさんも含めて，民業圧迫という次元のレベルではないです。民業圧迫と言われると，はてなと思わざるを得ないというのが実情です。」と発言した。（甲26の2）

(9)（ゆうパックの従来の料金体系）

原告の宅急便サービスの料金体系は，荷物の縦・横・高さの寸法の合計と重量区分ごとに料金が決定されるものであり，別紙一覧表（省略）記載のとおりとなっているほか，1個につき100円の持込割引がある。

他方，被告の一般小包郵便物（ゆうパック）の平成16年9月30日までの料金体系は，次の表＜略＞のとおりであり，荷物の重量を主な基準として料金が決定されるものであった。　＜表省略＞

なお，上記表のあて先欄における地帯については，差出地の都道府県とあて地の都道府県との掛合せにより，第1地帯から第4地帯までの地帯の区別を250とおり定めていた。（甲7の1，甲38）

(10)（被告の新料金体系の設定）

被告は，平成16年10月1日から，一般小包郵便物（ゆうパック）の料金体系を変更して，実施している（以下，変更後の料金体

系を「新料金体系」という。）。

被告の新料金体系は，従来の重量を主な基準とすることに代えて，荷物の寸法を主な基準として料金を決定するものであり，次の表の料金を基本料金（1個からの差出しに適用するサイズ別料金のものである。そのほかに，①同時又は月間10個以上差し出された場合に適用する特別料金，②同時又は月間200個以上の差出しを対象とする郵便物の重量別の区分に応じた特別料金，③重量が6キログラム又は11キログラムを超えないものに対する1か月間の差出個数及び地帯に応じた一定重量まで均一の特別料金，④年間2万個以上差し出す場合に適用する年間契約による一定重量まで均一の特別料金がある。）としているほか，持込割引（郵便局等の窓口に持ち込んで差し出した場合に1個につき100円を割り引くもの），同一あて先割引（差出日前1年以内に差し出された一般小包郵便物（ゆうパック）で同一のあて先が記載されているものについて，1個につき50円を割り引くもの）及び複数口割引（あて先が同一のものを同時に2個以上6個以下差し出した場合に，1個につき50円を割り引くもの）がある。

なお，基本料金においては，サイズごとの重量制限はなく，すべて30キログラムまでとされていた。　　＜表省略＞

3　当事者の主張　＜略＞

4　争点

(1)　一般指定9項の不当な利益による顧客誘引の有無について

ア　被告が株式会社ローソンに対して正常な商慣習に照らして不当な利益を提供しているか否か。

イ　被告は，上記の不当な利益の提供により，原告の顧客を自己と取引するように誘引したといえるか否か。

(2)　一般指定6項の不当廉売の有無について

ア　被告は，一般小包郵便物（ゆうパック）の役務を，一般指定6項前段の「その供給に要する費用を…下回る対価で継続して供給し」ていると認められるか否か。また，その程度は著しいといえるか否か。

仮に被告が一般小包郵便物（ゆうパック）の役務をその供給に要する費用を著しく下回る対価で継続して供給していると認められる場合，そのことに正当な理由があるといえるか否か。

イ　被告が，一般小包郵便物（ゆうパック）の役務を，一般指定6項後段の「不当に…低い対価で供給し」ていると認められるか否か。

ウ　被告の新料金体系による一般小包郵便物（ゆうパック）の役務の供給が他の事業者の事業活動を困難にさせるおそれがあるものといえるか否か。

(3)　著しい損害の有無について

仮に被告の不当な利益による顧客誘引又は被告の新料金体系による一般小包郵便物（ゆうパック）による不当廉売があると認められる場合，これらの不公正な取引方法を用いた行為によって，原告に著しい損害を生じ，又は生ずるおそれが存在するか否か。

第3　当裁判所の判断

1　一般指定6項の不当廉売の有無（争点(2)）について

(1)　不当廉売の規制の趣旨等について

ア　前記のとおり，独占禁止法は，同法2条9項各号のいずれかに該当する行為であつて，公正な競争を阻害するおそれがあるもののうち，公正取引委員会が指定するものを「不公正な取引方法」と定めた（同条9項）うえで，「事業者は，不公正な取引方法を用いてはならない」（同法19条）と定めてい

る。前記の同法2条9項には、「不当な対価をもつて取引すること」が挙げられており（同項2号），公正取引委員会は，同号の規定を受けて，「正当な理由がないのに商品又は役務をその供給に要する費用を著しく下回る対価で継続して供給し，その他不当に商品又は役務を低い対価で供給し，他の事業者の事業活動を困難にさせるおそれがあること。」を不公正な取引方法の一つとして指定している（一般指定6項）。

このような不当廉売が不公正な取引方法として規制されているのは，自由競争経済は，需給の調整を市場機構に委ね，事業者が市場の需給関係に適応しつつ価格決定を行う自由を有することを前提とするものであり，企業努力による価格引下げ競争は，本来，競争政策が維持・促進しようとする能率競争の中核をなすものであるが，正当な理由がないのに商品若しくは役務を供給に要する費用を著しく下回る対価で継続して供給し，又は不当に商品若しくは役務を低い対価で供給することは，企業努力又は正常な競争過程を反映せず，競争事業者の事業活動を困難にさせるなど公正な競争秩序に悪影響を及ぼすおそれが高いとみられるためであると考えられる（最高裁昭和61年(オ)第655号平成元年12月14日第一小法廷判決・民集43巻12号2078頁参照）。

イ　ところで，一般指定6項においては，「正当な理由がないのに商品又は役務をその供給に要する費用を著しく下回る対価で継続して供給し…他の事業者の事業活動を困難にさせるおそれがあること。」（一般指定6項後段）と「不当に商品又は役務を低い対価で供給し，他の事業者の事業活動を困難にさせるおそれがあること。」（一般指定6項後段）が指定されており，それぞれは，「その他の」ではなく，「その他」でつながれている。

これらの関係については，公正取引委員会事務局が昭和59年11月20日に明らかにした「不当廉売に関する独占禁止法上の考え方」においては「『供給に要する費用を著しく下回る対価』とは，不当に低い対価に該当する典型的な場合を例示したものとされる」との記載も存する。

しかし，一般に，法令においては，「その他の」は，「その他の」前にある字句が「その他の」後ろにある，より内容の広い意味を有する字句の例示として，その一部をなしている場合に用いられるのに対し，「その他」は，「その他」の前にある字句と「その他」の後ろにある字句とが並列の関係にある場合に用いられるところ，告示も公の機関が一定の事項を公式に広く知らせる行為であって，条文形式で定める場合には法令の作成方法に準拠して定められているとみるべきこと，公正取引委員会が平成12年11月24日に取りまとめて関係業界団体等に周知した「酒類の流通における不当廉売，差別対価等への対応について」及び平成13年12月14日に取りまとめて資源エネルギー庁及び業界団体に通知した「ガソリン等の流通における不当廉売，差別対価等への対応について」においては「問題となる廉売の態様としては，『供給に要する費用を著しく下回る対価で継続して供給』する場合と，『その他不当に低い対価で供給』する場合の2つがあり，このような廉売によって，『他の事業者の事業活動を困難にさせるおそれ』がある場合に，不当廉売に該当する。」としていること，一般指定6項前段には「継続して供給」するという継続性が必須の要件とされているのに対し，一般指定6項後段の文言からはその中に継続性の要件が包含されているとは解し難いことなどに照らせば，一般指定6項前段は一般指定

6項後段の例示とみるのではなく，それぞれは並列の関係にあると解するのが相当である。

ウ　a　そして，不当廉売を規制した前記のような趣旨からすれば，一般指定6項前段の「その供給に要する費用を…下回る対価」は，事業者の効率性によって達成した低価格での商品又は役務の供給を抑制する趣旨を含まない一方で，採算を度外視した低価格での商品又は役務の供給を含むことを前提としているものと解される。

したがって，営業原価のみならず，販売費及び一般管理費も「その供給に必要な費用」であることは明らかであるところ，商品又は役務が，営業原価に，これらの販売費及び一般管理費を加えた総販売原価を上回る対価で供給されれば，事業者の効率性によって達成した対価以上の対価で供給しているとみることができるのに対し，商品又は役務が総販売原価を下回る対価で供給されているとすれば，事業者としては，採算を度外視した対価で供給しているとみることができるから，上記の「供給に要する費用」とは，営業原価に販売費及び一般管理費を加えた総販売原価を意味すると考えるのが相当である。

b　一般指定6項後段は，同項前段と異なり，役務等の供給の対価が供給に要する費用をわずかに下回る場合や，役務等の供給が継続的ではないが供給の対価が供給に要する費用を下回る場合を含むものであるが，このような規制が設けられた趣旨は，同項前段と同様であり，同項後段の「不当に…低い対価で供給し」ているとは，市場価格を下回っているのみならず，「供給に要する費用」を下回る対価で供給していることを要すると解するのが相当である。＜中略＞

(2)　また，各項末尾掲記の証拠によれば，次の各事実が認められる。

＜中略＞

コ　（原告の平成16年8月26日付けの意見広告）

原告は，平成16年8月26日付けの全国・地方新聞紙54紙に「クロネコヤマトは変えません」との題名の意見広告を掲載した。

原告は，その中で，「宅急便をご利用のみなさまへ。来る11月18日（木）より，コンビニエンスストアチェーン・ローソンで宅急便ならびに宅急便関連商品・サービスの取り扱いを停止することになりました。これでお客様の身近な窓口がひとつ減ることになりますが，この不便さを解消し，これまで通りの便利さでご利用いただけるよう，クロネコヤマトはより一層の努力を重ねていきます。」，「残念ながら，クロネコヤマトの契約がうち切られました。ローソン本部は8月17日（火），クロネコヤマトに対して宅急便の取扱店契約を中途解約するとの通告をしました。ローソン本部は，最終的に宅配サービスに『ゆうパック』を選んだことになります。かねてからローソン本部は，『宅急便』と『ゆうパック』のどちらも取り扱いたいとの意向を示していました。しかしながら，クロネコヤマトはどうしてもそれに納得できないのです。」，「みなさんはクロネコヤマトのわがままと思われるかもしれません。しかし。わたしたちクロネコヤマトは，お客様の便利を最優先で考える企業風土に生きています。そして，他の宅配業者ともお客様のためという土俵で正々堂々競争したいと思っています。これまでもたくさんの競争があり，お互いに切磋琢磨しながらお客様によりよい商品・よりよいサービスを提供してきたという自負があります。公平な競争がしたいのです。公正な競争がしたいのです。その原則が守られない競争にはあえて挑みたくない。それがクロネコヤマトの企業姿勢なのです。そのことに，クロネコヤマトはお客様無視だ，とのお叱りもあ

るでしょう。けれども，それを覚悟で，あえてわたしたちはこの原則を貫き通したいのです。」，「日本郵政公社は独占事業であげた利益をもとに競争しようとしています。まずお伝えしないといけないのは，日本郵政公社の業務はすべて民間に開かれているわけではない，ということです。言いかえれば，日本郵政公社には，民間企業が手を出せない領域があり，それを独占しています。手紙やハガキは日本郵政公社の独占事業なのです。だから，手紙やハガキの料金に，自由競争はありません。その一方，みなさんは驚かれるかもしれませんが，日本郵政公社は民間と競合する冊子小包（民間でいうメール便）で，大口のお客様に大幅な料金割引制度を適用しています。」，「クロネコヤマトは日本郵政公社との競争に賛成です。ただし，公正ならば。民間企業はすこしでも大きな利益をあげ，法人税を払い，そしてなるべく多くを株主や従業員に還元するよう頑張っています。とくに宅配便業界は，わたしたち民間企業が，企業努力を重ねて新商品・新サービスを開発し，全国津々浦々にお届けできるネットワークをつくり，現在の規模まで市場を拡大させてきました。いま，このわたしたちの市場に，日本郵政公社がローソンを足がかりに入ってこようとしています。さらに日本郵政公社は，税制面などでさまざまな優遇措置を受けているという事実があります。はたして，それが公平なのか。はたして，それが公正なのか。日本郵政公社が，民間が切り拓いた市場で競争をしかけるのはフェアプレーと言えるでしょうか。」及び「クロネコヤマトはお客様に支えられてはじめて存在できる民間企業です。クロネコヤマトはお客様のためにある，その企業姿勢を変えません。宅急便をはじめクロネコヤマトの商品・サービスは，すべてお客様の便利を追求してカタチになったものです。そしてこれからも，さらなる便利な商品・サービスを新しいアイデアで創出していきます。これこそが未来までクロネコヤマトが変えない企業姿勢であり，お客様から選ばれる民間企業としてあるべき企業姿勢であると考えます。」と意見を明らかにした。（甲1，11）

　　サ　（原告の意見広告に対する被告の見解）

　これに対し，被告は，平成16年8月26日，「ヤマト運輸の各紙全面広告（16.8.26）について（公社見解）」を公表した。

　被告は，その中で，「日本郵政公社の扱っている『ゆうパック』につきましては，平成15年度の市場シェアは，6％しかなく，現在，公社では，ゆうパック事業の生き残りをかけて，3年間で，シェアの回復を図るため『ターゲット10（市場シェア10％）』の目標に取り組んでいるところです。市場シェア30％を超えるヤマト運輸様を『不当に圧迫』するような状況にはありません。」及び「ヤマト運輸様は，『公社は税制面などの優遇措置を受けており，公平・公正な競争にならない』と述べておられますが，公社として，それ故に安い料金を設定するような余地も考えもなく，常に公正な料金設定をしております。また，全国のお客様にユニバーサルサービスを提供する役割を担っており，実質的には，公平・公正な競争条件は，担保されていると考えております。」と見解を明らかにした。（甲10の3）

　　　　　　　　＜中略＞

(3)　そこで，まず，被告が一般小包郵便物（ゆうパック）の役務を，その供給に要する費用を下回る対価で供給しているといえるか否か（**争点(2)ア**）について検討する。

　ア　前記(1)ウa記載のとおり，「供給に要する費用」とは，営業原価に販売費及び一般管理費を加えた総販売原価を意味すると考

えるのが相当であるから，本件については，被告の一般小包郵便物（ゆうパック）の新料金体系によるサービス供給が被告における営業原価に販売費及び一般管理費を加えた費用を下回る場合に，初めて被告の一般小包郵便物（ゆうパック）の新料金体系によるサービス供給が一般指定６項前段の「その供給に要する費用」を下回るものと認められることとなる。

　イ　被告は，郵政公社法の規定に従い，毎事業年度，貸借対照表，損益計算書，利益の処分又は損失の処理に関する書類その他総務省令で定める書類及びこれらの附属明細書（以下「財務諸表」という。）を作成して，当該事業年度の終了後３月以内に総務大臣に提出し，その承認を受けなければならない（同法３０条１項）とされているうえ，財務諸表のうち，貸借対照表，損益計算書その他の総務省令で定める書類については，郵便業務，郵便貯金業務及び簡易生命保険業務の区分ごとの内訳を明らかにしなければならないとされている（同条２項）。そこで，これらの規定に基づき，前記認定事実のとおり，被告は，郵便業務の区分に係る営業原価を公表しているところ，第１期事業年度（平成１５年４月１日から平成１６年３月３１日まで）では，郵便業務の区分に係る営業原価１兆８１３６億６２８５万８７９２円のうち，人件費が１兆３５１３億３５５９万７２６０円，経費合計４６２３億２７２６万１５３２円であり，経費のうち，燃料費が５９億３５１１万７９８０円，車両修繕費が５６億９０４６万０２８８円，切手・はがき類購買経費が１４３億３５５３万７９０６円，減価償却費が８５３億８１３０万８９０８円，施設使用料が２９１億３６０７万２６５７円，租税公課が３億６９４２万７１２４円，集配運送委託費が１８４５億７２３２万０９０８円，取扱手数料が

３３５億０９９２万９７６４円，その他が１０３３億９７０８万５９９７円となっている。また，小包郵便物については，被告が公表した平成１５年度郵便の種類別収支によると，同年度では，営業収益１６８６億円から営業費用１６７６億円を差し引いた営業利益が１０億円となっており，また，被告が公表した平成１６年度郵便の種類別収支によると，同年度では，営業収益２３４５億円から営業費用２２６４億円を差し引いた営業利益が８１億円となっていることが認められる。

　このように郵便事業全体（郵便には，小包郵便のほかに，通常郵便と国際郵便が含まれる。）における営業費用については被告において公表されているけれども，小包郵便（小包郵便は，一般小包郵便物（ゆうパック）のほか，冊子小包郵便物が含まれる。）における営業費用は，その総額しか公表されていないところ，本件においては，一般小包郵便物（ゆうパック）における総販売原価については，どのような項目で構成され，その額がいくらであり，その総額がいくらになるかについて具体的な主張，立証はない。

　ウ　ａ　原告は，「原告の宅急便の平成１５年度の年間取扱個数は約１０億１１００万個であり，年間の経常利益は約３４７億円であるから，宅急便１個当たりの経常利益は約３４．３２円であり，原告以外の民間における宅配便サービスも原告とほぼ同額の料金としていることからして，原告の宅急便の料金を最低でも４０円，最大で２２２０円も下回る被告の一般小包郵便物（ゆうパック）のサービスの料金が原価を下回ることは明らかである。」と主張する。

　しかし，不当廉売の規制は，前記のとおり，公正な競争秩序を維持するために，当該事業者における効率性を反映していない価格を問題とするものであり，効率性に劣る他の事業

者等を保護するものではないから，一般指定6項前段の「供給に要する費用」とは，当該行為を行っている者における「供給に要する費用」であって，業界一般の「供給に要する費用」又は特定の競争者の費用をいうものとは解されない。そして，原告の「供給に要する費用」と被告の「供給に要する費用」とが同一であると想定することはできないし，そもそも，経常利益は，営業利益のほかに，営業外の損益も計上して算出されるものであるから，「供給に要する費用」と供給の対価との比較をするに際し，経常利益を基準として用いることが相当であるとも解されない。

したがって，原告の料金との比較から直ちに被告の一般小包郵便物（ゆうパック）の新料金体系による役務の供給が「供給に要する費用」を下回ると推認することはできない。

　b　次に，原告は，「『その供給に要する費用を著しく下回る対価で継続して供給し』ていることとは，その役務についての収支が継続的に著しく赤字であることと置き換えることができる。」としたうえで，「被告の新料金体系による一般小包郵便物（ゆうパック）の役務に係る事業は，継続的に赤字であり，そのため，上記役務が『その供給に要する費用』を下回る対価で供給されたと推認される」と主張する。

確かに，供給に要する費用を下回る対価であれば，取扱量が増加しても，損益分岐点に到達することはおよそあり得ず，取扱個数が増加するに連れ，赤字が増加する関係にあるから，役務についての収支が継続的に著しく赤字である場合のうち，取扱個数が増加しているにもかかわらず，赤字が増加しているときは，供給に要する費用を下回る対価で供給しているとの推認が働く余地がある。

しかし，前記認定事実によれば，被告においては，一般小包郵便物（ゆうパック）の取扱個数が平成15年度の1億8218万個から平成16年度に2億1469万個に約17.8パーセント増加し，小包郵便物の黒字も平成15年度の10億円から平成16年度に81億円に増加していることが認められる。小包郵便物には，一般小包郵便物（ゆうパック）のほか，冊子小包郵便物が含まれることから，冊子小包郵便物の取扱個数の増減も考慮する必要があるけれども，少なくとも，被告の一般小包郵便物（ゆうパック）については取扱個数が増加しているにもかかわらず，赤字が増加しているといった状況は認め難い。

したがって，これらの事実に照らせば，被告の新料金体系による一般小包郵便物（ゆうパック）の役務に係る事業が継続的に赤字であり，そのため，上記役務が「その供給に要する費用」を下回る対価で供給されたと推認されるということもできない。

　c　原告は，「被告の一般小包郵便物（ゆうパック）は，税金の免除をはじめとする種々の優遇措置によって成り立っており，被告の一般小包郵便物（ゆうパック）単独では，赤字である。税金の優遇措置による利益の合計は，約570億8000万円となるところ，これを郵便事業の中の各事業別の営業費用の割合に従って配賦すると，このうち，約52億6000万円が小包郵便物の事業の負担となるはずであり，また，原告の試算によれば，駐車禁止の規制が除外される優遇措置によって，約94億7753万円の費用を免れている。」旨主張する。

確かに，「供給に要する費用」とは，前記のとおり，当該行為を行っている者の供給に要する費用であって，業界一般の供給に要する費用又は特定の競争者の費用を基準とすべきでないというべきであるが，原価を形成する要因が，いわゆる企業努力によるものでなく，当該事業者の場合にのみ妥当する特殊な

事情によるものであるときに、これらの特殊事情の存在を考慮する必要があることは、原告の主張するとおりである。

しかし、まず、所得税、事業税及び住民税の支払が免除されていることについてみれば、これらは、本来利益に課せられるものであるか、利益の有無にかかわらず、一定の基準の下に課せられる性質のものであって、いずれも総販売原価を構成する性質のものではなく、所得税、事業税及び住民税の支払に要する費用は、一般指定6項前段の「供給に要する費用」とはいえないから、所得税、事業税及び住民税の支払を免れているとの事情を被告の「供給に要する費用」を形成する要因として考慮するのは相当とはいえない。

次に、原告が主張するその他の優遇措置についてみると、被告の一般小包郵便物（ゆうパック）の役務における「供給に要する費用」の形成に影響を及ぼす可能性があることは否定できない。

しかし、郵便法は、「郵便の役務をなるべく安い料金で、あまねく、公平に提供することによつて、公共の福祉を増進することを目的」としている（同法1条）ところ、郵便に関する料金について、「郵便に関する料金は、郵便事業の能率的な経営の下における適正な費用を償い、その健全な運営を図ることができるに足りる収入を確保するものでなければならない。」と定めた（同法3条）うえ、「公社は、郵便に関する料金のうち次に掲げるものを定め、総務大臣の認可を受けなければならない。これを変更しようとするときも、同様とする。」とし、認可を要するものとしては、「通常郵便物の料金」、「通常郵便物の特殊取扱（書留、速達、引受時刻証明、配達証明、内容証明、代金引換、特別送達及び年賀特別郵便に限る。）の料金」及び「国際郵便に関する料金（総務省令で定めるものに限る。次項第6号において同じ。）」を定め（同法75条の2第1項）、「第三種郵便物及び第四種郵便物の料金の額が同一重量の第一種郵便物の料金の額より低いものであること」などを認可の要件として定め（同条2項）、「公社は、郵便に関する料金（第1項各号に掲げるものを除く。）を定め、あらかじめ、総務大臣に届け出なければならない。これを変更しようとするときも、同様とする。」とし（同条3項）、さらに、「総務大臣は、この法律を施行するため必要があると認めるときは、公社に対し、郵便に関する料金又は郵便約款を変更すべきことを命ずることができる。」（同法75条の5）と定めて総務大臣による料金等の変更命令を規定している。

また、被告は、郵便法の規定による郵便の業務、郵便貯金法（昭和22年法律第144号）の規定による郵便貯金の業務、郵便為替法（昭和23年法律第59号）の規定による郵便為替の業務、郵便振替法（昭和23年法律第60号）の規定による郵便振替の業務及び簡易生命保険法（昭和24年法律第68号）の規定による簡易生命保険の業務並びにこれらに附帯する業務を行うため、総務省令で定めるところにより、郵便局をあまねく全国に設置することが義務付けられている（日本郵政公社法20条1項）。

さらに、被告は、国家公務員共済組合の給付に要する費用のうち国民年金法（昭和34年法律第141号）94条の2第2項に規定する基礎年金拠出金の納付に要する費用については、当該事業年度において納付される基礎年金拠出金の額の2分の1に相当する額を負担するとされている（国会公務員共済組合法（昭和33年法律第128号）99条3項2号）。

被告が、原告主張のような優遇措置を受ける一方で、法律上、このような郵便料金につ

いての認可制等の負担や郵便局をあまねく全国に設置する義務を課されていることからすると，被告の一般小包郵便物（ゆうパック）の一般指定6項前段の「供給に要する費用」の算定に当たり，所得税等を除いた優遇措置による影響を経済的に考慮するとした場合には，これらの負担や義務が被告の事業に与える経済的な影響も併せて検討する必要があるというべきである。

しかし，本件においては，被告にこれらの負担や義務が課されていることが被告の事業に与える経済的な影響などについては，何らの主張，立証もないことからすれば，被告の一般小包郵便物（ゆうパック）の一般指定6項前段の「供給に要する費用」の算定に当たり，単に所得税等を除く優遇措置による影響のみを経済的に算定して考慮することは相当とはいえないし，被告の財務諸表や郵便の種類別収支で示される原価が不当であると認めることもできない。

したがって，原告の主張するように，被告の一般小包郵便物（ゆうパック）に関する事業は，税金の免除をはじめとする種々の優遇措置によって成り立っており，被告の一般小包郵便物（ゆうパック）単独では赤字であるとの前提が存在するとして，一般小包郵便物（ゆうパック）の供給が「供給に要する費用」を下回っていると認めることはできない。

　d　原告は，「被告の一般小包郵便物（ゆうパック）に関する事業は，独占事業である信書事業によって得られた利益からの補てんによって成り立っており，被告の一般小包郵便物（ゆうパック）単独では，赤字である。」と主張する。

確かに，前記認定事実によれば，

　①　被告の平成14年度及び平成15年度の郵便種類別収支については，小包郵便物の収支が平成14年度は46億円の赤字で，平成15年度も10億円の黒字にすぎないのに対し，第一種郵便物の収支は，平成14年度は432億円の黒字で，平成15年度も761億円の黒字であり，また，第二種郵便物の収支も，平成14年度は24億円の黒字で，平成15年度も156億円の黒字となっていること，

　②　小包郵便物の1個当たりの平均収支が，平成14年度は10.65円の赤字で，平成15年度も1.4円の黒字にすぎないのに対し，第一種郵便物の1個当たりの平均収支は，平成14年度は3.37円の黒字で，平成15年度も6.1円の黒字となり，また，第二種郵便物の1個当たりの平均収支も，平成14年度は0.21円の黒字で，平成15年度も1.5円の黒字となっていること，

　③　他方，第三種郵便物の収支は，平成14年度は269億円の赤字であり，平成15年度は216億円の営業損失であり，第四種郵便物の収支も，平成14年度は41億円の赤字で，平成15年度も30億円の営業損失があり，また，特殊取扱の収支も，平14年度は306億円の赤字で，平成15年度も92億円の営業損失があったこと，

　④　第三種郵便物の1個当たりの平均収支は，平成14年度は27.78円の赤字，平成15年度も25.2円の赤字であり，第四種郵便物の1個当たりの平均収支も，平成14年度は109.65円の赤字，平成15年度も73.1円の赤字であり，また，特殊取扱の1個当たりの平均収支も，平成14年度は49.06円の赤字，平成15年度も17.5円の赤字であったこと，

　⑤　通常郵便物の全体の収支をみても，平成14年度は160億円の赤字であったものの，平成15年度には579億円の営業利益があったこと，

　⑥　通常郵便物の全体の個当たりの平均

収支も，平成１４年度には０．６３円の赤字であったものの，平成１５年度には２．３円の黒字となったことが，それぞれ認められる。

　上記の各事実に照らせば，被告の平成１４年度の収支と平成１５年度の収支については，被告の公社化に伴い，企業会計原則に基づく会計処理に変更したことのほか，種類別に配賦する収益・費用の範囲や費用を種類別に計算する方法を変更したことから，平成１５年度の計数と平成１４年度の計数を単純比較はできないものの，おおむね，第一種郵便物及び第二種郵便物は，黒字であるものの，第三種郵便物，第四種郵便物及び特殊取扱は，赤字であって，通常郵便物全体をみれば，平成１４年度には赤字であったものが，平成１５年度に黒字となったということができる。

　したがって，原告が主張するように，通常郵便物による利益をもって，一般小包郵便物（ゆうパック）の事業が成り立っているという関係を認めることは困難というべきである。

　なお，原告は，「被告の郵便事業には，約１６９３億円の長期融通と約１６９０億円の短期融通等の借入金があるため，年間約１６８億８０００万円の利息を支払っている。借入金で事業を行う場合に，利息が払えなければ倒産するので，赤字か否かの判断には利息の支払も含める必要がある。被告の第１期事業年度（平成１５年４月１日から平成１６年３月３１日まで）の郵便事業の営業外収支は，約１４９億９０００万円の赤字であるから，これを郵便事業の中の各事業別の営業費用の割合に従って配賦すると，このうち約１３億８０００万円が小包郵便物の事業の負担となり，小包郵便物の事業の経常収支は約３億８０００万円の赤字となるのに対し，同様の方法で計算した第一種郵便物の事業の経常収支は約６９２億３０００万円の黒字となり，また，第二種郵便物の事業は約１１８億３００ ０万円の黒字となる。そうすると，結果として，被告の小包郵便物の事業は，営業利益のみで黒字であっても，支払利息の負担を計算に入れて計算すると赤字であり，この赤字は，第一種郵便物及び第二種郵便物の事業の利益で補てんされていることとなる。」と主張するが，一般指定６項前段の「その供給に要する費用を著しく下回る対価」とは，最終的な収益が赤字であるということとは異なり，当該事業における借入金の返済をする必要がある場合であっても，「供給に要する費用」を上回る対価で役務を供給していれば，営業利益を得る余地はあり，これによって借入金を返済していくこともでき，一般指定６項前段の「供給に要する費用」とは，前記のとおり，営業原価に販売費及び一般管理費を加えた総販売原価をいうのであって，支払利息を含むものではないから，被告が郵便事業の借入金の利息として，原告主張のとおりの支払をしているとしても，この点を，被告の「供給に要する費用」の算定の際に考慮することが相当とは解されない。

　e　原告は，「被告の一般小包郵便物（ゆうパック）は，国の信用を背景とする郵便貯金及び簡易保険事業の利益からの調整によって成り立っており，被告の一般小包郵便物（ゆうパック）単独では，赤字である。」と主張し，その理由として，まず「郵便事業と郵便貯金事業及び簡易保険事業との共通経費の配賦において，郵便事業への配賦が不当に少ない。すなわち，共通経費約１兆１９９８億円のうち約４９７０億円（４１．４２パーセント）が郵便事業に配分されているところ，基礎年金拠出金として支払っている公経済負担の総額約３６７億円のうち約２０４億円が郵便事業の負担であることからすれば，約５５．６パーセントを郵便事業の負担とすべきであり，この配賦割合に従って，共通経費約１兆

１９９８億円のうち郵便事業の負担とすべき部分を計算し直すと，約６６７０億円となり，前記４９７０億円との差額１７００億円が不当に調整されている。これを郵便事業における小包郵便物の占める営業費用の割合で配分すると，１５６億６０００万円の負担があるはずである。また，被告の平成１５年度の貸借対照表によれば，土地建物の資産合計約３兆２８５０億円であり，郵便業務の区分に係る貸借対照表の内訳に計上されている土地建物の資産合計約１兆８３８３億円であるから，被告の不動産のうち約５５．９パーセントが郵便事業に割り付けられている。郵政三事業における人件費及び不動産の割合は，共通経費の適正な配賦割合を決めるに当たっての主要な指標というべきであり，原告と被告との競争条件の平等という観点からは，郵政三事業の共通経費のうち郵便事業に配賦されるべき割合は，約５５．６パーセントとするのが相当である。」旨主張する。

確かに，「日本の郵政・平成１６年度版」（甲７の１）によれば，郵政三特別会計（郵政事業特別会計，郵便貯金特別会計及び簡易生命保険特別会計を指している。）において，総務省，郵政事業庁郵政局などの管理部門経費及び郵便局の総務部門経費等７３００億円と郵政事業全体の減価償却費等４６９８億円の合計１兆１９９８億円の管理共通業務に必要な経費を，事業別，人員数，使用面積等の割合で負担した結果，郵政事業の負担は４９７０億円とされている旨の記載があることは，原告の指摘するとおりである。

しかし，これらの記載は，被告が公社となったことに伴い平成１４年度限りで廃止された郵政三特別会計における共通経費の配賦に関する記載にすぎず，他方，前記認定事実によれば，被告は，公社化に併せ，企業会計原則に基づく会計処理に変更したことのほか，種類別に配賦する収益・費用の範囲や費用を種類別に計算する方法を変更したことから，平成１５年度の計数と平成１４年度の計数を単純比較はできないことが認められるところ，原告が指摘する郵便事業の負担割合は公社化後の経費に基づくものであることがうかがわれるから，これらの記載から１７００億円が不当に調整されているとみることはできない。

また，原告は，「共通経費の配賦割合については，会計処理上の適法性の問題は幅が広いものであるから，競争条件の公正という観点からの検証が必要である。」と主張する。

しかし，中央省庁等改革基本法は，政府が総務省に置かれる郵政事業庁の所掌に係る事務を一体的に遂行する国営の新たな公社を設立するために必要な措置を講ずる際に従う方針として，その公社の経営については，独立採算制の下，自律的かつ弾力的な経営を可能とすること（同法３３条１項２号），予算及び決算は企業会計原則に基づき処理し，毎年度の国会の議決を要しないものとするほか，繰越し，移用，流用，剰余金の留保を可能とするなどその統制を必要最小限度のものとすること（同項４号）などを定めている。さらに，政府規制等と競争政策に関する研究会の報告書及び郵政事業の公社化に関する研究会の最終報告等を踏まえて，郵政公社法においては，被告の会計は，総務省令で定めるところにより，企業会計原則によるものとするとされ（同法２９条），また，被告は，前記のとおり，毎事業年度，財務諸表を作成し，当該事業年度の終了後３月以内に総務大臣に提出し，その承認を受けなければならないとされている（同法３０条１項）うえ，財務諸表のうち，貸借対照表，損益計算書その他の総務省令で定める書類については，郵便業務，郵便貯金業務及び簡易生命保険業務の区分ごとの内訳を明らかにしなければならないとさ

第14章 企業法務の広大な裾野

れ（同条2項），被告は，同条1項の規定により財務諸表を総務大臣に提出するときは，これに当該事業年度の事業報告書を添え，並びに財務諸表及び事業報告書（会計に関する部分に限る。）に関する監事及び会計監査人の意見を付けなければならず（同法30条3項），財務諸表及び事業報告書（会計に関する部分に限る。）について，監事の監査のほか，総務大臣が選任する会計監査人の監査を受けなければならないとされている（同法31条）。このように，郵便事業と郵便貯金事業及び簡易保険事業との共通経費の配賦については，法制度上，明確に区分するとともに，公認会計士等の外部者による監査を受けていることとされていることからすれば，郵便事業と郵便貯金事業及び簡易保険事業との共通経費の配賦において，郵便事業への配賦が不当に少なく調整されているとみることは困難である。

　また，前記認定事実によれば，共通経費の配賦について，発生原因に基づく割合や職員の勤務時間比などの割合によって行われていることがうかがわれるのに対し，本件各証拠を検討しても，被告が共通費用について不適切な配賦を行っているとの的確な証拠は存在しない。

　したがって，被告における共通費用の配賦の結果について，郵便事業への配賦が不当に少ないなど不相当なものがあると認めることはできないから，これを前提とする原告の上記主張は理由がない。

　　エ　以上のとおり，本件においては，一般小包郵便物（ゆうパック）における総販売原価については，どのような項目で構成され，その額がいくらであり，その総額がいくらになるかについて，具体的な主張，立証がされていないうえ，原告の主張する各事由を個別に検討しても，被告の新料金体系に基づく一般小包郵便物（ゆうパック）の役務が一般指定6項前段の「その供給に要する費用…下回る対価」で供給されているという事実を認めることは困難である。

　　（4）　次に，被告が，一般小包郵便物（ゆうパック）の役務を，一般指定6項後段の「不当に…低い対価で供給し」ていると認められるか否か**（争点(2)イ）**について検討する。

　役務の供給の対価が一般指定6項後段の「不当に…低い対価」に当たるというためには，それが「その供給に要する費用」を下回る対価で供給されていると認められることが必要であることは，前述したとおりであるところ，本件において，被告の新料金体系に基づく一般小包郵便物（ゆうパック）の役務が「その供給に要する費用」を下回る対価で供給されていると認めることができないことは，既に(3)に詳述したとおりである。

　また，原告は，被告が民業を圧迫する形で官業を肥大化させようとする動きをしていることは，そもそも国の政策に反し不当であると主張するが，一般指定6項は，「不当廉売」によることを「不公正な取引方法」として指定する規定であり，一般指定6項後段の「不当」も「商品又は役務を低い価格で供給すること」について判断されるべきものであって，原告主張のように民業の圧迫に該当するか否かなどが考慮されることは予定していないというべきであり，また，本件においては，被告の新料金体系に基づく一般小包郵便物（ゆうパック）の役務の提供が，税金や郵便事業による収益からの赤字の補てんを前提に成り立っているものとは認められないことも前記認定のとおりである。

　以上のとおり，被告が，一般小包郵便物（ゆうパック）の役務を，一般指定6項後段の「不当に…低い対価で供給し」ていると認めることはできない。

461

(5) 一般指定6項の「他の事業者の事業活動を困難にさせるおそれ」の有無について

ア 一般指定6項の「他の事業者の事業活動を困難にさせるおそれがある」とは，他の事業者の事業活動を困難にさせる結果が招来される蓋然性が認められる場合を指すと解されるところ，他の事業者の事業活動を困難にさせる結果を招来させる蓋然性が認められるか否かは，不当廉売の規制の趣旨が公正な競争秩序を維持することにあることからして，①廉売を行っているとされる事業者の事業の規模及び態様，②廉売とされている役務又は商品の性質，その供給の数量及び期間，方法，③廉売によって影響を受けるとされる他の事業者の事業の規模及び態様等を総合的に考慮して判断するのが相当である。

イ 「前提となる事実」及び前記認定事実によれば，次の各事実が認められる。

a 平成15年度には，被告の一般小包郵便物（ゆうパック）は，取扱個数において6パーセントのシェアで，売上ベースにおいて6.5パーセントで業界第5位であるに対し，原告の宅急便は，取扱個数において33.5パーセントのシェアで，売上ベースにおいて40.8パーセントで業界第1位であったこと

b 同年度の平均単価は，被告の一般小包郵便物（ゆうパック）が605.4円であったのに対し，原告の宅急便は682.5円であり，また，佐川急便の宅配便が530.2円，日本通運の宅配便が519円，福山通運株式会社の宅配便が383.2円，西濃運輸株式会社の宅配便が362.9円であったこと

c 原告の宅急便取扱個数は，平成16年4月から同年9月までの合計5億0972.9万個が平成15年の同時期と比べると105パーセントであったところ，平成16年10月から平成17年3月までの合計5億5332.8万個も平成15年の同時期と比べても105.3パーセントとなっていたこと

d 原告の平成16年度の宅急便取扱個数は，10億6300万個で，平成15年度に比べて5.1パーセント増加し，原告の平成16年度の宅急便の営業収益は，7085億300万円で平成15年度に比べて2.7パーセント増加したこと

e 原告の平成17年4月1日から同年6月30日までの宅急便取扱個数は，2億5100万個で，平成16年の同時期と比べて7パーセント増加したこと

f 原告の平成17年4月1日から同年6月30日までの宅急便の売上高は，1644億8400万円で，平成16年の同時期と比べて4.5パーセント増加したこと

g 原告は，平成16年7月から「超速宅急便」のエリアを拡大するとともに，宅急便のお届日・時間帯をeメールで知らせる「宅急便お届け通知サービス」を開始し，同年11月から担当セールスドライバーの携帯電話に顧客の要望を連絡する「ドライバーダイレクト」を開始したこと

h さらに，原告は，平成17年度（平成18年3月期）における宅急便取扱個数を，前年比5.1パーセント増の11億1700万個と予想し，同期における宅急便売上を，前年比3.5パーセント増の7330億円と予想していること

ウ 以上のとおり，被告の一般小包郵便物（ゆうパック）の事業の規模に比べ，原告の宅急便の事業規模が大きいこと，原告の平均単価が被告及び他の競争事業者と比較して高額であるにもかかわらず，最大のシェアを維持していること，宅急便の物流事業においては，価格の高低のみならず，配達時間の短さや配達の正確性その他のサービスによって需要が左右される傾向が見受けられること，原告は，被告の新料金体系による一般小包郵

便物（ゆうパック）の役務の供給を開始した平成16年10月以降も，各種のサービスの改善等の営業努力によって，宅急便の単価を減少させる一方で，売上及び収益を増やしており，原告自身，そのような傾向は今後も続くものと予想していることなどが認められ，これらの事情を総合的に勘案すると，被告の新料金体系に基づく一般小包郵便物（ゆうパック）の供給によって，原告の事業活動を困難にさせるおそれが存在すると認めることは困難である。

　　（6）　小括

以上によれば，被告の新料金体系に基づく一般小包郵便物（ゆうパック）の役務の提供は，一般指定6項前段の「その供給に要する費用…下回る対価」で供給するものとも，一般指定6項後段の「不当に…低い対価で供給し」ているとも認められず，また，「他の事業者の事業活動を困難にさせるおそれがある」とも認められないから，一般指定6項所定の不公正な取引方法に当たるということはできない。

2　一般指定9項の不当な利益による顧客誘引の有無（争点(1)）について

　　(1)　一般指定9項の不当な利益による顧客誘引の趣旨等について

前記のとおり，独占禁止法2条9項3号を受けて定められた「不公正な取引方法」（一般指定）の9項では，「（不当な利益による顧客誘引）」との見出しのもとに「正常な商慣習に照らし不当な利益をもって，競争者の顧客を自己と取引するように誘引すること。」が指定されている。

このような行為が不公正な取引として規制されているのは，顧客の勧誘は，競争の本質的な要素であり，それ自体は非難されるものではないけれども，本来的な取引対象である商品又は役務以外の経済上の利益を提供することにより顧客を誘引する不公正な競争手段が用いられると，商品又は役務の価格や品質による本来の能率競争が行われないおそれがあるばかりか，消費者による適正な商品又は役務の選択が歪められるおそれがあり，公正かつ自由な競争が阻害されるからであると考えられるから，一般指定9項の「不当な利益」とは，経済上の利益をいうと解すべきである。

　　(2)　そこで，被告が顧客に対して正常な商慣習に照らして不当な利益を提供しているか否かを検討する。

　　ア　原告は，「被告が，株式会社ローソンに対し，①郵便局舎の余裕スペースを低額の賃料で賃貸しているなどの拠点確保の利益，②将来における郵便貯金，簡易生命保険の窓口業務の委託の可能性，③不当廉売に当たる低価格，④ローソン店舗内の私設郵便差出箱からの取集料の免除という一般指定9項の『不当な利益』をそれぞれ提供した。」と主張するので，順次，検討する。

　　イ　原告は，被告は株式会社ローソンに対して，余裕スペースを賃貸して拠点確保の利益を与えていると主張する。

　　a　株式会社ローソンが，被告から，郵便局舎の余裕スペースを賃借して，平成15年8月5日代々木郵便局内に「ポスタルローソン代々木局店」を，同月26日青葉台郵便局内に「ポスタルローソン青葉台局店」を，平成16年8月5日被告北海道支社内に「ポスタルローソン道庁赤れんが前店」をそれぞれ出店したことは前記認定のとおりである。

　　b　各項末尾掲記の証拠によれば，以下の事実が認められる。

　　(a)　（被告総裁の平成15年6月17日の定例会見における発言）

被告総裁は，平成15年6月17日，定例会見において，記者から「郵便局の有効活用ですが，たしか，2つの局に，ローソンの店

舗を設置すると思いますけど，これは6月末の予定が何か一部聞くところによると，何か延び延びになるのではないかと。その辺についてはいかがでしょうか。」との質問を受けて，「僕の理解では，まだローソンは決まっていないと思うけどな。」と返答し，さらに記者から「ローソンは6月末という予定で，部局で準備されていると思う。」と指摘を受けて，事務方に「知っていますか」と尋ねたうえ，「僕の理解ではね，まだ契約とか，きちっとした格好では決まってないと思いますよ。だけど，できたら，7月中旬ぐらいをめどに，できるように話を詰めてみましょうと，これ言っていいのかどうか知らないけれども，そういう段階だと理解しますけれども。」と発言した。

また，被告総裁は，記者から「ちょっと若干，先に延びている。」と言われ，「意識的に延ばしているとか，そういうあれはないと思いますけど。何か手続的なあれで。あるいは，ローソンさんのお考えかな。特に延ばそうなんていう考えは別にありませんけど。」と発言した。

さらに，被告総裁は，記者から，「何か具体的に課題として上がっているようなものはあるのでしょうか，両社で。」と質問を受け，「まあ，大変難しい質問ですけれども，郵便局を，まずお客様に喜んでいただけるようにきれいにしなければいけないのだけれども，きれいにした郵便局に余裕のスペースがあれば，郵便局はもう千差万別ですから，今でも窮屈でしようがないところもあれば，多少スペースの余っているところもあるから，余っているところで，使っていただける場所があれば，何か考えたいとは思っています。今，具体的に何ということを申し上げる段階ではないです。まあ，心に考えているのはやっぱり，社会にお役に立つということと，それから，民業圧迫になると言われるようなことはやらない方がいいだろう。そういうことは極力排しながら，なおかつ，郵便局の採算性というのもありますから，多少でも役立つことは，これから考えていきたいなと思っております。」と発言した。（甲15の3）

　　(b)　（被告総裁の平成15年7月16日の定例会見における発言）

　　被告総裁は，平成15年7月16日，定例会見において，「既に報道発表させていただいておりますけれども，ローソンが8月5日に，代々木郵便局，8月26日に青葉台郵便局でポスタルショップをオープンいたします。」と発言した。（甲15の4）

　　(c)　（ポスタルローソンの賃料）

　　代々木郵便局内の「ポスタルローソン代々木局店」は，賃貸面積78.63平方メートルで，賃貸料は月額38万5287円である。

　　青葉台郵便局内の「ポスタルローソン青葉台局店」は，賃貸面積89.97平方メートルで，賃貸料は月額31万4895円である。

　　被告北海道支社内の「ポスタルローソン道庁赤れんが前店」は，賃貸面積176.56平方メートルで，賃貸料は月額66万7396円（消費税額及び地方消費税額3万1780円を含む。）である。（乙13の1から3まで）

　　(d)　（みずほ信託銀行株式会社による賃料水準の評価）

　　みずほ信託銀行株式会社は，代々木郵便局内に設置されているポスタルローソンの賃料水準を一坪約7000円から約9000円までであり，ポスタルローソン青葉台局店の賃料水準を一坪約1万2000円から約1万4000円までであり，ポスタルローソン道庁赤れんが前店の賃料水準を一坪約8000円から約1万円までであるとそれぞれ評価した。（甲43の1から3まで）

c （a） 日本郵政公社法施行法5条は，「権利義務の承継」として，「公社法の施行の際現に旧総務省設置法第4条第79号に掲げる事務に関し国が有する権利及び義務（郵政事業特別会計，郵便貯金特別会計及び簡易生命保険特別会計がそれぞれ国の他の会計及び資金（財政法（昭和22年法律第34号）第44条に規定する資金をいう。）に対して有する権利及び義務を含む。）は，附則第2条第2項に規定するものその他政令で定めるものを除き，その時において公社が承継する。」としている。

また，日本郵政公社法施行令附則3条は，「公社が承継しない権利義務」として，「日本郵政公社法施行法（以下「施行法」という。）第5条の政令で定める権利及び義務は，次に掲げる権利及び義務とする。」とし，同令附則3条1号で「郵政事業庁の所属に属する土地，建物及び工作物（その土地に定着する物及びその建物に附属する工作物を含む。）のうち，総務大臣が財務大臣に協議して指定するもの以外のものに関する権利及び義務」を，同条2号で「法の施行の際現に総務省の郵政企画管理局及び郵政公社統括官に使用されている物品のうち総務大臣が指定するものに関する権利及び義務」と定めている。

このように，公社化の際にすべての不動産が被告に当然に承継されるわけではないが，被告に属した不動産を国に返還することを定めた規定は見当たらず，原告の主張するような被告に属する不動産に余裕スペースがあるならば，これを財務省に返還して他の有効活用を図るのが当然であるとする根拠を見い出すことはできないから，郵便局舎の余裕スペースは「これを財務省に返還して他の有効活用を図るのが当然である」ことを前提とする原告の主張を認めることはできない。

（b） また，前記認定事実によれば，代々木郵便局内に設置されている「ポスタルローソン代々木局店」の賃料は1平方メートル当たり4900円（一坪当たり1万6170円），青葉台郵便局内に設置されている「ポスタルローソン青葉台局店」の賃料は1平方メートル当たり3500円（一坪当たり1万1550円），被告北海道支社内に設置されている「ポスタルローソン道庁赤れんが前店」の賃料は1平方メートル当たり3600円（一坪当たり1万1880円）であると認められる。

これらの賃料は，みずほ信託銀行株式会社が評価した賃料水準（ポスタルローソン代々木局店につき一坪約7000円から約9000円まで，ポスタルローソン青葉台局店につき一坪約1万2000円から約1万4000円までで，ポスタルローソン道庁赤れんが前店につき一坪約8000円から約1万円まで）と比べても，不当に低額な賃料とはいえないから，被告が株式会社ローソンに対して郵便局舎の余裕スペースを不当に低額な賃料で賃貸していると認めることはできない。

なお，原告は，「被告が証拠として提出した賃貸借契約書は，賃貸借開始当時の賃料額を立証するものではなく，また，被告が株式会社ローソンに対する一般小包郵便物（ゆうパック）の勧誘をしていたと考えられる平成16年3月ころの賃料額は，何ら立証されていない。」旨主張する。しかし，株式会社ローソンが，代々木郵便局内に「ポスタルローソン代々木局店」を出店したのは平成15年8月5日，青葉台郵便局内に「ポスタルローソン青葉台局店」を出店したのは同月26日，被告北海道支社内に「ポスタルローソン道庁赤れんが前店」を出店したのは平成16年8月5日であるところ（原告が指摘の平成16年3月には，被告北海道支社に係る賃貸借はいまだされていない。），被告が提出した代々木郵便局に係る賃貸借契約書（乙13の2）

は平成16年8月4日付けのものであり，青葉台郵便局に係る賃貸借契約書（乙13の1）は同月25日付けのものであり，また，被告北海道支社に係る賃貸借契約書（乙13の3）は同年6月30日付けのものである。上記の被告北海道支社に係る賃貸借契約書は，契約当初のものであると認められ，その余の代々木郵便局に係る賃貸借契約書及び青葉台郵便局に係る賃貸借契約書についても，使用開始から1年ほど後のものであることからすれば，当初の賃料が，これらの契約書記載の賃料と大きく異なることは窺われない。

　　　d　したがって，被告が株式会社ローソンに対して，郵便局舎の余裕スペースを不当に低額な賃料で貸し付け，不当な利益を提供しているとは認めることはできない。

　　ウ　次に，原告は，被告が，株式会社ローソンに対し，将来における郵便貯金，簡易生命保険の窓口業務の委託の可能性を提供したと主張する。

　　　この点について，原告がその根拠として引用する被告総裁の発言は，コンビニエンスストアが被告の業務に関心を示す可能性があることを示唆しているにすぎず，株式会社ローソンに対して何らの利益提供をしていることを示すものとは認められないし，その他に，被告が株式会社ローソンに対し，具体的な経済上の利益を提供していると認めるに足る証拠もない。

　　　したがって，被告は，株式会社ローソンに対し，将来における郵便貯金，簡易生命保険の窓口業務の委託に関し，不当な利益を提供しているとは認められない。

　　エ　さらに，原告は，被告が不当廉売に当たる低価格の提供をしたと主張する。

　　　しかし，被告の新料金体系に基づく役務の供給が不当廉売に当たると認めることができないことは，既に前記1において詳述したところである。

　　　したがって，被告が，株式会社ローソンに対し，このような不当な利益を提供しているとは認められない。

　　オ　また，原告は，被告が，株式会社ローソンに対し，ローソン店舗内の私設郵便差出箱からの取集料を免除するという利益を与えていると主張する。郵便差出箱は，一定の基準により，一般の利用者の差出し上利便と認められる位置に設置されるものであるが，特定の会社，工場等にとって，自己の建物内若しくは構内に出入し，勤務し，又は居住する者らの郵便物差出し上の利便を図るため，その維持に要する費用を負担して自己の希望する位置に自ら私設の郵便差出箱を設置することが認められており（甲7の2），郵便法47条おいて，郵便差出箱は，被告の承認を受けて，これを私設することができる（同条1項）と規定されたうえで，その郵便差出箱の私設に関する条件は，郵便約款でこれを定める（同条2項）とされている。

　　　他方，郵便法75条の6第2項2号は，総務大臣が被告の業務方法書（日本郵政公社法23条1項に規定する業務方法書をいう。）の認可の基準の一つとして，「総務省令で定める基準に適合する郵便差出箱の設置その他の通常郵便物を随時，かつ，簡易に差し出すことを可能とするものとして総務省令で定める基準に適合する郵便物の引受けの方法が定められていること」を規定しており，郵便法施行規則（平成15年総務省令第5号）24条2項は，業務方法書の認可基準の一つとして，郵便法75条の6第2項2号の総務省令で定める郵便物の引受けの方法の基準として，日本郵政公社法の施行の際現にあまねく全国に設置されている郵便差出箱の本数を維持することを旨とし，かつ，次に掲げる基準に適

合するものとして郵便差出箱を設置することとし，その基準の一つとして，「主として，郵便差出箱を公道上，公道に面した場所その他の常時利用することができる場所又は駅，小売店舗その他の公衆が容易に出入りすることができる施設内であって往来する公衆の目につきやすい場所に設置すること。」を定めている（郵便法施行規則２４条２項２号）。また，これを受けて，被告の業務方法書１２条１項は，郵便差出箱の設置については，「公社法の施行の際現にあまねく全国に公社が設置している郵便差出箱の本数を維持するよう努めるとともに，次の各号に掲げる基準に従って郵便差出箱を設置する」とされており，その基準の一つして「郵便差出箱を公道上，公道に面した場所その他の常時利用することができる場所又は駅，小売店舗その他の公衆が容易に出入りすることができる施設内であって往来する公衆の目につきやすい場所に設置すること」とされている（同項２号）。

そして，証拠（甲５１）及び弁論の全趣旨によれば，被告は，自らローソン店舗内に郵便差出箱を設置したものと取り扱っていることが認められるところ，そのような取扱いは上記の郵便法施行規則２４条２項２号及び業務方法書１２条１項２号で定める基準に照らし直ちに不当であるとはいい難い。

証拠（甲５１）によれば，「郵便２００５・郵便のディスクロージャー冊子」には，コンビニエンスストアとの提携の欄において，平成１７年６月１日「全国のミニストップ店舗（約１３００店）及び全国のデイリーヤマザキ店（約１３００店）内に郵便ポストを設置」及び平成１７年７月４日「関東地域のａｍ／ｐｍ店舗（約８５０店）内に郵便ポストを設置」した旨を記載したうえで，注意書としていずれも「同一敷地内に郵便ポストがある店舗を除きます。」と記載していることが認められるが，上記の記載は，同一敷地内に郵便差出箱があるミニストップ店舗，デイリーヤマザキ店舗及びａｍ／ｐｍ店舗においては，郵便差出箱を設置していないことを示しているにすぎず，これらの記載があるからといってローソンに設置されている郵便差出箱が私設郵便差出箱であると評価すべきものとはいえない。

したがって，被告が株式会社ローソンに対し，ローソン店舗内にある郵便差出箱について本来徴収すべき取集料を徴収しないという不当な利益を提供しているとは認められない。

　（３）　以上によれば，被告が株式会社ローソンに対し不当な利益を提供しているとは認められないから，その余の争点について判断するまでもなく，被告が一般指定９項所定の不公正な取引方法に当たる行為を行っていると認めることはできない。

第４　結論

以上の次第であるから，被告の行為が独占禁止法１９条に違反するとして，同法２４条の規定に基づいて請求の趣旨１項ないし４項記載の差止め等を求める原告の請求はいずれも理由がない。

よって，主文のとおり判決する。
東京地方裁判所民事第８部
　（裁判長裁判官　市村陽典
　裁判官　河合芳光　　裁判官　山口和宏）

【課題】
Q１　本件では不当廉売，不当な顧客誘引が問題とされているが，競争を不当に阻害する行為の類型として，ほかにどのようなものが考えられるだろうか。
Q２　競争を不当に阻害する第三者の行為については，どのような法令の適用を検討することが

> できるか。独占禁止法のほか，不正競争防止法も検討してみよう。

2 個人情報の保護

　社会のあらゆる領域で憲法の要請する「個人の尊重」の理念の具体化が進展する中で，個人の情報コントロール権としてのプライバシー権が重要な位置づけを与えられるようになる。他方，高度情報化社会は，振り込め詐欺やフィッシング（Physhing）といった，情報を駆使した卑劣な犯罪を発生させている。このような背景において，個人情報を漏出させた企業に対する社会的非難はますます大きくなり，膨大な個人情報を取り扱う事業者の法的なリスクも著しく高まっている。ここでは，個人情報保護に関するガイドラインを検討し，併せて顧客情報の流出事件をみておこう。

（1）個人情報保護ガイドライン

> 【課題】　「個人情報の保護に関する法律についての経済産業分野を対象とするガイドライン（平成１６年６月，経済産業省）（http://www.meti.go.jp/policy/itpolicy/privacy/041012_hontai.pdf）の以下の抜粋を読んで，個人情報の安全管理措置，従業者の監督，委託先の監督について，概要をまとめなさい。

■　個人情報の保護に関する法律についての経済産業分野を対象とするガイドライン〔抜粋〕

2）安全管理措置（法第２０条関連）

> 法第２０条
> 　個人情報取扱事業者は，その取り扱う個人データの漏えい，滅失又はき損の防止その他の個人データの安全管理のために必要かつ適切な措置を講じなければならない。

　個人情報取扱事業者は，その取り扱う個人データの漏えい，滅失又はき損の防止その他の個人データの安全管理のため，組織的，人的，物理的，及び技術的安全管理措置を講じなければならない。その際，本人の個人データが漏えい，滅失又はき損等をした場合に本人が被る権利利益の侵害の大きさを考慮し，事業の性質及び個人データの取扱い状況等に起因するリスクに応じ，必要かつ適切な措置を講じるものとする。なお，その際には，個人データを記録した媒体の性質に応じた安全管理措置を講じることが望ましい。

【必要かつ適切な安全管理措置を講じているとはいえない場合】
事例１）公開されることを前提としていない個人データが事業者のホームページ上不特定多数に公開されている状態を個人情報取扱事業者が放置している場合
事例２）組織変更が行われ，個人データにアクセスする必要がなくなった従事者が個人データにアクセスできる状態を個人情報取扱事業者が放置していた場合で，その従事者が個人データを漏えいした場合
事例３）本人が継続的にサービスを受けるために登録していた個人データが，個人情報

取扱事業者による不適切な取り扱いにより滅失又はき損し，本人がサービスの提供を受けられなくなった場合
事例4）個人データに対してアクセス制御が実施されておらず，アクセスを許可されていない従業者がそこから個人データを入手して漏えいした場合
事例5）個人データをバックアップした媒体が，持ち出しを許可されていない者により持ち出し可能な状態になっており，その媒体が持ち出されてしまった場合

組織的安全管理措置

組織的安全管理措置とは，安全管理について従業者（法第21条参照）の責任と権限を明確に定め，安全管理に対する規程や手順書（以下「規程等」という）を整備運用し，その実施状況を確認することをいう。組織的安全管理措置には以下の事項が含まれる。

① 個人データの安全管理措置を講じるための組織体制の整備
② 個人データの安全管理措置を定める規程等の整備と規程等に従った運用
③ 個人データ取扱台帳の整備
④ 個人データの安全管理措置の評価，見直し及び改善
⑤ 事故又は違反への対処

【組織的安全管理措置として講じることが望まれる事項】

① 個人データの安全管理措置を講じるための組織体制の整備をする上で望まれる事項
・従業者の役割・責任の明確化
※個人データの安全管理に関する従業者の役割・責任を職務分掌規程，職務権限規程等の内部規程，契約書，職務記述書等に具体的に定めることが望ましい。

・個人情報保護管理者（いわゆる，チーフ・プライバシー・オフィサー（CPO））の設置
・個人データの取扱い（取得・入力，移送・送信，利用・加工，保管・バックアップ，消去・廃棄等の作業）における作業責任者の設置及び作業担当者の限定
 ・個人データを取り扱う情報システム運用責任者の設置及び担当者（システム管理者を含む）の限定
 ・個人データの取扱いに係わるそれぞれの部署の役割と責任の明確化
 ・監査責任者の設置
 ・監査実施体制の整備
 ・個人データの取扱いに関する規程等に違反している事実又は兆候があることに気づいた場合の，代表者等への報告連絡体制の整備
 ・個人データの漏えい等の事故が発生した場合，又は発生の可能性が高いと判断した場合の，代表者等への報告連絡体制の整備
  ※個人データの漏えい等についての情報は代表窓口，苦情処理窓口を通じ，外部からもたらされる場合もあるため，苦情の処理体制等との連携を図ることが望ましい。（法第31条を参照のこと）
 ・漏えい等の事故による影響を受ける可能性のある本人への情報提供体制の整備
 ・漏えい等の事故発生時における主務大臣及び認定個人情報保護団体等に対する報告体制の整備
② 個人データの安全管理措置を定める規程等の整備と規程等に従った運用をする上で望まれる事項

- 個人データの取扱いに関する規程等の整備とそれらに従った運用
- 個人データを取り扱う情報システムの安全管理措置に関する規程等の整備とそれらに従った運用
  ※なお，これらについてのより詳細な記載事項については，下記の【個人データの取扱いに関する規程等に記載することが望まれる事項】を参照のこと。
- 個人データの取扱いに係る建物，部屋，保管庫等の安全管理に関する規程等の整備とそれらに従った運用
- 個人データの取扱いを委託する場合における受託者の選定基準，委託契約書のひな型等の整備とそれらに従った運用
- 定められた規程等に従って業務手続が適切に行われたことを示す監査証跡※の保持
  ※保持しておくことが望ましい監査証跡としては，個人データに関する情報システム利用申請書，ある従業者に特別な権限を付与するための権限付与申請書，情報システム上の利用者とその権限の一覧表，建物等への入退館（室）
- 記録，個人データへのアクセスの記録（例えば，誰がどのような操作を行ったかを記録），教育受講者一覧表等が考えられる。

③ 個人データ取扱台帳の整備をする上で望まれる事項．．．．．．．．．．．．．．．．
- 個人データについて，取得する項目，通知した利用目的，保管場所，保管方法，アクセス権限を有する者，利用期限，その他個人データの適正な取扱いに必要な情報を記した個人データ取扱台帳の整備
- 個人データ取扱台帳の内容の定期的な確認による最新状態の維持

④ 個人データの安全管理措置の評価，見直し及び改善をする上で望まれる事項
- 監査計画の立案と，計画に基づく監査（内部監査又は外部監査）の実施
- 監査実施結果の取りまとめと，代表者への報告
- 監査責任者から受ける監査報告，個人データに対する社会通念の変化及び情報技術の進歩に応じた定期的な安全管理措置の見直し及び改善

⑤ 事故又は違反への対処をする上で望まれる事項
- 事実関係，再発防止策等の公表
- その他，以下の項目等の実施
  ア）事実調査，イ）影響範囲の特定，ウ）影響を受ける可能性のある本人及び主務大臣等への報告，エ）原因の究明，オ）再発防止策の検討・実施

【個人データの取扱いに関する規程等に記載することが望まれる事項】
　　　・・・＜中略＞・・・

人的安全管理措置

　人的安全管理措置とは，従業者に対する，業務上秘密と指定された個人データの非開示契約の締結や教育・訓練等を行うことをいう。人的安全管理措置には以下の事項が含まれる。
① 雇用及び契約時における非開示契約の締結
② 従業者に対する教育・訓練の実施
　なお，管理者が定めた規程等を守るように監督することについては，法第２１条を参照のこと。

【人的安全管理措置として講じることが望まれる事項】

① 雇用及び契約時における非開示契約の締結をする上で望まれる事項．．．．．
　・従業者の採用時又は委託契約時における非開示契約の締結
　　※雇用契約又は委託契約等における非開示条項は，契約終了後も一定期間有効であるようにすることが望ましい。
　・非開示契約に違反した場合の措置に関する規程の整備
　　※個人データを取り扱う従業者ではないが，個人データを保有する建物等に立ち入る可能性がある者，個人データを取り扱う情報システムにアクセスする可能性がある者についてもアクセス可能な関係者の範囲及びアクセス条件について契約書等に明記することが望ましい。なお，個人データを取り扱う従業者以外の者には，情報システムの開発・保守関係者，清掃担当者，警備員等が含まれる。
② 従業者に対する周知・教育・訓練の実施する上で望まれる事項
　・個人データ及び情報システムの安全管理に関する従業者の役割及び責任を定めた内部規程等についての周知
　・個人データ及び情報システムの安全管理に関する従業者の役割及び責任についての教育・訓練の実施
　・従業者に対する教育・訓練が必要かつ適切に実施されていることの確認

　物理的安全管理措置

　物理的安全管理措置とは，入退館（室）の管理，個人データの盗難の防止等の措置をいう。物理的安全管理措置には以下の事項が含まれる。
　① 入退館（室）管理の実施
　② 盗難等に対する対策
　③ 機器・装置等の物理的な保護

【物理的安全管理措置として講じることが望まれる事項】
① 入退館（室）管理の実施の上で望まれる事項．．．．．．．．
　・個人データを取り扱う業務の，入退館（室）管理を実施している物理的に保護された室内での実施
　・個人データを取り扱う情報システム等の，入退館（室）管理を実施している物理的に保護された室内等への設置
② 盗難等に対する対策の上で望まれる事項
　・離席時の個人データを記した書類，媒体，携帯可能なコンピュータ等の机上等への放置の禁止
　・離席時のパスワード付きスクリーンセイバ等の起動
　・個人データを含む媒体の施錠保管
　・氏名，住所，メールアドレス等を記載した個人データとそれ以外の個人データの分離保管
　・個人データを取り扱う情報システムの操作マニュアルの机上等への放置の禁止
③ 機器・装置等の物理的な保護の上で望まれる事項
　・個人データを取り扱う機器・装置等の，安全管理上の脅威（例えば，盗難，破壊，破損）や環境上の脅威（例えば，漏水，火災，停電）からの物理的な保護

　技術的安全管理措置

　技術的安全管理措置とは，個人データ及びそれを取り扱う情報システムへのアクセス制御，不正ソフトウェア対策，情報システムの監視等，個人データに対する技術的な安全管理措置をいう。技術的安全管理措置には，以下の事項が含まれる。

① 個人データへのアクセスにおける識別と認証
② 個人データへのアクセス制御
③ 個人データへのアクセス権限の管理
④ 個人データのアクセスの記録
⑤ 個人データを取り扱う情報システムに対する不正ソフトウェア対策
⑥ 個人データの移送・通信時の対策
⑦ 個人データを取り扱う情報システムの動作確認時の対策
⑧ 個人データを取り扱う情報システムの監視

【技術的安全管理措置として講じることが望まれる事項】
① 個人データへのアクセスにおける識別と認証を行う上で望まれる事項．
・個人データに対する正当なアクセスであることを確認するためにアクセス権限を有する従業者本人であることの識別と認証（例えば，IDとパスワードによる認証，生体認証等）の実施
※ IDとパスワードを利用する場合には，パスワードの有効期限の設定，同一又は類似パスワードの再利用の制限，最低パスワード文字数の設定，一定回数以上ログインに失敗したIDを停止する等の措置を講じることが望ましい。
・個人データへのアクセス権限を有する各従業者が使用できる端末又はアドレス等の識別と認証（例えば，MACアドレス認証，IPアドレス認証等）の実施
② 個人データへのアクセス制御を行う上で望まれる事項
・個人データへのアクセス権限を付与すべき従業者数の最小化

識別に基づいたアクセス制御（パスワード設定をしたファイルが誰でもアクセスできる状態は，アクセス制御はされているが，識別がされていないことになる。このような場合には，パスワードを知っている者が特定され，かつ，アクセスを許可する者に変更があるたびに，適切にパスワードを変更する必要がある）
・従業者に付与するアクセス権限の最少化
・個人データを格納した情報システムへの同時利用者数の制限
・個人データを格納した情報システムの利用時間の制限（例えば，休業日や業務時間外等の時間帯には情報システムにアクセスできないようにする等）
・個人データを格納した情報システムへの無権限アクセスからの保護（例えば，ファイアウォール，ルータ等の設定）
・個人データにアクセス可能なアプリケーションの無権限利用の防止（例えば，アプリケーションシステムに認証システムを実装する，業務上必要となる従業者が利用するコンピュータのみに必要なアプリケーションシステムをインストールする，業務上必要な機能のみメニューに表示させる等）
※ 情報システムの特権ユーザーであっても，情報システムの管理上個人データの内容を知らなくてもよいのであれば，個人データへ直接アクセスできないようにアクセス制御をすることが望ましい。
※ 特権ユーザーに対するアクセス制御については，トラステッドOSやセキュアOS等の利用が考えられる。

・個人データを取り扱う情報システムに導入したアクセス制御機能の有効性の検証（例えば，ウェブアプリケーションの脆弱性有無の検証）

③ 個人データへのアクセス権限の管理を行う上で望まれる事項
・個人データにアクセスできる者を許可する権限管理の適切な実施（例えば，個人データにアクセスする者の登録を行う作業担当者が適当であることを十分に審査し，その者だけが，登録等の作業を行えるようにする）
・個人データを取り扱う情報システムへの必要最小限のアクセス制御の実施

④ 個人データへのアクセスの記録を行う上で望まれる事項
・個人データへのアクセスや操作の成功と失敗の記録（例えば，個人データへのアクセスや操作を記録できない場合には，情報システムへのアクセスの成功と失敗の記録）
・採取した記録の漏えい，滅失及びき損からの適切な保護
　※ 個人データを取り扱う情報システムの記録が個人情報に該当する場合があることに留意する。

⑤ 個人データを取り扱う情報システムに対する不正ソフトウェア対策の実施の上で望まれる事項
・ウイルス対策ソフトウェアの導入
・オペレーティングシステム（OS），アプリケーション等に対するセキュリティ対策用修正ソフトウェア（いわゆる，セキュリティパッチ）の適用
・不正ソフトウェア対策の有効性・安定性の確認（例えば，パターンファイルや修正ソフトウェアの更新の確認）

⑥ 個人データの移送（運搬，郵送，宅配便等）・通信時の対策の上で望まれる事項
・移送時における紛失・盗難した際の対策（例えば，媒体に保管されている個人データの暗号化）
・盗聴される可能性のあるネットワーク（例えば，インターネットや無線LAN等）で個人データを通信（例えば，本人及び従業者による入力やアクセス，メールに添付してファイルを送信する等を含むデータの転送等）する際の，個人データの暗号化

⑦ 個人データを取り扱う情報システムの動作確認時の対策の上で望まれる事項
・情報システムの動作確認時のテストデータとして個人データを利用することの禁止
・情報システムの変更時に，それらの変更によって情報システム又は運用環境のセキュリティが損なわれないことの検証

⑧ 個人データを取り扱う情報システムの監視を行う上で望まれる事項
・個人データを取り扱う情報システムの使用状況の監視
・個人データへのアクセス状況（操作内容も含む）の監視
　※ 個人データを取り扱う情報システムを監視する内容が個人情報に該当する場合があることに留意する。

3）従業者の監督（法第21条関連）

> 法第21条
> 個人情報取扱事業者は，その従業者に個人データを取り扱わせるに当たっては，当該個人データの安全管理が図られるよう，当該従業者に対する必要かつ適切な監督を行わなければならない。

個人情報取扱事業者は，第20条に基づく

安全管理措置を遵守させるよう，従業者に対し必要かつ適切な監督をしなければならない。

なお，「従業者」とは，個人情報取扱事業者の組織内にあって直接間接に事業者の指揮監督を受けて事業者の業務に従事している者をいい，雇用関係にある従業員（正社員，契約社員，嘱託社員，パート社員，アルバイト社員等）のみならず，取締役，執行役，理事，監査役，監事，派遣社員も含まれる。

【従業者に対して必要かつ適切な監督を行っていない場合】

事例1）従業者が，個人データの安全管理措置を定める規程等に従って業務を行っていることを，予め定めた間隔で定期的に確認せず，結果，個人データが漏えいした場合

事例2）内部規程等に違反して個人データが入ったノート型パソコンを繰り返し持ち出し，それを放置した結果，紛失し，個人データが漏えいした場合

【従業者のモニタリングを実施する上での留意点】

個人データの取り扱いに関する従業者及び委託先の監督，その他安全管理措置の一環として従業者を対象とするビデオ及びオンラインによるモニタリング（以下「モニタリング」という）を実施する場合は，次の点に留意する。

その際，雇用管理に関する個人情報の取扱いに関する重要事項を定めるときは，あらかじめ労働組合等に通知し，必要に応じて，協議を行うことが望ましい。また，その重要事項を定めたときは，労働者等に周知することが望ましい。

なお，本ガイドライン及び厚生労働省告示第号「雇用管理に関する個人情報の適正な取扱を確保するために事業者が講ずべき措置に関する指針」第三九（一）に規定する雇用管理に関する個人情報の取り扱いに関する重要事項とは，モニタリングに関する事項等をいう。．．．．

- モニタリングの目的，即ち取得する個人情報の利用目的をあらかじめ特定し，社内規程に定めるとともに，従業者に明示すること。
- モニタリングの実施に関する責任者とその権限を定めること。
- モニタリングを実施する場合には，あらかじめモニタリングの実施について定めた社内規程案を策定するものとし，事前に社内に徹底すること。
- モニタリングの実施状況については，適正に行われているか監査，又は確認を行うこと。

4）委託先の監督（法第22条関連）

> 法第22条
> 個人情報取扱事業者は，個人データの取扱いの全部又は一部を委託する場合は，その取扱いを委託された個人データの安全管理が図られるよう，委託を受けた者に対する必要かつ適切な監督を行わなければならない。

個人情報取扱事業者は，個人データの取扱いの全部又は一部を委託する場合，第20条に基づく安全管理措置を遵守させるよう，受託者に対し必要かつ適切な監督をしなければならない。

「必要かつ適切な監督」には，委託契約において委託者である個人情報取扱事業者が定める安全管理措置の内容を契約に盛り込むとともに，当該契約の内容が遵守されていることを，予め定めた間隔で定期的に確認することも含まれる。

また，委託者が受託者について「必要かつ適切な監督」を行っていない場合で，受託者が再委託をした際に，再委託先が適切といえ

ない取扱いを行ったことにより，何らかの問題が生じた場合は，元の委託者がその責めを負うことがあり得るので，再委託する場合は注意を要する。
【受託者に必要かつ適切な監督を行っていない場合】
事例１）個人データの安全管理措置の状況を契約締結時及びそれ以後も定期的に把握せず外部の事業者に委託した場合で，受託者が個人データを漏えいした場合
事例２）個人データの取扱いに関して定めた安全管理措置の内容を受託者に指示せず，結果，受託者が個人データを漏えいした場合
事例３）再委託の条件に関する指示を受託者に行わず，かつ受託者の個人データの取扱状況の確認を怠り，受託者が個人データの処理を再委託し，結果，再委託先が個人データを漏えいした場合
【個人データの取扱いを委託する場合に契約書への記載が望まれる事項】...

委託者及び受託者の責任の明確化
＊個人データの安全管理に関する事項
 ・個人データの漏えい防止，盗用禁止に関する事項
 ・委託契約範囲外の加工，利用の禁止
 ・委託契約範囲外の複写，複製の禁止
 ・委託処理期間
 ・委託処理終了後の個人データの返還・消去・廃棄に関する事項
＊再委託に関する事項
 ・再委託を行うにあたっての委託者への文書による報告
＊個人データの取扱状況に関する委託者への報告の内容及び頻度
＊契約内容が遵守されていることの確認
＊契約内容が遵守されなかった場合の措置
＊セキュリティ事件・事故が発生した場合の報告・連絡に関する事項

【課題】　以下の問いについて，考えてみよう。
　Ｑ１　法務部や顧問弁護士は個人情報保護に関して，企業にどのような貢献をすることができるだろうか。
　Ｑ２　個人情報保護における「組織的安全管理措置」，「人的安全管理措置」，「物理的安全管理措置」，「技術的安全管理措置」とは，どのようなことか。営業秘密保護における秘密管理とどのように異なるだろうか（平成１７年１０月改正の営業秘密管理指針は http://www.meti.go.jp/policy/competition/index.html から参照）。
　Ｑ３　契約関係で個人情報保護の安全管理に必要な条項にはどのようなものが考えられるか。また，どのような契約においてそのような条項を織り込むことを考えなければならないか。

(2) ソフトバンクＢＢ顧客情報漏出事件

【課題】　２００４年に発覚したYahoo!BB顧客情報漏出事件では，数百万人の顧客個人情報が不正な手段で漏出した。以下の資料を読んで，問題点を考えてみよう。

第2編　企業が直面するさまざまな問題と企業法務

■ 個人情報の流出事案に関するソフトバンクBB株式会社に対する措置
（総務省　平成１６年４月１４日）

　ソフトバンクＢＢ株式会社における個人情報の流出事案に関し，総務省は，本日付けで同社に対し，個人情報の適正な管理の徹底を文書により指導するとともに，電気通信事業者３団体に対し，特に内部からの持ち出し防止策の徹底を要請しました。

　ソフトバンクＢＢ株式会社（以下「ソフトバンクＢＢ」という。）に対する恐喝未遂事件に端を発した同社の利用者の個人情報の流出事案について，総務省では，これまで同社に対して，事実関係の説明を求めるとともに，個人情報の流出原因の究明，利用者への対応，安全管理の徹底等を行うよう指導してきました。さらにそれらを踏まえた上で，事案の概要・経緯，従来の個人情報管理体制，再発防止策，利用者対応策等を取りまとめて報告するよう求めていたところ，平成１６年４月１２日付けで，ソフトバンクＢＢから総務省に対し，報告がありました（報告の概要は※別添１のとおり。）。

　同報告によれば，同社において，個人情報データベースへのアクセス管理及び個人情報データの持ち出し手段の制限措置が不十分であったことが認められたことから，総務省は本日付けで，総合通信基盤局長名の文書（※別添２）により，ソフトバンクＢＢに対し，同報告の同社におけるこれまでの個人情報の取扱いは，「電気通信事業における個人情報保護に関するガイドライン」（平成１０年郵政省告示第５７０号。以下「ガイドライン」という。）の適正管理の規定に違反するものであるとして，遺憾の意を表明するとともに，再発防止に努めるよう厳重注意を行いました。また，引き続き，個人情報の流出原因の究明に努めるよう指導しました。

　あわせて電気通信事業者３団体に対しても，ガイドラインを踏まえ，個人情報の適正管理に一層努め，特に内部からの持ち出し防止策として，
（１）個人情報データベースのアクセス管理強化（1)アクセス権限者の限定，2)アクセス状況の監視体制（アクセスログの長期保存），3)入退室管理等)，及び
（２）個人情報データの持ち出し手段の制限強化（1)外部記憶媒体への記録の禁止等，2)メールの監視等）
について，その徹底を図るよう，文書により要請しました。

　総務省としては，電気通信事業者の保有する個人情報の適正な取扱いを確保するため，引き続き，必要な指導・監督に努めてまいる所存です。

<別添１>

■ ソフトバンクＢＢからの報告（平成１６年４月１２日）の概要

１　事案の概要
　○　以下の２つの事案が発生。
・本年１月，ソフトバンクＢＢの２次代理店の役員が，ソフトバンクＢＢの利用者の個人情報を示した上で，ソフトバンク(株)に対し金銭を要求したとして，恐喝未遂容疑で検挙・起訴された事案
・本年１月，ソフトバンクＢＢのサポート部門に派遣社員として勤務していた者が，ソフトバンクＢＢの利用者の個人情報を示した上で，ソフトバンクＢＢに対し金銭を要求したとして，恐喝未遂容疑で検挙・起訴された事

案
　○　警察から分析依頼を受けたデータを照合したところ，4,517,039件の顧客情報の流出が判明。
　○　流出した顧客情報の内容は，「氏名，住所，電話番号，電子メールアドレス（申込時），ヤフーメールアドレス／ヤフージャパンID，申込日（クレジットカード番号，銀行口座番号等は含まれていない。）。
　○　流出原因（経路）については，現時点では不明。

2　平成15年7月時点と平成16年3月以降の個人情報管理体制の比較
＊顧客データベースへのアクセス権限
　　H15/7=135アカウント
　　H16/3〜3名（常時アクセス権限者）
＊顧客データベースのアクセスログの保存期間
　　H15/7=約1週間程度
　　H16/3〜半永久
＊顧客データベースにアクセスできる端末のある部屋の入退室管理
　　H15/7=最終退室者による施錠
　　H16/3〜カードキーによる認証等
＊顧客データベースのデータのプリントアウトの可否
　　H15/3=可能　H16/3〜不可

3　再発防止策（主なもののみ）
　○　組織的安全対策：情報セキュリティ管理責任者の任命，第三者からのアドバイスを受けるための「個人情報管理諮問委員会」の設置　等
　○　物理的安全対策：高セキュリティエリアの設置及び顧客データベースへのアクセスを同エリア内のみに限定，入退室管理　等
　○　技術的安全対策：常時アクセス権限者を3名に限定，顧客情報の外部記憶媒体へのコピーの禁止措置，アクセスログの半永久的保存，メール送信の監査，ファイルを添付したメールの送信の禁止　等
　○　人的安全対策：全ての派遣社員及び従業員に対する個人情報保護教育　等

<別添2>

■　ソフトバンクBBに対する総務省の要請

総基消第33号　平成16年4月14日
ソフトバンクBB株式会社
代表取締役社長兼CEO　孫　正義　殿
　　　　総務省　総合通信基盤局長
　　　　　　　　　有冨　寛一郎

個人情報の適正な管理の徹底について
　貴社等に対する恐喝未遂事件に端を発した貴社の利用者の個人情報の流出事案について，当省は，これまで貴社に対して，事実関係の説明を求めるとともに，利用者の個人情報の流出原因の究明，利用者への対応，個人情報の安全管理の徹底等を行うよう指導してきたところである。さらに，それらを踏まえた上で，事案の概要及び経緯，従来の個人情報管理体制，再発防止策，利用者対応策等を取りまとめて報告するよう貴社に求め，平成16年4月12日付けで，貴社より報告を受けたところである。
　本報告によれば，貴社が警察から分析の依頼を受けた資料について，貴社の保有する個人情報と照合したところ，4,517,039件に及ぶ大量の個人情報（申込み住所，氏名，電話番号，申込時の電子メールアドレス，

Yahoo！メールアドレス／Yahoo！JAPAN ID，申込日）が流出した事実が明らかになったとのことである。

　これらの個人情報が流出した経路は現時点では不明であり，刑事手続の進展も踏まえつつ，引き続き調査を行うこととしているとのことであるが，貴社におけるこれまでの個人情報管理体制についての報告によれば，例えば平成１５年７月時点においては，顧客情報データベースのアクセス権限が契約代理店を含め１３５アカウントが付与されていたこと，顧客情報データベースのアクセスログの保存期間が約１週間程度であったこと，顧客情報データベースにアクセスできる端末のある部屋の入退室時に認証や本人確認が行われていなかったことなど，アクセス管理が不十分であったことが認められるほか，顧客情報データベースにアクセスできる端末において外部記憶媒体へのデータの記録等が可能であり，顧客情報データベースにアクセスできる端末から送信される電子メールを監視する機能がなかったことなど，データの持ち出し手段の制限措置が不十分であったことが認められる。

　本報告にかんがみれば，これらの貴社におけるこれまでの個人情報の取扱いは，「電気通信事業における個人情報保護に関するガイドライン」（平成１０年郵政省告示第５７０号）における個人情報の適正管理の規定に違反するものである。

　電気通信事業者は，ＩＴ社会における個人情報の流通の増加に伴う個人情報の侵害のおそれにかんがみ，個人情報の適正管理が特に強く求められる立場にある。それにもかかわらず，貴社において，適正な管理がなされておらず，今回のような過去に前例のない大量の個人情報の流出という事態が発生したことは，当省としては極めて遺憾である。貴社においては，上記ガイドラインの趣旨に照らして，再びこのような事態が発生しないよう個人情報の適正管理の徹底を図り，再発防止に努めるよう厳重に注意する。

　また，貴社においては，引き続き，個人情報の流出原因の究明に努められたい。

　なお，当省としては，再発防止策の実施状況や今後の流出原因の解明状況を踏まえ，さらなる指導を行うこともあり得ると考えているところ，貴社においては，既に講じている再発防止策の実施状況，流出原因の解明状況及び新たに解明された流出原因を踏まえたさらなる再発防止策について，平成１６年５月末までに報告されたい。

【課題】上記のソフトバンクＢＢ顧客情報漏出事件を読んで，以下の質問について考えてみよう。

Ｑ１　本件で ID やパスワードの管理などが極めて不十分な状態であったことは明らかだと思われるが，現実にこのような状態が続いてしまう原因として，どのようなことが考えられるか。

Ｑ２　本件ではソフトバンクは会員１名について５００円の商品券を送ったが，これは企業法務の観点からどのように評価されるだろうか。

Ｑ３　大阪地裁に１０万円の慰謝料を求めて提訴している会員もいるという。宇治市住民基本台帳事件に関する○**大阪高裁平成１３年１２月２５日判決**（判例地方自治２６５号１１頁）では，市のシステム開発業務の再々委託先のアルバイトが住民票データを名簿業者に横流した事案で，訴えた市民１人につき１万円の慰謝料と５０００円の弁護士費用を賠償する責任を委託者である市に認めた。この判決の考え方や個人情報保護法，ガイドラインからすると，ソフトバンクＢＢ事件の慰謝料請求はどのように考えられるか。

> Q4　不正アクセス行為を防止するために，企業はどのような対策を講じることができるか。情報システムの脆弱性診断を行う場合に，どのようなことを考慮すべきであろうか。

3　職場におけるハラスメント問題の予防と解決

　企業の円滑な運営のためには，円満な職場の環境・人間関係の維持が重要である。しかし，職場という一種の支配服従関係において，従業員に対するハラスメントが発生することがあり，特に男女間ではセクハラ問題にまで発展することがままある。企業においてはセクハラ防止のための社内規則の整備や教育を行うことが要請されており，企業法務としても予防法務的観点から支援する必要がある。また，セクハラが生じた場合の苦情の受付窓口の設置や運営，具体的な案件が生じた場合の初期段階からの対応のあり方，紛争に発展した場合の解決などについても，企業法務の対応が要請される。ここでは予防法務及び紛争解決法務の観点から，職場におけるハラスメント問題への社内の取り組みについて，厚生労働省のガイドラインの検討を通じて，基本的な理解を得ることを目指したい。

> 【課題】　以下の指針を読んで，概要をまとめなさい。

■　「事業主が職場における性的な言動に起因する問題に関して雇用管理上配慮すべき事項についての指針」（平成１０年３月１３日）（労働省告示第２０号）

　雇用の分野における男女の均等な機会及び待遇の確保等に関する法律（昭和４７年法律第１１３号）第２１条第２項の規定に基づき，事業主が職場における性的な言動に起因する問題に関して雇用管理上配慮すべき事項についての指針を次のように定め，平成１１年４月１日から適用することとしたので，同条第３項において準用する同法第４条第５項の規定に基づき，告示する。

1　はじめに
　雇用の分野における男女の均等な機会及び待遇の確保を図るためには，職場において行われる性的な言動に対する女性労働者の対応により当該女性労働者がその労働条件につき不利益を受け，又は当該性的な言動により女性労働者の就業環境が害されること（以下「職場におけるセクシュアルハラスメント」という。）がないようにすることが必要である。
　しかしながら，現状では，職場におけるセクシュアルハラスメントの内容についての事業主や労働者の理解が十分ではなく，また，その防止のための措置を講じている事業主が少ない状況にある。また，職場におけるセクシュアルハラスメントに係る状況等が多様であることから，事業主が職場におけるセクシュアルハラスメントが生じないよう雇用管理上配慮をするに当たっては，その状況等に応じて最も適切な措置を講ずることが重要であ

る。
　この指針は，こうしたことを踏まえ，職場におけるセクシュアルハラスメントの内容を示すとともに，事業主が雇用管理上配慮すべき事項を定めるものである。

2 職場におけるセクシュアルハラスメントの内容

（1） 職場におけるセクシュアルハラスメントには，職場において行われる性的な言動に対する女性労働者の対応により当該女性労働者がその労働条件につき不利益を受けるもの（以下「対価型セクシュアルハラスメント」という。）と，当該性的な言動により女性労働者の就業環境が害されるもの（以下「環境型セクシュアルハラスメント」という。）がある。

（2） 「職場」とは，事業主が雇用する労働者が業務を遂行する場所を指し，当該労働者が通常就業している場所以外の場所であっても，当該労働者が業務を遂行する場所については，「職場」に含まれる。例えば，取引先の事務所，取引先と打合せをするための飲食店，顧客の自宅等であっても，当該労働者が業務を遂行する場所であればこれに該当する。

（3） 「性的な言動」とは，性的な内容の発言及び性的な行動を指し，この「性的な内容の発言」には，性的な事実関係を尋ねること，性的な内容の情報を意図的に流布すること等が，「性的な行動」には，性的な関係を強要すること，必要なく身体に触ること，わいせつな図画を配布すること等が，それぞれ含まれる。

（4） 「対価型セクシュアルハラスメント」とは，職場において行われる女性労働者の意に反する性的な言動に対する女性労働者の対応により，当該女性労働者が解雇，降格，減給等の不利益を受けることであって，その状況は多様であるが，典型的な例として，次のようなものがある。

① 事務所内において事業主が女性労働者に対して性的な関係を要求したが，拒否されたため，当該女性労働者を解雇すること。
② 出張中の車中において上司が女性労働者の腰，胸等に触ったが，抵抗されたため，当該女性労働者について不利益な配置転換をすること。
③ 営業所内において事業主が日頃から女性労働者に係る性的な事柄について公然と発言していたが，抗議されたため，当該女性労働者を降格すること。

（5） 「環境型セクシュアルハラスメント」とは，職場において行われる女性労働者の意に反する性的な言動により女性労働者の就業環境が不快なものとなったため，能力の発揮に重大な悪影響が生じる等当該女性労働者が就業する上で看過できない程度の支障が生じることであって，その状況は多様であるが，典型的な例として，次のようなものがある。

① 事務所内において事業主が女性労働者の腰，胸等に度々触ったため，当該女性労働者が苦痛に感じてその就業意欲が低下していること。
② 同僚が取引先において女性労働者に係る性的な内容の情報を意図的かつ継続的に流布したため，当該女性労働者が苦痛に感じて仕事が手につかないこと。
③ 女性労働者が抗議をしているにもかかわらず，事務所内にヌードポスターを掲示しているため，当該女性労働者が苦痛に感じて業務に専念できないこと。

3 雇用管理上配慮すべき事項

　職場におけるセクシュアルハラスメントを防止するため，事業主は，雇用管理上次の事項について配慮をしなければならない。

（1） 事業主の方針の明確化及びその周知・啓発

　事業主は，職場におけるセクシュアルハラ

スメントに関する方針を明確化し，労働者に対してその方針の周知・啓発をすることについて配慮をしなければならない。
（事業主の方針の明確化及びその周知・啓発について配慮をしていると認められる例）
① 社内報，パンフレット等広報又は啓発のための資料等に職場におけるセクシュアルハラスメントに関する事項を記載し，配布すること。
② 服務上の規律を定めた文書に職場におけるセクシュアルハラスメントに関する事項を記載し，配布又は掲示すること。
③ 就業規則に職場におけるセクシュアルハラスメントに関する事項を規定すること。
④ 労働者に対して職場におけるセクシュアルハラスメントに関する意識を啓発するための研修，講習等を実施すること。
　なお，周知・啓発をするに当たっては，職場におけるセクシュアルハラスメントの防止の効果を高めるため，その発生の原因や背景について労働者の理解を深めることが重要である。
（2）　相談・苦情への対応
　事業主は，相談・苦情への対応のための窓口を明確にすることについて配慮をしなければならない。また，事業主は，相談・苦情に対し，その内容や状況に応じ適切かつ柔軟に対応することについて配慮をしなければならない。
（相談・苦情への対応のための窓口を明確にすることについて配慮をしていると認められる例）
① 相談・苦情に対応する担当者をあらかじめ定めておくこと。
② 苦情処理制度を設けること。
（相談・苦情に対し，その内容や状況に応じ適切かつ柔軟に対応することについて配慮をしていると認められる例）

① 相談・苦情を受けた場合，人事部門との連携等により円滑な対応を図ること。
② 相談・苦情を受けた場合，あらかじめ作成したマニュアルに基づき対応すること。
　なお，事業主は，職場におけるセクシュアルハラスメントが現実に生じている場合だけでなく，その発生のおそれがある場合や，職場におけるセクシュアルハラスメントに該当するか否か微妙な場合であっても，相談・苦情に対応することが必要である。
（3）　職場におけるセクシュアルハラスメントが生じた場合における事後の迅速かつ適切な対応
　事業主は，職場におけるセクシュアルハラスメントが生じた場合において，その事案に係る事実関係を迅速かつ正確に確認することについて配慮をしなければならない。また，事業主は，その事案に適正に対処することについて配慮をしなければならない。
（事実関係を迅速かつ正確に確認することについて配慮をしていると認められる例）
① 相談・苦情に対応する担当者が事実関係の確認を行うこと。
② 人事部門が直接事実関係の確認を行うこと。
③ 相談・苦情に対応する担当者と連携を図りつつ，専門の委員会が事実関係の確認を行うこと。
（事案に適正に対処することについて配慮をしていると認められる例）
① 事案の内容や状況に応じ，配置転換等の雇用管理上の措置を講ずること。
② 就業規則に基づく措置を講ずること。
4　その他
（1）　事業主は，職場におけるセクシュアルハラスメントに係る女性労働者等の情報が当該女性労働者等のプライバシーに属するものであることから，その保護に特に留意すると

ともに、その旨を女性労働者等に対して周知する必要がある。
（2） 事業主は、職場におけるセクシュアルハラスメントに関して、女性労働者が相談をし、又は苦情を申し出たこと等を理由として、当該女性労働者が不利益な取扱いを受けないよう特に留意するとともに、その旨を女性労働者に対して周知する必要がある。

【課題】　上記の指針を読んで、以下の質問について考えてみよう。

Q1　この指針は法的にどのような意味を有するものだろうか。場合を分けて考えよ。

Q2　雇用機会均等法に基づく指針としては、この指針以外にどのようなものがあるか。

Q3　法務担当者としては、社内におけるセクハラ問題について、どのような貢献ができるか。

Q4　〇東京地裁平成12年8月29日判決（判例時報1744号137頁）は、30名の部下を有する管理職者が部下の女性らに対してセクシャル・ハラスメントを行ったことを理由に解雇された事案に関するもので、そのような地位にある者が性的言動を繰り返し、部下の就業環境を著しく害したと認定している。判決では「原告自身、セクハラ行為の問題性を十分認識し、セクハラ行為のあった部下に対し退職勧奨を行っていた」と認定されているが、そのような原告がなぜ本件のような行為を繰り返して行ったのであろうか。「原告は、部下が勤務時間管理に厳しい原告を排斥するためにセクハラの事実を捏造したと主張し、弁論の全趣旨によれば、原告は部下の勤務時間を厳しく管理していたと認められる。」と認定されているが、このことと併せて考えるとどうか。

Q5　職場におけるハラスメントはセクシャル・ハラスメントに限らない。〇横浜地裁川崎支部平成14年6月27日判決（判例時報1805号105頁）は、自治体職員が職場でのいじめ、嫌がらせなどにより精神的に追い詰められて自殺した事案に関するものである。このような職場でのいじめ、嫌がらせを防止するには、どのような対策が必要か。本件でいじめを受けている本人による苦情が出されたとき、事業主はどのような対応をすべきであろうか。

第 3 編

企業法務を支えるもの

第15章　企業法務とリーガルプロフェッション

　企業法務に関係するリソースとしては，経営者，法務部門の職員，社内弁護士，内部監査担当者，監査役あるいは委員会設置会社における監査委員会，社外の顧問弁護士などがある。リーガルプロフェッションはこれらのいずれのポジションにも就き得るものであるが，それぞれの職務や相互間の関係については，理論上も実際上も微妙な問題がある。ここでは，企業法務の最終章として，社内弁護士を中心とした法曹倫理，親子会社・グループ会社での法務サービス，顧問弁護士の業務などについて検討する。

1　企業法務と法曹倫理

【課題】A社は，資本金100億円，売上高年1,000億円，東証第一部上場の委員会等設置会社である。事業分野は，大きく3つに分かれているが，今問題となっている環境エンジニヤリングは，年商100億程度で，最も小さい事業分野である。従って，A社にとっての基軸事業とまではいえない。

　Y氏は，弁護士として20年法律事務所で活動してきたが，1年前に，A社のトップから誘われて，A社に執行役員法務部長として入社した。経営陣はY氏の言うことに良く耳を貸してくれ，また，部下との関係は良好で，社内事情を良く聞かせてくれている。

　最近になって，A社は，B県のC事業団から下水道の工事の入札に呼ばれたのであるが，工事規模約20億円の工事につき，10社の競争業者の間で，C事業団の担当部局の指導のもとに，談合がなされているということがY氏の耳に入った。

　こうしたことは他の県でも同様になされているらしく，部下に聞きただすと，前任部長は，バレないようにうまくやれというコメントをしていたという。また，この分野は，A社にとって基軸でない事業であるとはいえ，地方公共団体や同業の仲間を敵に回すことには激しい抵抗が社内にもあるようで，単純に談合をやめるようにアドバイスしても，聞き入れてもらえないおそれも強い。

　Q1　貴君がY氏だとして，どのように対応すべきか。
　Q2　それに対して，経営陣はどのように反応してくると予想されるか。

> Q3　この反応に対し，どう立ち向かうか。
> Q4　貴君の立場が執行役員でなく，取締役法務担当であるとして，違いが出るか。
> 　弁護士法，弁護士職務基本規程（後掲），イリノイ州，カリフォルニヤ州の判例（後掲）なども考えに入れ，また必要なら，立法論にまで及んでも良いので，あらゆる方面から検討し，論じなさい。

　企業内弁護士は，弁護士という身分と組織の一員としてその組織の目標，目的に合致した行動をとることを求められる身分との２つの立場をもち，その間の調整をとる必要に迫られる場合がある。自分が弁護士であるという自覚を持てば，その組織において法の支配を徹底させるように行動すべきであるということが原則になる。しかし，最終的に経営側と意見が衝突したとき，会社を退職するという選択肢についてどう思うか，また，経営方針と違った判断，行動をとったという理由で会社から解雇された場合に，不当な解雇であるとして訴訟を提起することまで考えるかといった問題について議論しておく必要がある。

　この点に関しては，アメリカにおいてすでに多くの判例の積み上げがある。その中でも有名な General Dynamics Corp. v. Superior Court (Rose)（1994）（7 Cal. 4th1164, 32 Cal. Rptr. 2d 1, 876 P. 2d 487）を以下で取り上げる（この中で他の著名事件についても取り上げられている）。

● ***General Dynamics Corp. v. Superior Court (Rose) (1994)*** 判決〔抄訳〕

　　〔編注：この抄訳は，あくまでも判決の内容を理解しやすいようにと考えて作成したものであり，必ずしも原文に忠実な翻訳であることを目指していない。また，これは，桐蔭横浜大学法科大学院の梅澤のクラスの学生であった大嶋洋一，山田康太郎，吉田圭，吉川淳一郎の各氏が作成したものを吉川氏と梅澤が監修・校正したものである。〕

Ⅰ
　アンドリュー・ローズ（弁護士）は１９７８年，当時２７歳でゼネラル・ダイナミックスに Pomona Plant の契約監理者として採用された。その後，彼は，業績を残し１４年後に，事業部門の部長（vice president）兼 general counsel にまで昇進した。ところが，１９９１年６月２４日に，彼は不意にかつ不当に解雇され，本件損害賠償請求の訴訟を提訴したのである。解雇の理由というのは，公式に発表されたところでは，会社が彼の能力に対する信頼を失ったということであったが，実際には，従業員の間に広まった麻薬の問題，盗聴問題について幹部に対し対策をとるように法的アドバイスをしたことにあった。
　ローズ氏側の主な主張は，第１の点として，会社が正当な理由（good cause）がある時にのみ解雇できる旨を，ローズ氏に対し暗黙に約束していたのに，今回の解雇にあたっては，その正当な理由が存在しないこと，及び第２点としては，度重なる会社による公序良俗違反の行為の存在をあげている。後者の点については，麻薬の調査を先頭に立って行い，６０人の雇用者が解雇されたこと，警備部門の盗聴問題についての調査を会社がしなかったことをローズ氏が追求したこと，数百万ドルに及ぶ過剰給与の支払いの問題について Fair Labor Standards Act に反する旨を会社に警告したことが含まれる。
　これに対して，会社側は，ローズ氏は，社内弁護士である以上，救済の訴訟は認められない旨を抗弁（general demurrer）した。社内弁護士として雇用されている以上，会社はいつでも，どんな理由でも解雇できるため，という理由による。第１審（Superior Court）は，この抗弁を却下し，控訴審（Court of Appeal）

は，会社から出された抗告の許諾を求める執行命令請求（petition for a writ of mandate）を棄却し，ローズ氏の主張が会社の抗弁に勝つとした。

Ⅱ

この20年間に社内弁護士と呼ばれる人は急増した。大会社は，コストの点などを理由に，内部に法務部門を抱え始めた。1980年代には，50,000人であった社内弁護士は，最近の調査では，全米（約100万人）の10％以上の弁護士が社内弁護士であるとの統計結果もある。

社内弁護士の増加によって，かつての中小企業の面倒を見て，弁護士が経済的に一人の依頼者に拘束されることのない19世紀にみられたような弁護士モデルがあてはまらないケースが増えたのである。経済面や専門性の点で独立性が高く，複数の依頼者を持つような法律事務所のパートナーとは異なって，社内弁護士は，経済的には一人の雇い主に拘束されており，社内弁護士の雇い主に対する依存度という点では，会社の管理職や重役達の組織の長に対する生活面や出世面での依存度と大差はない。

また，社内弁護士と依頼者である会社との関係は，一本の遺言状を書くとか，一件の訴訟を担当するといった1回限りのものではない。そして，社内弁護士は，面倒な規制の中での行動を強いられ，法律顧問やコンプライアンスオフィサーとしての役割を求められ，ビジネスの目的達成のために，複雑な法の網目にひっかからないように法的アドバイスをすることが求められる。このように社内弁護士の業務範囲の拡大により社内弁護士の地位が，社内の他の従業員と本質的に異ならなくなってくると，必然的に社内弁護士は，組織の目的達成という圧力を受けることになり，社外の独立した弁護士とは，質的に異なった

第15章　企業法務とリーガルプロフェッション

圧力を受けることになる。すなわち，プロフェッショナルとして，社内弁護士が行動しようとしても，同時にビジネスの目的のためには，弁護士として求められる倫理的な基準を曲げて，目的達成のため会社の目的と軌を一にした行動を取ることとなる。

雇用されている重役と社内弁護士の地位は，弁護士にはライセンスが与えられている専門家という理由だけで取り扱いが異なっている。つまり，重役が，独占禁止法違反の共謀行為に加担することを拒んだときに解雇された場合に，不法行為に基づく救済を受けることができるのに比較して，弁護士は，独自の倫理基準に基づく厳しい規範に従う。そうしたことを考えると，当裁判所では，社内弁護士の役割と倫理的な義務を考慮して，弁護士ではない従業員に認められている不当解雇に対する司法的な救済の可能性を社内弁護士にも認めるべきであると判断するものである。

Ⅲ　A

〔1a〕ローズ氏からの2点の主張に対するゼネラル・ダイナミックスからの抗弁は，Fracasse v. Brent 事件（1972）に関する当裁判所の判断に基づいてなされたものである。Fracasse 事件では，依頼者は，弁護士をいつ，いかなる理由によってでも，解任できるとされたため，本件でも，ゼネラル・ダイナミックスは，第1審において，同じ理由に基づいてその抗弁が認められるべきだと主張したのである。

Fracasse 事件においては，この弁護士は，傷害事件の原告側の弁護士となり，依頼者との間で，報酬は，勝訴した場合にのみ受け取ることができるコンティンジェントフィー方式で取り決めた。しかし，依頼者は，訴訟が終了する前に，理由なく，この弁護士を解任し，他の弁護士に依頼してしまったのである。そこで，この弁護士は，コンティンジェント

フィー契約違反の解任だとして，依頼者に対し最終的に得られた賠償額の3分の1の額を報酬として支払うよう裁判所に求めたのである。これに対し，第1審は，依頼者の抗弁を認め，弁護士からの請求は理由がないと判断したのである。

〔2 a〕Fracasse事件での第1審の判断を支持するにあたり，当裁判所は，依頼者は弁護士を正当な理由の有無に関係無しに解任する権利を有すると判断した。

傷害事件の弁護をコンティンジェントフィー方式で決めざるを得なかったような依頼者は，弁護士の善意に全面的に頼らざるを得ないような人なのであり，その弁護士への信頼を失った場合には，その契約を嫌々ながら継続するか，さもなくば，正当な理由なき解任として，報酬を2回分支払う危険にさらされることになる。(Salopek v. Schoemann事件（１９４２）参照)

また，民事訴訟法２８４条では，訴訟の途中で依頼者は正当な理由の有無に関係無しに弁護士を解任できると規定もしており，弁護士に対する信頼を失った依頼者は，そのことだけで，弁護士を解任する正当な理由を有するものであり，上記のような危険にさらされるべきでないと判断したのである。

しかし，この２２年前になされたFracasse事件での当裁判所の判断は，どのような状況の下においても適用して良いというわけではない。不当な解雇事件において，契約違反や不法行為の責任を追及するという場面では，依頼者が弁護士を解任する絶対的な権力を持つという原則がそのまま適用はできない。Fracasse事件においても，当裁判所は，依頼者は，結論としてその傷害事件で勝訴したときには，それまでに当該解任された弁護士が提供したサービスに対しては妥当な報酬を支払うべきだと考えていたのである。

Fracasse事件の判断を全面的に適用すると，おかしな結論を導くことになる場合が出てくる。たとえば，ニューヨークの弁護士がロサンジェルスの会社の法務部員募集の広告に応じて入社を希望し，交渉の末入社する契約を結び，家を新しく買い，子供を地元の学校に入れたとする。そして，3ヶ月後に，雇用契約にあげられていない理由に基づいて，突如解雇されたとする。その場合に，上記Fracasse事件の判断をここに適用して，会社は解雇の絶対的な権限があるから，何の問題もないというのでは，傷害事件のコンティンジェントフィー方式で契約した弁護士を随時に解任して良いという事情とあまりに事情が違うのに，同じ原則を適用しようとするものであり，いかにもおかしいと言うことになるであろう。

〔3〕裁判所は，先例に盲目的に従ってはならない。ことわざにも言われるように，一般的な表現は，それが用いられたときの個別の事情との関連で判断して用いられなければならないのである。(Cohens v. Virginia(1821))

〔2 b〕依頼者による弁護士の解任の自由ということは，多くの場合に維持してしかるべき重要な原則であるが，個別の案件ごとに存在する各種の利害をどのように比較考量するかによってその法的な結論に差が出てくることも当然あるのである。

上述したことであるが，Fracasse事件において，当裁判所の結論は，コンティンジェントフィーの特殊性に鑑みて，依頼者は一方的な解約の権利を有するが，もし依頼者が賠償を得られたときには，このすでになされたサービスに対して妥当な報酬が支払われるべきであると言うことである。

Ⅲ B

〔1 b〕Fracasse事件で明らかとなった，依頼者は弁護士を一方的に解任できるという原

則は，本事件の状況下では，どのようにして適用されるのであろうか。まず考慮すべきは，ローズ氏の訴えは，法務部スタッフをいかなる時にいかなる理由によっても解雇できるというゼネラル・ダイナミックスの権利に対して異議を唱えるものではないし，また，そうしようにもできないことである。ローズ氏の訴えは，そこで主張されているような状況下での解雇にあっては，事実上の暗黙の契約（implied-in-fact contract）に基づく逸失賃金及びそれに関連する損害賠償，または公序良俗違反の不法行為に基づく損害賠償がなされるべきだということにとどまる。もっとも，Fracasse 事件と本事件のいずれにおいても，依頼者がその信頼を失った弁護士を解任する権利は否定されていない。

ゼネラル・ダイナミックスが主張する法務部スタッフを何等の制約なしに解雇できるという権利が，いかなる状況下でいかなる責任も負わずに解雇できるのだという意味であるならば，そのような権利は，今も，かつても，当州には存在しない。

現職復帰を命じる判決という救済手段はありえないとしても，限定された条件のもとでは不当解雇を理由とする社内弁護士による雇い主に対する損害賠償請求が認められるという命題を審理するときには，Fracasse 事件における当裁判所の判断には拘束されないものと考える。当裁判所は，解雇はゼネラル・ダイナミックスとの間に存在する事実上の暗黙の契約に違反し，かつ公序良俗に反するという社内弁護士からの主張について審理すると同時に，それが社内弁護士により提起された場合における，そこに生ずるであろう諸制約についても審理することとなった。

IV

〔4〕 意のままに従業員を解雇するという古くからの雇い主の権力に対する制約原理としての事実上の暗黙の契約の主張は，その名が示すとおり，雇用関係にある当事者の過去の一連の行為の結果にその根拠を有する。そうした合意を契約交渉に委ねることができないような場合，つまり強行法規が存在する場合でない限り，合意の内容は契約交渉に委ねられるべきであるというのは，昔ながらの契約法から派生した原則である。[1 c] 訴訟のこの段階では，ローズ氏による事実上の暗黙の契約に基づく主張に対してゼネラル・ダイナミックスの抗弁が法的に成り立ちうるかを検討しているのであって，ローズ氏の主張に係る事実の正確性を検討するものではない。

ゼネラル・ダイナミックスはその抗弁において，Fracasse 事件における当裁判所の判断は広く適用されて，従業員たる弁護士を解雇した結果から生じるいかなる責任についても雇い主を免責するのだということを主張している。しかし，いままで見てきたように，Fracasse 事件は，プロフェッショナルとの関係をいかなる時でも解消できるという依頼者が有する一方的な権利を確認するものではあるが，弁護士－依頼者間の関係が同時に雇い主・従業員間の関係でもある場合に少なからぬ違いが生ずることに配慮しないで良いということまで述べているわけではない。社内弁護士は，独立し，複数の依頼者基盤を抱え，私人の傷害事件に係る訴訟をコンティンジェントフィー方式で請け負うことでかかる訴訟のリスクを引き受ける一般の弁護士とは別物なのである。法務部をもち，多数の企業法務スタッフを抱える法人と，一つの事件について代理人を必要とし，資力が限られている傷害事件における私人の原告とは，いかなる意味においても類似していない。

つまり，（法務部門をもつ事業会社とそこに務める社内弁護士との間における）両者の利害関係とそれぞれに期待される役割は，

Fracasse 事件においては決定的要素とされたものとは全く異なるのである。

　Fracasse 事件と本件との間の最も重要な差異は，訴状にある主張のとおり，原告はキャリア志向の従業員としてその業務遂行が満足できる水準にある限り終身雇用を期待して雇われたのであり，雇用の保障と退職時における十分な便益とを約束され，１４年間にわたって定期的な業績考課を受けて昇進・昇給し，評価されてきたところ，会社が突然，公表されている解雇手続によらずに解雇したということにある。

　これまでになされた弁論は，さまざまな口頭による表明も含めた過去の一連の行動の結果として，正当な理由無しに解雇されることはなかろうという原告の正当な期待を形成したことを十分に物語っている（Foley v. Interactive Data Corp.事件(1988)）。ローズ氏側からの事実に関する主張は，会社側からの抗弁に十分に耐えうるものであり，少なくとも，原告が社内弁護士であるということをもって契約に基づく請求を取り下げなければならないとする理由は先ず見当たらない。先に述べたとおり，ゼネラル・ダイナミックスが会社の信頼を失った法務スタッフの誰であれ解雇する権利を有することは肯定できる。しかしながら，かかる権利は，弁護士である従業員を解雇するときに，既存の契約における義務を守ることなく解雇して良いということまでを意味するものではない。

　つまり，事実上の暗黙の制約も契約の一種であるので，社内弁護士を意のままに解雇する自由を制約されることを雇い主が選択した以上，雇い主は当該制約を守らざるを得ないのである。ミネソタ州最高裁は，この点について以下のように要領よくまとめている。「社内弁護士もまた会社の従業員であるという事実に変わりはないので，仮に弁護士とその依頼者との間の関係を損なうことなしに対処できたとしても，雇い主と被用者との間の関係における雇用の保障という側面は否定することはできないのである。報酬，昇進，在職条件といった事項については，社内弁護士も他の従業員と同様の人事管理に服するのが通例である。これらの人事面における処遇は依頼者の弁護活動に携わる自営弁護士にみられる伝統的モデルとは異なるのであり，思うにこれらの差異は，依頼者からの信頼と弁護士の自主自律といった要素は，社内弁護士の雇用関係においてはあまり重要な要素ではないという点からきたものである。」（Nordling v. Northern States Power Co.事件(1991), Mourad v. Automobile Club Ins. Ass'n事件(1991)）

　本件における請求は，書面による契約ではなく黙示の契約によって生じたものであると主張されたのであるが，これは，弁護士－依頼者間の関係があるからそうされたというものでは決してない。社内弁護士についてその他の従業員とは異なる処遇を望んでいる雇い主にとって，（そのような権利主張に）さらされるおそれを抑えるためにとりうる手段は数多くある。弁護士など会社との間に信頼関係のある従業員の場合は，いかなる状況において解雇の正当な理由が認められるかという点について雇い主に広い裁量が認められていることを指摘しておく。

V　A

　[5a]　では次に，ローズ氏が主張する本件解雇がカリフォルニア州法に示されている基本政策に違反した（Gantt v. Sentry Insurance事件（１９９２）において判示された）という点について見てみよう。すでに述べた第一の理由である「事実上の暗黙の契約」についての訴えは，雇用関係における雇い主・被雇用者双方の行動や期待から生じるものであるが，

ローズ氏の第二の主張は「公序良俗違反の不当解雇に対する損害賠償請求」についてのものであり，これは純粋に法の創造物である。

[6] Foley 事件に見られるように，「そのような解雇が不当であるとする理論的理由は，雇用条件に基づくのではなく，公序良俗に従って行動するべきであるという雇い主に課される暗黙の義務に基づく。不法行為に該当するか否かは，雇用条件の問題とは無関係なのである。(Koehrer v. Superior Court 事件（１９８６)）」また，Tameny 事件でも，犯罪行為を拒否する従業員を解雇してはならないという雇い主の義務は，明示的または黙示的な従業員との契約によって定められているのではなく，州刑罰法規に定められる基本的公共の秩序を実施するために，法律により全ての雇い主に強制されているものであると判示されている。

最近の例を見ると，４３の裁判管轄において，いわゆる「報復的解雇」を，雇い主の解雇自由の原則を制限する訴訟原因として採用している。(Note, In-house Counsel's Right to Sue for Retaliatory Discharge（1992）92 Col. L.R. 389, 394. 参照)　しかし，カリフォルニア州では，こうした流れに対して，２つの重要な制限を加えた。１つ目の制限とは，Gantt v. Sentry Insurance 事件における我々の決定の中でも説明されているように，問題となっている公共の秩序は，単に"根本的に"というだけでなく，明確に憲法や州の実定法で定められているものでなければならないということである。２つ目の制限とは，Foley 事件において我々の見解の対象となったものだが，たとえ実定法で定められていたとしても，従業員の行為により守られるべき公共の秩序は，真に公益に資するものでなければならない。すなわち，「特定の雇い主や従業員の利益ではなく，広く公共の利益に資するものでなければならない」ということである。

また，我々が注目した訴訟には，３つ目の特徴がある。これは，社内弁護士にとって際立って重要なものである。これは，Foley 事件において我々が十分に説明したように，「公序良俗違反になるような解雇を不法行為と認識した判決は，犯罪行為を拒否した従業員，関係当局に犯罪行為を通報した従業員，違法な，または危険な行為を開示した従業員等を保護することを通じて，公共の利益を守ろうとしているのである」という特徴である。

独占禁止法に違反する犯罪的陰謀に加担することを拒否したため不正に解雇されたと主張する従業員（cf. Tameny 事件），または同僚が起こしたセクハラ訴訟の取調べで偽情報を提供するように促されたが，抵抗した結果不当解雇された従業員（cf. Gantt v. Sentry Insurance 事件）には，不法行為に基づく救済策が認められたが，これは，それぞれの原告が職を失ったことを補償するのみならず，根本にある公共の秩序自体を間接的に浮き彫りにするという重要な意味を持っているのである。

V　B

[5b] こうした理由づけは，社内弁護士の場合に，特に重要な意味を持つ。おそらく，弁護士の職業的特徴とは，二重の忠誠を要求されることにあるのではないだろうか。すなわち，一面において，弁護士にとって最優先すべき義務は，依頼人の福祉と利益のために行動するということである。しかしながら，もう一方において，弁護士に課される制限やその職業資格によって，こうした義務は大きく左右されることになる。すなわち，弁護士は，弁護士という職業を他の職業と区別する職業的倫理規範にいかなる場合でも背くことはできず，このことによって依頼人の福祉と利益

を守るという第一の義務は制限を受けることになる。

このような職業的倫理規範は、重要な公益を組み込んだものである。弁護士には幅広い職業免許が与えられているが、その理由の一つには、公共の福祉の発展のために倫理的制限が課されていることが挙げられる。これらの倫理規定は、公益全般に関わる重要な価値と結びついている。一方では依頼人の利益のために活動し、もう一方では倫理規範の制約内での活動を強いられる——このように二重の忠誠を要求されるがゆえに、モラル的ジレンマが起こりうるのである。

このことは、大企業におけるように営利追求を求められ、絶対不可欠な目的が収益性の最大化である場合に、特に当てはまる。そのような企業文化の中で、社内弁護士は、依頼人である自分の会社の目標を推進して評価されたいという欲求と、「弁護士職務準則規定」に基づく規範的な制限との板ばさみになりかねない。もちろんこのようなジレンマは社外弁護士にもよくあることである。しかし、社内弁護士と違って、社外弁護士は仕事上、依頼人との間に距離があり、しかも、経済的にも独立しているため、弁護士が守るべき規範について妥協したり無視したりといったことを強いられるプレッシャーは少なくて済む。社内弁護士の際立った特徴とは、その生計や成功は、事実上完全に一人の雇い主の善意や信頼によって決まってしまうということなのである。

したがって、倫理規範を順守することに固執したり、またはその違反を拒否したことなどに起因する報復的解雇から社内弁護士を保護するべきであるというケースは明白に発生するのである。そして、弁護士という職業は本質的に公益に直結しているため、社内弁護士は他の弁護士よりも、企業目標と職業規範の葛藤に巻き込まれやすい立場にある。こうした観点に立てば、万が一のトラブルの際には、社内弁護士は社内の弁護士ではない同僚と比較して、より厚い司法的保護に値することになる。

V C

しかしながら、報復的解雇に対する社内弁護士からの訴訟を認めることには、強い反論がある。それは弁護士の職業上の役割の本質に根ざした反論である。事実、この問題を扱った訴訟では、大半の場合、裁判所は、「かかる訴訟が提起されると、弁護士と依頼人の関係に深刻な脅威となる」という理由で、原告の訴えを退けている。この理由付けは、以下の3つの事案で明確に述べられている。

リーディングケースとなるのは、イリノイ州にあるドイツ製透析装置販売代理店に所属する法務部長の不当解雇訴訟である Balla v. Gambro 事件（1991）だろう。この法務部長の主張によると、彼は米国市場で販売するために送られてきた透析装置に重大な欠陥があることを知ってしまった。この欠陥はユーザーを深刻な尿毒症の危険にさらすものであった。そこで彼は、透析装置が食品医薬品局（FDA）の規定に適合しておらず、消費者に危険をもたらす可能性があり、したがってその受け取りを拒否すべきであると上司に助言した。しかし、法務部長はその後、会社幹部が透析装置を「値段しか見ないで買う顧客」向けに仕入れてしまっていたことを知ったため、社長に向かって「透析装置の販売を阻止するためにいかなる手段でも取る」と告げた。

それから2週間後、法務部長は突然解雇され、翌日彼は FDA 関係当局に装置の欠陥を報告した。関係当局は連邦政府の行動として装置を「不良品」として没収した。さらにその法務部長は報復的解雇を受けたとして損害賠償請求訴訟を起こし、解雇は公序良俗に違

反しているると主張した。イリノイ州最高裁判所は，原告の解雇は「明らかに公序良俗に違反するものである」とし，前述のように，「市民の生命および財産の保護こそが最も重要な公共の秩序なのである」と述べた。しかし，裁判所は，「原告は従業員という立場だけではなく，被告である会社の法務部長という地位にあった」として，原告の損害賠償請求の訴えを認めなかった。裁判所は，以下の2つの理由を挙げている。

まず，「市民の生命および財産を保護するという公共の秩序については，社内弁護士を報復的解雇から守らなくても，十分に保護されている。原告は，弁護士倫理に基づいて被告会社の透析装置の販売意思を報告する義務があったのである。他の従業員ならば，その報告をして解雇されるか，法の救済を受ける権利を失いつつも職を維持するかという困難な選択をしなければならない。しかし，社内弁護士には，このような選択の余地はない。原告には，被告会社が透析装置を販売しようとしていることをFDAに報告し，結果として公共の秩序を守る以外の選択肢はない。次に，このような訴訟を認めることは，社内弁護士と依頼人である会社との関係に好ましくない影響をもたらすことになるのである。雇い主は自社の社内弁護士に対して率直に物事を述べることに消極的になるかもしれず，また，問題のありそうな行動について質問することを躊躇するかもしれない」としている。

イリノイ州最高裁判所が示した上記の基本的な理由付けは，同州の第二審裁判所で行われたHerbster v. North American Co.事件（1986）の見解をベースにしている。この訴訟は，アラバマ州連邦裁判所で行われる予定の訴訟で，開示要求がでている機密内部書類を破棄せよという会社からの指示に対して，生命・健康保険会社の法務担当役員である副社長が抗議したため解雇された，というものである。原告は，このような行為はアラバマ州裁判所に対する不正行為であり，かつイリノイ州の裁判所が適用する「職務責任規範」にも違反していると主張した。

Herbster事件は，公共の秩序を守るべきであるという点が報復的解雇において賠償請求の訴訟原因の一つになるとしたが，それだけでは請求原因として不十分であると結論付けた。裁判所は「原告の従業員たる地位と弁護士という職業を分けて考えることはできない」と判示し，「他の報復的解雇の訴訟における従業員と異なり，弁護士は社会において独特の地位にある」。「弁護士をそうした独特な地位においている要素は，相互の信頼関係，判断についての信用といった，弁護士と依頼者間の特殊な関係である。報復的解雇に対する弁護士からの訴えを認めることはこの弁護士－依頼者間の関係に深刻な影響をもたらすことになるから，認めることはできない」と述べた。

Balla訴訟，Herbster訴訟，Willy訴訟において，社内弁護士の報復的解雇の訴えを認めなかった裁判所の判断は，2つの理由に基づいている。理由の1つ目は，弁護士は一般の従業員とは別物であるからである。依頼者が弁護士に内々で開示する事柄は極めて神聖なものであり，その秘密が守られるよう弁護士は適切に行動すべきである。社内弁護士が依頼人である雇い主に対して訴訟を起こすことを認めることは，この信頼関係を傷つけることにしかならない。理由の2つ目は，社内弁護士はその倫理的規範に従えば，誤った行動をしようとする依頼者との関係を辞職によって絶つべきなのであり，公共の秩序を守るという目的から報復的解雇に対する訴訟上の救済を弁護士に対して認めるという必要はないということである。

V D

　イリノイ州裁判所がBalla事件やHerbster事件において，今回のケースと同様に相反する価値の問題に真剣に取り組んだことは間違いない。しかし，両事件の判決が，現代社会における弁護士の地位と役割というものについて古典的な考え方に固執しただけではなく，社内弁護士が果たすプロフェッショナルとしての役割に関して誤った見解を示していると批判する意見も複数ある。

　法曹倫理に関する著名な学者はBalla事件判決について次のとおり批評している。「解雇された従業員が弁護士でなければ，会社を訴える権利があったはずである。社内弁護士は積極的に法令を遵守する義務を有しており，その義務に従った結果による解雇に対して救済措置が与えられないことは奇妙である。依頼者が通常，弁護士を解雇する広範な権限を有していることは考慮すべき一つの事柄であるが，それが全てではない。なぜなら，弁護士と依頼者の関係は両当事者を拘束する法規範に包含されるからである。例えば，弁護士は依頼者だけではなく第三者，裁判所，政府に対してもある種の義務を負っている。」

　弁護士は，依頼者の個人的かつ当該依頼者に不利になるような告白を受ける神父のような権利を有し，また，プロフェッショナルとしての特権を与えられ，我々の社会において独特の影響を及ぼしうる地位を占めている。社内弁護士の雇い主からの違法な要求が弁護士職務規程に定められる倫理規範に抵触し，当該弁護士がプロフェッショナルとしての義務に固執することを主張した場合に，弁護士に報復的解雇に対する救済を認めるべきであるというのは，まさに，このような弁護士の役割を理由とするのである。結局，報復的解雇に対する不法行為責任の追及が果たす役割は，従業員の行動を促し，基本的な公序良俗の理念を推進することである。社会に悪影響を及ぼす組織の行為に対して従業員に不法行為責任による救済を与えることにより，裁判所は，経済的，社会的に多大な圧力を受け，組織に無言で従うしかない個人を救うことができるのである。

　社内弁護士の行為は，プロフェッショナルとしての資質により，他の従業員に比べて，倫理的制約をより強く受ける。例えば，犯罪行為の片棒を担ぐようなことはできないし，証拠隠滅や偽証行為は為し得ない。当該行為は，プロフェッショナルという身分を定義する倫理規範によって禁止されるのである。この事実から次の結論を導き出すことは容易である。社内弁護士がプロフェッショナルとしての義務に固執し，倫理規範もしくは法令で要請される積極的な行動に出るか，または，職業規範に明らかに違反するという点を理由として雇い主の要求を拒絶したことで解雇された場合に，当該弁護士に司法上の救済を及ぼすべきである。

　また，いくつかの判例において，プロフェッショナルにとっての倫理規定が雇い主の強い力に対するバランスとして重要な存在であることが認められている。まず，Parker v. M&T Chemicals, Inc.事件（１９８９）では，電子資材のメーカーの特許部長である弁護士が，連邦裁判所の封印された資料から技術情報をコピーするという会社の指示を拒否したために，降格され，後に解任されたとして，州（ニュージャージー）の裁判所に訴えた事件である。本件で，会社側は，「会社は，社内弁護士を，理由の有無に関係なく，また，公益通報者保護法（whistle-blower statute）等による何のおとがめも気にせずに，いつでも解任する権利を有する」と主張した。

　裁判所は，本件について，同特許部長の行為は，上記保護法の適用を受けると同時に，

弁護士―依頼者間の関係（信頼関係の維持を優先すべしとする）とも抵触しないとして，会社の主張を退けた。「上記保護法によれば，競争者をごまかしたり，その他，刑法に違反したり，州の健康，安全等に関する政策に明瞭に反するような行為を拒んだという理由で社内弁護士を解任した場合には，その損害を賠償すべきである。もちろん，会社は，その社内弁護士には能力がないとか，忠誠心がないといった，他の合法的な理由を主張することは自由にやって良い。」（Parker 事件）。また，Wieder v. Skala 事件（１９９２）では，ローファームのアソシエイトが，同僚の他の弁護士がプロフェッショナルとしてあるまじき行為をしたという点を指摘したという理由で解雇されたという事件であるが,「事務所の法律実務を行うにあたっては，事務所も，この解雇された弁護士も，プロフェッショナルとしての倫理基準に従って行動しなければならないという点は，弁護士の雇用関係に内在的に存在する重要事項である」と裁判所は述べている。さらに，McGonagle v. Union Fidelity Corp.事件（１９８９）においても，保険会社の法務部長が，州法に違反するような保険を販売することに同意しなかったという理由で解任された事件であるが，この解任が州の公共の秩序に違反することがこの原告によって指摘されるので，この解任は違法なものであるとし，また，プロフェッショナルでもある従業員は，制定法に従うべきであるという義務と，同時に，プロフェッショナルとしての倫理規定にも従うべしとの二重の義務を課されていると述べている。

上記の点は，Pierce v. Ortho Pharmaceutical Corp.事件（１９８０）でも判示されており,「上記のプロフェッショナルの二重の義務は，時に，雇い主からの要求を拒むことを義務づける場合もあろうが，上記倫理規定は，公共の秩序を表示しているということにもなるのである」と述べている。

また，Balla 事件，Herbster 事件及び Willy 事件で，裁判所が，社内弁護士の場合のこうした二重の義務からの逃げ道は雇用関係から身を引くことだ（withdrawal）としていることに驚かされる。弁護士でない従業員の場合には，雇い主からの法律違反の行為をすべしという要求に従うよりも，その職務から静かに身を引けとは要求していないのに，なぜ，上記の３つの事件において，裁判所は，弁護士の場合においてのみ，経済的に破綻を来たし，また，プロフェッショナルとしての立場を失わせるようなおそれのある，自分から退職を申し出るというような選択を迫るのであろうか。

限定的とはいえ，司法的な救済の途すら閉ざすということでは，とりわけ経歴を積み，上の地位を得た社内弁護士の場合，上記のようなジレンマに直面したとき，せいぜい勇気をふるっても，黙っているのが関の山ということになってしまうのではないのか。それでは，社内弁護士のプロフェッショナルとしての立場を低くさせてしまうだけであろう。

V　E

［7］弁護士職務規程が定める倫理規範に違反することを拒絶したことを理由として解雇された社内弁護士が報復的解雇による損害賠償を請求する場合だけではなく，弁護士ではない同僚の従業員であれば報復的解雇による損害賠償を請求することができるケースで，かつ，職務規程や法令上，明確に弁護士の守秘義務が免除されるような場合にも社内弁護士に司法の救済を及ぼすべきである。そこで，裁判所は社内弁護士による雇い主に対する損害賠償請求を検討する際には，まず，当該弁護士が職務規程や法令による倫理規範を遵守

したか確認しなければならない。例えば，弁護士会から除名されるような犯罪行為や倫理違反行為を行うように依頼された場合に，社内弁護士が当該行為を拒み，倫理規範を遵守したことによって解雇されるようなケースの大半においては，社内弁護士には雇い主に対する損害賠償請求事由が認められるであろう。

一方，弁護士が従事した行為が，倫理的には許容される最低限度であるが，特に法令または倫理規定によって禁止されていない行為の場合，裁判所が直面する問題はより複雑である。そのような状況において裁判所が解決すべき問題は2つある。一つは，Gantt v. Sentry Insurance 事件やその他の判例と同様，弁護士ではない従業員に損害賠償請求が認められる程度に雇い主の行為が悪質であるかどうかである。もう一つは，弁護士―依頼者間の特権に関する例外を定める Evidence Code（証拠法）のような，依頼者の秘密の守秘義務を免除し，雇い主への非忠誠的行為を許諾する法令や職務規程が存在するかどうかである。

[8a] 社内弁護士が報復的解雇による不法行為責任を主張できるという我々の結論は，限定的な射程範囲しか持たないことを強調しておきたい。依頼者の利益を守るべきであるという弁護士の強い忠実義務というものは，弁護士ではない従業員に認められる不法行為による損害賠償請求という法の救済を同様に弁護士に対しても認めるということと矛盾するものである。Foley 事件で裁判所は弁護士による請求を認容したが，その論理的根拠は一般従業員の場合とは異なる。弁護士が関係するケースでは，弁護士はプロフェッショナルとして特有の倫理規範を遵守すべきであるということが根拠となっている。つまり，弁護士は職務遂行にあたっては倫理規程が保護する基本的な公序良俗に忠実であるべきという

ことである。そのように考えると，Balla 事件や Herbster 事件の裁判所が心配していたことであるが，上記の報復的不法行為による損害賠償請求における限界に加えて，弁護士―依頼者間の関係における弁護士の忠実義務の遂行ということがさらなる制限を課すことになる場合がある。

相互信頼・信用ということで裏付けられるプロフェッショナルとの関係で考えると次の場合に限り司法の救済を認めることでダメージを防ぐことができると考える。1．職務責任規程による明白な倫理規範を理由とする請求　2．Gantt v. Sentry Insurance 事件のように弁護士ではない従業員による請求が認められる場合であって，かつプロフェッショナルによる守秘義務の免除を法が明確に認める場合の請求（また，証拠法956．5によれば，依頼者の犯罪行為が人命に対して危害を与えると弁護士が信じるに足りる場合であって，当該事態を防止するため依頼者の秘密を開示することが必要であると判断する際には，弁護士―依頼者間の特権は適用されないものとされる。）

通常，依頼者の秘密を公にした弁護士は法廷で免責されない。倫理規程や法令により明確に守秘義務が免除され，または，それらによって命令されるような例外的な場合を除き，弁護士は職務上の依頼者の秘密を公にすることは許されない。一般の不当解雇の事案では，弁護士―依頼者間の守秘義務に違反することなしには当該弁護士は雇い主に対して訴訟を提起できない。そして，そのようなケースでは依頼者の守秘義務特権を保護するために訴えは棄却されなければならない。我々は，この被告の抗弁を審理するという段階では，そのような訴えの棄却は例外的にしかなされないと考える。

ゼネラル・ダイナミックスはローズ氏の請

求に対して，弁護士－依頼者間の特権により秘密の開示は禁止されると主張するが，これは書面上の訴訟要件に関する審議だけでは解決できない問題である。実際，社内弁護士が提起する不当解雇に関するほとんどの訴訟において，弁護士－依頼者間の特権が原告の請求に対する抗弁になるかどうかは，この段階では解決できない。むしろ，通常の場合，そのような問題は，守秘命令の申し立て，さらなる証拠開示手続，または，正式事実審理を経ないでなされる判決（略式判決：summary judgment）の段階で判断されるものである。そして，法令上の弁護士－依頼者間の特権は厳守されるべきである。その守秘義務特権が社内弁護士と依頼者である企業との関係にあるからといって弱められることは認められない。法務部の社員は，外部の独立した弁護士と同様に，特権の支配下にあるのである。

しかし，社内弁護士が倫理的ジレンマに直面するようなケースの多くは，法令上の特権の適用範囲外にある。犯罪行為や不正行為が行われ，または人命に危害を与えるような行為を防ぐ為に秘密を開示すべきと信じるような状況では，弁護士－依頼者間の特権は法令により，または，一般常識として除外されているのである（Marc Rich & Co. v. United States(1984)，People v. Pic'l 事件（１９８１），Glade v. Superior Court（１９７８），証拠法９５６～９５８）。報復的解雇に関する訴訟における社内弁護士による秘密開示は，依頼者である企業や，さらには，多くの場合はその幹部の期待に対してダメージを与える。その期待は弁護士へ開示された秘密は表ざたにされることはないというものである。しかし，犯罪行為や不正行為を行うことを計画する意図を弁護士に打ち明ける依頼者との関係においては，忠実義務を遵守する必要はない。このような種類の秘密を開示することは特権

をうけるに値しないのである。

［９］事実審裁判所は，依頼者の秘密が保持されつつ，弁護士である原告が必要な立証活動を行えるように手段を尽くすべきである。封印・守秘命令の適用，限定的な証拠能力の認定，証言の利用の制限，または，必要に応じてインカメラ手続きを採用するなどの手段が考えられる。積極的に訴訟指揮を行うことにより，裁判官は上記の守秘義務特権へのダメージを最小化できるものと信じている。

［8b］最後に，いくつかの補足的規程が，社内弁護士による不法行為の損害賠償請求を妨げ，不誠実な訴訟を防止することになる。例えば，問題となる倫理規範は倫理規程や法令において明確に定められたものでなければならない。政策判断への不満は認容されない。原告は，当該事案において明白な倫理規範が存在すること，許容し得ない動機により雇い主が行動したことを証明しなければならない。そして，そのような倫理規範は公衆を守るものでなければならない。弁護士または雇い主の一方の利益のみに資するようなものであっては，報復的解雇に対する損害賠償請求を認容するのには不十分である。

さらに，報復的解雇による損害賠償請求に失敗し，当該請求において依頼者の秘密を開示した弁護士に対しては，州の弁護士会による懲戒手続きが適用される可能性がある（Dixon v. State Bar 事件（１９８２））。もちろん被告となった雇い主は，当該弁護士の行為が倫理規範に違反していることによって解雇事由があることを主張して争うことも自由にできる。

Ⅵ

〔１d〕 上記で述べた原則を本件に適用すると，原告の第一の主張である，事実上の黙示的契約の違反は十分に正当な事由となる。

しかし，第二の主張である報復的解雇によ

る不法行為に基づく損害賠償請求については主張が十分であるか明らかではない。〔5 c〕原告は，解雇の原因となった行為が弁護士職務規程または法令により義務付けられていたか主張していない。

しかしながら，過去に裁判所が公表した判決はこの第二の点に関する見解を十分に示していないという事実に照らすと，原告がその主張をなしていないことは驚くべきことではない。原告は報復的解雇による損害賠償請求は通常の従業員による同種の請求と同様に認められるとの仮定で，今回の訴えを提起したことが明らかである。当裁判所は，そのような見解は解釈を拡張しすぎていると考える。

当裁判所は，上記の見解に基づき，本件を事実審裁判所へ差し戻し，原告がゼネラル・ダイナミックスへの請求内容を修正することを認めることが公平であると判断する。本判決で言及したことが，本件のような訴訟に対する抑止的効果を生ぜしめる意図を有するものではないことは，言うまでもない。

結論

控訴裁判所の判断は是認され，本判決で示される見解に基づき，請求事由をさらなる審理に付するために差し戻す。

【課題】　General Dynamics Corp. v. Superior Court (Rose) を読んで，以下のQについて考えてみよう。
Q1　原告ローズ氏は，何を裁判所に請求したか。
Q2　被告会社は，どのような判例をもとに，どのような抗弁をしたか。
Q3　裁判所は，契約違反という点について，どのような判例をもとに判断したか。
Q4　弁護士の二重の義務とは何か。その板挟みになった場合の解決策は，辞職することか。
Q5　依頼者との信頼関係，守秘義務をどのように考えるべきか。これを重視した判例をあげなさい。
Q6　公共の秩序を守るためなら，依頼者との信頼関係を損なってもよいか。どのようにして，両者の調整をはかるべきか。

アメリカでは超優良企業と目されていたエンロンが2001年に倒産し，その背景に数千もの関連企業を道具にした大掛かりな粉飾決算とこれを阻止できなかった（あるいはこれに加担した）社内弁護士，社外弁護士，公認会計士といったプロフェッションの機能不全があったことが判明した。このため，コーポレート・ガバナンスの確立を目指したサーベンス・オックスレイ法（SOX法），それに基づくSEC規則205条，及び，アメリカ法曹協会（ABA）の弁護士モデル倫理規範で，弁護士の責任の強化が図られることになった（この点については，本書第2章参照）。

【課題】　エンロン事件では，多数の社内弁護士，社外弁護士，公認会計士が経営判断にタッチしていたはずであるが，なぜそれが十分に機能しなかったのか。General Dynamics 事件における社内弁護士の行動と比較して，考えてみよう。

第15章　企業法務とリーガルプロフェッション

　日本でも２００５年４月から，旧来の弁護士倫理に代わり，弁護士職務基本規程が施行され，その中で会社法務部などの組織内で稼動する弁護士の倫理規定が設けられている。

■ 日本弁護士連合会・弁護士職務基本規程第５章「組織内弁護士における規律」

第５０条（自由と独立）官公署又は公私の団体（略）において職員若しくは使用人となり，又は取締役，理事その他の役員となっている弁護士（以下「組織内弁護士」という。）は，弁護士の使命及び弁護士の本質である自由と独立を自覚し，良心に従って職務を行うように努める。

第５１条（違法行為に対する措置）組織内弁護士は，その担当する職務に関し，その組織に属する者が業務上法令に違反する行為を行い，又は行おうとしていることを知ったときは，その者，自らが所属する部署の長又はその組織の長，取締役会若しくは理事会その他組織内における上級機関に対する説明又は勧告その他のその組織内における適切な措置をとらなければならない。

> 【課題】　弁護士職務基本規程５１条に規定している「上級機関に対する説明又は勧告その他のその組織内における適切な措置」というのは，具体的にどのようなことか。本章のはじめに記載した設例について，取締役に対して説得をすることを想定して，ロールプレイを実際にやってみよう。

> 【課題】　昨今テロの未然防止に関連して，マネーロンダリングを抑止するため，弁護士が依頼者の疑わしい取引・活動に気づいた場合，国その他の機関に報告すべき義務を課す制度（ゲートキーパーとしての弁護士の義務）を定めるかどうかが議論されている。この問題をどのように考えるべきであろうか（日弁連の考え方についてはhttp://www.nichibenren.or.jp/ja/opinion/report/2005_66.htmlを参照）。

2　企業法務サービスと親子会社，グループ会社

> 【課題】　以下の議事録及び法務省見解を読んで，問題点と考え方をまとめなさい。

■ 法曹制度検討会（第１０回）議事録（司法制度改革推進本部事務局）

1　日時　　平成１４年１０月８日（火）１３：３０～１７：００
2　場所　　司法制度改革推進本部事務局第１会議室
3　出席者

（委　員）伊藤　眞（座長），岡田ヒロミ，奥野正寛，小貫芳信，釜田泰介，木村利人，佐々木茂美，田中成明，中川英彦，平山正剛，松尾龍彦（敬称略）

（説明者）川中　宏（日本弁護士連合会副

会長），高中正彦（日本弁護士連合会弁護士制度改革推進本部事務局長），小池　裕（最高裁判所事務総局審議官）
（事務局）大野恒太郎事務局次長，古口章事務局次長，松川忠晴事務局次長，植村稔参事官

≪弁護士法７２条に関する議論の抜粋≫

【日弁連（高中事務局長）】それでは，弁護士制度改革推進本部の事務局長をしております高中と申しますが，プレゼンテーションをさせていただきます。

まず，弁護士法第７２条についてでございますが，最高裁の昭和４６年７月１４日の大法廷判決がございまして，立法趣旨を述べております。弁護士資格もなく，弁護士法の規律にも服さない者が，自らの利益のためにみだりに他人の法律事務に介入することを業とする行為を禁止することによって，当事者，その他の関係人の利益を守り，国民の法律生活の安定と，法律秩序の維持を図ることを目的とするということを述べております。

この趣旨は，社会の法律関係がますます複雑・高度化した現在においても，いささかも減じられるところはございませんで，かえって知能犯化しております事件屋などにつきましても，弁護士法第７２条をもって積極的に対処する必要が高まっていると考えております。

しかしながら，弁護士法制定から半世紀以上を経まして，法律事件の内容，あるいは取り扱い対応が，往時とは比較にならないほど複雑多岐わたるようになった現在におきましては，弁護士法第７２条を形式的に解釈運用すると，現在の我が国経済の実情に適合しないという事態があることも確かであると考える次第であります。

そこで，国民の法律生活の安定を確保するために，弁護士法第７２条の趣旨をあくまで守るということは当然のこととしつつも，合目的的な解釈・運用を図っていく必要性があると考えるものであります。

企業法務との関係でございますが，コンプライアンスの確立の要求が近時高まっておりまして，企業の法務部門が充実・強化されております。また，バブル経済崩壊後の我が国経済の低迷に伴いまして，企業活力の再生を図るというために，企業の分社化が進展をしておりまして，昨年の商法改正による会社分割制度の導入後は，この分社化傾向がますます顕著となっております。そこで親会社の法務部門が子会社の法律事件を取り扱うことが求められるようになっておりますが，弁護士法第72条の趣旨をあくまでも形式的に解釈をいたしますと，弁護士法第７２条に抵触するという問題が発生せざるを得ないということであります。しかしながら，先ほど申し上げましたように，弁護士法第７２条を合目的的に解釈すると不都合は回避されるのではないかと考える次第であります。

この問題につきまして，２つのシチュエーションがございまして，まず，親会社の法務部門が子会社の法律事件を取り扱う問題と，分社化によって独立した法務サービス会社がグループ企業の法律事件を取り扱う問題の２つがございますので，これを分けて述べたいと思います。

まず最初に，親会社の法務部門が子会社の法律事件を取り扱うことについての問題であります。弁護士法第７２条を見ますと，他人間という文言が書いてございませんが，これも立法技術上の原因に基づくものと認められます。弁護士法第７２条の前身の「法律事務取扱ノ取締ニ関スル法律」というのがございましたが，ここには明確に「他人間ノ訴訟事件」あるいは「他人間ノ非訟事件ノ紛議ニ関シテ」という文言がございまして，他人性が

要件であることが明らかでございましたが，現行の規定にはそれがございませんけれども，それは先ほど申し上げた立法技術上の原因に基づくものと考えられます。

したがいまして，他人性が必要であると解釈されるわけですが，ここから申し上げますと，企業の法務部門が自社の法律事件を取り扱っても問題とはなりません。しかしながら，子会社ということになりますと，親会社とは別の法人格を持ちますので，形式的には他人の法律事件を取り扱うということにならざるを得ないという点がまず出てまいります。

しかしながら，他人という要件につきまして，法人格の異同というこの一点のみから形式的に判断するのではなくて，親会社から独立した法律的，経済的な地位，ないしは利益を有するかどうかという指標から考えるということといたしますと，そのような地位や利益を持たず実質的見地から自己の法律事件を取り扱うのと同一であると認められる場合には，他人の法律事件を取り扱うものではないと解釈することは可能ではないかと思われます。

そのような場合につきましては，会社を含む国民の法律生活の安定，法律秩序の安定，これを害するような弊害はないのではないかと考えることができるからであります。

そこで，そのように実質解釈を施すことにした場合には，どのような関係にある会社までを自己と同一であると評価することができるかという問題でございます。

お手元に資料がございましたが，商法の親子会社基準を採用する考えが1つございます。商法の親子会社基準は，総株主の議決権の過半数という基準を設定しておりまして，これを有しておればよいとする考え方が考えられます。次に，連結決算対象かどうか，すなわち連結財務諸表規則による支配力基準を満たしていればよいとする考え方も考えられるわけであります。

まず，商法基準による考え方でございますが，この利点は画一的でありまして，明快という利点がまず考えられます。しかしながら，翻って考えますと，議決権の過半数を有していたとしても，その他の少数株主は存在するという限り，親会社と子会社の利害が完全に一致するということは難しいと考える次第であります。親子会社の利害は一致する，親会社の方針に反対する子会社の役員は更迭すればよいと言われることがございますが，現実には親子会社間でコンフリクトの問題が発生した事例があるということが書籍にも紹介されております。

例えば，江頭憲治郎先生の『株式会社・有限会社法』という本の44ページには，そのコンフリクトの問題が記載されている次第であります。このように考えますと，商法基準を満たせば直ちに他人性がないと判断することは難しいと考えるものであります。

次に，連結財務諸表規則の基準，すなわち支配力基準でございますが，これによる考え方については，現実にかなうという利点があると考えます。すなわち証券取引法上，公開会社は連結決算を義務づけられております。また，平成17年からは商法特例法に基づいて大会社についても義務づけられますが，これらにつきましては，さまざまな法規制がなされておりまして，また，そのような会社は社会的にも一定の信用力があると認められますので，弁護士法第72条が懸念しております弊害が生ずる恐れも少ないと言ってよいように思われるわけであります。

しかしながら，そもそも連結財務諸表規則を考えてみますと，これは投資家保護の見地から企業活動の実態をディスクローズするというために定められた大蔵省令でございます。

親子会社間の利害調整という見地は連結財務諸表規則には見られないと考えられるわけであります。先ほど申し上げましたように，ここで問題とすべきは，子会社について保護に値する独自の利益，ないしは地位があるかという問題であります。その意味で言いますと，連結決算対象ということから直ちに利害対立がないと言い切ることについては，疑問があると考える次第であります。

また，法律のような厳格な改正要件が規定されていない大蔵省令であるという点も，また問題であろうかと考える次第であります。

このように考えてまいりますと，完全親子会社，１００％株式を持っている会社，１００％子会社と申しますが，この場合には少数株主は存在いたしません。この完全親子会社につきましては，子会社の法律事件を親会社の法務セクションが取り扱うこととしても，格別の問題がないと考えます。すなわち，完全親子の関係にございますと，子会社の株主は当然のごとく親会社一人でございますし，企業の実質的な所有者である株主である親会社の利益とは別の経済的利益を子会社に観念することはできないのではないかと思います。

また，完全親子会社の関係にございますと，連結納税の対象になりまして，その収益も一体となりますので，税法の観点ではございますが，法律的にも両者は一体の関係にあると考えることが可能ではないかと思われる次第であります。

この見解につきまして，現実の企業結合の状況に適合しないという反論が当然あり得ることと思います。しかしながら，刑罰法令でございます弁護士法第７２条につきまして，やはり罪刑法定主義という見地から見まして，厳格に解釈される必要があり，不都合は別の方法で対処していくべきではないかと思われるわけであります。例えば，別の方法として

は，子会社の法務セクションに対する親会社からの社員の派遣ということも考えられると思います。なお，株主総会の特別決議要件，これは総株主の議決権の３分の２でありまして，定款変更ができますが，この要件を満たせば，親子会社間の利害はほぼ一致するので，これでもよいという考え方もできると思います。しかしながら，やはり残りの３分の１議決権を有する少数株主の存在を無視することは私は問題であると考える次第であります。更に特別決議要件のほかに連結決算対象であるということの要件をダブルスタンダードにすると，弁護士法第７２条の弊害が生ずる恐れは最小限に抑えるということになりますので，この考え方もあり得るかと存じます。

しかしながら，先ほど申し上げた点にかんがみますと，万全とは言い難いと思料されるものであります。ちなみに，弁護士法第７２条の解釈論の中で，親会社が子会社の法律事件を無償で取り扱う場合には，当然のごとく報酬を得る目的がありませんので，問題になりません。この場合の報酬の意義でございますが，無形の労働に対する対価を言いますので，民法の６５０条に規定するような費用償還請求の対象となるような，いわゆる実費の支払いを受けるにとどまる場合は，報酬を得る目的があるとは言えないと考えられます。

したがいまして，このような観点からの検討というものも不都合の解消には必要ではないかと考える次第であります。ただし，報酬目的の解釈に当たって，連結消去になるという解釈もございますが，直ちに連結消去が報酬目的がないということについては，困難があるように思われる次第であります。なぜならば，連結消去は会計処理方法の１つでございまして，報酬目的という実態の解釈に直ちに使えるというものではないと考えるものでございます。

なお、一般的な基準ではございませんが、弁護士法第73条に関しまして、最高裁の判決が平成14年1月22日に出ました。これはいろいろ解釈があるようでございますが、一般には構成要件該当性は認めつつも、社会的相当の見地から成立を否定したと解釈されているようでございますが、この解釈を採りますと、個々の事案ごとには、弁護士法第72条違反の違法性が阻却されるという手法もあり得るのではないかと思われるわけであります。

次に、独立した法務サービス会社がグループ企業の法律事件を取り扱う問題について述べさせていただきます。以上の論述に対しまして、法務部門を分社化して独立させ、その独立した会社がグループ企業の法律事件を有償で取り扱うことについては、先ほど述べたところとは事情が異なると考えます。

グループ企業の法的サービスを専門的に取り扱う独立した会社を設立する現実的なニーズが経済界の中でどの程度あるのか、これは必ずしも明らかではないと思われております。確かに持株会社の傘下に法務サービス会社を据えまして、その傘下会社の法律問題を取り扱うような形態、これを想定することはできるのでありますけれども、当該の法務サービス会社と資本関係もなく、連結決算対象でもないという兄弟会社の法律問題を果たして中立適正に処理できるのかという疑問がまずあるわけでございます。持株会社の傘下にある兄弟会社間で利害が対立するという事件については、この法務サービス会社は、中立的な処理ができないのではないかと考える次第であります。このような結合形態のときこそ、弁護士に依頼をして事件を処理するのが本道であると考えるものでございます。そして、この形態は何よりもグループ企業という範囲をどのように画するかという問題がございま

す。そして、それがクリアーされたとしても、グループ企業を超えて広く一般の法律事件を取り扱うに至る蓋然性が高いのではないかと考えます。例えば子会社や関連会社の社員個人などの法律問題を処理するに至るという恐れもなきにしもあらずと考える次第でございます。

したがいまして、この独立した法務サービス会社につきまして、会社を含む国民の法律生活の安定を害するという危険性をはらむと言わざるを得ないと考えますので、弁護士法第72条の対象外とするには、問題があるという次第でございます。

弁護士法第72条につきまして、以上でございます。

【日弁連（川中副会長）】引き続きまして、副会長をしております私、川中の方からいたします。

弁護士法第72条の問題を扱うときに、これが刑罰法規であるということを押さえておくことは、一番肝要なことではないかと私たちは考えております。刑罰法規である以上、高中事務局長が申し上げたように、犯罪構成要件を一義的に解釈することが要請されてくるわけであります。もちろん、合目的的な解釈が必要な場合はあるわけでございますけれども、それを余りに強調し過ぎて、要件をあいまいにしたり、あるいはこれを広げたりすると、それが普遍性を持ってくることになりますので、犯罪構成要件があいまいになってしまうという問題があるということは、きちっと押さえておかなければならないと考える次第です。

高中事務局長がただいま申し述べたことは、そういう立場に立って弁護士法第72条を解釈すれば、100％子会社までしか許容できないのではないかということであります。それが基本にあるわけですけれども、日弁連の

執行部としては，具体的な社会的必要性が要請するところの具体的な妥当性も一方において追求する必要はあるだろうと考えております。前回，中川先生の方からは，その具体的な社会的必要性があるのだということが報告されましたけれども，もう少し5年，10年という長い目で見た場合にまでそういう必要性があるのかどうかについては慎重に見極める必要があるのではないかと思っております。と申しますのは，法科大学院ができまして，法曹の輩出が年間3，000人という時代になってきますので，審議会意見書にも書いてありますように，社会のすみずみまで弁護士が進出して，法の支配の担い手として活用するような社会が現出するということであれば，もちろん，行政にも企業にも弁護士がたくさん入っていくだろうということにもなりますので，弁護士以外の企業法務というのも自社のみならず，子会社の法律事務まで扱うことの必要性をどのように考えるかということについては，慎重に見極めていきたいと思っているところであります。

それから，具体的妥当性と言った場合にも，解釈を離れての具体的妥当性，あるいはその具体的な解決の妥当性というのもなかなか難しい問題でございまして，現時点ではどうするということの結論が先ほど高中事務局長が言いました弁護士法第72条の解釈を超えてどうするかということでございますが，それはまだ明確には出ておりませんので，本日のこの検討会における委員の先生方の議論もお聞きしまして，刑罰法規である以上，法務省，検察庁がどういう解釈を取るのかということについても，重大な関心を払わなければなりませんので，法務省の意見等もよくお聞きしながら，日弁連としては慎重に態度を決めていきたいと考えております。以上です。

【伊藤座長】どうもありがとうございました。

それでは，意見交換につきましては，後ほど時間を取ってございますが，ただいまの日弁連のプレゼンテーションにつきまして，御質問があればお願いいたします。

・・・＜中略＞・・・

【中川委員】法務サービス会社を独立させてサービスをするということが，社会的安定性の点から，つまり間接的にサービスをするということが適正ではないのだという御説明でしたけれども，これはどういう意味なのか，もう少し具体的にお願いします。

【日弁連（高中事務局長）】コンフリクトの問題が発生しかねないというところが中心でございます。

【中川委員】どことどことのコンフリクトですか。

【日弁連（高中事務局長）】兄弟会社の関係になりますので，持株会社の下に企業がぶらさがりますね。その企業同士の間でコンフリクトが起きたときに，その持株会社の傘下にある法務サービス会社がそれらを中立的な形で処理ができるかどうかという問題点を指摘しているわけでございます。

【中川委員】親会社の法務部門と。

【日弁連（高中事務局長）】先生がおっしゃっているのは，独立した法務サービスの趣旨でございますね。

【中川委員】ですから，どこが違うのかというのがいまだによくわからないのです。それを独立させた場合と，親会社の法務部門が直接サービスを行う場合とどこが違ってくるのだろうかというのがわからないのです。

【日弁連（高中事務局長）】株を所有しているかしていないかという関係が大きいと思っています。つまり親子の場合は，日弁連の場合は100％完全親子の方に限定にしてお話を申し上げましたけれども，その場合には少数株主の存在がないというのが我々の今回のプ

レゾンの大きな理由になっているところでございます。それが持株会社になりますと，独立した会社が１つある。それと兄弟会社の関係でつながる事件を取り扱う。ここがシチュエーションとしては違っておると考えておるわけでございます。

【中川委員】確かに形態は違いますね。だけれども，親会社から分離した法務サービス子会社がやるのと，親会社が直接サービスをするのとはどこが違うのかというのが，法形態は確かに違っておりますけれども，実態というか，何も変わらないのではないかと思うのです。

【伊藤座長】日弁連のお話しは，日弁連の先ほど述べられた１００％子会社に限るという前提にした話ですか。今の独立法務サービス会社についての。

【日弁連（高中事務局長）】それも前提にした話でございます。

【伊藤座長】前提がちょっと違うのではありませんか。

【平山委員】今の問題は結局，他人性という観点から検討いたしますと，親会社，子会社の場合は，他人性をどこまで緩和するかという問題ですけれども，独立した法務サービス会社は，ある意味ではまさに他人そのものですね。そういう意味で違うということと，法務サービス会社の場合は，まさに弁護士法第72条が禁止している弁護士ではない者が法律事務を扱うことを「業」とするということになりますね。弁護士法第７２条が業とするのはどうかということを言ってきたわけですから，親会社，子会社の場合は，まさに自分の身内の仕事ということで，業として行うわけではないのではないかと，まだ理解できますけれども，法務サービス会社の場合は，まさにそれ自体を業として掲げて行うということになると，これはちょっと弁護士法第７２条の解釈の範囲は超えるのではないかと私は理解するのです。

【伊藤座長】私の理解が恐らく悪いのだと思いますが，仮に日弁連の立場を前提にしたとき，親会社がある。１００％子会社が２つある。１００％子会社である法務サービス会社がある。この法務サービス会社が子会社間の法律関係についての業務を処理するということになると，中川委員がおっしゃるように，それは１００％親会社である親会社の法務部門をやっているのと全く同じではないかと。こういう問題はないのではないかということだと思うのです。

【日弁連（高中事務局長）】そういう御趣旨ですか。

【田中委員】もう一つよくわからないのですけれども，少数株主の話を出されるのですが，親会社の中でも親会社の法務部が別に少数株主の利益まで代弁しているわけではないのだから，子会社の少数株主が云々という話と，親会社と子会社の利益相反云々というのは，関係ないのではありませんか。少数株主の話がなぜ出てくるかよくわからないのです。

【日弁連（高中事務局長）】結局，役員としては，少数株主が存在すれば，代表訴訟の問題を抱えざるを得ないと思うのです。

【田中委員】それは親会社の場合も同じ話になるのではありませんか。少数株主がいるから，親子の会社がどうのこうのという話にはならないのではありませんか。細かいことはわからないのですが，普通，常識的に考えてそういう感じがしたので。少数株主というのは親会社にもいるわけですから。

【日弁連（高中事務局長）】ただ，親会社が一番トップにいるわけで，その下にぶら下がるというか，下にいるのは子会社の関係ですから，利害相反という面からとらえた場合に，会社の役員が，例えば外資が５０％，身内資

本50％といった場合の利害相反的なことを考えますと，役員は代表訴訟のことも考えて少数株主の利益もやった上で，親会社と利害が完璧に一致するとは思えないのではないかという指摘もあると思うのです。

【田中委員】それはあり得ると思うのです。親会社と子会社の間はあるのだけれども，少数株主がいるかどうかという話とは余り関係ないのではありませんか。親会社の中でも。

【平山委員】私は日弁連の意見は意見としてお聞きいただきたいと思いますが，私の理解では，その点はこういうことだと思うのです。戦後の日本の商法は所有と経営の分離ということでやってきました。したがって，株主は会社の所有者ではあるが，その経営は役員たる取締役が責任をもっているわけです。そうすると，役員は自分の会社に忠実でなければいけないという義務を負っております。そのところから経営判断などをしていくことになる。そうすると，100％子会社でしたら，いつでも役員をとりかえられますけれども，また例えば3分の2以上ですと，総会をやってとりかえられる。しかし，過半数では役員のとりかえは難しいわけです。

また，少数株主のことも考えて子会社の役員は会社経営をやらなくてはいけないということになりますと，どうしても親会社と子会社の間に商法的には利害が対立する場合があり得ると。その場合に親会社の法務部がそれを全部とり仕切るということでは，なかなか経営者たる役員としては，進退両難に陥ることが多いのではないかという意味で，少数株主から代表訴訟が起きたりしますよと。だから，ちょっとそこは難しいのではなかろうかということを言っているのではないかと理解しています。

【奥野委員】誤解しているかもしれませんが，素人として聞きたいのですが，子会社とか子会社同士とか，子会社と親会社の間で，あるいは少数株主との間で意見対立があるかもしれない。それは当然あるだろうと思うのですが，問題はそのときに独立した法務子会社を使わなくてはいけないという話になっているではなくて，使ってもいいという話になっているだけですから，当然，それを使ったら損だと思うような子会社や，コンフリクトを持っているような子会社は当然ほかの弁護士に持っていくはずだと思うのです。だから，法務子会社を使わなくてはいけないということを決めましょうという話ではないわけですから，何でそのようなことが問題になるのか私には全くわからないのですが。間違っていますか。

【伊藤座長】御意見については，また今の奥野委員の発言を踏まえて後で議論しますが，とりあえず日弁連から今の奥野委員の発言について補充されるようなことございますか。よろしいですか。それでは，また後で伺うかもしれませんが，ありがとうございました。

議論に入りたいと思いますが，前回は中川委員から，本日はただいま日弁連からそれぞれお話をいただいたわけでございます。この問題につきまして，皆様方の御意見を伺いたいと思いますが，ちょっと前提として整理をさせていただきますと，範囲をどうするかということは，まさにこれから議論の対象になるわけでございますが，親子会社とかグループ会社の間の法律事務の取り扱いについて，形式だけ見ると，それは弁護士法72条本文に抵触するように見えるけれども，実質的に見ると，弁護士法72条の下でも解釈上，これに抵触しない部分があるのではないか。そういう解釈をすることでよいのではないか。恐らくここは共通の前提になっているかと思います。その上でそれでは，どういう範囲を画するかということだと思いますが，その前

提の部分はよろしゅうございますね。何かその点について御発言ございますか。

【平山委員】少し緩やかにやっていこうという意味で，それは時代の流れではないかと私は思います。

【伊藤座長】その前提は前提として，今，お話がありましたけれども，範囲をどうするかということで御議論をいただくということでよろしいですね。

（「はい。」という声あり）

【伊藤座長】そこで一番の中心的なところへ入るわけですが，これまでの議論の中では，ただいまの話にも出てきましたけれども，結局，他人の法律事務，言わば他人性をどういう基準で判断するかということでございまして，幾つかの考え方があったように思います。

第1は，連結ということを基準にして，連結している親会社と子会社との間に限って認めるという考え方。

第2は，商法上の親会社と子会社，つまり親会社が子会社の株式のうち50％を超える部分を持っているという子会社との間について認めるという考え方。

第3は，ただいま日弁連のお話にありましたが，完全子会社と言いますか，親会社と100％子会社との間に限って認めるという考え方。大体この3つくらいになるかと思います。そこでどの考え方が適切なのかなどについてお話をいただきたいと思います。

今もちょっとお話が出ましたけれども，前回，中川委員が提案されました親会社が中心になって作りました法務サービス会社が連結されたグループ会社に提供する法務サービスの取り扱いと，これはちょっと問題の内容が違いますので，別に議論をしたいと思います。そこは後に置いておいて，とりあえず本体の方について幾つかの考え方を踏まえて，皆様方の御意見をお願いをしたいと思います。ど

うぞよろしくお願いします。

【田中委員】前の話に関係するのかもしれないのですけれども，この前の中川委員の説明でもそうだったですし，今の日弁連の説明でもそうだと思いますけれども，これは合法的に解釈する理由として，他人性の欠如という部分が中心になっていたと思うのですけれども，どちらの説明もその途中になってくると，報酬を得るかどうかという有償性の話が絡んでいて，一体どちらをベースにしてその範囲を決めるかというのは，他人性の話をベースにして考えるという前提でいいわけで，報酬云々という点は，条文には前面に書いてありますけれども，これは緩めることには必ずしもならないと理解してよろしいのですかね。

【伊藤座長】今までの議論の流れからしますと，そのように私も理解しておりますけれども，それでよろしいでしょうか。

【岡田委員】そうでしょうね。

【平山委員】結局，無償の場合は議論するまでもないという感じではないかなと思うのです。有償の場合，どこまで主体を広げるかということではないですかね。

【伊藤座長】それでよろしいと思います。

【田中委員】有償，無償については連結消去という方式で一旦お金が動くけれども，ノミナルには動いたけれども，最後は動いていないという話は一応括弧に入れて考えるということですね。

【伊藤座長】そこももちろん，議論すれば，いろいろな考え方があるかと思いますけれども，この場でそこをどうこう議論するということは，問題の性質が違うように思いますので，主たるところである他人性のことについて御議論いただければよろしいかと思います。どうもありがとうございました。

【中川委員】全然無視する必要はないと思うのです。有償は有償だと思うのです。さっき

もちょっとお話がございましたように，利益を得るための費用徴収では決してないのです。要するに，実費を徴収するという意味での有償ですから，そういうものをもって業と見るかどうかという点には絡んでまいりますので，かなり大きな要素ではあるかなと思いますけれども，それはちょっと横へどけておいていただいても結構だと思います。

【伊藤座長】それでは，そういうことで3つくらいの考え方が出ておりますが，他人性について御議論いただければと思います。

【平山委員】この前もちょっと中川先生の方に質問したことがあったわけでありますが，その延長になりますけれども，今日も日弁連の意見でもございましたけれども，結局，この場合の他人性を考えるに当たりましては，やはり刑罰法規ですね。例えば弁護士法第78条の2項も今も厳然として両罰規定としてあるわけでありまして，そういう点から見ますと，一義的，画一的，あるいは明白性と言いますか，統一性というか，そういうものがないとなかなか解釈論の幅を広げるにしても，困難なのではないかという気が私はいたしまして，前回質問したわけでありますが，私は，50％以上がいいとの意見を言ったわけではありませんで，むしろ中川先生のおっしゃっていることには，実質的にはすばらしい面があると私も思っております。私としては，結論として横枠と縦枠を考える必要があるのではないかと思っているのです。

縦枠というのは，財務諸表規則は公開会社のみ，つまり証券取引法上の枠に該当した会社だけが，言わば特別扱いされることになりますが，それでいいのかということになります。やはり横枠として，商法の規定できちっとやっていかないと無理ではないかという面がございまして，その場合には3つのケースに分けて考えてみることができると思います。

日弁連のような100％子会社のケース，それから，2番目は，3分の2子会社というのがあると思うのです。3分の2というのはどういう意味があるかと言いますと，3分の2の株を持っておりますと，定款変更ができる。それから，解散決議ができる。役員の解任ができるのです。そのほか営業譲渡もできるのです。ほとんどのことはできるわけです。そうすると，その程度の支配力が商法上ある会社ですと，恐らくさっき中川先生などから出ておりました株主間の対立によって役員が右往左往しなくてはいけないという部分は，そういう会社ではほとんど起きてこないかと。実質的に親会社の意向のようにせざるを得ない部分が商法的になっております。

私は個人的には3分の2基準というのも横枠として適当ではないかと考えています。そして，最後が要するに50％以上，これは外弁法などでも使っているのです。2分の1以上と確かになっていますけれども，そういう使い方が所有と経営との関係で考えてみますと，あり得る。この横枠基準の場合は，これは証券取引法の適用になる会社であろうが，そうでないのであろうが，全部1つの基準になりますので，会社を差別したことにはならないという利点があります。

ところで，前回中川委員から御提案がありましたように，今日では，企業法務が非常に充実してきて，実際にはほとんど弁護士以上のこともおやりいただける力も付いています。そういうことをどう見るかということで議論があったと思いますので，そういう意味からしますと，公開されて財務諸表がきちっと適用されるような会社の場合は，企業法務も実力と実態を備えているのではないかなと。そうすると，そういうところが自分の子会社関係でやることには，弁護士法第72条を設けました立法趣旨からしますと，実質的に適用

しなくても十分いいのではないかということが考えられます。そこで，私などは横枠を商法規定でいって，縦枠として，例えば中川先生のような財務諸表の適用のある会社であればいいのではないかと個人的には考えておりまして，1つの意見でございますが，前提としてはそういうことをお考えいただきたい。

【伊藤座長】わかりました。どうぞ他の委員の方も御意見をお願いいたします。先ほど奥野委員，途中で口をはさんでしまいましたけれども。

【奥野委員】特に結構です。

【木村委員】政策上，この弁護士法第72条を改正するということも視野に入れていいのですか。それとも弁護士法第72条の解釈でいこうとするか，それについてここで決めるということですか。

【植村参事官】今の段階でいずれかの方向性が出ているわけではありませんので，そういう意味では御自由に御発言いただいて結構かと思いますが，ただ，御参考までに聞いていただくということで申し上げますと，今，議論していただいている問題について，法解釈ではなくて，立法の方法で解決するのは，私どもこれまで検討してきたわけでございますが，かなりそれは難しいと現段階では事務局として思っております。

今，御議論になっていて，つかまえたい範囲を立法技術上，疑義がないようにきちんと取り出せるかという点が1つございます。

もう一つは，仮にそれができたと仮定いたしまして，弁護士法第72条の2項をこしらえるとか，特別の法律をこしらえるとか，次の段階に至りますが，そういたしますと，当然のことながら，なぜそういう立法をするのかということになりまして，ほかの局面ですね。つまり，今の弁護士法第72条に形式的に当てはまってしまうけれども，実態を見ると，どうだろうかという局面は，ほかにもあるかもしれません。そうすると，今回の親子会社の関係で立法しようということになると，ほかの局面についても検討しないと具合が悪いということになるような気もいたします。

そうすると，そういう議論をするのは，この段階で本当に適当かどういう問題が多分出てくるような感じがいたしまして，事務局といたしましては，検討会の先生方の方からそういう御意見が出るのをおとめする趣旨では全くございませんが，そのような検討を行うのは，相当難しそうだなと思っております。

【木村委員】確認ですけれども，今回のこの事案というのは審議会の方の意見書の流れの中ではどういうように解釈されているわけですか。

【植村参事官】意見書で申しますと，この部分については以下のような枠囲いの記載になっております。「弁護士法72条については，少なくとも，規制対象となる範囲・態様に関する予測可能性を確保するため，隣接法律専門職種の業務内容や会社形態の多様化などの変化に対応する見地からの企業法務等との関係も含め，その規制内容を何らかの形で明確化すべきである。」こういう表現になっております。ですから，具体的にどういう方法でやるかということは書いていないわけでございます。

これを受けた推進計画がどうなっているかと申しますと，「弁護士法第72条について，隣接法律専門職種の業務内容や会社形態の多様化などの変化に対応する見地からの企業法務等との関係も含め検討した上で，規制対象となる範囲・態様に関する予測可能性を確保することとし，遅くとも平成16年3月までに所要の措置を講ずる。（本部及び法務省）」となっておりまして，御承知のとおり本部が何か措置を講ずる場合には，通常想定してい

第15章 企業法務とリーガルプロフェッション

るのは立法措置でございます。

　ところが，推進計画上，ここに法務省を入れたのは，もともと中川委員のプレゼンテーションにも解決策の御提案として法務省が解釈を示すというのが入っておりましたけれども，そういう措置も，その所要の措置の中に入るであろうということを想定してこのような記載になっておると理解をしております。

　とりあえず以上でございます。

【木村委員】ありがとうございました。たしか以前に御説明をいただいたかと思うのですけれども，この場でなお詳しく参事官から御説明いただきまして，背景が大変よくわかりました。

・・・＜中略＞・・・

【伊藤座長】立法でいくか権限ある当局が解釈を示すかという極めて技術的な問題ですから，むしろこの場では実質を議論していただいた方がよろしいかと思います。先ほど来，出ておりますような１００％子会社に限るという今日の日弁連のお話，前回の中川委員の連結子会社まで認めるという考え方。それから，平山委員が一つの考え方として示唆されました３分の２の株式を保有している関係であればいいという考え方。その辺りの実質を委員の皆様方の中で御議論していただければよろしいのではないかと思います。どうでしょうか。

【岡田委員】私は付け焼き刃なのですけれども，私の周辺の企業の方に聞いてみたのですけれども，メーカーなど，大方の企業が弁護士法第７２条のことは気にしなからも，この最高裁の判例とか，実態を踏まえて無償で本社が子会社に関してはリスクマネージメントも含めて，法務担当がやっている。それは無償であるということです。それでは，その範囲はと言いましたら，連結の子会社，親子関係だと言っていまして，現在，そんなに不都合というのは余り感じていないようなのです。そうは言いながらも，弁護士法第７２条というのがとても気にはなるという意味では，もっと解釈をはっきりさせて欲しいという意見が圧倒的だったのです。

　ですから，今のお話で商法よりももっと厳しくなっていますね，日弁連の考えは逆行しているのかという感じがするのです。

【伊藤座長】わかりました。どうぞ奥野委員。

【奥野委員】私はさっき木村委員がおっしゃられたことも含めて申し上げると，中川委員よりも少し極端でありまして，弁護士法第７２条をもう少し積極的に見直しをするべきではないか。そういう時期にそろそろ来ているように思います。つまり，弁護士という資格は，それなりに極めて重要な資格ですし，それが弁護士さんの方々がやっていらっしゃることも極めて重要だと思うのですが，だからと言って，弁護士業務をその資格を持っている人しかやってはいけない，それも消費者ではなくて，大企業などに対してさえも，資格を持っていない人は全くやってはいけないというのは少し行き過ぎではないかと思っていまして，そこはもう少しはっきりさせていただきたい。そこまで言うと多分，この弁護士法第７２条の文章と矛盾することが出てくるので，本当は法律自体を書き換えていただくか，修正していただくことが一番いいのではないかと思っています。

　先ほどの参事官の御意見等も含めて当面，それをこの場でやるのは難しいのかなというのが私の印象でございまして，もちろん，そうしていただければベストですけれども，そういう意味でセカンド・ベストということで考えると，今，座長がおっしゃられた１００％，３分の２，連結という話ですが，１００％というのは私には本当によくわからないのです。子会社同士で何かいろいろな問題が起こると

第15章 企業法務とリーガルプロフェッション

いうけれども，それは親会社の支配権が及んでいる子会社同士の話なので，そこで何か問題が起きるならば，そもそも法務子会社が出てくるとか，そういう議論にはならなくて，当然，親会社がそこで仲裁に入るか，さもなければまさにさっきも申し上げましたけれども，外部の弁護士等も含めて紛争の種を担うということであって，そこを理由として100％というか，子会社として親会社でなくちゃいけない。とりあえず100％でなければいけないということにはならないのではないかというのが私の印象です。

言い方が悪かったのでもう少しはっきり言うと，株式会社というのは，多分，法律家の方々が見た場合の株式会社と，経済学者が見た場合の株式会社とは違うと思うのです。法律上で言うと，株主が株式会社の所有者であるというように法律上構成されているわけです。だから，所有権が何割であるかということが極めて重要なのです。

ところが，とりわけ日本の株式会社というのは，よく御存じのように，株主は余り力を持っていないわけです。むしろ経営者であるとか，場合によっては従業員の人たちの方がはるかに大きな力を持っている。

そういう意味で言うと，株式の保有割合でもって実態的な支配というものを定義するのは法律上はあり得ると思いますが，いわゆる支配の実態ということをちゃんととらえているかというと，残念ながらそううまくとらえていないということが私は事実だと思うのです。

そういう意味で言うと，株式の保有割合が100であるというのは法律上は確かに意味がありますが，それが65であるとか，そういうことを問題にするよりも，実態として，財務であったり，税であったり，そういうものが最終的に実態として表れてくるわけ

が，そこに反映されてくるようなものを基準として選ぶのが多分，少なくとも実態としては望ましいのではないかと思います。ただし，これは法律に絡むので，実態だけではだめだということは私は重々わかっていますが，しかし，財務諸表でもしうまく法律的にもとらえられるのであれば，そちらの方がはるかに実態に即しているのではないかというのが私の意見でございます。私の印象では財務諸表というのは，そういう基準が税務基準にも使えるし，さっき中川委員もおっしゃられましたけれども，一応公表されている。ただし，普通の人が常に見られるわけじゃなくて，財務諸表というのは専門の人が見ないとなかなか，普通の人ではなかなか見ないものが公表されているという問題はありますけれども，一応，とにかく専門家はすぐにわかるというところで定義されているものですから，私は財務諸表を基準にする方が望ましいのではないかというのが意見でございます。

【伊藤座長】わかりました。

・・・＜中略＞・・・

【釜田委員】この審議会の意見書の中で，ここはところどころ不思議な感じを受ける箇所があるのですが，審議会の中心的な答申は，法曹家を増やすのだということでしたね。3,000名規模で増やしていって，それを社会のすみずみまで行き渡るようにするのだということでございますから，今の日本の現状と違って，将来社会というのは，公務員の世界も含めまして，ちょうどアメリカの社会に見られるように，政治界も含めて法律家があらゆるところで活躍するような社会が描かれているのです。ですから，そこには当然企業の中にもたくさんの法曹家が入っていく時代と私は受け取っているのですが，非常に長期的な構想があると同時に，直ちに対応しなければならないのだというところが，ところどこ

ろ意見書の中に入っているのです。これもその1つなのですが，先ほどの日弁連のお話の中にも出てきましたけれども，長期的にそういう一方で描いている姿と関連させても，なお，こういう必要性があるのか。今，暫定的にここ数年型として必要なのか。その長期においてもそういうことが起こるのか。その辺りが私ははっきりしないのでございますが，いかがでしょうか。

【中川委員】それは私も実はわかりません。30年先にどうなっているかと言われたら，それはわかりません。ただ，目先と言いますか，数年とか10年くらいのスパンで考えれば，こういうようになるだろうなというのが大体わかるような気がするのです。

それはどういうことかと言いますと，多分，企業法務が積極的にグループ会社にサービスを提供するという事態が起こりますと，相当弁護士さんの仕事は増えると思います。これは逆説的に聞こえるかもしれませんけれども，現在の状況を見ますと，子会社群に対する法務サービスというのは全体としてプアーなのです。つまり，いろいろな法律問題を抱えているのですけれども，それをきちっと対応していない面があるわけです。まあまあ，なあなあでやっている面がある。それを企業法務の人たちが掘り起こすことになるわけです。そうしますと，当然これは法的にきちっと対応すべきだという問題がたくさん出てくるはずなのです。そこら辺に対しても，今，外部の弁護士さんも，余り関与されておりません。我々はいつもそこを問題にしておりまして，どういう具合にしたらそこがうまく行くのだということを考えていたわけです。こういう形になりますと，お前のところはこういう問題があるじゃないか。ちゃんとした先生に頼みなさいという形になっていくと思うのです。そういうことで，多分外部の弁護士さんにお願いをするチャンスというのはかなり増えると思います。いろいろな企業法務の人に聞いてみたのですけれども，大体皆さんそういうことをおっしゃっておりまして，当面は法律問題が掘り起こされて，顕在化してくることによって，親会社の法務部員というのは限られているわけですから，直接自分で処理するというのは無理なわけで，アドバイスはできますけれども，実務の方は外部にお願いしろと指導するようになると思うのです。それが短期的と言うか，そこから先どうなるかと言われますと，これはちょっと何ともわかりません。

・・・＜中略＞・・・

【伊藤座長】それでは，先ほど別にと申しましたが，親会社が設立をいたしました法務サービスが，連結グループ会社に提供する法務サービスの取扱い，この点についても御意見を承っておきたいと思いますが，これはいかがでしょうか。先ほど日弁連のお話については，それについては問題があるという御指摘もございましたが，委員の間で御議論をお願いできればと思います。

【平山委員】私がちょっと先ほど申し上げましたように，これはまさに弁護士法第72条と抵触すると思いまして，できればこれは避けたいと思っております。だから日弁連の意見をそのまま私も援用したいと思います。

【伊藤座長】他の委員の方はいかがでしょうか。

【松尾委員】前回中川委員にお聞きしたときに，この法務サービス会社というのは，現状では，実態として余り成熟してもいないし，どうなるかわからぬというお話だったと思います。そこにまさにこの問題がかかってきているのではないかと思うのです。

つまり，どのようになるかわからぬということと，果たして弁護士法第72条との関係

で疑問が残るのではないかという読みがあるから,そこまで成熟する形までなっていない。こういうように考えられないこともないということですから,私は積極的にこれを認めるという状況にはないだろうと思います。したがって,日弁連が言うような形の疑問とは少し違いますけれども,ちょっと消極的な意見です。

【奥野委員】私は今の松尾委員の意見とは逆になるのですが,時代を考えてみると,今はそういう会社形態がないからやめるというのは,言わば日本経済が変わらなくてはいけないという時代を考えたときに,余り建設的でない考え方かなというのは,そう言っては失礼なのですが,そういう感じがややありまして,前回もちょっと申しましたけれども,グループ企業と言いますか,持株会社,分社化というのはなぜ起こっているかというと,こういうさまざまな業務によって,例えば待遇が違うとか,いろいろな会社の違う対応が求められる。別会社にしておくということが,いろいろな意味でフレキシビリティーを生むという可能性があるわけです。これはあくまでも可能性の世界です。だからこそ,研究開発に特化した分社とか,いろいろな分社が起こり得るわけです。そういうことを考えると,それを特に排除しなくちゃいけない積極的な理由がなければ,別にそれは入れておいた方が,企業としてこれから国際競争も非常に激しくなるでしょうし,そういうときに法務上の対策も打ちやすいのではないかというのが私の印象であって,そういう意味で子会社同士であっても構わないのではないかと私は思います。

【中川委員】私は前回も申し上げましたように,他のスタッフ機能,人事の派遣会社であるとか,資金の貸付けとか,運送とか,あるいは経理とか,そういうものは全部別会社化しているわけです。それが常識になっております。なぜ別会社化するかと言いますと,これは前回奥野先生が御指摘されておりましたけれども,効率化なのです。経費コストを考えているわけです。分社化をして,本社の人件費というのはものすごく高いのです。それを分社化することによって,プロパーの人を安く雇えるというメリットがあります。そういうことで分社化をしているわけでありまして,法務部門だけが,それはいけないというのは,私も合理的な理由がないのではないかなと思います。

ただ,若干気になるところがありますのは,法務サービスというのはほかのサービスと違う面もあるのではないか。ですから,分社化をしたサービス会社が,例えば50：50でどこかと合弁を組むとか,これはちょっと変で,だから,親会社の本当にコントロールが及ぶという条件が必要ではないか。まさにコンプライアンスの問題がございますので,単にサービスだけを提供するというわけではありません。倫理性の問題とか,いろいろありますから,やはりそこを考えますと,親会社のコントロールが本当に及ぶという形での子会社が望ましいのではないかという感じはいたしますけれども,子会社化することの合理性はほかのサービスと同じようにあるような気がしております。

【岡田委員】先ほどちらっと申し上げたのですが,メーカーの場合に,法務担当の仕事の中にリスクマネージメントがすごく大きな部分を占めているということを聞きまして,そういうことを考えると,やはりグループ化して,子会社関係,親子関係でもいいのですが,そこがリスクマネージメントについても責任を持つということを考えますと,私たち消費者にとってはそちらの方がいいのかなと考えます。

・・・＜中略＞・・・

【平山委員】この問題も含めまして，外国でも一番重要な問題にされているのはいわゆる義務の衝突の問題です。例えば親会社の法務部に弁護士がいたとします。あるいは今の法務サービス会社に弁護士がいたとして，幾つかの他の子会社の法務部門を担当するとした場合に，多重忠実義務と言いますか，そういうものの衝突は避けられないだろうと思うのです。ですから，非常に進退両難に陥ることが出てくるのではないかと思いまして，そういうことも是非今後の検討で頭に入れて整理していただきたいと。そうではないと，我々は一体だれに忠実にやるのかという問題は避けられないと思っておりまして，倫理規範からいっても，こちらを立てればあちらが立たずということが非常に起きてくるような気がいたしますので，是非よろしくお願いしたいと思います。

・・・＜中略＞・・・

【伊藤座長】熱心な議論をいただきまして，この問題，今後どうするかということでございますけれども，弁護士法を所管しておられる法務省に仮に解釈を示していただくということであっても，いろいろな検討がなお必要かと思います。

そこで，この検討会での議論は一応ここで止めておいて，この議論を踏まえて本部事務局と法務省で更に検討をしていただいて，またその結果をこちらに示していただくということでよろしいでしょうか。

（「異議なし。」と声あり）

【伊藤座長】どうもありがとうございます。

■ グループ企業間の法律事務の取扱いと弁護士法第７２条の関係について（法務省）
（司法制度改革推進本部法曹制度検討会平成１５年１２月８日における法務省配布資料）

１ はじめに

法務省としては，完全親子会社であっても，法人格が別である以上は，「他人性」の要件を欠くとして同条の構成要件に該当しないとすることは困難と考える。

他方，親子会社やグループ企業間で現実に行われていると考えられる法律事務の中には，そもそも，法第７２条の「報酬を得る目的」や「法律事件」の構成要件との関係で同条に該当しないものがあると考えられるので，これらの点を中心に，同条についての一般的な解釈を説明する。

ただし，法第７２条は罰則の構成要件の規定であり，その解釈・適用は捜査機関，最終的には裁判所の判断にゆだねられるものであるから，法務省の見解を示しても，それは，捜査機関や裁判所の解釈を拘束するものではないことを留保する。

２ 報酬を得る目的

法第７２条本文の「報酬を得る目的」にいう「報酬」には，現金に限らず，物品や供応を受けることも含まれ，額の多寡は問わず，第三者から受け取る場合も含まれる。

他方，実質的に無償委任といえる場合であれば，特別に要した実費を受領しても，報酬とは言えないと思われる。この「実費」にはコピー代等が含まれ得るが，人件費のように，当該事務のため特別に費やされたと言えないものは，報酬と評価されることが多いと考えられる。

3 法律事件

法第72条本文の「その他一般の法律事件」については、いわゆる「事件性不要説」と「事件性必要説」とが対立しているが、事件性必要説が、相当と考える。

また、いわゆる企業法務において取り扱われる法律事務の「事件性」の有無については、次のように考えられる。

① 契約関係事務→紛争が生じてからの和解契約の締結等は別として、通常の業務に伴う契約の締結に向けての通常の話し合いや法的問題点の検討は「事件性」なし

② 法律相談→具体的な紛争を背景にしたものであれば「事件性」ありの場合が多い。

③ 株式・社債関係事務→新株発行に際して行うものは一般的には「事件性」なし

④ 株主総会関係事務→株主総会の開催について商法等の関係法規との適合性を確保するためのものは一般的に「事件性」なし

⑤ 訴訟等管理関係事務→一般的に「事件性」あり

以上

【課題】 以上の審議会での議論を読んで、以下の質問について考えなさい。

Q1 弁護士法72条本文は「弁護士・・・でない者は、報酬を得る目的で訴訟事件、非訟事件及び審査請求、異議申立て、再審査請求等行政庁に対する不服申立事件その他一般の法律事件に関して鑑定、代理、仲裁若しくは和解その他の法律事務を取り扱い、又はこれらの周旋をすることを業とすることができない。」と規定しているが、その立法目的は何か。

Q2 事務の他人性と親子会社、兄弟会社の議論はどのように関連するのか、説明せよ。

Q3 報酬を得る目的ではなく、無償で法的サービスを提供することはなぜ弁護士法72条に反しないのか。会社が法務サービスを他社に無償で提供することは、税務上問題はないか。

Q4 弁護士法72条でいう「法律事務」とは何か。裁判外の業務、例えば契約書の作成や契約交渉などは法律事務か。

Q5 社内弁護士で構成される会社法務部が全く別の他社に法務サービスを有償で提供することは許されるか。弁護士法人を株式会社化することをどのように考えるか。

---

3 顧問弁護士と企業法務

【課題】 以下の判決を読んで、事実、争点、裁判所の判断をまとめなさい。

● 東京高裁平成14年3月27日判決（判例時報1791号49頁）

原告　弁護士
被告　日本弁護士連合会

　　　　　　主　文
1　原告の請求を棄却する。
2　訴訟費用は、原告の負担とする。

　　　　　　事実及び理由
第1　請求
　被告が平成13年8月24日原告に対して

した原告を戒告する旨の懲戒処分を取り消す。

第2 事案の概要

1 本件は，被告から戒告処分を受けた弁護士である原告が，この処分の取消しを求めている事案である。

2 前提事実（当事者間に争いがないか又は証拠により容易に認められる事実）

(1) 原告は，大阪弁護士会所属の弁護士であるが，平成13年8月24日，被告から，戒告処分（甲2。以下「本件戒告処分」という。）を受けた。（争いがない。）

(2) 本件戒告処分がされるに至る経緯は，次のとおりである。

大阪弁護士会の綱紀委員会は，B（以下「B」という。）から原告につきされた懲戒請求につき，調査の上，原告を懲戒することを相当としない旨の決議をし，大阪弁護士会は，同決議に基づき，平成12年11月15日付けで原告を懲戒しない旨の決定をした。（甲1）
Bは，被告に対し，大阪弁護士会の上記決定について異議の申出をしたところ，被告の懲戒委員会は，審査の上，上記決定を取り消し，原告を戒告する旨の議決をし，これを受けて，被告は，平成13年8月24日，大阪弁護士会の上記決定を取り消し，本件戒告処分を行った。

(3) 被告がした本件戒告処分の理由の要旨は，次のとおりである。（甲2）

ア 大阪弁護士会の綱紀委員会がした概要下記の事実認定は，相当である。

（ア）株式会社奈良（以下「訴外会社」という。）は，資本金1000万円，発行済み株式総数2万株のゴルフ場経営を主たる目的とする株式会社であり，同社の株式は，Bの父親C（以下「C」という。）が1万0400株，同社の代表取締役D（以下「D」という。）が4000株，取締役Eの妻Fが2000株，その他3名がその余の株式を保有していた。

（イ）CとD，Eら訴外会社の取締役らとは，訴外会社の経営をめぐって対立関係にあったところ，原告は，訴外会社及びDらとCとの間の訴訟事件，仮処分事件，商事非訟事件等において訴外会社及びDらの代理人となっていた。

（ウ）平成11年11月28日，訴外会社の定時株主総会（以下「本件総会」という。）が開催され，訴外会社の取締役及び監査役のほか，Cの代理人である弁護士G（以下「G」という。），株主Fの代理人である原告，その他の株主らが出席し，Dが議長となった。本件総会においては，取締役6名全員の任期満了に伴う新取締役選任が主要議題の一つとなっていたが，Dは，同議題に関し，D，H，I，E，J，C，B及びKの8名を新取締役の候補者とする議案を提出したところ，Cの代理人Gは，C，B，L，M，N及びKの6名を候補者とする修正動議を書面で提出した。これに対し，Dは，当初の提案を修正し，D，H，I，E及びJの5名を新取締役の候補者とする案を提出した。

訴外会社の定款上取締役の員数は10名以内となっていたため，選任すべき新取締役の数について議場に諮られ，6名とすることとされたので，上記合計11名の候補者の中から6名の新取締役を選任することとなった。

Dは，その選任方法として，株主は1株を1票としてそれぞれの持株の範囲内で上記候補者11名の中から1名又は複数名（6名を上限とする。）を選んで投票する方法，例えば，持株の範囲内で候補者の1人にその持株全部を投票することも，6名に分散して投票することも自由であるという投票方法（以下，この方法を「本件投票方法」という。）を提案した。

Gは，これに対し，本件投票方法は明らかに商法に違反するものであるとして，本件投

票方法によって取締役を選任することに反対し，投票はしない旨発言したが，Ｄは，Ｇ以外の出席株主らに投票用紙を配って投票させ，Ｄ，Ｈ及びＩが各３２００株で新取締役に選任された旨の結果を発表した。

　（エ）ところで，商法２４１条１項は，各株主は１株に付き１個の議決権を有すると規定し，同法２５６条の３第１項は，２人以上の取締役を選任するときにおいて，定款に別段の定めのある場合を除くのほか，累積投票によることを求めることができる旨規定し，同条３項は，各株主は１株に付き選任すべき取締役の数と同数の議決権を有し，各株主は１人のみに投票し又は２人以上に投票して議決権を行使することができると規定している。

　これに対し，本件投票方法は，持株の範囲内でそれをだれに投票するかは自由，すなわち，１人に全部を行使しても６人に行使しても自由であるというものであり，累積投票と異なるのは，「持株の範囲内で」投票できるという点であって，結局，各株主の１株に対して６分の１議決権を与えて累積投票を実施したのと内容的，効果的には同一であると考えられる。

　したがって，本件投票方法は，株主の基本的権利である１株１議決権の原則を規定した商法２４１条１項に違反しており，さらに，累積投票と同様の内容・効果を目的としているので，同法２５６条の３第１項及び累積投票を禁止している訴外会社の定款（甲３）にも違反している。

　よって，本件投票方法による取締役選任決議は，いずれにしても商法及び訴外会社の定款に違反した違法な決議方法であるといわざるを得ない。

　（オ）本件投票方法は，だれによって考案され，提案されたかは明らかではないが，訴外会社の当時の経営陣であるＤらが訴外会社の顧問弁護士である原告と検討し，採用することを決定したものである。したがって，原告は，違法な決議方法を指導したといえる。また，原告は，本件総会において，「持株全部を１人に投票してもよいし，分散してどう分けてもいい。」，「これは，累積投票ではない。」，「商法は，役員の選任方法について，特に定めていない。ものの本によれば，決議でもよいし，投票でもよいことになっている。」，「１人１人に全株式を投票することはできない。持株の範囲内だ。」などと発言して本件投票方法の説明を行い，本件投票方法を積極的に支援した。したがって，原告は，Ｄに対して違法な決議方法を指導・支援したものと認められるから，原告には懲戒の事由がある。

　イ　ところで，弁護士が職務上依頼者に示した法律判断が客観的には誤っており，あるいは裁判所の容れるところとならなかったとしても，それだけで直ちに弁護士を懲戒する理由となるものではないことは，もちろんである。しかしながら，本件において争われているのは，株式会社の取締役の選任という商法上の基本的問題であり，現行法においては，累積投票以外に多数派株主の意思を排して少数派株主代表の取締役を選任する方法がなく，定款で累積投票を排除している会社において，少数派株主代表の取締役を選任することが不可能であることは，法律実務家の共通認識というべきである。原告が依頼者と本件総会対策を協議するに当たり，直前の仮処分決定により反対派が議決権の多数を占めることが確定した状況において，その発案者がだれであるにせよ，本件投票方法により自派取締役を選任しようとする方策が法律的根拠を欠くことを指摘しないのみならず，顧問弁護士として本件総会に出席し，多数派株主の反対にもかかわらず本件投票方法を実行しようとする議長を支持し，その結果，正当な方法により

有効な取締役選任が行われるまで争訟手続を要するに至らしめた原告の行為は、単に軽率であったというのみならず、法令及び法律事務に精通しなければならないとされる弁護士として著しく不見識であり、品位を失わせるものといわざるを得ない。

第3 争点

1 本件の争点は、・本件投票方法が取締役選任方法として違法なものであるか、・本件投票方法が違法であるとした場合、Dが新取締役の選任方法として本件投票方法を採用し、実行したことに関する原告の行為が弁護士として品位を失うべき非行に当たるか否かの2点である。

2 被告の主張 ＜略＞

3 原告の反論及び主張 ＜略＞

第4 争点に対する判断

1 前記前提事実(3)ア(ア)ないし(ウ)及び(オ)に記載された大阪弁護士会の綱紀委員会が認定し、被告も是認した事実のうち、原告が本件投票方法を積極的に支援したとの点及びCが保有しているとされている株式中1000株の帰属の点のほかは、当事者間に争いがない。

2 そこで、本件投票方法の違法性について検討する。

株式会社においては、1株につき1議決権を有するものとされている（商法241条1項）。この規定は、強行規定であって、法が特別に例外を認めた場合のほかは、定款又は株主総会の決議をもってしても制限することは許されない。そして、株主総会において複数の取締役を選任する場合には、その選任されるべき各取締役ごとに1個の議案として議決されるものであるから、株主は、1株につき、その選任されるべき取締役の数だけ議決権を行使することができることになる。しかし、この原則を貫くならば、取締役の全員が常に多数派株主によって選任されることになるところから、商法は、少数派株主の意見を取締役会に反映させ、あるいは少数派株主代表の取締役をして多数派株主代表の取締役の活動を監視せしめる途を開くための方法として、例外的に、複数の取締役の選任が行われる場合について累積投票制度（同法256条の3）を設けている。しかし、この制度においても、株主には1株につき選任すべき取締役の数と同数の議決権が与えられているから、1株1議決権の原則の例外を定めたものとはいえないのであり、本件投票方法のように株主に選任すべき取締役の数よりも少ない議決権しか与えずに累積投票と同様の投票方法を採用することは、1株1議決権の原則に反して株主の議決権を制限するものであり、定款又は株主総会の決議によっても許されないものといわざるを得ない。

3 次に、原告の行為が弁護士としての品位を失うべき非行に該当するか否かにつき検討する。

1で指摘した当事者間に争いのない事実並びに証拠（甲1、9、10、乙3）及び弁論の全趣旨によれば、CとDらとの間で訴外O名義の株式1000株の帰属をめぐって紛争があり、CがD、訴外会社らを被告として同株式が自己に帰属するものであることの確認を求める訴訟を奈良地方裁判所に提起してC勝訴の判決がされたこと、同判決について、原告がD、訴外会社の代理人として大阪高等裁判所に控訴したが、控訴棄却の判決がされたため、最高裁判所に上告受理の申立てをしたこと（ただし、同上告受理申立てについては、本件総会後の平成12年6月上告不受理の決定がされている。）、本件総会は、このような状況の下で開催されたものであること、他方、Cは、本件総会開催前に、本件総会において1万0400株について議決権を行使するこ

とができる旨の仮処分決定を奈良地方裁判所から得ていたこと，したがって，本件総会においては，Cが多数派株主として議決権を行使することができることとなっており，訴外会社では定款上取締役選任については累積投票制度を排除しているため，Cの意思により新取締役が選任されることが確実な状況であったこと，このような状況下において，Dら訴外会社の取締役らは，本件総会で選任される新取締役がC派に独占されることを回避するため，事前に，原告に新取締役の選任方法として本件投票方法を採用することについて相談し，投票用紙の準備までしていたことが認められる。この際，原告は，Dらに対し，本件投票方法が商法及び訴外会社の定款に違反する違法なものであることを説明し，新取締役の選任方法として本件投票方法を採用することを断念するよう進言した事実は認められず，これを容認したものといえる。また，原告は，本件総会には株主Fの代理人として出席していたものであるとはいえ，十数年前から訴外会社の顧問弁護士であったことをも併せ考慮すると，本件総会における原告の前記発言は，Dが本件投票方法によって新取締役の選任手続を行うことを積極的に支持したものと評価することができる。以上の結果，本件総会において違法な選任手続によって新取締役が選任されたものである。なお，甲1，6ないし8及び弁論の全趣旨によれば，本件総会終了後，Cは，奈良地方裁判所に，本件総会における取締役選任決議の取消等を求める訴訟を提起するとともに，本件総会で取締役に選任されたDらを相手として取締役職務執行停止・代行者選任の仮処分を申し立て，最終的には，上記職務執行停止・代行者選任

第15章　企業法務とリーガルプロフェッション

申立て事件において選任された職務代行者により開催された平成12年9月23日の訴外会社の臨時株主総会において，Bらが取締役に選任され，同日開催の取締役会においてBが代表取締役に選任されたことにより，本件総会における取締役選任に端を発した紛争が終息したことが認められる。

4　以上によれば，本件投票方法が商法及び訴外会社の定款に違反する違法な取締役選任方法であると解すべきことは，少なくとも弁護士である原告には明らかであったというべきであるから，仮に原告の主張するように本件投票方法が必ずしも違法とはいえないとの見解があり得るとしても，そのような明らかに違法と解される本件投票方法をDらが本件総会において採用し，実施しようとしているのを容認し，積極的に支持して，これを現実に実施せしめ，その後の訴訟事件にまで発展した紛争の原因を作出したことは，そのような取締役選任方法が商法上違法とはいえない旨を準備書面等で主張するのとは次元を異にし，法律実務家である弁護士としては，軽率との非難を免れないばかりでなく，著しく不見識であり，弁護士として品位を失うべき非行に当たるものといわざるを得ない。

5　結論

以上の次第であるから，本件戒告処分に原告主張の違法は認められず，本件戒告処分の取消しを求める原告の本件請求は，理由がない。

よって，主文のとおり判決する。
（口頭弁論終結の日　平成14年2月4日）
　（裁判長裁判官　石井健吾　裁判官　大橋弘　裁判官　植垣勝裕）

第3編　企業法務を支えるもの

【課題】　上記の判決を読んで，以下の質問について考えてみよう。
Q1　顧問弁護士の依頼者は誰であるか。
Q2　弁護士は全力で弁護活動をしなければならないはずであり，本件での顧問弁護士の活動は不当とは言えないという意見について，どのように考えるか。
Q3　「本件は累積投票には当たらない。従って，定款で累積投票が排除されていても，本件の投票方法は許される」という考え方は，どのように評価されるか。

【課題】　顧問弁護士は監査役を兼ねることはできるか，社内弁護士はどうか。

【課題】　社内弁護士の業務と公益通報者保護法（２００６年４月１日施行）の公益通報との関係をどのように考えるべきだろうか。顧問弁護士はどうか。また，社内においてどのような取り組みを行うべきか，以下のガイドラインを読んで考えてみよう。

■　公益通報者保護法に関する民間事業者向けガイドライン

（平成17年7月19日内閣府国民生活局）

1．本ガイドラインの目的と性格

本ガイドラインは，公益通報者保護法を踏まえて，事業者のコンプライアンス経営への取り組みを強化するために，労働者からの法令違反等に関する通報を事業者内において適切に処理するための指針を示すものである。

事業者が，本ガイドラインを踏まえ，事業者内部での通報処理の仕組みを整備することは，事業者内部の自浄作用を高めるとともに，事業者外部への通報による風評リスク等を減少させることにもつながる。

なお，本ガイドラインは，各事業者において一層充実した通報処理の仕組みを整備，運用することを妨げるものではない。

2．事業者内での通報処理の仕組みの整備

（仕組みの整備）
○　通報の受付から調査，是正措置の実施及び再発防止策の策定までを適切に行うため，経営幹部を責任者とし，部署間横断的に通報を処理する仕組みを整備するとともに，これを適切に運用することが必要である。

（通報窓口の整備）
○　通報窓口及び受付の方法を明確に定め，それらを労働者等に対し，十分に周知することが必要である。

○　新たに通報窓口を設置する場合，法律事務所等に委託する（中小企業の場合，何社かが共同して委託することも考えられる。）など，事業者の外部に設置すること，労働組合を通報窓口として指定すること又はグループ企業ではグループ共通の一元的な窓口を設置することなども可能である。また，対象としている通報内容や通報者の範囲，個人情報の保護の程度等を確認の上，必要に応じ，既存の通報窓口を充実させて活用することも可能である。

（相談窓口の設置）
○　各事業者の通報処理の仕組みに関する質問等に対応する相談窓口を設置することが必要である。相談窓口は事業者の実情に応じて，通報窓口と一元化して設置することも可能である。

（内部規程の整備）
○　内部規程に通報処理の仕組みについて明記し，特に，公益通報者に対する解雇や不利益取扱いの禁止を明記することが必要である。

(秘密保持の徹底)
○ 情報を共有する範囲を限定すること，知り得た情報を口外しないこと等を各担当者に徹底させることが必要である。
(利益相反関係の排除)
○ 受付担当者，調査担当者その他通報処理に従事する者は，自らが関係する通報事案の処理に関与してはならない。

3．通報の受付
(通報受領の通知)
○ 書面や電子メール等，通報者が通報の到達を確認できない方法によって通報がなされた場合には，速やかに通報者に対し，通報を受領した旨を通知することが望ましい。
(通報内容の検討)
○ 通報を受け付けた場合，調査が必要であるか否かについて，公正，公平かつ誠実に検討し，今後の対応について，通報者に通知するよう努めることが必要である。
(個人情報の保護)
○ 通報の受付方法としては，電話，FAX，電子メール等様々な手段が考えられるが，通報を受け付ける際には，専用回線を設ける，個室で面談するなど，通報者の秘密を守ることが必要である。

4．調査の実施
(調査と個人情報の保護)
○ 調査の実施に当たっては，通報者の秘密を守るため，通報者が特定されないよう調査の方法に十分に配慮することが必要である。
(通知)
○ 調査中は，調査の進捗状況について適宜，被通報者(その者が法令違反等を行った，行っている又は行おうとしていると通報された者をいう。)や当該調査に協力した者等の信用，名誉及びプライバシー等に配慮しつつ，通報者に通知するとともに，調査結果は，可及的速やかに取りまとめ，通報者に対し，その結果を通知するよう努めることが必要である。

5．是正措置の実施
(是正措置と報告)
○ 調査の結果，法令違反等が明らかになった場合には，速やかに是正措置及び再発防止策を講じるとともに，必要に応じ，関係者の社内処分など適切に対応することが必要である。また，さらに必要があれば，関係行政機関への報告等を行うことが必要である。
(通知)
○ 是正措置完了後，被通報者や当該調査に協力した者等の信用，名誉及びプライバシー等に配慮しつつ，速やかに通報者に対し，是正結果を通知するよう努めることが必要である。

6．解雇・不利益取扱いの禁止
(解雇・不利益取扱いの禁止)
○ 公益通報をしたことを理由として通報者に対し，解雇・不利益取扱い(懲戒処分，降格，減給等)をしてはならない。

7．フォローアップ
(フォローアップ)
○ 事業者は，通報処理終了後，法令違反等が再発していないか，是正措置及び再発防止策が十分に機能しているかを確認するとともに，必要に応じ，通報処理の仕組みを改善すること，新たな是正措置及び再発防止策を講じることが必要である。また，通報者に対し，通報したことを理由とした不利益取扱いや職場内で嫌がらせが行われたりしていないか等を確認するなど，通報者保護に係る十分なフォローアップを行うことが必要である。

8．その他
(仕組みの周知等)
○ 通報処理の仕組みやコンプライアンス(法令遵守)の重要性について，社内通達，社内報，電子メール等での広報の実施，定期的な研修の実施，説明会の開催等により，労働者，管理者等に対し，十分に周知することが必要

である。

　特に，通報処理を行う担当者に対しては，十分な研修等を行うことが必要である。

　また，職場の管理者等（通報者等の直接又は間接の上司など）に相談や通報が行われた場合に適正に処理されるような透明性の高い職場環境を形成することも重要である。

あとがき
——ひとつの，ささやかなチャレンジ——

　本書は，桐蔭横浜大学法科大学院「企業法務」講座を担当している梅澤治為先生（六本木の授業担当）とわたくし（大澤＝横浜の授業担当）の教材を基にし，新しい事件例などもできるだけ織り込んで作成したものである。

　梅澤先生は 1961 年に東京大学法学部を卒業し，八幡製鐵株式会社（後の新日本製鐵株式会社）に入社された。在学中に司法試験に合格しておられたが，あえて司法修習は後回しにし，1966 年には会社からミシガン大学ロースクールに留学して（同時期にわたくしの恩師である小島武司先生もミシガン大学に留学しておられ，両先生のお付き合いが始まった。），アメリカ法の研究にも取り組まれ，**Master of Comparative Law**（比較法修士号）を取得された。その後，長年にわたり新日鐵グループの企業法務を担当されただけでなく，同グループの企業経営のトップにも立たれた。巨大企業の経営と法務の最前線を知り尽くした，大先達である。梅澤先生はその後弁護士登録をされ，現在は独立した弁護士として，企業法務を中心に実務と研究（特に国際的な環境法問題の研究）の最前線で活躍しておられる。このように経営と法務を長年実践し，その双方に精通している弁護士は，日本では非常にまれな存在であろう。

　一方，わたくしは 1976 年に中央大学法学部を卒業し，1981 年に弁護士登録と同時に日本ＩＢＭ法務部の社内弁護士となった。わたくしが社内弁護士になったのは，恩師・小島武司先生の「正義の総合システム」（本書第 1 章参照）の理念の薫陶を受けてのことである。25 年以上も前の話であるが，小島先生は司法修習生のわたくしに，「法システムの全体構造の中にあって，企業の中枢から法の支配の理念を実現し適正な企業行動を担保する，これからの重要な職種」として，社内弁護士の像を示してくださった（このようなビジョンを示す研究者は，日本には他にいなかった。）。わたくしは，小島先生のサジェスチョンに従い，修習中に数社の会社法務部を訪問した。著名な法務部のトップの方々（当時，弁護士登録をしている方は，ＩＢＭを除いて，いなかった）から「私たちも弁護士さんに依頼はしていますが，裁判所で代理できるのは弁護士さんだけなので頼んでいるだけで，書類の中身などは全部法務部で作成していて，弁護士さんにはハンコをもらうだけですね」と言われて，わたくしは大変なショックを受けた。役に立つ弁護士とは何だろうか，という問いがそれ以後（独立してからも），常にわたくしの脳裏を離れないトラウマのような課題となった。

　それから二十数年を経てわたくしは，偶然にも梅澤先生とともに「企業法務」講座を担当させていただくことになった。梅澤先生はわたくしに声を掛けてくださり，授業の開始前から終了後にわたって何回も会合を持って，「企業法務」教育の在り方について話し合った。梅澤先生の「企業法務」に取り組む高いこころざしと熱い情熱は，本書の「企業法務序説」に著されているとおりである。わたくしは，おおいに共感し触発された。

あとがき

　法科大学院におけるプロセスとしての法曹教育は，まだ始まったばかりである。まして「企業法務」の授業というものは，日本では未踏の地といってよいだろう。残念ながら種々の制度上あるいは実際上の制約があることから，学生諸君も地に足の付いたプロセスとしての勉強に取り組むには，相当の努力を要するのが現状である。しかしわたくしたちは，法科大学院発足の原点に立ち返って，これからの時代を支える熱意に富む若き法曹の育成にチャレンジしたいと願っている。そして学生諸君と一緒に，なぜ法律を学び，何のために法律家になろうとするのか，また，法律家になってどのように人々の役に立とうとするのか，といった根源的な問いに対するこたえを探求してゆきたい。

　本書はまだ始まったばかりの講座の教材を基にしたものであり，その意味できわめて未熟な試みの域を出ないものであろう。まして商業的な出版物としての意義は，期待できない。しかし，信山社の渡辺左近社長，編集部の柴田尚到氏はわたくしたちの教材を一読して，これからの時代の法科大学院教育に問いかける何ものかがあるのではないかとされ，刊行することをお勧めくださった。法律関係の出版社としてもおおいなるチャレンジをして下さったのである。ここに深く感謝申し上げる次第である。また，わたくしを企業法務の世界に案内してくださり，本書のはじめに励ましのお言葉を下さった恩師・小島武司先生に，心より感謝の言葉を捧げたい。

　この教材を契機にして，全国の法科大学院においても「企業法務」教育の在り方について議論が盛り上がることを期待したいし，また他の教員の方々だけでなく経済界や法曹界などからも批判をいただきながら，よりよい教材づくりと教育の実践を目指したいと願っている。

　このささやかなチャレンジは，わたくしたちの「企業法務」講座を受講し，積極的に取り組んでくれる学生諸君の努力があってこそ，意味を持つ。わたくしどもの企業法務講座に熱意をもって取り組んでくれた第1期生の学生諸君に心から敬意を表するとともに，これからの学生諸君の取り組みと活躍におおいに期待したいと思う。

　２００６年　春を迎え

大澤　恒夫

〈編著者紹介〉

梅 澤 治 為（うめざわ・はるため）

 1939年 生まれ。
 1960年 司法試験合格。
 1961年 東京大学法学部卒業。八幡製鐵㈱（後の新日本製鐵㈱）入社。
 1967年 ミシガン大学ロースクール修士。
 新日本製鐵㈱，トピー工業㈱で法務部門，知的財産部門，環境管理部門等を担当。
 2003年 弁護士。東京八丁堀法律事務所。
 現在 桐蔭横浜大学法科大学院で「企業法務」を担当。
 日本経済法学会会員。

大 澤 恒 夫（おおさわ・つねお）

 1954年 生まれ。
 中央大学法学部卒業。法学博士。
 1981年 弁護士登録とともに日本IBM法務部に勤務。その後独立し，技術系企業の予防法務，裁判外紛争解決などに携わる。
 現在 桐蔭横浜大学法科大学院教授，大阪大学大学院客員教授。
 日本民事訴訟法学会，仲裁ADR法学会など会員。
 主要著書：『法的対話論』（信山社），『IT事業と競争法』（日本評論社）など。

ロースクール企業法務教材

2006（平成18）年3月27日 初版第1刷発行

編著者	梅　澤　治　為 大　澤　恒　夫
発行者	今　井　　　貴 渡　辺　左　近
発行所	信山社出版株式会社

〒113-0033 東京都文京区本郷6-2-9-102
  電　話 03-3818-1019（営業）
      03-3818-1099（編集）

印刷・製本／松澤印刷

©梅澤治為，大澤恒夫　2006．Printed in Japan
ISBN 4-7972-2455-X　C3332